Die gesammten Materialien

zu den

das Bürgerliche Gesetzbuch und seine Nebengesetze betreffenden bayerischen Gesetzen und Verordnungen

nebst den

einschlägigen Ministerialerlassen

herausgegeben

von

Heinrich Becher.

VIII. Abtheilung.

Notariatsgesetz

vom 9. Juni 1899.

München, 1900.
J. Schweitzer Verlag.
(Arthur Sellier.)

Die gesammten Materialien

zum

Notariatsgesetze

vom 9. Juni 1899.

Herausgegeben

von

Heinrich Becher.

München, 1900.

J. Schweitzer Verlag.

(Arthur Sellier.)

Inhaltsverzeichniß.

K. B. Hof- & Universitäts-Buchdruckerei Fr. Junge (Junge & Sohn) Erlangen.

VIII. Abtheilung.

Notariatsgesetz.

1

Entwurf eines Notariatsgesetzes.

(Beilage R z. d. Verhandl. des Justizgesetzgebungsausschusses d. K. d. Abg. 1899 Beil.-Bd. XX Abth. I S. 411 bis 423.)

Im Namen Seiner Majestät des Königs. S. 411.

Seine Königliche Hoheit Prinz Luitpold, des Königreichs Bayern Verweser, haben nach Vernehmung des Staatsraths mit Beirath und Zustimmung der Kammer der Reichsräthe und der Kammer der Abgeordneten beschlossen und verordnet, was folgt:

Erster Abschnitt.

Zuständigkeit und Organisation.

Artikel 1.

Die Notare sind zuständig, öffentliche Beurkundungen und Beglaubigungen zu bewirken und Urkunden in amtliche Verwahrung zu nehmen, soweit nicht nach besonderen Vorschriften andere Beamte oder Behörden ausschließlich zuständig sind, einzelne Arten von Beurkundungen und Beglaubigungen zu bewirken oder die amtliche Verwahrung einzelner Arten von Urkunden zu übernehmen.

Die amtliche Verwahrung von Testamenten und Erbverträgen erfolgt nur durch die Notare.

Artikel 2.

Die Notare sind zuständig:

1. für die Aufnahme von Vermögens- und Nachlaßverzeichnissen;
2. für die Anlegung und die Abnahme von Siegeln;
3. für die Vornahme von öffentlichen Versteigerungen.

Artikel 3.

Die Notare sind, soweit nicht Anderes bestimmt ist, zuständig für die Abnahme von Versicherungen an Eidesstatt, die abgegeben werden, um einer öffentlichen Behörde eine thatsächliche Behauptung oder eine Aussage glaubhaft zu machen.

S. 411. Durch die Geschäftsordnung kann den Notaren die eidliche Vernehmung von Zeugen und Sachverständigen, die Abnahme von Eiden und die Bewirkung von Zustellungen in den Fällen übertragen werden, in denen die eidliche Vernehmung, die Abnahme des Eides oder die Zustellung nach dem Rechte eines ausländischen Staates oder nach der Bestimmung einer ausländischen Behörde von einem Notar vorgenommen werden soll.

Artikel 4.

Durch Königliche Verordnung kann bestimmt werden, daß die Notare bei der Berechnung und Erhebung der aus Anlaß ihrer Amtsgeschäfte dem Staate und den Gemeinden anfallenden Gebühren unter Leitung und Aufsicht der Finanzbehörden mitzuwirken haben.

Artikel 5.

Für die Wahrnehmung der den Notaren obliegenden Geschäfte werden Notariate errichtet.

Die Notariate sind staatliche Behörden.

Die Zahl und die Sitze der Notariate werden durch Königliche Verordnung bestimmt. In jedem Amtsgerichtsbezirke soll wenigstens ein Notariat bestehen.

Der Amtsbezirk jedes Notariats umfaßt den Landgerichtsbezirk, in dem es seinen Sitz hat. Befinden sich am Sitze des Notariats mehrere Landgerichte, so umfaßt sein Amtsbezirk die Bezirke dieser Landgerichte.

Ein Notariatsgeschäft ist nicht aus dem Grunde unwirksam, weil es von einem Notar außerhalb seines Amtsbezirks vorgenommen ist.

Artikel 6.

Jedes Notariat wird mit einem Notar besetzt.

Artikel 7

Die Notare sind öffentliche Beamte.

Sie werden vom König auf Lebenszeit ernannt und können — außer bei einer Veränderung in der Organisation der Notariate oder ihrer Bezirke — wider ihren Willen nur kraft richterlicher Entscheidung ihres Amtes enthoben oder an eine andere Stelle versetzt werden.

Artikel 8.

Zum Notar kann nur ernannt werden, wer die Fähigkeit zum Richteramt erlangt und den Nachweis einer zur Vorbereitung für das Amt eines Notars genügenden Beschäftigung bei einem Notariat erbracht hat.

Der Vorbereitungsdienst soll nach der Erlangung der Fähigkeit zum Richteramt abgeleistet werden und in der Regel nicht weniger als zwei Jahre dauern.

Von dem Erfordernisse des Vorbereitungsdienstes kann bei Bewerbern, die das Richteramt bekleiden oder bekleidet haben, abgesehen werden.

Artikel 9.

Der Notar soll vor dem Antritte seines Amtes schwören, daß er die ihm obliegenden Amtspflichten nach bestem Wissen und Gewissen den Gesetzen gemäß mit Fleiß und Sorgfalt erfüllen werde.

Der Eid wird in der öffentlichen Sitzung des Landgerichts geleistet.

Ein Notar, der den Amtseid geleistet hat, braucht ihn im Falle der Versetzung nicht noch einmal zu leisten. S. 411.

Artikel 10.

Der Notar hat an dem Sitze des Notariats zu wohnen. In Städten von mehr als hunderttausend Einwohnern kann ihm bei der Uebertragung des Amtes die Verpflichtung auferlegt werden, seinen Amtssitz in einem bestimmt begrenzten Theile der Stadt zu nehmen.

Außerhalb seines Amtssitzes darf der Notar Geschäftsräume nicht halten.

Zweiter Abschnitt. S. 412.

Dienstverhältnisse und Geschäftsführung.

Artikel 11.

Der Notar kann nicht zugleich Rechtsanwalt sein. Ein öffentliches Amt, mit dem eine Besoldung verbunden ist, darf der Notar nur mit Erlaubniß des Staatsministeriums der Justiz übernehmen.

Artikel 12.

Der Notar darf weder selbst Handel oder Gewerbe betreiben, noch die Verwaltung einer Handelsgesellschaft oder einer ähnlichen auf Erwerb gerichteten Unternehmung führen. Mitglied des Aufsichtsraths einer solchen Gesellschaft oder Unternehmung darf er nur mit Erlaubniß des Staatsministeriums der Justiz werden.

Artikel 13.

Der Notar kann Gelder, Werthpapiere und Kostbarkeiten, die ihm aus Anlaß eines Amtsgeschäfts von den Betheiligten übergeben werden, zur Aufbewahrung für die Betheiligten oder zur Ablieferung an Dritte oder an eine Behörde übernehmen. Eine Verpflichtung des Notars zur Uebernahme besteht nur insoweit, als sie sich aus gesetzlichen Vorschriften ergibt.

Die Vorschriften über das Verfahren bei der Uebernahme, Aufbewahrung und Ablieferung, insbesondere die Vorschriften über die Führung von Verwahrungsbüchern werden in der Geschäftsordnung erlassen.

Artikel 14.

Der Notar ist verpflichtet, das Amt des Testamentsvollstreckers zu übernehmen. Der Präsident des Landgerichts kann ihm aus wichtigen Gründen die Ablehnung oder die Kündigung gestatten.

Artikel 15.

Der Notar darf die Vornahme eines Amtsgeschäfts nicht ohne zureichenden Grund verweigern.

Artikel 16.

Der Notar soll, soweit er nicht durch besondere Vorschriften von der Ausübung seines Amtes ausgeschlossen ist, die Vornahme von Amtsgeschäften verweigern:

1. in Sachen, in denen er selbst betheiligt ist oder in denen er zu einem Betheiligten in dem Verhältniß eines Mitberechtigten oder Mitverpflichteten steht;

S. 412. 2. in Sachen seiner Ehefrau, auch wenn die Ehe nicht mehr besteht;
3. in Sachen einer Person, mit der er in gerader Linie oder im zweiten Grade der Seitenlinie verwandt oder verschwägert ist;
4. in Sachen, in denen er als Vertreter eines Betheiligten bestellt oder als gesetzlicher Vertreter eines solchen aufzutreten berechtigt ist.

Artikel 17.

Der Notar hat seine Amtsthätigkeit bei Geschäften zu verweigern, die gegen ein Strafgesetz verstoßen oder offenbar nichtig sind oder nur zum Schein oder zum Scherz vorgenommen werden sollen.

Artikel 18.

Weigert sich der Notar, ein Amtsgeschäft vorzunehmen, so entscheidet auf Antrag das Landgericht. Eine Anfechtung der Entscheidung findet nicht statt.

Artikel 19.

Der Notar ist verpflichtet, in dringlichen Fällen Amtsgeschäfte auch außerhalb der ordentlichen Geschäftszeit vorzunehmen.

Artikel 20.

Der Notar soll die Amtsgeschäfte am Amtssitz in seinen Geschäftsräumen vornehmen, soweit nicht ein Anderes vorgeschrieben oder nach den Umständen erforderlich ist.

Amtstage darf der Notar an einem anderen Orte nur mit Erlaubniß des Staatsministeriums der Justiz abhalten.

Artikel 21.

Der Notar kann zu seiner Unterstützung bei den Notariatsgeschäften Gehilfen aufnehmen und sie unter seiner Aufsicht und Verantwortlichkeit verwenden.

Artikel 22.

Der Notar hat die Pflicht, das Amtsgeheimniß zu wahren. Er hat dafür zu sorgen, daß nicht Unberufene durch Anwesenheit bei den Verhandlungen oder durch Einsicht der in seiner Verwahrung befindlichen Schriftstücke von Privatgeheimnissen Kenntniß erlangen, und darüber zu wachen, daß nicht seine Gehilfen solche Geheimnisse verletzen.

Artikel 23.

Die Einsicht der Urkunden und Akten des Notariats soll außer den Betheiligten nur solchen Personen gestattet werden, die ein berechtigtes Interesse glaubhaft machen. Das Gleiche gilt von der Ertheilung einer Abschrift. Die Einsicht der letztwilligen Verfügungen und der Erbverträge darf bei Lebzeiten der Verfügenden anderen Personen nur mit Einwilligung der Verfügenden gestattet werden. Weigert sich der Notar, die Einsicht der Urkunden und Akten zu gestatten oder eine Abschrift zu ertheilen, so entscheidet auf Antrag das Landgericht.

Inwieweit öffentlichen Behörden auf Ersuchen die Einsicht der Urkunden und Akten des Notariats zu gestatten ist und Abschriften zu ertheilen sind, bestimmt das Staatsministerium der Justiz.

Artikel 24.

Der Notar hat nach näherer Bestimmung der Geschäftsordnung seine Amtsgeschäfte in einem Register (Geschäftsregister) zu verzeichnen.

Dritter Abschnitt. S 413.

Notarielle Urkunden.

Artikel 25.

Für die notariellen Urkunden gelten, soweit nicht Reichsgesetze oder besondere landesgesetzliche Vorschriften maßgebend sind, die Bestimmungen der Artikel 26 bis 48.

Artikel 26.

Die notariellen Urkunden müssen den Tag und den Ort ihrer Errichtung und die Unterschrift des Notars enthalten. Sie sollen in deutscher Sprache errichtet werden.

Der Unterschrift des Notars soll dessen Amtseigenschaft beigesetzt werden. Jede Notariatsurkunde soll mit dem Siegel oder dem Stempel des Notariats versehen werden.

Artikel 27.

Die notariellen Urkunden sollen, soweit nicht ein Anderes bestimmt ist, in der Form von Protokollen aufgenommen werden.

Das Protokoll soll die Bezeichnung der Personen, deren Erklärungen beurkundet werden, die Bezeichnung der Personen, die bei der Beurkundung mitwirken, die Darstellung des beurkundeten Vorganges, die Unterschriften der Personen, deren Erklärungen beurkundet worden sind, und die Unterschriften der Mitwirkenden enthalten.

Das Protokoll soll vor der Beisetzung der Unterschriften von dem Notar oder doch in seiner Gegenwart vorgelesen werden. Liest der Notar das Protokoll nicht selbst vor, so soll er es vorher durchlesen. Er soll im Protokolle feststellen, daß das Vorlesen und Durchlesen geschehen ist.

Artikel 28.

Vor der Beurkundung einer rechtsgeschäftlichen Erklärung hat der Notar den wahren Willen der Betheiligten zu ermitteln. Hegt er Zweifel darüber, ob die Betheiligten die Bedeutung und die Folgen des beabsichtigten Geschäfts völlig erkannt haben, so hat er ihnen die nöthige Belehrung zu ertheilen. Der Wille der Betheiligten ist in dem Protokolle klar, bestimmt und unzweideutig auszudrücken.

Artikel 29.

Macht der Notar bei der Beurkundung eines Rechtsgeschäfts Wahrnehmungen, die geeignet sind, Zweifel darüber zu begründen, ob ein Betheiligter die zu dem Rechtsgeschäft erforderliche Geschäftsfähigkeit besitzt, so soll dies in dem Protokolle festgestellt werden.

Hat der Notar sonstige Zweifel an der Gültigkeit des Geschäfts, so soll er davon den Betheiligten Mittheilung machen; gelingt es nicht, die Zweifel zu beseitigen, so ist die Mittheilung des Notars und die darauf von den Betheiligten abgegebene Erklärung in dem Protokolle festzustellen.

Artikel 30.

Ist ein bei der Beurkundung eines Rechtsgeschäfts Betheiligter taub, so soll das Protokoll ihm zur Durchsicht vorgelegt werden, auch wenn er es nicht verlangt. In dem Protokolle soll festgestellt werden, daß die Vorlegung geschehen ist.

S. 413. Ist ein tauber Betheiligter nicht im Stande, Geschriebenes zu lesen, so soll eine Vertrauensperson zugezogen werden, die sich mit ihm zu verständigen vermag. In dem Protokolle soll festgestellt werden, daß der Betheiligte nach der Ueberzeugung des Notars die Vertrauensperson verstanden hat. Als Vertrauensperson kann auch eine der bei der Beurkundung neben dem Notar mitwirkenden Personen dienen.

Artikel 31.

Vor der Beurkundung einer Erklärung über die Uebertragung des Eigenthums an einem Grundstücke, die Belastung eines Grundstücks mit einem Rechte, die Uebertragung oder Belastung eines solchen Rechtes, die Aenderung eines solchen Rechtes nach Inhalt oder Rang und vor der Beurkundung eines jeden Vertrags, durch den sich der eine Theil verpflichtet, eine solche Uebertragung, Belastung oder Aenderung vorzunehmen, hat der Notar durch Einsicht des Grundbuchs oder eines in jüngster Zeit ausgestellten oder berichtigten Auszugs aus dem Grundbuche sich davon zu überzeugen, ob das beabsichtigte Geschäft mit dem Inhalte des Grundbuchs übereinstimmt. Zeigt sich ein Widerspruch, so hat der Notar wie im Falle des Artikel 29 Abs. 2 zu verfahren. Der Notar soll in dem Protokolle feststellen, ob er die Beurkundung nach Einsicht des Grundbuchs oder eines Auszugs aus dem Grundbuche vorgenommen hat, und soll in letzterem Falle auch den Tag der Ausstellung oder Berichtigung des Auszugs in dem Protokoll angeben.

Die Vorschriften des Abs. 1 gelten auch für Rechte, die den Grundstücken gleichstehen.

Die Verpflichtung zur Einsicht des Grundbuchs oder des Auszugs aus dem Grundbuche kann von den Betheiligten nicht erlassen werden. Ausnahmen sind nur in Nothfällen zulässig. Der Notar soll den Nothfall in der Urkunde feststellen.

Inwieweit der Notar sich zur Einsicht des Grundbuchs seiner Gehilfen bedienen darf, wird durch die Geschäftsordnung bestimmt.

Artikel 32.

Auf notarielle Urkunden über Erklärungen, die nicht Rechtsgeschäfte enthalten, finden die Vorschriften des Artikel 29 Abs. 1 und des Artikel 30 dieses Gesetzes sowie die Vorschriften der §§ 169, 173, 174, des § 176 Abs. 3 und der §§ 178, 179 des Gesetzes über die Angelegenheiten der freiwilligen Gerichtsbarkeit entsprechende Anwendung.

Artikel 33.

Beurkundet der Notar in der Versammlung einer Genossenschaft, einer Gesellschaft mit beschränkter Haftung oder eines Vereins den Gang der Verhandlung, so gelten die Theilnehmer an der Versammlung nicht als Betheiligte.

In der Versammlung ist ein Verzeichniß der erschienenen Genossen, Gesellschafter oder Vereinsmitglieder mit Angabe ihres Namens und Wohnorts aufzustellen. Das Verzeichniß ist vor der ersten Abstimmung zur Einsicht auszulegen; es ist von dem Vorsitzenden zu unterschreiben und mit den Belegen über die ordnungsmäßige Berufung der Versammlung dem Protokolle beizufügen. Die Beifügung der Belege über die Berufung der Versammlung kann unterbleiben, wenn die Belege unter Angabe ihres Inhalts in dem Protokoll angeführt werden.

Artikel 34.

S. 414.

Bei der Beglaubigung von Abschriften, der Beurkundung von Zustellungen, Lebensbescheinigungen und ähnlichen einfachen Zeugnissen bedarf es der Aufnahme eines Protokolls nicht.

Artikel 35.

Die Beglaubigung einer Abschrift geschieht dadurch, daß unter die Abschrift ein Vermerk gesetzt wird, der die Uebereinstimmung mit dem vorgelegten oder vorliegenden Schriftstücke (der Hauptschrift) bezeugt. Aus der beglaubigten Abschrift soll ersichtlich sein, ob die Hauptschrift eine Ausfertigung, eine beglaubigte Abschrift oder eine einfache Abschrift ist. Durchstreichungen, Aenderungen, Einschaltungen, Ausschabungen oder andere Mängel der Hauptschrift sollen in dem Beglaubigungsvermerk angegeben werden.

Soll ein Auszug aus einem Schriftstücke beglaubigt werden, so sind in den Auszug außer denjenigen Theilen des Schriftsücks und seiner Anlagen, welche die Beobachtung der vorgeschriebenen Förmlichkeiten nachweisen, diejenigen Theile aufzunehmen, welche auf den Gegenstand des Auszugs Bezug haben. In dem Beglaubigungsvermerke soll der Gegenstand des Auszugs angegeben und bezeugt werden, daß das Schriftstück und seine Anlagen über diesen Gegenstand weiter nichts enthalten.

Artikel 36.

Vor der Beglaubigung einer Unterschrift oder eines Handzeichens soll der Notar von dem Inhalte des Schriftstücks Kenntniß nehmen. Auf das Verfahren bei der Beglaubigung finden außer den Vorschriften des § 183 des Gesetzes über die Angelegenheiten der freiwilligen Gerichtsbarkeit die Vorschriften im Artikel 29 Abs. 1 dieses Gesetzes und im § 176 Abs. 3 des Gesetzes über die Angelegenheiten der freiwilligen Gerichtsbarkeit entsprechende Anwendung; der Notar braucht jedoch, wenn er denjenigen, dessen Unterschrift oder Handzeichen beglaubigt werden soll, kennt, dies im Beglaubigungsvermerke nicht ausdrücklich zu erwähnen.

Artikel 37.

Die Vorschriften über die äußere Form der notariellen Urkunden werden, soweit sie nicht in Reichsgesetzen und in diesem Gesetz enthalten sind, in der Geschäftsordnung getroffen.

Die Geschäftsordnung bestimmt insbesondere auch, wie die Aenderungen in den Urkunden vorzunehmen sind, wenn solche nothwendig werden, und welche mechanischen Mittel zur Herstellung und Vervielfältigung der Urkunden benutzt werden dürfen.

Artikel 38.

Die Urschriften der notariellen Urkunden bleiben in der Urkundensammlung des Notariats.

Artikel 39.

Inwieweit einzelne Arten von Urschriften den Betheiligten ausgehändigt werden dürfen oder an andere Beamte der Behörden abzugeben sind und inwieweit Urschriften vorübergehend anderen Beamten oder Behörden im dienstlichen Interesse zur Einsicht überlassen werden sollen, bestimmt das Staatsministerium der Justiz.

S. 414.

Artikel 40.

An Stelle der in der Urkundensammlung des Notariats verbleibenden Urschriften erhalten die Betheiligten auf Verlangen Ausfertigungen.

Die Ausfertigungen können nur von dem Notar ertheilt werden, der die Urschrift in seiner dauernden Verwahrung hat.

Artikel 41.

Die Ausfertigung besteht in einer mit dem Ausfertigungsvermerke versehenen Abschrift der Urschrift. Sie soll in der Ueberschrift und im Vermerk als Ausfertigung bezeichnet sein. Der Ausfertigungsvermerk soll den Ort und den Tag der Ausstellung angeben, den Betheiligten bezeichnen, dem die Ausfertigung ertheilt wird, und die Uebereinstimmung der Ausfertigung mit der Urschrift bestätigen. Er ist außer mit der Unterschrift des Notars mit dem Siegel oder Stempel des Notariats zu versehen.

Artikel 42.

Die Ausfertigung kann auf Antrag auch auszugsweise ertheilt werden. Die Vorschriften im Artikel 35 Abs. 2 finden entsprechende Anwendung.

Artikel 43.

Jeder Betheiligte erhält in der Regel nur eine Ausfertigung; im Falle des Bedürfnisses kann er mehrere Ausfertigungen erhalten.

Artikel 44.

Jede Ertheilung einer Ausfertigung soll auf der Urschrift vermerkt werden.

Artikel 45.

Weigert sich der Notar, einem Betheiligten eine Urschrift auszuhändigen oder eine Ausfertigung zu ertheilen, so entscheidet auf Antrag das Landgericht.

Ueber die Weigerung des Notars, einem anderen Beamten oder einer anderen Behörde eine Urschrift vorübergehend oder dauernd zu überlassen, entscheiden die Dienstaufsichtsbehörden.

Artikel 46.

Für die Vollstreckbarkeit der Notariatsurkunden und die Ertheilung vollstreckbarer Ausfertigungen sind die Bestimmungen der Civilprozeßordnung maßgebend.

Artikel 47

Für die Fälle, in denen der Notar die Verwahrung einer Urschrift nach Artikel 39 aufgibt, bestimmt die Geschäftsordnung, inwieweit eine Ausfertigung in der Urkundensammlung des Notariats zurückbehalten werden soll. Die zurückbehaltene Ausfertigung vertritt die Stelle der Urschrift, bis diese zurückgelangt ist.

Artikel 48.

Ist eine Urschrift zu Verlust gegangen, so kann eine Ausfertigung bei dem Notar zu dem Zwecke hinterlegt werden, daß sie die Stelle der Urschrift vertritt. Der Notar hat über die Hinterlegung ein Protokoll aufzunehmen und diesem die hinterlegte Ausfertigung beizuheften.

Vierter Abschnitt. S. 415.

Gebühren.

Artikel 49.

Der Notar bezieht keinen Gehalt aus der Staatskasse, sondern Gebühren.

Den Notaren, deren reines Diensteinkommen die Höhe der Bezüge eines Amtsrichters nicht erreicht, kann bis zu deren Höhe ein Zuschuß aus der Staatskasse bewilligt werden.

Artikel 50.

Die Notariatsgebühren sind von dem zu tragen, der die Thätigkeit des Notars in Anspruch genommen hat. Haben Mehrere die Thätigkeit des Notars zu einem und demselben Geschäft in Anspruch genommen, so haften sie dem Notar gegenüber als Gesammtschuldner. Vereinbarungen der Betheiligten über die Tragung der Gebühren sind nur für die Betheiligten wirksam.

Artikel 51.

Wird die Höhe der von dem Notar angesetzten Notariatsgebühren oder Auslagen von den Betheiligten beanstandet oder ist der Notar zur Beitreibung der Gebühren oder Auslagen veranlaßt, so hat er bei dem Landgerichte die Festsetzung zu beantragen. Als Auslagen gelten hiebei auch die Staatsgebührenvorschüsse. Durch Klage kann der Anspruch nicht geltend gemacht werden. Mit der Einreichung des Antrags auf Festsetzung treten die Wirkungen der Erhebung der Klage ein.

Aus den rechtskräftigen Festsetzungsbeschlüssen findet die Zwangsvollstreckung nach Maßgabe der Bestimmungen der Civilprozeßordnung über die Zwangsvollstreckung aus Kostenfestsetzungsbeschlüssen statt.

Artikel 52.

Auch die von dem Notar in Anspruch Genommenen können die Festsetzung der Gebühren und Auslagen beantragen und zwar selbst dann, wenn sie schon bezahlt haben. Die Vorschriften des Artikel 51 finden entsprechende Anwendung.

Nach dem Eintritte der Rechtskraft des Festsetzungsbeschlusses kann der Notar im Wege der Dienstaufsicht zur Erstattung des zu viel Erhobenen angehalten werden.

Artikel 53.

Die Vorschriften des Artikel 51 und des Artikel 52 Abs. 1 finden auch Anwendung, wenn der Notar gestorben oder aus dem Amte geschieden ist. Der Amtsnachfolger hat auf Ersuchen für den aus dem Amte geschiedenen Notar oder für den Erben des gestorbenen Notars die Festsetzung zu betreiben. Diese selbst können an dem Verfahren nicht theilnehmen.

Ein versetzter Notar kann die Festsetzung selbst betreiben; auf sein Ersuchen hat der Amtsnachfolger ihn im Verfahren (Art. 51, 52) zu vertreten.

Artikel 54.

Der Notar ist, soweit nicht besondere Vorschriften maßgebend sind, verpflichtet, die Amtsgeschäfte vorläufig unentgeltlich vorzunehmen, wenn die Betheiligten, die ihn um die Ausübung seines Amtes angehen, zur Bezahlung der Notariatsgebühren außer Stande sind.

S. 415. Ueber die Verpflichtung des Notars, sein Amt vorläufig unentgeltlich auszuüben, entscheidet auf Antrag des Betheiligten das Landgericht.

Artikel 55.

Der Notar hat gegen den Staat keinen Anspruch auf Entschädigung wegen der im Falle des Artikel 54 ihm entgangenen Gebühren. Die nothwendigen Reisekosten werden ihm aus der Staatskasse vergütet.

Artikel 56.

Der Notar kann bis zur Entrichtnng der Gebühren und Erstattung der Auslagen die Aushändigung der Urschriften, Ausfertigungen und Abschriften an die Betheiligten und die Vorlage der Urschriften, Ausfertigungen und Abschriften für die Betheiligten an Gerichte und andere Behörden verweigern, endlich die in seinen Händen befindlichen Urkunden, Gelder und Werthpapiere, soweit es erforderlich ist, zurückbehalten.

Ueber die Berechtigung und Verweigerung oder der Zurückbehaltung entscheidet auf Antrag das Landgericht. Eine Anfechtung der Entscheidung findet nicht statt.

Artikel 57.

Der Notar hat nach näherer Bestimmung der Geschäftsordnung über seine Gebühren und Auslagen Buch zu führen.

Fünfter Abschnitt.

Gerichtliche Entscheidung. Beschwerde.

Artikel 58.

Der Antrag auf Entscheidung des Landgerichts in den Fällen des Artikel 18, des Artikel 23 Abs. 1, des Artikel 45 Abs. 1, der Artikel 51 bis 54 und des Artikel 56 kann schriftlich oder zum Protokolle des Notars oder des Gerichtsschreibers des Landgerichts gestellt werden.

Artikel 59.

Für Entscheidung ist dasjenige Landgericht zuständig, in dessen Bezirke das Notariat seinen Sitz hat.

Das Landgericht entscheidet in einer Civilkammer. Der Präsident des Landgerichts hat sich in diesen Fällen der Civilkammer anzuschließen.

Artikel 60.

Das Gericht hat von Amtswegen die zur Feststellung der Thatsachen erforderlichen Ermittelungen zu veranstalten und die geeignet erscheinenden Beweise aufzunehmen.

Die Entscheidung erfolgt in nicht öffentlicher Sitzung ohne mündliche Verhandlung. Sie ist dem Notar und dem Betheiligten von Amtswegen zuzustellen.

Artikel 61.

Gegen die Entscheidung des Landgerichts findet in den Fällen der Artikel 23, 45, 51 bis 54 das Rechtsmittel der Beschwerde statt. In den Fällen der Artikel 51 bis 54 steht die Beschwerde auch dem Notar zu.

Ueber die Beschwerde entscheidet das Oberste Landesgericht in einem Civilsenat in der Besetzung von fünf Mitgliedern mit Einschluß des Vorsitzenden. S. 416.

Artikel 62.

Die Einlegung der Beschwerde erfolgt durch Einreichung einer Beschwerdeschrift oder durch Erklärung zum Protokolle des Gerichtsschreibers des Landgerichts oder des Obersten Landesgerichts. Der Unterzeichnung der Beschwerdeschrift durch einen Rechtsanwalt bedarf es nicht.

In den Fällen der Artikel 51 bis 53 ist die Beschwerde binnen einer Frist von zwei Wochen einzulegen. Die Frist beginnt mit dem Zeitpunkt, in welchem die Entscheidung des Landgerichts dem Beschwerdeführer zugestellt worden ist.

Auf das Verfahren des Obersten Landesgerichts finden die Vorschriften des Artikel 60 entsprechende Anwendung.

Artikel 63.

Die Entscheidungen des Landgerichts erfolgen kostenfrei. Das Gleiche gilt von den Entscheidungen des Obersten Landesgerichts in den Fällen des Artikel 54. In den Fällen der Artikel 23, 45, 51 bis 53 sind die Kosten einer ohne Erfolg eingelegten Beschwerde dem Beschwerdeführer ganz oder theilweise aufzuerlegen.

Sechster Abschnitt.

Dienstaufsicht und Disziplin.

Artikel 64.

Die Dienstaufsicht steht zu:

1. dem Präsidenten des Landgerichts über die Notare des Landgerichtsbezirks;
2. dem Präsidenten des Oberlandesgerichts über die Notare des Oberlandesgerichtsbezirks;
3. dem Staatsministerium der Justiz über alle Notare des Königreichs.

Der Präsident des Oberlandesgerichts und des Landgerichts kann sich mit Genehmigung des Staatsministeriums der Justiz bei der Erledigung einzelner Aufsichtsgeschäfte, die sich auf ein untergebenes Notariat beziehen, durch einen richterlichen Beamten des Gerichts, dessen Vorstand er ist, vertreten lassen.

Artikel 65.

In dem Rechte der Aufsicht liegt die Befugniß, die ordnungsgemäße Ausführung der Geschäfte und die standesgemäße Führung der Notare zu überwachen, innerhalb des Rahmens der Gesetze Weisungen zu erlassen, die Erledigung eines Amtsgeschäfts durch Zwangsstrafen herbeizuführen und erforderlichenfalls die Einschreitung im Dienststrafverfahren zu veranlassen.

Der Festsetzung der Zwangsstrafe muß eine Androhung vorausgehen. Die einzelne Strafe darf den Betrag von einhundert Mark nicht übersteigen; die Festsetzung der Strafe erfolgt schriftlich. Gegen die Strafverfügung des Präsidenten des Landgerichts und des Oberlandesgerichts ist Beschwerde im Dienstaufsichtswege zulässig.

Artikel 66.

Die Notare sind verpflichtet, den Beamten, denen die Dienstaufsicht zusteht, sowie den von diesen beauftragten Beamten die Einsicht ihrer Akten und

S. 416. Urkunden,. Bücher und Register zu gestatten, dienstliche Aufschlüsse jeder Art zu geben und auf Verlangen die in ihrer amtlichen Verwahrung befindlichen Gelder und sonstigen Gegenstände vorzuzeigen. Testamente und Erbverträge, die noch nicht verkündet sind, dürfen nicht eingesehen werden.

Artikel 67.

Der Notar, der die ihm durch sein Amt auferlegten Pflichten schuldhaft verletzt oder durch sein Verhalten in oder außer dem Amte gegen die Ehre und Würde des Standes verstößt, macht sich eines Dienstvergehens schuldig.

Artikel 68.

Ein Verstoß gegen die Ehre und Würde des Standes ist immer anzunehmen, wenn ein Notar:

1. Börsenspekulationen oder Spekulationen mit Grundstücken, Rechten, Forderungen und Erbschaftsmassen oder Mäklergeschäfte betreibt;
2. sich an Geschäften betheiligt, bei denen er amtlich mitwirkt,
3. unter seinem Namen fremde Geschäfte macht oder auf seinen Namen fremde Gelder anlegt, die ihm aus Anlaß seiner Amtsgeschäfte anvertraut worden sind;
4. sich unter was immer für einem Titel als Gewährsmann oder Bürge für Geschäfte verpflichtet, welche durch seine amtliche Vermittelung zu Stande gekommen sind oder bei denen er amtlich mitwirken soll.

Artikel 69.

Minder erhebliche Dienstvergehen sind mit Ordnungsstrafen zu ahnden, erheblichere mit Disziplinarstrafen.

Artikel 70.

Ordnungsstrafen sind:

1 Warnung,
2. Geldstrafe bis zu fünfzig Mark;

Disziplinarstrafen sind:

1. Verweis,
2. Geldstrafe von mehr als fünfzig bis zu dreitausend Mark,
3. Strafversetzung,
4. Dienstentlassung.

Die Art und das Maß der Strafe sind nach der Schwere des Dienstvergehens unter besonderer Rücksichtnahme auf das gesammte Verhalten des Notars zu bestimmen.

Beim Zusammentreffen mehrerer Dienstvergehen kann neben der Dienstentlassung auf eine andere Strafe nicht erkannt werden.

Artikel 71.

Auf Dienstentlassung ist zu erkennen, wenn ein Notar durch grobe Verletzung der Amtspflicht oder durch unsittliches oder die Achtung, welche der Beruf erfordert, entziehendes Handeln oder Verhalten sich eines Dienstvergehens von solcher Schwere schuldig macht, daß er ohne offenbaren Nachtheil für die Würde des Standes oder ohne schwere Gefährdung der Interessen der Rechtsuchenden nicht im Amte belassen werden kann.

S. 417.

Artikel 72.

Auf Dienstentlassung kann nicht erkannt werden

1 in den Fällen, der Artikel 103 bis 106, 109 des Ausführungsgesetzes zur Strafprozeßordnung;

2. wenn in sonstigen Fällen ein Notar bereits dreimal eine Disziplinar- S. 417.
bestrafung erlitten hat und neuerdings zur Verhängung einer Disziplinarstrafe Anlaß gibt.

Artikel 73.

Die Dienstentlassung hat den Verlust des Notartitels und der dem Notar als solchem verliehenen Ehrentitel von Rechtswegen zur Folge.

Artikel 74.

Auf Strafversetzung ist zu erkennen:

1. wenn ein Notar durch eine Handlung, die ein Dienstvergehen bildet, die Achtung oder das Vertrauen der Bevölkerung des Notariatsbezirks verloren hat, so daß er in diesem Bezirke nicht belassen werden kann,
2. wenn nach Lage des Falles die Verhängung einer Geldstrafe ungenügend und nicht die Verhängung der Dienstentlassung veranlaßt ist.

Artikel 75.

Die Strafverfolgung von Dienstvergehen verjährt in fünf Jahren.

Jede Handlung des Richters im Strafverfahren und im Dienststrafverfahren, welche wegen der begangenen That gegen den Thäter gerichtet ist, unterbricht die Verjährung. Nach der Unterbrechung beginnt eine neue Verjährung.

Artikel 76.

Ein vom Amte enthobener Notar kann wegen eines Dienstvergehens nur dann verfolgt werden, wenn auf Dienstentlassung zu erkennen wäre, falls er sich noch im Dienste befände. In diesem Falle ist statt auf Dienstentlassung auf Verlust des Titels und des Ehrentitels zu erkennen.

Hat der vom Amte enthobene Notar auf den Titel und den Ehrentitel verzichtet, so kann er wegen eines Dienstvergehens nicht mehr verfolgt werden.

Wird im Laufe des wegen eines Dienstvergehens eingeleiteten Verfahrens die Bestrafung des Notars durch die Enthebung vom Amte oder den Verzicht auf Titel und Ehrentitel unzulässig, so ist das Verfahren einzustellen.

Die Vorschriften des Artikel 106 des Ausführungsgesetzes zur Strafprozeßordnung bleiben unberührt.

Artikel 77.

Hat ein Notar während seines früheren Dienstverhältnisses als Staatsbeamter oder als öffentlicher Beamter ein Dienstvergehen begangen, so unterliegt er auch hierwegen den Vorschriften dieses Gesetzes.

Wegen einer Handlung, die ein Notar vor seiner Anstellung zu einer Zeit begangen hat, zu der er weder Staatsbeamter noch öffentlicher Beamter war, ist ein Einschreiten im Dienststrafverfahren nur dann zulässig, wenn jene Handlung die Strafversetzung oder die Dienstentlassung begründet.

Artikel 78.

Hat der Staatsanwalt in einem strafgerichtlichen Verfahren die öffentliche Klage erhoben, so darf gegen den Beschuldigten wegen der nämlichen Thatsachen vor Beendigung des strafrechtlichen Verfahrens das Dienststrafverfahren weder eingeleitet noch fortgesetzt werden.

S. 417. Ist im strafgerichtlichen Verfahren wegen Abwesenheit des Beschuldigten die vorläufige Einstellung beschlossen, so kann das Dienststrafverfahren eingeleitet und fortgesetzt werden.

Artikel 79.

Wenn vom Strafgericht auf Freisprechung erkannt ist, so findet wegen derjenigen Thatsachen, welche im strafgerichtlichen Verfahren Gegenstand der Aburtheilung waren, ein Dienststrafverfahren nur noch insoferne statt, als jene Thatsachen an sich und ohne ihre Beziehung zu dem gesetzlichen Thatbestande der strafbaren Handlung, auf welche das Strafverfahren sich erstreckte, ein Dienstvergehen enthalten.

Die Freisprechung wegen Verjährung schließt die Einleitung oder Fortsetzung des Dienststrafverfahrens nicht aus, solange die Strafverfolgung noch nicht gemäß Artikel 75 ausgeschlossen ist.

Ist in einem strafgerichtlichen Verfahren eine Verurtheilung erfolgt, welche nicht den Verlust des Amtes zur Folge hat, so bleibt es dem Ermessen der Aufsichtsbehörden überlassen, zu entscheiden, ob die Einleitung des Dienststrafverfahrens zu veranlassen sei. Ist das Dienststrafverfahren schon eingeleitet, so bleibt die Entscheidung darüber, ob es fortzusetzen sei, dem Ermessen des Gerichts überlassen.

Artikel 80.

Die Ordnungsstrafen werden von der Civilkammer des Landgerichts verhängt, in dessen Bezirke der Notar zur Zeit der Einleitung des Verfahrens seinen Amtssitz hat. Der Präsident des Landgerichts hat sich in diesen Fällen der Civilkammer anzuschließen.

Das Landgericht soll, wenn es zur Aufklärung des Sachverhältnisses nöthig ist, den Notar hören, die erforderlichen Ermittelungen von Amtswegen vornehmen und den Staatsanwalt von der Einleitung des Verfahrens in Kenntniß setzen, der Staatsanwalt kann die Akten einsehen und sich mündlich oder schriftlich äußern.

Die Entscheidung erfolgt in nicht öffentlicher Sitzung ohne mündliche Verhandlung. Sie ist mit Gründen zu versehen, dem Verurtheilten von Amtswegen zuzustellen und dem Staatsanwalte zur Einsicht vorzulegen; die Vorlegung gilt als Zustellung an den Staatsanwalt.

Artikel 81.

Gegen die Entscheidung des Landgerichts steht dem Staatsanwalt und dem Verurtheilten binnen einer Frist von zwei Wochen die Beschwerde zu. Die Frist beginnt mit dem Zeitpunkt, in dem die Entscheidung dem Beschwerdeführer zugestellt ist. Die Beschwerde ist bei dem Landgericht einzulegen. Die Einlegung erfolgt durch Einreichung einer Beschwerdeschrift. Eine Abschrift der Beschwerdeschrift ist dem Gegner des Beschwerdeführers von Amtswegen mitzutheilen. Ist die vom Staatsanwalt angefochtene Entscheidung nicht schon nach Artikel 80 Abs. 3 dem Notar zugestellt worden, so ist sie ihm mit der Beschwerdeschrift mitzutheilen.

Ueber die Beschwerde entscheidet die nach dem Disziplinargesetze für
S. 418. richterliche Beamte vom 26. März 1881 bei dem || Oberlandesgerichte errichtete Disziplinarkammer als Notariatsdisziplinarkammer auf Vortrag eines Berichterstatters in nicht öffentlicher Sitzung. Im Uebrigen finden auf das Verfahren die Vorschriften des Artikel 80 entsprechende Anwendung.

Das Beschwerdegericht kann die Beschwerde verwerfen, die Entscheidung des Landgerichts ändern oder die Einleitung des Disziplinarverfahrens beschließen. Hat nur der Notar die Beschwerde eingelegt, so kann das Beschwerdegericht die Ordnungsstrafe nicht erhöhen. S. 418.

Gegen die Entscheidung des Beschwerdegerichts steht kein weiteres Rechtsmittel zu.

Artikel 82.

Der Vollzug der im Ordnungsstrafverfahren verhängten Warnung erfolgt durch den Präsidenten des Landgerichts. Die Vollstreckung der Geldstrafen geschieht nach den Vorschriften der Civilprozeßordnung. Der Staatsanwalt hat auf Grund einer von dem Gerichtsschreiber des Landgerichts ertheilten, mit der Bescheinigung der Vollstreckbarkeit versehenen Ausfertigung der Urtheilsformel die Beitreibung der Geldstrafe zu erwirken.

Artikel 83.

Für die Entscheidungen im Disziplinarverfahren sind die nach dem Gesetze vom 26. März 1881 errichteten Disziplinargerichte zuständig. In erster Instanz entscheidet die Disziplinarkammer als Notariatsdisziplinarkammer, in zweiter Instanz der Disziplinarhof als Notariatsdisziplinarhof.

Artikel 84.

Die Vorschriften der Artikel 12 bis 50, des Artikel 52 Abs. 1, des Artikel 54 Abs. 2 bis 6, der Artikel 55, 56, 58 des Gesetzes vom 26. März 1881 finden auf das Disziplinarstrafverfahren entsprechende Anwendung.

Für die Einreichung der Schriftsätze zur Rechtfertigung und Beantwortung der Berufung bestehen keine Fristen. Die Akten werden alsbald nach Ablauf der Frist für die Anmeldung der Berufung an den Disziplinarhof eingesendet.

Ist die Berufung nicht auf bestimmte Beschwerdepunkte beschränkt, oder ist eine Rechtfertigung überhaupt nicht erfolgt, so gilt der ganze Inhalt des Urtheils als angefochten.

Artikel 85.

Findet die Disziplinarkammer oder der Disziplinarhof bei der Entscheidung über die Eröffnung des Hauptverfahrens, daß nur für ein minder erhebliches Dienstvergehen hinreichende Anhaltspunkte vorliegen, so ist die Sache an das Landgericht zu verweisen. Gegen den Beschluß der Disziplinarkammer auf Verweisung an das Landgericht steht dem Staatsanwalte die Beschwerde an den Disziplinarhof zu. Das Landgericht hat nach Maßgabe des Artikel 80 zu verfahren und hiebei die Anschauung, daß kein erheblicheres Dienstvergehen vorliegt, seiner Entscheidung zu Grunde zu legen.

Findet die Disziplinarkammer oder der Disziplinarhof auf Grund der Hauptverhandlung, daß nicht eine Disziplinarstrafe sondern nur eine Ordnungsstrafe zu verhängen ist, so ist durch Urtheil auf die Ordnungsstrafe zu erkennen. Die Verweisung an das Landgericht findet nicht statt. Das Urtheil steht in Ansehung der Rechtsmittel und des Vollzugs einem Urtheil gleich, durch das eine Disziplinarstrafe ausgesprochen ist.

Artikel 86.

Ein Notar kann wider seinen Willen auf eine andere Stelle versetzt werden:

1. wenn ohne sein Verschulden Umstände eingetreten sind, durch die seine

S. 418. amtliche Wirksamkeit auf der bisherigen Stelle in einer nicht blos vorübergehenden Art erheblich gestört wird;

2. wenn solche Umstände zwar nicht ohne sein Verschulden eingetreten sind, die Verfolgung im Dienststrafverfahren aber wegen Verjährung oder aus anderen Gründen nicht erfolgen kann.

Dem auf Grund der Vorschrift im Abs. 1 Nr. 1 versetzten Notar sind die Umzugskosten aus der Staatskasse zu vergüten.

Artikel 87.

Soll ein Notar auf Grund des Artikel 86 versetzt werden, so wird ihm dies im Auftrage des Staatsministeriums der Justiz durch den Präsidenten des Oberlandesgerichts schriftlich unter Angabe der Gründe eröffnet. Dabei wird er aufgefordert, binnen einer Frist von zwei Wochen eine Erklärung abzugeben.

Gibt der Notar innerhalb der Frist eine Erklärung nicht ab oder erhebt er Einsprache gegen die Versetzung, so hat, soferne nicht die Einsprache von dem Staatsministerium der Justiz als begründet befunden wird, die Disziplinarkammer endgültig zu entscheiden, ob der Fall der Versetzung vorliegt. Vor der Entscheidung hat der Präsident des Oberlandesgerichts oder ein von ihm beauftragter Richter die nöthigen Ermittelungen vorzunehmen; dem Notar und dem Staatsanwalt ist Gelegenheit zu geben, sich über das Ergebniß der Ermittelungen zu äußern. Die Disziplinarkammer entscheidet in der für Disziplinarstrafsachen vorgeschriebenen Besetzung in nicht öffentlicher Sitzung auf Vortrag eines Berichterstatters. Die Entscheidung ist in beglaubigter Abschrift dem Notar zuzustellen.

Erachtet das Staatsministerium der Justiz die Einsprache des Notars gegen seine Versetzung als begründet, so erklärt es die Sache für beruhend und benachrichtigt davon den Notar.

Willigt der Notar in die Versetzung, so bedarf es einer richterlichen Entscheidung nicht.

Artikel 88.

Ein Notar kann wider seinen Willen vom Amte enthoben werden:

1. wenn er wegen eines körperlichen Gebrechens oder wegen Schwäche seiner körperlichen oder geistigen Kräfte zur Erfüllung seiner Amtspflichten unfähig ist;
2. wenn ohne sein Verschulden Umstände eingetreten sind, durch die seine amtliche Wirksamkeit auch auf einer anderen Stelle nicht blos vorübergehend gestört wäre;
3. wenn solche Umstände zwar nicht ohne sein Verschulden eingetreten sind, die Verurtheilung zur Dienstentlassung aber wegen Verjährung oder aus anderen Gründen nicht erfolgen kann.

Artikel 89.

Auf das Verfahren bei der Enthebung eines Notars vom Amte nach Artikel 88 finden die Vorschriften des Artikel 87 entsprechende Anwendung.

S. 419. Vor der Entscheidung sind durch einen beauftragten Richter die erforderlichen Zeugen und Sachverständigen zu vernehmen, sowie alle zur Ermittelung des Sachverhaltes dienenden Erhebungen zu pflegen. Am Schlusse muß der Notar über das Gesammtergebniß der Erhebungen schriftlich oder zu Protokoll vernommen werden, sofern nicht nach ärztlichem Gutachten sein körperlicher oder geistiger Zustand die Zulässigkeit der Vernehmung ausschließt.

Zum Zweck der Abgabe seiner Erklärungen ist dem Notar die Einsicht der Akten zu gestatten. S. 419.

Artikel 90.

Für das Dienststrafverfahren und das Verfahren nach den Artikeln 87, 89 werden nur baare Auslagen in Ansatz gebracht.

Wird der Angeschuldigte verurtheilt oder bleibt ein von ihm eingelegtes Rechtsmittel erfolglos, so hat er die im Verfahren erwachsenen Auslagen ganz oder theilweise zu erstatten.

Die Kosten des nach Artikel 76 Abs. 3 eingestellten Verfahrens trägt der Beschuldigte, die Kosten eines von einem Verurtheilten zurückgenommenen Rechtsmittels der Verurtheilte. Baare Auslagen, welche in dem in den Artikeln 87, 89 behandelten Verfahren für erfolglose, durch Schuld des Notars veranlaßte Ermittelungen erwachsen sind, sind von diesem zu erstatten.

Ueber die Pflicht zur Tragung der Kosten ist gleichzeitig mit der Entscheidung in der Hauptsache zu erkennen.

Artikel 91.

Die vorläufige Enthebung des Notars vom Dienste (Suspension) tritt entweder Kraft des Gesetzes ein oder sie wird von dem Disziplinargericht oder dem Staatsministerium der Justiz verhängt.

Der suspendirte Notar hat sich der Vornahme von Amtshandlungen zu enthalten.

Amtshandlungen eines suspendirten Notars sind jedoch nicht deshalb unwirksam, weil sie der Vorschrift des Abs. 2 zuwider vorgenommen worden sind.

Artikel 92.

Die Suspension tritt Kraft des Gesetzes ein

1. wenn im gerichtlichen Strafverfahren gegen den Notar die Untersuchungshaft verhängt ist, für deren Dauer;
2. wenn gegen den Notar wegen eines Verbrechens oder wegen eines Vergehens, das den Verlust des Amtes nach sich ziehen kann, das Hauptverfahren eröffnet ist, für die Zeit bis zur Erledigung des Strafverfahrens;
3. wenn im Disziplinarstrafverfahren ein noch nicht rechtskräftiges Urtheil auf Dienstentlassung ergangen ist, für die Zeit bis zur Aufhebung oder zum Vollzuge des Urtheils;
4. mit dem Antritt einer Freiheitsstrafe für die Dauer der Vollstreckung;
5. mit der Eröffnung des Konkursverfahrens für dessen Dauer,
6. mit der Einleitung des Entmündigungsverfahrens für dessen Dauer, im Falle der Entmündigung auch für die Zeit bis zu deren Wiederaufhebung;
7 mit der Stellung unter vorläufige Vormundschaft für die Dauer der vorläufigen Vormundschaft.

Artikel 93.

Die Suspension kann von der Disziplinarkammer verhängt werden:

1. wenn gegen den Notar ein Disziplinarverfahren anhängig ist, bei dem die Verurtheilung zur Strafversetzung oder Dienstentlassung in Aussicht steht;
2. wenn außer dem Falle des Artikel 92 Nr. 2 gegen den Notar eine Voruntersuchung oder ein Hauptverfahren wegen eines Verbrechens oder Vergehens eröffnet ist;

S. 419. 3. wenn gegen den Notar ein Verfahren nach den Artikeln 88, 89 eingeleitet ist.

Die Entscheidung erfolgt von Amtswegen oder auf Antrag des Staatsanwalts. Sie ist mit Gründen zu versehen und dem Notar zuzustellen. Gegen die Entscheidung ist Beschwerde zum Disziplinarhofe zulässig. Die Beschwerde hat keine aufschiebende Wirkung.

Ist gegen einen Notar ein Disziplinarstrafverfahren wegen einer Handlung anhängig, die seine Verlässigkeit in Geldangelegenheiten in Frage stellt, so kann ihm die Disziplinarkammer schon vor der Verhängung der Suspension die im Artikel 13 eingeräumte Befugniß einstweilen entziehen.

Im Falle des Abs. 1 Nr. 1 und des Abs. 3 kann die Maßregel im Laufe des Berufungsverfahrens vom Disziplinarhof auch dann verhängt werden, wenn die Disziplinarkammer eine Entscheidung darüber nicht getroffen hat.

Artikel 94.

Die Suspension kann vom Staatsministerium der Justiz verhängt werden:

1. wenn der Notar sich ohne Urlaub von seinem Amtssitz entfernt, für die Dauer der Abwesenheit und der darauf folgenden zehn Tage;
2. wenn gegen den Notar die Zulässigkeit der Enthebung vom Amte nach den Artikeln 88, 89 ausgesprochen ist, für die Zeit bis zur Enthebung;
3. wenn der Notar rechtskräftig zur Strafversetzung verurtheilt oder nach den Artikeln 86, 87 für versetzbar erklärt ist, für die Zeit bis zur Versetzung. Die Suspension tritt mit dem Ablaufe von sechs Monaten außer Wirksamkeit, wenn die Versetzung bis dahin nicht erfolgt ist.

Siebenter Abschnitt.

Notariatsverweser.

Artikel 95.

Für die Dauer der Beurlaubung, der Suspension oder der sonstigen Behinderung des Notars soll die Wahrnehmung der Amtsgeschäfte einem Amtsverweser (Notariatsverweser) übertragen werden.

Ein Notariatsverweser soll ferner bestellt werden, wenn ein Notariat vorübergehend nicht besetzt ist oder wenn die Besetzung eines Notariats mit einem Notar wegen der Geringfügigkeit der Zahl der Amtsgeschäfte unthunlich ist.

Artikel 96.

Notariatsverweser kann nur werden, wer die Voraussetzungen für die Ernennung zum Notar erfüllt hat.

S. 420. Von dem Erfordernisse der Ableistung eines Vorbereitungsdienstes in einem Notariate kann für die Bestellung zum Notariatsverweser außer bei Personen, die das Richteramt bekleiden oder bekleidet haben, auch bei den zum Richteramte befähigten Gerichtsschreibern der Amtsgerichte abgesehen werden.

Ein Rechtsanwalt kann nicht zum Notariatsverweser bestellt werden.

Artikel 97

Die Richter und die zum Richteramte befähigten Gerichtsschreiber der Amtsgerichte sind verpflichtet, sich am Sitze des Gerichts zum Notariatsverweser bestellen zu lassen.

Artikel 98.

S. 420.

Ein Notar oder Notariatsverweser soll zum Verweser eines anderen Notariats, das nicht am gleichen Orte seinen Sitz hat, nur ausnahmsweise bestellt werden.

Artikel 99.

Wird die Bestellung eines Notariatsverwesers wegen der Erledigung des Notariats oder wegen der Suspension des Notars nothwendig, so erfolgt sie von Amtswegen.

In allen übrigen Fällen hat zunächst der Notar auf dem Dienstwege die Aufstellung eines Notariatsverwesers zu beantragen und eine geeignete Person vorzuschlagen.

Artikel 100.

Die Bestellung zum Notariatsverweser erfolgt durch das Staatsministerium der Justiz; sie ist widerruflich.

In dringlichen Fällen kann der Landgerichtspräsident einen Notariatsverweser vorläufig bestellen.

Das Staatsministerium der Justiz kann die Befugniß zur Bestellung von Notariatsverwesern den Oberlandesgerichtspräsidenten oder den Landgerichtspräsidenten übertragen.

Artikel 101.

Die Amtsbefugniß des Notariatsverwesers beginnt mit der Uebernahme der Geschäfte des Notariats und endigt mit der Uebergabe der Geschäfte an den Notar oder einen anderen Notariatsverweser. Während dieser Zeit soll sich der Notar der Vornahme von Amtsgeschäften enthalten.

Artikel 102.

Ist ein Notar, für den wegen Erkrankung oder Abwesenheit ein Notariatsverweser für bestimmte Zeit bestellt ist, mit Ablauf dieser Zeit nicht dienstfähig geworden oder nicht zurückgekehrt, so hat der Notariatsverweser hievon Anzeige zu erstatten und die Geschäfte des Notariats bis auf Weiteres fortzuführen.

Das Gleiche gilt für den Fall, daß ein Notar, für den ein Notariatsverweser bestellt ist, während der Dauer der Geschäftsführung des Notariatsverwesers stirbt.

Artikel 103.

Ein Notar, für den wegen Beurlaubung oder Erkrankung für bestimmte Zeit ein Notariatsverweser bestellt ist, kann vor Ablauf dieser Zeit die Geschäfte wieder übernehmen.

Artikel 104.

Inwieweit die Bestellung der Notariatsverweser und die Wiederübernahme der Geschäfte durch den Notar öffentlich bekannt zu machen ist und wie die Bekanntmachung zu erfolgen hat, bestimmt das Staatsministerium der Justiz.

Artikel 105.

Der Notariatsverweser soll, sofern er nicht Amtsrichter ist, vor dem Amtsantritte den Amtseid der Notare leisten. Der Eid wird in der öffentlichen Sitzung des Landgerichts geleistet. Der Präsident des Landgerichts kann die

S. 420. Abnahme des Eides dem Amtsgericht übertragen, in dessen Bezirke das Notariat seinen Sitz hat; die Eidesleistung erfolgt in der öffentlichen Sitzung des Amtsgerichts.

Ein Notariatsverweser, der den Eid einmal geleistet hat, braucht ihn als Verweser nicht noch einmal zu leisten.

Artikel 106.

Der für einen verhinderten Notar bestellte Notariatsverweser soll die Amtsgeschäfte in den Geschäftsräumen des Notars vornehmen.

Ist ein Notar, ein Amtsrichter oder ein Gerichtsschreiber für einen verhinderten Notar zum Notariatsverweser bestellt, so kann er die Geschäfte, soweit es nach den Umständen angeht, auch in seinen eigenen Amtsräumen vornehmen.

Artikel 107.

Amtsrichter und Gerichtsschreiber, die zu Notariatsverwesern bestellt sind, bedürfen zur Uebernahme des Amtes des Testamentsvollstreckers der Genehmigung der Dienstaufsichtsbehörde.

Artikel 108.

Ist ein Amtsrichter oder Gerichtsschreiber zum Verweser eines unbesetzten Notariats bestellt, so kann das Staatsministerium der Justiz die Besorgung des gesammten Gebührenwesens dem rechnungsführenden Gerichtsschreiber des Amtsgerichts übertragen.

Artikel 109.

Der für einen verhinderten Notar bestellte Notariatsverweser hat die Gehilfen des Notars zum Dienste zu verwenden. Er kann nöthigenfalls Gehilfen aufnehmen und entlassen.

Artikel 110.

Der Notariatsverweser soll seiner Unterschrift seine amtliche Eigenschaft als Verweser beisetzen.

Artikel 111.

Der für einen verhinderten Notar bestellte Notariatsverweser führt die Geschäfte auf Rechnung des Notars. Er kann von dem Notar eine angemessene Vergütung für seine Dienstleistung beanspruchen. Entsteht Streit über die Vergütung, so entscheidet das Staatsministerium der Justiz nach Anhörung der Notariatskammer. Der Rechtsweg ist ausgeschlossen.

Einem Richter oder Gerichtsschreiber darf von dem Notar eine Vergütung weder gewährt noch zugesagt werden. Das Staatsministerium der Justiz
S. 421. kann dem Richter oder || Gerichtsschreiber bei längerer Dauer der Geschäftsführung für seine außerordentlichen Dienstleistungen eine angemessene Vergütung aus der Staatskasse bewilligen; es kann die Bestellung des Notariatsverwesers davon abhängig machen, daß der verhinderte Notar die Stellvertretungskosten dem Staate vergütet.

Artikel 112.

Der Verweser eines unbesetzten Notariats führt, wenn er nicht Amtsrichter oder Gerichtsschreiber ist, die Geschäfte auf eigene Rechnung. Das

Staatsministerium der Justiz kann bestimmen, daß die Geschäfte auf Rechnung des Staates geführt werden. In diesem Falle ist dem Notariatsverweser ein fester Bezug aus der Staatskasse zu bewilligen. Der Bezug soll in der Regel die Anfangsbezüge eines Amtsrichters nicht übersteigen. S. 421.

Artikel 113.

Wird ein Amtsrichter oder ein Gerichtsschreiber zum Verweser eines unbesetzten Notariats bestellt, so werden die Geschäfte auf Rechnung der Staatskasse geführt. Dem Amtsrichter oder Gerichtsschreiber kann bei längerer Dauer der Geschäftsführung eine angemessene Vergütung bewilligt werden.

Artikel 114.

Der Notariatsverweser, der die Geschäfte auf fremde Rechnung führt, hat von den im Artikel 56 gegebenen Befugnissen Gebrauch zu machen. Unterläßt er dieß, so haftet er für die Entrichtung der Gebühren und die Erstattung der Auslagen.

Artikel 115.

Hat ein auf den Vorschlag des Notars bestellter Notariatsverweser durch eine Amtshandlung einem Dritten Schaden zugefügt, so ist zum Ersatze des Schadens und der bei der Geltendmachung des Ersatzanspruchs erwachsenen Kosten auch der Notar verpflichtet. Der Notar und der Notariatsverweser haften dem Beschädigten als Gesammtschuldner; im Verhältniß zwischen ihnen ist der Notariatsverweser allein verpflichtet.

Artikel 116.

Notariatsverweser, die Amtsrichter oder Gerichtsschreiber sind, unterliegen hinsichtlich der Dienstaufsicht und Disziplin den für die Richter und die Gerichtsschreiber bestehenden Vorschriften auch bei der Führung der Notariatsgeschäfte.

Andere Notariatsverweser sind wie Notare zu behandeln, doch ist die Verhängung der Strafversetzung und der Dienstentlassung gegen Notariatsverweser, soferne sie nicht Notare sind, ausgeschlossen. Statt auf Dienstentlassung ist auf Ausschluß von der Verwendung als Notariatsverweser zu erkennen.

Artikel 117

Wegen eines während der Dauer der Amtsführung begangenen Dienstvergehens kann der Notariatsverweser auch nach der Beendigung der Amtsführung verfolgt werden. Die Verfolgung des Notariatsverwesers, der nicht Amtsrichter oder Gerichtsschreiber ist, ist ausgeschlossen, wenn er der Dienstaufsichtsbehörde gegenüber schriftlich auf die fernere Verwendung im Notariatsdienste verzichtet.

Wegen eines Dienstvergehens, das ein Notariatsverweser nach der Beendigung seiner Amtsführung begangen hat, kann er, abgesehen von dem Falle des Artikel 106 des Ausführungsgesetzes zur Strafprozeßordnung, nicht verfolgt werden.

Artikel 118.

Soweit nicht in diesem Abschnitt ein Anderes bestimmt ist, finden die in den vorhergehenden Abschnitten für die Notare gegebenen Vorschriften auf die Notariatsverweser entsprechende Anwendung. Die Vorschriften der Artikel 86 bis 89, 93, 94 finden auf die Notariatsverweser keine Anwendung.

S. 421.

Achter Abschnitt.

Sammelarchive.

Artikel 119.

Das Staatsministerium der Justiz kann bestimmen, daß die Urkunden, welche sich seit längerer Zeit — mindestens aber seit zwanzig Jahren — bei den Notaren in Verwahrung befinden, im Sammelarchive abgeliefert werden. Testamente und Erbverträge, die noch nicht verkündet sind, sind von der Ablieferung ausgeschlossen.

Die Ablieferung und die weitere Verwahrung erfolgt auf Staatskosten.

Die zur Verwaltung der Sammelarchive berufenen Beamten haben bezüglich der in die Archive abgelieferten Urkunden die gleichen Befugnisse und Pflichten, welche die Notare vor der Ablieferung hatten.

Neunter Abschnitt.

Notariatskammern.

Artikel 120.

In jedem Oberlandesgerichtsbezirke wird mindestens eine Notariatskammer gebildet.

Die zum Vollzuge dieser Vorschrift erforderlichen Bestimmungen werden durch Königliche Verordnung getroffen.

Artikel 121.

Den Notariatskammern liegt ob:
1. über die Wahrung der Standesehre durch die Notare zu wachen;
2. Streitigkeiten unter den Notaren auf Antrag zu vermitteln;
3. Streitigkeiten zwischen Notaren und Parteien wegen der Amtsführung der Notare auf Antrag der streitenden Theile zu vermitteln.

Artikel 122.

Den Notariatskammern liegt ferner ob, auf Verlangen der Justizverwaltungsbehörden Berichte, Uebersichten und Gutachten zu erstatten. Sie sind befugt, Vorstellungen und Anträge, die das Interesse der Rechtspflege oder des Notariats betreffen, an das Staatsministerium der Justiz zu richten.

Artikel 123.

Die Notariatskammern haben ihre Geschäftsordnung festzustellen. Die Geschäftsordnung bedarf der Genehmigung des Staatsministeriums der Justiz.

S. 422. Die Notariatskammern haben die Mittel zur Bestreitung des für die gemeinschaftlichen Angelegenheiten erforderlichen Aufwandes festzusetzen und die Beiträge der Mitglieder zu bestimmen.

Artikel 124.

Die Notariatskammern sind gleich den Justizverwaltungsbehörden befugt, von den Notaren Berichte und Gutachten, zu verlangen, die das Interesse der Rechtspflege oder des Notariats betreffen.

Artikel 125.

Die Aufsicht über die Geschäftsführung der Notariatskammern steht dem Staatsministerium der Justiz zu.

Das Staatsministerium der Justiz kann die Auflösung einer Notariats- S. 422.
kammer verfügen. Binnen sechs Wochen nach der Auflösung ist die Neubildung der Notariatskammer zu veranlassen.

Zehnter Abschnitt.

Haftung des Staates.

Artikel 126.

Für den Schaden, den ein Notar oder ein Notariatsverweser in Ausübung des ihm anvertrauten Amtes durch Verletzung der Amtspflicht einem Dritten zufügt, ist der Staat nach Maßgabe der Artikel 53, 53a des Ausführungsgesetzes zum Bürgerlichen Gesetzbuche verantwortlich.

Der Notar oder der Notariatsverweser hat dem Staate nach Maßgabe des Artikel 53 Abs. 4 des Ausführungsgesetzes zum Bürgerlichen Gesetzbuche den Schaden zu ersetzen, der dem Staate aus der Verletzung der Amtspflicht entsteht. Für den Schaden, den hienach ein Notariatsverweser dem Staate zu ersetzen hat, haftet dem Staate neben dem Notariatsverweser der Notar nach Maßgabe des Artikel 115.

Für die Thätigkeit der Notare und Notariatsverweser in den Fällen des Artikel 14 haftet der Staat nicht. Das Gleiche gilt von der Thätigkeit der Notare und Notariatsverweser in den Fällen des Artikel 13, soweit nicht der Notar oder Notariatsverweser zur Uebernahme des Geldes, der Werthpapiere oder der Kostbarkeiten amtlich verpflichtet war.

Elfter Abschnitt.

Versorgung der Notare und Notariatsgehilfen und ihrer Hinterbliebenen.

Artikel 127.

Durch Königliche Verordnung kann bestimmt werden, daß die nach dem Tage der Verkündung dieses Gesetzes ernannten Notare Mitglieder der öffentlichen Vereine und Anstalten werden, welche die Versorgung der Notare und ihrer Hinterbliebenen zum Zwecke haben. Die Notare werden Mitglieder dieser Vereine und Anstalten mit ihrer Ernennung, oder, wenn zu dieser Zeit die Vereine oder Anstalten noch nicht bestehen, mit deren Errichtung.

Artikel 128.

Durch Königliche Verordnung kann bestimmt werden, daß die Gelder, welche auf Grund der Verhängung von Zwangsstrafen, Ordnungsstrafen oder Disziplinarstrafen gegen Notare und Notariatsverweser eingehen, den im Artikel 127 genannten Vereinen oder Anstalten zuzuwenden sind.

Artikel 129.

Das Staatsministerium der Justiz kann Vorschriften über die Aufnahme und Entlassung der Notariatsgehilfen und über die Entlohnung der nicht rechtskundigen Notariatsgehilfen erlassen und insbesondere bestimmen, daß nichtrechtskundige Personen als Notariatsgehilfen nur verwendet werden dürfen, wenn sie den öffentlichen Vereinen und Anstalten angehören, welche für die Versorgung der Notariatsgehilfen und ihrer Hinterbliebenen bestimmt sind.

S. 422. **Zwölfter Abschnitt.**

Schluß- und Uebergangsbestimmungen.

Artikel 130.

Aufgehoben sind:
1. das Gesetz vom 10. November 1861 über das Notariat in den Landestheilen rechts des Rheins;
2. das Gesetz vom 29. Juli 1876, die Abänderung einiger Bestimmungen des Notariatsgesetzes betreffend;
3. das pfälzische Notariatsgesetz vom 25. ventôse XI mit dem Beschluß vom 2. nivôse XII über die Errichtung und Organisation der Notariatskammern und dem Dekrete vom 4. April 1806 über die Ernennung der Mitglieder der Notariatskammern;
4. das Gesetz vom 16. Mai 1868 über das Notariat in der Pfalz.

Artikel 131.

Dieses Gesetz tritt gleichzeitig mit dem Bürgerlichen Gesetzbuch in Kraft.

Artikel 132.

Die liegenschaftsrechtlichen und erbrechtlichen Vorschriften der durch den Artikel 130 aufgehobenen Gesetze bleiben insoweit in Kraft, als ihre Geltung in den Artikeln 189, 213 des Einführungsgesetzes zum Bürgerlichen Gesetzbuche vorbehalten ist.

Artikel 133.

Die Notare und Notariatsverweser, welche sich zur Zeit des Inkrafttretens dieses Gesetzes im Amte befinden, gelten als auf Grund dieses Gesetzes aufgestellt.

Soweit nach einer Vorschrift des bisherigen Landesrechts, deren Geltung im Artikel 189 des Einführungsgesetzes zum Bürgerlichen Gesetzbuche vorbehalten ist, zur Vornahme gewisser Geschäfte nur die Notare der Landestheile rechts des Rheins oder nur die Notare der Pfalz berufen wären, haben künftig alle bayerischen Notare als berufen zu gelten.

Artikel 134.

Der Artikel 31 findet in den Landestheilen rechts des Rheins schon vor dem
S. 423. Zeitpunkt Anwendung, in ‖ welchem das Grundbuch als angelegt anzusehen ist. An die Stelle der Einsicht des Grundbuchs tritt die Einsicht des Hypothekenbuchs.

Artikel 135.

In der Pfalz bleiben die bisherigen Notariatsbezirke bis zu der Zeit bestehen, zu welcher das Grundbuch im ganzen Oberlandesgerichtsbezirk als angelegt anzusehen ist.

Durch Königliche Verordnung kann die neue Eintheilung der Notariatsbezirke je nach dem Vorschreiten der Anlegung des Grundbuchs in einzelnen Theilen des Oberlandesgerichtsbezirks schon früher eingeführt werden.

Artikel 136.

Für die zur Zeit des Inkrafttretens dieses Gesetzes anhängigen Ordnungsstrafsachen und Disziplinarstrafsachen verbleibt es in Ansehung des Verfahrens bei den bisherigen Vorschriften. Für die Entscheidung darüber, ob die Strafnormen des bisherigen Dienststrafrechts oder die Strafnormen dieses Gesetzes anzuwenden sind, ist der § 2 Abs. 2 des Strafgesetzbuchs maßgebend. Auf die Strafe der Suspension kann nicht mehr erkannt werden. S. 423.

Artikel 137.

Die Vorschriften der Artikel 18, 23, 45, 56, 58 bis 63 finden auch auf diejenigen Angelegenheiten Anwendung, welche zur Zeit des Inkrafttretens dieses Gesetzes anhängig sind. Ist vor dem Inkrafttreten dieses Gesetzes schon eine Entscheidung ergangen, so finden auf das Beschwerdeverfahren die bisherigen Vorschriften Anwendung.

Artikel 138.

Ist vor dem Inkrafttreten dieses Gesetzes über die Festsetzung der Gebühren und Auslagen eines Notars schon eine richterliche Entscheidung erfolgt, oder der Anspruch auf Zahlung von Gebühren und Erstattung von Auslagen bei den ordentlichen Gerichten anhängig gemacht, so finden auf das weitere Verfahren die bisherigen Vorschriften Anwendung. Anderenfalls gelten auch für das Festsetzungsverfahren und die Beitreibung der vor dem Inkrafttreten dieses Gesetzes entstandenen Forderungen solcher Art die Vorschriften dieses Gesetzes.

Artikel 139.

Die auf Grund der Artikel 100, 101, 102 des Notariatsgesetzes vom 10. November 1861, des Artikel 61 des pfälzischen Notariatsgesetzes vom 25. ventôse XI und des Artikel 4 Abs. 1 des Gesetzes vom 16. Mai 1868, das Notariat in der Pfalz betreffend, erlassenen Anordnungen bleiben auch nach dem Inkrafttreten dieses Gesetzes in Wirksamkeit, bis ein Notar ernannt oder ein Notariatsverweser bestellt ist.

Artikel 140.

Die zur Ausführung dieses Gesetzes erforderlichen Vorschriften werden, soweit nicht in dem Gesetz ein Anderes bestimmt ist, einschließlich der Geschäftsordnung für die Notare, vom Staatsministerium der Justiz erlassen.

2.

Begründung.

(Beilage R z. d. Verhandl. d. Justiz-Gesetzg.-Ausschusses d. K. d. Abg. 1899 Beil.-Bd. XX Abth. I Seite 423 bis 451.)

Einleitung. S. 423.

Nach den Vorschriften des Bürgerlichen Gesetzbuchs bedarf eine große Anzahl von wichtigeren Rechtsgeschäften der gerichtlichen oder notariellen Beurkundung. Gerichtlich oder notariell ist zu beurkunden:

1. der Vertrag, durch den sich der eine Theil verpflichtet, sein gegenwärtiges Vermögen oder einen Bruchtheil seines gegenwärtigen Vermögens zu übertragen oder mit einem Nießbrauche zu belasten (§ 311);
2. der Vertrag, der unter künftigen gesetzlichen Erben über den gesetzlichen Erbtheil oder Pflichttheil eines von ihnen geschlossen wird (§ 312 Abs. 2);
3. der Vertrag, durch den sich der eine Theil verpflichtet, das Eigenthum an einem Grundstücke zu übertragen (§ 313 Satz 1);

S. 423. 4. der Vertrag, durch den eine Leistung schenkungsweise versprochen wird (§ 518);
5. der Ehevertrag (§ 1434);
6. der Vertrag, durch den beim Bestehen der fortgesetzten Gütergemeinschaft ein antheilsberechtigter Abkömmling auf seinen Antheil an dem Gesammtgute verzichtet (§ 1491);
7 der Vertrag über die Aufhebung einer fortgesetzten Gütergemeinschaft (§ 1492);
8. der Vertrag über die Anrechnung einer Abfindung, die bei fortgesetzter Gütergemeinschaft einem antheilsberechtigten Abkömmlinge für den Verzicht auf seinen Antheil aus dem Gesammtgute gewährt worden ist (§ 1501);
9. die Zustimmung des einen Ehegatten zu einer letztwilligen Verfügung des anderen über die Rechte der Abkömmlinge im Falle der Fortsetzung der Gütergemeinschaft (§ 1516);
10. die Erklärung, durch die ein Abkömmling für den Fall des Eintritts der fortgesetzten Gütergemeinschaft dem einen Ehegatten gegenüber auf seinen Antheil am Gesammtgute verzichtet, und die Zustimmungserklärung des anderen Ehegatten hiezu (§ 1517);
11 die Erklärung, wodurch ein uneheliches Kind von seinem Vater anerkannt wird, wenn sie nicht bei der Geburtsanzeige oder bei der nachfolgenden Eheschließung der Eltern vor dem Standesbeamten erfolgt (B.G.B. §§ 1718, 1720, Gesetz über die Angelegenheiten der freiwilligen Gerichtsbarkeit § 167);
12. der Antrag des Vaters eines unehelichen Kindes auf Ehelichkeitserklärung und die Einwilligung der Mutter des Kindes und der Frau des Antragstellers (§ 1730);
13. der Vertrag, durch den Jemand an Kindesstatt angenommen wird, und die Einwilligung des Ehegatten des Annehmenden sowie der Eltern und des Ehegatten des Angenommenen (§§ 1748, 1750);

S. 424. 14. der Vertrag, durch den ein Miterbe über seinen Antheil am Nachlasse verfügt (§ 2033);
15. das ordentliche Testament, sofern es nicht durch eine vom Erblasser unter Angabe des Ortes und Tages eigenhändig geschriebene und unterschriebene Erklärung errichtet wird (§ 2231);
16. der Widerruf einzelner in einem gemeinschaftlichen Testament enthaltener letztwilliger Verfügungen (§ 2271);
17 der Erbvertrag, die Anfechtung des Erbvertrags durch den Erblasser, die Aufhebung des Erbvertrags, die Zustimmung zur Aufhebung und der Rücktritt vom Erbvertrage (§§ 2276, 2282, 2290, 2291, 2296);
18. der Erbverzichtsvertrag, der Vertrag, durch den ein Erbverzicht aufgehoben wird, und der Vertrag, durch den ein eingesetzter Erbe oder ein im Testament oder Erbvertrage mit einem Vermächtnisse Bedachter auf die Zuwendung verzichtet (§§ 2348, 2351, 2352);
19. der Vertrag, durch den der Erbe die ihm angefallene Erbschaft verkauft (§ 2371);

Der gerichtlichen oder notariellen Beurkundung bedürfen ferner nach den Vorschriften des Handelsgesetzbuchs:

20. die Verhandlungen über die Feststellung des Gesellschaftsvertrags bei Aktiengesellschaften und Kommanditgesellschaften auf Aktien, ferner die Verhandlungen über die Uebernahme der Aktien und über die Be-

stellung des Aufsichtsraths im Falle der Simultangründung, endlich S. 424.
alle Beschlüsse der Generalversammlungen von Aktiengesellschaften und Kommanditgesellschaften auf Aktien (HGB. §§ 182, 188, 190, 259, 320, 321).

Für die zur Uebertragung des Eigenthums an einem Grundstücke, zur Belastung eines Grundstücks mit einem Rechte, sowie zur Uebertragung oder Belastung eines solchen Rechtes, zur Aufhebung eines Rechtes an einem Grundstück und zur Aenderung des Inhalts eines Rechtes an einem Grundstück erforderlichen Einwilligungs- und Zustimmungserklärungen ist vorgeschrieben, daß die Betheiligten vor der Eintragung im Grundbuch an die Einigung nur gebunden sind, wenn die Erklärungen gerichtlich oder notariell beurkundet oder vor dem Grundbuchamt abgegeben oder bei diesem eingereicht sind, oder wenn der Berechtigte dem anderen Theile eine den Vorschriften der Grundbuchordnung entsprechende Eintragungsbewilligung ausgehändigt hat (B. GB. §§ 873, 875, 876, 877); der § 29 der Grundbuchordnung aber verlangt, daß die Eintragungsbewilligung, wenn sie nicht zum Protokolle des Grundbuchamts erklärt wird, öffentlich beurkundet oder öffentlich beglaubigt ist.

Die öffentliche Beglaubigung wird von dem Bürgerlichen Gesetzbuche, dem Handelsgesetzbuche, dem Gesetz über die Angelegenheiten der freiwilligen Gerichtsbarkeit, der Grundbuchordnung und dem Gesetz über die Zwangsversteigerung und die Zwangsverwaltung in noch ausgedehnterem Maße gefordert, theils um einem Betheiligten ein Beweismittel für sein Recht zu geben, theils um die Aechtheit schriftlicher Erklärungen, die einer Behörde gegenüber zu erfolgen haben, außer Zweifel zu stellen.

So kann öffentliche Beglaubigung verlangen:

1. der Schuldner, der die schuldige Leistung bewirkt hat, für die Anerkennung, daß die Schuld erloschen ist, wenn der Gläubiger nicht im Stande ist, die Schuldurkunde zurückzugeben (B. GB. § 371);
2. der neue Gläubiger einer abgetretenen Forderung für die Abtretungsurkunde (B. GB. §§ 403, 412, 1154);
3. im Falle der Bestellung des Nießbrauchs an einem Inbegriffe von Sachen der Nießbraucher und der Eigenthümer für die Unterzeichnung des Verzeichnisses der Sachen (B. GB. § 1035);
4. jeder Ehegatte für die Unterzeichnung des über das eingebrachte Gut aufgenommenen Verzeichnisses (B. GB. §§ 1372, 1528, 1550);

auch ohne Verlangen eines Betheiligten ist ferner die öffentliche Beglaubigung nothwendig:

5. für die Unterzeichnung mittels Handzeichens, wenn durch Gesetz oder Rechtsgeschäft schriftliche Form bestimmt ist (B. GB. §§ 126, 127);
6. für die Mittheilung, welche über die Abtretung von Gehaltsansprüchen an die Zahlungsstelle zu machen ist (B. GB. § 411).

Die öffentliche Beglaubigung ist zum Nachweise der Aechtheit von Erklärungen nöthig, die den Behörden gegenüber schriftlich abgegeben werden;

1. für die Anfechtung der Ehe nach dem Tode des nicht anfechtungsberechtigten Ehegatten und für die Anfechtung der Ehelichkeit eines Kindes nach dessen Tode (B. GB. §§ 1342, 1597);
2. für die Erklärung des Mannes, daß er dem unehelichen Kinde seiner Frau seinen Familiennamen geben will, und für die Einwilligung der Mutter und des Kindes hiezu (B. GB. § 1706);
3. für die Erklärung der geschiedenen Frau, daß sie ihren früheren Namen wiederannimmt, und für die Erklärung des Mannes, wodurch er der

S. 424. geschiedenen Frau die Weiterführung seines Namens untersagt (B. GB. § 1577);

4. für die Erklärung, wodurch ein Ehegatte oder ein Abkömmling eineinseitig auf die fortgesetzte Gütergemeinschaft verzichtet sowie für die Erklärung, wodurch die Eltern auf die elterliche Nutznießung verzichten (B. GB. §§ 1491, 1492, 1662);
5. für die Erklärung, womit der berufene Erbe die Erbschaft ausschlägt, und für die Erklärung, wodurch ein vom Erblasser bezeichneter Dritter die Person des Testamentsvollstreckers bestimmt (B. GB. §§ 1945, 2198);
6. für die Anmeldungen zum Vereinsregister, zum Güterrechtsregister, zum Handelsregister (B. GB. §§ 77, 1560, HGB. §§ 12, 201, 234, 284, 304, 320, 333);
7 für die Erklärungen über Eintragungen im Schiffsregister (Gesetz über die Angelegenheiten der freiwilligen Gerichtsbarkeit § 107);
8. in Grundbuchsachen für die Eintragungsbewilligungen und die sonstigen zur Eintragung erforderlichen Erklärungen sowie für Erklärungen, durch die ein Eintragungsantrag zurückgenommen oder eine zur Stellung des Eintragungsantrags ertheilte Vollmacht widerrufen wird (Grd.BO. §§ 29, 32);
9. im Zwangsversteigerungsverfahren für den Nachweis der Erklärung
S. 425. über die Abtretung des Rechtes aus ‖ dem Meistgebote, der Vereinbarung über den Fortbestand eines Rechtes an einem zugeschlagenen Grundstücke, der Einigung der Betheiligten über die Vertheilung des Erlöses, der Befriedigung der durch das Gebot gedeckten Berechtigten (Zw.VG. §§ 71, 81, 91, 143, 144).

Nach § 167 des Gesetzes über die Angelegenheiten der freiwilligen Gerichtsbarkeit sind für die gerichtliche Beurkundung eines Rechtsgeschäfts die Amtsgerichte zuständig. Nach Artikel 141 des Einführungsgesetzes zum Bürgerlichen Gesetzbuche kann durch Landesgesetz bestimmt werden, daß für die Beurkundung von Rechtsgeschäften, die nach den Vorschriften des Bürgerlichen Gesetzbuchs gerichtlicher oder notarieller Beurkundung bedürfen, entweder nur die Gerichte oder nur die Notare zuständig sind. Die Möglichkeit, andere Behörden oder Beamten in diesen Fällen zur Beurkundung zu berufen, ist der Landesgesetzgebung, abgesehen von dem Einzelfalle des Artikel 142 des EG. zum B. GB., nicht eröffnet. Dagegen enthält das Bürgerliche Gesetzbuch keine Vorschrift darüber, wer, abgesehen von diesen Fällen, zur Bewirkung der öffentlichen Beurkundung zuständig sein soll. Es ist Sache der Landesgesetze, zu bestimmen, wer die öffentliche Beurkundung vorzunehmen hat, wenn die Betheiligten die Form der öffentlichen Beurkundung für ein Geschäft vereinbart haben, oder wenn die öffentliche Beurkundung einer Thatsache verlangt wird, für welche in den Reichsgesetzen nicht gerichtliche oder notarielle Beurkundung vorgeschrieben ist. Die Landesgesetze könnten für diese Fälle außer den Gerichten und Notaren oder statt ihrer andere Beamten oder Behörden für zuständig erklären. Da jedoch die Beurkundung der Rechtsgeschäfte, für welche die Reichsgesetze die Zuständigkeit des Gerichts oder des Notars vorschreiben, nicht nur die wichtigsten, sondern auch weitaus die meisten Fälle der öffentlichen Beurkundung zu Zwecken des bürgerlichen Rechtes umfaßt, so wäre es unzweckmäßig, für die übrigen, minder bedeutenden und viel weniger zahlreichen Fälle der öffentlichen Beurkundung andere Behörden oder Beamten für zuständig zu erklären. Dasselbe gilt für die Fälle der öffentlichen Beglaubigung. Zwar könnten nach § 191 des Gesetzes über die Angelegenheiten der freiwilligen Gerichtsbarkeit von der Landesgesetzgebung zur Bewirkung der öffentlichen Beglaubigung außer den Gerichten und den Notaren auch andere Beamte und Behörden für zuständig erklärt werden. Dies empfiehlt sich jedoch nicht für die wichtigeren und häufigeren Fälle, in denen die öffentliche Beglaubigung nach den Reichsgesetzen erforderlich ist, insbesondere nicht für die Beglaubigung der schwerwiegenden Erklärungen, die bei den Grundbuchämtern in beglaubigter Form einzureichen sind. Wird hier der Bevölkerung, insbesondere der ländlichen, nicht die Möglichkeit eröffnet, sich bei dem beglaubigenden Beamten über die Richtigkeit der zu beglaubigenden Erklärung zu vergewissern, so würde das nicht nur zu zahllosen Beanstandungen bei den Grundbuchämtern und damit zu vielen Verzögerungen und Benachtheiligungen führen müssen, sondern auch der Uebervortheilung Unerfahrener durch Unredliche die Wege ebnen. Wollte man aber von den Gemeindebeamten, die allein für die Zuständigkeit zu Beglaubigungen noch in Betracht kommen könnten, verlangen, daß sie den Betheiligten solche Hilfe leisten, so müßte man bei ihnen ziemlich umfassende Kenntnisse des neuen bürgerlichen Rechtes voraussetzen und würde ihnen zu der schon vorhandenen Last und Haftung noch eine neue große Geschäftslast und Haftung aufbürden. Dies wird im Interesse der Gemeinden, insbesondere der ländlichen Gemeinden, die juristisch gebildetes Beamtenpersonal nicht haben, vermieden werden müssen. Hienach bleibt der bayerischen Gesetzgebung nur die Wahl, das gesammte Beurkundungswesen den Gerichten — hier den Amtsgerichten — allein, den Gerichten und den Notaren neben einander oder den Notaren allein zu übertragen. S. 425.

Nach dem bisherigen Rechtszustand im diesrheinischen Bayern wie in der Pfalz ist das Beurkundungswesen ausschließlich den Notaren zugewiesen. In der Pfalz, wo dieser Zustand schon seit mehr als einem Jahrhundert besteht, hat sich die Bevölkerung derart an das Notariatsinstitut gewöhnt, daß die Ersetzung der Notariate durch die Amtsgerichte wohl allgemein unerwünscht wäre. In den Landestheilen rechts des Rheins ist, entsprechend der viel kürzeren Zeit des Bestehens des Instituts, die Gewöhnung daran nicht in demselben Grade allgemein und vollkommen. Mehrfach ist, insbesondere auch in den Kammern des Landtags, der Wunsch laut geworden, daß wieder, wie früher, mit dem Beurkundungswesen die Gerichte betraut werden möchten. Man versprach sich dabei von der Rückkehr zum früheren Zustand einerseits eine Verbilligung der Rechtspflege, andererseits einen größeren Schutz der Interessen der minder erfahrenen und wirthschaftlich schwächeren Rechtsuchenden und eine bessere Abfassung der Verträge. Die so erhoffte sachliche Verbesserung würde indessen voraussichtlich bei der Uebertragung des Beurkundungswesens an die Amtsgerichte nicht eintreten. Die Amtsrichter werden sich auch künftig aus derselben Bewerberklasse ergänzen wie die Notare. Im Ganzen genommen würden es daher dieselben Personen sein, welche künftig den Beurkundungsdienst versehen, ob er nun den Amtsgerichten neben den sonstigen Geschäften oder eigenen Notariatsbehörden zugewiesen ist. Die Unterschiede, die sich ergeben würden, sprechen kaum zu Gunsten der Aenderung. Das amtsgerichtliche Personal entbehrt bei seinem Eintritt in den Dienst der besonderen Schulung im Beurkundungswesen, die von den Bewerbern um Notarstellen verlangt worden ist und nur von solchen verlangt werden kann. Auch wechseln die Beamten der Amtsgerichte aus dem amtsgerichtlichen in den staatsanwaltschaftlichen und in den landgerichtlichen Dienst, womit die Vortheile langjähriger Erfahrung im Beurkundungsdienste verschwinden. Gerade diese Vortheile aber sind für den Beurkundungsdienst besonders hoch anzuschlagen. Es besteht deshalb die Befürchtung, daß bei der häufigeren Verwendung weniger

S. 425. geübten Personals bei den Amtsgerichten Unsicherheit und formale, minder sachliche Behandlung der Geschäfte öfter vorkommen werden, als es bei den Notaren der Fall ist. So wenig ferner zu verkennen ist, daß die Konkurrenz der Notare in einzelnen Fällen auf die Geschäftsführung üble Wirkungen ausübt — allgemeinere Klagen darüber sind nicht laut geworden —, so sehr muß andererseits betont werden, daß der Vortheil des Ansporns zu besserer und intensiverer Thätigkeit, der sich aus der Betheiligung der Notare an den Gebühren ergibt, allgemein und weit überwiegend ist. Ausschreitungen der Notare in einzelnen Fällen können durch entsprechende Handhabung der Dienstaufsicht zurückgedämmt und verhütet werden.

Für die Ueberweisung des Beurkundungswesens an die Gerichte scheint ein Umstand besonders zu sprechen, der mit der Einführung des neuen bürgerlichen Rechtes an Bedeutung gewonnen hat. Bei der Beurkundung von Rechtsgeschäften des Liegenschaftsrechts ist nach der Einführung des Grundbuchs noch mehr als beim bisherigen Hypothekenbuchsystem ‖ nothwendig, daß
S. 426. der Inhalt des Grundbuchs den Betheiligten und dem Beurkundenden bei der Bewirkung der Beurkundung genau bekannt ist. Fehlt es hieran, so sind Irrthümer, wenn nicht Uebervortheilungen, Verzögerungen, unnöthige Kosten und sonstige Beschädigungen zu befürchten. Derartige Schäden haben sich schon bisher in den Landestheilen r. d. Rh. infolge mangelhafter Einsicht des Hypothekenbuchs durch die Notare nicht selten gezeigt. Am leichtesten und einfachsten scheint nun diese Einsichtnahme dann, wenn die Beurkundung von dem Amtsgerichte bewirkt wird, dem zugleich die Führung des Grundbuchs übertragen ist. Nothwendig wäre aber hier, um den Zweck zu erreichen, außer der Ueberweisung des Beurkundungswesens an die Amtsgerichte eine Bestimmung dahin, daß zur Beurkundung eines Rechtsgeschäfts, welches ein im Grundbuch eingetragenes Grundstück betrifft, dasjenige Amtsgericht ausschließlich zuständig ist, welches für dieses Grundstück das Grundbuch führt. Eine solche Bestimmung wäre indessen nicht nur in hohem Grade verkehrsstörend und schädlich, sondern für die obligatorischen Verträge, also insbesondere für alle Kauf-, Tausch- und Darlehensverträge, der Reichsgesetzgebung gegenüber undurchführbar.

Nur der formale Akt der Auflassung kann nach den Bestimmungen der Reichsgesetze an den Ort gebunden werden, wo das Grundbuch geführt wird, indem das Grundbuchamt ausschließlich zur Entgegennahme der Auflassung berufen wird (§ 925 B. GB.). Der Vertrag, durch den sich Jemand verpflichtet, das Eigenthum an einem Grundstücke zu übertragen, ist jedoch schon vor der Auflassung bindend, wenn er gerichtlich oder notariell beurkundet ist (§ 313 B. GB.). Eine Vorschrift darüber, wo diese Beurkundung stattzufinden hat, ist im Reichsrechte nicht gegeben, aber auch kein Vorbehalt für die Landesgesetze, daß diese einen Ort der Beurkundung vorschreiben können. Nach Reichsrecht kann ein solcher Vertrag über ein Grundstück, das in Bayern liegt, in jedem anderen Bundesstaate beurkundet werden, ohne daß der Landesgesetzgebung die Befugniß zustände, dies auszuschließen. Das Gleiche gilt von der Beurkundung der Einigung über die Bestellung von Hypotheken (§ 873 B. GB.), wobei außerdem in Betracht kommt, daß für die Eintragungsbewilligung sogar die Form der öffentlichen Beglaubigung genügt. Ob es unter solchen Umständen dem Sinne der Reichsgesetze entsprechen würde unter Beschränkung auf die Landesgrenze diese Beurkundungen, falls sie in Bayern verlangt werden, an das Amtsgericht zu verweisen, in dessen Bezirke das Grundstück liegt, wird selbst dann zweifelhaft bleiben, wenn man annimmt, daß formell dazu die

Befugniß besteht. Sachlich würde das Ergebniß unannehmbar sein, daß zur Beurkundung eines Rechtsgeschäfts über ein in Bayern liegendes Grundstück jedes außerbayerische deutsche Gericht und jeder außerbayerische deutsche Notar, innerhalb Bayerns aber jeweils nur eine einzige Stelle berufen sein sollte. Der Einwand, daß aus praktischen Gründen thatsächlich aber doch nur das bayerische Gericht werde angegangen werden, trifft insbesondere für die weitausgedehnten Grenzgebiete nicht zu. S. 426.

Würde man andererseits die Lokalisirung auf die Auflassung beschränken, so wäre sie nur von geringem Werthe. Die Maßregel stünde außer Verhältniß zu dem bezielten Erfolg und der Hauptvortheil der Uebertragung des Beurkundungswesens an die Gerichte würde nicht erreicht sein.

Unter solchen Umständen werden die Gründe, welche gegen die Uebertragung des Beurkundungswesens an die Amtsgerichte sprechen, ausschlaggebend sein. Gegen die Uebertragung spricht insbesondere der Grund, daß die Zersplitterung der Thätigkeit der Richter in verschiedene Sparten bei den großen wie bei den kleinen Gerichten dem Maße und der Güte der Arbeitsleistung schädlich ist. Besonders schädlich aber würde die Vermehrung dieser Zersplitterung in dem gegenwärtigen Zeitpunkte wirken, in dem das neue bürgerliche Recht dem Richter ohnehin so schwierige Aufgaben stellt. Hiezu kommen organisatorische Schwierigkeiten. Abgesehen von den Schwierigkeiten und Kosten der Ueberleitung, insbesondere der Frage der Uebernahme des vorhandenen Notariatspersonals, welches die Zahl von 1000 Personen übersteigt, würden die dauernden Lasten, die dem Staate aus der Uebertragung des Beurkundungswesens an die Amtsgerichte erwachsen müßten, sehr beträchtlich werden. Es kann keine Rede davon sein, daß das vorhandene Personal der Amtsgerichte außer seinen bisherigen Geschäften noch eine irgendwie erhebliche Menge von Notariatsgeschäften bewältigen könnte. Wenn an einzelnen kleineren Gerichten ausnahmsweise eine solche Möglichkeit besteht, so nimmt doch andererseits bei den meisten Gerichten die Arbeitslast schon jetzt die volle Kraft des Personals in Anspruch und wird sie nach dem Inkrafttreten des neuen bürgerlichen Rechtes noch mehr in Anspruch nehmen. Es würde daher bei fast allen Amtsgerichten eine Vermehrung des Personals an Richtern, Gerichtsschreibern und Schreibgehilfen erforderlich werden. Die Vermehrung würde um so beträchtlicher sein müssen, als die Zahl der Geschäfte, die nach dem neuen bürgerlichen Rechte der Beurkundung oder der Beglaubigung bedürfen, so beträchtlich ist, daß eine namhafte Verminderung des Beurkundungswesens nicht zu gewärtigen steht, und als andererseits die Arbeitsleistung der Notare wegen ihrer Betheiligung durch die Gebühren durchschnittlich so ausgedehnt ist, wie sie von dem Personal der Amtsgerichte für die Regel nicht erwartet und verlangt werden kann. Die beträchtliche Vermehrung des Personals der Amtsgerichte hätte eine Erweiterung und Erneuerung einer großen Anzahl von Amtsgerichtsbauten — also außerordentliche Baukosten — und eine dauernde wesentliche Erhöhung der Unterhaltungs- und Regiekosten zur nothwendigen Folge — Kosten, die insbesondere in den großen Städten zu einer bedenklichen Höhe steigen würden. Aber auch schon die Uebernahme des Beurkundungswesens in den ländlichen Bezirken auf die Amtsgerichte würde Mittel erfordern, die den muthmaßlichen Ertrag der dann dem Staate anfallenden Beurkundungsgebühren wesentlich übersteigen würden. Eine Verbilligung der Rechtspflege für die Betheiligten würde darum nicht eintreten können, wenn nicht der entstehende Ausfall auf den Staat, also auf die unbetheiligten Steuerzahler übernommen werden sollte, was aus Gründen allgemeiner Art nicht angeht.

S. 426. Bei dieser Sachlage, die nur zweifelhafte Vortheile gegen wahrscheinliche und gewisse Nachtheile bietet, erscheint eine Neuerung im Sinne der ausschließlichen Zuweisung des Beurkundungswesens an die Amtsgerichte nicht räthlich. Thatsächlich besteht auch eine solche Einrichtung weder in einem größeren außerdeutschen Nachbarstaate, noch ist sie aus Anlaß der Einführung des Bürgerlichen Gesetzbuchs von einem größeren Bundesstaat in Aussicht genommen. Vielmehr hat überall in den größeren deutschen Bundesstaaten das seit den letzten Jahrzehnten außerordentlich gewachsene Verkehrsbedürfniß zur Erhaltung und zur Schaffung des Notariatsinstituts geführt. Auch Bayern wird sich darum der Erhaltung des Notariatsinstituts nicht entziehen können.

S. 427. Neben den Notaren die Gerichte zur Beurkundungsthätigkeit zu berufen, verbietet sich für Bayern nicht nur aus Gründen der geschichtlichen Entwickelung. Die Konkurrenz von Gericht und Notariat beim Beurkundungswesen ist, wie die Erfahrung gelehrt hat, nur möglich, wenn das Notariat mit der Rechtsanwaltschaft verbunden ist. Ohne solche Verbindung ist das Notariat durch die Konkurrenz der Gerichte auf eine zu schwankende Grundlage gestellt, als daß es auf die Dauer lebensfähig bleiben könnte. Die Verbindung des Notariats mit der Anwaltschaft aber könnte nach den dermaligen Verhältnissen in Bayern als eine Verbesserung der Einrichtungen nicht empfunden werden und wird deßhalb auch von weiteren Kreisen kaum gewünscht. Sie wäre eine Abkehr von dem allgemeinen Entwickelungsgange, der dahin drängt, dem Richter lediglich die Entscheidung über die Rechte der Betheiligten, der Anwaltschaft die Vertretung der Parteirechte gegen Verletzung und besonderen Beamten, den Notaren, die Berathung und Beihülfe bei der freiwilligen Gestaltung und Feststellung der Rechtsverhältnisse zuzuweisen, einem Entwickelungsgange, der in Bayern schon seit Jahrzehnten seinen Abschluß gefunden hat.

Die Kammern des bayerischen Landtags haben sich bereits, wenn auch unter Vorbehalt der nochmaligen Prüfung bei der Vorlegung des Notariatsgesetzentwurfs mit dem Gedanken der Beibehaltung des selbständigen Notariats als des ausschließlichen Beurkundungsinstituts vertraut gemacht. (Stenogr. Berichte über die Verhandlungen der Kammer der Abgeordneten 1898 Band XII Seite 254 ff.).

Die bisher zur Ausführung des Bürgerlichen Gesetzbuchs, der Grundbuchordnung und des Gesetzes über die Zwangsversteigerung und die Zwangsverwaltung vorgelegten Gesetzentwürfe stehen auf dem gleichen Standpunkte und schaffen zu ihrem Theil die sachlichen Unterlagen für das selbständige Notariat. Der Artikel 34 Nr. I des Entwurfs eines Gesetzes, die durch die Einführung des Bürgerlichen Gesetzbuchs veranlaßten Aenderungen der seit 1818 erlassenen Gesetze betreffend, sieht vor, daß die Amtsgerichte nicht zuständig sein sollen für die Beurkundungen, die nach den Vorschriften der Reichsgesetze durch ein Gericht oder einen Notar zu bewirken sind, sowie für die öffentliche Beglaubigung einer Unterschrift oder eines Handzeichens und schließt zu Gunsten der Notare die Amtsgerichte als Nachlaßgerichte aus von der Zuständigkeit zur Aufnahme des Nachlaßinventars, der Artikel 73 des Entwurfs eines Ausführungsgesetzes zum Bürgerlichen Gesetzbuch erklärt die Notare neben den Grundbuchämtern für zuständig zur Entgegennahme der Auflassung, der Artikel 94 desselben Entwurfs überträgt ihnen neben den Amtsgerichten die Vermittelung der Auseinandersetzung des Nachlasses und der Artikel 26 des Entwurfs eines Ausführungsgesetzes zu der Grundbuchordnung und zu dem Gesetz über die Zwangsversteigerung und die Zwangsverwaltung beruft die Notare zur Ausführung der Zwangsversteigerung von Grundstücken.

Alle diese Vorschläge haben unter dem Vorbehalte der Nachprüfung bei der Vorlage des Notariatsgesetzentwurfs die Zustimmung der Gesetzgebungsausschüsse der Kammern des Landtags erhalten. S. 427.

Demzufolge wird auch in dem mit dieser Begründung vorgelegten Gesetzentwurfe die Belassung des bisherigen selbständigen Notariats als des ausschließlichen Beurkundungsinstituts vorgeschlagen. Gleichzeitig sollen die bis jetzt äußerlich getrennten Organisationen der Pfalz und der Landestheile rechts des Rheins vereinigt werden, was nach der Vereinheitlichung des bürgerlichen Rechts zur unabweisbaren Nothwendigkeit geworden ist, und sollen diejenigen Aenderungen des bisherigen Notariatsrechts vorgenommen werden, die durch das neue bürgerliche Recht bedingt sind oder sich wegen der zu Tage getretenen Mängel der bisherigen Einrichtungen wünschenswerth erweisen.

Die nothwendigen Aenderungen des bisherigen Notariatsrechts sind so bedeutend, daß es nicht thunlich ist, sich wie bei anderen Gesetzen mit der Abänderung einzelner Bestimmungen zu begnügen. Es ist erforderlich, die ganze Materie durch ein neues Gesetz zu regeln. Der Entwurf beschränkt sich nicht eng auf die Organisation des Notariats. Es mußten vielmehr auch sachliche Bestimmungen über die Geschäftsführung der Notare im Einzelnen aufgenommen werden, insbesondere Bestimmungen über die Art der Beurkundung, da das bürgerliche Recht des Reichs nur einzelne Vorschriften über die notariellen Urkunden gibt und zu deren Ergänzung auf das Landesrecht verweist, und da es sich aus Zweckmäßigkeitsgründen empfiehlt, die nach dieser Richtung landesgesetzlich zu erlassenden Bestimmungen, weil sie ausschließlich das Notariat betreffen, auch in das Notariatsgesetz aufzunehmen.

Der Entwurf behandelt in getrennten Abschnitten zunächst die Zuständigkeit und die Organisation, sodann die Dienstverhältnisse und die Geschäftsführung der Notare im Allgemeinen und die Vorschriften für die Beurkundungsthätigkeit im Besonderen, das Gebührenwesen und den Beschwerdeweg, des Weiteren die Dienstaufsicht und Disziplin, die Rechtsverhältnisse der Notariatsverweser, die Sammelarchive für ältere Notariatsurkunden, die Einrichtung der Notariatskammern, die Frage der Haftung des Staates für die Versehen der Notare und Notariatsverweser, die Frage der Versorgung der Notare und Notariatsgehilfen und ihrer Hinterbliebenen und gibt schließlich überleitende Bestimmungen für die Rechtsverhältnisse, die aus der Zeit des bisherigen Rechtes in die des künftigen hinüberragen.

Bei der Abfassung des Entwurfs ist dafür Sorge getragen, daß die Bestimmungen, die nur die Natur von Dienstanweisungen haben, aus den bisherigen Gesetzen nicht in das neue übernommen, sondern der Geschäftsordnung überwiesen werden, daß ferner alle diejenigen Verhältnisse, die der Veränderlichkeit des Verkehrs unterworfen oder nur nach Zweckmäßigkeitsgründen zu entscheiden sind, der Regelung durch Verwaltungsnorm vorbehalten werden.

In der Frage der Zuständigkeit ist davon ausgegangen, daß den Notaren, soweit es die Reichsgesetze gestatten und nicht ganz besondere Gründe vereinzelte Ausnahmen nothwendig machen, ihre bisherige ausschließliche Zuständigkeit für die öffentliche Beurkundung und Beglaubigung belassen werden soll. Bei der Organisation steht der Gedanke im Vordergrunde, daß die Notariate die Stellung von Staatsbehörden, die Notare die Stellung öffentlicher Beamten haben sollen. Dadurch soll einerseits eine festere Eingliederung des Instituts in den Staatsorganismus und eine bessere Handhabung der Aufsicht ermöglicht, andererseits die Stellung der Notare auch rechtlich gestärkt werden. Das Letztere ist einmal deswegen angezeigt, weil in der Bevölkerung Bayerns der

S. 427. Gedanke, daß der Notar nur ein vom Staate konzessionirter und mit öffentlichem Glauben ausgestatteter Gewerbsmann ist, keine Wurzel gefaßt hat und vielmehr die Auffassung des Notars als eines wirklichen Beamten überwiegt, andererseits
S. 428. deßhalb, weil in Aussicht genommen ist, den Notaren neben den Amts || gerichten die Vermittelung der Auseinandersetzung des Nachlasses und statt der Amtsgerichte die Zwangsversteigerung zu übertragen, und weil es sich empfiehlt, solche Funktionen durch Behörden ausüben zu lassen, die den Amtsgerichten gleichstehen.

Als ein Mißstand der bisherigen Organisation ist es empfunden worden, daß in einzelnen Bezirken der Notar der Bevölkerung weniger leicht zugänglich war, als das Amtsgericht, weil in einzelnen Amtsgerichtsbezirken sich Notare nicht befanden. Der Entwurf sieht vor, daß in jedem Amtsgerichtsbezirke mindestens ein Notariat bestehen soll. Die Durchführung dieser Maßregel soll dadurch gesichert werden, daß in den Fällen, in denen wegen allzugeringer Inanspruchnahme der notariellen Thätigkeit in einem Bezirke die Aufstellung eines Notars vorübergehend oder dauernd unthunlich ist, ein Richter oder ein rechtskundiger Gerichtsschreiber des Amtsgerichts zum Notariatsverweser bestellt werden kann. Die Wahrnehmung der Geschäfte eines unbesetzten Notariats durch einen Verweser, die bisher unmöglich war, weil das Notariat nicht Behördeneigenschaft hatte, wird künftig unbedenklich sein, ebenso die vorgeschlagene Uebertragung an Gerichtsbeamte, da sie einen besonders geringen Umfang der Geschäfte zur Voraussetzung hat. Jedenfalls aber werden die Vortheile, welche der Bevölkerung aus der neuen Einrichtung zugehen, die etwaigen Nachtheile überwiegen.

Von der Lokalisirung der Notariate in dem Sinne, daß für die Beurkundung von Rechtsgeschäften des Liegenschaftsrechts nur derjenige Notar zuständig sein soll, welcher seinen Sitz in dem Amtsgerichtsbezirke hat, worin das Grundstück liegt, ist Umgang genommen worden. Gegen die Möglichkeit dieser Lokalisirung sprechen alle die Gründe, welche gegen die Lokalisirung der Beurkundung der Rechtsgeschäfte des Liegenschaftsrechts bei den Amtsgerichten ins Gewicht fallen. Es kommt hinzu, daß im Falle der Behinderung eines Notars durch Verwandtschaft mit einem Betheiligten oder eigene Betheiligung Schwierigkeiten dadurch entstehen würden, daß kein zweiter Beamter an dem Notariate vorhanden ist. Es kommt ferner hinzu, daß in allen mittleren und größeren Städten eine Lokalisirung unter den vorhandenen mehreren Notariaten doch nicht möglich wäre. Endlich und hauptsächlich aber spricht gegen die Lokalisirung der Grund, daß um der vereinzelten Nachtheile der Konkurrenz willen deren allgemeiner Vortheil geopfert und ohne Noth dem Willen der Betheiligten Zwang angethan werden würde. Anzuerkennen ist, daß dem auf die Lokalisirung gerichteten Bestreben ein wirklicher Mißstand zu Grunde liegt, der Mißstand, daß die Notare bisher in vielen Fällen vor der Beurkundung der Rechtsgeschäfte des Liegenschaftsrechts das Hypothekenbuch nicht genügend eingesehen haben. Dieser Mißstand muß beseitigt werden. Zu seiner Beseitigung ist jedoch die Lokalisirung weder erforderlich noch hinreichend. Es bedarf vielmehr der bestimmten Vorschrift, daß die Notare in allen Fällen der Beurkundung von Rechtsgeschäften des Liegenschaftsrechts vorher sich von dem Inhalte des Grundbuchs und des Hypothekenbuchs zu überzeugen und hiernach die Beurkundung einzurichten haben. Eine ähnliche Vorschrift bestand zwar für das Gebiet des Hypothekenrechts im rechtsrheinischen Bayern auch bisher schon, ihre Durchführung aber war dadurch behindert, daß die Betheiligten durch die Erklärung, sie beständen auf der sofortigen Beurkundung auch vor der Einsicht des

Hypothekenbuchs, den Notar von jener Einsichtsverpflichtung entbinden konnten. S. 428.
Hiervon haben die Betheiligten außerordentlich häufig Gebrauch gemacht, wobei dahin gestellt bleiben muß, inwieweit der eine Betheiligte bei einer solchen Erklärung unter dem Zwange des Willens des Anderen stand oder Beide von dem Notar beeinflußt wurden. Wird künftig, wie im Entwurfe vorgeschlagen ist, den Betheiligten nicht mehr gestattet, den Notar von der Einsicht zu entbinden, so entfällt dieser Ausweg und die Fälle, in denen wegen mangelhafter Einsicht des Grundbuchs Betheiligte zu Schaden kommen, werden verschwindend selten sein. Es wird aber auch der bisher in ländlichen Verhältnissen bemerkte Vorgang nicht mehr möglich sein, daß ein Betheiligter fern von seinem Wohnsitze mit dem Antrag auf Abschluß eines Geschäftes überrascht, überredet und sofort zur Beurkundung vor einen von der Sachlage zu wenig unterrichteten Notar gebracht wird. Denn, da der Notar stets vorherige Einsicht des Grundbuchs oder Hypothekenbuchs zu pflegen hat, so würde er in einem solchen Falle die Parteien auf später bescheiden müssen und damit dem Ueberraschten hinreichend Zeit zur Ueberlegung geben. Wird diese Maßregel durchgeführt, so beurkundet der Notar in Wirklichkeit vor geöffnetem Grundbuch, und die Vortheile, welche durch die Lokalisirung angestrebt werden, sind ohne sie erreicht. Es schien darum angezeigt, im Entwurfe diesen Weg zu gehen.

Neben dieser grundlegenden Bestimmung für den wichtigsten Theil der notariellen Geschäftsführung soll die im Entwurfe vorgeschlagene schärfere Ausgestaltung des Disziplinarrechts den ordnungsmäßigen Vollzug der Vorschriften für die Geschäftsführung sichern. Die Notare sollen künftig nicht mehr der Beaufsichtigung durch die Staatsanwälte unterstehen, zu deren anderweitiger Geschäftsaufgabe diese Aufsichtsthätigkeit nicht paßt, sondern unmittelbar den Präsidenten der Landgerichte, wie dies sonst im Deutschen Reiche zumeist der Fall ist. Die Notare sollen künftig der Zwangsenthebung und der Zwangsversetzung in dem gleichen Maße unterliegen wie die Richter und sie sollen für die schwereren Dienstvergehen im Ganzen genommen nach dem Richterdisziplinarrechte behandelt werden. Nur zwei Hauptabweichungen sollen von dem Richterdisziplinarrechte bestehen; einmal, daß für geringfügigere Dienstvergehen, die nur Warnung oder geringe Geldstrafe zur Folge haben, ein kurzes, einfaches und schriftliches Ordnungsstrafverfahren Platz greifen soll, sodann, daß die Geldstrafen — entsprechend dem Umstande, daß die Einnahmen einzelner Notare sich über die der Richter wesentlich erheben — bis zu einer größeren Höhe als bei den Richtern ansteigen.

Eine wesentliche Ausbildung soll das Recht der Notariatsverweser erfahren. Der Grund dafür liegt in der Verleihung der Behördeneigenschaft an die Notariate, die es möglich macht, auch die Geschäfte eines unbesetzten Notariats durch einen Notariatsverweser führen zu lassen, was bisher unzulässig war. Es kann daher künftig auch entsprechende Vorsorge getroffen werden, daß im Falle der Erledigung eines Notariats bis zur Wiederbesetzung die Geschäfte unverzüglich fortgeführt werden. Die Heranziehung der Gerichtsbeamten zur Aushilfe in solchen Fällen sichert die Durchführung.

Da es nicht unwahrscheinlich ist, daß nach einigen Jahrzehnten, wenn nicht schon früher, bei einzelnen Notariaten so viele Urkunden sich aufgehäuft haben werden, daß für anderweitige entsprechende Unterbringung gesorgt werden muß, so wird jetzt schon die gesetzliche Ermächtigung zur Bildung von Sammelarchiven vorgesehen (Artikel 119). Die Notariatskammern sollen im Ganzen bei ihrer bisherigen Verfassung und Zuständigkeit belassen, die Haftung des Staats für die Notare soll der Haftung des Staats für die übrigen Beamten S. 429.

S. 429. angeglichen werden. Die Kautionen der Notare erwähnt der Entwurf nicht mehr. Sie werden den über das Kautionswesen jetzt herrschenden Anschauungen entsprechend als entbehrlich beseitigt werden können.

Der Bildung von Versorgungsanstalten für die Notare und Notariatsgehilfen und ihre Hinterbliebenen näher zu treten, wird jetzt die Gelegenheit geboten sein. Im Notariatsgesetze bedarf es dazu nur der Bestimmungen über den Zwang zum Beitritt und über die Zuweisung der Strafgelder, welche Bestimmungen schon dem bisherigen Notariatsrechte nicht fremd waren (Artikel 144 des rechtsrheinischen Notariatsgesetzes).

Besondere Begründung.

Zuständigkeit.

Artikel 1 bis 4.

Die drei ersten Artikel des Gesetzes geben die Normen für die sachliche Zuständigkeit der Notare. Diese Normen weichen dem Inhalte nach vom bisherigen bayerischen Rechte (Artikel 11 des rechtsrheinischen, Artikel 1 des pfälzischen Notariatsgesetzes) nicht wesentlich ab. Im Ganzen genommen sollen künftig die Notare ebenso wie bisher ausschließlich berufen sein, auf Antrag der Betheiligten öffentliche Urkunden über die Rechtsgeschäfte des bürgerlichen Rechtes und über die Thatsachen und Vorgänge, welche für Rechtsverhältnisse von Erheblichkeit sind, zu errichten, wobei es keinen Unterschied macht, ob die Betheiligten durch eine Vorschrift des bürgerlichen Rechtes genöthigt sind, die Beurkundung vornehmen zu lassen oder ob sie dies freiwillig thun wollen. Die Notare sind danach insbesondere auch wie bisher zuständig, in den Fällen, in denen nach den maßgebenden Vorschriften eine Erklärung einer Behörde gegenüber abgegeben werden muß, ohne daß die persönliche mündliche Abgabe verlangt wäre, diese Erklärung auf Verlangen der Betheiligten zu beurkunden oder zu beglaubigen und der Behörde vorzulegen.

Die Zuständigkeit der Notare zur Bewirkung der öffentlichen Beurkundung findet ihre Schranke in den Fällen, in denen es sich um die Beurkundung der bei anderen Behörden oder anderen Beamten sich abspielenden, in deren Geschäftszuständigkeit fallenden Vorgänge handelt wie z. B. um Vorgänge vor den Gerichten, Staatsanwaltschaften, Polizeibehörden, Fälle, in denen diese Behörden selbst ausschließlich zur öffentlichen Beurkundung berufen sind. Auch hierin liegt keine Abweichung vom bisherigen Rechte. Die ausschließliche Zuständigkeit der Notare zur öffentlichen Beurkundung erleidet ferner Ausnahmen in einzelnen Fällen, in denen nach Reichsrecht und Landesrecht andere Behörden und Beamte ausdrücklich neben den Notaren für zuständig erklärt sind. Insbesondere soll zur Beurkundung der Erklärung des Vaters eines unehelichen Kindes über die Anerkennung der Vaterschaft neben dem Notar das Amtsgericht und der Standesbeamte, zur Beurkundung von Vereinbarungen zwischen dem Vater eines unehelichen Kindes und diesem über den Unterhalt für die Zukunft oder über eine an Stelle des Unterhalts zu gewährende Abfindung sowie für die Beurkundung einer Vereinbarung zwischen dem Vater eines unehelichen Kindes und der Mutter über die der Mutter aus der Beiwohnung und der Entbindung entstandenen Ansprüche, sofern diese Vereinbarung mit der Vereinbarung über den Unterhalt des Kindes in derselben Urkunde ver-

bunden wird, die Amtsgerichte neben den Notaren zuständig sein. (Bürger- S. 429.
liches Gesetzbuch §§ 1718, 1720, Gesetz über die Angelegenheiten der freiwilligen Gerichtsbarkeit § 167 Abs. 2, Entwurf eines Gesetzes, die durch die Einführung des Bürgerlichen Gesetzbuchs veranlaßten Aenderungen der seit 1818 erlassenen Gesetze betreffend Artikel 34 Nr. I und hiezu Zusammenstellung der Beschlüsse des besonderen Ausschusses der Kammer der Reichsräthe zur Berathung der durch die Einführung des Bürgerlichen Gesetzbuchs veranlaßten Gesetzentwürfe B Nr. 8).

Ebenso sollen künftig nicht nur in den Landestheilen rechts des Rheins sondern auch in der Pfalz zur Feststellung des Datums einer Privaturkunde neben den Notaren die Gerichtsschreiber der Amtsgerichte zuständig sein (Artikel 88 des Ausführungsgesetzes zur Civilprozeßordnung, Artikel 33 Nr. XIV des Entwurfs eines Gesetzes, die durch die Einführung des Bürgerlichen Gesetzbuchs veranlaßten Aenderungen der seit 1818 erlassenen Gesetze betreffend).

Von diesen Ausnahmen abgesehen, sollen die Notare auch künftig grundsätzlich zur Bewirkung der öffentlichen Beurkundung allein zuständig sein, insbesondere auch allein zuständig für die Beurkundung der Rechtsgeschäfte, die nach den Vorschriften des Bürgerlichen Gesetzbuchs gerichtlicher oder notarieller Beurkundung bedürfen, wie überhaupt zur Vornahme der Beurkundungen, die nach der Vorschrift der Reichsgesetze durch ein Gericht oder einen Notar zu bewirken sind (Artikel 141 des Einführungsgesetzes zum Bürgerlichen Gesetzbuch, Artikel 34 Nr. I des Entwurfes eines Gesetzes, die durch die Einführung des Bürgerlichen Gesetzbuchs veranlaßten Aenderungen der seit 1818 erlassenen Gesetze betreffend).

Zur Bewirkung der öffentlichen Beglaubigung von Unterschriften und Handzeichen unter Erklärungen, die Angelegenheiten des bürgerlichen Rechtes betreffen, insbesondere zur Beglaubigung von Erklärungen, die nach den Vorschriften des Bürgerlichen Gesetzbuchs und seiner Nebengesetze der öffentlichen Beglaubigung bedürfen, sollen die Notare ausschließlich zuständig sein (§ 167 des Gesetzes über die Angelegenheiten der freiwilligen Gerichtsbarkeit, Artikel 34 Nr. I des Entwurfes eines Gesetzes, die durch die Einführung des Bürgerlichen Gesetzbuchs veranlaßten Aenderungen der seit 1818 erlassenen Gesetze betreffend). Die für einzelne Fälle der Beurkundung und der Beglaubigung getroffenen Sonderbestimmungen, insbesondere die Bestimmungen in den Artikeln 27 und 28 des Gesetzes vom 1. Juli 1898 über das Liegenschaftsrecht in der Pfalz, im Artikel 10 des Gesetzes vom 18. Juni 1898, die Vorbereitung der Anlegung des Grundbuchs in den Landestheilen rechts des Rheins betreffend, und in den die Anlegung des Grundbuchs betreffenden Allerhöchsten Verordnungen und Justizministerialbekanntmachungen endlich die Bestimmungen über die Zuständigkeit des Merkantil-Friedens- und Schiedsgerichts in Nürnberg (Artikel 7 des Ausführungsgesetzes zum Gerichtsverfassungsgesetze) bleiben von der allgemeinen Vorschrift unberührt. Unberührt bleibt ferner die bisherige Zuständigkeit der Behörden und Beamten zu Beurkundungen und Beglaubigungen in Sachen des öffentlichen Rechtes.

Es ist im Entwurfe davon Umgang genommen, bei den Zuständigkeitsvorschriften auch des Berufs der Notare zur Verwahrung der von ihnen errichteten Urkunden und zur Ertheilung von Ausfertigungen und Abschriften Erwähnung zu thun, wie dies die bisherigen bayerischen Notariatsgesetze ‖ ge- S. 430.
than haben, weil diese Thätigkeit nicht selbständig, sondern nur ein Ausfluß des Berufs zur Beurkundung ist und daher besser bei den Vorschriften über die Geschäftsführung als bei denen über die Zuständigkeit behandelt wird.

S. 430. Dagegen bedarf es hier einer besonderen Vorschrift über die Zuständigkeit der Notare zur Uebernahme der Verwahrung von Urkunden, die nicht von ihnen errichtet sind, sondern ihnen nur zum Zwecke der Uebernahme in amtliche Verwahrung von den Betheiligten übergeben werden. Für den Hauptfall der amtlichen Verwahrung von Testamenten und Erbverträgen ist vorgeschlagen, daß die Zuständigkeit der Notare eine ausschließliche sein soll. Dies entspricht dem bisherigen Rechte. Die Regelung durch Landesrecht gründet sich auf den Vorbehalt des § 200 des Gesetzes über die Angelegenheiten der freiwilligen Gerichtsbarkeit, da das Reichsrecht eine Bestimmung darüber, wer die amtliche Verwahrung der Testamente und Erbverträge zu übernehmen hat, nicht enthält. Die Vorschrift beschränkt sich nicht auf das eigenhändig geschriebene und nachher in Verwahrung gegebene Privattestament, sondern soll auch für das von dem Notar selbst errichtete öffentliche Testament (BGB. §§ 2231, 2246, 2248) gelten.

Nach dem Artikel 2 des Entwurfes sind die Notare für zuständig erklärt für eine Reihe von Geschäften, die mit der Beurkundung in engem Zusammenhange stehen, ohne sich in ihr zu erschöpfen. Dies gilt zunächst von der Aufnahme von Vermögens- und Nachlaßverzeichnissen. Die Notare sollen hiefür, — abgesehen von der Ausnahme, die durch den Artikel 34 Nr. XVI des Entwurfs eines Gesetzes, die durch die Einführung des Bürgerlichen Gesetzbuchs veranlaßten Aenderungen der seit 1818 erlassenen Gesetze betreffend, zu Gunsten der Zuständigkeit der Gerichtsschreiber der Amtsgerichte gemacht ist, ausschließlich zuständig sein. Insbesondere soll auch die Zuständigkeit des Nachlaßgerichts zur Aufnahme des Nachlaßverzeichnisses zu Gunsten der Zuständigkeit der Notare ausgeschlossen sein. (Artikel 34 Nr. I des ebenangeführten Entwurfs.) Die Zuständigkeit der Notare erstreckt sich nicht nur auf die Aufnahme der vom Bürgerlichen Gesetzbuche geforderten amtlichen Verzeichnisse (B. GB. §§ 1035, 1372, 1528, 1550, 1640, 1667, 1686, 1760, 1802, 2002, 2003, 2121, 2215, 2314) sondern auf alle amtlichen Vermögensverzeichnisse zu Zwecken des bürgerlichen Rechtes; die Zuständigkeit zur Aufnahme umfaßt ferner die Zuständigkeit zur Mitwirkung bei der Aufnahme. Auch diese Vorschriften entsprechen dem bisher geltenden Rechte (Artikel 19 des rechtsrheinischen Notariatsgesetzes.)

Die Vorschrift, daß die Notare auch zuständig sein sollen, auf Ansuchen Siegelungen und Entsiegelungen vorzunehmen, hängt mit ihrer Berufung zur Aufnahme von Vermögensverzeichnissen zusammen. Es ist aus Zweckmäßigkeitsrücksichten erforderlich, dem Notar, der zur Aufnahme eines solchen Verzeichnisses z. B. eines Nachlaßverzeichnisses berufen ist, die Möglichkeit zu gewähren, auf Ersuchen die von einem andern Beamten oder einer andern Behörde zur Sicherung des Nachlasses angelegten Siegel abzunehmen und wieder zu ersetzen oder auch z. B. auf Ersuchen des Nachlaßgerichts von Vorneherein die Siegelung zu übernehmen. Auch die Möglichkeit soll nicht ausgeschlossen sein, daß außerhalb eines behördlichen Verfahrens Jemand, der ein rechtliches Interesse an der Siegelung von ihm zur Verfügung stehenden Räumen hat, den Notar um die Vornahme der Siegelung ersucht. Zur Vornahme von Siegelungen und Entsiegelungen sind die Notare nicht ausschließlich zuständig. Neben ihnen können insbesondere die Gerichtsschreiber, die Gerichtsvollzieher und die Bürgermeister zuständig sein (Artikel 94a des Entwurfs eines Ausführungsgesetzes zum B. GB.).

Die Zuständigkeit zur Vornahme von öffentlichen Versteigerungen soll den Notaren auch künftig verbleiben. Die Zuständigkeit der Notare wird für die Versteigerung von Immobilien wie bisher (Art. 18 des rechtsrheinischen

Notariatsgesetzes) eine ausschließliche sein, sofern damit die Beurkundung der S. 430.
Verpflichtung des bisherigen Eigenthümers zur Uebertragung des Eigenthums
auf den Ersteher verbunden ist (§ 313 des B. GB.). Zur Vornahme der
öffentlichen Versteigerungen von beweglichen Gegenständen dagegen können die
Notare schon deßhalb nicht ausschließlich für zuständig erklärt werden, weil
für wichtige Fälle die Ausschließung des Gerichtsvollziehers vom Reichsrechte
nicht zugelassen ist (vgl. z. B. § 383 Abs. 3 des B. GB.).

Die Befugniß zur Abnahme von Versicherungen an Eidesstatt stand nach
herrschender Meinung bisher den Notaren nicht zu, da den Notariaten die
Behördeneigenschaft fehlte und man die Abgabe der Versicherung vor einer
Behörde für nothwendig hielt. Da den Notariaten jetzt die Behördeneigenschaft
verliehen werden soll, so ist kein Hinderniß mehr, den Notaren auch die Zu-
ständigkeit zur Abnahme von Versicherungen an Eidesstatt zu geben. Die
Veranlassung hiezu bietet der Umstand, daß auch das Bürgerliche Gesetzbuch
im § 2356 Abs. 2 die Notare zur Abnahme bestimmter Versicherungen an
Eidesstatt für zuständig erklärt hat. Die Zuständigkeit soll nicht auf den er-
wähnten Fall des Bürgerlichen Gesetzbuchs beschränkt, sondern verallgemeinert
werden, da hiedurch insbesondere den Gerichten Arbeit abgenommen werden
kann. Die Zuständigkeit der Notare soll keine ausschließliche sein. Die be-
stehenden Vorschriften, wonach auch die meisten anderen Behörden zur Abnahme
solcher Versicherungen zuständig sind, bleiben unberührt. Aber auch die Vor-
schriften behalten ihre Geltung, wonach gewisse Versicherungen an Eidesstatt
nur vor bestimmten anderen Behörden abgegeben werden können. Von der
Abnahme von Eiden und der eidlichen Vernehmung von Zeugen und Sach-
verständigen in inländischen Angelegenheiten sollen die Notare ausgeschlossen
sein. Sie auch hiefür zuständig zu erklären, besteht nach der dermaligen
Rechtsordnung im Deutschen Reiche kein Bedürfniß. Dagegen hat sich ziemlich
allgemein in den Verkehrszentren das Bedürfniß gezeigt, in ausländischen An-
gelegenheiten, die im Inlande zu erledigen sind, den Notaren eine solche Zu-
ständigkeit zu geben. So insbesondere in Konkurssachen, die vor den englischen
Behörden verhandelt werden, dann in englischen und amerikanischen Pensions-
und Rentenangelegenheiten, für Lebensbescheinigungen und ähnliche Feststell-
ungen. In solchen Sachen bedarf es häufig nach den ausländischen Gesetzen
oder den Statuten der ausländischen Anstalten oder endlich nach dem Ver-
langen der ausländischen Behörden eidlicher Aussage oder eidlicher Bekräftigung
gerade vor einem Notar. Die bisherige Praxis war in der Beantwortung
der Frage, ob die Notare berechtigt seien, einem solchen Ersuchen zu entsprechen,
schwankend, nicht nur in Bayern, sondern auch in andern Theilen des Deutschen
Reichs. Daraus ergibt sich das Bedürfniß einer gesetzlichen Regelung der
Frage im Sinne der Zulassung der Notare. Die Zulassung in solchen Fällen
empfiehlt sich schon im Interesse der Entlastung der Gerichte von Aufgaben,
die mit ihren sonstigen Geschäften wenig oder keinen Zusammenhang haben.
Sie ist denn auch von anderen Bundesstaaten, insbesondere Preußen und
Sachsen in Aussicht genommen. Mit Rücksicht auf die Wandelbarkeit der in
Frage kommenden ‖ Verhältnisse wird es angezeigt sein, die Durchführung der S. 431.
Vorschrift der Geschäftsordnung zu überlassen, welche auch über das Verfahren
zu bestimmen haben wird. Ein Zwang zur Aussage oder zur Eidesleistung
vor dem Notar ist selbstverständlich in allen Fällen des Artikel 3 ausgeschlossen.

Im Zusammenhange mit der Frage der Eidesabnahme in ausländischen
Sachen regelt der Absatz 2 des Artikel 3 des Entwurfs auch die Frage der
Zustellungen durch den Notar in solchen Sachen. Die Notare auch in in-

S. 431. ländische Sachen allgemein zu Zustellungsbeamten zu erklären, besteht kein Bedürfniß. Daß sie auf Ersuchen eines Betheiligten einem Dritten mündliche und schriftliche Eröffnungen machen und Schriftstücke übermitteln und über diese Vorgänge Urkunden aufnehmen können, ergibt sich aus ihrer Befugniß zur öffentlichen Beurkundung überhaupt. Zustellungen im Sinne der Reichsgesetze sind jedoch hierin nicht zu sehen. Die Vorschriften, wonach den Notaren, wenn sie an Stelle der Gerichte oder neben diesen zu gewissen Amtshandlungen berufen sind, auch die Zustellungsbefugnisse der Gerichtsschreiber zukommen (Artikel 94 Abs. 3 des Entwurfs eines Ausführungsgesetzes zum Bürgerlichen Gesetzbuch, Artikel 26 Abs. 2 des Entwurfes eines Ausführungsgesetzes zu der Grundbuchordnung und zu dem Gesetz über die Zwangsversteigerung und die Zwangsverwaltung) haben nur für die von ihnen betroffenen Sondergebiete Geltung.

Außer den Geschäften des Beurkundungswesens können nach den durch die Reichsgesetze gegebenen Vorbehalten auch andere Geschäfte, die in erster Linie anderen Behörden zustehen würden, den Notaren neben diesen Behörden oder an deren Stelle übertragen werden. In den durch die Einführung des Bürgerlichen Gesetzbuchs in Bayern veranlaßten Gesetzentwürfen ist von diesen Vorbehalten Gebrauch gemacht. Darnach sollen die Notare zuständig sein:

1. ausschließlich für die Ausführung der Zwangsversteigerung von Grundstücken nach Artikel 26 des Entwurfs eines Ausführungsgesetzes zu der Grundbuchordnung und zu dem Gesetz über die Zwangsversteigerung und die Zwangsverwaltung;
2. neben den Amtsgerichten für die Vermittelung der Auseinandersetzung eines Nachlasses zwischen mehreren Erben und für die Vermittelung der Auseinandersetzung des Gesammtguts einer aufgehobenen ehelichen oder fortgesetzten Gütergemeinschaft nach dem Artikel 94 des Entwurfs eines Ausführungsgesetzes zum Bürgerlichen Gesetzbuche, sowie für die Vernehmung der Sachverständigen zur amtlichen Feststellung des Werths eines Grundstücks nach Artikel 78 desselben Entwurfs, endlich
3. neben den Grundbuchämtern zur Entgegennahme der Auflassung und zur Entgegennahme der Bestellung eines Erbbaurechts in Ansehung der in Bayern liegenden Grundstücke und zur Herstellung von Theilhypothekenbriefen, Theilgrundschuldbriefen und Theilrentenschuldbriefen (Artikel 73 des Entwurfs eines Ausführungsgesetzes zum Bürgerlichen Gesetzbuche, § 61 Abs. 1 und § 70 Abs. 1 der Grundbuchordnung und Artikel 21 des Entwurfs eines Ausführungsgesetzes zu der Grundbuchordnung und zu dem Gesetz über die Zwangsversteigerung und die Zwangsverwaltung).

Die Aufnahme dieser Zuständigkeiten der Notare in den Entwurf des Notariatsgesetzes mußte unterbleiben, weil sie nicht dem Notariatsrechte, sondern anderen Rechtstheilen angehören und darum mit diesen zu behandeln sind, wie sich auch in den Fällen dieser Zuständigkeit das Verfahren der Notare in erster Linie nach den dafür geltenden besonderen Vorschriften zu richten hat.

Die Mitwirkung der Notare bei der Erhebung der aus Anlaß ihrer Amtsgeschäfte dem Staate und den Gemeinden anfallenden Gebühren beruhte bisher unmittelbar auf gesetzlicher Vorschrift (Artikel 105 des rechtsrheinischen Notariatsgesetzes, Artikel 271 des Gesetzes über das Gebührenwesen). Ein Anlaß, die Notare künftig zur Mitwirkung bei der Gebührenerhebung nicht mehr zu berufen, besteht zur Zeit nicht. Die Mitwirkung hat sich bisher vortheilhaft erwiesen. Um jedoch, wenn künftig eine Aenderung angezeigt erscheinen sollte, nicht dieses geringfügigen Punktes halber zu einer Gesetzes- S. 431. änderung genöthigt zu sein, und um andererseits den Irrthum auszuschließen, als solle für die Notare ein gesetzlicher Anspruch auf die Mitwirkung bestehen, wird vorgeschlagen, die Heranziehung dem Verordnungswege zu überlassen. Die für das Verfahren bei der Erhebung der Gebühren durch die Notare nothwendigen Ausführungsvorschriften werden von den Staatsministerien der Justiz und der Finanzen zu erlassen sein.

Organisation.

Artikel 5 bis 10.

Die Gründe, aus denen den Notariaten die Eigenschaft von Behörden verliehen werden soll, sind in der Einleitung auseinandergesetzt. Die Abgrenzung der Amtsbezirke der Notariate entspricht dem bisherigen Rechte in den Landestheilen rechts des Rheins (Artikel 9 des r. rh. Notariatsgesetzes). Die etwas abweichende Einrichtung in der Pfalz (Bezirksnotariate und Landkommissariatsnotariate) hat sich überlebt. Für die Uebergangszeit ist im Artikel 135 des Entwurfs Vorsorge getroffen. Die Abgrenzung der Amtsbezirke der Notariate ist keine Zuständigkeitsabgrenzung, sondern nur eine Schranke für die Bewegung des Notars. Die Ueberschreitung der Schranke soll nach Absatz 4 des Artikel 5 die Wirksamkeit des Geschäfts nicht berühren, damit nicht die Betheiligten unter dem Fehler des Notars leiden. Ein Mißbrauch der Vorschrift ist nicht zu befürchten, da der Notar für die Ueberschreitung disziplinär verantwortlich ist.

Da die Beamteneigenschaft der Notare im Entwurfe wie bisher ausdrücklich anerkannt ist und nach dem Entwurf eines Gesetzes, betreffend die durch die Einführung des Bürgerlichen Gesetzbuchs veranlaßten Aenderungen der seit 1818 erlassenen Gesetze, die Vorschriften im Artikel 2 Abs. 2 und im Artikel 13 Abs. 2 des Heimatgesetzes unverändert bleiben sollen, so haben auch die künftigen Notare als definitiv angestellte Beamte des Staates im Sinne des Heimatgesetzes zu gelten.

Die Voraussetzungen für die Ernennung zum Notar sind im Allgemeinen im Anschluß an das geltende Recht geregelt. Abweichend davon gibt Artikel 8 die Möglichkeit, ausnahmsweise eine Verkürzung der Dauer des Vorbereitungs-Dienstes eintreten zu lassen, weil sich schon wiederholt wegen Mangels an Bewerbern das dringende Bedürfniß hienach gezeigt hat und weil ein solches Bedürfniß in absehbarer Zeit wiederkehren könnte. Dagegen soll die gesetzliche Befreiung vom Vorbereitungsdienst eingeschränkt werden. Insbesondere ist bei der gegenwärtigen Organisation der Rechtsanwaltschaft die gesetzliche Befreiung der Rechtsanwälte nicht mehr möglich, weil sie zur Aufhebung des Erfordernisses des Vorbereitungsdienstes überhaupt führen müßte; die gesetzliche Be- S. 432. freiung der Gerichtsschreiber aber erscheint aus ähnlichen Gründen nicht angängig. Die Eidesleistung der Notare ist analog derjenigen der Richter geordnet (vgl. Artikel 2 des Ausführungsgesetzes zum Gerichtsverfassungsgesetze). Die Bestimmung des Artikel 10, wonach Notaren in Städten von mehr als 100,000 Einwohnern die Verpflichtung auferlegt werden kann, ihren Amtssitz und damit ihre Wohnung in einem bestimmten Stadttheile zu nehmen, ist für Bayern neu, findet sich aber auch in dem Entwurfe eines Preußischen Gesetzes über die freiwillige Gerichtsbarkeit (Artikel 80) und rechtfertigt sich durch die Bedürfnisse der Bevölkerung der größeren Städte.

S. 432. Die Bestimmung, daß der Notar außerhalb seines Amtssitzes Geschäftsräume nicht halten soll, richtet sich gegen die Errichtung förmlicher Filialbureaux außerhalb des Amtssitzes; sie hindert jedoch nicht, daß ein Notar, dem die Abhaltung von regelmäßigen auswärtigen Amtstagen gestattet oder zur Pflicht gemacht ist, hiezu einen Geschäftsraum sich hält, der an den Amtstagen und nur an diesen geöffnet ist.

Die Vorschrift des bisherigen Rechtes, daß ein Notar zum Amtsantritte drei Monate Frist hat (Artikel 119 des rechtsrheinischen Notariatsgesetzes, Artikel 121 des Ausführungsgesetzes zur Strafprozeßordnung), ist als unvereinbar mit der Behördeneigenschaft der Notariate, der Beamteneigenschaft der Notare und den Interessen der Bevölkerung im Entwurfe beseitigt. Der Notar wird künftig, wie jeder Beamte, den Dienst an dem Tage anzutreten haben, auf den er einberufen ist. Die Berücksichtigung etwaiger Hindernisse muß den Anstellungsbehörden überlassen bleiben.

Die Vorschriften über die Hinterlegung der Namensunterschrift und des Handzugs des Notars (Artikel 7 und 8 des rechtsrheinischen, Artikel 49 des pfälzischen Notariatsgesetzes) sollen in die Geschäftsordnung übernommen werden.

Vorschriften über die Dienstverhältnisse der Notare und ihre Geschäftsführung im Allgemeinen.

1. Ausschließlichkeit des Dienstes, Nebengeschäfte.

Artikel 11 bis 14.

Der Notar soll seine ganze Arbeitskraft seinem Berufe widmen. Grundsätzlich soll eine Aemterhäufung nicht stattfinden. Insbesondere ist wie bisher die Verbindung von Rechtsanwaltschaft und Notariat nicht gestattet. Unbezahlte öffentliche Aemter z. B. Gemeindeämter zu bekleiden, soll dem Notar wie seither gestattet sein. Besoldete öffentliche Aemter konnte nach den bisherigen Gesetzen (Artikel 4 des rechtsrheinischen, Artikel 7 des pfälzischen Notariatsgesetzes) ein Notar nicht bekleiden. Der Entwurf schlägt vor, an dem Verbote festzuhalten, aber das Staatsministerium der Justiz zur Gestattung von Ausnahmen zu ermächtigen, da Fälle denkbar sind, in denen die Bekleidung eines solchen Amtes neben dem Notariate keinen Nachtheil sondern nur Vortheile bietet. Die Genehmigung wird selbstverständlich nur aus besonderen Gründen und nur dann ertheilt werden, wenn von der Führung des Nebenamts durch den Notar keine Beeinträchtigung seiner notariellen Thätigkeit oder seines amtlichen Ansehens zu besorgen ist. Das Verbot des Handels- und Gewerbebetriebs ist aus dem Artikel 10 Nr. 2 des rechtsrheinischen Notariatsgesetzes hieher übernommen. Die übrigen in jenem Artikel enthaltenen Verbote finden sich in Artikel 68 des Entwurfs wieder. Die Uebernahme von Aufsichtsrathsstellen bei finanziellen Unternehmungen galt bisher für frei erlaubt. Es wird sich empfehlen, die Uebernahme zwar nicht zu verbieten, aber doch wie die Uebernahme öffentlicher Nebenämter an die Genehmigung zu knüpfen.

Erlaubt soll dagegen den Notaren sein, Gelder, Werthpapiere und Kostbarkeiten aus Anlaß ihrer Amtsgeschäfte zur Verwahrung und Ablieferung zu übernehmen. Thatsächlich galt dies mangels eines entgegenstehenden Verbotes auch schon bisher als erlaubt. Die Erlaubniß ist nothwendig, weil andernfalls insbesondere dem Hypothekenverkehr ernste Schwierigkeiten entstünden. Es wird sich mit Rücksicht auf die große Bedeutung der Sache empfehlen, die Erlaubniß im Gesetz ausdrücklich auszusprechen. Die Erlaubniß zur Ueber-

nahme soll kein Gebot zur Uebernahme enthalten. Denn die Frage, ob im S. 432.
einzelnen Falle die Uebernahme dem Notar zuzumuthen ist, bedarf so weitgehender individueller Erwägung, daß sie dem Notar, der die Haftung zu übernehmen hat, zur freien Entscheidung überlassen werden muß. Unnöthige Weigerungen sind mit Rücksicht auf das finanzielle Interesse des Notars an der Uebernahme und die freie Konkurrenz nicht zu besorgen. Die besonderen Vorschriften, nach denen in gewissen Fällen der Notar zur Uebernahme von Werthen gesetzlich verpflichtet ist (z. B. im Falle der Zwangsversteigerung von Grundstücken im Wege der Zwangsvollstreckung zur Uebernahme der Kautionen für die Erlegung der Gebote) bleiben unberührt.

Die Gestattung der Uebernahme dieser Geschäfte macht es nothwendig, das dabei einzuhaltende Verfahren genau zu regeln. Hiezu eignet sich indessen nicht der Weg der Gesetzgebung, sondern der der Verwaltungsnorm. Artikel 13 Abs. 2 des Entwurfs behält darum die bezüglichen Vorschriften der Geschäftsordnung vor.

Das Amt des Testamentsvollstreckers zu übernehmen, soll der Notar nicht nur berechtigt, sondern auch verpflichtet sein (Artikel 14 des Entwurfs). Die Vorschrift entspricht dem bisherigen Rechte in den Landestheilen rechts des Rheins (Artikel 29 ff. des rechtsrheinischen Notariatsgesetzes). Die Pflicht ist keine bürgerlichrechtliche sondern eine dienstrechtliche. Die Vorschriften des Bürgerlichen Gesetzbuchs über die Annahme und Kündigung des Amtes (§§ 2202, 2226) bleiben unberührt. Die Thätigkeit des Notars als Testamentsvollstrecker ist nicht öffentlich sondern privat, und richtet sich nach den Vorschriften in dem sechsten Titel des fünften Buches des Bürgerlichen Gesetzbuchs. Gegenüber der dienstrechtlichen Verpflichtung zur Annahme ist für besondere Fälle die Gestattung der Ablehnung und Kündigung vorzusehen. Ein solcher besonderer Fall wird auch dann vorliegen, wenn der Erblasser bestimmt haben sollte, daß der Testamentsvollstrecker für die Führung seines Amtes keine Vergütung erhalten soll, oder wenn er eine allzu geringe Vergütung angeordnet hätte (B. GB. § 2221). Das Amt des Verlassenschaftskommissärs im Sinne der Artikel 29 ff. des rechtsrheinischen Notariatsgesetzes wird als öffentliches Amt nach dem Inkrafttreten des Bürgerlichen Gesetzbuchs jedenfalls dann nicht mehr ausgeübt werden können, wenn der Erblasser nach dem 1. Januar 1900 verstorben ist. Insoweit die letztwillige Verfügung, durch die ein Notar zum Verlassenschaftskommissär berufen ist, dessen Ernennung zum Testamentsvollstrecker enthält, bleibt sie auch für den Fall des Todes des Erblassers nach dem Inkrafttreten des Bürgerlichen Gesetzbuchs wirksam.

2. Verpflichtung zur Dienstleistung. S. 433.

Artikel 15 bis 18.

Die Bestimmung des bisherigen Rechtes, daß der Notar seinen Dienst nur auf Ansuchen zu leisten hat (Artikel 43 Abs. 2 des rechtsrheinischen Notariatsgesetzes), ist in den Entwurf nicht übernommen. Sie ist selbstverständlich und überflüssig, soweit sie besagt, daß der Notar sich nicht ungerufen den Parteien aufdrängen soll, und soweit den Notaren Geschäfte übertragen sind, die nur auf Ansuchen vorgenommen werden können; sie ist unzutreffend, soweit es sich um Geschäfte des inneren Dienstes handelt (Registerführung, Kostenerhebung).

Dagegen war die Aufnahme der Bestimmung nothwendig, daß der Notar die Vornahme eines Amtsgeschäfts nicht ohne zureichenden Grund verweigern

S. 433. soll (Artikel 43 Abs. 1 des rechtsrheinischen, Artikel 3 des pfälzischen Notariatsgesetzes). Die Vorschrift ist auf die Amtsgeschäfte beschränkt. Die Uebernahme von Geld und Geldeswerth nach Artikel 13 des Entwurfes ist als außeramtliches Nebengeschäft in das Belieben des Notars gestellt. Für die Uebernahme des Amtes des Testamentsvollstreckers, das ebenfalls nicht als notarielles Amtsgeschäft, sondern nur als Nebengeschäft gilt, ist Artikel 14 maßgebend.

Welche Gründe den Notar zur Verweigerung seiner Amtsthätigkeit berechtigen, ist im Artikel 15 nicht ausdrücklich gesagt. Es kann hier jegliche Art der Befangenheit in Betracht kommen, aber auch der Grund der Ueberlastung mit anderen Amtsgeschäften ist nicht ausgeschlossen. Dagegen sind im Entwurf einzelne Fälle hervorgehoben, in denen der Notar zur Weigerung verpflichtet ist.

Der Artikel 16 des Entwurfs bestimmt, in welchen Fällen der Notar wegen Betheiligung an der Sache die Vornahme von Amtsgeschäften verweigern soll. Seine Fassung ist der Fassung des § 6 des Gesetzes über die Angelegenheiten der freiwilligen Gerichtsbarkeit nachgebildet. Im Uebrigen soll die Bestimmung lediglich dienstrechtliche Natur haben. Ihre Verletzung soll nicht zur Unwirksamkeit des Geschäfts, sondern nur zur dienstlichen Einschreitung gegen den Notar führen. Inwieweit gleichzeitig eine Verletzung der Normen des bürgerlichen Rechtes über die Ausschließung der Notare vorliegt und inwieweit diese Verletzung die Unwirksamkeit des Geschäfts oder sonstige Rechtsnachtheile zur Folge hat, bestimmt sich nach den Vorschriften des bürgerlichen Rechtes (§§ 2234, 2235, 2236 des Bürgerlichen Gesetzbuchs, §§ 170, 171, 172 des Gesetzes über die Angelegenheiten der freiwilligen Gerichtsbarkeit). Da indessen die Fälle des Artikel 16 des Entwurfs die im Bürgerlichen Gesetzbuch und in dem Gesetz über die Angelegenheiten der freiwilligen Gerichtsbarkeit aufgeführten Fälle der Ausschließung mitumfassen, so wird der Notar auch gegen die reichsgesetzlichen Vorschriften nicht verstoßen, wenn er die Vorschriften des Artikel 16 einhält.

Auf die Thätigkeit der Notare bei der Vermittelung der Auseinandersetzung eines Nachlasses oder eines Gesammtguts sollen, da nach § 194 des Gesetzes über die Angelegenheiten der freiwilligen Gerichtsbarkeit der § 6 dieses Gesetzes hiefür nicht maßgebend ist, ebenfalls die Bestimmungen des Artikel 16 des Entwurfs zur Anwendung kommen. Dagegen soll auf die Ausschließung und Ablehnung der Notare bei der Zwangsversteigerung von Grundstücken nach Artikel 26 des Entwurfs eines Ausführungsgesetzes zu der Grundbuchordnung und zu dem Gesetze über die Zwangsversteigerung und die Zwangsverwaltung die für die Ausschließung und Ablehnung von Richtern geltende Vorschrift entsprechende Anwendung finden.

Der Artikel 17 des Entwurfs entspricht dem Artikel 45 Abs. 2 des rechtsrheinischen Notariatsgesetzes, erweitert aber die Pflicht zur Verweigerung der Ausübung des Amtes auf die Geschäfte, die offenbar nichtig sind oder nur zum Schein oder zum Scherz vorgenommen werden sollen, auch wenn darin ein Verstoß gegen die öffentliche Ordnung oder gegen die gute Sitte nicht enthalten ist. Der Entwurf folgt hier dem Vorgange der meisten neueren Gesetze in den übrigen deutschen Bundesstaaten. Die bisherige Auffassung, wonach ein Geschäft, das zwar nicht gegen ein Strafgesetz, die gute Sitte oder die öffentliche Ordnung verstößt, aber doch offenbar nichtig ist, vom Notar trotzdem beurkundet werden muß, wenn die Partei ungeachtet der Belehrung darauf besteht, entspricht nicht der Würde des Amtes eines Notars und gereicht nur den Betheiligten zum Schaden. Sie war daher durch die Fassung des Entwurfs zu beseitigen. Zu den Fällen, in denen die Amtsthätigkeit wegen offenbarer Nichtigkeit des Geschäfts verweigert werden muß, gehört insbesondere auch der Fall, in dem ein Betheiligter wegen geringen Lebensalters, Geisteskrankheit, eingetretener Entmündigung oder wegen vorübergehender Unzurechnungsfähigkeit zur Abgabe einer wirksamen Willenserklärung nicht im Stande ist (B. GB. §§ 104, 106 ff). S. 433.

Was der Notar thun soll, wenn ihm nicht die Nichtigkeit des Geschäfts offenbar, sondern nur die Wirksamkeit zweifelhaft erscheint, ergibt sich aus dem Artikel 29 des Entwurfs.

Ueber die Berechtigung der Weigerung des Notars soll auf Antrag das Landgericht endgültig entscheiden. Rechtsmittel zuzulassen, besteht kein Bedürfniß. Liegt der Grund der Weigerung in der Person des Notars, so kann leichter durch Angehung eines anderen Notars als auf dem Beschwerdewege geholfen werden. Liegt er in dem Geschäfte, so wird ein Zwang gegen den Notar, bei einem seiner Anschauung nach strafbaren oder nichtigen Geschäft amtlich mitzuwirken, dann nicht mehr angezeigt sein, wenn auch das Landgericht die Anschauung des Notars theilt. Auf alle Fälle aber wird es vortheilhaft sein, in diesen Fragen zu einer raschen Erledigung zu kommen.

3. Zeit und Ort der Vornahme der notariellen Amtsgeschäfte.

Artikel 19, 20.

Für die Zeit der Vornahme der notariellen Amtsgeschäfte gelten, da die Notariate Staatsbehörden sein sollen, auch ohne Hervorhebung im Gesetze die Bestimmungen, nach welchen sonst der Dienst der Staatsbehörden geregelt ist. Soweit besondere Vorschriften nothwendig sind, werden sie durch das Staatsministerium der Justiz zu erlassen sein. Dies gilt insbesondere für das in Aussicht genommene Verbot der Vornahme von Amtsgeschäften zur Nachtzeit und an Sonn- und Feiertagen. Nur der Satz soll in das Gesetz selbst aufgenommen werden, daß die Notare in dringlichen Fällen auch außerhalb der ordentlichen Geschäftszeit zur Vornahme von Amtsgeschäften verpflichtet sind. Zur Aufnahme einer solchen Vorschrift veranlaßt insbesondere der Umstand, daß die Notare zur Aufnahme der öffentlichen Testamente berufen sind. Der Satz entspricht übrigens dem geltenden Rechte.

Die Regel, daß der Notar die Amtsgeschäfte in den Amtsräumen des Notariats vorzunehmen hat, soll eine Ausnahme nicht nur für den Fall erleiden, daß für gewisse || Geschäfte ein Anderes ausdrücklich vorgeschrieben ist, S. 434. sondern auch für die Fälle, in denen sonst die Umstände eine Abweichung erforderlich machen. Hieher gehören insbesondere die Fälle, in denen die Betheiligten wegen Krankheit oder Gebrechlichkeit nicht zum Notar kommen können, oder in denen besonders viele Betheiligte an ein und demselben, weit entfernten auswärtigen Orte sich befinden, so daß durch die Vornahme des Geschäfts an einem solchen Orte eine erhebliche Ersparung von Kosten eintritt, endlich die Fälle von Versteigerungen. Ob ein Ausnahmefall vorliegt, hat der Notar nach pflichtmäßigem Ermessen selbst zu entscheiden, er hat dabei zu berücksichtigen, daß er nicht durch allzulange oder allzuhäufige Abwesenheit vom Amtssitz die Zugänglichkeit des Notariats für die Bevölkerung im Ganzen schädigen darf. Aus dem letzteren Grunde soll die Vornahme von förmlichen auswärtigen Amtstagen durch die Notare nur mit Erlaubniß des Staatsministeriums der Justiz zugelassen sein. Als Abhaltung eines Amtstags in diesem Sinne wird es jedoch nicht anzusehen sein, wenn ein Notar, der ein

S. 434. bestimmtes Geschäft außerhalb seines Amtssitzes vorzunehmen hat, dort auch andere Geschäfte miterledigt, um deren Vornahme er bei dieser Gelegenheit ersucht wird. Soweit die Vornahme förmlicher Amtstage im Interesse der Bevölkerung liegt, wird sie nicht nur zu genehmigen, sondern auch zu veranlassen sein.

Der Notar, der auswärtige Amtsgeschäfte vornimmt, wird dafür zu sorgen haben, daß der Ort der Thätigkeit der Würde des Amtes entspricht. Besondere Vorschriften gegen die Vornahme von Amtsgeschäften in Wirthshäusern, die nicht nur der Würde des Amts sondern auch den Betheiligten schädlich sein kann, sollen im Verwaltungswege erlassen werden. Ein Regelung durch Gesetz empfiehlt sich nicht, weil ein ausnahmsloses Verbot nicht möglich ist.

4. Persönliche Ausübung des Dienstes.

Artikel 21

Der Notar hat sein Amt persönlich auszuüben. Er kann sich nicht durch seine Gehilfen vertreten lassen. Dies schließt nicht aus, daß er sich rechtskundiger und nichtrechtskundiger Gehilfen bedient. Die Gehilfen haben aber keinen öffentlichen Charakter, ihre Thätigkeit soll nur Vorbereitungs- und Hilfsthätigkeit sein. Die Vorbereitungsthätigkeit kann auch in Besprechungen mit den Betheiligten zur Ermittelung ihres Willens und im Entwerfen von Urkunden bestehen, der Notar darf sich der selbständigen Prüfung und Beurtheilung der Richtigkeit des Vorbereiteten nie entziehen. Die Gehilfen unterliegen als solche ohne Weiteres mit den Notaren der Aufsicht der diesen vorgesetzten Stellen.

5. Amtsgeheimniß. Gestattung der Akteneinsicht.

Artikel 22, 23.

Der Notar ist verpflichtet, die Privatgeheimnisse zu wahren, die ihm aus Anlaß seines Berufs anvertraut sind (§ 300 des Strafgesetzbuchs). Daneben ist er in seiner Eigenschaft als Beamter verpflichtet, über die vermöge seines Amtes ihm bekannt gewordenen Angelegenheiten, deren Geheimhaltung ihrer Natur nach erforderlich oder von seinen Vorgesetzten vorgeschrieben ist, Verschwiegenheit zu beobachten (Amtsgeheimniß, Artikel 106 des Ausführungsgesetzes zur Strafprozeßordnung). Es ist angezeigt, wegen der besonderen Vertrauensstellung der Notare die Verpflichtung zum Amtsgeheimniß auch im Notariatsgesetze nochmals zu erwähnen und hiebei zu betonen, daß die Verpflichtung des Notars sich auch auf die sorgfältige Bewahrung der Verhandlungen vor der Neugierde Unberufener und auf die Ueberwachung seiner Gehilfen erstreckt.

Die Entbindung von der Verpflichtung zur Amtsverschwiegenheit wird bei dem Landgerichtspräsidenten als dem nächstvorgesetzten Inhaber der Dienstaufsichtsgewalt nachzusuchen sein.

Der Artikel 23 behandelt im Anschlusse an die Frage der Amtsverschwiegenheit die Fälle, in denen die Gestattung der Einsicht der Urkunden und Akten des Notariats zulässig und geboten ist. Der Entwurf folgt sachlich dem § 34 des Gesetzes über die Angelegenheiten der freiwilligen Gerichtsbarkeit. Nur für letztwillige Verfügungen und Erbverträge war eine mit dem geltenden Rechte übereinstimmende Ausnahme zu machen. Die Vorschrift des bisherigen Rechts, daß zur Einsichtnahme von Notariatsurkunden durch Dritte stets die

vorgängige Erlaubniß des Landgerichtspräsidenten nothwendig ist (Artikel 93 S. 434.
des rechtsrheinischen, Artikel 23 des pfälzischen Notariatsgesetzes) ist in den Entwurf nicht übernommen, weil sie der künftigen Stellung der Notare als Vertreter einer Staatsbehörde nicht entspricht. Die Notare sollen in erster Linie über die Einsichtsgestattung selbst entscheiden. Ueber die Berechtigung der Weigerung des Notars, die Einsicht zu gestatten, soll das Landgericht entscheiden, gegen die Entscheidung des Landgerichts aber nach Artikel 61 des Entwurfs die Beschwerde zum Obersten Landesgerichte zulässig sein. Die Zulassung des Rechtsmittels empfiehlt sich hier um deswillen, weil bedeutende materielle Interessen in Frage kommen können. Der Begriff „Betheiligte" ist im Entwurfe nicht bestimmt, wie er auch im bisherigen Rechte nicht bestimmt war. Die Bestimmung soll der Praxis überlassen werden, die bisher sich ohne Schwierigkeit zurechtgefunden hat. Die im § 168 des Gesetzes über die Angelegenheiten der freiwilligen Gerichtsbarkeit gegebene Begriffsbestimmung ist, da sie ihr Gebiet auf die §§ 169 bis 182 jenes Gesetzes beschränkt, hieher nicht anwendbar.

Die Einsicht der Akten durch öffentliche Behörden ist Sache des inneren Dienstes, sie muß darum der Ordnung durch Ministerialvorschrift anheimfallen. (Vergl. auch Artikel 11 des Entwurfs eines Gesetzes zur Ausführung der Grundbuchordnung und des Gesetzes über die Zwangsversteigerung und die Zwangsverwaltung).

6. Geschäftsregister.

Artikel 24.

Die Führung von Geschäftsregistern ist für die Ordnung und die Ueberwachung des notariellen Dienstes so wichtig, daß die dafür grundlegende Vorschrift im Gesetze selbst zu belassen sein wird. Die zur Ausführung nöthigen Vorschriften dagegen werden im Verwaltungswege zu erlassen sein.

Notarielle Urkunden.

Die in den Entwurf aufgenommenen Vorschriften über die notariellen Urkunden sollen nicht nur Anweisungen für den inneren Dienst der Notare sein, sondern auch Ergänzungen der materiellen Vorschriften bilden, die in den Reichsgesetzen über notarielle Urkunden gegeben sind. Das Reichsgesetz über die Angelegenheiten der freiwilligen Gerichtsbarkeit gibt in den §§ 168 bis 181 Vorschriften über die notarielle Beurkundung von Rechtsgeschäften
und in § 183 ‖ Vorschriften über die notarielle Beglaubigung von Unterschriften S. 435.
und Handzeichen. In den §§ 2232 bis 2246 des Bürgerlichen Gesetzbuchs sind Vorschriften für die Beurkundung von Testamenten, in den §§ 2276, 2277 des Bürgerlichen Gesetzbuchs Vorschriften über die Beurkundung von Erbverträgen gegeben. Die §§ 258, 259, 320 des Handelsgesetzbuchs endlich enthalten besondere Vorschriften für die Aufnahme der notariellen Protokolle, über die Verhandlungen der Generalversammlungen von Aktiengesellschaften und Kommanditgesellschaften auf Aktien. Abgesehen von diesen Vorschriften des Handelsgesetzbuchs und denen über die Unterschriftsbeglaubigung finden sich Vorschriften über notarielle Urkunden, die nicht Rechtsgeschäfte betreffen, in den Reichsgesetzen nicht. Allgemeine Vorschriften über die Form und den Inhalt der notariellen Urkunden fehlen ganz. Aber auch die Vorschriften der Reichsgesetze über die notarielle Beurkundung von Rechtsgeschäften sind nicht so vollständig, daß sie nicht in wesentlichen Punkten der Ergänzungen bedürften.

S. 435. Diese Ergänzungen können auf Grund des Vorbehalts in dem § 200 des Gesetzes über die Angelegenheiten der freiwilligen Gerichtsbarkeit durch Landesgesetz erfolgen und sollen, da zur öffentlichen Beurkundung, insbesondere zur Beurkundung von Rechtsgeschäften, in Bayern der Hauptsache nach nur die Notare berufen sein sollen, wie bisher in das Notariatsgesetz aufgenommen werden.

1. Allgemeine Vorschriften für die Errichtung von notariellen Urkunden.

Artikel 26, 27, 37

Die Artikel 26 und 27 des Entwurfs enthalten die allgemeinen Vorschriften, die bei der Errichtung notarieller Urkunden jeder Art einzuhalten sind, das Mindestmaß dessen, was bei Errichtung einer Notariatsurkunde zu beobachten ist.

Die Vorschrift, daß diese Urkunden den Tag und den Ort ihrer Errichtung und die Unterschrift des Notars enthalten müssen, und daß sie in deutscher Sprache errichtet werden sollen, ist für die Beurkundung von Rechtsgeschäften bereits in den §§ 175, 176 des Gesetzes über die Angelegenheiten der freiwilligen Gerichtsbarkeit erlassen und wird durch Artikel 26 Abs. 1 des Entwurfs auf alle übrigen Urkunden ausgedehnt.

Daß der Notar seiner Unterschrift stets seine Amtseigenschaft beisetzen und die Urkunde stets mit Siegel oder Stempel versehen soll, ist vom Reichsrecht für notarielle Urkunden nicht verlangt, entspricht aber dem bisherigen Landesrecht und Brauch (Artikel 67 des rechtsrheinischen Notariatsgesetzes, Artikel 271 des Gebührengesetzes) und wird darum aufrecht zu erhalten sein.

Die Bezeichnung „Protokoll" für die regelmäßige Form der notariellen Beurkundung ist bisher in Bayern nicht allgemein üblich gewesen. Sie wird aber in Artikel 27 des Entwurfs übernommen, weil sie für den Hauptfall, die Beurkundung von Rechtsgeschäften, im Gesetz über die Angelegenheiten der freiwilligen Gerichtsbarkeit eingeführt ist. Die gesetzlichen Erfordernisse des Protokolls nach Artikel 27 des Entwurfs sind im Allgemeinen dieselben wie die der Artikel 63, 66, 67 des rechtsrheinischen, der Artikel 12, 13, 14 des pfälzischen Notariatsgesetzes und der §§ 176, 177 des Gesetzes über die Angelegenheiten der freiwilligen Gerichtsbarkeit. Neu ist nur die Bestimmung, daß der Notar, wenn er das Protokoll durch einen Anderen verlesen läßt, es wenigstens vor der Unterschrift selbst noch einmal durchlesen soll. Der Mangel einer solchen Bestimmung hat sich bisher ziemlich stark fühlbar gemacht, indem häufig erst zu spät eingeschlichene Schreibversehen bemerkt und dadurch umständliche Korrekturen und Nachtragsverhandlungen nothwendig geworden sind. Andererseits konnte die Vorschrift des § 176 Abs. 3 des Gesetzes über die Angelegenheiten der freiwilligen Gerichtsbarkeit nicht allgemein auf die notariellen Urkunden übertragen werden, weil sie für diejenigen Urkunden, die nicht die Feststellung von Erklärungen enthalten, in der Regel unanwendbar ist.

Neben den allgemeinen grundlegenden Vorschriften der Artikel 26 und 27 des Entwurfs bedarf es noch einer Menge von minder bedeutenden formellen Vorschriften über das Verfahren der Notare bei der Errichtung von Urkunden. So insbesondere Vorschriften darüber, wie Aenderungen vorzunehmen sind, wenn solche nothwendig werden, inwieweit die Benützung von Formularen zulässig sein soll, welche Arten von Papier, welche Schriftmittel gestattet sind, welcher Theil des Papieres frei zu lassen ist, wie Lücken auszufüllen sind,

wie das Heften, wie das Siegeln der Urkunden stattzufinden hat, inwieweit S. 435.
die Urkunden mit Ueberschriften, Seitenzahlen, die Seiten mit dem Handzuge zu versehen sind, inwieweit Grundstücke nach Maßgabe des Katasters und des Grundbuchs zu bezeichnen, Zahlenangaben in Buchstaben auszudrücken sind, wie der Wortlaut der Beglaubigungs- und Ausfertigungsformeln sein soll. Die einheitliche Regelung aller dieser Fragen ist durch den Artikel 37 des Entwurfs der Geschäftsordnung überwiesen.

2. Errichtung von notariellen Urkunden über rechtsgeschäftliche Erklärungen.

Artikel 28 bis 31.

Für die Errichtung von notariellen Urkunden über Rechtsgeschäfte sind in erster Linie die Vorschriften in den §§ 168 bis 181 des Gesetzes über die Angelegenheiten der freiwilligen Gerichtsbarkeit und, wenn es sich um Testamente oder Erbverträge handelt, die Vorschriften der §§ 2232 bis 2246, 2276, 2277 des Bürgerlichen Gesetzbuchs maßgebend. Zu ihrer Ergänzung dienen die Artikel 28 bis 31 des Entwurfs.

Die Artikel 28, 29 des Entwurfs geben die im Artikel 45 Abs. 1 des rechtsrheinischen Notariatsgesetzes enthaltene Vorschrift wieder, welche gewährleisten soll, daß in der Urkunde zuverlässig der wahre Wille der Parteien zum Ausdrucke kommt.

Der Artikel 30 regelt das Verfahren bei Verhandlungen mit tauben Personen. Die ergänzende Vorschrift, daß der Notar bei Verhandlungen mit tauben Personen zwei Zeugen oder einen zweiten Notar beiziehen muß und die Vorschriften über die Verhandlungen mit Blinden, Stummen oder sonst am Sprechen Verhinderten, ferner mit solchen Personen, die der deutschen Sprache nicht mächtig sind, finden sich in den §§ 169, 178, 179, 180, die Vorschriften über die Geschäftszeugen in den §§ 170 bis 173 des Gesetzes über die Angelegenheiten der freiwilligen Gerichtsbarkeit. Für die Vertrauensperson, die nach Artikel 30 des Entwurfs bei der Verhandlung mit einem tauben Betheiligten, der nicht im Stande ist, Geschriebenes zu lesen, zugezogen werden soll, sind die Vorschriften für die Geschäftszeugen nicht maßgebend. Weder der Mangel der nach § 183 des Gesetzes über die Angelegenheiten der freiwilligen Gerichtsbarkeit erforderlichen Eigenschaften noch eine Betheiligung der in den §§ 170 bis 172 dieses Gesetzes bezeichneten Art schließt eine Person von der Verwendung als Vertrauensperson aus. Der Notar hat bei der Auswahl der Vertrauensperson nur sein Pflichtgefühl und seinen Takt zur Richtschnur. Erleichtert wird ihm die || Auswahl durch den letzten Satz des S. 436.
Absatz 2 des Artikel 30, wonach die neben dem Notar sonst mitwirkenden Personen, also die Geschäftszeugen, zweiten Notare und Dolmetscher, als Vertrauenspersonen dienen können. Insbesondere wird bei Taubstummen stets der Dolmetscher zugleich als Vertrauensperson dienen. Betheiligte dagegen, mögen sie auf Seite des Tauben oder auf der Gegenseite betheiligt sein, können selbstverständlich als Vertrauenspersonen nicht gewählt werden.

Die Bedeutung des Artikel 31 ist der Hauptsache nach bereits in der Einleitung auseinandergesetzt. Der Artikel verlangt die vorherige Einsicht des Grundbuchs für die Beurkundung aller Rechtsgeschäfte des Liegenschaftsrechts mit Ausnahme der einfachen Löschungserklärungen, bei denen ein Bedürfniß zur Einsicht in der Regel nicht besteht. Ausnahmen sollen nur in Nothfällen zulässig sein. Als Nothfälle werden insbesondere die Aufnahmen von Erklärungen schwer kranker Personen zu gelten haben, wenn die Besorgniß besteht,

S. 436. daß der Betheiligte früher sterben werde, als die Beurkundung nach Einsicht des Grundbuchs oder des Auszugs möglich ist. Die nicht weiter begründete Behauptung der Betheiligten dagegen, es bestehe Gefahr, daß das Geschäft nicht mehr zu Stande komme, wenn es nicht sofort beurkundet werde, wird zur Begründung der Annahme des Nothfalls nicht genügen. Liegt kein Nothfall vor, so hat der Notar seinen Dienst bis zur Einsicht des Grundbuchs oder des Auszuges zu verweigern. Dem Erfordernisse der Feststellung des Nothfalls in der Urkunde kann selbstverständlich nicht durch die einfache Formel „bei vorliegendem Nothfalle" genügt werden, es ist vielmehr der Grund der Annahme des Nothfalls hinreichend deutlich anzugeben.

Die Vorschrift des Artikel 31 enthält allerdings einen nicht geringen Eingriff in die Freiheit der Betheiligten. Der Eingriff rechtfertigt sich indessen einerseits durch die Nothwendigkeit, einreißenden Mißständen zu steuern, und andererseits durch die Erwägung, daß den Betheiligten kein Recht darauf zugesprochen werden kann, daß der ihnen vom Staate zur Verfügung gestellte Urkundsbeamte seinen Dienst ohne hinreichende Information, also gewissermaßen mit geschlossenen Augen, versehe.

Störungen des Verkehrs ist dadurch vorgebeugt, daß die Einsicht des Auszugs aus dem Grundbuche genügt. Die Betheiligten sind in der Lage, sich, wie sie bisher im Besitze von Katasterauszügen sein mußten, künftig einen Grundbuchsauszug zu halten, den sie nach Bedürfniß vor der Beurkundung richtig stellen lassen. Der dem Notar vorgelegte Grundbuchsauszug muß von „jüngstem" Datum sein. Eine genauere Bestimmung verbietet sich mit Rücksicht auf die Verschiedenheit des Geschäftsgangs bei den einzelnen Grundbuchämtern und Hypothekenämtern. Vor Mißbrauch der Unbestimmtheit des Ausdrucks aber soll die Vorschrift schützen, daß das Datum des vorgelegten Auszugs in der Urkunde ersichtlich zu machen ist.

Die Verwendung der Notariatsgehilfen bei der Einsicht des Grundbuchs und des Hypothekenbuchs auszuschließen, ist nicht wohl möglich, weil eine solche Vorschrift zur Folge hätte, daß in größeren Notariaten die Notare den größten Theil des Tages aus ihren Geschäftsräumen abwesend wären und für den wichtigsten Theil ihrer Aufgabe, die Ermittelung des Willens der Betheiligten, zu wenig Zeit übrig hätten. Auch eignen sich zumeist die Gehilfen — rechtskundige wie nichtrechtskundige — gerade zu dieser Vorbereitungsthätigkeit besonders gut. Eine schrankenlose Zulassung der Gehilfen durch das Gesetz empfiehlt sich indessen ebensowenig. Es muß die Möglichkeit geben, Personen, deren Zuverlässigkeit zweifelhaft ist, fern zu halten. Mit Rücksicht hierauf wird vorgeschlagen, die Regelung der Frage der Verwaltungsvorschrift zu überlassen.

3. Errichtung sonstiger notarieller Urkunden.

Artikel 32 bis 36.

Für die Beurkundung von Erklärungen, die nicht Rechtsgeschäfte sind (Aussagen von Zeugen oder Auskunftspersonen, thatsächliche Behauptungen, die durch Versicherung an Eidesstatt bekräftigt werden, u. dergl.) können die meisten der Vorschriften, die für die Beurkundung von Rechtsgeschäften gelten, für anwendbar erklärt werden. So die Vorschriften über die Zweifel an der Geschäftsfähigkeit, die Vorschriften über die Identitätsfeststellung und die Vorschriften über das Verfahren bei der Verhandlung mit Blinden, Tauben, Stummen oder sonst am Sprechen verhinderten Personen.

Besondere Vorschriften sollen für die Protokollführung bei den Ver- S. 436.
handlungen von Genossenschaften, Gesellschaften und Vereinen gelten. Der Artikel 33 des Entwurfs übernimmt zu diesem Zwecke die Bestimmungen, die das Handelsgesetzbuch für die Protokollführung bei den Generalversammlungen von Aktiengesellschaften vorsieht. Dies einmal deshalb, weil es wünschenswerth ist, gleichmäßiges Recht für alle verwandten Fälle zu haben, sodann aber aus dem sachlichen Grunde, weil die allgemeinen Vorschriften über die Ausschließung der Notare durch Betheiligung oder Verwandtschaft mit Betheiligten auf solche Fälle nicht passen. Der Absatz 1 des Artikel 33 verordnet daher, daß die Theilnehmer nicht als „Betheiligte" zu gelten haben. Dies hat einmal zur Folge, daß die Theilnehmer der Versammlung das Protokoll nicht zu unterschreiben brauchen, sodann, daß der Notar durch seine Verwandtschaft zu einem Theilnehmer der Versammlung an der Uebernahme der Protokollführung nicht behindert ist.

Die Beglaubigung von Abschriften ist vom Reichsrecht überhaupt nicht geregelt. Eine Regelung durch landesrechtliche Vorschrift empfiehlt sich um so mehr, als auch andere Bundesstaaten, voran Preußen, eine solche in Aussicht genommen haben (Entwurf eines Preußischen Gesetzes über die freiwillige Gerichtsbarkeit Artikel 57, 58). Hier bedarf es zunächst der Bestimmung, daß für die Beglaubigung einer Abschrift die Protokollform nicht nöthig ist. Die Bestimmung ist eigentlich selbstverständlich, mußte aber aufgenommen werden, weil sie bisher nicht überall als selbstverständlich gegolten hat. Bei der Feststellung dieser Ausnahme von der Protokollform können zugleich die weiter nöthigen Ausnahmen von jener Form für ähnliche einfache Bestätigungen getroffen werden (Artikel 34 des Entwurfs). Da nicht nur Abschriften von Urkunden beglaubigt werden, welche die Notare selbst errichtet haben, sondern auch Abschriften von anderen, insbesondere von Privaturkunden, sei es, daß diese bei dem Notar hinterlegt sind oder daß sie ihm nur zum Zwecke der Abschriftbeglaubigung vorgelegt und dann von dem Vorlegenden wieder zurückgezogen werden, so sind Vorschriften nöthig, um zu verhüten, daß nicht ein Akt in der beglaubigten Abschrift mehr Ansehen bekommt, als er in der Hauptschrift hat. Es ist aus diesem Grunde nöthig, zu bestimmen, daß aus der beglaubigten Abschrift, sei es nun aus dem Texte oder aus dem Beglaubigungsvermerke, hervorgeht, ob die Hauptschrift eine Ausfertigung, eine beglaubigte Abschrift oder eine einfache Abschrift ist; läßt sich dies aus der vorgelegten
Haupt||schrift nicht erkennen, so wird in dem Beglaubigungsvermerke zu erwähnen S. 437.
sein, als was die Hauptschrift von dem Vorlegenden bezeichnet worden ist oder daß ihre Eigenschaft nicht erkennbar gewesen ist. Es ist ferner aus demselben Grunde nöthig, zu bestimmen, daß Durchstreichungen, Aenderungen, Einschaltungen, Ausschabungen oder andere Mängel der Hauptschrift in dem Beglaubigungsvermerk angegeben werden sollen, geschieht dies nicht, so ist zu befürchten, daß eine Urkunde, die wegen solcher Mängel unglaubwürdig wäre, durch Vermittelung der beglaubigten Abschrift Glaubwürdigkeit genießt. Auf Aenderungen, die der ganzen Sachlage nach unbedeutend und der Glaubwürdigkeit offenbar unschädlich sind, z. B. die Durchführung eines aus Versehen doppelt geschriebenen Wortes, eines offenbar am unrichtigen Ort befindlichen Interpunktionszeichens u. dgl., bezieht sich natürlich die Vorschrift nicht. Das Gleiche gilt für Aenderungen von Schreibversehen, die in notariellen Urkunden in gesetzlicher Form vorgenommen sind. Der Satz 3 des Absatz 1 des Artikel 35 soll nicht die Bedeutung haben, daß die Abschrift eine wortgetreue Abschrift im Sinne der copie figurée des französischen Rechtes sein soll. Nach besonderer Bestimm-

S. 437 ung oder dem Verlangen der Betheiligten kann übrigens auch eine solche besonders geartete Abschrift zu ertheilen sein. Den Zweck, Täuschungen hintanzuhalten, verfolgt auch die Bestimmung, daß bei der Beglaubigung eines Auszugs aus einer Hauptschrift alle den Gegenstand des Auszugs betreffenden Theile der Hauptschrift in den Auszug aufgenommen werden sollen und daß die Vollständigkeit des Auszugs im Beglaubigungsvermerke zu bestätigen ist. Würde zum Beispiel in einem Erbtheilungsvertrage für einen Betheiligten eine Hypothek bestellt und späterhin an einer anderen Stelle des Vertrags eine auflösende Bedingung beigefügt sein, so ist klar, daß der Auszug auch diese mit enthalten müßte. Soll nur ein Auszug aus einzelnen Theilen eines Schriftstücks beglaubigt werden, so sind zwar die in anderen Theilen enthaltenen, auf den Gegenstand des Auszugs bezüglichen Bestimmungen in den Auszug nicht mitaufzunehmen, der Vermerk muß aber deutlich ersehen lassen, daß die Vollständigkeitsbestätigung sich nur auf jenen Theil des Schriftstückes bezieht. Auf bloße amtliche Bestätigungen über den Inhalt eines Schriftstückes beziehen sich die Vorschriften des Artikel 35 Abs. 2 nicht. Solche Bestätigungen oder Bescheinigungen werden insbesondere über den Inhalt von Notariatsakten nicht selten zu ertheilen sein. Auch die Verbindung von solchen Bestätigungen mit Abschriften oder Ausfertigungen kann vorkommen. Die Form ist vom Notar so zu wählen, daß die Möglichkeit der Verwechselung einer solchen Bescheinigung mit der Abschriftbeglaubigung ausgeschlossen ist.

Für die Beglaubigung einer Unterschrift oder eines Handzeichens ist zunächst der § 183 des Gesetzes über die Angelegenheiten der freiwilligen Gerichtsbarkeit maßgebend. Danach muß der Beglaubigungsvermerk außer den Beglaubigungsworten, dem Datum, der Unterschrift und dem Siegel oder Stempel des Notars die Bezeichnung dessen enthalten, von dem die Unterschrift oder das Handzeichen herrührt, und die Beglaubigung darf nur erfolgen, wenn die Unterschrift oder das Handzeichen in Gegenwart des Notars vollzogen oder anerkannt wird. Daß die Beglaubigung in Gegenwart dessen geschieht, der unterschrieben oder unterzeichnet hat, ist nicht vorgeschrieben, ebensowenig, daß der Notar von dem Schriftstück, unter dem die Unterschrift oder das Handzeichen steht, Kenntniß nehmen soll. Auch findet sich in dem Reichsgesetze keine Vorschrift über die Feststellung der Identität im Falle der Beglaubigung.

Da es in der Regel rechtsgeschäftliche Erklärungen sind, bei denen die Unterschriftsbeglaubigung vorkommt, so ist es nothwendig, die für die Beurkundung rechtsgeschäftlicher Erklärungen gegebenen Vorschriften über die Feststellung der Geschäftsfähigkeit (Artikel 29 Abs. 1 des Entwurfs) und der Identität (§ 176 Abs. 3 des Gesetzes über die Angelegenheiten der freiwilligen Gerichtsbarkeit) für entsprechend anwendbar zu erklären, dabei kann von einer ausdrücklichen Erklärung des Notars, daß er den Unterzeichnenden persönlich kennt, entbunden werden. Denn in der Beglaubigung der Aechtheit der Unterschrift einer Person liegt, wenn sie ohne Beisatz erfolgt, zweifellos zugleich die Behauptung, daß der Beglaubigende den Unterzeichnenden kennt. Kennt der Notar den Unterzeichnenden nicht, so wird er im Vermerk anzugeben haben, auf welche Weise sich der Unterzeichner bei ihm legitimirt hat.

Des Weiteren sollen die Vorschriften des Reichsrechts dahin ergänzt werden, daß der Notar von dem Schriftstücke, das ihm zur Unterschriftbeglaubigung vorgelegt wird, Kenntniß nehmen soll. Von einem natürlichen Rechte des Unterzeichners, diese Kenntniß dem Notar vorzuenthalten, kann nicht gesprochen werden. Ein solches Recht müßte auch schon der Gebühren-

bewerthung halber da und dort durchbrochen werden. Andererseits besteht, S. 437
wenn der Notar sich der Einsichtnahme entschlagen kann, die Gefahr, daß
Geschäfte, die gegen Strafgesetze verstoßen oder offenbar nichtig sind, zum
großen Nachtheile der Betheiligten, statt abgelehnt, vom Wege der Beurkundung
auf den Weg der Beglaubigung hinübergeleitet werden. Es wird angezeigt
sein, durch die vom Entwurfe vorgeschlagene gesetzgeberische Maßnahme der
Möglichkeit eines solchen Versteckenspielens mit bedenklichen Geschäften vorzubeugen.
Nur so wird verbürgt, daß der Notar auch bei der Unterschriftbeglaubigung
die in den Artikeln 16 und 17 des Entwurfs gegebenen Vorschriften einhält.

4. Behandlung der Urschriften und Ausfertigungen.

Artikel 38 bis 48.

Die Behandlung der Urschriften und Ausfertigungen der notariellen Urkunden ist im Reichsrechte nicht geregelt. Sie ist durch die Landesgesetzgebung zu ordnen. Der Entwurf sucht dabei engen Anschluß an die für die Urschriften und Ausfertigungen der Gerichte geltenden Normen.

Der Grundsatz, daß die Urschriften der notariellen Urkunden in der
Verwahrung des Notars bleiben sollen, entspricht dem geltenden Rechte (Artikel 82
des rechtsrheinischen, Artikel 20 des pfälzischen Notariatsgesetzes), aber auch
den für die Gerichte durch das Reichsrecht gegebenen Bestimmungen. Er wird
um so mehr festzuhalten sein, als durch die Verleihung der Behördeneigenschaft
an die Notariate die Urschriften die Eigenschaft von behördlichen, im Eigenthume
des Staates stehenden Aktenstücken erhalten. Der Grundsatz wird
indessen aus Gründen des praktischen Bedürfnisses nicht ohne Ausnahmen
bleiben dürfen. Sachlich betrachtet sind fast alle notariellen Urkunden für die
Betheiligten bestimmt. Sie sind errichtet, damit die Betheiligten dadurch ihre
Rechte beweisen und geltend machen können. Daß die Urschriften zurückbehalten
und bei den Betheiligten durch Ersatzstücke, Ausfertigungen, vertreten
werden, geschieht um der größeren Gefahr des Verlustes der in den Händen
von Privaten befindlichen Urkunden willen und um der vortheilhaften Möglichkeit
willen, eine verloren gegangene Ausfertigung aus der Urschrift wieder
ersetzen zu können. Für Urkunden, die nur zu vorübergehendem Gebrauche
dienen, ‖ ist der Vortheil der Zurückbehaltung der Urschrift regelmäßig geringer S. 438.
als der Nachtheil, der aus der Nothwendigkeit doppelten Schreibens entsteht.
Mit Rücksicht hierauf durften schon nach dem geltenden Rechte die Urschriften
von Wechselprotesten, Lebensattesten und sonstigen Bescheinigungen, Vollmachten,
Quittungen, Löschungserklärungen hinausgegeben werden (Artikel 82 des rechtsrheinischen,
Artikel 20 des pfälzischen Notariatsgesetzes), ebenso die Urkunden
über Beglaubigung von Unterschriften und Abschriften, bei denen sich dies
aus der Natur des Akts ergibt. Diese Ausnahmen sind auch für die Zukunft
nöthig. Es scheint jedoch angezeigt, die Ausnahmen nicht im Gesetze selbst
zu formuliren, sondern ihre Formulirung der Verwaltungsvorschrift zu überlassen,
weil es sich hier um eine Bemessung des praktischen Bedürfnisses handelt,
die gegenüber den stets wechselnden Formen des Verkehrs von dem unbeweglich
bleibenden Gesetze nur ungenügend wahrgenommen werden kann. Vorgeschlagen
wird darum hier die Zuständigkeit des Staatsministeriums der Justiz zur
Bestimmung der Ausnahmen. Die Fassung des Artikel 39 soll ermöglichen,
gleichzeitig die Fälle zu regeln, in denen sich die dauernde oder vorübergehende
Abgabe von Urschriften an andere Behörden z. B. die Grundbuchämter empfiehlt,

S. 438. da auch die Regelung des inneren Dienstes der Grundbuchämter selbst der Verwaltungsvorschrift anheimfällt. Ebenso soll die Möglichkeit der Zuweisung von einzelnen Kategorien von Notariatsurkunden (z. B. Ergänzungsurkunden) an andere Notariate (Notariate der Errichtung der Haupturkunde) nicht ausgeschlossen sein.

Die besonderen Vorschriften, die für die Grundbuchanlegung über die Mittheilung von Urschriften zur Einsicht bestehen, bleiben unberührt.

Die Ausfertigungen sind für die Betheiligten und nur für diese bestimmt, weil auch nur den Betheiligten ein Anspruch auf die Urschriften, an deren Stelle die Ausfertigungen treten, zugesprochen werden kann. Wer Betheiligter ist, wird im Entwurf aus demselben Grunde nicht ausdrücklich bestimmt, aus dem diese Bestimmung an anderen Stellen des Entwurfs, insbesondere auch beim Artikel 23, zu geben unterlassen worden ist. In Bayern hat sich hierüber bereits eine feststehende Rechtsanwendung gebildet und diese soll durch das neue Gesetz nicht geändert werden. Unanwendbar ist auch hier die Begriffsbestimmung des § 168 des Gesetzes über die Angelegenheiten der freiwilligen Gerichtsbarkeit. Soweit die bisherige Rechtsanwendung außer den Personen, deren Erklärungen beurkundet sind, oder an deren Stelle diejenigen als Betheiligte ansieht, in deren Interesse die Urkunde errichtet ist, z. B. bei der Darlehensurkunde den Darleiher, bei der Urkunde über ein Schenkungsversprechen den Beschenkten, bei der Urkunde über die Vernehmung von Zeugen und Sachverständigen denjenigen, für dessen Rechtsangelegenheit die Vernehmung stattgefunden hat, soll es hiebei auch künftig verbleiben. Es darf erwartet werden, daß die Rechtsanwendung beim Fehlen einer ausdrücklichen Bestimmung im Gesetz an den bisher gefundenen Grundsätzen festhält, während die Aufnahme eine Begriffsbestimmung eher Verwirrung zu schaffen geeignet wäre. Daß jeder Betheiligte grundsätzlich nur eine Ausfertigung erhalten soll, ergibt sich aus der Bestimmung der Ausfertigung, die Stelle der Urschrift zu vertreten. Es besteht aber auch kein Bedenken, für den Bedürfnißfall Ausnahmen zuzulassen, wie denn Ausnahmen sogar für die Ertheilung weiterer vollstreckbarer Ausfertigungen von gerichtlichen Urtheilen und anderen Vollstreckungstiteln zugelassen sind. Der für die letzteren Fälle gegebenen besonderen Vorsichtsmaßregeln bedarf es für die Ausfertigung nicht vollstreckbarer Urkunden nicht, da ein Mißbrauch dieser Urkunden kaum zu befürchten ist.

Die in den Entwurf aufgenommenen Vorschriften über die Form der Ausfertigungen, das Verfahren bei der Verweigerung und den Vermerk über die Ertheilung auf der Urschrift werden keiner Begründung bedürfen. Die Formel des Ausfertigungsvermerks wird durch die Geschäftsordnung festzustellen sein. Daß die Vorschriften der Civilprozeßordnung über die Ertheilung der vollstreckbaren Ausfertigungen unberührt bleiben, ist bei dem Verhältniß zwischen Reichsrecht und Landesrecht selbstverständlich. Um aber der Rechtsanwendung eine weitere Erleichterung zu geben, soll im Notariatsgesetz auf die Civilprozeßordnung verwiesen werden (Artikel 46 des Entwurfs).

Dem bisherigen Landesrechte der rechtsrheinischen Gebiete entsprechend ist in den Artikeln 47 und 48 Vorsorge dafür getroffen, daß eine zu Verlust gegangene Urschrift ebenso wie eine vorübergehend aus dem Notariatsarchiv entfernte Urschrift durch eine in dem Archive zu hinterlegende Ausfertigung ersetzt werden kann (Artikel 90 des rechtsrheinischen Notariatsgesetzes). Die Vorschrift hat bei der Zerstörung von Notariatsarchiven durch Brand gute Dienste geleistet und kann ungehindert durch das Reichsrecht fort-

bestehen. Die hinterlegte Ausfertigung soll die Urschrift in allen Beziehungen S. 438.
vollwirksam vertreten. Es sollen insbesondere daraus auch weitere vollstreckbare Ausfertigungen ertheilt werden können.

Gebühren.

Artikel 49—57

An der Entlohnung der Notare durch Gebühren soll grundsätzlich nichts geändert werden. Einzelne Ausnahmen, die bei der Wahrnehmung der Notariatsgeschäfte durch Amtsverweser, insbesondere durch Gerichtsbeamte, sich nothwendig erweisen werden, bleiben vorbehalten. Die allgemeine Einziehung der Gebühren für den Staat und die Gewährung von Gehalten an die Notare würde zur Verbindung des Notariats mit den Amtsgerichten führen müssen, eine Verbindung, deren Unzukömmlichkeit bereits in der Einleitung auseinandergesetzt ist. Die Notare sollen nach dem Entwurfe wie bisher die Gebühren für ihre Thätigkeit beziehen, aber auch die Geschäftsauslagen aus eigenen Mitteln bestreiten.

Die Ermächtigung der Regierung, das reine Diensteinkommen kleiner Notariate aus der Staatskasse entsprechend zu ergänzen, soll auch für die Zukunft bleiben. Würde sie fehlen, so käme man in die Zwangslage, das Notariat unter Umständen mit größerem Aufwande durch einen Amtsverweser führen zu lassen. Die Einkommensergänzung soll nicht auf die Höhe des pragmatischen Anfangsgehaltes eines Amtsrichters beschränkt bleiben müssen, sondern bis zur Höhe des Gehaltes und der Zulage eines Amtsrichters von gleichem Dienstalter gesteigert werden können, damit es möglich wird, auch besser qualifizirte Bewerber auf solchen Posten länger zu halten, was im Interesse des Dienstes und der Bevölkerung liegt. Eine bedeutende Belastung der Staatskasse ist hieraus nicht zu erwarten.

Den Notaren einen Rechtsanspruch auf die Gehaltsergänzung zu gewähren, kann nicht vorgeschlagen werden. Ein praktisches Bedürfniß danach hat sich in den letzten Jahrzehnten nicht gezeigt. Ein solcher Rechtsanspruch könnte insbesondere in den Städten, wo eine Mehrzahl von Notaren konkurriren, allzuleicht mißbraucht werden.

Einer Reform bedarf das Verfahren für die Festsetzung und Beitreibung S. 439.
der Notariatsgebühren. Nach Artikel 112 des rechtsrheinischen Notariatsgesetzes hat der Notar, der zur Beitreibung seiner Gebühren veranlaßt ist, zunächst deren Festsetzung bei dem Landgerichte zu beantragen. Auf Grund der Festsetzung durch das Landgericht oder im Beschwerdefalle durch das Oberlandesgericht hat er alsdann den gewöhnlichen Klageweg zu beschreiten, mithin in der Regel beim Amtsgerichte Klage oder Antrag auf Erlassung eines Zahlungsbefehls zu stellen. Das Amtsgericht kommt hiedurch in die Lage, über einen Anspruch zu entscheiden, dessen Höhe bereits von dem ihm als Berufungsgericht vorgesetzten Landgerichte festgesetzt ist; gegen das Urtheil ist sodann in der Regel die Berufung an dasselbe Landgericht zulässig, das bereits einmal — wenn auch nur über die Höhe des Anspruchs — in der Sache entschieden hat.

Eine solche Regelung kann bei der Neuordnung des Notariatswesens nicht wohl übernommen werden. Allerdings empfiehlt sich die Zuständigkeit der Landgerichte zur Festsetzung der Notariatsgebühren. Es empfiehlt sich aber auch andererseits, das Landgericht, wenn es einmal mit dem Anspruche befaßt ist, dann auch ganz darüber entscheiden zu lassen und nicht noch durch

S. 439. die Eröffnung eines zweiten Verfahrens die Rechtsverfolgung zu erschweren und zu vertheuern. Im Entwurfe wird deshalb vorgeschlagen, aus dem Festsetzungsbeschlusse, wenn er rechtskräftig ist, die Zwangsvollstreckung zuzulassen, im Uebrigen aber den Rechtsweg auszuschließen.

Hiemit würde einmal die nach der neuen Organisation nicht mehr passende Zuständigkeit der Amtsgerichte für derartige Ansprüche ausgeschlossen und andererseits die Möglichkeit eröffnet, die Entscheidung letzter Instanz in diesen Gebührensachen wie in den übrigen Gebührensachen dem Obersten Landesgerichte zu übertragen, wodurch die Einheitlichkeit der Rechtsprechung über alle verwandten Fragen wesentlich gefördert wäre. Auch die Betheiligten würden wegen der größeren Einfachheit, Raschheit und Billigkeit des Verfahrens davon Vortheil haben. Endlich würden die Schwierigkeiten vermieden, die sich bei der Uebertragung von Notariatsverwesungen an Gerichtsbeamte und bei Führung von Notariaten auf Rechnung des Staates sonst ergeben müßten.

Der Artikel 52 des Entwurfs gibt auch der Partei das Recht, die Festsetzung zu betreiben und zwar selbst dann, wenn sie die Gebühren schon bezahlt, die Auslagen schon erstattet hat. Sie soll nicht auf den ihr sonst zustehenden, aber kostspieligen und umständlichen Weg der klageweisen Rückforderung des versehentlich zu viel Gezahlten beschränkt und dadurch zu einem den dienstlichen Interessen zuwiderlaufenden Austrage der Sache gezwungen sein. Eine Ausschließung der Rückforderungsklage soll nicht stattfinden.

Ist der Notar, dem die Gebühren angefallen sind, nicht mehr im Amte, so soll sein Nachfolger die Festsetzung der Gebühren betreiben; ist der Notar nur versetzt, so soll er zwar berechtigt sein, die Gebühren festsetzen zu lassen, es soll ihm aber der Weg der Vermittelung der Festsetzung durch seinen Amtsnachfolger ebenfalls eröffnet werden. Gleiches gilt, wenn die Festsetzung von einer Partei betrieben wird. Die Maßregel liegt einerseits im Interesse der aus dem Amte geschiedenen oder versetzten Notare und der Hinterbliebenen gestorbener Notare, die oft nur mit großen Schwierigkeiten selbst die Festsetzung betreiben könnten, andererseits im Interesse des Dienstes, da sie verhütet, daß Privatpersonen der Gebührenansprüche wegen Einsicht in die Notariatsakten bekommen. Die Beitreibung im Zwangsvollstreckungswege auf Grund des rechtskräftigen Festsetzungsbeschlusses soll nicht dem Amtsnachfolger, sondern stets dem Ausgeschiedenen oder seinen Rechtsnachfolgern obliegen.

Im Artikel 54 des Entwurfs wird für die Notariatsgebühren der unvermögenden Partei das Armenrecht in dem gleichen Maße zugesprochen, wie es für die gleichzeitig anfallenden Staatsgebühren besteht. Eine ausdrückliche Bestimmung dieses Inhalts war in den bisherigen Notariatsgesetzen nicht enthalten, was zu erheblichen Härten nicht geführt hat, da einerseits bei Notariatsakten Armenrechtssachen naturgemäß selten sind und andererseits die Notare in der Regel gegenüber unvermögenden Parteien freiwillig auf ihre Gebührenforderungen verzichtet haben. Bei der Neuorganisation wird die ausdrückliche Gewährung des Armenrechts nothwendig einmal dadurch, daß die Notariate nun Staatsbehörden werden und deßhalb möglichst den Rechtsnormen unterworfen werden sollen wie alle anderen Behörden, sodann dadurch, daß in den künftig vorkommenden Fällen der Führung von Notariaten auf Rechnung des Staates ein freiwilliger persönlicher Verzicht auf die Gebühren nicht möglich ist (vgl. Artikel 112, 113 des Entwurfs).

Den Notaren wird durch die Gewährung des Armenrechts eine große Einbuße nicht erwachsen. Es soll ihnen darum vom Staate eine Entschädigung für den Entgang von Gebühren nicht gewährt werden. Auch die kleineren

Auslagen für Porti, Schreibkosten und dergleichen sollen nicht vergütet werden, S. 439.
schon deshalb nicht, weil das Vergütungsverfahren unverhältnißmäßige Mühe und Kosten verursachen würde. Die nothwendigen Reisekosten zu ersetzen, erscheint dagegen als eine Forderung der Billigkeit. Eine irgendwie erhebliche Belastung der Staatskasse ist davon nicht zu gewärtigen.

Die in dem Entwurfe gegebenen Vorschriften über das Armenrecht finden keine Anwendung auf die Thätigkeit der Notare bei der Vermittelung der Auseinandersetzung des Nachlasses und bei der Ausführung der Zwangsversteigerung von Grundstücken zum Zwecke der Zwangsvollstreckung. Für die Vermittelung der Auseinandersetzung des Nachlasses gelten, da die Notariate künftig Behörden sein sollen, auf Grund des § 194 des Gesetzes über die Angelegenheiten der freiwilligen Gerichtsbarkeit die im § 14 dieses Gesetzes gegebenen Vorschriften über das Armenrecht. Für die Ausführung der Zwangsversteigerung von Grundstücken zum Zwecke der Zwangsvollstreckung können die Vorschriften über die Bewilligung des Armenrechts durch den Notar keine Anwendung finden, weil hier der Notar nicht von der Partei, sondern unmittelbar vom Amtsgerichte zur Vornahme seiner Amtsthätigkeit berufen wird.

Zur Sicherung der Entrichtung der Gebühren und der Erstattung der Auslagen gewährt der Artikel 56 des Entwurfs den Notaren wie bisher das Mittel der Zurückbehaltung der Urkunden, Gelder und Werthpapiere und der Verweigerung der Aushändigung der Urschriften, Ausfertigungen und Abschriften. Noch weiter zu gehen und ein förmliches Vorschußrecht zu gewähren, wie es die Rechtsanwälte haben, schien nicht angezeigt. Das Vorschußrecht in dem Sinne, daß von der Erlegung des Vorschusses die Vornahme des Amtsgeschäftes abhängig gemacht wird, — nur in diesem Sinne würde das Vorschußrecht für die Notare eine Bedeutung haben —, wird in der neueren Gesetzgebung immer mehr und mehr verdrängt. Im Civilprozesse ist es den S. 440.
Gerichten der Hauptsache nach nur gegenüber Ausländern gegeben, auch in den Angelegenheiten der freiwilligen Gerichtsbarkeit findet es sich für die Verhandlungen der Gerichte nur ausnahmsweise. Man wird es deshalb ohne Noth bei anderen Behörden der freiwilligen Gerichtsbarkeit, wie künftig die Notariate sein sollen, nicht zur Einführung bringen dürfen. Eine Nothlage aber ist nicht gegeben. Die Notare sind durch das Zurückbehaltungsrecht genügend geschützt. Wer der notariellen Urkunde bedarf und zahlungsfähig ist, wird dadurch zur Erfüllung seiner Zahlungspflicht sicher angehalten. Der Fall, daß Jemand chikanöserweise eine Urkunde, deren er gar nicht bedarf, errichten ließe, um den Notar zu einer Thätigkeit zu veranlassen, für welche die Gebühr nicht zu bekommen wäre, wird kaum vorkommen. Gegenüber offenbarer Chikane steht zudem dem Notar das Recht der Verweigerung seines Dienstes nach Artikel 15 des Entwurfs zu.

Ueber die Berechtigung der Verweigerung der Aushändigung von Urschriften, Ausfertigungen und Abschriften oder der Zurückbehaltung von Urkunden, Geldern oder Werthpapieren soll das Landgericht endgültig entscheiden. Zur Gewährung eines Rechtsmittels besteht um deswillen kein Anlaß, weil der Betheiligte stets in der Lage ist, die Festsetzung der Gebühren und Auslagen zu betreiben und dann durch Zahlung die Vorsichtsmaßregel überflüssig zu machen.

Die Vorschrift des Artikel 57 über die Pflicht der Notare zur Verbuchung der Gebühren und Auslagen entspricht im Allgemeinen dem geltenden Rechte (Artikel 108 des rechtsrheinischen Notariatsgesetzes, Artikel 271 des Gesetzes über das Gebührenwesen).

S. 440. **Gerichtliche Entscheidung, Beschwerde.**

Artikel 58 bis 63.

Durch die Vorschriften des zweiten, dritten und vierten Abschnittes ist den Landgerichten die Entscheidung übertragen über die Berechtigung der Weigerung des Notars, ein Amtsgeschäft vorzunehmen, über die Berechtigung der Weigerung, einem Privaten die Einsicht der Urkunden und Akten zu gestatten oder Abschriften davon zu ertheilen, über die Berechtigung der Weigerung, einem Betheiligten eine Urschrift auszuhändigen oder eine Ausfertigung zu ertheilen, ferner über die Festsetzung der Gebühren und Auslagen des Notars, über die Gewährung des Armenrechts und über die Berechtigung der zur Sicherung der Gebühren ergriffenen Maßregeln. Der fünfte Abschnitt soll das Verfahren der Gerichte bei diesen Entscheidungen und das Beschwerdeverfahren regeln.

Das Verfahren soll dem sonstigen Verfahren der Gerichte in den Angelegenheiten der freiwilligen Gerichtsbarkeit soweit sich anpassen, als dies die besonderen Verhältnisse des Notariats gestatten, dabei soll es möglichst einfach, rasch und billig sein. Von dem Grundgedanken aus, daß die Notariate nur beurkundende, nicht entscheidende Behörden sein sollen, wird nicht die Entscheidung in erster Instanz dem Notar übertragen und gegen seine Entscheidung Beschwerde und weitere Beschwerde zugelassen, sondern es wird über die Weigerung des Notars, die nicht die Eigenschaft einer förmlichen Entscheidung haben soll, das Landgericht zur Entscheidung in erster Instanz berufen. Das Landgericht soll um seine Entscheidung nicht nur schriftlich und zum Protokolle des Gerichtsschreibers, sondern auch zum Protokolle des Notars angegangen werden können. Der letztere Weg wird, als der einfachste, zum Regelwege werden. Die Aufnahme des Antrags zum Protokolle des Notars bietet überdies den Vortheil, daß der Aufnehmende über das Sachverhältniß nicht erst aufgeklärt werden muß und zu dessen Darstellung am besten befähigt ist.

Die Vorschrift, daß der Präsident des Landgerichts sich in den Fällen, in denen die Civilkammer des Landgerichts zur Entscheidung über solche Notariatsangelegenheiten berufen ist, dieser Civilkammer anzuschließen hat, verfolgt den Zweck, den Präsidenten als den nächstberufenen Inhaber des Dienstaufsichtsrechts in stetiger Fühlung mit den Notariatsangelegenheiten zu halten. Die Berufung des Landgerichtspräsidenten zur Theilnahme an den Verhandlungen der Civilkammer über Notariatsangelegenheiten hat nicht den Sinn, als ob der Präsident deshalb sich überhaupt stets der Civilkammer anschließen müßte. Er kann sich auch der Strafkammer für die Regel anschließen, nur für die Fälle, in denen über Notariatsangelegenheiten der bezeichneten Art verhandelt wird, soll er der dazu berufenen Civilkammer beitreten. Dieses Verhältniß wird bei der jährlich erfolgenden Bekanntmachung der Vertheilung der Geschäfte bei den Landgerichten zum Ausdrucke zu bringen sein.

Tritt der Landgerichtspräsident in die Civilkammer ein, so hat für diesen Fall deren ständiger Vorsitzender auszutreten, da der Landgerichtspräsident nur als Vorsitzender, mithin hier als Ersatz des ständigen Vorsitzenden, an den Verhandlungen theilnehmen kann. Ist der Landgerichtspräsident verhindert, so entscheidet die Kammer in ihrer gewöhnlichen Besetzung.

Die im Artikel 60 enthaltenen Vorschriften über das Verfahren der Gerichte schließen sich an die Vorschriften in den §§ 12 und 16 des Gesetzes über die Angelegenheiten der freiwilligen Gerichtsbarkeit an. Im Artikel 61 wird das Rechtsmittel der Beschwerde für alle Fälle mit Ausnahme des Falles

der Verweigerung der Amtsthätigkeit und der Zurückbehaltung zur Sicherung S. 440.
der Gebühren gegeben. Warum bei diesen besonderen Fällen das Rechtsmittel ausgeschlossen sein soll, ist in der Begründung zu den Artikeln 18 und 56 des Entwurfs auseinandergesetzt. In den Gebühren- und Armenrechtssachen mußte auch dem Notar wegen seiner materiellen Betheiligung das Beschwerderecht eingeräumt werden. Im Uebrigen hat der Notar im Verfahren nicht Parteistellung. Zur Entscheidung über die Beschwerde soll das Oberste Landesgericht in einem Civilsenat in der Besetzung von fünf Mitgliedern berufen sein. Die Besetzung mit fünf Mitgliedern entspricht der Besetzung des Obersten Landesgerichts bei der Entscheidung über das Rechtsmittel der weiteren Beschwerde gegen Entscheidungen der Landgerichte als Beschwerdegerichte. (Vgl. Artikel 34 Nr. XIII des Entwurfs eines Gesetzes, die durch die Einführung des Bürgerlichen Gesetzbuchs veranlaßten Aenderungen der seit 1818 erlassenen Gesetze betreffend.) Die besondere Art der Besetzung rechtfertigt sich dadurch, daß die Angelegenheiten, zu deren Beurtheilung das Oberste Landesgericht durch den fünften Abschnitt dieses Entwurfs berufen werden soll, und die Angelegenheiten, zu deren Entscheidung er nach dem Artikel 34 Nr. XIII des vorgenannten Entwurfs berufen ist, sachlich einander ganz ähnlich sein werden, und daß es sich empfiehlt, sachlich gleichartige Angelegenheiten auch in oberster Instanz in möglichst gleicher Weise zu erledigen. Die Einlegung der Beschwerde soll in der sonst üblichen Art erfolgen. Da es sich regelmäßig nur um ganz einfache Verhältnisse handelt, soll ein Anwaltszwang nicht bestehen. ‖ Eine S. 441.
Frist für die Beschwerde ist nur für Gebührensachen gesetzt, weil sie hier wegen der Rechtskraft und Vollstreckung der Erkenntnisse unentbehrlich ist. Im Uebrigen soll die Einlegung der Beschwerde an keine Frist gebunden sein. Auch für das Verfahren des Obersten Landesgerichts sollen, wenn einmal Beschwerde eingelegt ist, die Grundsätze des reinen Offizialverfahrens gelten. Eine Beschränkung der Beschwerde auf Verletzung von Rechtsnormen oder auf den in erster Instanz beigebrachten Verhandlungsstoff soll nicht stattfinden.

Die Entscheidungen des Landgerichts sollen immer kostenfrei erfolgen, weil sie zum größeren Theile dienstrechtliche Natur haben. Die gleiche Kostenfreiheit, abgesehen von den Armenrechtssachen, auch für das Verfahren der zweiten Instanz zu geben, verbietet sich mit Rücksicht auf die Gefahr des Anreizes zu unbegründeten Beschwerden.

Dienstaufsicht und Disziplin.

1. Dienstaufsicht.

Artikel 64 bis 66.

Die allgemeinen Gründe der Uebertragung der Dienstaufsicht über die Notare an die Präsidenten der Landgerichte sind bereits in der Einleitung auseinandergesetzt. Zu diesen allgemeinen Gründen kommt noch der besondere Grund, daß die Präsidenten der Landgerichte auch künftig die Dienstaufsicht über die Grundbuchämter zu führen haben und daß die Geschäfte der Notariate und der Grundbuchämter so enge ineinander greifen, daß unmöglich verschiedene Personen zur Beaufsichtigung dieser beinahe ein Ganzes bildenden Thätigkeit berufen sein können. Die Vermehrung der Aufsichtsgeschäfte der Präsidenten der Landgerichte und Oberlandesgerichte macht es nöthig, den Präsidenten zu gestatten, daß sie zur Erledigung einzelner Aufsichtsgeschäfte sich durch Richterbeamte ihres Gerichts vertreten lassen. Diese schon durch den Antrag der

S. 441. Staatsregierung zu dem Entwurf eines Gesetzes, die durch die Einführung des Bürgerlichen Gesetzbuchs veranlaßten Aenderungen der seit 1818 erlassenen Gesetze betreffend (Beilage D), für die Dienstaufsicht über die Gerichte vorgeschlagene Bestimmung soll durch den Absatz 2 des Artikel 64 des Entwurfs auch auf die Aufsicht über die Notariate ausgedehnt werden. Dagegen ist in dem Entwurfe davon abgesehen, nach Art des Artikel 69 Abs. 2 des Ausführungsgesetzes zum Gerichtsverfassungsgesetze die Präsidien der Landgerichte und Oberlandesgerichte zur Aufsicht über die Notariate mit heranzuziehen, damit nicht die Raschheit und Energie der Aufsichtsthätigkeit Schaden leidet und die Präsidien überlastet werden.

Die Vorschriften des Artikel 65 des Entwurfs sind den Vorschriften des Artikel 71 des Ausführungsgesetzes zum Gerichtsverfassungsgesetze nachgebildet.

Die Ueberwachungsthätigkeit der Präsidenten wird nicht nur in regelmäßig wiederkehrender Einsichtnahme von der gesammten Geschäftsführung der Notariate, sondern auch in gelegentlicher Prüfung einzelner Geschäfte bestehen. Die Einforderung von einzelnen Akten und Registern zu diesem Zwecke ist nicht ausgeschlossen. Die Regelung des Visitationswesens im Einzelnen bleibt den Verwaltungsvorschriften vorbehalten. Sie wird im genauen Anschlusse an die Regelung des Visitationswesens bei den Amtsgerichten zu erfolgen haben.

Die Vorschrift des Artikel 143 des rechtsrheinischen Notariatsgesetzes ist in der Praxis bisher dahin ausgelegt worden, daß allen Gerichten, denen das Recht zusteht, Notaren Aufträge zu ertheilen, auch das Recht zustehe, deren Befolgung durch Ordnungsstrafen zu erzwingen. Diese Vorschrift ist durch den Artikel 121 des Ausführungsgesetzes zur Strafprozeßordnung auch auf die Pfalz übertragen. Sie kann jedoch in das neue Gesetz nicht übernommen werden, weil sie in eine Organisation, nach der die Notariate Behörden sind, nicht paßt. Den Vertreter einer Behörde zu einer Amtshandlung zu zwingen und zu diesem Zwecke Strafen zu verhängen, kann nur der vorgesetzten Dienstaufsichtsbehörde zustehen. Das Zwangsstrafrecht ist daher den Dienstaufsichtsbehörden ausschließlich übertragen. Hat eine andere Behörde Interesse an dem Zwange, so hat sie die Dienstaufsichtsbehörde um dessen Ausübung zu ersuchen.

Soweit nicht Amtshandlungen der Notare in Frage kommen, sondern private Handlungen, können die Gerichte und sonstige Behörden das ihnen gegen Private zustehende Zwangsstrafrecht auch gegen Notare anwenden.

Die Androhung, welche der Verhängung der Zwangsstrafe vorausgehen muß, kann schriftlich oder mündlich erfolgen. Erfolgt sie mündlich, so wird dafür zu sorgen sein, daß sie entsprechend festgestellt wird.

Die Beschwerden im Zwangsstrafverfahren sind an keine Form und Frist gebunden, die Strafverfügungen deshalb stets vorläufig vollstreckbar. Gegen die Verhängung einer Zwangsstrafe durch das Staatsministerium der Justiz ist eine Beschwerde oder weitere Beschwerde nicht möglich, da der Dienstaufsichtsweg bei dem Staatsministerium der Justiz abschließt.

Den Dienstaufsichtsbeamten muß von den Notaren die Möglichkeit geboten werden, die ganze Geschäftsführung zu prüfen (Artikel 66 des Entwurfs). Inwieweit die Notare wegen ihrer Mitwirkung bei der Erhebung der Staatsgebühren dem Aufsichtsrechte der Finanzbehörden unterliegen und inwieweit sie diesen Einsicht zu gewähren und Aufschlüsse zu ertheilen haben, wird von den Staatsministerien der Justiz und der Finanzen zu bestimmen sein.

Die Schonung des Testamentsgeheimnisses muß selbstverständlich auch gegenüber den Dienstaufsichtsbeamten beider Ressorts verbürgt werden.

2. Dienststrafrecht. S. 441.

Artikel 67 bis 79.

Das Dienststrafrecht der Notare ist im Entwurfe dem Dienststrafrechte der Richter, wie es im Richterdisziplinargesetz enthalten ist, nachgebildet. Einzelne Abweichungen erwiesen sich jedoch mit Rücksicht auf die Eigenart des Notariats nothwendig.

Der Begriff des Dienstvergehens ist im Artikel 67 des Entwurfs dem Sinne nach vollkommen ebenso bestimmt wie im Artikel 1 des Richterdisziplinargesetzes. Aeußerlich besteht ein Unterschied darin, daß im Artikel 67 des Entwurfs der „Verstoß gegen die Ehre und Würde des Standes" als Dienstvergehen bezeichnet wird, während im Artikel 1 Nr. 2 des Richterdisziplinargesetzes für die Verurtheilung wegen Dienstvergehens vorausgesetzt wird, daß der Richter sich durch sein Verhalten der Achtung, die sein Beruf erfordert, „unwürdig" gezeigt habe. Sachlich ist auch in letzterem Falle nichts anderes als ein Verstoß gegen die Würde gemeint. Es liegt also nur eine Aenderung redaktioneller Art vor.

Neben der allgemeinen Bestimmung des Begriffs des Dienstvergehens sollen im Artikel 68 einzelne Dienstvergehen besonders aufgeführt werden, die den Verboten in Artikel 10 des rechtsrheinischen Notariatsgesetzes entsprechen.

Die bayerischen Notare haben zwar, soweit bekannt geworden, bisher S. 442. zu Beanstandungen wegen Verletzung jener Gebote kaum Anlaß geboten. Trotzdem dürfte es sich nicht empfehlen, das bisher bestehende Verbot im neuen Gesetze mit Schweigen zu übergehen. Denn hiedurch könnte die Meinung der Aufhebung des Verbots entstehen und die richtige Anschauung, daß Geschäfte der in Artikel 68 bezeichneten Art ohne Weiteres der Würde des Standes zuwiderlaufen, in's Wanken gebracht werden. Werden die Verbote aber wieder aufgenommen, so ist es angezeigt, sie in das Dienststrafrecht einzustellen.

Der Entwurf läßt den bisher für das Gebiet des Notariats bestehenden Unterschied zwischen Ordnungsstrafen und Disziplinarstrafen (Artikel 113 des rechtsrheinischen Notariatsgesetzes, Artikel 121 des Ausführungsgesetzes zur Strafprozeßordnung) fortbestehen. Das Richterdisziplinargesetz kennt zwar einen solchen Unterschied nicht. Für das Notariat ist er jedoch um deswillen nothwendig, weil die Notare, zu deren Hauptpflichten die Wahrung der Form gehört, einer viel größeren Menge von formellen Ordnungsvorschriften unterworfen sein müssen als die Richter, weil ferner die Durchführung dieser Ordnungsvorschriften die Vorkehrung geringerer Dienststrafen unentbehrlich macht und weil es endlich den Interessen des Dienstes ebenso wie den Interessen der Notare und der Bedeutung der Sache nicht entsprechen würde, wenn man die Ahndung solcher geringfügiger Verfehlungen mit der Umständlichkeit und dem Ansehen der eigentlichen Disziplinarbestrafung umgeben wollet.

Als Ordnungsstrafen sollen darum Warnung und Geldstrafe bis zu fünfzig Mark, als Disziplinarstrafen Verweis, Geldstrafen von mehr als fünfzig bis zu dreitausend Mark, ferner Strafversetzung und Dienstentlassung verhängt werden können.

Eine scharfe Abgrenzung der Dienstvergehen, für welche Ordnungsstrafen, und der Dienstvergehen, für welche Disziplinarstrafen zu verhängen sind, ist unthunlich. Der von dem rechtsrheinischen Notariatsgesetz in dieser Beziehung gemachte Versuch muß als mißlungen bezeichnet werden. Der Satz, daß Verstöße gegen Formvorschriften, deren Verletzung die Nichtigkeit des Aktes nicht zur Folge hat, mit Ordnungsstrafen, andere Verstöße mit Disziplinarstrafen zu ahnden sind, hat vielfach zu Urtheilen geführt, die der Billigkeit wider-

S. 442. sprochen haben. Maßgebend kann in Dienststrafsachen für die Schwere des Vergehens nur die Gesammtlage des einzelnen Falles sein. Es erübrigt darum nur, die Unterscheidung zwischen Ordnungsstrafsachen und Dipziplinarstrafsachen den Gerichten ebenso zu überlassen, wie ihnen die Wahl der Art und der Höhe der Strafe innerhalb des Strafrahmens überlassen bleiben muß.

Bei dem Zusammentreffen mehrerer Dienstvergehen geht der Entwurf von dem System der Strafenhäufung aus. Nur soll neben der Dienstentlassung auf keine andere Strafe erkannt werden können.

Die Suspension findet sich als Dienststrafe im Entwurfe nicht mehr, da sie sich in der Eigenschaft als Strafe nicht bewährt hat. Sie soll durch den höheren Rahmen der Geldstrafe und die Strafversetzung entbehrlich werden.

Der Entwurf sieht davon ab, für einzelne Vergehen besondere Strafen anzudrohen, ordnet aber im Anschluße an das Richterdisziplinargesetz die allgemeinen Voraussetzungen der Verhängung der Dienstentlassung und der Strafversetzung. Die auf die Dienstentlassung bezüglichen Artikel 71 und 72 des Entwurfs geben die Vorschriften des Artikel 6 des Richterdisziplinargesetzes wieder, die Vorschriften der Artikel 73 und 74 des Entwurfs bedürfen kaum einer weiteren Begründung. Die Verjährungsvorschrift in Artikel 75 des Entwurfs ist dieselbe wie die im Artikel 2 des Richterdisziplinargesetzes gegebene. Die neue Vorschrift ändert das bestehende Recht, wonach die Verfolgung von Dienstvergehen der Notare schon in zwei Jahren verjährte (Artikel 142 des rechtsrheinischen Notariatsgesetzes, Artikel 121 des Ausführungsgesetzes zur Strafprozeßordnung). Die bisherige Verjährungsfrist hat sich indessen wegen der Unmöglichkeit, innerhalb ihres Laufes die Geschäftsführung der Notariate genügend zu prüfen, als zu kurz erwiesen.

Die Frage der Verfolgung von Dienstvergehen, die während des Dienstverhältnisses begangen wurden, nach dessen Lösung, und der Verfolgung von Vergehen, die schon vor der Entstehung des Dienstverhältnisses begangen wurden, ist in den Artikeln 76 und 77 des Entwurfs im Allgemeinen übereinstimmend mit den Vorschriften in den Artikeln 8 und 9 des Richterdisziplinargesetzes, die Frage der Konkurrenz von Dienststrafverfahren und Kriminalstrafverfahren in den Artikeln 78 und 79 des Entwurfs übereinstimmend mit den Vorschriften in den Artikeln 10 und 11 des Richterdisziplinargesetzes geregelt. Nur der Absatz 3 des Artikels 79 des Entwurfs enthält eine Abweichung vom Richterdisziplinargesetz. Wenn im strafrechtlichen Verfahren eine Verurtheilung erfolgt ist, welche den Verlust des Amtes nicht zur Folge gehabt hat, ein Disziplinarverfahren aber noch nicht eingeleitet ist, so hat nach dem Richterdisziplinargesetze das Disziplinargericht zu entscheiden, ob außerdem das Disziplinarverfahren einzuleiten ist, nach dem Entwurf aber soll die Dienstaufsichtsbehörde entscheiden, ob die Einleitung des Disziplinarverfahrens zu veranlassen ist. Es kann mithin nach dem Entwurfe der Antrag auf Einleitung des Disziplinarverfahrens einfach unterbleiben, während nach der Vorschrift des Richterdisziplinargesetzes ein Antrag dahin zu stellen wäre, das Gericht wolle in Würdigung der Sachlage von der Eröffnung des Disziplinarverfahrens Umgang nehmen. Da also die Neuerung nur eine Vereinfachung bezielt, wird sie keinem Bedenken unterliegen.

3. Dienststrafverfahren.

Artikel 80 bis 85.

Das Dienststrafverfahren ist verschieden gestaltet, je nachdem es die Herbeiführung einer Ordnungsstrafe oder die Herbeiführung einer Disziplinarstrafe zum Zwecke hat. Handelt es sich nur um die Verhängung von Ordnungsstrafen, so soll ein dem Strafbefehlverfahren ähnliches, kurzes, schriftliches Verfahren von der Civilkammer des Landgerichts genügen. Steht aber die Verhängung einer Disziplinarstrafe in Aussicht, so soll die Disziplinarkammer beim Oberlandesgericht in dem Verfahren des Richterdisziplinargesetzes entscheiden. S. 442.

Die Einleitung des Ordnungsstrafverfahrens ist so gedacht, daß der Präsident des Landgerichts, wenn er bei der Handhabung der Dienstaufsicht ein Dienstvergehen bemerkt hat, das Ahndung durch Ordnungsstrafe erheischt, die Civilkammer beruft. In der Sitzung der Civilkammer trägt der Präsident, der dieser Kammer auch in den Ordnungsstrafsachen gegen die Notare stets sich anzuschließen hat, den Sachverhalt vor und beschließt mit den Beisitzern über die zu verhängende Strafe. Der Staatsanwalt soll vorher von der Einleitung des Verfahrens in Kenntniß und damit in den Stand gesetzt sein, sich mündlich oder schriftlich zu || äußern. Der Notar soll vor der Entscheidung S. 443. der Civilkammer gehört werden, wenn es zur Aufklärung des Sachverhalts nöthig ist. Dies wird zumeist nicht der Fall sein. Denn einmal handelt es sich in der Regel um einfache aktenmäßige und offenkundige Versehen, sodann ist gewöhnlich schon auf mündliche oder schriftliche Anfrage des Präsidenten, z. B. aus Anlaß der Vornahme der Geschäftsvisitation, die nöthige Aufklärung und Verantwortung von Seiten des Notars erfolgt und wird vom Präsidenten mit vorgetragen. Genügt das Vorgetragene nicht, so soll die Kammer den Notar hören. Die Erklärungen des Notars können auch schriftlich verlangt und gegeben werden.

Findet die Mehrheit der Civilkammer, daß gar kein Dienstvergehen vorliegt, so ist auf Freisprechung zu erkennen. Das Erkenntniß ist dem Staatsanwalte zur Einsicht vorzulegen. Einer Zustellung an den Notar bedarf es in diesem Falle nicht, da er auch eine Mittheilung über die Einleitung des Verfahrens nicht erhalten hat. Gegen das freisprechende Erkenntniß soll dem Staatsanwalte das Rechtsmittel der Beschwerde zustehen.

Findet die Civilkammer, daß nicht ein Ordnungsstraffall, sondern ein Disziplinarstraffall vorliegt, so hat sie sich einer Entscheidung zu enthalten. Der Präsident des Landgerichts wird in diesem Falle die Einleitung des Disziplinarstrafverfahrens veranlassen. Eines förmlichen Unzuständigkeitsbeschlusses der Civilkammer bedarf es nicht, ebensowenig einer Zustellung an den Notar.

Verhängt die Civilkammer eine Ordnungsstrafe, so ist das Erkenntniß dem Staatsanwalte zur Einsicht vorzulegen, dem Notar aber von Amtswegen zuzustellen. Dem Staatsanwalt und dem Notar steht in diesem Falle das Rechtsmittel der Beschwerde gegen das Erkenntniß zu.

Die Beschwerde soll an die nach dem Richterdisziplinargesetze zu bildende Disziplinarkammer gehen. Sie ist an eine Frist von zwei Wochen geknüpft, aber weder auf den Rechtspunkt noch auf den in der ersten Instanz vorgebrachten Verhandlungsstoff beschränkt. Die Disziplinarkammer kann die Beschwerdeanträge verwerfen oder ihnen durch Freisprechung, Milderung und Erhöhung der Strafe stattgeben. Hat nur der Notar die Beschwerde eingelegt, so ist nach dem allgemeinen Grundsatze, daß eine reformatio in pejus nicht stattfindet, die Erhöhung der Strafe ausgeschlossen.

Findet die Disziplinarkammer als Beschwerdegericht, daß nicht die Verhängung einer Ordnungsstrafe, sondern die Verhängung einer Disziplinarstrafe angezeigt ist, sei es daß hierauf die Beschwerde gestützt ist oder nicht, so hat

S. 443. sie sich einer Entscheidung in der Sache zu enthalten und vielmehr Beschluß auf Eröffnung des Disziplinarstrafverfahrens zu erlassen. Gegen diesen Beschluß wie überhaupt gegen die Entscheidungen der Disziplinarkammer in ihrer Eigenschaft als Beschwerdegericht soll eine weitere Beschwerde nicht zugelassen sein.

Die Einleitung des Disziplinarverfahrens soll gleichfalls durch die Dienstaufsichtsbehörde veranlaßt werden.

Auf das weitere Verfahren sollen durchweg die Bestimmungen der zweiten und dritten Abtheilung des Richterdisziplinargesetzes mit der Maßgabe Anwendung finden, daß die Disziplinarkammern und der Disziplinarhof als Notariatsdisziplinarkammern und als Notariatsdisziplinarhof entscheiden. Damit entfällt die bisherige Ungleichheit, wonach den Richtern nur zwei, den Notaren drei Instanzen gegeben waren, es wird aber auch durch Beseitigung der verwirrenden Mehrzahl der Verfahrensarten die Durchsichtigkeit des Rechts und die Sicherheit seiner Handhabung gefördert. Dieser weitere Schritt zur Gleichstellung der Richter und der Notare wird ferner mehr geeignet sein, das Ansehen der letzteren zu heben, als eine etwaige Betheiligung der Notare an der Rechtsprechung selbst oder eine Uebertragung der Disziplinargerichtsbarkeit auf die Notariatskammern, Maßregeln, die sich nach der in Aussicht genommenen Organisation als undurchführbar erweisen.

Nur wenige, unbedeutende Abweichungen vom Richterdisziplinargesetze ließen sich nicht vermeiden.

Im Artikel 51 des Richterdisziplinargesetzes ist dem Berufungsführer nach dem Ablaufe der zweiwöchigen Frist für die Anmeldung der Berufung noch eine weitere zweiwöchige Frist für die Rechtfertigung der Berufung gegeben, an die sich nach Artikel 52 Abs. 2 für den Gegner des Berufungsführers eine dritte zweiwöchige Frist für die Beantwortung der Berufung reiht. Erst nach Ablauf aller dieser Fristen, die nach Artikel 53 auch noch von der Disziplinarkammer verlängert werden können, werden nach Artikel 54 Abs. 1 die Akten dem Disziplinarhof eingesendet. Bis zur Verhandlung vor dem Disziplinarhofe vergeht sodann, da — abgesehen von der Ladungsfrist — auch dem Referenten eine entsprechende Frist zum Studium der Akten gegeben werden muß, eine weitere beträchtliche Zeit. So kommt es, daß regelmäßig zwischen der Zeit der Urtheilsfällung durch die Disziplinarkammer und dem Tage der Verhandlung vor dem Disziplinarhof ein sehr großer Zwischenraum liegt, welcher in Wirklichkeit für den Schriftenwechsel wenig oder gar nicht in Anspruch genommen wird. Die daraus sich ergebende Verschleppung der Disziplinarprozesse läuft den dienstlichen Interessen ebenso zuwider wie den Interessen der Betheiligten. Daß sie sich nicht schon fühlbarer gemacht hat, kommt hauptsächlich von der Seltenheit der Richterdisziplinarprozesse her. Mit Rücksicht auf diese Seltenheit kann es für das Richterdisziplinarrecht bei dem bisherigen Zustande bewenden. Dagegen ist eine Uebertragung dieses Verhältnisses auf das Notariatsdisziplinarrecht nicht angezeigt. Die für die Einlegung gegebene Frist von zwei Wochen genügt in der Regel auch für die schriftliche Rechtfertigung der Berufung. Die Berufungsbeantwortung kann in der Zeit bis zur Verhandlung dem Disziplinarhofe vorgelegt oder auch mündlich vorgetragen werden. Ist ausnahmsweise ein Bedürfniß zu umfangreicherem Schriftenwechsel oder zur Sammlung von Beweismaterial, so wird auf Antrag des Betheiligten der Präsident des Disziplinarhofs bei der Bestimmung der Sitzung zur Hauptverhandlung darauf Rücksicht nehmen. Die Akten aber sollen grundsätzlich dem Disziplinarhof unmittelbar nach Ablauf der Frist zur Einlegung der Berufung vorgelegt werden.

Der Artikel 85 des Entwurfs trägt der Besonderheit der Trennung der S. 443.
Ordnungsstrafsachen und Disziplinarstrafsachen Rechnung. Die Disziplinarkammer kann eine Sache nur dann zur Hauptverhandlung verweisen, wenn sie hinreichende Anhaltspunkte für das Vorliegen eines erheblicheren Dienstvergehens — eines eigentlichen Disziplinarstraffalles findet. — Findet sie vor der Verweisung zur Hauptverhandlung, daß zwar ein Ordnungsstraffall, aber kein Disziplinarstraffall vorliegt, so hätte sie nach den Artikeln 29, 35 des Richterdisziplinargesetzes zu beschließen, daß ein Verfahren nicht zu eröffnen oder der Angeschuldigte außer Verfolgung zu setzen sei. Hienach müßte sodann die Civilkammer des Landgerichts um Verhängung einer Ordnungsstrafe angegangen werden, sie hätte die Möglichkeit, auf Grund der Annahme, daß doch ein Disziplinarstraffall vorliegt, die Einschreitung zu verweigern. Da ein solches Er || gebniß nicht annehmbar ist, wird im Entwurfe vorgeschlagen, zu bestimmen, S. 444.
daß in einem solchen Falle die Disziplinarkammer die Sache vor das Landgericht zu verweisen und dieses die Anschauung der Disziplinarkammer, daß kein Disziplinarstraffall vorliegt, seiner Entscheidung zu Grunde zu legen hat. Das Landgericht ist dadurch an einem freisprechenden Erkenntnisse nicht gehindert, wenn es zu der Ueberzeugung gelangt, daß gar kein Verschulden vorliegt. Für das Verfahren vor dem Landgericht und die Rechtsmittel gegen seine Entscheidung gelten dieselben Grundsätze wie wenn die Sache ohne Verweisung von Seiten der Disziplinarkammer unmittelbar durch den Landgerichtspräsidenten anhängig gemacht worden wäre.

Der Absatz 2 des Artikel 85 endlich trifft für den Fall Vorsorge, daß erst in der Hauptverhandlung vor der Disziplinarkammer oder dem Disziplinarhofe sich die geringere Erheblichkeit des Dienstvergehens herausstellt. In diesem Falle wäre eine Verweisung an das Landgericht unzweckmäßig. Die Disziplinarkammer oder der Disziplinarhof soll daher in diesem Falle auch auf Ordnungsstrafe erkennen können. Für das Verfahren und die Rechtsmittel muß es trotzdem bei den allgemeinen Vorschriften über das Disziplinarstrafverfahren bleiben, weil man sonst zu einer unerwünschten Verwickelung des ganzen Verfahrens käme.

4. Zwangsversetzung und Zwangsenthebung.

Artikel 86 bis 90.

Die Einführung der administrativen Zwangsversetzung in das neue Notariatsgesetz rechtfertigt sich durch die Erwägung, daß das Gesammtinteresse der Bevölkerung des Bezirks und das Interesse des Dienstes im Kollissionsfalle dem Einzelinteresse des Notars vorgehen muß und daß es bei einer Neuordnung des Notariats nicht angeht, von dem allgemeinen Satze, daß jeder Beamte, selbst der Richter, sich versetzen lassen muß, wenn seine Stellung am Orte unhaltbar wird, zu Gunsten der Notare eine Ausnahme zu machen.

Richtig ist, daß das Institut der Zwangsversetzung für die Notare insofern eine größere Gefahr birgt wie für Beamte mit fester Besoldung, als diesen ihr Gehalt gesichert bleibt, während dem Notar der Natur der Sache nach eine gleich gute Stelle nicht verbürgt werden kann. Dieser Umstand allein wird indessen das Interesse der Rechtsuchenden an der Versetzung nicht überwiegen können. Auch wird es für die Regel der Justizverwaltung gelingen, allzugroße Härten zu vermeiden.

Die Voraussetzungen der Zwangsversetzung sollen dieselben sein wie die für Richter bestimmten (vgl. Artikel 65 des Richterdisziplinargesetzes). Die

S. 444. Umzugskosten sollen dem Notar ersetzt werden, wenn ihn kein Verschulden an dem Eintritte der die Zwangsversetzung bedingenden Umstände trifft. Trifft ihn ein Verschulden, so hat er billigerweise den Schaden selbst zu tragen.

Die Zwangsversetzung soll wie beim Richter nur auf Grund eines Richterspruchs darüber, daß ihre Voraussetzungen gegeben sind, erfolgen können. Zur Entscheidung soll die Notariats-Disziplinarkammer berufen sein, weil diese nach ihrer sonstigen Thätigkeit am besten mit den einschlägigen Verhältnissen vertraut sein wird. Im Uebrigen ist das Verfahren im Artikel 87 des Entwurfs dem Verfahren für die Zwangsversetzung der Richter vollkommen angeglichen (vgl. Artikel 66 bis 70 des Richterdisziplinargesetzes).

Auch die Zwangsenthebung der Notare ist dem bisherigen Landesrechte fremd. Der Grund dafür ist in der Auffassung des Notariats als persönlicher Funktion zu suchen. Dieser Auffassung entspricht es, den Dienstunfähigen nicht zu entheben, sondern neben ihm einen weiteren Notar zu ernennen. Die Umgestaltung der Notariate zu Behörden macht eine Aenderung auch in diesem Punkte nöthig. Die Einführung der Zwangsenthebung entspricht aber auch einem dringenden praktischen Bedürfnisse. Nicht gerade selten hat sich der Fall ereignet, daß Notare in Geisteskrankheit verfallen sind. Ihre Belassung im Amte war und ist noch eine Gefahr für die Bevölkerung, ihre Entfernung war mangels einer gesetzlichen Handhabe gegen ihren Willen unmöglich. Dieser Zustand ist auf die Dauer unhaltbar. Es kann ihm aber nur abgeholfen werden durch die Einführung der Zwangsenthebung. Wird die Zwangsenthebung für die Notare eingeführt, so ergibt sich bezüglich ihrer Voraussetzungen und bezüglich des Verfahrens die Anwendung der für Richter geltenden Vorschriften als das nächstliegende. Die Artikel 88 und 89 des Gesetzentwurfs führen diesen Gedanken aus. Nicht übertragen läßt sich in das Notariatsrecht die dem Richterrecht eigene Folge der Zwangsenthebung, daß dem Enthobenen sein Standesgehalt verbleibt. Da indessen die bayerischen Notare auf ihre Einnahmen angewiesen sind und in Folge der Enthebung den Unterhalt für sich und ihre Familie verlieren würden, so erscheint es als eine Forderung der Billigkeit, in solchen Fällen den Unterhalt des Notars sicher zu stellen. Der Gesetzentwurf enthält trotzdem keine diesbezügliche Bestimmung, und zwar aus dem Grunde, weil die Frage aufs engste verknüpft ist mit der Frage der Versorgung dienstunfähiger Notare überhaupt und weil diese Frage zur Entscheidung noch nicht bereift ist und solange noch nicht bereift sein kann, als nicht die künftige Organisation des Notariats gesetzlich festgelegt ist. Nach dem dermaligen Stande der Sache erscheint es nicht unmöglich, daß eine Versorgungsanstalt geschaffen wird, welche die Lebenshaltung der enthobenen Notare sicher stellt und, deren Kosten, wenn nicht ausschließlich, so doch zum größten Theil von den Notaren selbst getragen werden.

Daß die Enthebung von Notaren wegen Krankheit nicht schon bei vorübergehender Erkrankung erfolgen soll, ergibt sich aus den Bestimmungen des Gesetzes selbst. Ist es nicht unwahrscheinlich, daß die Wiederherstellung in angemessener Zeit wiedereintritt, so wird wie bisher durch Gewährung von Urlaub und Aufstellung von Amtsverwesern geholfen werden können.

Der die Kosten des Dienststrafverfahrens, des Zwangsversetzungsverfahrens und des Zwangsenthebungsverfahrens betreffende Artikel 90 des Entwurfs ist dem Artikel 77 des Richterdisziplinargesetzes nachgebildet.

5. Vorläufige Dienstenthebung (Suspension). S. 444.

Artikel 91 bis 94.

Die Bestimmungen über die vorläufige Enthebung des Notars vom Dienste (Suspension) bedürfen einer wesentlichen Umgestaltung. Die beiden bayerischen Notariatsgesetze behandeln die Suspension der Hauptsache nach als Strafe (Artikel 9, 37, 113, 117, 118 des rechtsrheinischen, Artikel 6, 23 des pfälzischen Notariatsgesetzes), doch findet sie sich in den Artikeln 99, 140, 141 des rechtsrheinischen Notariatsgesetzes auch als vorläufige Maßregel. Daneben gilt für die Suspension im Falle des Strafvollzugs gegen einen Notar die Vorschrift des Artikel 111 Abs. 2 des Ausführungsgesetzes zur Strafprozeßordnung.

Der Entwurf geht vor Allem davon aus, daß die Suspension künftig S. 445. nicht mehr Strafe sondern nur vorläufige Schutzmaßregel sein soll. Der Entwurf bestimmt ferner, abweichend von dem geltenden Rechte, daß die Vornahme von Amtshandlungen während der Dauer der Suspension zwar dem Notar verboten, aber nicht unwirksam sein soll, er geht davon aus, daß die Gefahr eines Mißbrauchs gering ist, und daß das Verbot nur durch die Strafnorm gegen den Notar, nicht durch eine die unschuldige Partei schädigende Maßregel vor Uebertretung gesichert werden soll.

In den Artikeln 92 bis 94 des Entwurfs sind die einzelnen Fälle der Suspension aufgezählt. Sie weichen von den Fällen des Artikel 140 des rechtsrheinischen Notariatsgesetzes, dessen Geltung durch den Artikel 121 des Ausführungsgesetzes zur Strafprozeßordnung auch auf die Pfalz ausgedehnt ist, mehrfach ab und halten sich an das Vorbild der Bestimmungen des Richterdisziplinargesetzes.

Der Artikel 92 bestimmt, in welchen Fällen die Suspension Kraft des Gesetzes eintreten soll. Er stimmt in seinen ersten vier Nummern überein mit dem Artikel 59 des Richterdisziplinargesetzes, doch verhängt er die Suspension auch für den Fall der Verbüßung einer Haftstrafe, weil nach der besonderen Gestaltung der Suspension im Notariatsrechte zu einer Ausnahme für die Haftstrafe kein Anlaß besteht. Die Fälle der Nummern 5, 6, 7 sind als Suspensionsfälle neu, aber sachlich nothwendig. Ein Anlaß, in den Fällen der Untersuchungshaft und des Vollzugs einer Freiheitsstrafe die Suspension noch über das Ende der Freiheitsentziehung hinaus wirken zu lassen, dürfte nicht gegeben sein. Im Entwurf ist deshalb von der Uebernahme der Vorschriften des Artikel 61 des Richterdisziplinargesetzes abgesehen.

Die Fälle, in denen nach Artikel 93 des Entwurfs die Disziplinarkammer oder der Disziplinarhof die Suspension verhängen kann, sind mit Ausnahme des unter Nr. 3 aufgeführten Falles dem Artikel 60 des Richterdisziplinargesetzes entnommen. Die Aufnahme der Möglichkeit der Suspension bei bevorstehender Zwangsversetzung und Zwangsenthebung wird einer besonderen Rechtfertigung nicht bedürfen, da für sie dieselben Gründe sprechen wie für die Suspension im Falle des Bevorstehens der Strafversetzung und der Dienstentlassung.

Der Absatz 3 des Artikel 93 eröffnet die Möglichkeit, einen Notar theilweise, nämlich von der Befugniß zur Vornahme von Geldgeschäften, zu suspendiren, wenn die Voraussetzungen einer vollkommenen Suspension noch nicht vorliegen, die Verläßigkeit des Notars in Geldangelegenheiten aber zweifelhaft geworden ist. Daß Anzeichen für Veruntreuungen vorliegen müssen, ist im Entwurfe nicht gesagt, es können vielmehr Anzeichen gefährlicher Unordnung

S. 445. genügen. Die Maßregel soll eine innerdienstliche sein, von einer Bekanntmachung muß schon deßhalb abgesehen werden, weil sie das Vertrauen zu dem Notar für die Bevölkerung so erschüttern würde, daß auch nach Aufhebung der Maßregel eine Rückkehr des Vertrauens unwahrscheinlich wäre. Die Maßregel ist als eine seltene Ausnahme gedacht, die nur in besonderen Fällen zur Anwendung gelangen soll.

Vollkommen neu sind die Vorschriften über die Verhängung der Suspension durch das Staatsministerium der Justiz. Die Suspension im Falle unerlaubter Entfernung ist an sich selbstverständlich und brauchte überhaupt nicht ausgesprochen zu werden, wenn es nicht nöthig würde, sie über die Zeit der thatsächlichen Abwesenheit hinaus auszudehnen. Eine solche Ausdehnung läßt sich aber um deßwillen nicht umgehen, weil für die Zeit der unerlaubten Abwesenheit durch Bestellung eines Amtsverwesers für Stellvertretung gesorgt werden muß. Die Beendigung der Suspension im Augenblicke der Rückkehr des Notars aber würde in diesem Falle den Notariatsverweser in bedenkliche Verlegenheit bringen können. Die Möglichkeit, plötzlich durch die unerwartete Rückkehr des Notars der Funktion entsetzt zu werden, würde von der Uebernahme der Amtsverwesung abschrecken. Es bedarf also für den Notariatsverweser einer Schutzfrist, die im Entwurf auf zehn Tage bemessen ist. Die Eigenschaft einer Strafe für den Notar hat die Maßregel überhaupt nicht. Die disziplinäre Einschreitung gegen den Notar wegen unerlaubter Entfernung bleibt daneben vorbehalten.

Die Vorschriften über die Ertheilung der Erlaubniß zur Entfernung vom Amtsitze — Urlaubsvorschriften — werden für die Notare wie für alle übrigen Beamten im Verwaltungswege gegeben werden.

Die Suspension in den Fällen der Nummern 2 und 3 des Artikel 94 liegt im Interesse der Notare. Sie gewährt der Regierung die Möglichkeit, die Entfernung des Notars von seiner Stelle mit einer gewissen Schonung auszuführen. Würde die Möglichkeit der Suspension nicht gegeben sein, so würde das Interesse der Bevölkerung zur sofortigen Entfernung zwingen. Mit Rücksicht hierauf schien es angezeigt, die der Regierung zu steckende Frist auf sechs Monate zu bemessen.

Notariatsverweser.

Artikel 95 bis 118.

Die Vorschriften des Entwurfs über die Notariatsverweser stehen auf einer neuen Grundlage. Bei der Auffassung des Notariats als einer persönlichen Funktion mußte der Notariatsverweser als persönlicher Stellvertreter des Notars erscheinen. Er übte die Funktion des *Notars* aus und verlor deshalb sein Amt von selbst, wenn der Notar starb oder vom Amte enthoben wurde. Solange ein Notar nicht vorhanden, die Stelle nicht besetzt war, konnte ein Verweser nicht bestellt werden, was insbesondere bei Erledigung von Stellen durch Todesfall sich sehr unangenehm fühlbar gemacht hat.

Durch die Verleihung der Behördeneigenschaft an die Notariate wird es möglich, hierin vollkommenen Wandel zu schaffen. Der Notariatsverweser ist nach den Vorschriften des Entwurfs nicht mehr Vertreter des *Notars*, sondern statt des Notars Vertreter der Behörde und von dem Notar unabhängig. Ein Notariatsverweser kann und soll darum künftig in allen Fällen aufgestellt werden, in denen ein Notariat nicht besetzt ist oder der Dienst von dem vorhandenen Notar wegen Beurlaubung oder Behinderung nicht wahrgenommen wird.

Ein Notariatsverweser soll insbesondere bestellt werden, wenn die Besetzung eines Notariats mit einem Notar wegen der Geringfügigkeit der Zahl der Amtsgeschäfte unthunlich ist. (Artikel 95 Abs. 2 des Entwurfs). Die Vorschrift steht in engem Zusammenhange mit der Vorschrift des Artikel 5 des Entwurfs, wonach in jedem Amtsgerichtsbezirke mindestens ein Notariat bestehen soll. Für die Amtsgerichtsbezirke, in denen sich zur Zeit kein Notariat befindet, steht mithin die Wieder‖errichtung eines solchen in Aussicht, die Amtsgerichtsbezirke, welche nur ein Notariat haben, werden dessen Verlust auch bei eintretender Verminderung der Geschäfte nicht zu gewärtigen haben. S. 445. S. 446.

Die Geringfügigkeit der Zahl der Amtsgeschäfte würde, wenn dem Amtsverweser außer deren Erledigung weitere Arbeit nicht zufiele, zur Folge haben, daß der Amtsverweser ebenso wenig ausreichend beschäftigt wäre, als der Notar, um dies zu verhüten, ist vorgesehen, daß die Amtsverwesung den Richtern und rechtskundigen Gerichtsschreibern der Amtsgerichte als Nebenamt übertragen werden kann (Artikel 97 des Entwurfs). Die Verpflichtung dieser Gerichtsbeamten, Notariatsverwesungen zu übernehmen, soll indessen nicht auf die Notariate mit unzureichender Geschäftslast beschränkt sein. Es wird insbesondere zweckmäßig sein, diese Beamten auch in den Fällen plötzlicher vorübergehender Erledigung eines Notariats und vorübergehender Behinderung eines Notars, ja selbst im Beurlaubungsfalle heranzuziehen. Schädigungen des Dienstes oder Beeinträchtigung der Beamten hiedurch werden von der Justizverwaltung ebenso hintangehalten werden können wie es bei der Regelung der Stellvertretung unter den Gerichtsbeamten selbst möglich ist.

Die Heranziehung der rechtskundigen Sekretäre der Amtsgerichte wird mit Rücksicht auf die Personalverhältnisse einzelner Amtsgerichte sich nicht vermeiden lassen, wenn es nicht unter Belastung der Staatskasse zur Vermehrung von Richtern und doch wieder zu ungenügender Vertheilung der Geschäftslast kommen soll. Die Heranziehung der Sekretäre macht es nothwendig, sie für die Uebernahme von Notariatsverwesungen von dem Erfordernisse des Vorbereitungsdienstes bei einem Notariate zu entbinden. Im Uebrigen sollen für die Bestellung zum Notariatsverweser dieselben Voraussetzungen bestehen, wie für die Ernennung zum Notar, insbesondere sollen, wie bisher, Rechtsanwälte nicht zu Notariatsverwesern bestellt werden können. (Art. 96 des Entwurfs.)

Die Vorschrift des Artikel 98 des Entwurfs soll verhüten, daß durch Uebernahme der Amtsverwesung durch den Notar eines anderen Ortes die Absicht der Bestimmung des Artikel 5 Abs. 2 des Entwurfs, der Bevölkerung den Notar ebenso leicht zugänglich zu machen wie das Amtsgericht, vereitelt wird. Liegen besondere Umstände vor, die eine Schädigung der Bevölkerung ausgeschlossen erscheinen lassen, wie kurze Dauer der Amtsverwesung, Eintritt der Amtsverwesung zu einer Zeit, in der Notariatsgeschäfte überhaupt selten sind, günstige Verbindungen mit dem Sitze des Nachbarnotars, Gewährleistung der raschen Abwickelung des Dienstes durch Uebernahme der Abhaltung von Amtstagen u. dgl., so können Ausnahmen bewilligt werden.

Die Bestellung des Amtsverwesers soll grundsätzlich nicht durch den Notar, sondern stets durch die vorgesetzte Behörde, regelmäßig durch das Staatsministerium der Justiz erfolgen. Doch soll dem Notar mit Rücksicht auf sein persönliches Interesse an der Führung des Amtes ein Vorschlagsrecht zugestanden werden. Nur im Falle der Suspension eines Notars erscheint es nicht passend, ihm ein Vorschlagsrecht für die Amtsverwesung einzuräumen. Dem Vorschlagsrechte muß die Pflicht des Notars zum Vorschlag entsprechen.

S. 446. Die Behörde, der die Bestellung des Notariatsverwesers obliegt, ist an den Vorschlag, wenn er ihr ungeeignet erscheint, nicht gebunden.

Für dringliche Fälle ist es nothwendig, den Landgerichtspräsidenten die Befugniß zur vorläufigen Bestellung eines Notariatsverwesers zu geben, weil die durch die Einhaltung des Dienstweges bedingte Verzögerung zur Beschädigung der Betheiligten führen könnte. Die Uebertragung der Befugniß, Notariatsverweser zu bestellen, an die Präsidenten der Landgerichte und Oberlandesgerichte könnte sich auch sonst zweckmäßig erweisen, insbesondere dann, wenn es sich nur um kurzzeitige Stellvertretungen handelt, und in den Fällen der Beurlaubung, wenn der Urlaub von dem Präsidenten ertheilt wird. Die Möglichkeit der Uebertragung wird also vorzusehen sein. Die Aufnahme der Fälle in das Gesetz selbst dagegen ist nicht angezeigt, weil sie zu weit in die Einzelheiten der Justizverwaltung führen würde.

Aus dem gleichen Grunde sind in den Artikeln 101, 104 die Vorschriften über die Amtsübergabe der Festsetzung durch die oberste Justizverwaltungsbehörde überlassen.

Von größerer Bedeutung sind die im Artikel 102 enthaltenen Vorschriften über die Dauer der Amtsbefugniß der Notariatsverweser. Um jeden Stillstand der Geschäfte im Interesse der Bevölkerung zu verhüten, soll bestimmt werden, daß der Notariatsverweser auch nach dem Eintritte des bei seiner Bestellung gesetzten Schlußtermins im Bedürfnißfalle das Amt bis auf Weiteres fortzuführen hat.

Im Interesse der Notare ist andererseits durch den Artikel 103 vorgeschrieben, daß die Notare bei der Rückkehr aus dem Urlaub und, wenn sie durch Krankheit behindert waren, bei Wiedererlangung der Gesundheit die Geschäfte von dem Notariatsverweser auch dann wieder übernehmen können, wenn die dem Verweser bei der Bestellung bestimmte Zeit noch nicht abgelaufen ist. Sache des Notars ist es natürlich in diesem Falle, den Verweser für die vorzeitige Beendigung seiner Funktion schadlos zu halten.

In dem Artikel 105 des Entwurfs findet sich die Neuerung, daß eine Wiederholung des Amtseides bei mehrmaliger Uebernahme von Notariatsverwesungen erlassen ist. Die häufige Wiederholung von Eidesleistungen durch Notariatsverweser hat bisher viele Belästigungen zur Folge gehabt und der Feierlichkeit der Eidesleistung nur Abbruch gethan. Wird indessen ein Notariatsverweser Notar, so soll er den Amtseid noch einmal zu leisten haben.

Der Uebernahme von Testamentsvollstreckungen durch Amtsrichter oder Gerichtsschreiber stehen nicht selten Bedenken entgegen. Der Richter, der Verlassenschaftsrichter ist, wird nicht zugleich als Testamentsvollstrecker thätig sein können, auch mit den Obliegenheiten des Grundbuchbeamten können die des Testamentsvollstreckers kollidiren, andererseits kann die Uebernahme der Testamentsvollstreckung, wenn der Nachlaß bedeutend ist, die dienstliche Thätigkeit des Beamten, und wenn eine Entlohnung für den Testamentsvollstrecker ausgesetzt ist, seine Unabhängigkeit beeinträchtigen. Mit Rücksicht hierauf ist es angezeigt, im Falle der Notariatsverwesung durch Amtsrichter oder Gerichtsschreiber zwar nicht diesen die Ablehnung von Testamentsvollstreckungen allgemein zu erlauben oder zu gebieten, aber doch die Uebernahme stets von der Genehmigung der Aufsichtsbehörde abhängig zu machen. Die Aufsichtsbehörde wird in Berücksichtigung aller Verhältnisse nach bestem Ermessen zu entscheiden haben. Genehmigt sie die Uebernahme, so ist der Richter oder Gerichtsschreiber in seiner Eigenschaft als Notariatsverweser zur Führung

des Testamentsvollstreckeramts auf Grund des Artikel 14 des Entwurfs dienstlich S. 446.
verpflichtet.

Daß der einem verhinderten Notar bestellte Notariatsverweser die Gehilfen des Notars zum Dienste zu verwenden hat, ergibt sich aus der Natur des Verhältnisses mit Noth‖wendigkeit. Es muß dem Notariatsverweser aber auch S. 447.
gesetzlich die Möglichkeit gegeben werden, mit Wirksamkeit für den Notar, wenn es nothwendig wird, dessen Gehilfen zu entlassen, wie auch neue Gehilfen aufzunehmen. Für dieses Bedürfniß sorgt der Artikel 109 des Entwurfs. Er geht in seinen Wirkungen über das Dienstrecht hinaus und greift in das bürgerliche Recht über. Selbstverständlich ist, daß der Notariatsverweser bei der Aufnahme und Entlassung von Gehilfen das Interesse des Dienstes im Auge haben und gleichzeitig das Interesse des Notars nach Kräften wahren muß. Für einen Mißbrauch der Befugniß wäre er dienstrechtlich und dem Notar gegenüber bürgerlichrechtlich verantwortlich.

Ueber die Frage, wem im Falle der Notariatsverwesung die Gebühren zukommen, wie die Notariatsverweser zu entlohnen sind und wer den Dienstaufwand bestreitet, sind im geltenden Rechte nur spärliche Vorschriften vorhanden. Bei dem Vorherrschen der Auffassung des Notariatsverwesers als persönlichen Vertreters des Notars konnte auch die Regelung in der Hauptsache der Vereinbarung überlassen werden. Für das künftige Recht aber, das dem Notariatsverweser eine selbständige Stellung anweist, sind eingehendere gesetzliche Vorschriften nöthig. Diese sind in den Artikeln 111 bis 114 des Entwurfs enthalten.

Für die Notariatsverwesung im Falle des besetzten Notariats soll ausnahmslose Regel sein, daß das Amt auf Rechnung des verhinderten Notars geführt wird, der Notar soll die Gebühren erhalten, dafür aber auch den Dienstaufwand bestreiten. Dies soll für alle Fälle der Verhinderung des Notars gelten, gleichviel, ob der Notariatsverweser nach dem Vorschlage des Notars ernannt worden ist oder nicht. Es soll insbesondere auch für den Fall der Suspension des Notars gelten, da die Suspension der Strafeigenschaft gänzlich entkleidet werden soll. Zu dem Dienstaufwande gehört die angemessene Vergütung für die Thätigkeit des Verwesers. Diese bleibt zunächst der gütlichen Regelung im Wege der Vereinbarung vorbehalten. In den seltenen Fällen, wo eine Einigung nicht zu Stande kommt, soll das Staatsministerium der Justiz nach Anhörung der Notariatskammer entscheiden, der Rechtsweg aber ausgeschlossen sein, weil ein Austrag derartiger Angelegenheiten vor den ordentlichen Gerichten dem Amtsansehen schaden würde.

Die Gewährung von Vergütungen seitens der Notare an Richter und Gerichtsschreiber erscheint unzulässig. Dagegen wird es billig sein, den Richtern oder Gerichtsschreibern für außerordentliche Dienstleistungen bei Notariatsverwesungen Vergütungen aus der Staatskasse zu gewähren. Der Aufwand, der dadurch an Staatsmitteln erforderlich wird, soll von dem Notar dem Staate zurückvergütet werden, soweit nicht der Notar nur das Mindesteinkommen (Artikel 49 Abs. 2 des Entwurfs) bezieht.

Bei unbesetztem Notariate wird der Notariatsverweser grundsätzlich das Amt auf eigene Rechnung zu führen haben. Ist ein Gerichtsbeamter zum Verweser eines unbesetzten Notariats bestellt, so soll die Amtsverwesung auf Rechnung des Staates erfolgen. Aber auch in anderen Fällen können Gründe der Zweckmäßigkeit für die Uebernahme der Amtsverwesung auf Rechnung des Staates sprechen. Insbesondere würde es oft bei kurzzeitigen Amtsverwesungen eine unbillige Zumuthung an den Amtsverweser sein, das Amt auf eigene

S. 447 Rechnung zu führen, weil die Gebühren oft erst später eingehen, während die Auslagen sofort anfallen. Um nicht dadurch öfter in die Zwangslage zu kommen, an Stelle eines vorhandenen und sonst mit Vortheil verwendbaren Notariatsgehilfen einen Gerichtsbeamten wählen zu müssen, bedarf die Regierung der Ermächtigung, ausnahmsweise auch im Falle der Bestellung eines selbstständigen Notariatsverwesers die Führung des Notariats auf Rechnung des Staates anzuordnen (Artikel 112 des Entwurfs). Eine wesentliche Mehrbelastung der Staatskasse ist hieraus kaum zu gewärtigen.

Da nach dem Entwurfe der Notariatsverweser ebenso wie der Notar der selbständige Vertreter einer staatlichen Behörde ist und seine Berufung von der obersten Staatsverwaltungsbehörde erhält, so kann kein Zweifel sein, daß der Notariatsverweser als solcher ebenso wie der Notar als Beamter zu gelten hat und darum für den Schaden, den er durch Verletzung der Amtspflicht verursacht, nach § 839 des Bürgerlichen Gesetzbuchs haftet. Aus besonderem Grunde erklärt der Entwurf den Notar als mitverantwortlich für den von dem Verweser verursachten Schaden. Da nämlich der verhinderte Notar die Gebühren erhält, die aus den Amtsgeschäften des Verwesers anfallen, und da diese Gebühren auch die Vergütung für das bei dem Geschäft übernommene Risiko enthalten, so ist es billig, daß der Notar auch an der Haftung für die Geschäftsführung des Verwesers theilnimmt. Eine Ausnahme hievon rechtfertigt sich nur für den Fall, daß eine andere Person als Notariatsverweser bestellt wurde als die von dem Notar vorgeschlagene, oder daß die Bestellung ohne Vorschlag erfolgte. Inwieweit für den von den Notaren und Notariatsverwesern angerichteten Schaden der Staat aufzukommen hat, ergibt sich aus dem Artikel 126 des Entwurfs.

Auf dem Gebiete der Dienstaufsicht und Disziplin bedarf es für die Notariatsverweser mehrfacher Sondervorschriften.

Die Amtsrichter und Gerichtsschreiber können nicht zweierlei Disziplin unterworfen sein. Es muß vielmehr für sie, auch soweit sie als Notariatsverweser in Betracht kommen, das Recht ihres Hauptamts gelten.

Auf die übrigen Notariatsverweser sollen die für die Notare gegebenen Vorschriften angewendet werden, soweit dies mit der besonderen Art ihrer Dienststellung vereinbar ist. Nicht anwendbar sind insbesondere die Vorschriften über die Strafversetzung und die Dienstentlassung, weil die Widerruflichkeit der Bestellung zum Notariatsverweser entgegensteht. An Stelle des Strafausspruchs auf Dienstentlassung soll der Ausspruch des Ausschlusses von der ferneren Verwendung als Notariatsverweser treten, die Möglichkeit der Strafversetzung soll ohne Ersatz wegfallen. Unanwendbar sind ferner aus gleichem Grunde die Vorschriften über Zwangsenthebung, Zwangsversetzung und Suspension durch Verfügung der Disziplinargerichte oder des Staatsministeriums der Justiz. An Stelle aller dieser Maßregeln tritt der Widerruf der Bestellung. Eine feste Regelung soll endlich die im bisherigen Rechte mehrfach streitig gewordene Frage erfahren, inwieweit ein Notariatsverweser für ein während seiner Amtsführung begangenes Dienstvergehen nach deren Beendigung noch zur Verantwortung gezogen werden kann. Die Entscheidung, daß eine Verfolgung nach Beendigung der Amtsverwesung überhaupt nicht mehr statthaft sei, weil das Dienstverhältniß vollkommen gelöst ist, entspricht vielleicht formal der Konsequenz, wäre aber unvereinbar mit der Gerechtigkeit und dem Bedürfnisse der Aufrechthaltung der Disziplin überhaupt, weil sie zu einer nahezu vollkommenen Straflosigkeit der Notariatsverweser führen würde.

Denn in den meisten Fällen werden die Dienstvergehen erst dann entdeckt, S. 447.
wenn die Amtsverwesung beendet ist.

Im Entwurf ist daher vorgeschlagen, die Verfolgung eines Notariats- S. 448.
verwesers wegen Dienstvergehen erst dann auszuschließen, wenn er überhaupt auf die fernere Verwendung im Notariatsdienste verzichtet hat. Für die dienstrechtliche Verfolgung von Vergehen, die sich ein vormaliger Notariatsverweser nach Beendigung seiner Amtsführung zu Schulden kommen läßt, ist — abgesehen von dem Bruche des Amtsgeheimnisses — kein hinreichender Grund, weil ein Zusammenhang solcher Vergehen mit dem Dienste nicht besteht und die Ausschließung von der ferneren Verwendung im Notariatsdienste, wenn sie veranlaßt sein sollte, im Verwaltungsweg erfolgen kann.

Der Artikel 118 des Entwurfs gibt lediglich vorsichtshalber die Bestimmung, daß, soweit nicht im Abschnitte über die Notariatsverweser anders bestimmt ist, die Vorschriften der ersten sechs Abschnitte des Gesetzes auch auf die Notariatsverweser Anwendung finden sollen.

Sammelarchive.

Artikel 119.

Die Vorschrift, daß die Notare die Urschriften der von ihnen errichteten Urkunden in ihrer ständigen Verwahrung behalten müssen, führt zur Anhäufung bedeutender Urkundenmengen in einzelnen Notariaten. Mit dem Wachsen dieser Massen vermehrt sich die Schwierigkeit ihrer Unterbringung und Sicherung, während für die älteren Bestände gleichzeitig die Fälle sich vermindern, in denen auf die Urkunden zurückgegriffen wird. Eine Ausscheidung und Vernichtung der älteren Urkunden, wie sie bei behördlichen Akten erfolgt, könnte für die Notariatsurkunden wegen ihrer Wichtigkeit für die Betheiligten nur in geringem Umfang in Aussicht genommen werden. Eine Herausgabe der älteren Urkunden an die Betheiligten dagegen würde mit außerordentlicher Mühe und außerordentlichem Aufwande verbunden sein und doch nicht vollkommen durchgeführt werden können. Unter solchen Umständen ist es angezeigt, die Entlastung der Notariatsarchive in der Weise zu bewirken, daß die älteren Urkunden bezirksweise in Sammelarchive abgeliefert werden. Die Einrichtung hat außer der Entlastung der Notariatsarchive und der besseren Verwahrung der Urkunden für die Betheiligten den Vortheil, daß die Urkunden leichter aufgesucht werden können. Nach Ablauf langer Zeit werden die Betheiligten, meist die Erben und Rechtsnachfolger derer, welche die Urkunde errichten ließen, häufig nicht mehr in der Lage sein, angeben zu können, in welchem Notariate die Urkunde errichtet wurde, während der größere Bezirk, innerhalb dessen sie errichtet wurde, meist bekannt ist.

Nach dem Entwurfe soll dem Staatsministerium der Justiz im Allgemeinen die Ermächtigung zur Einführung von Sammelarchiven gegeben werden. Der Zeitpunkt der Errichtung von solchen, die Bildung der Bezirke, die innere Einrichtung der Archive sollen mit Rücksicht darauf vorbehalten bleiben, daß ein Entlastungsbedürfniß zwar für einzelne Notariate bereits vorliegt, daß aber noch keine zwingende Nothwendigkeit feststeht, die Sammelarchive gleichzeitig mit dem Inkrafttreten des neuen Notariatsgesetzes einzurichten. In den Entwurf sind die Bestimmungen darüber deßhalb aufgenommen, weil für die Sammelarchive einzelne Vorschriften materiell rechtlicher Art nothwendig sind, die in das Gefüge des Notariatsgesetzes gehören. Die Kosten der Einrichtung der Sammelarchive sollen auf die Staatskasse übernommen werden. Die

S. 448. Durchführung der Maßregel wird darum bei der Berathung der seiner Zeit dafür vorzuschlagenden Etatssätze nochmals der Würdigung der Kammern unterliegen.

Die Bestimmung, daß die Ablieferung auf die Urkunden beschränkt sein soll, welche sich mindestens zwanzig Jahre lang in der Verwahrung befunden haben, soll nur die Möglichkeit geben, im Bedürfnißfalle bis auf diese Altersgrenze herabzugehen. Ob nicht vorerst die Grenze auf 25, 30 oder mehr Jahre festzusetzen sei, bleibt der besonderen Prüfung der Justizverwaltung vorbehalten. Testamente und Erbverträge, die noch nicht verkündet sind, müssen selbstverständlich von der Ablieferung ausgenommen werden. Die Maßregeln, die verhüten sollen, daß unverkündete Testamente und Erbverträge sich in den Archiven häufen, sind in dem durch die Beschlüsse des Ausschusses der Kammer der Reichsräthe eingestellten Artikel 96a des Entwurfs eines Ausführungsgesetzes zum Bürgerlichen Gesetzbuche getroffen.

Notariatskammern.

Artikel 120 bis 125.

Die Vorschriften des Entwurfs über die Notariatskammern halten sich an das bestehende Recht. Die vorgenommenen Aenderungen beziehen sich der Hauptsache nach nur auf die Fassung. Den Notariatskammern die Eigenschaft von förmlichen Disziplinar-Ehrengerichten zu geben, wie sie den Vorständen der Anwaltskammern gegeben ist (§ 67 der Rechtsanwaltsordnung) kann mit Rücksicht auf die Eigenschaft der Notariate als Staatsbehörden und die Nothwendigkeit, die Disziplin in den Händen der Justizverwaltung zu erhalten, nicht vorgeschlagen werden. Dem Berufe der Notariatskammern, für die Wahrung der Standesehre zu sorgen, soll dadurch nicht Eintrag gethan werden. Insbesondere wird die ihnen schon bisher zustehende Befugniß, zum Zwecke der Aufrechthaltung der Standesehre einem Notar Warnungen zukommen zu lassen oder Tadel auszusprechen, auch künftig als Ausfluß des Berufs zur Wahrung der Standesehre bestehen bleiben. Förmliche Strafen dagegen zu verhängen, soll den Disziplinarbehörden vorbehalten bleiben. An diese werden sich die Notariatskammern daher zu wenden haben, wenn eine Strafeinschreitung veranlaßt ist.

Die Vorschriften über die Bildung von Notariatskammern werden, wie bisher, auch im künftigen Rechte dem Verordnungswege zu überlassen sein. Die Aufnahme der dafür nothwendigen Bestimmungen in das Notariatsgesetz würde dieses unverhältnißmäßig belasten.

Haftung des Staates.

Artikel 126.

Die Artikel 53 und 53a des Entwurfs eines Ausführungsgesetzes zum Bürgerlichen Gesetzbuche in der Fassung, die er durch die Beschlüsse des Ausschusses der Kammer der Reichsräthe erhalten hat, regeln die Frage der Haftung des Staates für den Schaden, der aus der Verletzung der Amtspflicht durch staatliche Beamte entsteht, im Allgemeinen, unter dem Vorbehalte besonderer Normen für einzelne Beamtenklassen.

Der Artikel 149 des rechtsrheinischen Notariatsgesetzes verordnet, daß für einen Schaden, der durch gesetzwidrige Handlungen oder Unterlassungen der Notare innerhalb ihres amtlichen Wirkungskreises verursacht ist, der Staat nur dann haftet, wenn der Notar aus Auftrag des Gerichts sein Amt auszuüben hatte. Das pfälzische Notariatsgesetz enthält keine Bestimmung über die Haftung des Staates für die Notare. S. 449.

Es fragt sich, ob in das neue Notariatsrecht die Vorschrift des geltenden Rechts übernommen oder ob das allgemeine Beamtenhaftpflichtrecht des Staats auf die Notare ausgedehnt werden soll. In dem Entwurfe wird das Letztere vorgeschlagen. Die Beibehaltung der Vorschrift des geltenden Rechts würde der nahezu vollständigen Ablehnung der Haftung des Staates gleichkommen, da, abgesehen vom Falle der Zwangsversteigerung von Grundstücken zum Zwecke der Zwangsvollstreckung, die Notare zur Vornahme von Amtsgeschäften durch die Gerichte nicht mehr werden beauftragt werden. Die grundsätzliche Ablehnung der Haftpflicht des Staates für die Notare aber ist nach der Anerkennung der Haftpflicht des Staates für die übrigen Beamten kaum aufrecht zu erhalten. Daß die Betheiligten den Notar frei selbst gewählt haben, ist als Grund für die Ablehnung der Haftung des Staates insoferne nicht vollkommen zutreffend, als auf dem Gebiete der ausschließlichen Zuständigkeit des Notariats den Betheiligten keine Wahl bleibt, ob sie einen Notar angehen wollen oder nicht. Die Ablehnung der Haftung des Staates für die Notare in den Fällen, in denen die Notare neben den Gerichten oder anderen Behörden zuständig sind, würde zu dem nicht gewollten Ergebnisse führen, daß die Zuständigkeit der Notare für die Betheiligten wenigstens nach einer Richtung minderwerthig wäre.

Es kommt hinzu, daß im Falle der Uebertragung von Notariatsverwesungen an Gerichtsbeamte jedesmal bei der Prüfung der Haftungsfrage unterschieden werden müßte, ob der Beamte seine Amtshandlung in dieser oder jener Eigenschaft vorgenommen hat, was kaum zu angemessenen Ergebnissen führen würde.

Unter solchen Umständen erübrigt nur, die allgemeine Beamtenhaftpflicht des Staates auch auf die Amtshandlungen der Notare auszudehnen. Die Haftpflicht des Staates muß andererseits auch auf die Amtshandlungen der Notare beschränkt bleiben. Für Geschäfte, deren Vornahme nicht als Amtshandlung sich darstellt, kann vom Staate keine Haftung übernommen werden. Dies gilt insbesondere von den im Artikel 13 des Entwurfs bezeichneten Geschäften. Diese sind, soweit sie nicht im einzelnen Falle ausnahmsweise auf Grund besonderer Rechtsnorm als Amtsgeschäfte zu gelten haben, keine Amtsgeschäfte. Dem Notar ist nur die Erlaubniß ertheilt, nicht die Pflicht auferlegt, Geld, Werthpapiere und Kostbarkeiten, die ihm aus Anlaß seiner Amtsgeschäfte von den Parteien übergeben werden, zur Aufbewahrung zu übernehmen. Die Verwahrung ist keine amtliche Verwahrung. Sie steht in keiner Beziehung zum Staate, der davon auch keine Gebühren bezieht. Es ist deshalb kein Grund, dem Staate dafür eine Haftung aufzuerlegen. Eine Bestimmung des neuen bürgerlichen Rechts, wonach der Notar verpflichtet ist, Gelder anzunehmen, besteht zunächst nur bei der Zwangsversteigerung von Grundstücken. Nach Artikel 26 des Entwurfs eines Ausführungsgesetzes zu der Grundbuchordnung und zu dem Gesetz über die Zwangsversteigerung und die Zwangsverwaltung soll die Ausführung der Zwangsversteigerung von Grundstücken den Notaren als Versteigerungsbeamten übertragen werden. In dem Versteigerungsverfahren haben die Bieter unter gewissen Voraussetzungen durch Hinterlegung von Geld oder Werthpapieren für die Erfüllung der Gebote Sicherheit zu leisten (Zw.V.G. §§ 67, 68, 69, 70, 85). Die Annahme der zur Sicherheitsleistung übergebenen Werthe ist für den Notar Amtspflicht. Der

S. 449. Staat wird also in diesem Falle zu haften haben. Das Gleiche wird gelten, wenn künftig auf Grund besonderer gesetzlicher Vorschriften für den Notar eine Amtspflicht zur Uebernahme von Geldern geschaffen werden sollte.

Einer besonderen Hervorhebung bedarf ferner die Ablehnung der Haftung des Staates für die Thätigkeit des Notars als Testamentsvollstrecker, weil zur Uebernahme von Testamentsvollstreckungen die Notare nach Artikel 14 des Notariatsgesetzentwurfs verpflichtet sein sollen. Das Amt des Testamentsvollstreckers ist ein privates. Es kann von jedem Privaten ausgeübt werden. Wird es von einem Beamten ausgeübt, so kommt dessen Beamteneigenschaft nicht in Betracht. Er hat als Testamentsvollstrecker keine öffentliche Gewalt, genießt als solcher keinen öffentlichen Glauben. Es ist also auch kein Grund gegeben, eine Haftung des Staates für solche Fälle anzuerkennen. Der Entwurf spricht dies ausdrücklich aus, damit nicht aus der Aufstellung der Uebernahmepflicht das Gegentheil entnommen werde.

Der Entwurf sieht endlich vor, daß im Falle der Verantwortlichkeit des Staates für einen Notariatsverweser dem Staate der Rückgriff gegen den Notar ebenso zusteht wie dem Betheiligten die Inanspruchnahme des Notars neben dem Notariatsverweser gestattet ist. Dies ist eine nothwendige Schlußfolge aus dem Grundgedanken des Artikel 115 des Entwurfs.

Versorgung der Notare und Notariatsgehilfen und ihrer Hinterbliebenen.

Artikel 127 bis 129.

Die Vorschriften des elften Abschnittes des Entwurfs sollen die Bildung von Versorgungsanstalten für das Notariatspersonal und dessen Hinterbliebenen ermöglichen, da die bisherige auf dem freien Willen beruhende Versorgung durch Eingehung von Versicherungsverträgen sich nicht nur für die Notariatsgehilfen, sondern auch für die Notare vielfach als unzulänglich erwiesen hat. Werden Versorgungsanstalten dieser Art gegründet, so können sie bei der verhältnißmäßig geringen Anzahl der Betheiligten nur dann existenzfähig und leistungsfähig erhalten werden, wenn für das ganze Personal der Beitrittszwang besteht. Dieser Beitrittszwang wird in den Artikeln 127 und 129 des Entwurfs geschaffen. Die gewählte Fassung soll einerseits die Erleichterung gewähren, daß es keiner Beitrittserklärung bedarf und andererseits verbürgen, daß die Zugehörigkeit zu der Anstalt nicht willkürlich gelöst werden kann. Der Beitrittszwang für die Notare kann auf die schon im Amte befindlichen Notare nicht wohl erstreckt werden. Um jedoch gleich anfangs möglichst viele Mitglieder für die zu gründenden Anstalten zu bekommen, ist im Artikel 127 vorgesehen, daß der Zwang auch schon vor dem Einführungstermine für das neue Notariatsgesetz gegen die Notare ausgeübt werden kann, die nach der Bekanntmachung des Gesetzes angestellt werden. Zur Einfügung der Bestimmung veranlaßt insbesondere der Umstand, daß die Möglichkeit eines größeren Personalwechsels im Notariat in der unmittelbar vor dem Inkrafttreten des Bürgerlichen Gesetzbuchs liegenden Zeit nicht ausgeschlossen ist.

Die Anordnung des Beitrittszwanges soll wie im bisherigen Rechte der Königlichen Verordnung vorbehalten werden.

S. 450. Welche Organisation den zu gründenden Anstalten zu geben sein wird, läßt sich derzeit noch nicht ermessen, ebenso nicht, ob und inwieweit für die Unterstützung der Anstalten Staatsmittel zu erbitten sein werden.

Die Vorschrift des Artikel 128 des Entwurfs entspricht dem bisher geltenden Rechte (Artikel 144 des rechtsrheinischen Notariatsgesetzes).

Schluß- und Uebergangsbestimmungen. S. 450

Artikel 130 bis 140.

Die Vorschriften des rechtsrheinischen und des pfälzischen Notariatsgesetzes treten mit dem Inkrafttreten des Bürgerlichen Gesetzbuchs und seiner Nebengesetze Kraft Reichsrechts insoweit außer Wirksamkeit, als sie den Vorschriften dieser Reichsgesetze entgegenstehen (vgl. Artikel 55 des Einführungsgesetzes zum Bürgerlichen Gesetzbuche, §§ 185, 189 ff. des Gesetzes über die Angelegenheiten der freiwilligen Gerichtsbarkeit). Die meisten Vorschriften der beiden Notariatsgesetze bleiben jedoch vom Reichsrecht unberührt. Sie sollen nun, als im neuen Gesetz ersetzt, durch die Vorschriften des Artikel 130 des Entwurfs außer Kraft gesetzt werden. Gleichzeitig mit den Vorschriften der beiden Notariatsgesetze sind die Gesetze und mit Gesetzeskraft bekleideten Verordnungen aufzuheben, die zur Ergänzung und Abänderung der Notariatsgesetze erlassen worden sind. Die Aufhebung des Gesetzes vom 28. Februar 1880, die Abänderung des Artikel 9 des pfälzischen Notariatsgesetzes vom 25. ventôse XI betreffend, und die Aufhebung des Gesetzes vom 18. März 1896, die Abänderung des Artikel 19 des Notariatsgesetzes vom 10. November 1861 betreffend, ist aus besonderen Gründen im Artikel 41 des Entwurfs eines Gesetzes, die durch die Einführung des Bürgerlichen Gesetzbuchs veranlaßten Aenderungen der seit 1818 erlassenen Gesetze betreffend, behandelt.

Das rechtsrheinische Notariatsgesetz enthält in seinen Artikeln 12, 14 und 15 und unmittelbar auch im Artikel 11 Abs. 3, und in den Artikeln 13 und 51 Vorschriften, die dem Liegenschaftsrecht angehören und deßhalb durch das neue reichsrechtliche Liegenschaftsrecht außer Kraft gesetzt werden. Auf Grund der Bestimmung des Artikel 189 des Einführungsgesetzes zum Bürgerlichen Gesetzbuche bleiben jedoch diese Bestimmungen durch das Reichsrecht auch nach dem Inkrafttreten des Bürgerlichen Gesetzbuchs solange unberührt, bis das Grundbuch angelegt ist. Da diese Vorschriften Bestandtheile des im Ganzen bis zur Zeit der erfolgten Anlegung des Grundbuchs fortgeltenden Liegenschaftsrechts bilden und in diesem nicht entbehrt werden können, sollen sie im gleichen Umfange, wie sie vom Reichsrecht unberührt gelassen werden, und auf die gleiche Zeit auch von der Wirkung der im Artikel 130 des Entwurfs verordneten landesrechtlichen Aufhebung ausgenommen sein. Die gleiche Bewandtniß hat es mit den erbrechtlichen Vorschriften, die sich in den Artikeln 27 bis 30, 32 bis 35, dann mittelbar auch in den Artikeln 11, 13, 51 und 52 des rechtsrheinischen Notariatsgesetzes finden und unter den Vorbehalt des Artikel 213 des Einführungsgesetzes zum Bürgerlichen Gesetzbuche fallen.

Der Artikel 133 trifft die unumgängliche Vorschrift, daß die beim Inkrafttreten des Gesetzes im Amte befindlichen Notare und Notariatsverweser ohne Weiteres dem neuen Rechte unterworfen werden.

In dem Absatz 2 des Artikel 133 ist eine einzelne Wirkung dieser Vorschrift, welche von besonderer praktischer Bedeutung ist, der Sicherheit halber selbst in Gesetzesform gebracht. Der Artikel 14 des rechtsrheinichen Notariatsgesetzes schreibt vor, daß über alle Verträge, welche die Besitzveränderung oder das Eigenthum unbeweglicher Sachen oder diesen gleichgeachteter Rechte, sowie über alle Verträge, welche dingliche Rechte an unbeweglichen Sachen betreffen, bei Strafe der Nichtigkeit Notariatsurkunden zu errichten sind. Aehnliches sieht der Artikel 219 des Ausführungsgesetzes zur Civilprozeßordnung für die Pfalz vor. Nach der Auslegung der Gerichte ist der Artikel 14 des rechts-

S. 450. rheinischen Notariatsgesetzes dahin zu verstehen, daß die Urkunden von einem nach Maßgabe des rechtsrheinischen Notariatsgesetzes aufgestellten rechtsrheinischen Notar zu errichten sind. Es genügt nicht die Errichtung durch einen pfälzischen Notar. Diese Rechtsanschauung ist vielfach bestritten und beklagt worden, die Rechtsprechung der Gerichte ist jedoch gleichmäßig geblieben. Nach dem Inkrafttreten des neuen Notariatsgesetzes ist auch für die Zeit bis zur vollendeten Anlegung des Grundbuchs die Unterscheidung zwischen rechtsrheinischen und pfälzischen Notaren, der Vorschrift des Artikel 133 Abs. 1 gemäß, nicht mehr zulässig. Um jedoch für die Rechtsprechung über die künftige Auslegung des Artikel 14 des rechtsrheinischen Notariatsgesetzes und des Artikel 219 des Ausführungsgesetzes zur Civilprozeßordnung keinen Zweifel übrig zu lassen, ist des Verhältnisses im Absatz 2 ausdrücklich gedacht.

Der Artikel 31 des Entwurfes setzt, da er von der Einsicht des Grundbuchs handelt, die Geltung des Liegenschaftsrechts des Bürgerlichen Gesetzbuchs voraus, ist also unanwendbar, bis das Grundbuch angelegt ist. In den Landestheilen rechts des Rheins besteht aber bis zum Inkrafttreten des neuen Liegenschaftsrechts das Bedürfniß einer Vorschrift über die Pflicht der Einsicht des Hypothekenbuchs in gleichem Maße wie seinerzeit das Bedürfniß der Vorschrift über die Pflicht zur Einsicht des Grundbuchs bestehen wird. Der Artikel 134 des Entwurfs trägt diesem Bedürfnisse Rechnung.

Der Artikel 135 des Entwurfs verordnet, daß in der Pfalz die neue Eintheilung der Notariatsbezirke erst später und nach Lage der Umstände allmählig ins Leben treten soll, damit eine plötzliche Schädigung der im Amte befindlichen Notare vermieden wird. Der letzte Absatz des Artikel 5 des Entwurfs, welcher bestimmt, daß ein Notariatsgeschäft nicht aus dem Grunde unwirksam ist, weil es von einem Notar außerhalb seines Amtsbezirkes vorgenommen ist, findet selbstverständlich in der Pfalz auch vor der Durchführung der neuen Bezirkseintheilung schon Anwendung.

Die Artikel 136 bis 138 des Entwurfs regeln die Behandlung der zur Zeit des Inkrafttretens des neuen Gesetzes in Notariatsangelegenheiten bei Gericht anhängigen Sachen.

Für die anhängigen Ordnungsstrafsachen und Disziplinarstrafsachen schlägt der Entwurf im Artikel 136 vor, im Bezug auf das materielle Strafrecht die Regel des § 2 Absatz 2 des Strafgesetzbuchs gelten zu lassen, daß bei Verschiedenheit der Gesetze von der Zeit der begangenen Handlung bis zu deren Aburtheilung das mildeste Gesetz anzuwenden ist. Auf die Suspension als Strafe soll auch in den Uebergangsfällen nicht mehr erkannt werden dürfen. Für das Verfahren soll es in den anhängigen Ordnungsstrafsachen und Disziplinarstrafsachen bis zu deren Erledigung beim bisherigen Rechte bewenden. Die alten Vorschriften sind von den neuen zu sehr verschieden, als daß ein Uebergang aus der einen in die andere Verfahrensart möglich wäre.

Ist zur Zeit des Inkrafttretens des neuen Notariatsgesetzes ein Ver-
S. 451. fahren in den Angelegenheiten anhängig, die ‖ in den Artikeln 18, 23, 45, 56 des Entwurfs behandelt sind (Verweigerung der Ausübung des Amtes, Verweigerung der Gestattung der Einsicht, Verweigerung der Ertheilung von Abschriften und Ausfertigungen, Verweigerung der Aushändigung von Urschriften, Abschriften oder Ausfertigungen, Zurückbehaltung von Urkunden, Geldern und Werthpapieren), so soll nach Artikel 137 des Entwurfs materiell immer nach dem neuen Rechte entschieden werden, weil ja auch der abgewiesene Antrag jederzeit neu gestellt und dadurch die Sache dem neuen Rechte unterworfen werden könnte. Aber auch im Verfahren soll die Anwendung der neuen Vor-

schriften die Regel bilden, weil diese von den alten nicht allzusehr abweichen; S. 451.
nur für die Fälle mußte eine Ausnahme bestimmt werden, in denen schon eine Entscheidung ergangen ist, gleichviel ob eine einzelrichterliche von Seiten des Landgerichtspräsidenten oder eine Entscheidung des Landgerichts, weil es nicht wohl angeht, die nach altem Rechte ergangenen Entscheidungen in einem Beschwerdeverfahren anfechten zu lassen, das ein andersgeartetes erstinstanzielles Verfahren voraussetzt.

Die Gebührenfestsetzungssachen sollen, wenn die Entscheidung des ordentlichen Prozeßgerichts angerufen ist, jedenfalls nach altem Verfahren erledigt werden, weil ein Eingriff in die Verhandlungen der ordentlichen Gerichte vermieden werden muß. Aber auch schon das Ergehen einer Entscheidung in dem dienstrechtlichen Verfahren, das dem Anrufen des ordentlichen Gerichts vorhergeht, soll aus den gleichen Gründen wie bei den übrigen schwebenden Notariatssachen, die weitere Anwendung des alten Verfahrens zur Folge haben (Artikel 138 des Entwurfs).

Der Artikel 100 des rechtsrheinischen Notariatsgesetzes bestimmt, daß im Falle der Erledigung eines Notariats durch Tod, Entlassung oder Versetzung dessen Urschriften und Repertorien nebst dem Amtssiegel von dem Amtsgerichte zu verwahren sind, bis der Landgerichtspräsident einen Notar desselben Sitzes oder einen Nachbarnotar vorsorglich mit deren Uebernahme betraut hat. Der Artikel 102 desselben Gesetzes schreibt vor, daß im Falle der Suspension eines Notars die Ausfertigung von Urkunden aus den Urschriften des Suspendirten durch den Präsidenten des Landgerichts einem Notar desselben oder des nächstgelegenen Amtssitzes übertragen wird. Aehnliche Anordnungen sind nach dem Artikel 61 des pfälzischen Notariatsgesetzes und dem Artikel 4 Abs. 1 des Gesetzes vom 26. Mai 1868 zu treffen. Der Artikel 139 des Entwurfs bestimmt der Vorsicht halber ausdrücklich, daß diese vorsorglichen Anordnungen auch nach dem Inkrafttreten des neuen Notariatsgesetzes in Wirksamkeit bleiben, bis sie durch Aufstellung eines Notars oder Notariatsverwesers gegenstandslos werden.

Die Uebergangsbestimmung im Artikel 151 des rechtsrheinischen Notariatsgesetzes ist als selbstverständlich, die im Artikel 152 desselben Gesetzes als jetzt unnöthig geworden in den Entwurf nicht übernommen.

Der Artikel 140 des Entwurfs entspricht dem Artikel 153 des rechtsrheinischen Notariatsgesetzes.

3.

Verhandlungen des Justizgesetzgebungsausschusses der Kammer der Abgeordneten.

36. S. 617.

Protokoll

über die Sitzung des besonderen (XVIII.) Ausschusses der Kammer der Abgeordneten zur Berathung der durch die Einführung des Bürgerlichen Gesetzbuchs veranlaßten Gesetzentwürfe.

(Verhandl. d. Justiz-Gesetzg.-Aussch. d. K. d. Abg. 1899. Beil.-Bd. XX, Abth. II, Seite 617 bis 635.)

München, den 2. Mai 1899, Vormittags 9½ Uhr.

Gegenwärtig:

Die Vertreter der k. Staatsregierung der k. Staatsminister der Justiz Dr. Freiherr von Leonrod, Excellenz, der k. Ministerialrath im Staatsministerium der Justiz Thelemann, der k. Oberregierungsrath im Staatsministerium der Justiz Henle, der k. Landgerichtsrath im Staatsministerium der Justiz Schmitt;

ferner die Ausschußmitglieder: von Stobäus, Vorsitzender, Wagner, Stellvertreter des Vorsitzenden, Dr. Casselmann, Schriftführer, Michel, Stellvertreter des Schriftführers, Beckh, Conrad, Fuchs, Joseph Geiger, Joseph Huber, Landmann, Lerno, Segitz, von Walter (Dr. Ratzinger und Seeberger entschuldigt).

Tagesordnung:

Entwurf eines Notariatsgesetzes.

(Beilage R.)

Artikel 1 mit 10.

Erste Lesung.

Der Vorsitzende **von Stobäus** eröffnet um 9 Uhr 30 Minuten die Sitzung und theilt mit, daß der Herr Abg. Seeberger an Influenza erkrankt und deßwegen wahrscheinlich für die ganze Woche an den Sitzungen theilzunehmen verhindert ist.

Gegenstand der heutigen Tagesordnung ist der Entwurf eines Notariatsgesetzes. Referent hierüber ist der Herr Abg. Fuchs, Korreferent der Herr Abg. Landmann. Eine Generaldiskussion wird sich nach meiner Ansicht nicht umgehen lassen und gebe ich daher das Wort zur Einleitung derselben dem Herrn Referenten.

Abg. **Fuchs** (Referent): Der vorliegende Gesetzentwurf, der sich durch eine klare, verständliche Sprache vortheilhaft auszeichnet, hat eine eingehende Begründung erfahren, welche geeignet sein dürfte, die Bedenken zu zerstreuen, die nicht nur in Laienkreisen, sondern auch in Juristenkreisen gegen die Belassung des selbständigen Notariatsinstituts bestehen.

Das Bürgerl. Gesetzbuch und das Handelsgesetzbuch verlangen für eine Menge von Handlungen des Privatrechtsverkehrs die Feststellung durch öffentliche Beurkundung oder durch öffentliche Beglaubigung, die Reichsgesetzgebung ordnet aber nicht unmittelbar selbst die Einrichtung des Beurkundungswesens, sondern setzt die Schaffung solcher Einrichtungen durch die Landesgesetzgebung voraus. Nach Artikel 141 des Einführungsgesetzes zum Bürgerl. Gesetzbuch ist es der Landesgesetzgebung überlassen, zu bestimmen, daß für die Beurkundung von Rechtsgeschäften, welche nach den Vorschriften des Bürgerl. Gesetzbuchs

S. 617. gerichtlicher *oder* notarieller Beurkundung bedürfen, *entweder nur* die Gerichte *oder nur* die Notare zuständig sind.

Es war daher auch für Bayern die Frage zu entscheiden, in welcher Weise das Beurkundungswesen für die Zukunft geregelt werden soll. Die k. Staatsregierung hat sich aus den in der Einleitung angeführten Gründen dahin entschieden, daß auch künftighin das Beurkundungswesen dem selbständigen Notariat übertragen werden soll, wie es bisher bestanden und im Ganzen sich bewährt hat. Sie konnte sich hiebei darauf stützen, daß die Kammern des Landtags sich bereits in der vorigen Session mit dem Gedanken der Beibehaltung des selbständigen Notariats als des ausschließlichen Beurkundungsinstituts vertraut gemacht und die von ihr in den Gesetzentwürfen zur Ausführung des Bürgerl. Gesetzbuchs, der Grundbuchordnung und des Gesetzes über die Zwangsversteigerung und die Zwangsverwaltung gemachten Vorschläge, soweit sie die sachlichen Unterlagen für das selbständige Notariat schaffen, die Zustimmung der Gesetzgebungsausschüsse erhalten haben. Diese Gesetzentwürfe sind erst jüngst in der Kammer der Abgeordneten angenommen worden und werden voraussichtlich auch in der Kammer der Reichsräthe die Genehmigung erhalten.

Damit ist der grundlegende Gedanke, die Uebertragung der Notariatsfunktionen an die Gerichte und die Verbindung des Notariats mit der Rechtsanwaltschaft auszuschließen, festgehalten. Das Notariatsinstitut soll nicht nur als selbständiges aufrecht erhalten, sondern auch im Großen und Ganzen in seiner bisherigen territorialen Verfassung belassen werden.

Bei dieser Sachlage war zu erwägen, ob man sich, wie bei anderen Gesetzen, mit der Abänderung einzelner Bestimmungen der bisherigen Notariatsgesetze — des rechtsrheinischen und des pfälzischen —, soweit diese Abänderung durch das Bürgerl. Gesetzbuch bedingt ist, begnügen oder die ganze Materie durch ein neues Gesetz regeln soll.

Die k. Staatsregierung hat sich mit Recht für ein neues Gesetz entschieden, weil die bisherigen Notariatsgesetze eine Reihe von materiell-rechtlichen Bestimmungen enthalten, die künftighin größtentheils durch das Reichsrecht ersetzt werden, weil die Vereinheitlichung des rechtsrheinischen und pfälzischen Notariatsgesetzes ermöglicht werden kann und Gelegenheit gegeben ist, die Mängel zu bessern, die den bisherigen Notariatsgesetzen nach den in der Praxis gemachten Erfahrungen im Einzelnen anhängen.

Das neue Gesetz, das aus 12 Abschnitten und 140 Artikeln besteht, beschränkt sich grundsätzlich auf die Organisation des Notariats und trifft Bestimmungen über die Beschäftigung der Notare und die Art der Beurkundung, greift also nicht über auf das Gebiet des materiellen bürgerlichen Rechtes und nicht auf das Gebiet der Gesammtorganisation der Verwaltung der Angelegenheiten der freiwilligen Gerichtsbarkeit, es regelt daher die Zuständigkeit des Notars nur im Allgemeinen vom Standpunkte der Organisation des Notariats aus. Das Gesetz gibt keine Antwort auf die Frage, wann künftig der Notar angegangen werden muß, und welche Geschäfte deßhalb künftig nothwendigerweise den Notaren zufallen werden, denn diese Frage gehört dem materiellen bürgerlichen Rechte an, das Gesetz gibt auch keine Antwort auf die Frage, inwieweit die Notare ausschließlich zu den ihnen obliegenden Geschäften berufen
S. 618. sind und inwieweit neben ihnen andere Beamte oder || Behörden die gleiche Zuständigkeit haben, denn diese Frage betrifft nicht allein und oft nicht einmal in erster Linie die Organisation des Notariats. Diese beiden Fragen sind für die Zukunft des Notariats von ausschlaggebender Bedeutung und werden, soviel mir mitgetheilt worden ist, in der Geschäftsordnung sehr eingehend behandelt werden.

Aus dem Gesetzentwurfe selbst ist hervorzuheben, daß die Notariate staatliche Behörden, die Notare öffentliche Beamte, allerdings ohne Anspruch auf Gehalt und Pension, werden, daß in jedem Amtsgerichtsbezirk wenigstens ein Notariat gebildet werden soll und zum Vollzug dieser Bestimmung auch Richter und rechtskundige Gerichtsschreiber zur Ausübung von Notariatsgeschäften heranzuziehen sind, daß die Haftung des Staates nach Maßgabe der von der Kammer bereits genehmigten Artikel 53, 53a des Ausführungsgesetzes zum Bürgerl. Gesetzbuch eintritt, von der Lokalisirung des Notariats Umgang genommen worden ist, die Beurkundung aller Rechtsgeschäfte des Liegenschaftsrechts nur nach vorgängiger Einsicht des Grundbuchs durch den Notar oder nach Vorlegung eines Grundbuchauszugs durch die Betheiligten vorgenommen werden darf, die Dienstaufsicht über die Notare den Staatsanwälten abgenommen und den Präsidenten des Landgerichts beziehungsweise Oberlandesgerichts übertragen ist, das Disziplinarrecht schärfer als bisher ausgestaltet ist, das Institut der Notariatsverweser neu geregelt wird, Sammelarchive zur Aufbewahrung älterer Urschriften errichtet werden, zur Versorgung der Notare und ihrer Gehilfen beziehungsweise ihrer Hinterbliebenen besondere Einrichtungen getroffen werden sollen, die Bestimmungen, welche nur die Natur von Dienstanweisungen haben, aus den bisherigen Gesetzen in den Gesetzentwurf nicht übernommen, sondern der Geschäftsordnung überwiesen werden sollen und alle diejenigen Verhältnisse, welche der Veränderlichkeit des Verkehrs unterworfen oder nur nach Zweckmäßigkeitsgründen zu entscheiden sind, der Regelung durch Verwaltungsnormen vorbehalten werden. S. 618.

Ich beschränke mich auf diese allgemeinen Bemerkungen, da sich bei der Berathung der einzelnen Artikel hinreichend Gelegenheit bieten wird, die nöthigen Erläuterungen zu geben.

Abg. **Landmann** (Korreferent): Bei der ausführlichen Darstellung des Herrn Referenten kann ich mich recht kurz fassen.

Was die Frage der Aufrechterhaltung des Notariats anlangt, so habe ich schon bei einer anderen Gelegenheit Anlaß genommen, mich dahin auszusprechen, daß die Erhaltung desselben im Interesse der Geschäfte nothwendig ist. Seitdem hat aber auch die Kammer schon bis zu einem gewissen Grade zu dieser Frage Stellung genommen. Es ist gar kein Zweifel, daß bei der heutigen Geschäftsentwicklung und der Gewöhnung des Publikums die Notariate, welche sich vollständig bei uns eingelebt haben, sehr schwer vermißt werden würden, wenn man die Aufhebung derselben beschließen wollte.

Ich gebe ja zu, daß ab und zu noch im Lande sich Stimmen hören lassen, welche das Notariatsinstitut nicht als nothwendig erklären; aber ich erinnere daran, daß wohl die wenigsten sich eine Vorstellung von dem Zustande machen können, wie es zu der Zeit vor Einführung des Notariats war. Wer aus Erfahrung weiß, wie schwierig es war, seinerzeit mit den Gerichtsschreibern fertig zu werden, der hat das Notariat stets als Wohlthat empfunden. Wenn heutzutage die Gerichte wieder mit dem Notariat befaßt werden wollten, so würde man sehr bald die Erfahrung machen, daß hier die Beamten doch nicht die Geschäftsfreudigkeit haben, wie es bei den Notaren der Fall ist. Bei dem einen oder anderen Beamten kann vielleicht auch der von dem verstorbenen Fallmerayer allerdings schon vor etwa 50 Jahren aufgestellte Satz, daß ein bayerischer Beamter für seinen Gehalt nicht wenig genug thun kann, noch Anklang finden. (Heiterkeit.)

Es ist also heutzutage nicht mehr daran zu denken bei unserem entwickelten

S. 618. Geschäftsleben, das Notariat aufzugeben. Es wird dieser Gedanke um so weniger ernst ausgesprochen werden können, als in dem Entwurfe vorgesehen ist, daß in jeden Amtsgerichtsbezirk ein Notar kommen soll.

Wenn wir uns also im Prinzip dafür aussprechen, daß das Notariat aufrecht erhalten wird, so müssen wir auch andererseits sorgen, daß dasselbe lebensfähig gemacht wird.

Nun muß ich sagen, daß diesem Gedanken in dem uns vorliegenden Entwurfe Rechnung getragen ist; es ist so viel als möglich der Kompetenz des Notariats zugewiesen. Dem gegenüber muß aber auch eine gewisse Rücksicht auf das Publikum genommen werden, damit nicht die Wohlthat, welche auf der einen Seite den Notaren erwiesen wird, auf der anderen Seite dem Publikum insoferne zur Last werde, als die Gebühren zu hoch gegriffen werden. Es muß bei der Berathung des Gebührengesetzes hierauf besonders Rücksicht genommen werden. Wir wissen, daß das Notariat zur Zeit seiner Begründung für viele Notare eine Quelle des Reichthums in Folge der hohen Gebühren war. Das ist nun gegenwärtig nicht mehr der Fall und wir werden darauf Rücksicht zu nehmen haben, daß nicht wieder ein ähnlicher Zustand eintritt.

Von Seite des Herrn Referenten wurde bemerkt, daß das Gesetz keinen näheren Aufschluß gibt darüber, welche Geschäfte künftig den Notaren zufallen werden. Das ist bis zu einem gewissen Grade richtig, weil ein Theil der Geschäfte ohnehin schon in dem Bürgerl. Gesetzbuch enthalten ist. Derselbe bemerkte ferner, daß in dem Gesetze keine Definition darüber enthalten ist, welche Geschäfte den Notaren ausschließlich vorbehalten sind. Diese Bemerkung ist vollständig richtig und wir werden uns gerade mit dieser Bestimmung im Artikel 1, welcher ein grundlegender Artikel ist, des Näheren zu befassen haben.

Mit dem Lokalisirungsprinzip, welches auch von Seite des Herrn Referenten erwähnt worden ist, will ich mich jetzt nur kurz befassen und bemerken, daß ich mich für dasselbe in keiner Weise aussprechen kann. Es würde das zu Härten und Inkonsequenzen führen, die wir vor dem Lande nicht verantworten können.

Das sind diejenigen allgemeinen Bemerkungen, die ich zu dem Entwurfe zu machen habe.

Abg. **Wagner**: Ich habe bei den früheren Gesetzentwürfen manche Aenderungen angeregt, welche mir in Notariatskreisen nicht immer angenehm angerechnet worden sind, und es ist mir auch von Regierungsseite entgegengehalten worden, daß meine Anträge geeignet wären, die Lebensfähigkeit des Notariats zu zerstören. Ich habe zwar diese Anschauung nicht, ich bin auch heute noch der Meinung, daß das, was ich angeregt habe, die Selbständigkeit des Notariats
S. 619. nicht bedroht hätte, sondern daß es nothwendig || gewesen wäre, um gewisse Schwächen des jetzigen Notariats zu beseitigen. Ich halte es nach wie vor für kein großes Glück, wenn der Richter, der in der freiwilligen Rechtspflege einmal thätig zu sein hat, das Geschäft nicht vollständig zu Ende führen kann.

Meine Anregungen auf Aenderungen des Ausführungsgesetzes haben sich also hauptsächlich dahin bewegt, daß ich einmal wünschte, daß die Gerichte in jenen Fällen, wo sie als Vormundschafts- oder Verlassenschaftsgerichte ohnehin auch Verträge über Immobilien zu behandeln haben, auch die Auflassung vornehmen könnten, insbesondere insoferne sie als Verlassenschaftsgerichte die Auseinandersetzung eines Nachlasses oder einer Gütergemeinschaft zu bethätigen haben. Ich war ferner der Meinung, daß es sich empfehlen würde, den Gerichten, wenn sie Nachlaßsachen behandeln oder als Vormundschaftsgerichte

thätig sind, auch die Ausstellung von Theilhypothekbriefen zu überlassen. Und S. 619.
endlich war ich der Meinung, daß man das Verlassenschaftsverfahren, wenn es einmal den Gerichten zukomme, nicht auseinanderreißen und die Inventaraufnahme nicht wieder anderen Beamten, sondern den Gerichten übertragen soll, natürlich nur dann, wenn sie die Verlassenschaft selbst behandeln.

Das waren die drei Punkte, in welchen ich glaubte, daß es besser wäre, wenn man die Notare nicht ausschließlich, sondern auch die Amtsgerichte neben ihnen für zuständig erklärte und zwar für jene Fälle, in welchen sie ohnehin thätig zu sein haben. Ich bin mit diesen meinen Anregungen — theilweise habe ich sie zu Anträgen verdichtet — unterlegen, ich kann das heute nur bedauern, allein ich bin nicht in der Lage, jetzt eine Aenderung in dieser Richtung vorzuschlagen. Ich muß aber hautement betonen, daß ich bei diesen Anregungen davon ausgegangen bin, daß die Lebensfähigkeit des Notariats darunter nicht leiden würde, und daß ich im Uebrigen die Aufrechterhaltung des Notariats begrüße.

Ich muß allerdings sagen, ich habe in meiner Praxis verschiedene Klagen gegen das Notariat gehört, und zum Theil waren sie auch sehr begründet. Ich habe mich deßhalb in der letzten Zeit bei der Stadt- und Landbevölkerung erkundigt, wie man sich zu dem Notariat stelle, und ich habe erfahren, daß es der Wunsch sei, daß das Notariat erhalten werde, und das ist insbesondere der Wunsch jener älteren Leute, welche die früheren Zustände noch in Erinnerung haben. Ich kann also von diesem Gesichtspunkte aus mich mit der Selbständigkeit des Notariats einverstanden erklären und will nichts weiter mehr gegen die Vorschläge, die uns unterbreitet sind, erinnern.

Ich weiß nicht, ob es angemessen ist, sich jetzt hier an dieser Stelle über das angeregte Lokalisirungsprinzip auszusprechen, ich denke, es wird das wohl an anderer Stelle der Fall sein. Ich beschränke mich auch auf die Bemerkung, daß es mir scheint, daß man die Lokalisirung unterlassen soll.

Ich hätte nur einen Wunsch und ich glaube, denselben, obwohl er eigentlich zum Artikel 1 gehört, gleich hier andeuten zu sollen. Wenn er Unterstützung findet, so würde ich mich dazu entschließen können, einen Antrag zu stellen, andernfalls würde ich es unterlassen. Nämlich es ist mit Recht von dem Herrn Referenten ausgeführt worden, daß die Zuständigkeitsnormen zum Theil in anderen Gesetzen enthalten sind, sie sind aber in den Artikeln 1, 2 und 3 wiederum zusammengefaßt, wenn auch hier nicht dargelegt ist, daß die Zuständigkeit eine ausschließliche ist. Nun ist das Notariat auch zuständig für Beglaubigungen, und im Allgemeinen wird dagegen nichts zu erinnern sein. Aber eine Bitte hätte ich; ich meine nämlich, für Vollmachten sollte man in Gemeinden, in welchen ein Notariatssitz sich nicht befindet, die Beglaubigung durch den Bürgermeister oder in dessen Behinderung durch seinen Stellvertreter zulassen. Ich glaube, dadurch könnten schwerwiegende Nachtheile kaum eintreten, denn der Bürgermeister ist wohl in der Regel am besten in der Lage, die Qualität des Vertrauensmannes, den der Vollmachtgeber als Bevollmächtigten aufstellt, zu kennen, und über die Formalien, glaube ich, ließen sich solche Vorschriften treffen, daß jeder Mißbrauch und jeder Mißstand ausgeschlossen wäre. Auf der anderen Seite ist es doch außerordentlich mißlich, wenn vielleicht wegen geringfügigrr Dinge in Hypotheken- und Grundbuchsachen die Notare zu einer Person, die selbst nicht zu Gericht kommen kann, sich auf's Land bemühen müssen. Hiedurch werden eben große Kosten verursacht und zwar wegen einer Sache, die doch auch von einer anderen Person in vielleicht billigerer Weise gemacht werden könnte. Ich glaube, daß,

S. 619. wenn man sich dazu entschließen könnte, das für das Notariat fast keine Einbuße bringen würde; denn die Fälle werden so außerordentlich oft nicht vorkommen, daß Jemand eine Vollmacht in solcher Weise auszustellen genöthigt ist. Und auf der anderen Seite können doch einzelne Fälle vorkommen auf dem Lande, in denen es außerordentlich hart empfunden wird, wenn die Notare auf's Land hinausgehen müssen und wenn da Diäten und Reisekosten bezahlt werden müssen, die vielleicht so hoch kommen, daß sie zu dem Gegenstande nicht in einem richtigen Verhältniß stehen. Es würde nach meiner Ansicht gerade durch eine solche Bestimmung das Institut des Notariats an Beliebtheit gewinnen und was ihm auf der einen Seite an Einnahmen dadurch entgehen würde, das würde es auf der anderen Seite durch Beliebterwerden gewinnen.

Ich enthalte mich, wie gesagt, vorläufig einen Antrag zu stellen, da ich zuerst hören will, ob die Herren einem solchen Gedanken geneigt sind oder nicht.

Abg. **von Walter:** Die Erhaltung des Notariats ist nach den bisherigen Verhandlungen bereits gesichert. Es handelt sich also nur mehr um den Aufbau des Gesetzes. In der Beziehung mache ich darauf aufmerksam, daß ich seiner Zeit mit dem Herrn Kollegen Geiger großen Werth darauf gelegt habe, daß, wo möglich, die Lokalisirung des Notariats durchgeführt und den Notaren insbesondere die Beurkundung von Verträgen und Erklärungen, welche mit dem Grundbuch zusammenhängen, nur so weit übertragen werde, als sie im Amtsgerichtsbezirk ihren Amtssitz haben.

Nun habe ich mich aber durch die Würdigung der eingehenden Motive überzeugt, daß von der Lokalisirung des Notariats in dem Sinne keine Rede mehr sein kann; ich bin insbesondere zur Ueberzeugung gelangt, daß nach den Reichsgesetzen gar nicht auszuschließen ist, daß auch andere, sogar außerbayerische Notare thätig werden, und ich beuge mich deßhalb den gewichtigen Gründen. Ich kann das um so leichter, als von den Gründen, welche mich zur Forderung der Lokalisirung des Notariats bestimmt haben, nur noch einer übrig geblieben ist. Für mich waren früher zwei Gründe maßgebend, erstens die Erfahrung, daß, wenn ohne Einsicht des Hypotheken- bezw. des Grundbuchs Verträge und Erklärungen aufgenommen wurden, häufig unvollziehbare Produkte zu Tage gefördert wurden, die Jahre lang unvollziehbar blieben und die Parteien in große Schwierigkeiten, Prozesse und Kosten stürzten; ein zweiter Grund
S. 620. war der, daß, nachdem einmal ‖ das Notariat aufrecht erhalten wird, auch dafür gesorgt werden muß, daß jedes Notariat lebensfähig ist und jeder Notar aus seiner Amtsthätigkeit diejenigen Mittel zieht, die er zum Lebensunterhalt für sich und seine Familie und zur Fürsorge für sein Alter braucht. Der letztere Grund besteht nach meinem Dafürhalten noch aufrecht, ich möchte fast sagen, in seinem vollen Umfange, denn die Geschäfte des Notariats werden in vielen Fällen nicht ausreichen, die Notare in den Bezug eines Einkommens zu setzen, welches den mäßigen Ansprüchen eines gebildeten Mannes entspricht. Der erste Grund dagegen ist ziemlich abgeschwächt; ich erkenne an, daß in dem Gesetze alle mögliche Vorsorge getroffen ist, die Notare abzuhalten, Verträge aufzunehmen, ohne sich von dem Inhalt des Grund- und Hypothekenbuchs zu überzeugen. Es ist nur eine einzige Nöthigung vorhanden, ohne Einsicht des Grundbuchs das zu thun, und das ist der Nothfall, dieser ist aber nicht zu vermeiden und können dafür Vorkehrungen überhaupt nicht getroffen werden. Ich kann deßhalb, weil die Sache in Bezug auf das Einkommen der Notare doch im Gesetze nicht weiter geregelt werden kann als dadurch, daß eine Minimalgrenze des Einkommens der Notare bestimmt wird,

die Erklärung abgeben, daß ich für meine Person auf der Lokalisirung des S. 620.
Notariats nicht mehr bestehe und in diesem Punkte sowohl als in den anderen grundlegenden Gedanken mich vollkommen der Regierungsvorlage anschließe.

Ich sehe allerdings ein, daß nicht Alles erreicht wird, was zur Vollkommenheit des Notariatsinstitus gehört. Allein auf der Welt ist überhaupt nichts vollkommen, und so müssen wir auch hier uns begnügen und einige Unvollkommenheiten mit in den Kauf nehmen.

Was die Ausführungen des Herrn Kollegen Wagner betrifft, so glaube ich, wird seine Anregung, daß man wenigstens die Beurkundung von Vollmachten den Bürgermeistern übertragen soll, kaum durchführbar sein. In vielen Fällen ist ja ohnehin durch Reichsgesetz eine gerichtliche oder notarielle Vollmacht vorgeschrieben. Und abgesehen davon fürchte ich, daß alle diejenigen Gründe, welche dagegen angeführt worden sind, daß man den Bürgermeistern nicht die Beglaubigung der Unterschriften u. s. w. übertragen kann, in gleichem Maße und vielleicht noch mehr gegen die Uebertragung der Errichtung von Vollmachten an die Bürgermeister sprechen. Die Vollmachtsurkunde ist doch ein sehr wichtiges Instrument, und nach meiner Meinung hat der Beurkundende doch auch die Pflicht, den Aussteller über die Tragweite einer Vollmacht klar zu machen. Die Qualität dazu dürfen wir aber unseren Bürgermeistern im Allgemeinen kaum zusprechen. Und darum bitte ich den Herrn Abg. Wagner, von diesem Gedanken Umgang zu nehmen und es bei dem Entwurfe zu belassen.

Ich hätte nur noch eine formale Anregung zu machen, auf welche seinerzeit die Redaktionskommission Rücksicht nehmen könnte. In dem Entwurfe sind die Ueberschriften nur bei den einzelnen Abschnitten dem Gesetze einverleibt. Es war dieß auch seinerzeit beim Ausführungsgesetze zur Grundbuchordnung und zum Gesetz über die Zwangsversteigerung und Zwangsverwaltung der Fall. Dort sind meiner Anregung entsprechend auch die Unterabtheilungen der einzelnen Abschnitte mit Ueberschriften versehen worden, und solche finden sich auch für dieses Gesetz in den Motiven. Ich würde daher bitten, daß zur größeren Uebersichtlichkeit des Gesetzes auch hier so verfahren und die Ueberschriften der einzelnen Unterabtheilungen ebenfalls dem Gesetze eingefügt werden möchten.

Abg. Dr **Casselmann:** Was die letzte Anregung des Herrn Kollegen von Walter betrifft, so schließe ich mich derselben vollständig an, ich hätte sie, wenn er sie nicht gemacht hätte, meinerseits gemacht.

Was die Lokalisirungsfrage betrifft, so glaube ich, wird man besser thun, wenn man die Frage bei Besprechung des Artikel 31 des Entwurfes behandelt. Es wird ja an dieser Stelle Gelegenheit gegeben werden, sich über diese Frage auszusprechen und insbesondere auch darüber, ob die Vorschrift, daß der Notar nichts beurkunden darf, ohne vorher das Grundbuch eingesehen zu haben oder ohne wenigstens einen Auszug aus dem Grundbuche zu haben, in der Praxis ganz unbedenklich ist und nicht etwa unter gewissen Voraussetzungen zu Härten führen kann. Ich behalte mir vor, bei Artikel 31 auf diese Frage zurückzukommen.

Warum ich mir das Wort erbeten habe, ist Folgendes. Der Herr Referent hat gemeint, daß der Gesetzentwurf und die Begründung desselben die Befürchtungen beseitigt haben, die man in weiteren Kreisen wegen der Zukunft des Notariats gehabt habe. Das kann ich nicht zugeben. Mir sind im Gegentheil von einer ganzen Reihe von Notaren, insbesondere aus Oberfranken, derartige Befürchtungen auch jetzt noch geäußert worden.

S. 620. Nun bin ich ja nicht in der Lage, beurtheilen zu können, inwieweit diese Befürchtungen begründet sind, und die k. Staatsregierung wird mir vielleicht dankbar sein, wenn ich ihr Gelegenheit gebe, hier öffentlich diese Befürchtungen, soweit es möglich ist, zu zerstreuen. Es wird nämlich hauptsächlich in Oberfranken gesagt, daß durch die neue Reichsgesetzgebung das Einkommen der Notare eine sehr wesentliche Einbuße erleiden werde. Die Befürchtungen, die in einer mir vorliegenden Broschüre eines oberfränkischen Notars zum Ausdruck gelangt sind, sind ja zum Theil, wie ich zugeben muß, zerstreut worden durch die Beschlüsse, die wir zu den Ausführungsgesetzen gefaßt haben, insbesondere durch die Bestimmungen, nach welchen die Landesgesetzgebung von dem Artikel 98 der Grundbuchordnung Gebrauch gemacht hat, durch welchen, um es kurz zu sagen, im Großen und Ganzen bezüglich der Ueberlassungsverträge der Artikel 14 des bisherigen Notariatsgesetzes aufrecht erhalten ist. Die Befürchtungen, die da ausgesprochen sind, daß diese Vorschrift um deswillen nicht viel Werth habe, weil sie nur eine Sollvorschrift sei, die theile ich nicht, da ich dem zustimme, was Seine Excellenz der Herr Staatsminister bei einer früheren Gelegenheit betont hat, daß man schon dafür sorgen werde, daß die Grundbuchrichter diese Sollvorschrift einhalten. Wir haben auch im Uebrigen, soweit es in der Kompetenz der Landesgesetzgebung lag, weitgehend von den Vorbehalten Gebrauch gemacht, um die bisherige Zuständigkeit der Notare aufrecht zu erhalten. Von dem Herrn Referenten sind ja die einzelnen Beschlüsse, die wir in dieser Beziehung gefaßt haben, heute wieder hervorgehoben worden, allein es bleibt doch immerhin eine große Materie übrig, bezüglich welcher eben der Landesgesetzgebung Vorbehalte nicht zustehen. Insbesondere ist hervorzuheben, daß die Reichsgesetze nicht zulassen, daß bei hypothekenrechtlichen Akten die notarielle Zuständigkeit aufrecht erhalten bleibe. Nun wird mir versichert — inwieweit das thatsächlich zutrifft, entzieht sich meiner Beurtheilung —, daß hiedurch das Einkommen der Notare um mehr als ein Drittel geschmälert werde. Das wäre nun allerdings eine Einbuße, die empfindlich ist. Dazu kommt, daß gerade aus diesen hypothekenrechtlichen Akten für die Notare bisher viele Nebeneinkommen
S. 621. entstanden sind, die auch wegfallen und mit welchen die Notare im Stande waren, mehr oder weniger ihre Kanzleikosten zu decken. Ich will noch hervorheben, daß auch die Einführung des holographischen Testaments für die Notare eine wesentliche Einbuße bedeuten wird, wenn ich mir auch denken kann, daß man der Sicherheit wegen derartige holographische Testamente häufig bei den Notaren hinterlegen wird. Nun wird mir weiter gesagt, das, was bisher bekannt gegeben worden sei über das Einkommen der Notare, sei mit großer Vorsicht aufzunehmen. Es sei ganz richtig, daß es in München und insbesondere in den altbayerischen Provinzen Notare mit sehr hohen Einkommen gebe, während als Regel, z. B. in Oberfranken, gelte, daß sehr wenige Notare bestünden, bei welchen man von einem wirklich guten Einkommen sprechen könne. Es wird mir gesagt, daß auch die meisten unterstützten Notariate in Oberfranken gewesen seien. Nun kann man ja den jetzt angestellten Notaren es nicht verübeln, wenn sie wegen dieser befürchteten Einbuße an ihrem Einkommen beunruhigt sind. Das ist ja überhaupt die große Schwierigkeit bei der Erlassung dieses Notariatsgesetzes, daß man eben Rücksicht nehmen muß auf die vorhandenen Notare. Man hat nun gesagt, wenn man eine Statistik dahin aufstelle, daß man das Gesammteinkommen der Notare in Bayern zusammenzähle und das Mittel daraus ziehe, so sei das keine richtige Berechnung. Ich wäre also der k. Staatsregierung dankbar, wenn sie in der Lage wäre, nach dieser Richtung hin eine beruhigende Erklärung für diese Notare abgeben zu können.

Man muß doch immer bedenken: Wenn auch der Notar jetzt Beamter werden S. 621.
soll, so hat er doch eine ganz andere Stellung wie der Beamte. Er muß nach wie vor nicht nur für seine ganze Kanzlei sorgen, er muß auch die Kosten aufbringen für seinen Stellvertreter, wenn er Urlaub nimmt oder einmal krank wird, und — nachdem er keinen Pensionsanspruch hat — auch die höheren Prämien für eine größere Lebensversicherungssumme zahlen, mit einem Worte: er muß dafür sorgen, daß, wenn er alt und erwerbsbeschränkt wird, er so viel zurückgelegt hat, daß er ohne große Sorge für sich und seine Familie der Zukunft entgegensehen kann.

Abg. Lerno: Ich möchte zunächst nur eine Bemerkung gegenüber den Aeußerungen des Kollegen Landmann machen. Der Herr Kollege hat doch eine etwas antiquirte, mit den thatsächlichen Verhältnissen nicht übereinstimmende Auffassung von der Art und Weise, wie unsere Beamten heutzutage mit dem Publikum verkehren, und von dem Grad ihrer Geschäfts- und Berufsfreudigkeit.

Wenn der Herr Kollege Landmann meint, es sei das Notariat vorzuziehen, weil alle jene, die sich an die Zeiten vor demselben zurückerinnern, ganz gewiß den Tausch mit dem damaligen Verhältniß nicht mehr wollen, und wenn er ferner gemeint hat, bei dem Gerichtsnotariat würden die damit befaßten staatlichen Beamten häufig einen Grund finden, um die Geschäftserledigung hinauszuzögern, so glaube ich doch zur Ehrenrettung unserer Beamten sagen zu müssen, daß dieß heutzutage wohl nicht mehr der Fall ist. Die Art und Weise der Gerichtsbeamten, mit dem Publikum zu verkehren, ist doch eine den Anforderungen der Humanität entsprechende und ihre Berufsfreudigkeit kann sich mit jener der Notare auch messen.

Daß die Regierungsvorlage diese Auffassung, wie sie von jener Seite dargelegt wurde, nicht theilt, geht schon daraus hervor, daß sie auch die Möglichkeit einräumt, daß Amtsrichter und rechtskundige Gerichtsschreiber mit der Notariatsverwesung befaßt werden können, eine Ermächtigung, mit der ich vollständig übereinstimme.

Ich glaube sagen zu dürfen, wenn wir heute in der Lage wären wie 1861 und vor der Frage stünden, ob wir das Notariat einführen wollen, wie es damals gemacht wurde, oder ob wir das Gerichtsnotariat schaffen wollen, so würden wir nach den Erfahrungen, die seither gemacht worden sind, sicherlich das Gerichtsnotariat vorziehen. Allein das geht heute nicht mehr, und wenn ich, der ich mich früher auch gegen das Notariat ausgesprochen habe, gleichwohl für Beibehaltung desselben jetzt stimme, so geschieht das nicht aus der Befürchtung, daß das Publikum darunter leidet, sondern lediglich mit Rücksicht auf den Umstand, daß die Einführung des Gerichtsnotariats ganz unerschwingliche Kosten verursachen würde, die wir dem Lande um so weniger aufbürden können, als die Einführung des Bürgerl. Gesetzbuchs uns ohnehin recht theuer kommt.

Was die Lokalisirungsfrage betrifft, so war ich auch einer von jenen, die früher mit aller Energie geltend gemacht haben, daß die strenge Lokalisirung des Notariats durchgeführt werden müsse. Allein ich stehe jetzt auf dem gleichen Standpunkt wie Herr Kollege von Walter; mit Rücksicht auf die einschlägigen Reichsgesetze ist es nicht möglich, die Lokalisirung, wie wir sie uns im Interesse des Publikums gedacht haben, durchzuführen, und ich sehe ein, daß wir uns mit den Kautelen begnügen müssen, welche uns in der gegenwärtigen Vorlage, dann im neuen Gebührengesetze vorgeschlagen sind.

Das Einkommen der Notare betreffend werden wir bei den einschlägigen Artikeln davon sprechen. Vorläufig will ich nur einen Gedanken anregen, der mir aus Notariatskreisen gemacht wurde und der jedenfalls An-

S. 621. spruch auf Originalität hat. Es ist mir nämlich gesagt worden: wie Artikel 49 Abs. 2 ein Einkommensminimum festsetzt, so könnte man auch fragen, ob nicht auch eine Maximalgrenze geschaffen werden könnte.

Abg. Michel: Von den verschiedenen Gesetzen, die bis jetzt unserer Berathung unterstellt waren, hat mir als Pfälzer keines eine solche Freude gemacht, wie das vorwürfige, und zwar deßhalb, weil meine Befürchtung, als ob das Notariat nicht erhalten werden könnte, nunmehr vollständig zerstreut ist.

Was das pfälzische Notariat anlangt, so will ich mich mit der Bemerkung begnügen, daß dasselbe voll und ganz auf der Höhe seiner Aufgabe steht. Ich habe wohl nicht nöthig, dieß näher auszuführen, und freue mich nur, daß die Ausgestaltung, die das Notariat in dem Entwurfe gefunden hat, geeignet sein wird, das Ansehen der Notare noch zu erhöhen, deßhalb, weil sie Behördenqualität bekommen und den Amtsgerichten vielfach vollständig gleich gestellt werden.

Ich möchte mich nun zunächst zur Anregung des Herrn Kollegen Wagner wenden, welcher die Beglaubigung von Vollmachten durch die Bürgermeister zugelassen haben möchte. Mir ist da aus ländlichen Kreisen mehrfach gesagt worden, daß es in hohem Grade wünschenswerth sei, wenn das für gesetzlich zulässig erklärt würde. Nach der bisherigen Uebung in der Pfalz werden häufig derartige Vollmachten, ohne daß dieß streng vorgeschrieben war, durch den Bürgermeister beglaubigt, und wenn es jetzt gesetzlich für statthaft erklärt
S. 622. wird, so glaube ich, daß hiedurch besondere Ausfälle an ‖ Gebühren für die Notare sich nicht ergeben werden. Es ist mir recht wohl bekannt, daß § 80 der Reichs-Civilprozeßordnung die Beglaubigung einer Prozeßvollmacht nur durch das Gericht oder den Notar erlaubt; ich glaube aber, es wird keinem Anstand unterliegen, daß in dem Falle, den ich angeführt habe, durch Landesgesetz ausgesprochen werden kann, daß eine Beglaubigung durch eine derartige Behörde, wie die Gemeindebehörde, für zulässig erklärt wird. Ich würde also einem dießbezüglichen Antrage gegenüber mich sympathisch verhalten.

Der Entwurf hat in verschiedenen Artikeln — es wird sich ja Gelegenheit geben, wenn dieselben zum Aufrufe kommen, darauf zurückzukommen — den Landgerichten Befugnisse zugewiesen. Ich halte es für richtiger, wenn nicht das Landgericht, sondern das Präsidium des Landgerichts für zuständig erklärt wird. Es sind die Artikel 18, 23 u. s. w. Ich bin der Ansicht, daß man analog den Bestimmungen des Artikel 69 Abs. 2 des Ausführungsgesetzes zum Reichs-Gerichtsverfassungsgesetze das Präsidium mit den Fragen wird befassen können.

Ein weiterer Punkt, den ich zur Sprache bringen möchte, betrifft die Landnotariate. Ich weiß nicht, wie sich die Verhältnisse im diesseitigen Bayern gestaltet haben; in der Pfalz bestehen an verschiedenen Orten, die keine Amtsgerichte haben, Notariate, z. B. in Hornbach, Göllheim, Mutterstadt, Billigheim, Zell. Die Frage wäre einfach gelöst, wenn die betreffende Orte Hornbach, Mutterstadt und Göllheim Amtsgerichte bekämen. Ich wünsche und hoffe, daß die Sache in der angegebenen Weise sich gestaltet; sollt dieß jedoch wider alles Erwarten nicht eintreten, so sollte ich meinen, es wäre vielleicht zweckmäßig, wenn in dieser Richtung, da ja ohnehin der Artikel 5 der Justizverwaltung das Recht vorbehält, die Sitze der Notariate zu bestimmen, diese Notariate als solche aufrecht erhalten würden. Schwierig würde die Sache allerdings immer dann werden, wenn keine Amtsgerichtssitze dort errichtet würden, wegen der Einsichtnahme des Grundbuchs. In dieser Richtung könnte ja wohl geholfen werden, und die Sache wäre dann in der Ausführung wohl nicht so schwierig. S. 622.

Ein weiterer Punkt wäre der. Ich habe gleich Anfangs schon bemerkt und es ist Ihnen ja Allen bekannt, wie wohlgesinnt die ganze pfälzische Bevölkerung dem Notariate gegenüber sich verhält, aber eine Klage hört man doch nebenbei, und die kann ich nicht unterdrücken, nämlich die, daß die Gebühren, welche die Notare für einzelne Akte beziehen, manchmal unverhältnißmäßig hoch sind. Die Leute haben mir auch, seitdem ich Abgeordneter bin, gesagt, wenn einmal die Zeit kommt, diesen Punkt zur Sprache zu bringen, möchte ich dahin wirken, daß eine Ermäßigung herbeigeführt wird. Ich möchte das hiemit gethan haben und glaube, daß das ein Punkt ist, den man nicht unbeachtet lassen soll. Wir haben früher beschlossen, daß der obligatorische Vertrag bei der Auflassung dem Grundbuchbeamten vorgelegt werden soll. Nun kann ich mir Fälle denken, wo die Auflassung ohne obligatorischen Vertrag vorgenommen werden kann, wenn nämlich ein Kauf abgeschlossen und sofort bezahlt wird. Es bestünde kein Grund, daß in einem solchen Falle ein Akt errichtet wird. Ich möchte anregen, ob nicht gerade für diesen Fall vielleicht eine Zeugnißgebühr am Platze wäre. Denn wenn der Notar veranlaßt wird, einen Veräußerungsvertrag zu beurkunden, so ist es etwas Anderes, wenn der Kaufpreis noch nicht bezahlt ist; in einem solchen Falle ist es nothwendig, daß ein formaler Akt gemacht wird; wenn aber der Kauf abgeschlossen und sofort bezahlt wird, dann muß gleichwohl jetzt ein Akt aufgenommen werden. Es entspricht nicht der Billigkeit, wenn in einem solchen Falle die gleiche Gebühr bezahlt werden soll, wie in den anderen Fällen, wo der Kaufpreis nicht bezahlt ist.

Ich glaube, das nur anregen zu sollen. Soviel ich weiß, sollen die Gebühren auf dem Verordnungswege geregelt werden, und möchte ich bitten, diesen Punkt in Erwägung zu ziehen. Das sind die Bemerkungen, die ich zu machen habe.

Abg. Joseph **Geiger**: Nachdem die Mehrzahl der Herren Kollegen sich zur Generaldiskussion geäußert haben, möchte ich mir auch einige Bemerkungen gestatten.

Ich komme auf den Gedanken zurück, den der Herr Referent Eingangs seiner Besprechung ausgedrückt hat, daß es nämlich sehr angenehm berührt, in diesem Gesetzentwurfe und in den Motiven dazu eine so klare und deutliche Sprache zu finden, so daß es nicht nothwendig ist, manche Sätze zwei- und dreimal durchzulesen und durchzustudiren, um zu wissen, was eigentlich gemeint ist. Wenn ich solches dankbar hervorhebe, so bin ich weit entfernt, irgend nach einer anderen Richtung einen schweren Vorwurf zu erheben. Ich weiß ja recht wohl, daß dem Entwurfe dieses Gesetzes eine Materie zum Inhalt gegeben ist, welche eine einfachere Sprache möglich macht, als dieß bei anderen Gesetzentwürfen der Fall ist.

Es ist bereits vom Herrn Kollegen von Walter erwähnt worden, daß auch ich zu denjenigen Abgeordneten gehört habe, welche mit allen Kräften die Lokalisirung — es ist ja der Ausdruck nicht ganz richtig, wir wissen aber, was wir darunter verstehen — der Notare bei der neuen Gesetzgebung durchsetzen wollen. Aber ich erkenne, daß die Hindernisse, welche der Durchführung dieses Systems entgegenstehen, nahezu unüberwindlich sind. Es ist auf verschiedene Hindernisse Bezug genommen worden und in den Motiven Mehreres gegen die Lokalisirung vorgeführt, und ich gebe mit meinen Kollegen Lerno

S. 622 und von Walter zu, daß wir mit dem Systeme der Lokalisirung jetzt kein Geschäft machen können. Aber ehe ich von meinen Wünschen Abschied nehme, möchte ich ihnen eine kleine Leichenrede halten. Es möchte nämlich die Meinung auftauchen, als ob mit dem Artikel 31 des Gesetzes, welcher die Notare zwingt, nur nach eingesehenem Grundbuche oder mit dem Auszug des Grundbuchs in der Hand Verträge aufzunehmen, alles das gedeckt würde, was die Lokalisirung der Notare wünschenswerth machen müßte. Es verbleiben noch eine ganze Reihe von anderen sehr schwer wiegenden Gründen. Herr von Walter hat schon einen vorgeführt. Ich erwähne ganz kurz, daß das Einkommen der Notare ganz bedeutend davon abhängt, ob dieselben in die Lage kommen, die Verträge über Liegenschaften, die in ihrem eigenen Bezirke liegen, selbst zu errichten, oder ob sie auswärts errichtet werden. Das ist ein Punkt, der in finanzieller Beziehung für die Notare und unter Umständen auch für die Staatskasse in's Gewicht fällt. Ich weiß noch recht wohl, was mir zwei Amtsrichter, welche das Hypothekenbuch zu führen hatten in Amtsgerichtsbezirken in der Nähe von München, erklärt haben, daß nämlich von den Urkunden über Immobiliarverträge u. s. w. über 50 Prozent aus der Stadt München gekommen sind, während die Notare am Lande draußen eine verhältnißmäßig sehr geringe Anzahl von Beurkundungen über Immobilien auf-
S. 623. zunehmen hatten, die in ihrem eigenen || Bezirke lagen. Das ist in finanzieller Beziehung nicht ohne Bedeutung, und was von München und den umliegenden Amtsgerichtsbezirken gilt, das gilt ebenso von den Amtsgerichtsbezirken und Notariatssitzen in der Umgebung anderer größerer Städte. Dem Ministerium ist gewiß noch bekannt, daß seiner Zeit ein von mir in Bezug auf seine Kenntniß und Erfahrung hoch zu achtender Mann, Notar Graf, eine Vielzahl von Notariatsurkunden aufgenommen hatte, wobei die einzelnen Grundstücke, um die es sich handelte, oder die Hypotheken in ganz Bayern zerstreut waren. Das ist schon als ein sehr großer Mißstand empfunden worden, ganz abgesehen davon, daß aus solchen Verträgen Streitigkeiten der mannigfaltigsten Art und Uebervortheilungen Einzelner hervorgegangen sind.

Es muß auch noch ein anderer Umstand erwähnt werden. Es ist richtig, daß in diesem Entwurfe die Bestimmung getroffen ist, der Notar solle Parteien, die einen Vertrag errichten wollen, zurückweisen, wenn er wahrnimmt, daß dieser Vertrag „gegen das Strafgesetzbuch" ist. Man wird auch beisetzen müssen: „und gegen die guten Sitten u. s. w." Ja, wer erkennt das besser als der Notar am Orte, besonders wenn er lange Zeit sich an dem Amtssitze befunden hat, er wächst mit der Bevölkerung mehr und mehr zusammen, lernt die Leute kennen, er weiß, wem zu trauen ist und wem nicht, und wenn er bemüht ist, das Interesse der Bewohner seines Bezirkes zu wahren, so wird er am besten im Stande sein, zu sagen: „Mein lieber Freund, bedenke, mit dem Vertrage fällst Du tüchtig herein, Du wirst über's Ohr gehauen, merkst Du das nicht?" Er weiß auch die anderen bedenklichen Kontrahenten zu würdigen, manche Gutszertrümmerer. Diese Vorteile für die Bevölkerung gehen natürlich verloren mit der Freizügigkeit des Notariats.

Ich will auch hier noch eines Mannes gedenken, der mir in dieser Beziehung ganz besondere Erfahrungen zu haben schien und mir auch eine ganze Reihe von Erfahrungen mitgetheilt hat, das ist der nunmehr seit einer Reihe von Jahren verstorbene ehemalige Bezirksgerichtsdirektor und nachmalige Oberlandesgerichtsrath Kopp. Der hat in dieser Richtung außerordentlich viele Erfahrungen gehabt und hat sich auch nicht gescheut, diese Erfahrungen in öffentlichen Sitzungen der Kammer der Abgeordneten von Zeit zu Zeit bekannt zu geben.

Ich möchte nicht versäumen, hervorzuheben, daß ich mich nunmehr der S. 623.
Nothwendigkeit beuge und das Lokalisirungsprinzip preisgebe, aber daß ich es mit schwerem Herzen thue, und daß das, was zur Deckung und zum Schutze dafür eingetauscht wird, bei Weitem nicht hinreicht, die Nachtheile auszugleichen, die mit der Freizügigkeit des Notariats verbunden sind.

Was den Antrag „Wagner" betrifft, so ist derselbe an sich mir recht sympathisch. Er erwähnt u. A. die großen Kosten, die entstehen können, wenn eine Vollmacht von einer kranken Person ertheilt werden soll, die sich nicht an den Sitz des Notariats begeben kann. Gleichwohl möchte ich die Ausstellung der Vollmachten nicht einem Bürgermeister übertragen, der nicht rechtskundig ist und sonach kaum von der Tragweite der Vollmachtsbeurkundung sich Rechenschaft zu geben vermag. Denken Sie an die Generalvollmacht! Es verkauft sich da Einer an den, dem er die Vollmacht ertheilt, mit Hab und Gut, dieser kann mit ihm machen, was er will. Aus solchen Fällen würden Nachtheile ganz besonderer Art entstehen. Nun gibt es ja einzelne Vollmachten, die so unbedeutend sind, daß deren Beurkundung auch der Bürgermeister übernehmen könnte. Wer will aber das unterscheiden? Deßwegen, glaube ich, können wir mit dem Antrage „Wagner", so gut er gemeint ist, uns nicht mehr weiter mit Erfolg beschäftigen.

Es ist heute auch vom Herrn Abg. Michel darauf Bezug genommen worden, daß in einzelnen Artikeln wohl statt des Präsidenten des Landgerichts das Präsidium genannt werden sollte. Es ist das ein Gedanke, dem ich auch in einzelnen Fällen näher treten möchte, aber das wollen wir bei den einzelnen Artikeln behandeln.

Abg. **Conrad:** Auch ich habe den Entwurf der k. Staatsregierung mit Freuden zu begrüßen und zwar aus den den Herren schon bekannten speziell pfälzischen Gründen, aber auch aus allgemeinen Erwägungen. Diese Auffassung scheint, wie ich heute sagen darf, nun vielleicht auch noch mehr Seitens derjenigen Herren getheilt zu werden, die mit weniger Freundlichkeit das selbständige Notariat bisher aufgenommen hatten, als das Seitens der pfälzischen Bevölkerung geschehen ist.

Ich begrüße den Entwurf zunächst schon aus formalen Gründen. Ich finde, daß er in dieser Beziehung einen wesentlichen Fortschritt bedeutet. Seine Sprache ist eine prägnante, concise, die Diktion durchaus klar, die Anordnung übersichtlich, und wenn auch einige Wünsche übrig bleiben, wie z. B. die Anregung des Herrn Abg. von Walter, so kann ich mich dem anschließen, so daß auch bezüglich der einzelnen Abschnitte, wie es bei dem Ausführungsgesetze zur Grundbuchordnnng geschehen ist, eine noch weiter gehende Uebersichtlichkeit durch Ueberschriften erzielt wird.

Mehr natürlich noch hinsichtlich der Materie selbst habe ich den Entwurf zu begrüßen. Es hat uns in unseren Wünschen die k. Staatsregierung in dankenswerthester Weise schon bei den Ausführungsgesetzen unterstützt, insofern als sie durch Kreirung eines selbständigen Notariats dessen Lebensfähigkeit auch für die Zukunft festzustellen bestrebt war.

Heute wären noch einzelne Punkte in dieser Richtung zu besprechen. Selbstverständlich würde ich noch immer mehr dahin trachten, daß den Notariaten noch ein Zuwachs an Geschäften zu Theil wird. Das gilt namentlich hinsichtlich derjenigen Punkte, in welchen nun nicht mehr eine ausschließliche Zuständigkeit des Notariats gegeben ist, speziell bei Verlassenschaftsverhandlungen und was die Aufstellung von Theilungen in den schwierigen Erbschafts-

S. 623. fällen betrifft. Wir pfälzischen Abgeordneten sind in dieser Richtung mit unseren Anträgen unterlegen, so daß ich kaum noch wage, diese Frage hier schärfer zu accentuiren, wenigstens für jetzt. Ich will annehmen, daß nach wie vor die Verlassenschaftsverhandlungen Seitens der Notare bethätigt werden, aber ich kann mir schon denken, daß des Zusammenhanges halber immer mehr auch die Gerichte bei dieser Thätigkeit eingreifen werden.

Wenn die k. Staatsregierung selbst für die Frage des Beurkundungswesens den Standpunkt einnimmt, daß eine weitere Befassung der Gerichte mit diesen Geschäften sich nicht empfiehlt, so haben mich die Gründe ja vollständig überzeugt. Ich habe darum nicht nöthig, noch auf den früheren Standpunkt zurückzugehen, den heute Herr Abg. Landmann vertreten hat gegenüber der Darlegung des Herrn Kollegen Lerno. Ich glaube auch, daß es genügt, wenn wir anerkennen, daß selbstverständlich auch die Gerichtsbeamten dieselbe Berufsfreudigkeit besitzen wie die Notare, daß sie aber aus anderen Gründen nicht
S. 624. so in der Lage sein werden, den fraglichen Aufgaben in gleichem || Maße nachzukommen. Sie sind hier entschieden nicht so versirt, weil sie daneben auch noch Anderes zu besorgen haben, weil sie ihre Dienste öfter wechseln, weil sie nicht ständig und ausschließlich mit dem gleichen Dienste sich beschäftigen, sondern in einigen Jahren wieder Staatsanwälte, dann wieder Gerichtsbeamte und zwar wieder an anderer Stelle sind. Naturgemäß werden die Notare in dieser Richtung ein Uebergewicht haben, zumal doch die Notare den größeren Theil ihres Lebens wenigstens an einem Amtssitze verbleiben, also schon die Vorzüge der besseren Lokal- und Personenkenntniß auf ihre Person vereinigen.

Es ist die Lokalisirungsfrage heute mehr oder weniger bereits besprochen worden. Wie Herr Kollege Dr. Casselmann schon betont hat, gehört sie eigentlich zu einem späteren Artikel, da werden wir ja darauf zurückkommen.

Weiter möchte ich meiner Freude Ausdruck geben, daß diejenigen Herren, die bisher dem Notariate weniger freundlich gegenüberstanden, nun eine Art Rückzugsbewegung angetreten haben und vor der Thatsache kapituliren, daß es eine bedauerliche Hemmung und Einschränkung des Verkehrs in Geld und Werthen bedeuten würde, wenn man blos den Notaren in loco die betreffenden Geschäfte zuweist, abgesehen davon, daß, wie die Motive ausführen, man in die reichsgesetzliche Regelung eingriffe, die ja nicht gestattet, hier schärfer einschneidende, blos für Bayern geltende Bestimmungen zu treffen.

Man ist auch auf das Einkommen der Notare zu sprechen gekommen. Es wird mir gesagt, daß die Schuld- und Pfandverschreibungen u. s. w. nur etwa 10 % des Gesammteinkommens der Notare ausmachen. Tiefer einschneidend sind die Normen über Geschäfte, bezüglich deren nun das Monopol der Notare aufgehoben ist, hauptsächlich der Verlassenschaftsverhandlungen. Diese werden geschätzt durchschnittlich zu einem Drittel der Geschäfte eines pfälzischen Notars. Die rechtsrheinischen Verhältnisse liegen ja da ganz gewiß anders; aber für die pfälzischen Notare muß ich sagen, daß hier eine bedeutende Abminderung ihres bisherigen Geschäftskreises gegeben ist.

Wenn die Zulassung von Vollmachten auch Seitens der Gemeindebeamten empfohlen worden ist, so habe ich doch etwas Bedenken dagegen. Wohl sind Stimmen aus der Pfalz dem Herrn Kollegen Michel in zusagendem Sinne zugekommen. Allein ich glaube, daß das sich blos auf die Legalisation von Vollmachten bezieht, nicht auf wirkliche Ausstellung von Originalvollmachten. In letzterer Richtung müßte ich mich den Bedenken des Herrn Abg. Geiger anschließen. Eine solche Vollmacht in die Hände eines

Nichtjuristen zu legen, ist immerhin von weitgehender Tragweite. Ich meine, S. 624. der Notar kommt doch häufig auch mit dem Publikum, das nicht an seinem Amtssitze sich befindet, zusammen. Soviel ich weiß, ist durch die sogenannten Amtstage im rechtsrheinischen Bayern ein recht häufiger Verkehr mit dem Publikum, das nicht schon vorher in einem bestimmten Geschäfte zum Notar geladen war, gegeben, auch insoferne, als die Leute recht wohl wissen, daß in den nächsten Tagen z. B. zu einer Zwangsversteigerung, zur Aufnahme eines Inventars oder zu was immer der Notar an dem betreffenden Orte erscheint. Dann stellen sich auch andere Leute ein und suchen bei dieser Gelegenheit ohne besondere Kosten und Zeitverlust ihre sonstigen Geschäfte gleich abzumachen. Es wird also der Umstand, daß man den Notar nicht immer zur Hand hat, nicht so schwerwiegend sein. Ich möchte in dieser Richtung nicht gerne eine Abweichung von der bisherigen Norm getroffen sehen.

Ob es möglich ist, alle die Landnotariate zu erhalten, möchte ich freilich als zweifelhaft hinstellen. Es wird die k. Staatsregierung, wenn sie nach der Richtung hin Bestimmungen zu treffen hat, mit äußerster Vorsicht die einschlägigen Fragen erwägen. Es steht auf der einen Seite die Rücksicht auf die Bevölkerung, die naturgemäß in ihren Anforderungen an die freiwillige Gerichtsbarkeit möglichste Erleichterung haben soll, auf der anderen Seite aber doch die Lebensfähigkeit des Notariats und die Nothwendigkeit, sich möglichst rasch und leicht immer den Einblick in das Grundbuch zu verschaffen. Wir werden ja darüber bei Artikel 31 uns noch zu unterhalten haben.

Weiter habe ich zur Generaldiskussion nichts vorzubringen.

Vorsitzender: Zum Worte ist Niemand mehr gemeldet. — Das Wort nehmen Seine Excellenz der Herr Staatsminister.

Der k. Staatsminister der Justiz Dr. Freiherr **von Leonrod:** Ich habe allen Grund, sehr erfreut zu sein über die Aufnahme, die der Gesetzentwurf bei Ihnen gefunden hat. Insbesondere bin ich erfreut, daß Sie über die wichtigsten Prinzipien, vor allem über die Frage der Lokalisirung mit der Regierung übereinstimmen. Die Lösung der Lokalisirungsfrage gehört ja seit Langem zu den wichtigsten Aufgaben der Regierung auf diesem Gebiete, nachdem die vorangehende Aufgabe, eine reichsrechtliche Grundlage für die Erhaltung des Notariats überhaupt zu schaffen, mit vieler Anstrengung erfüllt war. Es wird sich vielleicht der Herr Abg. Geiger noch erinnern, daß ich vor Jahren mit ihm gesprochen habe über den § 351 des ersten Entwurfes, den jetzigen § 313 des Bürgerl. Gesetzbuchs. Danach wäre es möglich gewesen, die gemäß § 925 des Bürgerl. Gesetzbuchs erforderliche rein formale Auflassung vor dem Grundbuchamte zu erklären und die Eintragung des Eigenthumsüberganges zu verlangen, ohne daß eine Beurkundung des zu Grunde liegenden Geschäftes vorher stattgefunden hätte.

Es galt hier, im Interesse der Rechtssicherheit, das die Beurkundung erheischt, einen Riegel vorzuschieben, den wir stets in Bayern für durchaus nothwendig gehalten haben, und damit auch die Grundlage für die Aufrechterhaltung des selbständigen Notariats zu schaffen.

Endlich ist es, wenn auch erst spät, gelungen, in § 98 der Grundbuchordnung den nöthigen reichsgesetzlichen Vorbehalt zu erlangen. Nach diesem von uns benutzten Vorbehalte kann der Amtsrichter die Auflassung nicht entgegennehmen, den Eigenthumswechsel im Grundbuche nicht eintragen, wenn nicht der obligatorische Vertrag vorgelegt ist. Damit sind wir bezüglich des

S. 624. Immobiliarverkehrs so ziemlich auf den Standpunkt des Artikel 14 des Notariatsgesetzes von 1861 zurückgekommen.

Nun war die weitere wichtige Frage die, ob auf die Lokalisirung der Notariate einzugehen sei. Der Regierung war bekannt, daß vielfach, namentlich von Juristen, die Lokalisirung als wünschenswerth, ja nothwendig gefordert werde. Nach eingehender Prüfung kam man jedoch zu dem Ergebnisse, daß die Durchführung der Lokalisirung unmöglich sei, unmöglich mit Rücksicht auf die Bestimmungen in den Reichsgesetzen, unmöglich mit Rücksicht auf die Stellung der übrigen deutschen Bundesstaaten zu der Frage, unmöglich endlich mit Rücksicht
S. 625. auf den Verkehr. Das Publikum wäre || durch die Lokalisirung in einer Art und Weise gebunden worden, daß es sehr bald selbst gegen diese lästige Fessel sich gewendet haben würde. Mit der Ablehnung der Lokalisirung stieg allerdings die Gefahr, daß eine Mehrzahl von Landnotariaten finanziell nicht mehr haltbar sein würde. Eine Aufhebung dieser Notariate konnte nicht in Frage kommen. Vielmehr war dem berechtigten Wunsche der Bevölkerung und des Landtags Rechnung zu tragen, daß an jedem Amtsgerichtssitz ein Notariat sich befinden solle, einem Wunsche, dessen Erfüllung auch von mir selbst ausdrücklich zugesagt worden ist. Unter solchen Umständen war es unabweisbar nöthig, den Notaren von ihrer Zuständigkeit nichts zu entziehen, sie, soweit das irgend anging, auf dem Gebiete des Beurkundungswesens bei ihrem bisherigen Wirkungskreise zu belassen. Eine Abbröckelung von verschiedenen Geschäften und Ueberweisung derselben auf andere Stellen, Gerichts- und Verwaltungsbeamte, Bürgermeister u. s. w. muß als gefährlich hintangehalten werden. Die Ueberweisung solcher Zuständigkeiten an Beamte, denen sonst das Beurkundungswesen fern liegt, ist übrigens nicht nur für das Institut des selbständigen Notariats gefährlich wegen der Beeinträchtigung des Einkommens der Notare, sondern noch mehr für die Rechtssicherheit, für die Bevölkerung selbst. Es ist sehr leicht gesagt: „so eine einfache Vollmacht kann jeder Bürgermeister unterschreiben", ja, ich habe viele Unterschriften von Landbürgermeistern schon gesehen, ich habe noch damit zu thun; alle Bürgermeister in Ehren, aber es werden doch sehr oft Beglaubigungen ausgestellt, die sich hinterdrein nicht bewahrheiten. Die Ertheilung einer Vollmacht ist ein sehr wichtiges und folgenschweres Rechtsgeschäft. Dieß gilt vor Allem von der Generalvollmacht. Für den nicht rechtskundigen Bürgermeister wird es schwer sein, die Tragweite der Vollmacht im einzelnen Falle zu übersehen, zu unterscheiden, ob eine Generalvollmacht oder eine Spezialvollmacht vorliegt u. s. w. Ich würde deßhalb dringend bitten, von dem Ansinnen, zur Beglaubigung von Vollmachten allgemein die Bürgermeister für zuständig zu erklären, abzustehen.

Es ist erwähnt worden, daß eine Mehrzahl von Notaren, besonders aus Oberfranken, die Besorgniß hegt, daß das selbständige Notariat unter den gegenwärtigen Verhältnissen überhaupt nicht aufrecht erhalten werden könne, weil das Erträgniß vieler Notariate jetzt schon knapp und der drohende Gebührenentgang zu groß sei. So schlimm ist die Sache denn doch nicht. Nothleidende Notare haben wir jetzt nahezu gar nicht mehr; einst bestanden wohl mehrere, aber wie Sie wissen, sind eine Anzahl solcher aufgehoben worden und bei anderen, die nothleidend waren, haben sich jetzt die Erträgnisse gebessert. Nothleidende Notariate, d. h. solche, die weniger als 2280 Mark rein ertragen, das ist so viel, als der Anfangsgehalt eines Amtsrichters beträgt, haben wir heute fast gar nicht mehr.

Was die künftige Einkommensminderung anlangt, so schätze ich den

Ausfall, der durch die Einführung des holographischen Testaments sich ergeben S. 625.
wird, nicht hoch. Gewiß ist diese Testamentsform in manchen Fällen eine wünschenswerthe Erleichterung und deßhalb eine angenehme Gabe, die wir durch das Bürgerl. Gesetzbuch erhalten haben, aber ich glaube nicht, daß in den Gebieten, wo sie bisher unbekannt war, zu viel Gebrauch davon gemacht werden wird. Man wird sich bald davon überzeugen, daß es in vielen Fällen besser und sicherer ist, das Testament beim Notar zu machen oder doch das zu Hause gemachte Testament dem Notar zur Verwahrung zu übergeben.

Ohne Zweifel bedeutender sind die Ausfälle, welche die Notare bei den Hypothekengeschäften erleiden werden. Da die Möglichkeit gegeben ist, daß künftig Hypothekbestellungen und Hypothekübertragungen auch beim Grundbuchamte vorgenommen werden, und kein Grund zu der Annahme besteht, daß diese Möglichkeit nicht benutzt wird, so vermindern sich naturgemäß die Geschäfte der Notare in Hypothekensachen. Auch werden die Beurkundungen sich noch weiter dadurch vermindern, daß die Beglaubigung daneben zugelassen ist. Dagegen darf man nicht glauben, daß die Verminderung der Geschäfte so stark sein wird, daß sie einem vollkommenen Ausfall gleich oder nahe käme, denn der Hypothekgläubiger braucht, wenn er nicht Mangels Zahlung Prozeß führen will, eine vollstreckbare Urkunde. Diese kann er aber nur bekommen, wenn er die Hypothekbestellung beim Notar protokollieren läßt. Sein eigenes Interesse wird ihn daher in der Regel bewegen, von dem Schuldner den Gang zum Notar zu verlangen. Es ist darum kaum ein Zweifel, daß in einer sehr großen Mehrzahl von Fällen die Parteien künftig wie bisher die Beurkundung der Hypothekbestellung durch den Notar wählen werden. Ist dieß der Fall, so kann man nur mit dem Ausfalle eines nicht allzu bedeutenden Bruchtheils der bisher in Hypothekensachen den Notaren angefallenen Gebühren rechnen.

Was die übrigen Anregungen betrifft, so glaube ich, daß sie alle besser bei den einzelnen Artikeln besprochen werden.

Nur die Anregung des Herrn Abg. Michel möchte ich noch vorläufig dahin beantworten, daß, da jetzt Rechtseinheit hinsichtlich des Notariats im diesseitigen Bayern und in der Pfalz geschaffen werden soll, auch in der Durchführung des Gesetzes einheitliche Grundsätze maßgebend bleiben müssen. Machen wir von vornherein Ausnahmen für die Landnotariate, die sich ja bis jetzt ganz gut gehalten haben, und halten sie auch bei den vielleicht künftig allzu geringen Einkünften aufrecht, so würde — davon dürfen Sie überzeugt sein — auch rechts des Rheins bald der Wunsch kommen, wie bei den neuen Amtsgerichten, für solche kleine Bezirke eigene Landnotariate zu schaffen, dadurch würde aber das Einkommen der einzelnen Notariate auf dem Lande eine erhebliche Schmälerung erfahren. Ich halte also vorläufig den Weg für bedenklich; doch wird sich noch über die Sache reden lassen.

Was die Frage der Vermehrung der Ueberschriften im Gesetze betrifft, so habe ich vorerst das Gefühl, daß für die Uebersichtlichkeit schon genügend gesorgt ist, da die einzelnen Abschnitte schon Ueberschriften haben und verhältnißmäßig nur kurz sind. Doch ist das eine Frage, die wohl der Redaktionskommission überlassen werden kann. Die Regierung hat gegen die Einstellung weiterer Zwischenüberschriften, wenn sie nothwendig scheinen sollte, nichts einzuwenden.

Vorsitzender: Die Generaldiskussion kann nunmehr geschlossen werden. Das Schlußwort hat zunächst der Herr Korreferent.

S. 625. Abg. **Landmann** (Korreferent): Ich möchte nur zwei Bemerkungen mir gestatten; die erste beschäftigt sich mit der Anregung des Herrn Abg. Wagner bezüglich der Beglaubigung der Unterschriften, von welcher soeben auch der Herr Minister gesprochen hat. Auch ich gehöre zu jenen, welche im großen Ganzen es als sehr wünschenswerth erachten, wenn diese Unterschriftsbeglaubigungen den Bürgermeistern an jenen Orten überlassen werden, an
S. 626. welchen sich kein Notariat befindet. Ich erkenne an, daß die Ausstellung einer Generalvollmacht eine sehr difficile Sache ist, aber in dieser Beziehung möchte ich doch bemerken, daß solche Generalvollmachten die Landbürgermeister nicht ausstellen; sie sind hiezu nicht in der Lage. Nach meiner Ansicht würde es sich lediglich um die Beglaubigung von sogenanaten Spezialvollmachten handeln. Ich erinnere nur an eine Reihe von Vollmachten, die zu Spezialgeschäften nothwendig sind, in welchen Fällen es hart erscheint, wenn man wegen einer Bagatelle erst zum Notar gehen muß. Es sind unverhältnißmäßige Zeitversäumnisse und Geldausgaben damit verbunden.

Ich möchte mich nun gegen den Herrn Abg. Lerno wenden, insoferne mir derselbe den Vorwurf gemacht hat, daß ich den Behörden, insbesondere den Herren Richtern, eine mangelhafte Berufsfreudigkeit zutraute. Das habe ich nicht gethan, ich habe mich speziell — das werden die Herren bezeugen können — auf die alten Gerichtsschreiber berufen, und davon kann ich leider nichts wegnehmen. Im Uebrigen ist es ganz menschlich, daß der Mann, der ohnehin sehr viel zu thun hat, wie es bei den meisten Beamten der Fall ist, keine besondere Freude an Arbeiten haben wird, von denen er weiß, daß ein Anderer dazu da ist, welcher auf diese Arbeiten angewiesen ist. Das liegt in der menschlichen Natur, daß derjenige an eine Sache freudiger herangehen wird, der für seine Arbeit besonders bezahlt wird, als einer, der diese Geschäfte neben vielen anderen besorgen muß. Ich wollte — und das will ich ausdrücklich betonen — in keiner Weise den ehrenwerthen Stand der Gerichtsbeamten angegriffen haben; ich wollte nur einem Gefühle Ausdruck geben, wie es sich in der Beziehung ja ziemlich allgemein kund gibt.

Zu einer weiteren Bemerkung habe ich zunächst keinen Anlaß und behalte mir dieselbe, soweit veranlaßt, für die Spezialdiskussion vor.

Abg. **Fuchs** (Referent): In der Generaldiskussion sind mehrfach Fragen erörtert worden, die uns bei der Spezialdiskussion wiederholt beschäftigen werden und die ich aus diesem Grunde, wie ich bereits einleitend bemerkt habe, nicht angeschnitten habe. Es hätten z. B. die Anregungen bezüglich des Einkommens der Notare bei den Artikeln 29, 127, die Bemerkungen bezüglich der Lokalisirung des Notariats und der Beibehaltung der pfälzischen Landnotariate bei Artikel 5, 31 und 135 gemacht werden können, wir werden bei der Berathung dieser Artikel darauf zurückkommen.

Was die Anregung des Herrn Abg. Wagner, welcher sich Herr Abg. Michel angeschlossen hat, betrifft, daß nämlich den Bürgermeistern jener Gemeinden, in denen ein Notariat sich nicht befindet, die Befugniß zur Beurkundung von Vollmachten gegeben werden soll, so theile ich die von verschiedenen Seiten dagegen vorgebrachten Bedenken und möchte, vorbehaltlich besserer Belehrung, dieser Anregung nicht stattgeben.

Dem Herrn Abg. Dr. Casselmann gegenüber möchte ich bemerken, daß ich darüber niemals im Zweifel war, es werde ein großer Theil der Notare mit manchen Bestimmungen des Notariatsgesetzes nicht einverstanden sein; ich habe auch mit meiner Aeußerung nicht diese Herren zunächst im Auge gehabt.

Die in der Generaldiskussion zum Ausdruck gebrachten Meinungen lassen S. 626.
erhoffen, daß der Entwurf Gesetz wird; ich wünsche nur, daß das neue Gesetz auch seinen Zweck vollkommen erfüllt.

Vorsitzender: Wir treten in die Spezialdiskussion ein.

Ueberschrift und Einleitungsworte des Gesetzentwurfes sind zurückgestellt. Wir kommen zu:

Erster Abschnitt.

Zuständigkeit und Organisation.

Artikel 1.

Herr Referent!

Abg. **Fuchs** (Referent): Die vom Herrn Abg. von Walter gegebene Anregung, auch bei diesem Gesetze, wie bei den übrigen von uns bereits erledigten Gesetzen, die Ueberschriften, welche sich in den Motiven finden, auch in den Text aufzunehmen, soll in der Redaktionskommission weiter verfolgt werden; sie hat keinen Widerspruch erfahren.

Was die formelle Behandlung dieses Abschnittes anlangt, so ist mir aufgefallen, daß hier zuerst die Zuständigkeit und dann die Organisation behandelt wird; ich meine, man sollte, wenn man ein Institut schafft, dasselbe zunächst organisiren und erst dann bestimmen, in welchen Fällen dasselbe thätig werden, also zuständig sein soll. Im bisherigen Notariatsgesetz ist „die Bestellung der Notare" vor dem „Wirkungskreis und der Geschäftsführung der Notare" behandelt.

Abg. **Landmann** (Korreferent): Ich habe nichts dagegen zu erinnern, vorausgesetzt, daß von Seite der k. Staatsregierung hiegegen nichts bemerkt wird.

Ministerialrath **Thelemann:** Das Bedenken, das der Herr Referent wegen der Ordnung der Artikel im ersten Abschnitte geltend gemacht hat, ist nicht unbegründet. An sich ist es richtig, die Organisation vorauszustellen und die Zuständigkeit folgen zu lassen, wie das auch in anderen Gesetzen, insbesondere im bisherigen Notariatsgesetze geschehen ist.

Der Grund, warum in dem Entwurf ausnahmsweise eine andere Anordnung getroffen worden ist, liegt darin, daß das neue Notariatsgesetz die Eigenschaft eines Ausführungsgesetzes zu dem Bürgerl. Gesetzbuch und seinen Nebengesetzen hat. Diese Reichsgesetze setzen alternativ das Bestehen des Notariats voraus, ordnen an, daß für gewisse Geschäfte die Gerichte oder Notare zuständig sein sollen, und lassen die Wahl zwischen der Zuständigkeit der Gerichte und der Notare der Landesgesetzgebung frei.

Der erste Gedanke bei der Neuordnung des Notariats mußte deßhalb der sein, in welcher Weise man die offen gelassene Wahl treffen, welche Zuständigkeit man den Notaren geben wolle. Erst an zweiter Stelle stand der Gedanke, inwieweit man die bisherige Organisation zu erhalten oder abzuändern habe.

Diesem Gedankengange entspricht die Anordnung der ersten Artikel.

Abg. **Fuchs** (Referent): Ich glaube, daß der vom Herrn Ministerialkommissär angegebene Grund gerade nicht durchschlagend ist; ich bestehe aber nicht weiter auf meiner Anregung.

Artil 1 (wird verlesen). In diesem Artikel und in den beiden folgenden Artikeln werden die Normen für die sachliche Zuständigkeit der Notare gegeben. Die k. Staatsregierung hat in dankenswerther Weise in der Einleitung zur

S. 626. Begründung dieses Gesetzentwurfes eine nahezu erschöpfende Zusammenstellung derjenigen wichtigeren Geschäfte gemacht, welche nach den Vorschriften des Bürgerl.
S. 627. Gesetzbuchs, des || Handelsgesetzbuchs und der Grundbuchordnung einer gerichtlichen oder notariellen Beurkundung bedürfen, ferner eine Zusammenstellung derjenigen Fälle, in welchen nach dem Bürgerl. Gesetzbuch, nach dem Handelsgesetzbuch, nach dem Gesetz über die Angelegenheiten der freiwilligen Gerichtsbarkeit, nach der Grundbuchordnung und dem Gesetz über Zwangsversteigerung und Zwangsverwaltung eine öffentliche Beglaubigung nothwendig ist bezw. verlangt werden kann, und hat hieran eingehende Erörterungen geknüpft, die mich weiterer Ausführungen in dieser Beziehung entheben.

Den Notaren verbleibt im Großen ihre bisherige Zuständigkeit sowohl für die öffentliche Beurkundung, als für die Beglaubigung, soweit nicht nach Reichsrecht und Landesrecht andere Behörden und Beamte ausschließlich für zuständig erklärt sind.

Die Befugniß zur Ertheilung von Ausfertigungen, und zwar vollstreckbaren und nicht vollstreckbaren, von Abschriften, die Pflicht zur Verwahrung der notariellen Urschriften ist in diesem Artikel nicht ausdrücklich erwähnt, weil diese Funktionen nur als Folgen der allgemeinen Zuständigkeit der Notare zur öffentlichen Beurkundung erachtet werden; die Geschäftsordnung dürfte hierüber Vorschriften enthalten. In Artikel 11 Abs. 2 Ziff. 2 bis 4 des rechtsrheinischen Notariatsgesetzes war dies allerdings ausdrücklich bestimmt. Hingegen ist eine besondere Vorschrift gegeben über die Zuständigkeit der Notare zur Verwahrung von Urkunden, die nicht von ihnen errichtet sind, sondern ihnen nur zum Zwecke der Uebernahme in amtliche Verwahrung übergeben werden.

Die Fassung des Abs. 1, der sich schwer liest, möchte ich vereinfacht haben, ich schlage vor, Abs. 1 in folgender Weise festzusetzen:

> „Die Notare sind zuständig, öffentliche Beurkundungen und Beglaubigungen zu bewirken und Urkunden in amtliche Verwahrung zu nehmen, soweit hiezu nicht nach besonderen Vorschriften andere Beamte oder Behörden ausschließlich zuständig sind.

Im Uebrigen empfehle ich Artikel 1 zur Annahme.

Abg. **Landmann** (Korreferent): Der Artikel 1 ist meines Erachtens einer der wichtigsten, weil er eine Bestimmung enthält, welche die Thätigkeit der Notare erweitert gegenüber den bisherigen Bestimmungen. Ich finde dieß in der Bestimmung, wornach Notare für Beurkundungen und Beglaubigungen zuständig sind, insoweit nicht nach besonderen Vorschriften andere Beamte oder Behörden ausschließlich zuständig sind. Was darunter zu verstehen ist, ist in den Motiven nur im Allgemeinen gesagt. Es geht daraus hervor, daß die Notare zuständig sind zur Vornahme der öffentlichen Beglaubigung von Unterschriften und Handschriften unter Erklärungen, welche Angelegenheiten des bürgerlichen Rechtes betreffen, insbesondere für Beglaubigung von Erklärungen, die nach den Vorschriften des Bürgerl. Gesetzbuchs der öffentlichen Beglaubigung bedürfen. Also in allen diesen Fällen sollen die Notare zuständig sein. Nicht zuständig sind sie zur Beurkundung und Beglaubigung in Sachen des öffentlichen Rechtes oder, besser gesagt, sie sind hier nicht ausschließlich zuständig.

Nun ist es doch nothwendig, daß, soweit möglich, bezüglich dieses Begriffes: „soweit nicht andere Beamte oder Behörden ausschließlich zuständig sind" eine nähere Erklärung gegeben werde. Ich erlaube mir, um besser verständlich zu sein, einen praktischen Fall anzuführen. Es ist bekannt, daß die Gemeinden die gesetzlich berufenen Verwalter von Stiftungsvermögen sind. Der

Bürgermeister ist nach den Bestimmungen der Gemeindeordnung der gesetzliche S. 627.
Vertreter der Gemeinde und zunächst berufen, die Beschlüsse der Gemeindeverwaltung, des Magistrats zu vollziehen. Nun wird er immerhin zu solchen Akten eine Vollmacht haben müssen. Ich weiß nicht, ob der Beschluß des Magistrats, daß der betreffende Bürgermeister ermächtigt sein soll, die Rechte der Gemeinde oder betheiligten Stiftung zu wahren, genügt. Ferner ist in vielen Fällen der betreffende Bürgermeister nicht in der Lage, die Interessen der Stiftungen selbst wahrzunehmen; er wird also einen Nebenbeamten, einen Magistratsrath, bevollmächtigen müssen. Ich erlaube mir nun die Frage: Ist in diesen Fällen eine notarielle Vollmacht nothwendig? Ich denke mir, daß in diesen Fällen, die wohl im praktischen Leben sehr häufig vorkommen, eine notarielle Bevollmächtigung nicht nothwendig sein wird. Es wäre sehr erwünscht, wenn in dieser Richtung, wo möglich, ein präziser Aufschluß von Seite der k. Staatsregierung gegeben würde. Es werden auch anderweitige Beglaubigungen und Beurkundungen vorkommen, aber es wird kaum möglich sein, sich mit allen diesen Fällen heute zu beschäftigen. Man muß der Praxis auch einen gewissen Spielraum lassen.

Der k. Staatsminister der Justiz: Ich habe keinen Zweifel darüber, daß eine notarielle Vollmacht nicht nothwendig ist. Es genügt vollkommen, wenn die Gemeindebehörde, also der Bürgermeister oder sein Stellvertreter, unter ihrem Siegel eine schriftliche Vollmacht ertheilt. Denn ein solches Schriftstück ist eine öffentliche Urkunde.

Abg. **Segitz:** Ich habe schon bei früheren Gelegenheiten darauf Bezug genommen, daß manche Notare bei der Errichtung von gewissen Verträgen und Beurkundungen nicht mit der nöthigen Vorsicht zu verfahren scheinen, daß manche Verträge, die von den Notaren abgeschlossen werden, nachträglich die Genehmigung des Richters nicht finden können, daß dadurch den Parteien erhebliche Kosten erwachsen, die nach meinem Dafürhalten erspart werden könnten, wenn die Notare die nothwendige Vorsicht üben würden. Es ist mir in allerneuester Zeit aus der Heimath des Herrn Kollegen Wagner wieder ein dießbezüglicher Fall gemeldet worden. Da hat ein Notar sich von der Frau des Mannes und deren Bruder dahin überzeugen lassen, daß der Mann gestorben ist, angeblich in Hamburg, an der Cholera, während derselbe gesund und munter sich des Lebens freute, von seiner Frau allerdings getrennt lebte. Die Frau hat dann die Erbschaft ohne Genehmigung des Mannes angetreten, später haben sich die beiden Eheleute wieder vereinigt und es hat sich herausgestellt, daß die Frau mit dieser Erbschaft nach ihrer Meinung um 2200 M. geschädigt worden ist.

Es scheint mir also, daß diese Fälle nicht so ganz vereinzelt sind, und ich möchte an die k. Staatsregierung die Frage stellen, welche Vorkehrungen gegen derartige Unvorsichtigkeiten getroffen werden. Es könnte diese Frage vielleicht bei den Disziplinarvorschriften besprochen werden. Wichtig genug ist es, sie anzuregen, denn in Zukunft wird wahrscheinlich für derartige Schäden, die die Notare verursachen, der Staat verantwortlich sein. Ich möchte mir gestatten, eine Antwort Seitens der k. Staatsregierung zu erbitten.

Abg. **Wagner:** Was die letzten Anregungen des Herrn Kollegen Segitz betrifft, so glaube ich, daß in dem Falle, den er vorgetragen hat, die Partei an dem Schaden, der erwachsen ist, selbst Schuld ist. Wenn sie dem Notar falsche Angaben macht und eine falsche Beurkundung herbei || führt, so ist es S. 628.
klar und selbstverständlich, daß sie den Schaden, der aus einer solchen un-

S. 628. richtigen Beurkundung erwächst, selbst zu tragen hat. Uebrigens ist es ja richtig, daß kaum vermieden werden kann, daß durch irgend welche Bestimmung, sei die Zuständigkeit des Gerichtes, sei jene des Notars gegeben, durch unrichtige Angaben der betreffende Beurkundungsbeamte zu einer falschen Beurkundung verführt wird. Es ist das übrigens auch unter Umständen ein Delikt, welches strafbar ist, denn die Verleitung zur Falschbeurkundung ist ja unter Umständen ein strafbares Delikt.

Uebrigens wollte ich mich nicht darüber äußern, sondern wollte eine Erklärung veranlassen zu Ziff. 12, 13 und 14 auf Seite 423/424 der Motive. Hier ist ausgesprochen, daß gerichtlich oder notariell zu beurkunden ist (Ziff. 12) „der Antrag des Vaters eines unehelichen Kindes auf Ehelichkeitserklärung und die Einwilligung der Mutter des Kindes und der Frau des Antragstellers." Hier steht noch nicht fest, welcher Behörde die Ehelichkeitserklärung zukommt. Ich erachte aber für selbstverständlich, daß, obwohl prinzipiell wir nur den Notar für zuständig erklären zur Beurkundung solcher Verträge, auch vor der Behörde, welche über die Ehelichkeitserklärung zu befinden oder dieselbe zu instruiren hat, ohne Notariatsakt die betreffende Erklärung abgegeben werden könne. Das Gleiche wird der Fall sein bei Ziff. 13. Neben dem Notar wird da die Behörde, also das Amtsgericht, welches über die Adoption zu befinden hat, zur Entgegennahme des Vertrags, „durch den Jemand an Kindesstatt angenommen wird, und der Einwilligung des Ehegatten des Annehmenden sowie der Eltern und des Ehegatten des „Angenommenen" zuständig sein. Und bei Ziff. 14 wird dann, wenn die Auseinandersetzung eines Nachlasses vom Nachlaßgerichte vorgenommen wird, selbstverständlich die notarielle Beurkundung des Vertrags, „durch den ein Miterbe über seinen Antheil an dem Nachlasse verfügt", entfallen, wenn dieser betreffende Vertrag vor dem Nachlaßgerichte, welches mit der Verlassenschaft befaßt ist, geschlossen wird. Ich möchte nur, daß hierüber draußen nicht Mißverständnisse entstehen. Ich bin wenigstens der Meinung, daß meine Auffassung zutreffend ist.

Im Allgemeinen kann ich ja mit der Bestimmung des Artikel 1 einverstanden sein. Es wird hiegegen nichts zu erinnern sein, insbesondere im Hinblick auf die Auseinandersetzungen, die in der Generaldiskussion bereits gepflogen worden sind. Es ist hier der Ort, an welchem ich mich hinsichtlich meiner Anschauungen, betreffend die Vollmachtsbeglaubigung durch den Bürgermeister, auszusprechen habe, und in dieser Richtung bin ich der Meinung, daß die Einwendungen, welche gegen meinen Vorschlag erhoben worden sind, von Auffassungen ausgehen, welche ich nicht für zutreffend erachten kann.

Die Hauptsache bei der Beglaubigung liegt darin, daß derjenige Beamte, welcher die Beglaubigung vornimmt, zuverlässig ist und in richtiger Weise bestätigt, daß die Unterschrift von jener Person herrührt, deren Unterschrift beglaubigt wird. Daß hiezu der Bürgermeister in der Lage ist und daß man das Zutrauen zu den betreffenden Herren haben darf, daß sie in dieser Beziehung richtige Bestätigungen abgeben, dürfte wohl anzunehmen sein, insbesondere wenn man dem Bürgermeister klar vor Augen führt, daß, sofern er vielleicht eine Unterschrift beglaubigt, ohne sich überzeugt zu haben, daß die betreffende Person sie selbst beigesetzt hat, oder wenigstens die Erklärung derselben entgegengenommen zu haben, daß die Unterschrift von ihr herrührt, er in diesem Falle sich eines Vergehens falscher Beurkundung schuldig macht und mit einer Gefängnißstrafe von mindestens einem Monate zu ahnden ist, so, glaube ich, dürfte keine Gefahr bestehen, daß unrichtige Beurkundungen dieser Art vorgenommen werden.

Das ist der eine Punkt, und hiegegen ist auch von keiner Seite eine S. 628.
Einwendung erhoben worden.

Der andere Punkt ist der: Man sagt, die Vollmacht ist ein so wichtiger Akt, daß eine entsprechende Belehrung von Seite eines verständigen Beamten eintreten müsse. Nun, ich weiß nicht, wie das in Zukunft werden wird. Bisher aber sind die Vollmachten regelmäßig ganz einfach nach Formular ausgestellt worden, und so gut der Notar die Unterschrift unter einem solchen Formular beglaubigt hat, so gut kann es der Bürgermeister auch. Mehr ist bisher nicht geschehen und wird wohl auch in Zukunft nicht geschehen. Es handelt sich immer darum, ob die Person, welcher die Vollmacht ertheilt wird, eine genügend zuverlässige Person ist, und da sage ich, diese Frage zu entscheiden, ist der Bürgermeister viel mehr in der Lage als der Notar, der die Leute viel weniger kennen wird, als sie der Bürgermeister kennt.

Hinsichtlich der Belehrung über die Tragweite einer Vollmacht habe ich keinen Zweifel. Da bin ich mit den Herren vollständig einverstanden, auf Spezialvollmachten läßt sich eine derartige Bestimmung nicht beschränken schon wegen ihrer Fassung nicht. Es würden da so detaillirte Vorschriften gegeben werden müssen, daß ich davon abstehe. Ich bin der Meinung, wenn dieser Gedanke verfolgt wird, so kann es sich nur darum handeln, daß es auch eine Generalvollmacht ist, unter welche der Private seine Unterschrift setzt. Ich glaube, das muß in Kauf genommen werden. Aber, wie gesagt, das desfallsige Bedenken ist nach meiner Meinung ein solches, welches kaum zutreffen wird. Auch hier handelt es sich ganz allein darum, ob die Person, welcher die Vollmacht ertheilt wird, eine zuverlässige ist oder nicht, und bei den Verhältnissen auf dem Lande wird in solchen Fällen meistens einer der nächsten Verwandten es sein, welchem die betreffende Person die Vollmacht ertheilt, und es werden die Mißbräuche, die ja möglich sind — das gebe ich zu —, beim Notar ebensogut vorkommen, als wenn der Bürgermeister die Beglaubigung vornimmt. Es ist ja außerordentlich wünschenswerth, daß dadurch eine Erleichterung der Kosten herbeigeführt wird, da sonst Dienstreisen der Notare wegen Bagatellsachen nothwendig sind, die nicht im Verhältnisse zu dem Gegenstande stehen. Das ist außer allem Zweifel, und wenn der Herr Kollege Conrad darauf hingewiesen hat, daß ja durch Amtstage der Notare geholfen werden könnte, so glaube ich, daß es sehr wenige solcher Amtstage geben wird; diese werden nur ausnahmsweise vorkommen, und dann gibt es immer noch viele Orte, an welche der Notar kaum hinkommt.

Allein, wie gesagt, trotzdem ich glaube, daß meine Anregung eine zutreffende ist, da sie für verschiedene Fälle ein richtiges Auskunftsmittel treffen würde, wage ich doch nicht, einen Antrag zu stellen, weil einige Sympathiekundgebungen zwar erfolgt sind, aber auch diese mit Einschränkungen, welche ich nicht erfüllen kann. Das gestehe ich offen zu, eine Beschränkung auf Spezialvollmachten halte ich nicht für möglich, weil nicht definirt werden kann, auf welche speziellen Fälle die Einschränkung zu erfolgen hat. Nur, wenn ich sehe, daß eine genügende Anzahl von Herren meine Anregung unterstützen würde, würde ich einen Antrag einbringen, den ich dahin skizzirt habe:

> „Zur öffentlichen Beglaubigung einer Vollmacht ist in jenen Gegenden, in welchen sich ein Notariatssitz nicht befindet, auch der Bürgermeister oder bei seiner Verhinderung der Beisitzer zuständig."

Das wäre der Antrag, den ich einbringen würde, vorausgesetzt, daß eine S. 629.
genügende Anzahl der Herren sich mit meinem Gedanken befreunden kann.

S. 629. Abg. **Conrad:** Herr Kollege Segitz hat einen Fall erwähnt, wo ein Notariatsakt eine unrichtige Beurkundung erkennen ließ. Herr Kollege Wagner hat — dem muß auch ich mich anschließen — darauf hingewiesen, daß das wahrscheinlich auf einer falschen Angabe Seitens der Betheiligten beruht. Es wäre höchst bedauerlich, wenn solche Fälle häufiger wären, die ein Verschulden des Notars aus Mangel an der nöthigen Vorsicht erkennen ließen. Ich würde es auch beklagen müssen, wenn nach außen hin die Auffassung Nahrung bekäme, daß unsere Notare derartige Dinge so leichthin unterstützen. Ich glaube das nicht.

Dem gegenüber möchte ich erwähnen, daß vor Kurzem ein älterer vielbeschäftigter Notar einer größeren pfälzischen Stadt mir mit Genugthuung bemerken durfte, daß von der großen Zahl der Verlassenschaftsverhandlungen und Theilungen, die er in seinem Leben vorgenommen hat, auch nicht eine einzige Anlaß zu einem Prozeß gegeben hat. In wie vielen Fällen dabei aber Prozesse verhütet wurden, entzieht sich natürlich jeglicher Annahme.

Nun wollte ich mir aber speziell zu Artikel 1 Abs. 2 eine Anfrage an die k. Staatsregierung gestatten. Abs. 2 besagt, daß die amtliche Verwahrung von Testament und Erbvertrag nur durch den Notar zu erfolgen hat. Da bin ich mir nicht ganz klar, wie es hinsichtlich der holographischen Testamente gelagert ist, welche in der Pfalz, wie ich glaube bemerken zu dürfen, nicht in dem beschränkten Maße vorkommen, wie vorhin Seine Excellenz gemeint hat. Denn die gebildeteren Familien, solche also, welche schreiben können und einer klaren Darlegung ihrer Gedanken fähig sind, haben sich bisher dieser Testamentsform bei uns in ziemlich ausgedehntem Maße bedient. Dieß wird wohl auch in Zukunft der Fall sein. Nun hat sich natürlich ein solches Testament immer in privatem Besitze befunden. Im Sterbefall wurde es dann dem Landgerichtspräsidenten übergeben, der sich zu überzeugen hatte, ob allen essentiellen Forderungen des Gesetzes genügt ist, und der dann die nöthigen Anordnungen für den Vollzug des Testamentes traf. Nun ist die Frage: Wird, wie es bisher geschah, der Landgerichtspräsident verfügen, daß diese Testamente bei diesem oder jenem Notar in Verwahrung zu geben seien?

Abg. Dr. **Casselmann:** Ich muß leider sagen, daß ich mich mit dem Antrage meines verehrten Freundes Wagner nicht befreunden kann. Um die Debatte nicht aufzuhalten, will ich erklären, daß ich mich den Ausführungen des Herrn Kollegen Geiger vollständig anschließe.

Ich habe auch formelle Bedenken. Meiner Meinung nach wird ein solcher Zusatz, wie ihn der Antrag enthält, in ein Notariatsgesetz kaum passen; das hätte man beim Ausführungsgesetz machen sollen. Hier ist blos die Rede von der Zuständigkeit der selbständigen Notare und von der Zuständigkeit derjenigen, die im Falle der Verwesung an die Stelle der Notare treten.

Ich möchte dem Herrn Kollegen Wagner nahelegen, den Antrag nicht weiter zu verfolgen.

Abg. **Fuchs** (Referent): Die vom Herrn Korreferenten erwähnte Urkunde ist eine öffentliche Urkunde und kann von jedem Bürgermeister neben dem Notar beglaubigt werden.

Herr Abg. Wagner hat gemeint, daß eine richtige Bestätigung von Unterschriften Seitens der Landbürgermeister vorausgesetzt werden kann. Wer in der Praxis steht, wird zugeben müssen, daß z. B. einem Gemeindebeamten bezüglich der Beglaubigung von Unterschriften die sonderbarsten Zumuthungen

gemacht werden. Es ist mir selbst schon öfter ein Schriftstück mit dem Ersuchen S. 629.
vorgelegt worden, die darauf befindliche Unterschrift zu beglaubigen; es wurde mir auch von der Person, die das Schriftstück vorgelegt hat, erklärt, daß die betreffende Unterschrift von ihr selbst gegeben worden sei. Die vorsichtshalber gepflogenen Erhebungen haben aber ergeben, daß eine andere Person aus Gefälligkeit unterzeichnet hatte. Es ist mir auch einmal zugemuthet worden, die Unterschrift eines mir wohlbekannten Herrn unter einem Bürgschaftsschein zu beglaubigen, die, wie sich herausstellte, so täuschend nachgemacht war, daß ich sie fast als echt beglaubigt hätte. Wenn ein Landbürgermeister in dieser Sache nicht vorsichtig ist und die Unterschrift auch wenn sie ihm nicht bekannt ist, beglaubigt, was bekanntlich nicht selten vorkommt, so können hieraus allerlei Unzukömmlichkeiten entstehen. Ich muß mich gegen die Anregung des Herrn Abg. Wagner aussprechen.

Abg. Joseph Huber: Ich möchte mir nur eine Anfrage an die k. Staatsregierung erlauben, wie es denn eigentlich steht, wenn eine solche unrichtige Beurkundung von Seite eines Notars, wie Herr Kollege Segitz einen Fall hier vorgebracht hat, stattfindet, ob dieselbe für giltig angesehen werden kann oder nicht.

Der k. Staatsminister der Justiz: Dem Herrn Abg. Joseph Huber möchte ich erwidern, daß ich darauf eine Antwort erst geben kann, wenn ich den Herrn Abg. Segitz noch einmal darüber gehört habe; denn mir scheint, wie auch der Herr Abg. Wagner annimmt, und soviel ich verstanden habe, daß hier die Betheiligte selbst betrügerischer Weise den Notar in einen Irrthum versetzt hat. Hat sie selbst den Notar getäuscht und dann dadurch Schaden erlitten, so muß sie natürlich auch selbst den Schaden tragen. Es wird auch sonst vorkommen, daß ein Beamter, z. B. ein Richter, von den Betheiligten durch unwahre Angaben betrogen wird. Wenn ich aber sagen soll, ob im vorliegenden Falle den Notar eine Schuld dabei trifft, so muß ich doch bitten, daß mir entweder die Akten übergeben werden, oder daß Herr Abg. Segitz deutlich und ausführlich sagt, wie der Fall sich zugetragen hat.

Abg. **Michel:** Der Abs. 2 des Artikel 1 veranlaßt mich, eine Anfrage an die k. Staatsregierung zu richten. Nach § 2259 des Bürgerl. Gesetzbuchs müssen Testamente, die nicht in amtliche Verwahrung gebracht sind, unverzüglich an das Nachlaßgericht abgeliefert werden, wenn der Sterbefall eintritt. Nun sagt der Abs. 2: „Die amtliche Verwahrung von Testamenten und Erbverträgen erfolgt nur durch die Notare." Muß in einem solchen Falle das Testament bei dem Nachlaßgerichte verbleiben oder später an den Notar abgeliefert werden? Es können darüber Zweifel entstehen, wie das in der Praxis zu halten ist, und möchte ich mir deßhalb diese Anfrage gestatten.

Oberregierungsrath Henle: Es wird kaum einem Zweifel unterliegen, daß, wenn ein Testament gemäß § 2259 Abs. 2 des Bürgerl. Gesetzbuchs aus dem Verwahre des Notars an das Nachlaßgericht übergeht, das Testament dann ein Bestandtheil des Gerichtsaktes wird und nicht mehr in die Verwahrung des Notars zurückzugehen braucht.

Abg. **Michel:** Ich habe den Fall im Auge, wenn ein Privater veranlaßt ist, an das Nachlaßgericht ein holographisches Testament abzuliefern. Das muß von dem‖jenigen, der es besitzt, an das Nachlaßgericht abgegeben S. 630.
werden. Bis jetzt hat der Notar dieß nie in Verwahr bekommen. Muß es

S. 630. nun beim Nachlaßgericht verbleiben oder muß es in das Archiv des Notars abgegeben werden? Darüber habe ich Zweifel und wünsche, daß dieselben gehoben werden.

Ministerialrath **Thelemann:** Das wird Alles in der Geschäftsordnung ausführlich dargelegt werden. Es ist nicht nothwendig und nicht wünschenswerth, solche Dinge im Gesetze festzulegen.

Vorsitzender: Die Zweifel des Herrn Abg. Michel sind gehoben.

Abg. **Segitz:** In dem von mir erwähnten Falle scheint ein Versäumniß des Notars darin zu liegen, daß er sich den Todtenschein, die Sterbeurkunde, nicht hat vorlegen lassen. Der betreffende Mann soll an der Cholera in Hamburg verstorben sein, und da war es für den Notar doch naheliegend, nach der standesamtlichen Bescheinigung zu fragen. Er brauchte der Frau und dem Bruder nicht so mir nichts und dir nichts Glauben zu schenken. Derartige Mißgriffe könnten meines Erachtens recht leicht vermieden werden, wenn vorgeschrieben wird, daß in derartigen Fällen die Sterbeurkunde vorgelegt werden muß.

Der k. Staatsminister der Justiz: Auch jetzt ist noch keine genügende Aufklärung da. War in dem betreffenden Falle der Notar als Verlassenschaftskommissär thätig? Oder handelte es sich lediglich um eine Protokollerklärung beim Notar, die an das Verlassenschaftsgericht geleitet werden sollte? Ich muß doch, um antworten zu können, eine richtige Darstellung der Sachlage haben.

Abg. **Segitz:** In dem mir zugegangenen Schreiben heißt es, daß die Frau die Erbschaft angetreten habe ohne Zustimmung des Mannes, nachdem sie dem betreffenden Notar angezeigt hat, daß ihr Mann in Hamburg an der Cholera gestorben sei. Später, als sich die Eheleute wieder vereinigt hatten, hat sich herausgestellt, daß die Frau in ihrem Vermögen geschädigt war.

Vorsitzender: Vielleicht ist später noch Gelegenheit, darauf zurückzukommen, und wir können die Sache jetzt verlassen, da zum Worte Niemand mehr gemeldet und auch ein Antrag von keiner Seite gestellt ist.

Abg. **Wagner:** Ich würde bitten, daß über die Anregung, die ich bezüglich der Ziffern 12, 13 und 14 auf Seite 423/424 der Motive gegeben habe, von der Regierungsseite eine Aeußerung erfolgt.

Was meinen Antrag betrifft, so erkläre ich, daß ich, nachdem ich eine genügende Unterstützung nicht finde, einen Antrag nicht stelle.

Landgerichtsrath **Schmitt:** Der § 1730 des Bürgerl. Gesetzbuchs trifft für den Fall der schriftlichen Einbringung des Antrags Vorsorge. Es soll nicht ein einfacher schriftlicher Antrag genügen, auch nicht eine blos beglaubigte schriftliche Erklärung, sondern es soll gerichtliche oder notarielle Beurkundung des Antrags auf Ehelichkeitserklärung nothwendig sein. Würde mit der Entgegennahme und Verbescheidung des Antrags ein Gericht betraut und der Antrag bei diesem mündlich gestellt und folgeweise zu Protokoll genommen, so bedürfte es einer weiteren notariellen Beurkundung nicht mehr. Ist aber die Behörde oder Stelle, der die Entgegennahme und Verbescheidung des Gesuchs zugewiesen wird, kein Gericht und so organisirt, daß Gesuche bei ihr nicht mündlich angebracht werden, ist mithin die schriftliche Anbringung nothwendig, so muß stets notarielle Beurkundung stattfinden.

Vorsitzender: Zum Worte ist Niemand gemeldet; die Diskussion ist geschlossen. Das Schlußwort hat zunächst der Herr Korreferent. S. 630.

Abg. **Landmann** (Korreferent): Ich habe nichts zu bemerken.

Abg. **Fuchs** (Referent): Ich erbitte mir eine Erklärung der k. Staatsregierung auf meinen Vorschlag bezüglich einer anderen Fassung des Artikel 1 Abs. 1.

Ministerialrath **Thelemann:** Eine ähnliche Fassung des Artikel 1, wie der Herr Abg. Fuchs sie nun vorschlägt, war auch schon von der Regierung in Aussicht genommen. Man kam aber davon ab, weil das Wort „hiezu" unter Umständen Anlaß zu Zweifeln geben könnte. Man könnte nach dem Wortlaute der gekürzten Fassung zweifeln, ob sich das Wort „hiezu" auf alle vorher aufgezählten Zuständigkeiten bezieht oder nur auf die Urkundenverwahrung. Der Deutlichkeit wegen wurden deßhalb die Worte noch einmal wiederholt. Es liest übrigens sich meines Erachtens nicht so schwer, wenn die Worte wiederholt sind, und um der größeren Deutlichkeit willen wird man eine etwas breitere Ausdrucksweise in den Kauf nehmen können.

Abg. **Fuchs** (Referent): Ich behalte meine Antragstellung für die zweite Lesung vor.

Vorsitzender: Ich konstatire die Annahme des Artikel 1. Wir kommen zu

Artikel 2.

Abg. **Fuchs** (Referent) (verliest Artikel 2): Ziff. 1 Neben den Notaren kann auch nach Artikel 122[33] XVI des Gesetzentwurfes, die Aenderungen der seit 1818 erlassenen Gesetze betreffend, den Gerichtsschreibern bei den Amtsgerichten von dem Nachlaßgerichte die Aufnahme des Inventars übertragen werden, während die Amtsgerichte als Nachlaßgerichte zur Aufnahme des Inventars nicht zuständig sind, diese Zuständigkeit des Nachlaßgerichts vielmehr zu Gunsten der Zuständigkeit der Notare ausgeschlossen ist.

Die Zuständigkeit der Notare erstreckt sich nicht nur auf die Aufnahme der vom Bürgerl. Gesetzbuch geforderten amtlichen Verzeichnisse, sondern auf alle amtlichen Vermögensverzeichnisse zu Zwecken des bürgerlichen Rechtes und umfaßt ferner die Zuständigkeit zur Mitwirkung bei der Aufnahme.

Ziff. 2: Auch hier können neben den Notaren die Gerichtsschreiber, Gerichtsvollzieher, Bürgermeister zuständig sein, wie dieß Artikel 94a des Ausführungsgesetzes zum Bürgerl. Gesetzbuch ausdrücklich bestimmt. Diese Vorschrift ist aus Zweckmäßigkeitsgründen erforderlich und hängt mit der Berufung der Notare zur Aufnahme von Vermögensverzeichnissen zusammen. Der Notar kann zu diesem Geschäfte nicht nur von einem anderen Beamten oder einer anderen Behörde, sondern auch von einem Privaten ersucht werden, der z. B. ein rechtliches Interesse an der Siegelung von Räumen hat, die ihm zur Verfügung stehen.

Ziff. 3: Die Zuständigkeit zur Vornahme von öffentlichen Versteigerungen soll den Notaren auch künftig ver‖bleiben, mit dem Unterschiede jedoch, S. 631.
daß wie bisher nach Artikel 18 des Notariatsgesetzes ihre Zuständigkeit für öffentliche Versteigerungen von Immobilien eine ausschließliche ist, während sie für öffentliche Versteigerungen von beweglichen Gegenständen nicht ausschließlich ist, in diesem Falle vielmehr die Ausschließung des Gerichtsvollziehers vom Reichsrechte nicht zugelassen ist; es bestimmt z. B. § 383 Abs. 3 des Bürgerl. Gesetzbuchs, daß die Versteigerung durch einen für den Versteigerungsort bestellten Gerichtsvollzieher 2c. zu erfolgen hat.

S. 631. Unter Vornahme der öffentlichen Versteigerung wird nicht blos die Beurkundung der Versteigerungsverhandlung, die Aufnahme des Versteigerungsprotokolls, sondern der ganze Versteigerungsakt, insbesondere die rechtlich wichtigste Handlung, die Ertheilung des Zuschlags, zu verstehen sein. Die Versteigerungen können sowohl freiwillige als Zwangsversteigerungen sein. Ich empfehle Artikel 2 zur Annahme.

Abg. **Landmann** (Korreferent): Ich habe nichts zu bemerken.

Vorsitzender: Artikel 2 ist angenommen.

Artikel 3.

Abg. **Fuchs** (Referent) (verliest Artikel 3): Bisher stand nach der herrschenden Meinung den Notaren die Befugniß zur Abnahme von Versicherungen an Eidesstatt nicht zu, da ihnen die Behördeneigenschaft fehlte; allerdings konnte der Notar nach einer autographirten Ministerialentschließung vom 4. Mai 1864 auch Handgelübde abnehmen als feierliche Bekräftigung einer Willenserklärung, deren Beurkundung in seinen Wirkungskreis fällt. Nachdem den Notaren die Behördeneigenschaft verliehen werden soll, wird ihnen auch die Zuständigkeit zur Abnahme von Versicherungen an Eidesstatt gegeben. Nach § 2356 Abs. 2 des Bürgerl. Gesetzbuchs ist bereits vorgesehen, daß eine Versicherung an Eidesstatt — nämlich die Versicherung des Erben über die Richtigkeit der Angaben, die er nach § 2354 Abs. 1 Nr. 3 bis 5, nach § 2355 des Bürgerl. Gesetzbuchs zur Erlangung eines Erbscheins zu machen hat — außer vor Gericht auch vor einem Notar erfolgen kann. Uebrigens bleiben die bestehenden Vorschriften aufrecht, nach welchen auch die meisten anderen Behörden zur Abnahme solcher Versicherungen zuständig sind oder gewisse Versicherungen nur vor bestimmten anderen Behörden abgegeben werden können.

In Abs. 2 ist zum ersten Mal von der „Geschäftsordnung“ die Rede. Ich möchte den Wunsch aussprechen, daß die voraussichtlich sehr umfangreiche Geschäftsordnung ebenso klar und leicht verständlich gehalten werden möge wie der Gesetzentwurf, damit der Vollzug des Gesetzes unbeanstandet vor sich gehen kann.

Abs. 2 enthält eine neue Bestimmung, die sich nach den Motiven dadurch rechtfertigt, daß „sich ziemlich allgemein in den Verkehrscentren das Bedürfniß gezeigt hat, z. B. in Konkurssachen, die vor den englischen Behörden verhandelt werden, in englischen und amerikanischen Pensions- und Rentenangelegenheiten, für Lebensbescheinigungen und ähnliche Feststellungen, in welchen es nach den ausländischen Gesetzen oder den Satzungen der ausländischen Anstalten einer eidlichen Aussage oder einer eidlichen Bekräftigung gerade vor einem Notar bedarf, den Notaren diese Zuständigkeit zu geben.“

Für den inländischen Verkehr ist ein Bedürfniß für diese Zuständigkeit zu Beeidigungen und eidlichen Vernehmungen nicht vorhanden, hier wird stets die Zuständigkeit einer anderen inländischen Behörde gegeben sein.

Bei der Abnahme von Eiden und Versicherungen an Eidesstatt wird der Notar das Verfahren einzuhalten haben, wie es für die Gerichte in bürgerlichen Rechtsstreitigkeiten vorgeschrieben ist.

In diesem Absatz ist auch die Frage der Zustellungen geregelt, welche die Notare in diesen Sachen zu machen haben.

Ich beantrage Genehmigung des Artikel 3.

Abg. **Landmann** (Korreferent): Ich habe gegen den Artikel 3 auch nichts zu erinnern. Die Motive lassen keinen Zweifel bestehen, wie weit die Zuständigkeit der Notare geht.

Vorsitzender: Das Wort wird von keiner Seite begehrt, ich schließe die S. 631.
Diskussion und konstatire die Annahme des Artikel 3.

Artikel 4.

Abg. **Fuchs** (Referent) (verliest Artikel 4): Diese Vorschrift entspricht sachlich dem bisherigen Recht und ist nur mit Rücksicht auf die gemeindliche Besitzveränderungsgebühr erweitert worden; sie bringt deutlicher, als es bisher der Fall war, zum Ausdruck, daß es sich hier um Nebengeschäfte handelt, die den Notaren übertragen werden können, aber nicht übertragen werden müssen. In der Königl. Verordnung wird auch die Frage der Bewilligung von Tantiemen an die Notare für die Erhebung der Gebühren geregelt werden.

Ich beantrage Genehmigung des Artikel 4.

Abg. **Landmann** (Korreferent): Ich beantrage gleichfalls Genehmigung.

Vorsitzender: Das Wort wird nicht begehrt; die Diskussion ist geschlossen. Ich konstatire die Annahme des Artikel 4.

Artikel 5.

Abg. **Fuchs** (Referent): Die Artikel 5 bis 10 handeln von der Organisation. (Verliest Artikel 5.)

Die Grundlage der bisherigen Notariatsorganisation war die persönliche Beamtenstellung des Notars; nach der künftigen Organisation sollen die Notariate die Stellung von Staatsbehörden, die Notare die Stellung von öffentlichen Beamten haben. Das Notariatsamt ist also künftig nicht mehr eine persönliche Befugniß des einzelnen Notars, sondern ein für sich selbst bestehendes, von der Person des Inhabers unabhängiges Amt mit Behördencharakter. Die Gründe, welche zur Verwirklichung dieses Gedankens geführt haben, sind in den Motiven angegeben.

Was die einzelnen Bestimmungen dieses Artikels anlangt, so muß bei der Besprechung des Abs. 3 Satz 2: „In jedem Amtsgerichtsbezirke soll wenigstens ein Notariat bestehen" auf Artikel 6, 95 Abs. 2 und Artikel 97 des Entwurfes Bezug genommen werden. Hienach soll jedes Notariat mit einem Notar besetzt werden, sollte aber wegen der Geringfügigkeit der Zahl der amtlichen Geschäfte die Besetzung eines Notariats mit einem Notar unthunlich sein, so soll ein Notariatsverweser bestellt werden. Zu Notariatsverwesern müssen sich unter Umständen auch die Richter und die zum Richteramt befähigten Gerichtsschreiber der Amtsgerichte aufstellen lassen.

Die Bestimmung, daß in jedem Amtsgerichtsbezirke wenigstens ein Notariat bestehen soll, wird von der Be || völkerung freudigst begrüßt werden und ent- S. 632.
spricht einem in der Abgeordnetenkammer wiederholt zum Ausdruck gebrachten Wunsche. Obwohl ich diese Einrichtung für sehr praktisch halte, erachte ich es doch für meine Pflicht, auch die Bedenken hervorzuheben, welche gegen dieselbe erhoben werden können.

Wenn die notarielle Wirksamkeit eine ersprießliche sein soll, so ist nicht blos Liebe und Lust zu dieser Amtsthätigkeit, sondern auch eine genaue Kenntniß der Verhältnisse und ein reiches Maß von Erfahrung nothwendig. Diese Voraussetzung, welche wohl nicht bestritten werden kann, wird in der Regel bei dem nach Artikel 97 des Entwurfes aufgestellten Notariatsverweser nicht zutreffen. Die k. Staatsregierung scheint die gleiche Anschauung zu haben, indem sie in der Einleitung zur Begründung des Gesetzentwurfes sagt: „Das amtsgerichtliche Personal entbehrt bei seinem Eintritt in den Dienst der be-

S. 632. sonderen Schulung im Beurkundungswesen, die von den Bewerbern um Notarstellen verlangt wird und nur von solchen verlangt werden kann. Auch wechseln die Beamten der Amtsgerichte aus dem amtsgerichtlichen in den staatsanwaltschaftlichen und in den landgerichtlichen Dienst, womit die Vortheile langjähriger Erfahrung im Beurkundungswesen verschwinden. Gerade diese Vortheile aber sind für den Beurkundungsdienst besonders hoch anzuschlagen. Es besteht deßhalb die Befürchtung, daß bei der häufigeren Verwendung weniger geübten Personals bei den Amtsgerichten Unsicherheit und formale, minder sachliche Behandlung der Geschäfte öfter vorkommen wird, als es bei den Notaren der Fall ist." Trotz dieser Befürchtung wird die Uebertragung der Notariatsgeschäfte an Gerichtsbeamte für unbedenklich gehalten, da sie einen besonders geringen Umfang der Geschäfte zur Voraussetzung habe und jedenfalls die Vortheile, welche der Bevölkerung aus der neuen Einrichtung zugehen werden, die etwaigen Nachtheile überwiegen würden. Dieses Bedenken würde allerdings schwinden, wenn die k. Staatsregierung beabsichtigen sollte, eigene Richterbeamte für den Notariatsdienst aufzustellen, welchen nebenbei noch amtsgerichtliche Geschäfte zur Erledigung übertragen werden könnten; aber dann nähert sich die k. Staatsregierung in bedenklicher Weise dem Gerichtsnotariat. Wenn einerseits der Bevölkerung der Notar so leicht als möglich zugänglich gemacht werden soll, andererseits aber Schädigungen des Publikums, das doch in erster Linie in Frage kommt, nicht ausgeschlossen sind, so wäre doch zu erwägen, ob vor letzterem entscheidenden Gesichtspunkte nicht die Rücksicht auf die Bequemlichkeit des Publikums vollständig zurücktreten soll, um so mehr als die Personen, die in einem Amtsgerichtsbezirke wohnen, in welchem kein Notar vorhanden ist, in der Regel bei Angehung eines benachbarten Notars keinen erheblich weiteren Weg zurückzulegen haben, als wenn sie sich an den Amtsgerichtssitz begeben. Die Geschäfte der Parteien aus Amtsgerichtsbezirken ohne Notariate sind, wie mir mitgetheilt wurde, bisher schon von den benachbarten Notaren zur Zufriedenheit des Publikums besorgt worden; es wird dieß in Zukunft um so mehr möglich sein, als voraussichtlich vom 1. Januar 1900 ab die Geschäftslast der Notare keine Steigerung, sondern eine erhebliche Verringerung erfahren wird.

Ich wünsche nur, daß der Versuch, wie er hier vorgeschlagen ist, auch gelingt.

Nach Abs. 4 darf der Notar alle Rechtsgeschäfte beurkunden, die innerhalb des Landgerichtsbezirkes, zu dem sein Amtsgerichtsbezirk gehört, sich ergeben. Diese Abgrenzung der Amtsbezirke entspricht dem Artikel 9 Ziff. 3 des rechtsrheinischen Gesetzes; in der Pfalz wird die bisherige Bezirkseintheilung aufgehoben, für die Uebergangszeit ist im Artikel 135 des Gesetzes Vorsorge getroffen.

Die Besprechung der pfälzischen Einrichtungen überlasse ich dem Herrn Abg. Michel.

Die Bestimmung des Abs. 5 liegt im Interesse der Rechtssicherheit. Es soll verhütet werden, daß unter dem Versehen oder der Pflichtwidrigkeit des Notars unnöthigerweise die Betheiligten leiden; nicht die Partei soll den Schaden haben, sondern nur der Notar soll der Einschreitung im Disziplinarweg ausgesetzt sein. Abs. 5 findet in der Pfalz schon vor der Durchführung der neuen Bezirkseintheilung Anwendung.

Hier wäre auch die Lokalisirung des Notariats zu besprechen; nachdem diese Frage in der Generaldiskussion eingehend erörtert wurde und ihr auch schon die Leichenrede gehalten ist, dürfte wohl keine Veranlassung zu weiteren Ausführungen bestehen. Ich empfehle Artikel 5 zur Annahme.

Abg. **Landmann** (Korreferent): Es unterliegt keinem Zweifel, daß Artikel 5 S. 632.
eine sehr wichtige Bestimmung enthält. Es ist das etwas ganz Neues und Grundlegendes, und der Herr Referent hat ganz Recht, wenn er die hier einschlägigen Bestimmungen des siebenten Abschnittes besprochen hat. Nach meinem Dafürhalten kann die Sache nicht anders gemacht werden.

Die Bedenken, die der Herr Referent geäußert hat, kann ich nicht theilen. Wenn Richter oder Gerichtsschreiber als Notariatsverweser aufgestellt werden, so kann es sich nur um Notariate, die keine große Praxis haben, handeln, und da werden auch keine besonders schwierigen Fälle vorkommen.

Von besonderer Bedeutung ist der Abs. 3 für die Pfalz. Die Zahl und die Sitze der Notariate werden durch Königl. Verordnung bestimmt. Auf pfälzischer Seite wird der Wunsch laut, die Landnotariate zu belassen. Hier handelt es sich um eine Organisationsfrage mit der wir uns ex professo nicht zu beschäftigen haben. Ich möchte hier erwähnen, ob nicht allenfalls das Bestehenlassen dieser pfälzischen Notariate insofern eine Wirkung auf das diesseitige Bayern haben wird, als man auch im diesseitigen Bayern dasselbe Landnotariat wünschen wird. Ich glaube zwar, daß man sich im diesseitigen Bayern nicht besonders dafür erwärmen wird. In der Pfalz haben sich Verrichtungen des Notariats ganz anders eingelebt, dort werden von diesen auch andere Geschäfte, als bisher bei uns üblich, mitbesorgt.

Im Uebrigen bin ich mit dem Artikel einverstanden und beantrage die Genehmigung.

Abg. **Michel**: Ich möchte bei dieser Gelegenheit wiederholt die k. Staatsregierung bitten, die bisherigen Landnotariate in der Pfalz bestehen zu lassen. Es ist ja im Artikel 135 für die Pfalz ein Vorbehalt gemacht. Hienach soll es bis zu dem Zeitpunkte, zu welchem das Grundbuch in der ganzen Pfalz als angelegt anzusehen ist, bei der bisherigen Organisation belassen werden. Aus Notariatskreisen ist mir nahe gelegt worden, man möge diese Bestimmung streichen. Doch darüber wird später zu sprechen sein.

Ich will kurz den bisherigen Rechtszustand in der Pfalz skizziren. Artikel 5 des Gesetzes vom 25 Ventose XI (16. März 1803) wurde ersetzt durch die Verordnung vom 7. September 1820. Durch diese Verordnung ist die jetzige Charakterisirung der einzelnen Notare als Bezirksnotare und Landeskommissariatsnotare eingeführt worden. Diejenigen Notare, welche zufällig an einem der vier Sitze || der Landgerichte wohnen, sind befugt, S. 633.
im Bezirke des ganzen Landgerichts zu amtiren, während die übrigen nur berechtigt sind, innerhalb der örtlichen Grenzen des Bezirksamts, des früheren Landeskommissariats, in welchem ihr Amtssitz sich befindet, Akten zu verbriefen.

Ministerialrath Thelemann: Gegen die Bestimmung, daß an jedem Amtsgerichtssitze ein Notariat bestehen soll, ist von dem Herrn Referenten Bedenken geäußert worden wegen der Verweser aus den Kreisen der Gerichtsbeamten. Es ist das ein Bedenken, mit dem auch die Regierung gerechnet hat. Wenn man sich entschlossen hat, dennoch diesen Vorschlag zu machen, geschah es einerseits, um einem von der Kammer vielfach geäußerten Wunsche entgegenzukommen, andererseits um Mißstände zu beseitigen, die sich an notarlosen Amtsgerichtssitzen gezeigt haben. Diese Mißstände waren nicht unbedeutend. Es ist mehrfach vorgekommen, daß Notare, welche mit der Verwesung eines Nachbarnotariats betraut waren, durch äußere Umstände an der Abhaltung der nöthigen Amtstage gehindert worden sind, so durch Hochwasser und Eisgang, wodurch dann ein theilweiser Stillstand der Rechtspflege eintrat. Das

S. 633. wäre vermieden worden, wenn es — wie jetzt vorgeschlagen wird — zulässig gewesen wäre, die Amtsverwesung beim Amtsgericht zu führen. Aber nicht nur bei Erledigung von Notariaten, auch im Falle der Erkrankung von Notaren muß mit solchen Verhältnissen gerechnet werden.

Das sind die Gründe, aus welchen man sich entschlossen hat, diese Bestimmung in das Gesetz aufzunehmen.

Die andere Befürchtung, daß die Notariatsgeschäfte an dem Orte, wo ein Verweser ist, nicht so gut geführt werden wie an dem Orte, wo ein ständiger Notar ist, halte ich nicht für gerechtfertigt. Die Regierung beabsichtigt, in diesen Fällen als Amtsverweser solche Rechtspraktikanten in der Stellung als Sekretäre oder Amtsrichter zu verwenden, welche den Vorbereitungsdienst bei einem Notar durchgemacht haben und vielleicht auch schon vorübergehend als Notariatsverweser sich erprobt haben. Sie müssen bedenken: Bei der großen Zahl von Rechtspraktikanten, die wir zur Verfügung haben, dauert es bis zur Anstellung als Notar 6 bis 7 Jahre für Leute mit nicht schlechten Noten. Hat in dieser Wartezeit ein Praktikant zwei Jahre Notariatspraxis durchgemacht und war dann vielleicht auch noch eine weitere Zeit als Verweser für einen verhinderten Notar thätig, so wird er gerne als Sekretär an ein Gericht gehen, wo ihm gleichzeitig die Verwesung eines Notariats übertragen ist. Er wird dann so lange auf dem Posten bleiben, bis seine Anstellung als Notar kommt, wird zum Notariatsdienst die nöthige Erfahrung mitbringen und in diesem zur Zufriedenheit arbeiten. Er wird aber auch mit anderen, gerichtlichen Arbeiten beschäftigt werden können und so vollauf zu thun haben. Was hier von den Sekretären gesagt, das gilt auch für die Amtsrichter. Auch gut qualifizirte Richteramtskandidaten werden sich der Notariatspraxis unterziehen, wenn sie sehen, daß sie bei der Anstellung Vortheil davon haben. Ich glaube, wir werden nach dieser Richtung hin vollkommen geeignete Zustände schaffen.

Was die Pfalz anlangt, so ist an sich durch den Artikel 5 die Möglichkeit gegeben, daß auch die Landnotariate erhalten werden; ebenso aber soll und wird die Möglichkeit bestehen, diese Notariate nach und nach einzuziehen, wenn sie sich nicht als erhaltbar bewähren sollten. Der Unterschied zwischen den Landkommissariatsnotariaten und den Bezirksnotariaten ist im diesseitigen Bayern nicht recht begreiflich und auch in der Pfalz besteht der Wunsch, daß diese Einrichtung aufgehoben werde. Im Artikel 135 des Entwurfs ist eine Uebergangsbestimmung dahin vorgesehen, daß die neue Bezirkseintheilung auf die Zeit nach Anlegung des Grundbuchs verschoben werden soll. Das geschah, um nicht mit einer plötzlichen Aenderung den Eigenthümlichkeiten der Pfälzer Verhältnisse zu nahe zu treten. Sollte von den Pfälzer Notaren selbst die sofortige Einführung der neuen Bezirkseintheilung gewünscht werden, so stünden der Erfüllung dieses Wunsches auf Seite der k. Staatsregierung keine Hindernisse im Wege.

Abg. **Wagner**: Was den letzteren Punkt betrifft, so glaube ich, werden die Pfälzer Herren von den Erklärungen des Herrn Ministerialkommissärs befriedigt sein; denn vorläufig wird der Wunsch des Herrn Abg. Michel erfüllt und es wird der Zukunft überlassen, ob man an die Aufhebung der Landnotariate herantreten soll; diese soll doch nur dann bethätigt werden, wenn es sich herausstellt, daß man sie nicht erhalten kann.

Was aber die Hauptfrage, die Frage der Notariatsverweser, betrifft, so glaube ich, daß in dieser Beziehung durch die Ausführungen des Herrn Ministerialkommissärs die Bedenken des Herrn Abg. Fuchs wesentlich sich ver-

mindert haben werden. Ich muß bemerken, daß gerade das Institut der Notariats- S. 633.
verwesung an Gerichten, welche einen Notar nicht hatten, eine Einrichtung ist, welche manche Gegner des Notariats mit demselben aussöhnen wird. Ich habe von verschiedenen Kollegen, die in der Lage sind, im Bezirke von Amtsgerichten sich zu befinden, wo sich Notare nicht befinden, die Frage gehört: „Wie ist es denn bei uns? Wenn da nicht abgeholfen wird, dann sind wir gegen das Notariat überhaupt.“ Dadurch, daß abgeholfen wird, werden Manche mit dem Institut besser versöhnt sein. Das ist eine wohlthätige Wirkung der vorgeschlagenen Bestimmnng.

Ich bin mit dem Herrn Referenten einverstanden, daß man eine Veränderung an dem Artikel 5 nicht vornehmen soll.

Vorsitzender: Es meldet sich Niemand mehr zum Worte; ich konstatire die Annahme des Artikel 5.

Artikel 6.

Abg. **Fuchs** (Referent) (verliest Artikel 6): Es dürfte zu erwägen sein, ob es sich im Hinblick auf die Bestimmung des Artikel 95 Abs. 2 des Entwurfs nicht empfiehlt, dem Artikel 6 folgende Fassung zu geben:

„Jedes Notariat wird mit einem Notar und in den Fällen des Artikel 95 Abs. 2 mit einem Notariatsverweser besetzt.“

Der k. Staatsminister der Justiz: Ich möchte bitten, die Fassung des Artikel 6 zu belassen. Hier wird die Regel für die Besetzung der Notariate gegeben, Artikel 95 enthält nur Bestimmungen für einzelne Ausnahmefälle, in denen an Stelle des Notars ein Verweser zugelassen werden soll. Es würde der Verständlichkeit des Gesetzes nicht förderlich sein, hier schon von dem Verweser zu sprechen, während der Begriff und die Befugnisse des Verwesers erst in einem viel späteren Abschnitte behandelt merden.

Abg. **Landmann** (Korreferent): Ich kann das Bedenken des Herrn Referenten nicht theilen, denn es handelt sich hier doch nicht um eine Person, sondern um das Amt selbst.

Abg. **Fuchs** (Referent): Ich halte mein Bedenken nicht aufrecht und beantrage die Genehmigung des Artikel 6.

Vorsitzender: Der Artikel 6 ist, nachdem sich Niemand mehr zum Worte meldet, angenommen.

Artikel 7. S. 634.

Abg. **Fuchs** (Referent) (verliest Artikel 7): Nachdem die Beamteneigenschaft der Notare anerkannt ist, dieselben öffentliche pragmatische Beamte sind, haben sie als definitiv angestellte Staatsbeamte im Sinne des Heimathgesetzes zu gelten.

Auf diejenigen Notare, welche während der Regentschaft ernannt werden, wird Tit. II § 18 der Verfassungsurkunde keine Anwendung finden können, nachdem die Notare Beamte der freiwilligen Gerichtsbarkeit sind. Ich beantrage die Genehmigung des Artikel 7.

Ministerialrath Thelemann: Die Notare sind definitiv angestellte Beamte nach den Bestimmungen des Notariatsgesetzes und des Heimathgesetzes. Sie wären es auch nach den Grundsätzen der Staatsdienerpragmatik, wenn diese auf sie Anwendung finden würden, denn sie sind gleich den Amtsrichtern Beamte der freiwilligen Gerichtsbarkeit.

S. 634. Abg. **Landmann** (Korreferent): Die Bestimmung des Artikels ist eine neue, nämlich soweit es heißt: die Notare werden auf Lebenszeit ernannt; ferner daß auch ihre Versetzung nur auf Grund richterlichen Urtheiles zulässig ist.

Ministerialrath **Thelemann**: Die gleichen Bestimmungen bestanden bisher schon.

Vorsitzender: Wenn sich Niemand mehr zum Worte meldet, so ist der Artikel 7 angenommen.

Artikel 8.

Abg. **Fuchs** (Referent) (verliest Artikel 8): Nach Artikel 3 Abs. 1 des zur Zeit geltenden Notariatsgesetzes kann ohne weiters zum Notar ernannt werden, wer die Stelle eines Richters, Staatsanwalts, Gerichtssekretärs oder Rechtsanwalts bekleidet hat. Diese Bestimmung der gesetzlichen Befreiung vom Vorbereitungsdienst hat eine Aenderung insofern erfahren, als die Rechtsanwälte und die rechtskundigen Gerichtssekretäre gestrichen worden sind.

Die Geschäftsordnung wird wohl das Nähere darüber enthalten, was als „genügende Beschäftigung" angesehen werden kann und von wem die Notariatspraktikanten zu qualifiziren sind.

Die Worte: „nach der Erlangung der Fähigkeit zum Richteramt" fasse ich so auf, daß ein Rechtspraktikant nach dem erfolgreichen Bestehen des Staatskonkurses die vorgeschriebene halbjährige Gerichtspraxis nicht nehmen muß, sondern unmittelbar mit der Notariatspraxis beginnen kann. Die Vorschrift ist eine Sollvorschrift und durch die Worte „in der Regel" die Möglichkeit gegeben, eine Verkürzung der Dauer des Vorbereitungsdienstes eintreten zu lassen.

In Abs. 3 wird die gesetzliche Befreiung vom Vorbereitungsdienst behandelt und auf diejenigen Bewerber eingeschränkt, welche das Richteramt bekleiden oder bekleidet haben, es muß also, wenn nicht Dispens nach Abs. 2 ertheilt wird, ein Rechtsanwalt nach Niederlegung seiner Anwaltspraxis oder ein Gerichtssekretär noch zwei Jahre Praxis bei einem Notar nehmen, während ein Richter je nach seiner Qualifikation rc. hievon befreit werden kann. Nach dieser Vorschrift ist es auch nicht ausgeschlossen, daß pensionirte Richter als Notariatsverweser wie bisher verwendet werden können. Ich beantrage die Genehmigung des Artikel 8.

Vorsitzender: Es ist in der letzten Zeit öfter vorgekommen, daß beispielsweise Bezirksamtsassessoren a. D. zur Verwesung zugelassen wurden, wie man ja auch vor 30 und mehr Jahren rechtskundige Gemeindebeamte zu Notaren ernannte ohne vorgängige Notariatspraxis, was künftig nicht mehr angängig ist.

Abg. **Landmann** (Korreferent): Ich habe nichts zu erinnern.

Vorsitzender: Da sich Niemand mehr zum Worte meldet, konstatire ich die Annahme des Artikel 8.

Artikel 9.

Abg. **Fuchs** (Referent) (verliest Artikel 9): Diese Bestimmung gehört dem Dienstrecht an; sie ist eine Sollvorschrift, deren Verletzung auf die Giltigkeit des Notariatsaktes keinen Einfluß hat. Bisher war die Leistung des Eides Voraussetzung des Rechts auf die Amtsführung und damit der Giltigkeit einer Amtshandlung; Verletzung dieser Vorschrift macht strafrechtlich und disziplinär verantwortlich.

Abs. 2 bestimmt, daß der Eid in der öffentlichen Sitzung der Civilkammer S. 634.
des Landgerichts zu leisten ist. Ueber die Abnahme des Eides, das hierüber zu errichtende Protokoll 2c. wird die Geschäftsordnung Näheres enthalten.

Abs. 3 ist auf den Fall der Versetzung beschränkt, ein vom Amt enthobener und später wieder angestellter Notar wird den Eid wieder leisten müssen. Ich beantrage die Annahme des Artikel 9.

Abg. **Landmann** (Korreferent): Ich habe nichts zu erinnern.

Vorsitzender: Damit ist der Artikel 9 angenommen.

Artikel 10.

Abg. **Fuchs** (Referent) (verliest Artikel 10): Die Vorschrift des zweiten Satzes des Abs. 1 ist neu, sie bietet die Möglichkeit, der Verlegung der Notariatskanzleien in das Centrum der Großstadt entgegenzutreten, wenn dieß im Interesse der außen wohnenden Bevölkerung nothwendig wird. Ich finde diese Bestimmung sehr praktisch und hoffe, daß sie auch wirklich gehandhabt werde. Die Zahl der Einwohner könnte von 100,000 auch auf 50,000 oder 60,000 ermäßigt werden; ich habe dabei Augsburg und Würzburg im Auge.

Die Beschränkung auch auf die Wohnung zu erstrecken, erscheint erforderlich, weil der Notar mehr als der Richter vom Publikum auch zu solchen Zeiten aufgesucht wird, in denen die Kanzleien geschlossen sind; nach Artikel 19 des Entwurfes ist der Notar übrigens verpflichtet, in dringenden Fällen Amtsgeschäfte auch außerhalb der ordentlichen Geschäftszeit, z. B. Errichtung von Testamenten in der Nachtzeit, vorzunehmen. Unter „Wohnen" wird zu verstehen sein, daß der Notar an seinem Amtssitze, der mit dem Wohnsitze zusammenfallen wird, auch seine Geschäftsräume halten muß. „Geschäftsräume" werden der „Amtsstelle" gleich zu achten sein, jede Behörde hat nur eine Amtsstelle, d. h. Standplatz der Amtsthätigkeit. Der Notar kann also innerhalb seines Amtssitzes nicht zwei Geschäftslokale halten. Dieß ist nur zu billigen, damit nicht etwa außerhalb des Amtssitzes des Notars förmliche Filialbureaux errichtet werden. Ueber Amtstage wird im Artikel 20 zu sprechen sein. Ich beantrage die Genehmigung des Artikel 10.

Abg. **Landmann** (Korreferent): Die Bestimmung, daß der Notar an seinem Wohnorte nicht zwei Geschäftsräume halten darf, steht nicht im Artikel 10;
der Herr Referent || folgert dieß nur aus den Motiven, worin gesagt ist, daß S. 635.
der Notar außerhalb des Amtssitzes Geschäftsräume nicht halten soll. Es wird immer noch die Frage offen sein, was unter Amtssitz zu verstehen ist. Ich halte dafür, daß ein Notar an seinem Wohnsitze zwei Bureaux halten darf. Der Notar darf nur auswärts keine Filialen halten.

Bei diesem Anlaß möchte ich mit Rücksicht auf die Bemerkung, die der Herr Abg. Casselmann in der Generaldiskussion gemacht hat, indem er die Befürchtung aussprach, daß die Notare ein zu geringes Einkommen haben werden, den Wunsch aussprechen, daß man in kleineren Städten, wo zwei Notare sind, wenn sich eine Stelle erledigt, immer prüfen möge, ob nicht eine der Stellen einzuziehen sei. Es dürfte hierauf in der betreffenden Verordnung Rücksicht genommen werden.

Sonst habe ich nichts zu erinnern und beantrage gleichfalls die Genehmigung.

S. 635. Abg. **von Walter:** Ich habe den Artikel so aufgefaßt, daß der Notar nicht nur außerhalb des Wohnsitzes kein Geschäftslokal haben darf, sondern daß er auch am Amtssitz selbst kein zweites haben soll. Ich glaube übrigens, daß die Frage kaum akut werden wird. Jeder Notar wird froh sein, wenn er nur ein Geschäftslokal bezahlen muß.

Ich habe aber ein anderes Bedenken. Bezüglich der Bestimmung, daß dem Notar ein bestimmter Amtssitz in einer Stadt zugemuthet werden kann, findet sich in den Motiven die Bemerkung „ihren Amtssitz und damit ihre Wohnung" Das scheint mir doch etwas hart zu sein. Ich setze den Fall, daß hier einem Notar in einem Stadttheil ein Amtssitz zugewiesen wird, wo die Wohnungsmiethe eine sehr hohe ist. Warum soll er da nicht seine Wohnung in einem anderen Stadttheil nehmen können, wo die Wohnungen billiger sind. Hier steigen ja die Miethpreise ganz außerordentlich. Man spricht ja bereits davon, daß man für ein Zimmer 300 bis 500 M. verlangt. Wenn da ein Notar gezwungen wird, Wohnung und Geschäftsräume in einem solchen Viertel zu miethen, so finde ich das hart. Ich glaube, es würde genügen, wenn man den Notar verpflichtete, in einem bestimmten Stadttheil seinen Amtssitz aufzuschlagen.

Ministerialrath **Thelemann:** Die Notare, welche im Innern der Stadt wohnen, werden nicht betroffen werden. Es handelt sich hauptsächlich darum, den Notaren einen Sitz in der Peripherie anzuweisen. Wenn ich ein konkretes Beispiel von München nehmen darf: Früher hatten wir ein Notariat in der Au, später wurde dasselbe aufgehoben und dem Notar damit die Möglichkeit gegeben, sich in München niederzulassen, wo er wollte. Er ist thatsächlich draußen geblieben, weil der Sitz des Amtsgerichts da ist; allein man hätte ihn nicht hindern können, in's Innere der Stadt wegzuziehen.

Nun soll die Möglichkeit eröffnet werden, den Notar zu zwingen, unter Umständen in eine Vorstadt zu gehen, wo vielleicht, wie in der Au oder in einem anderen Stadttheil, eine Gerichtsabtheilung errichtet wird, damit er dort seinen Sitz habe. Der Notar muß aber an dem angewiesenen Orte nicht nur sein Bureau, sondern auch seine Wohnung haben. Es wäre nicht angezeigt, ihm zu erlauben, statt in der Au in Schwabing zu wohnen. Denn z. B. zu nächtlichen Testamenten muß man offenbar nicht das Bureau, sondern die Wohnung des Notars in der Nähe haben. Deßhalb betonen die Motive die Verpflichtung des Notars, in dem angewiesenen Bezirke auch seine Wohnung zu haben. Für die inneren Stadttheile bedarf es einer solchen Bestimmung in der Regel nicht. Da hier immer eine Mehrzahl von Notaren vorhanden ist, so ist ein Zwangsmittel gegen die Einzelnen nicht nöthig.

Abg. **von Walter:** Mit dieser Auslegung des Herrn Ministerialkommissärs bin ich zufriedengestellt und sind meine Bedenken beseitigt; aber so, wie die Bestimmung lautet, und aus den Motiven hätte man auch das Gegentheil herauslesen können.

Abg. **Fuchs** (Referent): Ich möchte die k. Staatsregierung um Aeußerung darüber ersuchen, ob nicht eine geringere Einwohnerzahl als 100,000 genommen werden könnte.

Ministerialrath **Thelemann:** Auch diese Frage ist erwogen worden. Durchschlagend war schließlich der Gedanke, daß bis zu einer Einwohnerzahl von 100,000 der Umfang einer Stadt kaum so bedeutend ist, daß eine Maßregel dieser Art nöthig würde.

Abg. **Fuchs** (Referent): Ich stelle keinen Antrag.

Vorsitzender: Nachdem sich Niemand mehr zum Worte gemeldet hat, S. 635.
konstatire ich die Annahme des Artikel 10.

(Schluß der Sitzung um 12 Uhr 30 Minuten.)

von Stobäus,
Vorsitzender.

Michel,
Schriftführer.

---

37. S. 637.

Protokoll

über die Sitzung des besonderen (XVIII.) Ausschusses der Kammer der Abgeordneten zur Berathung der durch die Einführung des Bürgerlichen Gesetzbuchs veranlaßten Gesetzentwürfe.

(Verhandl. des Justiz-Gesetzg.-Aussch. d. K. d. Abg. 1899. Beil.-Bd. XX, Abth. II, S. 637 bis 654.)

München, den 3. Mai 1899, Vormittags $9^1/_2$ Uhr.

Gegenwärtig:

Die Vertreter der k. Staatsregierung: der k. Staatsminister der Justiz Dr. Freiherr von Leonrod, Excellenz, der k. Ministerialrath im Staatsministerium der Finanzen, Kronanwalt Ritter von Schubart, der k. Ministerialrath im Staatsministerium der Justiz Thelemann, der k. Landgerichtsrath im Staatsministerium der Justiz Schmitt;
ferner die Ausschußmitglieder: von Stobäus, Vorsitzender, Wagner, Stellvertreter des Vorsitzenden, Dr. Casselmann, Schriftführer, Michel, Stellvertreter des Schriftführers, Conrad, Fuchs, Joseph Geiger, Joseph Huber, Landmann, Lerno, Segitz, von Walter (Beckh, Dr. Ratzinger und Seeberger entschuldigt).

Tagesordnung:

Entwurf eines Notariatsgesetzes.
(Beilage R.)

Artikel 11, 12, 13, 126, 14, 15, 16.

Erste Lesung.

Vorsitzender **von Stobäus** eröffnet um 9 Uhr 35 Minuten die Sitzung.
Die Berathung wird fortgesetzt bei:

Zweiter Abschnitt.

Dienstverhältnisse und Geschäftsführung.

Artikel 11.

Abg. Fuchs (Referent): Der zweite Abschnitt enthält Vorschriften über die Dienstverhältnisse der Notare und über ihre Geschäftsführung im Allgemeinen.

Artikel 11 bis 14 handeln von der Ausschließlichkeit des Dienstes und den Nebengeschäften.

Artikel 11 (wird verlesen). In diesem Artikel wird die Unvereinbarkeit des Notariats mit der Rechtsanwaltschaft aufrecht erhalten, dagegen die Unvereinbarkeit des Notariats mit anderen öffentlichen Aemtern gemildert. An

S. 637. dem Verbote, ein besoldetes öffentliches Amt zu bekleiden, hält der Entwurf fest, das Justizministerium wird aber ermächtigt, Ausnahmen von dieser Bestimmung zu treffen. Dieß hat den Vorzug, daß bei der Ertheilung oder Versagung der Genehmigung alle individuellen Verhältnisse gewürdigt werden können. Unbezahlte öffentliche Aemter darf der Notar ohneweiters bekleiden, Gemeindeämter, soweit nicht die Bestimmungen des Artikel 173 der Gemeindeordnung entgegenstehen.

Bezüglich des Schöffen- und Geschwornendienstes gilt das Reichsrecht.

Ich beantrage die Annahme des Artikels.

Abg. **von Walter:** Ich bin nicht besonders erfreut darüber, daß die Uebernahme von Aufsichtsrathsstellen bei Aktienunternehmungen dem Notar freigelassen werden soll. Ich denke, daß von der Erlaubnißertheilung doch nur selten Gebrauch gemacht wird; denn eine besondere Förderung des Ansehens des Notariats wird darin kaum zu erblicken sein.

Abg. **Wagner:** In den Motiven ist ausgeführt, daß die Besorgung von solchen Nebenämtern Vortheile bringen kann. Nun würde wohl zur Erläuterung dieses Passus noch nothwendig sein, auszuführen, welche Aemter man denn hauptsächlich bei dieser Bestimmung im Auge hat, und ich würde auch wünschen, daß dargelegt würde, welche Vortheile man sich von der Gestattung der Bekleidung solcher Nebenämter verspricht. Es ist doch, nachdem der Notar jetzt eine ganz andere Stellung bekommt als bisher, etwas Ungewöhnliches, daß eine solche Ausnahme gemacht wird, denn die Notare sind ja Beamte wie alle anderen Beamten, nur daß sie ihre Gebühren nicht vom Staate, sondern von den Parteien beziehen. Ich würde schon bitten, darzulegen, welche Nebenämter man im Auge hat und welches die besonderen Vortheile sind, die man sich davon verspricht, daß man den Notaren eine solche ausnehmende Bewilligung gibt.

Der k. Staatminister der Justiz Dr. Freiherr **von Leonrod:** Die Vorschrift des Artikel 11 ist keine Ausnahmevorschrift, die Notare werden dadurch im Gegentheil denselben Regeln unterworfen wie die übrigen Beamten.

Abg. **Conrad:** Ich wollte, insbesondere was die Verhältnisse der Pfalz betrifft, mir noch anzufügen erlauben, daß nach dem bisherigen pfälzischen Gemeinderechte die Bürgermeister ein unbesoldetes Amt zu führen haben und lediglich Ehrenämter in Frage standen, deßhalb für die Pfalz die Gesetzesstelle nicht in Betracht kam. Nun ist allerdings durch die Novelle zur Gemeindeordnung der Pfalz, die neuerdings auch besoldete Berufsbürgermeister zuläßt, die Sache etwas geändert. Ich kann mir jedoch nicht denken, daß der besprochene Fall dort praktisch werden könne. Denn wenn, was nur ausnahmsweise geschehen wird, einmal eine größere Stadt sich einen Berufsbürgermeister anstellt, so wird sie ihn mehr als ausreichend zu beschäftigen wissen. Ich glaube übrigens zu wissen, daß früher einmal in der Pfalz, ich glaube in Frankenthal, ein Notar Bürgermeister war. Es fiel das noch unter die Bestimmung, daß in der Pfalz die Bürgermeisterämter Ehrenstellen sind.

Vorsitzender: Zum Worte ist Niemand mehr gemeldet; ich schließe die Diskussion.

Die beiden Referenten verzichten auf das Schlußwort; Artikel 11 ist angenommen.

Artikel 12.

Herr Referent!

Abg. Fuchs (Referent) (verliest Artikel 12): Das Verbot des Handels- und Gewerbebetriebs und die Führung der Verwaltung finanzieller Unternehmungen ist aus Artikel 10 Ziff. 2 des bisherigen Notariatsgesetzes übernommen. Im Artikel 68 des Entwurfes finden sich die übrigen Verbote; die in diesem Artikel aufgeführten Geschäfte sind solche, welche als ein Verstoß gegen die Ehre und die Würde des Standes immer aufzufassen sind. Der Unterschied zwischen den Artikeln 12 und 68 besteht also darin, daß der Notar die im Artikel 12 bezeichneten Geschäfte überhaupt nicht führen darf, während er, wenn er die im Artikel 68 verzeichneten Geschäfte ausübt, sich eines Dienstvergehens schuldig macht. S. 637.

Die Genehmigung dafür, daß der Notar Mitglied des Aufsichtsrathes einer Handelsgesellschaft oder einer ähnlichen auf Erwerb gerichteten Unternehmung (Aktiengesellschaft) werden darf, dürfte nur, wie Herr Abg. von Walter vorausgreifend bereits bemerkt hat, aus besonderen Gründen und nur dann ertheilt werden, wenn von der Führung des Amtes oder der Verwaltung durch den Notar keine Beeinträchtigung seiner notariellen Thätigkeit oder seines amtlichen Ansehens zu besorgen ist. Bisher war die Uebernahme von Aufsichtsrathsstellen bei finanziellen Unternehmungen an keine Genehmigung gebunden. S. 638.

Ich hätte einem gänzlichen Verbote den Vorzug gegeben und würde, wenn diese Anschauung Unterstützung fände, einen dießbezüglichen Antrag stellen. Ich möchte auch die Bestimmung des ersten Halbsatzes des ersten Satzes auf die Ehefrau des Notars ausgedehnt wissen; es macht sich nicht gut, wenn die Frau des Notars am Amtssitz ein offenes Geschäft, z. B. ein Putzgeschäft, betreibt. Ich weiß zwar nicht, ob solche Fälle schon vorgekommen sind, die Möglichkeit ist aber nicht ausgeschlossen. Ich behalte mir zunächst Antragstellung vor.

Abg. Landmann (Korreferent): Was zunächst die Frage anlangt, ob ein Notar Mitglied des Aufsichtsrathes einer Erwerbsgesellschaft werden soll, so würde ich auch zu der strengen Auffassung des Herrn Referenten hinneigen, wonach das überhaupt untersagt sein soll. Meines Wissens besteht für die Staatsbeamten ein direktes Verbot nicht, es wird aber die Erlaubniß dazu kaum ertheilt werden. Nun halte ich es für angezeigt, nachdem gerade der Notar berufsmäßig mit solchen Gesellschaften sehr viel zu thun hat, mehr als alle anderen Beamten, daß ein derartiges Verbot direkt ausgesprochen wird. Ich glaube, daß wir damit dem Ministerium selbst in vielen Fällen aus einer Verlegenheit helfen.

Was die weitere Anregung des Herrn Referenten anlangt, dieses Verbot auch auf die Ehefrauen auszudehnen, so ist mir der Gedanke sehr sympathisch. Nur muß ich offen gestehen, es nimmt sich eigenthümlich aus, in den Entwurf eines Notariatsgesetzes eine solche Bestimmung aufzunehmen. Es handelt sich um die Notare, nicht um die Ehefrauen derselben. Es wird sich das vielleicht im Wege der Vollzugsvorschriften machen lassen.

Abg. Dr. Casselmann: Ich möchte doch bitten, der Anregung des Herrn Referenten und des Herrn Vorredners eine Folge nicht zu geben, insoferne dieselben wünschen, daß ein ausdrückliches Verbot in das Gesetz aufgenommen werden soll, daß der Notar nicht Mitglied des Aufsichtsrathes einer Gesellschaft sein könne. Ich gebe vollständig zu, daß die Mitgliedschaft unter den örtlichen und sonstigen Verhältnissen zu Mißhelligkeiten führen kann. Allein wenn wir hier dem Staatsministerium der Justiz das Recht einräumen, zu bestimmen, in welchen Fällen der Notar Mitglied des Aufsichtsrathes werden darf, so meine

S. 638. ich, daß durch eine solche Bestimmung den Bedenken vollständig Rechnung getragen wird. Ich sehe gar nicht ein, warum ein Notar in dieser Beziehung schlechter gestellt sein soll als jeder andere Beamte. Der Beamte kann Mitglied des Aufsichtsrathes sein, und nur die Staatsministerien sind ermächtigt, ihm diese Theilnahme zu verbieten. Wenn das bei den Staatsbeamten im Allgemeinen bisher zu irgend welchen unangenehmen Konsequenzen nicht geführt hat, dann wird das bei den Notaren um so weniger zu solchen führen, als der Notar, wenn wir ihn auch zum Beamten machen, doch nicht in dem vollen Maße Beamter ist, wie sonst staatsrechtlich der Begriff feststeht. Ich möchte bitten, es bei der Regierungsvorlage zu belassen.

Was die zweite Anregung bezüglich der Ehefrauen betrifft, so hat das insofern etwas für sich, als es ja einmal vorkommen kann, daß der Notar in seinen Verhältnissen so herunterkommt, wie der Herr Referent meint. Allein für solche Fälle räumt ja der Entwurf dem Ministerium genügende Disziplinarbefugnisse dem Notar gegenüber ein. Es kann z. B. ein Notar zwangsweise versetzt werden, wenn sich besondere Mißstände ergeben. Ich glaube, der Fall wird kaum vorkommen und es wird kaum nothwendig sein, ihn hier in Rücksicht zu ziehen.

Abg. **Wagner:** Ich kann mich ganz den Aeußerungen des Herrn Vorredners anschließen. Ich möchte auch der Meinung sein, daß ein Verbot, eine Aufsichtsrathsstelle zu übernehmen, nicht ausgesprochen werden solle schon aus dem Grunde, den ich vorher in den Vordergrund gestellt habe. Ich wünsche nicht, daß bezüglich der Notare etwas Anderes bestimmt wird als bezüglich der übrigen Beamten. Für diese ist nur die Bestimmung getroffen, daß sie zur Uebernahme von bezahlten Dienstleistungen die ministerielle Genehmigung haben müssen. Ich sehe nicht ein, warum gerade bezüglich der Notare eine Ausnahme getroffen werden soll.

Was die Ehefrauen betrifft, so wäre ich auch der Meinung, daß sich schon aus dem Grunde, weil etwas Derartiges kaum vorkommen wird, eine eigene Bestimmung nicht empfiehlt. Der Gedanke hat ja allerdings etwas für sich; aber ich glaube, daß dem berührten Mißstande auf dem Wege, den der Herr Kollege Casselmann angedeutet hat, vorgebeugt werden kann.

Der k. Staatsminister der Justiz: Ich möchte auch gebeten haben, es beim Wortlaute des Artikel 12 zu belassen und die Notare nicht anders zu stellen wie die übrigen Beamten. Es kann sehr wohl im Interesse einer Aktiengesellschaft selbst sein, einen tüchtigen Notar, der mit den gesetzlichen Bestimmungen vertraut ist, zum Aufsichtsrathsmitglied zu wählen. Es ist ja auch sonst vorgekommen und kommt noch vor, daß Beamte Mitglieder von Aufsichtsräthen von Aktiengesellschaften sind; wenn das bis jetzt dem Ansehen dieser Beamten nicht geschadet hat, so dürfte es auch in Zukunft nicht der Fall sein, wenn ein Notar Mitglied eines Aufsichtsrathes wird. Da es dem Ministerium vorbehalten ist, die Genehmigung zu ertheilen oder zu versagen, so wird man wohl vertrauen können, daß die Genehmigung nur erfolgt, wenn die Verhältnisse so sind, daß die Mitgliedschaft dem Ansehen des Amtes und der Wahrnehmung des Dienstes nicht schädlich ist.

Was das andere Bedenken anlangt, so wird es kaum vorkommen, daß die Frau eines Notars Handel oder ein Gewerbe treibt. Sollte es doch der Fall sein, so würde schon das Justizministerium Mittel und Wege zur sofortigen Abhilfe finden. Aber ich meine, es wäre nicht ganz passend, in dem Gesetze davon Erwähnung zu thun.

Vorsitzender: Es ist Niemand mehr zum Worte gemeldet. Der Herr Korreferent verzichtet auf das Schlußwort. Herr Referent! S. 638.

Abg. **Fuchs** (Referent): Nachdem meine Anregung eine weitere Unterstützung als jene des Herrn Korreferenten nicht gefunden hat, bestehe ich auf derselben nicht weiter. Die Anschauung des Herrn Korreferenten, daß man hinsichtlich der Ehefrau eine bindende Bestimmung in die Vollzugsvorschriften aufnehmen könnte, halte ich nicht für richtig. Wenn man eine solche Bestimmung nicht in das Gesetz aufnehmen will, kann man sie auch nicht in die Vollzugsvorschriften aufnehmen.

Ich beantrage nunmehr, Artikel 12 zu genehmigen.

Vorsitzender: Artikel 12 ist genehmigt.

Artikel 13. S. 639.

Herr Referent!

Abg. **Fuchs** (Referent) (verliest Artikel 13): Die im Artikel 13 vorgesehenen Geschäfte sind keine Amtsgeschäfte, soweit sie nicht im einzelnen Falle ausnahmsweise auf Grund besonderer Rechtsnorm als Amtsgeschäfte zu gelten haben. Dem Notar ist nur die Erlaubniß ertheilt, *nicht die Pflicht* auferlegt, Gelder, Werthpapiere und Kostbarkeiten, die ihm *aus Anlaß seiner Amtsgeschäfte* von den Parteien übergeben werden, zur Aufbewahrung zu übernehmen. Nach dieser Vorschrift ist die Verwahrung keine *amtliche* Verwahrung, sie steht in keiner Beziehung zum Staat, der davon auch keine Gebühren bezieht; es ist deßhalb auch kein Grund, dem Staate eine Haftung aufzuerlegen.

Diese Anschauung kann ich nicht theilen, halte sie vielmehr für bedenklich. Mit dem Ausschlusse der Haftung des Staates für die hier vorgesehenen Geschäfte ist für das Publikum die Haftung des Staates überhaupt nahezu werthlos gemacht. Wenn der Notar aus Anlaß eines *Amtsgeschäftes* Geld u. s. w. zur Ablieferung an *Behörden* entgegennimmt, so werden die Betheiligten immer vermuthen, daß er eine Amtshandlung begeht, für welche der Staat die Haftung übernimmt; die Betheiligten werden in dieser Ansicht durch die Thatsache bestärkt, daß das Notariat künftig eine Behörde ist.

Abg. **Wagner:** Ich meine, daß die Anregung des Herrn Referenten — materiell bin ich seiner Anschauung — besser bei Artikel 126 verhandelt werden soll.

Abg. **Lerno:** Ich bin schon der Meinung, wir sollten diese Frage hier besprechen. Ich stehe auch auf dem Boden des Herrn Referenten. Die Behandlung der beiden Artikel 13 und 126 kann überhaupt nicht getrennt bleiben; wenn wir jetzt diesen Artikel allein annehmen würden, könnten wir später bei Besprechung des Artikel 126 nicht mehr so gut auf Artikel 13 zurückgreifen.

Vorsitzender: **Artikel 126** ist also mitaufgerufen.

Abg. **Fuchs** (Referent) (fortfahrend): Ich wollte also bemerken, daß die Parteien in dieser Beziehung keinen Unterschied machen und auch nicht wissen, wann der Notar ein Amtsgeschäft und wann er ein Privatgeschäft vornimmt. Wenn man die Fälle zusammenzählt, in denen seit dem Jahre 1862 Notare Veruntreuungen sich haben zu Schulden kommen lassen, so dürfte ihre Zahl gewiß nicht größer sein als in irgend einem anderen Stande. Es ist aber auch zu besorgen, daß durch den Ausschluß der Haftung des Staates in Geldangelegenheiten das Ansehen des Notariats schwer geschädigt wird.

S. 639. Eine Verpflichtung zur Annahme, Verwahrung und Verwaltung von Geldern und Werthpapieren kann sich für den Notar aus besonderen Vorschriften ergeben, z. B. wenn er in einer Zwangsversteigerungssache zum Versteigerungsbeamten ernannt ist und die Ansteigerer unter gewissen Voraussetzungen durch Hinterlegung von Geld oder Werthpapieren für die Erfüllung der Gebote Sicherheit zu leisten haben, oder wenn er die Vermittelung der Auseinandersetzung eines Nachlasses oder einer Gütergemeinschaft zu besorgen hat, oder wenn er bei Aufnahme eines Wechselprotestes eine Wechselzahlung anzunehmen hat u. s. w. Hier ist die Verwahrung Amtssache, die Haftung des Staates gegeben.

Nachdem auch Artikel 126 zur Berathung gestellt ist, soweit er auf Artikel 13 und 14 Bezug hat, will ich den Wortlaut des Artikel 126 bekannt geben (wird verlesen). Während nach Artikel 149 des gegenwärtigen Notariatsgesetzes der Staat für einen Schaden, der durch gesetzwidrige Handlungen oder Unterlassungen der Notare innerhalb ihres amtlichen Wirkungskreises verursacht ist, nur dann haftet, wenn der Notar aus Auftrag des Gerichts sein Amt auszuüben hatte, und während das pfälzische Notariatsgesetz über die Haftung des Staates für die Notare keine Bestimmung enthält, wurde im Entwurf das allgemeine Beamtenhaftpflichtrecht des Staates auch auf die Amtshandlungen der Notare ausgedehnt, hierauf aber auch beschränkt.

Nachdem Artikel 53 und 53a des Ausführungsgesetzes zum Bürgerl. Gesetzbuch von der Kammer bereits angenommen sind, kann die grundsätzliche Ablehnung der Haftpflicht des Staates für die Notare nicht mehr aufrecht erhalten werden.

Wenn als Grund für die Ablehnung der Haftpflicht des Staates für den Notar geltend gemacht werden will, daß die Betheiligten den Notar frei selbst gewählt haben, so ist dieß insoferne nicht ganz zutreffend, als auf dem Gebiete der ausschließlichen Zuständigkeit des Notariats den Betheiligten keine Wahl bleibt, ob sie einen Notar angehen wollen oder nicht.

Wollte man die Haftung des Staates für die Notare in den Fällen ablehnen, in denen die Notare neben den Gerichten oder anderen Behörden zuständig sind, so wäre die Folge, daß die Zuständigkeit der Notare für die Betheiligten wenigstens nach einer Richtung minderwerthig wäre.

Als ein wichtiger Grund für den Vorschlag der k. Staatsregierung darf gelten, daß im Falle der Uebertragung von Notariatsverwesungen an Gerichtsbeamte bei der Prüfung der Haftungsfrage jedesmal unterschieden werden müßte, ob der Beamte seine Amtshandlung in der Eigenschaft als Gerichtsbeamter oder als Notariatsverweser vorgenommen hat.

In Abs. 2 des Artikel 126 wird bestimmt, daß im Falle der Verantwortlichkeit des Staates für einen Notariotsverweser dem Staate der Rückgriff gegen den Notar ebenso zusteht, wie dem Betheiligten die Inanspruchnahme des Notars neben dem Notariatsverweser gestattet ist.

Was Abs. 3 des Artikel 126 anlangt, so sind, wie ich bereits zu Artikel 13 bemerkt habe, die hier bezeichneten Geschäfte keine Amtsgeschäfte, die Verwahrung der Gelder 2c. ist keine amtliche Verwahrung, es soll daher dem Staate keine Verpflichtung auferlegt werden. Ich habe schon erwähnt, daß ich mich mit diesem Vorschlage der k. Staatsregierung nicht einverstanden erklären kann, möchte aber, bevor ich einen Antrag stelle, die Anschauung der Ausschußmitglieder hierüber kennen lernen.

Abg. **Landmann** (Korreferent): Artikel 13 bestimmt, daß der Notar nicht verpflichtet ist, im Allgemeinen Geld, Werthpapiere oder Kostbarkeiten als solche

anzunehmen. Eine solche Verpflichtung besteht für ihn nur, soweit sie sich S. 639.
aus den gesetzlichen Vorschriften ergibt. Dieselben sind eng begrenzt. Ich müßte unter allen Umständen den Antrag stellen, wenn ich nicht eines Besseren belehrt werde, daß jedenfalls der Satz 2 eine Fassung dahin bekommt, daß gesagt wird eine Verpflichtung des Notars besteht nur insoweit, als sie sich aus gesetzlichen oder dienstlichen Vorschriften ergibt. Ich erlaube mir, das in folgender Weise zu begründen und zwar an einem Beispiele aus dem gemeindlichen Geschäftsleben. § 4 der Allerhöchsten Verordnung vom 31. Juli 1869 bestimmt, daß bei Kapitalsausleihung von Gemeinden und Stiftungen das Kapital nicht eher eingehändigt werden darf, als der Eintrag im Hypothekenbuch vollzogen ist. In § 15 der Ministerialentschließung vom 6. August ist weiter angeordnet, daß das Kapital selbst in der Regel nur nach Aushändigung des Hypothekenbriefes auszuzahlen ist. Wenn derselbe zur Tilgung von älteren Hypothekenschulden zu verwenden ist, so kann die Summe beim Notar deponirt werden. Also es ist hier der Fall vorgesehen, daß das Geld zu
depo || niren ist. Dieser Fall wurde bei mir praktisch. Wir hatten eine S. 640.
größere Summe zu deponiren und wollten das Geld beim Gericht deponiren, weil eine Haftung des Notars nicht gegeben ist. Von Seite des Gerichts wurde aber die Uebernahme abgelehnt und dieß damit motivirt, daß der Notar zur Annahme des Geldes ermächtigt ist und es Angesichts dieser Vollmacht nicht angehe, denselben zu umgehen. Es wären überhaupt keine Fälle bekannt, daß bei Gericht Gelder deponirt werden. Es blieb in dem Falle nichts Anderes übrig, als, um die Auszahlung zu ermöglichen, das Geld beim Notar zu hinterlegen. Wenn nun der Notar eine Veruntreuung begeht, so geht das Geld für die Stiftung verloren und voraussichtlich wird die Verwaltung haftbar gemacht werden. Ich würde also, wenn nicht beliebt wird, eine Verpflichtung des Notars auszusprechen, unter allen Umständen dafür eintreten, daß der zweite Satz die Erweiterung, die ich schon angeführt habe, erhält. Im Volke wird man es kaum verstehen, wenn der Notar als königlicher Beamter fungirt, aber in dem Augenblick, wo er das Geld oder Geldeswerth in Empfang nimmt, nicht mehr den Charakter eines Beamten, sondern lediglich einer Privatperson hat. Ich bin der Ansicht, daß der Staat für den Schaden, den der Notar verursacht, unbedingt zu haften hat.

Ich meine, wir sollen unbedingt in dem Artikel 13 aussprechen, daß der Notar die Gelder annehmen müsse, welche ihm aus Anlaß eines Amtsgeschäftes übergeben werden, und daß für solche übergebene Gelder der Staat auch zu haften hat.

Abg. **Lerno:** Der letzte Vorschlag, den der Herr Korreferent gemacht hat, ist ja ein Ausweg, der schließlich acceptabel erscheint, obschon er andererseits mit Rücksicht auf die nothwendige Haftung des Staates in Artikel 53 und 53a des Ausführungsgesetzes immerhin sehr der Ueberlegung bedarf.

Es unterliegt gar keinem Zweifel, daß es im Publikum als arger Mißstand empfunden würde, wenn der Notar zwar fakultativ die Ermächtigung zur Annahme aller Depositen hätte, die Haftung des Staates aber nur in den Fällen eintreten würde, in welchen eine gesetzliche Vorschrift zur Annahme derselben besteht.

Es ist in den Motiven zum Entwurfe sehr mit Recht ausgeführt, „daß in der Bevölkerung Bayerns der Gedanke, daß der Notar nur ein vom Staate konzessionirter und mit öffentlichem Glauben ausgestatteter Gewerbsmann ist, keine Wurzel gefaßt hat", vielmehr ist das Publikum von jeher gewohnt, den Notar als Beamten zu betrachten.

S. 640. Wenn nun in den Fällen, die auch in den Motiven speziell angeführt sind, insbesondere bei Hypothekgeschäften, Gelder an den Notar gelangen — und zwar handelt es sich da häufig um sehr bedeutende Snmmen —, so meint der Betreffende, der das Geld übergibt, er sei hier hinsichtlich seines Geldes ebenso sicher, als wenn er es bei Gericht niedergelegt hätte. Wenn nun Unterschlagungen vorkommen — und diese Möglichkeit ist ja nicht ausgeschlossen — und den Schaden lediglich die Partei tragen müßte, welche im guten Glauben auf den Beamtencharakter des Notars das Geld dort hinterlegt hat, so würde man das als große Ungerechtigkeit empfinden.

Darum müssen wir hier einen Ausweg finden. Entweder muß also gesagt werden, mit Rücksicht darauf, daß der Staat nicht die Haftung übernimmt, darf der Notar solche Gelder überhaupt nicht annehmen, das ließe sich insoferne machen, als der Notar ja doch am Sitze eines Amtsgerichts ist und das Depositenamt verpflichtet werden könnte, derartige Gelder anzunehmen. Uebrigens haben wir auch öffentliche Hinterlegungsämter nach § 372 des Bürgerl. Gesetzbuchs und an vielen Orten Filialen der k. Bank, bei denen solche Gelder deponirt werden könnten.

Der andere Fall wäre freilich noch einfacher, daß man gleich sagt, der Notar muß das Geld übernehmen und darum haftet auch der Staat. Allein ich habe doch Bedenken, die Haftbarkeit des Staates auf diese Fälle auszudehnen, und ich möchte mich daher eher dafür entscheiden, daß dem Notar nicht gestattet wird, solche Gelder anzunehmen, und daß dieselben vielmehr von den Parteien bei anderen Stellen hinterlegt werden sollen.

Abg. **Wagner:** Ich habe dasselbe empfunden wie der Herr Vorredner. Auch ich bin der Meinung, daß eine Aenderung in den vorgeschlagenen Bestimmungen eintreten muß, entweder nach der Richtung hin, welche Herr Kollege Landmann, oder nach jener, welche Herr Abg. Lerno angedeutet hat. Denn wenn eine Unterschlagung vorkommt, so wird sie in der Regel bei einem Notar vorkommen, der nicht mehr solvent ist, und die Partei wird von diesem Notar eine Entschädigung nicht erlangen, und das wird außerordentlich fatal sein. Wir haben vor einigen Jahren hier in München einen derartigen Fall gehabt, der peinliches Aufsehen erregt hat. Ich glaube nicht, daß damals der Staat eingetreten ist. Also wenn der Staat in einem solchen Falle nicht eintritt, dann wird es ja für die betreffenden Theile außerordentlich peinlich, und die Notare verlieren ganz entschieden an Kreditwürdigkeit.

Die Anregung des Herrn Abg. Landmann betreffend möchte ich der Meinung sein, daß man dieselbe nicht sofort von der Hand weisen soll, denn die Notare werden für derartige Deposita auch eine Depositalgebühr nehmen können, und wenn sie eine solche nehmen und bekommen, so wird das eine ziemliche Einnahmequelle für sie sein. Wenn wir ihnen die Deposita wegnehmen, so schmälern wir ihnen das Einkommen. Es wird also das gethan, was man mir zum Vorwurfe gemacht hat, daß ich es thun will, indem ich einzelne Geschäfte von den Notaren oder vielmehr von der ausschließlichen Zuständigkeit der Notare wegnehmen wollte; das ist ein Punkt, der in Erwägung gezogen werden muß. Denn es wird auch kaum im Interesse der Geschäftswelt liegen, daß das umständliche Depositalwesen bei den Aemtern eingeführt wird; es sprechen dagegen die beiden schwerwiegenden Momente: erstens einmal, daß die Geschäftswelt ein Interesse daran hat, daß ihre Angelegenheiten beim Notar oder durch den Notar erledigt werden können. Die großen Banken machen die Sache durchweg so, daß sie das Geld direkt an den Notar schicken. Man

könnte sagen, der Notar darf das Geld nicht annehmen, aber wenn er es S. 640.
doch annimmt, so ist die Möglichkeit einer Unterschlagung auch gegeben. Damit erreichen wir ein vollständiges Auskunftsmittel nicht.

Ich möchte der Meinung sein, daß man die Sache so macht, wie der Herr Korreferent angeregt hat: man soll die Notare verpflichten, Gelder, welche ihnen aus Anlaß von Amtshandlungen übergeben werden, anzunehmen, und der Staat haftet dann dafür. Ich lege den allergrößten Werth darauf, daß das Publikum geschützt wird; namentlich wenn — es ist das schon hervorgehoben worden — der Notar in noch höherem Grade als bisher Beamter wird, dann muß das Publikum auch nach allen Richtungen hin Vertrauen zu ihm haben können und es muß gegen Schäden, die durch den Notar verursacht werden können, in gleicher Weise geschützt werden, wie bei irgend einem anderen Beamten. Denn das Publikum ist nicht in der Lage, zu unterscheiden, ob der Notar zur Annahme des Geldes durch gesetzliche Vorschriften befugt ist oder ob das nicht der Fall, sondern das Publikum geht von der Anschauung aus, daß der Notar als Beamter schon das Rechte besorgen wird und daß nichts Unrechtes vorkommen wird.

Die Haftung des Staates vergrößert sich allerdings, und || da wäre dann S. 641.
an den Gedanken heranzutreten, daß man vielleicht in dieser Beziehung irgend eine Kasse gründet, in welche die Notare einzahlen sollen, um den Staat zu decken, oder irgend so etwas. Aber ich weiß nicht, ob das nothwendig ist, gar so oft wird die Sache nicht vorkommen, und ich meine, nachdem der Staat einmal A gesagt hat bezüglich der Beamten, soll er auch in dieser Richtung B sagen, und das wäre der Fall, wenn man den Artikel 13 ändert in der vom Herrn Korreferenten vorgeschlagenen Weise.

Abg. **Geiger**: Die Anregung des Herrn Abg. Wagner finde ich zutreffend. Ich würde mich auch in der einen oder anderen Weise, insbesondere auf dem Wege, den Herr Abg. Wagner vorgeschlagen hat, dazu entschließen, die Haftung des Staates zu erweitern. Aber eine Grenze müßte ich setzen in Bezug auf die Stellung des Notars als Testamentsexekutor, diese müßten wir unter allen Umständen ausnehmen, und da dürfte der Staat nicht in Mitleidenschaft gezogen werden, es ist auch im Entwurfe an mehreren Stellen hervorgehoben, welche besondere Stellung hier der Notar als Testamentsexekutor außerhalb seines Amtes einnimmt.

Abg. **von Walter**: Wenn ich zurückdenke, in welch' reichem Maße durch die Artikel 53 und 53a des Ausführungsgesetzes der Staat die Haftung für die übrigen Beamten übernommen hat, so scheint mir die Haftung, die in dem gegenwärtigen Entwurfe vorgesehen ist, doch schon eine recht kümmerliche zu sein. Man darf nicht vergessen, daß der Notar nur veranlaßt sein wird, Depositen entgegenzunehmen aus Anlaß seiner Amtsgeschäfte. Wenn er Privatgeschäfte macht, dann fällt natürlich die Haftung des Staates weg. Allein eine ganze Masse von Verträgen und insbesondere von Hypothekenverträgen wird nur dadurch möglich sein, daß man die Gelder, die zur Abführung der bereits bestehenden Hypothek- und Grundschulden nothwendig sind, hinterlegt. Wenn man die Verpflichtung, solche Hinterlegungen anzunehmen, den Hinterlegungsstellen nicht aufbürden kann und nicht aufbürden will, so wird nichts Anderes übrig bleiben, als daß man diese Geschäfte unter die Amtsgeschäfte des Notars einbezieht. Ich kann in diesen Dingen die Eigenschaft des Notars als Beamter und Privatperson nicht trennen, denn nur das Amtsgeschäft gibt Anlaß, daß er die Gelder in Empfang nehmen und verwahren muß, bis die

S. 641. Sache vollständig abgewickelt werden kann, und da, meine ich, sollte man doch schon Vorsorge treffen, daß das Publikum nicht geschädigt und das Ansehen des Notariats nicht empfindlich herabgedrückt wird. Der Fall, der hier gespielt hat und der schon erwähnt worden ist, hätte vielleicht auch vermieden werden können, wenn man rechtzeitig sich um den Herrn Notar gekümmert hätte. Es waren schon die Gerüchte allgemein verbreitet, daß der Aufwand, den namentlich die Frau des Notars gemacht hat, absolut auch mit den reichsten Einnahmen eines Notars nicht bestritten werden könne. Allein gleichwohl hat die Aufsichtsbehörde sich erst darum gekümmert, als der Bruch schon vollständig eingetreten war. Die Ueberwachung der Notare wird ja in dieser Richtung künftig auch möglich und es wird dem Staate damit Gelegenheit geboten sein, den Schaden abzuwenden, den er tragen müßte. Aber ich meine schon, daß man für diese Veruntreuungen von hinterlegten Geldern, die der Notar nur aus Anlaß der Amtsgeschäfte in Empfang nehmen muß, die Haftung des Staates eintreten lassen soll.

Für mich liegt auch die Frage bezüglich der Veruntreuungen klar, die sich der Notar als Testamentsvollstrecker zu Schulden kommen läßt. Wenn man den Notar zwingt, daß er das Amt eines Testamentsvollstreckers zu übernehmen hat, soll man nach meinem Dafürhalten auch die Folgen des Zwanges, den man dem Mann auferlegt, tragen. Ich bin ganz damit einverstanden, daß man die Bestimmung wegläßt, daß der Notar verpflichtet sein soll, und daß er lediglich als Privatperson die Testamentsvollstreckung übernimmt und ausführt, falls er sich dazu herbeiläßt; dann fällt die Haftung des Staates weg. Allein solange der Staat ihn nöthigt, muß er dem Publikum gegenüber auch verpflichtet sein, für den Schaden einzustehen, den der Notar als Testamentsvollstrecker verursacht. Insoferne, meine ich, würde die Testamentsvollstreckung mit dem Empfang von anderen Geldern und Werthpapieren auf gleiche Linie gestellt sein. Ich bin deßhalb dafür, daß man die Haftung in Artikel 126 auch auf diese Fälle ausdehnt.

Ministerialrath **Thelemann**: Ich habe mir nicht das Wort erbeten, um zur Frage der Haftung des Staates zu sprechen, sondern nur, um eine Bemerkung des Herrn Vorredners nicht unbeantwortet zu lassen. Herr von Walter hat den Fall „Biehler" hauptsächlich darauf zurückgeführt, daß es an der Aufsichtsbehörde gefehlt habe. Ich kann nach genauer Kenntniß der Aktenlage bestimmtest versichern, daß es an den Aufsichtsbehörden nicht gefehlt hat. Wo es gefehlt hat, war an anderer Stelle, an der Stelle, welche über die Anträge der Aufsichtsbehörde zu entscheiden hatte. Da nach dem bisherigen Notariatsgesetze der Aufsichtsbehörde keine selbständige Gewalt über die Notare eingeräumt ist und vielmehr überall die Hilfe der Gerichte angerufen werden muß, die Gerichte aber mehrfach die von den Aufsichtsbehörden gestellten Anträge ablehnten, so war die Aufsicht in diesem Falle lahm gelegt und wurde nichts erreicht, trotzdem die Aufsichtsbehörden ihre volle Schuldigkeit gethan haben. Ich will weiter bemerken, daß die Lehren aus dem Falle „Biehler" in diesem Entwurfe wohl berücksichtigt sind. Sie werden eine Reihe von Bestimmungen finden, welche auf diesen Fall zugeschnitten sind. Sie finden insbesondere am Schlusse unter den Disziplinarbestimmungen, daß dem Notar diese Befugniß nach Artikel 13 vorläufig auch entzogen werden kann. Sie finden weiter darin die Bestimmung, daß die Notare gehalten sind, über die nach Artikel 13 ihnen zukommenden Gelder Buch zu führen. Auch dafür hatten wir eine gesetzliche Grundlage nicht und wir hatten immer mit der Anschauung der Gerichte zu kämpfen, daß Mangels einer solchen Gesetzesbestimmung

unsere Vorschriften unverbindlich seien und daß deßhalb die Notare wegen S. 641.
Vernachlässigung dieser Vorschriften disziplinär nicht verantwortlich gemacht werden könnten.

Abg. Joseph Huber: Ich würde es für eine große Kalamität halten, wenn die Notare nicht mehr die Verpflichtung hätten, Gelder anzunehmen. Auch soll diese Haftung des Staates für diese Gelder in Anspruch genommen werden können. Denn das Publikum wird es absolut nicht unterscheiden können, ob ein Fall gegeben ist, wo der Notar zu haften hat oder nicht. Sollte nun der Fall eintreten, daß eine Partei ihres hinterlegten Geldes verlustig wird, so würde ein ungemein großer Vorwurf auf die Regierung fallen. Das unterliegt keinem Zweifel. Ich möchte schon rathen, daß man in dieser Sache thun soll, was möglich ist, um den Vorwurf abzuwenden und so das Publikum vor Kalamitäten zu wahren.

Abg. Dr. Casselmann: Ich will die Debatte nicht länger aufhalten, denn Neues kann ich nicht vorbringen. Ich stehe in Bezug auf die Haftung des Staates auf dem Standpunkte der Herren Vorredner. Nur bezüglich der Testamentsvollstreckung möchte ich einige Bemerkungen machen. Es ist die Uebernahme der Testamentsvollstreckung an und für sich nicht die Uebernahme einer amtlichen Verpflichtung. Testamentsvollstrecker kann jeder Rechtsanwalt sein, jede Privatperson u. s. w. Andererseits aber muß ich doch dem zustimmen,
was || Herr von Walter ausführte. Ich komme da allerdings auch auf eine S. 642.
Besprechung des Artikel 14 des Entwurfes und ich weiß nicht, ob es geschäftsordnungsmäßig gewünscht wird, daß man diesen Artikel mithereinnimmt. Ich bin auch der Meinung, wenn der Staat den Notar verpflichtet, ein solches Privatamt zu übernehmen, und wenn nur in ganz besonders wichtigen Fällen der Landgerichtspräsident dem Notar die Ablehnung oder Kündigung dieser Aufgabe als Testamentsvollstrecker gestatten kann, dann liegt allerdings die Sache so, wie Herr von Walter gesagt hat, dann wird man das nicht recht verstehen, daß der Staat die Haftung ablehnt für etwas, zu dem er den Notar verpflichtet hat.

Ich werde mir deßhalb erlauben, weil ich nicht möchte, daß der Staat in diesem Falle die Haftung des Notars übernimmt, zu Artikel 14 einen Antrag zu stellen, der auf Streichnng des Artikels abzielen wird.

Vorsitzender: Herr Korreferent Landmann hat schriftlich den Antrag übergeben, den Artikel 13 so zu fassen.

„Der Notar kann Gelder, Werthpapiere und Kostbarkeiten, die ihm aus Anlaß eines Amtsgeschäfts von den Betheiligten übergeben werden, zur Aufbewahrung für die Betheiligten oder zur Ablieferung an Dritte oder an eine Behörde übernehmen."

Der folgende Satz soll gestrichen werden.

Ministerialrath, Kronanwalt von Schubart: Gegenüber den weitgehenden Wünschen bezüglich der Haftung des Staates, die heute laut geworden sind, bin ich nicht in der Lage, eine definitive Stellung nehmen zu können. Ich muß zuvor die Meinung des Herrn Finanzministers darüber einholen, und es wird ja bei der zweiten Lesung des Entwurfes Gelegenheit gegeben sein, diese Meinung zum Ausdruck zu bringen. Ich muß mich also zur Zeit lediglich darauf beschränken, zu den verschiedenen Ausführungen der Herren einige Bemerkungen zu machen.

Herr Abg. von Walter meint, daß, wenn man den Notar zwingt, das Amt des Testamentsvollstreckers zu übernehmen, daraus folge, daß der Staat

S. 642. haften müsse. Ich kann diesen Schluß doch nicht für zutreffend erachten; denn das Publikum wird ja nicht gezwungen, den Notar als Testamentsvollstrecker zu benützen, sondern nur der Notar, die Testamentsvollstreckung anzunehmen. Daraus läßt sich noch keine Verpflichtung des Staates, auch keine moralische, zu haften, ableiten.

Herr Abg. Fuchs hat gemeint, die Haftung sei werthlos, sofern sie nicht auch dann eintrete, wenn die Notare Gelder, Werthpapiere unterschlagen. Auch das kann ich nicht zugeben; denn es kommt die Haftung des Staates ja immer dann in Betracht — und hoffentlich werden die Haftungsfälle zumeist solche bleiben —, wenn der Notar durch ein Versehen bei der Beurkundung oder bei einem sonstigen ohne Geldverkehr sich abspielenden Berufsgeschäfte einen Dritten schädigt. In solchem Falle tritt die Haftung des Staates ein.

Herr Abg. Fuchs hat ferner gemeint, das Publikum glaube, daß, wenn es dem Notar Geld anvertraue, dieß so zu betrachten wäre, als wenn es das Geld einem Beamten übergeben hätte. Wenn ein Dritter einem Beamten Geld übergibt, so ist nicht immer eine Haftung des Staates nach Artikel 53 des Ausführungsgesetzes gegeben. Der Beamte muß das Geld empfangen haben in Ausübung der ihm anvertrauten öffentlichen Gewalt. Wenn ihm aus Veranlassung der Ausübung seines Amtes oder gelegentlich dieser Ausübung Geld übergeben wird, haftet nicht der Staat; dann ist es eben ein Privatgeschäft, welches vorliegt. Wenn übrigens der Staat für Gelder haftet, welche beim Depositenamt hinterlegt werden, so darf nicht übersehen werden, daß er für derartige Depositen wesentliche Depositalgebühren bezieht, welche ihn schließlich in den Stand setzen, auch den einen oder anderen Verlust leichter verschmerzen zu können. Wenn es wirklich dazu käme, daß der Staat die Haftung für die bei Notaren deponirten Gelder und Werthpapiere zu übernehmen hätte, dann müßten ihm unter allen Umständen staatliche Depositalgebühren für jene Depositen zugesprochen werden, oder es müßte mindestens ein Theil der notariellen Depositalgebühren der Staatskasse zu gute kommen.

Ich habe ferner zu bemerken: Es ist doch eigentlich nicht recht ersichtlich, weßhalb es als ein Amtsgeschäft erklärt werden soll, wenn der Notar Gelder in der Weise in Empfang nimmt, wie es ja jetzt häufig geschieht. Es will bei einer Bank ein Annuitätendarlehen aufgenommen werden; die Bank schickt einfach dem Notar das Geld, ehe nur die Urkunde errichtet ist. Wenn eine Bank das thut, dann muß sie auch damit rechnen, daß ihr eben einfach der Notar haftet, aber auch nur dieser. Ebenso ist es bei Löschungen, wenn derjenige, der auf Löschung anträgt, dem Notar das zur Heimzahlung erforderliche Geld gleich gelegentlich dieses Antrags übergibt. Ein derartiges Verfahren mag ja den Betheiligten bequem sein, aber es ist nicht unerläßlich. Die Bank und derjenige, der die Löschung veranlassen will, können ja das Geld unmittelbar an die Empfangsberechtigten abführen.

Ich muß schließlich noch darauf aufmerksam machen, daß ganz gewaltige Opfer für die Staatskasse daraus erwachsen könnten, wenn in der beanspruchten allgemeinen Weise die Haftung des Staates aufgestellt wird. Es sind über dreihundert Millionen Mark, die jährlich bei den Notaren deponirt zu werden pflegen. Ein Ausweg ließe sich vielleicht in der Weise finden, daß man in Abs. 1 Satz 2 des Artikel 13 sagen würde: „als sie sich aus gesetzlichen oder dienstlichen Vorschriften ergibt“ Das wäre eher acceptabel; aber in der beantragten radikalen Weise, glaube ich, sollte man der Staatskasse eine Haftung nicht zumuthen.

Abg. **Fuchs** (Referent): Die von mir vorgebrachten Bedenken sind zwar S. 642.
von sämmtlichen Rednern getheilt worden, es sind aber verschiedene Wege bezeichnet worden, auf denen man zu dem angestrebten Ziele zu gelangen meint. Nachdem der Herr Kronanwalt erklärt hat, daß er zur Zeit nicht in der Lage sei, eine bestimmte Erklärung Namens des k. Staatsministeriums der Finanzen, welches ja vorzugsweise interessirt ist, abzugeben, dürfte es sich empfehlen, die Berathung der Artikel 13 und 14 auszusetzen und bei Artikel 126 wieder aufzunehmen.

Vorsitzender: Ich glaube, wir sollten doch noch die Herren, die sich zum Worte gemeldet haben, hören.

Abg. **von Walter:** Ich möchte nur zwei Bemerkungen des Herrn Kronanwaltes entgegentreten. Der Herr Kronanwalt hat ausgeführt, daß der Staat für Depositengelder, die bei den amtlichen Hinterlegungsstellen hinterlegt sind, Hinterlegungsgebühren bezieht. Indirekt bezieht der Staat die Hinterlegungsgebühren auch da, wo die Hinterlegung von Geldern beim Notar erfolgt. Der Notar ist ein Beamter, der besoldet werden muß, und wenn ihm an Besoldungsstatt die Gebühren zugewiesen werden — und dazu gehören auch die Hinterlegungsgebühren —, so, glaube ich, hat der Staat indirekt den Vortheil, daß die Finanzverwaltung für die Notariate weniger aufzuwenden hat, als es sonst der Fall ist.

Was die weitere Bemerkung betrifft, daß die Thätigkeit des Notars doch eine private ist, wenn er z. B. zur Errichtung eines Hypothekenvertrags von einer Bank Geld in Empfang nimmt, so kann ich das nicht zugeben. Die Abwicklung solcher Geschäfte läßt sich nicht anders bewerkstelligen, als daß dem Notar von vornherein S. 643.
das Geld zur Bezahlung aller Gläubiger eingehändigt wird, daß der Notar die Löschungsbewilligung aufnimmt und das Geld ausbezahlt. Das hängt nach meinem Dafürhalten mit dem amtlichen Charakter des Notars sehr innig zusammen. Ich habe nur solche Fälle im Auge, in denen der Notar genöthigt ist, zur Abwicklung der Geschäfte, in denen er eine Urkunde errichten soll, Gelder in Empfang zu nehmen. Die Haftung bemißt sich ja nicht nach der Höhe der Gelder, die bei den Notaren hinterlegt sind, sondern sie bemißt sich nach meinem Dafürhalten nach der Größe der Veruntreuungen, und daß die Höhe der hinterlegten Gelder bisher dem Staate wenig Haftung verursacht hat, ist doch eine Thatsache, die nicht bestritten werden kann. Ich glaube, der Staat, insbesondere die Finanzverwaltung wird, wenn eine Haftung des Staates für den Notar nach dieser Richtung geschaffen wird, durch ihre Finanzkommissäre recht wohl in der Lage sein, sich um die Buch- und Kassenführung der Notare zu bekümmern, und auch auf dem Wege kann nach meinem Dafürhalten eine größere Anzahl von Veruntreuungen recht wohl ausgeschlossen werden.

Ich bin der Ansicht, daß man die Haftung des Staates in der Weise ausdehnen soll.

Abg. **Conrad:** Die Anregung des Herrn Referenten würde mich eigentlich der Aufgabe überheben, jetzt noch zur Sache zu sprechen. Ich meine, die Sache wird erst genügend klar gelegt sein, wenn wir wissen, wie sich die k. Staatsregierung endgiltig zu dieser Frage stellt. Ich selbst hatte allerdings auch mein Bedenken aussprechen wollen, da es sich unter Umständen um recht erhebliche Summen handeln kann. Denn die Notare sind oft in der Lage, von dritter Seite Gelder in Empfang zu nehmen — der Fall ist schon erwähnt worden —, wenn es sich z. B. um Hypothekaufnahmen handelt; sie haben auf Tage, Wochen, oft Monate hinaus erhebliche Summen zu verwahren. Nun ist die Sache

S. 643. insofern praktisch geworden, als der Notar Beamter geworden ist und eventuell die Haftung des Staates gegeben erscheint. Für diesen Fall möchte ich nicht sofort die Haftung des Staates bejahen. Denn der Herr Kronanwalt hat schon ausgeführt, daß es sich in concreto nicht um die Vornahme einer Amtshandlung handelt, sondern um deren Vorbereitung. Da können die Parteien aber immer noch anders disponiren. Bemerken möchte ich, daß Artikel 53 des Ausführungsgesetzes meines Wissens nicht so sehr die Haftung des Staates in Strafrechtsfällen umfaßt, sondern mehr, wenn der Beamte seine Amtspflicht überschreitet oder eine pflichtwidrige Unterlassung einer Amtshandlung vorliegt. Ueberhaupt möchte ich nicht wünschen, daß die Notare in diesem Umfange zu Geldgeschäften veranlaßt werden. Es soll das wenigstens nicht erleichtert und unterstützt werden. Ich weiß, daß seinerzeit in dieser Beziehung der französische Notar etwas schief angesehen wurde, weil er gewissermaßen ein Geschäftsmann war und ganz erhebliche Summen umschlug für Geschäfte, die entfernt nicht amtlichen Charakter hatten. In diese Richtung möchten wir aber unsere Notare nicht gedrängt sehen. Uebrigens wird die Sache erst ihren sicheren Austrag finden, wenn wir die klare Stellungnahme der k. Staatsregierung erfahren haben.

Abg. **Landmann** (Korreferent): Was die formelle Behandlung anlangt, so wäre ich der Ansicht, daß wir allerdings sofort Beschluß fassen können. Die Stellungnahme der k. Finanzverwaltung abzuwarten, halte ich nicht für nöthig, da wir in der Sache selbst klar sehen. Wir wissen genau, was wir wollen; es kann sich bei der Aeußerung der k. Staatsregierung nur darum handeln, ob dieselbe diese ausgedehnte Haftung übernehmen will oder nicht, und ich meine, hiezu ist Gelegenheit, bei der zweiten Lesung das Nöthige vorzubringen.

Zur Sache möchte ich noch folgende Bemerkung mir gestatten. Darüber ist kein Zweifel, daß Artikel 13, so wie er steht, kaum angenommen werden kann. Er widerspricht in hohem Maße einer raschen und gesicherten Abwicklung der Geschäfte. Ich erlaube mir, mich in dieser Beziehung auf das zu beziehen, was Herr von Walter zutreffend gesagt hat. Die Sache läßt sich nicht so machen, wie sie von Seite des Herrn Kronanwaltes gedacht ist. Die Geschäfte müssen Hand in Hand gehen, und nachdem der Notar derjenige ist, der diese Geschäfte vermittelt und abwickelt, werden sich große Störungen ergeben. Ich bin deßwegen auch mit der Anregung des Herrn Kollegen Lerno nicht einverstanden. Gerade das Beispiel, das ich in meinen einleitenden Bemerkungen gegeben habe, zeigt, daß es sich absolut nicht vermeiden läßt, daß Geld beim Notar deponirt wird. Die Verpflichtung des Notars zur Geldannahme muß eine unbedingte sein, wenigstens in den Fällen, in welchen es sich um ein Amtsgeschäft handelt.

Was die Haftung anlangt, so beziehe ich mich auf die Ausführungen des Herrn Kollegen von Walter. Ich gehe nicht so weit, wie der Herr Kronanwalt angenommen hat. Ich halte die Haftung nur gegeben, wenn der Notar in der Ausübung des ihm anvertrauten Amtes sich eine Verletzung der Amtspflicht zu Schulden kommen läßt. Ich gebe zu, daß, wenn man die Summen in's Auge faßt, welche das Jahr über bei den Notaren deponirt werden, dieselben kolossal sind. Das kann uns aber in keiner Weise abhalten, denn es kommt ja nur die Summe in Betracht, für welche eventuell der Staat einzutreten hat, und da dürfen wir annehmen, daß nach dem, was Herr Ministerialrath Thelemann bestätigen wird, diese Summe keine so bedeutende sein wird. Es ist gewiß besser, daß der Staat mit seinen breiten Schultern eintritt als

der einzelne Private, der im guten Glauben, daß er es mit einem Beamten S. 643.
zu thun hat, das Geld deponirt hat. Außerdem kann in ausgiebigster Weise durch Vollzugsvorschriften gesorgt werden, daß Defraudationen und sonstige strafrechtliche Manipulationen hintangehalten werden.

Ich glaube, daß sich, wenn wir die Sache in der Weise regeln, wie ich beantragt habe, allgemeine Zufriedenheit ergeben und die Staatskasse thatsächlich keinen wesentlichen Schaden haben wird. Denn ich kann mir kaum denken, daß die Notare deßwegen anders werden, als sie es dermalen sind. Ich lege Gewicht darauf, diese Bestimmung auszusprechen, weil der Notar jetzt Beamter ist; man wird es im Volke nicht verstehen können, daß der Notar als k. Beamter fungirt und nur da, wo es sich um Geldsachen handelt, nicht als solcher haftbar erscheint. Ich ersuche daher, meinen Antrag anzunehmen, wobei ich jetzt schon bemerke, daß, wenn derselbe angenommen wird, seinerzeit der Artikel 126 auch eine Aenderung zu erfahren haben wird, indem Abs. 3 der letzte Satz zu streichen wäre.

Was die Haftung des Notars in seiner Eigenschaft als Testamentsexekutor anlangt, so habe ich schon gesagt, daß ich die Haftung des Staates auf diese Fälle nicht ausgedehnt wünsche. Ich bin der Ansicht, daß der Notar hier als Privatperson handelt und daher auch die in Artikel 26 Abs. 3 in seinem ersten Satz ausgesprochene Bestimmung maßgebend ist.

Ministerialrath, Kronanwalt **von Schubart:** Ich möchte gegenüber den Bemerkungen des Herrn Abg. Conrad anführen, daß allerdings eine Haftung nach Artikel 53 des Ausführungsgesetzes zum Bürgerl. Gesetzbuch wohl auch in den Fällen eintreten kann, die er ausgeschlossen glaubt. Wenn nämlich ein dienstliches Versehen nach § 839 des Bürgerl. Gesetzbuchs in idealer
Konkurrenz mit einer Hand‖lung, von welcher §§ 823 und 824 des Bürgerl. S. 644.
Gesetzbuchs sprechen, steht, ist der Fall allerdings gegeben.

Abg. **Wagner:** Was der Herr Kronanwalt zuletzt bemerkt hat, ist gewiß zutreffend; denn eine Unterschlagung amtlich anvertrauter Gelder wird immer eine Uebertretung der Amtspflicht involviren und es ist selbstverständlich, daß der Staat für eine derartige Unterschlagung haften wird. Es wird das auch der Hauptfall sein, in welchem an dem Staat der Schaden hängen bleiben wird; denn in allen übrigen Fällen, die sonst vorkommen, wird der Staat sich wohl mit Aussicht auf Erfolg an den Notar regressiren können. Bei Unterschlagungen wird in der Regel die Situation des Notars eine solche sein, daß der Regreß keinen Werth mehr hat. Das ist nach meiner Meinung außer allem Zweifel.

Auch das, was der Herr Abg. Conrad bemerkt hat, daß ihn die Summen schrecken, dürfte, wie ich glaube, kaum ausschlaggebend sein. Im Gegentheil, wenn feststeht, daß den Notaren sehr hohe Summen anvertraut sind, ist es um so mehr nothwendig, daß das Publikum geschützt wird. Das ist nach meiner Meinung ein Grund dafür, daß die Haftung möglichst ausgedehnt zu gestalten ist, selbstverständlich mit der Begrenzung, daß es sich darum handeln muß, daß das Geld *aus Anlaß eines Amtsgeschäftes* empfangen wurde.

Der Fall, auf welchen der Herr Abg. Conrad bezüglich der Notare nach französischem Recht hingewiesen hat, wird nicht hieher fallen. Nach unserem Gesetze soll ja ein Notar keine Geschäfte treiben, er ist ja daran gehindert. Ich meine, das *Eine* würde auch von uns anzuerkennen sein, was der Herr Kronanwalt ausgesprochen hat, daß der Staat, wenn er hier die weitgehende Haftung übernimmt, auch berechtigt sein muß, an den Depositalgebühren der

S. 644. Notare zu partizipiren. Ich habe vorhin schon den Gedanken angeregt, daß den Notaren eine gewisse Verpflichtung auferlegt werden soll, in eine Kasse zu zahlen. Das fällt weg, wenn der Gedanke des Herrn Kronanwaltes befolgt werden soll, und ich erkenne an, daß dieser Weg den Vorzug verdient. Man muß entweder die Depositalgebühren erhöhen, oder, wenn sie zu hoch sind, müssen die Notare einen Theil zu Gunsten der Staatskasse entbehren. Wenn wir die Haftung des Staates in der Weise gestalten, erachte ich das auch als nothwendige Konsequenz, die im Interesse des Publikums liegt. Das Interesse des Publikums muß nach meiner Meinung vor allem Anderen den Vorzug verdienen, und deßhalb sollten wir den Antrag des Herrn Kollegen Landmann annehmen.

Ich meine, wir könnten uns darüber schon schlüssig machen. Ist die k. Staatsregierung der Meinung, daß es sich nicht empfiehlt, diese Fassung zu wählen, sondern eine andere, so wird sie uns ja bei der zweiten Lesung entsprechende Vorschläge machen können. Ich wäre aber der Meinung, daß das, was der Herr Kollege Landmann vorschlägt, jetzt schon von uns acceptirt werden kann.

Von der Fassung des Artikel 14 wird die Fassung des Artikel 126 abhängen.

Abg. **Lerno:** Die Bedenken, die der Herr Kronanwalt vorhin geltend gemacht hat, sind jedenfalls sehr gewichtige, um so mehr, wenn es sich um solche Summen handelt, im Hypothekenverkehr allein um 380 Millionen. In dieser Beziehung die Haftung des Staates festzusetzen, ist jedenfalls der Ueberlegung noch sehr bedürftig.

Die Sache hat aber auch eine andere Kehrseite. Wenn wir, wie der Herr Kronanwalt richtig gesagt hat, die Haftung des Staates für alle notariellen Depositengeschäfte festsetzen, so wird es nothwendig sein, daß der Staat einen entsprechenden Antheil an den Depositalgebühren bekommt. Aber da wir die nothwendige Alimentirung des Notariats nicht außer Acht lassen dürfen, so werden diese Gebühren erhöht werden müssen und der erhöhte Prozentsatz wird in die Staatskasse abzuführen sein. Allein das halte ich doch bedenklich für das Publikum, namentlich für das hier zumeist in Frage kommende kreditsuchende Publikum, das ohnehin in den allermeisten Fällen in keiner sehr günstigen Vermögenslage sein wird. Ich möchte nicht wegen der hoffentlich recht seltenen Fälle von Veruntreuungen das gesammte Publikum mit einer Erhöhung der Gebühren belästigen.

Darum meine ich, würde mein Vorschlag, den ich vorhin gemacht habe, den Bedenken des Herrn Kronanwaltes am nächsten kommen, der Ausweg dahin gehend, daß wir den Notaren überhaupt verbieten, solche Deposita anzunehmen, und das Publikum anweisen, nach seinem Belieben die vorhandenen Stellen, bei denen Gelder deponirt werden können, zu benützen. Sind das amtliche Hinterlegungsstellen, Filialen der k. Bank und dergleichen, dann wird allerdings der Staat nach Artikel 53 des Ausführungsgesetzes auch hier die Haftung zu übernehmen haben; dafür müssen aber die Leute auch die entsprechenden Depositalgebühren entrichten.

Es gibt aber auch noch andere Hinterlegungsstellen, nämlich die Banken selbst, die das Geld hergeben, und ich möchte darauf hinweisen, daß heutzutage der Geldverkehr auch bis in die kleineren Schichten des Volkes herab ganz andere Formen angenommen hat als früher, wo das Geld einfach baar auf den Tisch hingezahlt wurde und der Andere hat es dann genommen und eingesteckt. Das hat heutzutage fast aufgehört. Der Checkverkehr nimmt an Aus-

dehnung zu, ebenso der Kontokorrentverkehr bei den einzelnen Banken, und S. 644.
darum meine ich, könnte man es ganz gut dabei belassen, daß die Banken das Geld direkt an das Publikum vermitteln.

Hiebei möchte ich noch auf einen Punkt hinweisen: Es ist vorgekommen, daß einzelne Banken darüber sich aufgehalten haben, daß andere bayerische Banken den Notaren eine gewisse Provision für den Absatz ihrer Pfandbriefe gewährten, wodurch die anderen Banken, die das nicht thun, sich beeinträchtigt fühlen. Ich weiß nicht, ob und inwieweit das richtig ist, allein diese etwas odiöse Sache würde mit meinem Vorschlag auch vermieden werden.

Ich glaube ferner, wir würden den Notaren selbst einen Gefallen thun, wenn wir ihnen diese mit so großer Haftung und vielen Unannehmlichkeiten verbundenen Depositengeschäfte abnehmen würden.

Also ich meine, wir kämen um all' diese Bedenken herum, wenn wir den Notaren die Annahme solcher Depositen überhaupt verbieten und es dem Publikum überlassen, den Geldverkehr nach seinen eigenen Wünschen, namentlich unter Zuhilfenahme der Banken, zu regeln.

Abg. **Conrad**: Ich habe mich allerdings überzeugen müssen, daß der Staat in größerem Umfang, als ich Anfangs annahm, auch für die strafbaren Handlungen seiner Beamten zu haften hat. Dieser Umstand läßt mir aber die Sache um so ernsthafter erscheinen. Herr Kollege Wagner hat davon gesprochen, wie wünschenswerth es sei, einen möglichst ausreichenden Schutz des Publikums zu statuiren. Ich sympathisire insoweit auch damit; das Publikum soll geschützt werden. Aber je weiter die Haftung des Staates geht, desto mehr erhöht sich auch der Anreiz für das Publikum, seine Werthe dem Notar zu überlassen.

Abg. **Wagner**: Ich möchte nur gegenüber dem Herrn Kollegen Lerno noch bemerken: Das, was er sagt, ist eigentlich nicht ganz schlüssig; auf der einen Seite sagt der Herr Kollege, er möchte die Einnahme des Notars nicht vermindern;
ja, sein Vorschlag vermindert die Einnahme des Notars unter allen Umständen S. 645.
noch mehr. Wenn ich sage, wenn man die Depositalgebühren nicht erhöhen will, muß man einen Theil der Depositalgebühren des Notars dem Staate zuweisen, so nehme ich dem Notar einen Theil seiner Einnahme und er nimmt ihm diese Einnahme ganz. Ich habe nie gehört, daß ein Notar diese Geschäfte nicht gern macht. Ich glaube, das dürfte kaum der Fall sein, wenigstens ist mir nach dieser Richtung nichts bekannt geworden, und selbst wenn die Gebühr erhöht wird, so bin ich doch der Meinung, daß das Publikum schließlich diese Erhöhung der Gebühr, die niemals sehr hoch sein wird, lieber zahlt, als daß es die Mißstände mit in den Kauf nimmt, die erwachsen, wenn der Vorschlag des Herrn Kollegen Lerno angenommen wird, daß der Notar das Geld nicht annehmen darf, so daß es sich dann an eine andere Stelle wenden muß. Das wird vom Publikum viel lästiger empfunden werden als die unter allen Umständen nicht erhebliche Gebühr, die es vielleicht mehr bezahlen muß, wenn man die Sache dem Notar läßt. Ich möchte doch der Meinung sein, daß immer noch der Vorschlag des Herrn Korreferenten den Vorzug verdient.

Ministerialrath **Thelemann**: Ich möchte, ehe die Herren in ihren Ausführungen fortfahren, bestätigen, was der Herr Abg. Wagner gesagt hat, daß ich glaube, daß das Publikum geschädigt würde, wenn wir die Notariatsdepositalgeschäfte an die Amtsgerichte verweisen. Auch ist das Publikum jetzt in dieser Beziehung so an den Notar gewöhnt, daß es eine Losreißung von dieser Gewöhnung außerordentlich schwer empfinden würde. Insbesondere sind

S. 645. die Banken daran gewöhnt und haben den dringenden Wunsch geäußert, daß der Depositenverkehr der Notare keine Einschränkung erleidet. In der That würden außerordentliche Schwierigkeiten im Immobiliarverkehr entstehen, wenn den Notaren das Depositengeschäft verboten würde. Durch den Checkverkehr, wie der Herr Abg. Lerno meint, kann den Bedürfnissen nicht abgeholfen werden. Die Immobiliargeschäfte vollziehen sich heute noch wie vor dreißig Jahren Zug um Zug. Diese Uebung durch gesetzliche Vorschriften zu ändern, ist nicht möglich. Die Entziehung der Depositalgeschäfte würde auch die Notare bedeutend schädigen. Aus den Depositalgebühren bestreiten die Notare einen ganz bedeutenden Theil ihrer Geschäftsauslagen. Entziehen Sie den Notaren diese Gebühren, so machen Sie vielleicht manches Notariat lebensunfähig, welches jetzt noch lebensfähig ist.

Die Ueberweisung an die Amtsgerichte wäre aber auch noch aus anderen Gründen mißlich. Unsere Amtsgerichte auf dem Lande sind zur Zeit nicht darauf eingerichtet, große Summen zu übernehmen. Unsere Gerichtseinrichtungen sind auf die kleinen Verhältnisse des Landes bemessen und jetzt schon gibt es dort, wenn irgend einmal eine große Verlassenschaft anfällt, Schwierigkeiten. Unsere Depositenkästen sind nicht so beschaffen, daß wir denselben große Summen anvertrauen können.

Abg. **von Walter**: Ich würde dem Herrn Kollegen Lerno auch in ähnlicher Weise erwidert haben, wie es eben der Herr Ministerialkommissär gethan hat. Ich habe das Gefühl gewonnen, daß die Erweiterung des Artikel 13 mit der Haftung, welche der Artikel 126 statuirt, nicht in Einklang steht. Auf Seite 432 der Motive ist ausgeführt:

> „Erlaubt soll dagegen den Notaren sein, Gelder, Werthpapiere und Kostbarkeiten aus Anlaß ihrer Amtsgeschäfte zur Verwahrung und Ablieferung zu übernehmen. Thatsächlich galt dieß Mangels eines entgegenstehenden Verbotes auch schon bisher als erlaubt. Die Erlaubniß ist nothwendig, weil andernfalls insbesondere dem Hypothekenverkehr ernste Schwierigkeiten entstünden."

Wenn nun der Staat mit diesen ernsten Schwierigkeiten rechnet und wenn er aus Anlaß dieser Schwierigkeiten dem Notar die Erlaubniß ertheilt, Gelder und Werthsachen anzunehmen, so glaube ich, muß er auch in dieser Beziehung die weitere Haftung übernehmen. Daß natürlich die Haftung auf die Fälle eingeschränkt bleiben muß, in welchen die Voraussetzungen der Motive zutreffen, ist nach meinem Dafürhalten absolut nothwendig. Man darf dem Staate auch nicht mehr aufbürden, als daß er die Haftung übernimmt für die Einrichtungen, die er trifft.

Nun habe ich gemeint, daß man eine Abhilfe vielleicht auch dahin treffen könnte, daß man die Fälle spezialisirt, in welchen die Haftung des Staates einzutreten hat. Es ist das wohl kaum möglich hier zu thun. Aber ich meine, wenn die k. Staatsregierung in der in Aussicht genommenen Geschäftsordnung sich herbeilassen würde, die Fälle zu spezialisiren, in welchen sie den Notaren mit Rücksicht darauf, daß die Abwicklung der Geschäfte anders nicht möglich ist, die Hinterlegung zuweist und deßhalb auch die Haftung des Staates eintreten läßt, könnte man auch zufrieden sein, das Publikum wäre in ganz anderer Weise gesichert gegen Veruntreuung, als es jetzt der Fall ist, und ich glaube, es würde dieß nur zur Förderung des Ansehens des Notariats führen.

Ich meine deßhalb, wenn man einfach dem Abs. 1 des Artikel 13 noch außer den gesetzlichen Vorschriften die sonstigen Vorschriften anfügen würde,

wäre wohl das erreicht, was man im Allgemeinen erreichen will. Ich gebe S. 645.
die Sache noch zur Erwägung.

Der k. Staatsminister der Justiz: An die letzten Worte des Herrn Abg. von Walter anschließend, meine ich, es wäre vielleicht am zweckmäßigsten, wenn in den letzten Worten des Artikel 13 Abs. 1 gesagt würde: „aus besonderen Vorschriften" statt: „aus gesetzlichen Vorschriften" Damit würde die Regierung ermächtigt, solche Vorschriften zu erlassen.

Vorsitzender: Die k. Staatsregierung beantragt also, im Abs. 1 des Artikel 13 den letzten Satz dahin zu fassen:

„Eine Verpflichtung des Notars zur Uebernahme besteht nur insoweit, als sie sich aus besonderen Vorschriften ergibt."

Abg. **Landmann** (Korreferent): Wenn der Abs. 1 mit der angeregten Modifikation verbleiben sollte, so muß ich zugeben, daß die Sache allerdings verbessert wird, daß sie aber nicht in der Weise verbessert wird, wie ich will, weil dann die Regelung ausschließlich im Belieben der k. Staatsregierung liegt. Ich könnte mich damit nur für den Fall einverstanden erklären, daß mein Antrag abgelehnt würde. Wenn wir sagen: „als sie sich aus besonderen Vorschriften ergibt", so sind wir eigentlich so weit wie zuerst, denn wenn die besonderen Vorschriften nicht so lauten, wie wir wünschen, so haben wir nichts damit erreicht.

Bedenken werden dadurch hervorgerufen, daß es sich für den Staat um so hohe Summen handelt. Diese Fälle sind auch anderswo gegeben; mit welchen Summen haben z. B. Rentamtmänner zu thun! Da stößt sich kein
Mensch daran. || Das Bedenken wäre nur dann begründet, wenn man von S. 646.
vornherein den Notar als einen Mann präsumiren würde, der das Gegentheil von ehrlich und rechtschaffen ist. Das können wir doch nicht thun.

Ich wiederhole, ich habe nicht das geringste Bedenken, daß wir den Antrag so annehmen können, wie er von mir gestellt worden ist.

Bezüglich der Bemerkung des Herrn Abg. Lerno haben die Herren Abg. von Walter und Wagner schon das Nöthige bemerkt. Ich halte es nicht für nothwendig, daß der Staat an den Depositalgebühren theilnimmt.

Was speziell die Ordnung der Sache anlangt, wie sie Herr Abg. Lerno haben will, so muß ich bemerken, daß diese wohl unmöglich ist, die bittersten Klagen würden einlaufen, und dazu kommt noch, daß in vielen Städten gar keine Bankstellen sind. Das Gericht ist nicht in der Lage, neben anderen Geschäften auch noch die Geschäfte einer Bank zu besorgen.

Ministerialrath, Kronanwalt **von Schubart:** Ich möchte gegenüber dem Herrn Abg. Landmann darauf aufmerksam machen, daß es sich hier gewiß nicht um ein paar Tausend Mark handelt. Die Erfahrung hat gezeigt, daß in einem einzelnen Falle die Unterschlagungssumme schon über 200,000 ℳ ausmachen kann. Es ist auch nicht zutreffend, daß wir in der Lage wären, wenn die Haftung des Staates zu große Ausgaben verursachen würde, im Verwaltungswege Depositalgebühren zu erheben. Wenn das nicht gesetzlich festgelegt ist, könnten wir keine erheben.

Uebrigens erscheint mir der Vorschlag, den der Herr Abg. von Walter gemacht hat, immerhin als ein Weg, der am ehesten gangbar wäre. Es ist doch von allen Mitgliedern des Ausschusses anerkannt, daß die Haftung des Staates unter allen Umständen eine Grenze haben muß, und daß nicht für jedes Geld, welches der Notar empfängt, der Staat haften könne. Es könnten

S. 646. jedenfalls nur bestimmte Fälle der Geldübernahme sein, in welchen der Staat zu haften hätte. Diese Fälle einzeln im Gesetze aufzuführen, wird wohl nicht angehen, es wird zweckmäßig sein, dieß der Geschäftsordnung zu überlassen.

Abg. **von Walter**: Wenn von Seite der k. Staatsregierung die Versicherung gegeben würde, daß die seinerzeitige Geschäftsordnung für die Notare alle diese Fälle in's Auge fassen und berücksichtigen werde, dann wäre uns so ziemlich für alle Fälle gesichert, was wir in Bezug auf die Haftung des Staates erreichen wollen. Hier können die Fälle nicht aufgezählt werden. Ich würde mich also mit der Zusicherung der k. Staatsregierung wohl begnügen. Es werden ja nicht nur die Hypothekenverhältnisse allein hier getroffen, sondern er werden auch Gutszertrümmerungen und andere Arrangements in ähnlicher Weise behandelt werden müssen.

Abg. **Lerno**: Ich bin der Meinung, daß es nicht genügend ist, wenn im Verordnungswege einzelne Fälle festgestellt werden, in welchen die Haftung des Staates eintreten solle.

Es ergäbe sich daraus nur das Resultat, daß es zweierlei Gattungen von Hinterlegungsgeschäften gäbe: solche, für welche der Staat haftet, und solche, für die er nicht haftet. Allein das Publikum weiß das nicht zu unterscheiden und würde sich dabei nicht zurecht finden, da es die einschlägigen Verordnungen niemals so genau kennen würde, so daß es sagen könnte, in dem Falle kann ich das Geld dem Notar ganz gut anvertrauen, im anderen Falle aber nicht.

Nachdem mein Vorschlag keinen Beifall gefunden hat, stehe ich jetzt auf dem Boden des Antrags des Herrn Abg. Landmann, der die generelle Haftung des Staates für alle notariellen Depositalgeschäfte ausspricht.

Abg. **Wagner**: Ich kann mich nur dem Herrn Vorredner anschließen. Die Fassung, welche von Seiner Excellenz und dem Herrn Abg. von Walter vorgeschlagen wurde, scheint mir mit der Fassung des Artikels nicht recht vereinbar zu sein. Sie sind der Meinung, daß der Staat haften solle für alle Depositen, welche der Notar aus Anlaß seines Amtes übernehmen wird. Wenn man aber im ersten Satze sagt: „In einem solchen Falle kann er sie nicht übernehmen" und in dem zweiten Satze: „Eine Verpflichtung besteht nur, soweit sie sich aus besonderen Vorschriften ergibt", und wenn solche Vorschriften dann dahin erlassen werden, daß in allen Fällen, in welchen aus Anlaß eines Amtsgeschäftes dem Notar Depositen übergeben werden, die Verpflichtung zur Uebernahme und in Folge dessen die Haftung des Staates eintritt, so ist doch sicherlich die Fassung des Artikel 13 unklar. Hier verdient doch sicherlich die Fassung des Antrags „Landmann" den Vorzug; denn damit treffen wir Alles, was wir wollen, auch das, was Herr Abg. von Walter will. Dem Gedanken des Herrn Abg. von Walter kann entsprochen werden, wenn in der Geschäftsordnung klargestellt wird, in welchen Fällen zu entscheiden ist, daß ein Depositum aus Anlaß eines Amtsgeschäftes übergeben wird. Dann ist Alles gedeckt; wenn wir aber nur das Wort „besondere" hereinschreiben, dann kommt eine Unklarheit heraus.

Der k. Staatsminister der Justiz: Ich glaube, zuerst muß die Vorfrage entschieden werden, und diese Vorfrage ist die Haftung des Staates; an diese würde sich dann erst das Weitere anschließen. Vielleicht empfiehlt es sich, die Entscheidung bis zur zweiten Lesung zu vertagen, damit die Regierung Stellung nehmen kann. Es besteht aber auch kein Bedenken dagegen, daß die Abstimmung

jetzt erfolgt. Die Regierung muß sich dann eben ihre Stellungnahme zu dem S. 646.
Beschlusse für später vorbehalten.

Abg. **Wagner:** Angesichts der Erklärung Seiner Excellenz ist es vielleicht am besten, wenn wir die Abstimmung über die Artikel 13 und 126 absetzen, bis wir zu Artikel 126 kommen, und dann über beide Artikel dort abstimmen. Bis dorthin wäre vielleicht die Regierung in der Lage, entsprechende Erklärungen abzugeben.

Abg. **Lerno:** Ich erinnere daran, daß Artikel 126 bereits zur Diskussion steht, und meine, wir sollten jetzt über den Antrag „Landmann" abstimmen und ihn nicht bis zur zweiten Lesung verschieben. Die Regierung kann dann in der zweiten Lesung mit den Vorschlägen kommen, die ihr richtig erscheinen. Ich glaube auch, die k. Staatsregierung thut sich so leichter, wenn sie ein positives Resultat der ersten Lesung vor sich hat.

Abg. **Landmann** (Korreferent): Ich bin der gleichen Ansicht wie der Herr Abg. Lerno. Wir sind uns jetzt klar und haben nur das zu gewärtigen, was uns die Regierung in zweiter Lesung vorschlägt.

Abg. **Fuchs** (Referent): Ich freue mich, daß meine Anregung auf frucht- S. 647.
baren Boden gefallen ist und zu einer ziemlich erschöpfenden Erörterung dieser wichtigen Frage geführt hat. Die Anschauungen darüber, welcher Weg einzuschlagen ist, um eine erweiterte Haftpflicht des Staates herbeizuführen, gehen auseinander; ich muß gestehen, daß mir die Entscheidung in dieser Frage durch die Erklärungen des Herrn Vertreters des Finanzministeriums nicht leichter geworden ist. Soweit ich im Augenblick die Sache zu übersehen vermag, halte ich den vom Herrn Korreferenten vorgeschlagenen Weg für den gangbareren; ich möchte es auch nicht in das Ermessen der k. Staatsregierung stellen, die erweiterte Haftpflicht des Staates im Wege der Geschäftsordnung wieder einzuengen.

Vorsitzender: Wir stimmen nunmehr ab über den Antrag des Herrn Abg. Landmann. Darnach würde Artikel 13 im ersten Absatz zu lauten haben:

> „Der Notar ist verpflichtet, Gelder, Werthpapiere und Kostbarkeiten, die ihm aus Anlaß eines Amtsgeschäfts von den Betheiligten übergeben werden, zur Aufbewahrung für die Betheiligten oder zur Ablieferung an Dritte oder an eine Behörde zu übernehmen."

Der zweite Satz des Abs. 1 würde dann gestrichen.

Diejenigen Herren, welche dafür sind, bitte ich, sich zu erheben. (Geschieht.) Der Abs. 1 ist angenommen. Der Abs. 2 wird ohnehin nicht beanstandet. Wir kommen nunmehr zu

Artikel 14.

Abg. **Fuchs** (Referent) (verliest Artikel 14)· Artikel 14, der schon in der Diskussion über den vorhergehenden Artikel in Betracht gezogen wurde, entspricht dem bisherigen Recht und ist dadurch veranlaßt, daß das Amt des Verlassenschaftskommissärs künftig nicht mehr besteht. Nach dem Vorschlag der k. Staatsregierung soll die Uebernahmepflicht eine dienstrechtliche, die Thätigkeit des Notars eine private sein. Gegenüber der Uebernahmepflicht ist für besondere Fälle die Ablehnung und Kündigung nach § 2202 des Bürgerl. Gesetzbuchs gestattet. Diese Dispensationsbefugniß ist nothwendig, weil es Testamentsvollstreckungen geben kann, die sich mit den Dienstverhältnissen des Notars nicht vereinbaren. In den Motiven ist als besonderer Fall der Ablehnung und Kündigung angeführt, wenn der Erblasser bestimmt haben sollte, daß der

S. 647. Testamentsvollstrecker für die Führung seines Amtes keine Vergütung erhalten soll, oder wenn er eine allzu geringe Vergütung angeordnet hätte (§ 2221 des Bürgerl. Gesetzbuchs).

Nach Artikel 126, den wir auch hier hereinziehen müssen, haftet der Staat für die Thätigkeit der Notare und Notariatsverweser in den Fällen des Artikel 14 nicht. Wenn auch der Notar zur Uebernahme von Testamentsvollstreckungen verpflichtet sein soll, so ist das Amt des Testamentsvollstreckers doch ein privates und kann von jedem Privaten ausgeübt werden. Wird dieses Amt von einem Beamten ausgeübt, so kommt dessen Beamteneigenschaft nicht in Betracht; er hat als Testamentsvollstrecker keine öffentliche Gewalt, genießt als solcher keinen öffentlichen Glauben.

Mit Rücksicht auf die zu Artikel 13 vorgebrachten Bedenken möchte die Erwägung angezeigt erscheinen, ob nicht statt der „Verpflichtung“ des Notars eine „Befugniß“ desselben zur Uebernahme des Amtes des Testamentsvollstreckers festgesetzt werden soll.

Abg. **Landmann** (Korreferent): Was die Ansicht des Herrn Referenten anlangt, statt des Wortes „verpflichtet“ zu sagen „befugt“, so wäre ich nicht der Meinung, diese Aenderung vorzunehmen, weil ich es als selbstverständlich erachte, daß der Notar eben wie jeder Andere auch die Befugniß hat, Testamentsvollstrecker zu sein. Eine andere Frage wäre die, ob man eine Verpflichtung des Notars zu diesen Geschäften konstruiren soll. Mit Rücksicht auf die Verschiedenheit der Verhältnisse auf dem Lande, wo es unter Umständen sehr schwer ist, einen Testamentsvollstrecker zu finden, halte ich dafür, daß diese Bestimmung sehr am Platze ist, um so mehr, als doch hier die Haftung des Staates bei Kontraventionen keine Rolle spielt, denn nach dem Artikel 126 Abs. 3 haftet hier ja der Staat nicht. In formaler Beziehung hätte ich nur eine Anregung zu geben, nachdem wir in Artikel 13 beschlossen haben, zu sagen: „Der Notar ist verpflichtet“, hier vielleicht zu sagen: „Der Notar hat die Verpflichtung“

Abg. Dr. **Casselmann:** Wenn der Herr Vorredner gemeint hat, daß die bisherige Intention des Ausschusses sich dahin gezeigt hat, die Haftung des Staates auf den Fall auszudehnen, wo der Notar verpflichtet ist, das Amt eines Testamentsvollstreckers zu übernehmen, so hat der Herr Vorredner übersehen, was Herr Abg. von Walter und ich vorhin bemerkt habe. Wir sind davon ausgegangen, daß es draußen nicht verstanden wird, wenn der Staat die Haftung ablehnt, obwohl er den Notar verpflichtet, das Amt eines Testamentsvollstreckers zu übernehmen. Man wird vielmehr annehmen, daß es sich hier um ein Amtsgeschäft des Notars handelt, für welches die Haftung des Staates ebenso begründet ist, wie wenn es sich um ein anderes Geschäft handelt.

Nun erkläre ich sofort, daß ich nicht der Meinung bin, daß man den Staat auch haftbar machen soll für die Vergehungen des Notars, welche derselbe in Ausübung seines Amtes als Testamentsvollstrecker begeht, weil ich davon ausgehe, daß das Amt eines Testamentsvollstreckers ganz privater Natur ist. Darum habe ich auch schon in Aussicht gestellt, einen Antrag einzubringen, in welchem ausgesprochen ist, daß diese Verpflichtung des Notars, das Amt eines Testamentsvollstreckers zu übernehmen, nicht statuirt werden soll. Es wurde bemerkt, wenn man das will, muß man einfach das Wort „verpflichtet“ in „befugt“ umwandeln“, wogegen wieder vom Referenten betont wurde, daß dieses eigentlich ganz überflüssig sein würde, weil der Notar ebenso wie jede andere Person berechtigt sei, das Amt eines Testamentsvollstreckers zu übernehmen. Wir haben in Artikel 12 zum Ausdruck gebracht, daß der Notar keine auf Erwerb gerichtete Unternehmung führen darf. Um so mehr könnte es zweifelhaft sein, ob der Notar zur Uebernahme des honorirten Amtes eines Testamentsvollstreckers an sich schon berechtigt ist. Es gilt ja auch für die Beamten die Bestimmung, daß sie das Amt eines Testamentsvollstreckers nicht übernehmen dürfen, ohne zum Mindesten der Staatsbehörde eine Anzeige gemacht zu haben. S. 647.

Ich möchte vorerst die Ansicht der Mitglieder des Ausschusses hören und werde mir dann die Formulirung meines Antrags vorbehalten.

Abg. **Wagner**: Ich bin der Meinung des Herrn Abg. von Walter, daß, wenn wir den Artikel 14 lassen, wie er ist, wir auch die Konsequenzen tragen müssen, daß der Staat für die Verfehlungen, die der Notar bei der Ausübung des Amtes eines Testamentsvollstreckers sich zu Schulden kommen läßt, einzutreten hat. S. 648.

Ich verkenne nicht, daß die Gründe gegen die Haftung des Staates zutreffen, welche der Herr Abg. Dr Casselmann ausgesprochen hat. Es ist in der That so, daß das Amt eines Testamentsvollstreckers als ein privates, nicht als ein öffentliches gedacht ist. Aber wenn wir in Artikel 14 sagen: „Der Notar ist verpflichtet, das Amt zu übernehmen", so bekommt er die öffentlichrechtliche Verpflichtung zur Uebernahme, es wird aus der privaten Verpflichtung eine öffentlichrechtliche Verpflichtung, und die Konsequenz ist, daß der Staat die Haftung trägt.

Deßhalb bin ich auch der Meinung, daß, wenn wir die Haftung des Staates nicht wollen, wir den Artikel ganz streichen oder wenigstens ändern müssen.

Es ist darauf hingewiesen worden, daß auf dem Lande Fälle eintreten können, in welchen eine geeignete Person nicht gefunden werden kann. Dann würde ich sagen, kehre ich lieber die Sache um, dann sagen wir „Dem Notar ist gestattet, das Amt eines Testamentsvollstreckers zu übernehmen. Der Präsident des Landgerichts kann ihm aus wichtigen Gründen die Verpflichtung hiezu auferlegen." Wenn ihm der Präsident die Verpflichtung auferlegt, dann muß der Staat die Haftung übernehmen, und das ist dann der Weg, welcher auch auch das Bedürfniß deckt, auf welches der Herr Korreferent hingewiesen hat. Wenn Sie aber Letzteres nicht gewollt haben, wenn Sie glauben, daß kein Bedürfniß besteht — und ich gehöre auch zu denen, die glauben, daß kein Bedürfniß besteht, ich glaube auch, daß jeder Notar das Amt übernehmen wird und daß er es niemals ablehnen wird —, dann würde es das Einfachste sein, den Artikel zu streichen, und dann würde es genügen, wenn in der Geschäftsordnung eine generelle Erlaubniß dahin ertheilt wird „Dem Notar ist es gestattet, das Amt eines Testamentsvollstreckers zu übernehmen." Es braucht dann nicht in jedem einzelnen Falle der Notar um die Erlaubniß nachzusuchen, daß er das Geschäft übernehmen darf. Das wird dann auch genügen, aber wenn die Herren der Meinung sind, daß man auf dem Lande die Verpflichtung des Notars für einzelne Fälle braucht, dann würde das Erstere, was ich vorgeschlagen habe, wohl der richtigere Weg sein.

Abg. **Geiger**: Ich stimme dem Antrage des Herrn Abg. Wagner vollständig bei. Wenn wir das Wort „Verpflichtung" stehen lassen, dann werden wir die Haftung des Staates auch auf dieses Geschäft des Testamentsexekutors ausdehnen müssen. Denn mit dem Worte „Verpflichtung" gewinnt diese Be-

S. 648. schäftigung den Charakter einer amtlichen Thätigkeit. Aber auch aus einem andern Grunde bin ich dagegen, das Wort „Verpflichtung" aufrecht zu erhalten. Man muß zwischen den Auseinandersetzungen einer Verlassenschaft oder einer Gemeinschaft und zwischen der Thätigkeit eines Testamentsexekutors unterscheiden. Die Auseinandersetzung einer Verlassenschaft oder Gemeinschaft ist eine viel weitere und der Fall, nach welchem ein Testamentsexekutor beauftragt wird, ein Testament nach allen Richtungen hin zu vollziehen, ist zu unterscheiden von den allgemeinen Auseinandersetzungen von Verlassenschaften, die bei Intestaterbefolgen am allerhäufigsten vorkommen werden. Im ersteren Falle beruht diese Thätigkeit so sehr auf dem Vertrauen, daß ich mir nicht denken kann, daß schon dem Antrage eines einzelnen von mehreren Betheiligten gegenüber der Notar verpflichtet sein soll, ein Testament zu exequiren; es ist das, wie erwähnt, Vertrauenssache, wo die Betheiligten und der Notar zusammen sich fragen müssen, ob sie in der Lage sind, das Vertrauen in Anspruch zu nehmen bezw. zu gewähren. Ich kann mir nicht denken, daß ein Notar sich oft weigern wird, derartige Testamentsexekutionen zu übernehmen; es trägt dieses Amt etwas ein und der Notar wird bemüht sein, sich einen derartigen Verdienst zuzuwenden, ich fürchte eine Weigerung nicht, und wenn man spricht von kleinen Leuten und von kleinen Verhältnissen, so sage ich, ja, wenn nichts da ist, dann wird das Testament kaum dazu führen, daß man einen Testamentsexekutor benöthigt, das kommt nur vor, wenn ein Vermögen zu vertheilen ist.

Ich meine daher, daß man das Wort „Verpflichtung" jedenfalls nicht stehen lassen soll.

Es wird weiter gefragt, ob nicht der ganze Artikel 14 überflüssig ist, ob man es nicht der Geschäftsordnung überlassen könne, die Befugnisse des Notars zur Uebernahme des Amtes eines Testamentsexekutors vorzusehen. Ich möchte der Anschauung hinneigen, daß es besser ist, wenn sich das Gesetz darüber ausspricht, es ist das allerdings nicht unbedingt nothwendig, aber es ist immerhin viel deutlicher, wenn in dem Gesetz hervorgehoben ist, der Notar ist befugt, das Amt eines Testamentsexekutors zu übernehmen, um dem Publikum gegenüber darauf hinzuweisen, daß er zunächst der richtige Mann dazu ist. In dem Artikel 11 können wir das nicht mehr unterbringen; ich meine deßhalb, den Herren einen Antrag unterbreiten zu dürfen, welcher dahin geht, an Stelle des Wortes „verpflichtet" zu sagen: „er ist befugt", und dann wird der zweite Satz des Artikel 14 zu streichen sein.

Der k. Staatsminister der Justiz: Dem Artikel 14 liegt lediglich die Absicht zu Grunde, der Bevölkerung auf dem Lande entgegenzukommen, weil anzunehmen ist, daß doch viele Fälle vorkommen werden, in welchen ein passender Testamentsexekutor nicht zu finden sein wird; das war die einzige Absicht. Wenn übrigens gewünscht wird, daß statt des Wortes „verpflichtet" gesagt wird „befugt", so hat die Regierung auch nichts dagegen. Es tritt dann um so mehr hervor, daß der Notar als Testamentsvollstrecker Privatperson ist und daß der Staat für diese Fälle keine Haftung zu übernehmen braucht.

Vorsitzender: Es liegen nunmehr zwei Anträge vor, der eine, gestellt von dem Herrn Abg. Dr. Casselmann, dahingehend, es sei der Artikel 14 zu streichen, der andere von dem Herrn Abg. Geiger, dahingehend, es sei statt des Wortes „verpflichtet" zu setzen „befugt" und der zweite Satz des Artikel 14 vollständig zu streichen.

Abg. **Michel:** In ländlichen Bezirken wird häufig kein Testamentsvollstrecker, ausgestattet mit den entsprechenden Vorkenntnissen, vorhanden sein, aber ich glaube, daß die Vorschrift des Artikel 14 nicht nothwendig ist, erachte vielmehr die Verordnung vom 10. März 1868, die Uebernahme von Nebengeschäften durch Beamte betreffend, für ausreichend. Diese Verordnung verlangt Anzeige des Beamten bei seiner nächstvorgesetzten Dienstesstelle, wenn er unentgeltlich eine Testamentsvollstreckung, dagegen allerdings dienstliche Bewilligung, wenn er eine remunerirliche Funktion übernimmt. S. 648.

Abg. Dr. **Casselmann:** Der Antrag des Herrn Abg. Geiger und mein Antrag decken sich ja materiell vollständig. Beide wollen, daß der Notar, wenn er das Amt eines Testamentsvollstreckers übernimmt, nicht ein Beamter im Sinne des Notariatsgesetzes ist, sondern nur ein Privatmann im Sinne der Vorschriften des Bürgerl. Gesetzbuchs über Testamentsvollstreckung. Es fragt sich nur, welcher Antrag sich zur Annahme mehr empfiehlt. Es besteht Streit darüber, ob der Notar ohne Weiteres befugt ist, eine solche Testamentsvollstreckung zu übernehmen, oder ob er vorher die Bewilligung der vorgesetzten Dienstbehörde haben muß. Da dieser Streit besteht, gibt es zwei Möglichkeiten, ihn aus dem Wege zu schaffen, einmal, daß man in Artikel 14 erklärt, der Notar ist befugt, das Amt eines Testamentsvollstreckers zu übernehmen, oder daß man den Artikel streicht und es der Geschäftsordnung überläßt, die Regelung zu treffen. Ich möchte vorerst auf meinem Antrag bestehen. S. 649.

Ministerialrath **Thelemann:** Für die Regierung ist es im Effekt ganz gleichgiltig, welcher von den beiden Anträgen angenommen wird. Wird der Artikel nach dem Antrage des Herrn Abg. Geiger aufrecht erhalten, dann wird es nur nothwendig sein, daß man das in dem Artikel 126 noch ausdrücklich erwähnt; sonst könnte eine Streitfrage entstehen. Auch die Streichung des Artikels ist für die Regierung ebenso annehmbar. Sie kann dann trotzdem thun, was sie will. Sie kann entweder die Bestimmungen der Verordnung auf die Notare zur Anwendung bringen, unter die sie vorläufig nicht fallen, oder sie kann erklären, daß die Notare keine Genehmigung nöthig haben. Die Frage der Genehmigung ist in die Hände der Regierung gegeben und sie kann erklären, daß die Notare die Genehmigung haben. Ich muß übrigens beifügen, daß der bayerische Notariatsgesetzentwurf mit der Bestimmung, daß der Notar verpflichtet ist, das Amt des Testamentsvollstreckers zu übernehmen, nicht allein steht. Auch Baden ist mit einer solchen Bestimmung nachgefolgt.

Abg. **Landmann** (Korreferent): Ich bin im Laufe der Diskussion zur Ueberzeugung gekommen, daß es besser ist, wenn wir den ganzen Artikel 14 streichen. Wenn wir dem Antrage „Geiger" zustimmen würden, dann würde sich ergeben, daß die bisherige verordnungsmäßige Bestimmung durch ein Gesetz ersetzt wird, was ich nicht für nothwendig und richtig halte. Nachdem die Regierung ohnehin Werth darauf legt, daß der Notar das Amt der Testamentsexekution übernimmt, so wird mit Bestimmtheit zu erwarten sein, daß das, was der Geigner'sche Antrag will, im Wege der Verordnung ausgesprochen wird. Ich halte es also nicht für nothwendig, daß man den Antrag annimmt. Vielleicht wird auf Grund der heutigen Debatte die Regierung Veranlassung nehmen, die einschlägige Verordnung vom Jahre 1868 entsprechend zu ändern, so daß generell ausgesprochen wird, daß die Notare befugt sind, das Amt eines Testamentsexekutors zu übernehmen.

Abg. **von Walter:** Ich würde mit Rücksicht auf den Inhalt des Artikel 126 schon glauben, daß es besser sei, wenn wir den Artikel 14 in der unveränderten Fassung ließen. In dem Artikel 126 ist die Bestimmung enthalten, daß der

S. 649. Staat für die Notare als Testamentsvollstrecker keine Haftung übernimmt, und das würde Niemand verstehen. Wenn man in dem Artikel 14 sagt: „Der Notar ist befugt, das Amt des Testamentsvollstreckers zu übernehmen", so spricht man damit nichts Anderes aus, als daß er von der Verpflichtung, im Einzelfall die dienstliche Genehmigung zu erholen, entbunden ist. Man könnte vielleicht noch eine andere Fassung wählen, in der das genau zum Ausdruck kommt. Aber ich glaube, daß es auch bei der jetzigen Fassung nicht anders zu verstehen ist, als daß er nicht nachzusuchen braucht, wenn er gewillt ist, die Testamentsvollstreckung zu übernehmen. Ich glaube daher, daß der Antrag des Herrn Abg. Geiger den Vorzug verdient. Deutlicher wird auf jeden Fall die Sache zum Ausdruck kommen, wenn wir Artikel 14 stehen lassen und in dieser Beziehung in dem Artikel 126 nichts ändern.

Ministerialrath, Kronanwalt **von Schubart:** Das wäre meine Anschauung auch.

Abg. **Geiger:** Ich habe nun nichts Besonderes mehr vorzubringen, nachdem Herr von Walter bereits die Güte gehabt hat, zu erwähnen, was mich veranlaßt, meinen Antrag aufrecht zu erhalten. Gerade dadurch, daß wir in dem Artikel 126 diese besondere ausnahmsweise Nichthaftung des Staates zum Ausdruck bringen, vermeiden wir jede Täuschung des Pubikums in Bezug auf die Stellung des Notars als Testamentsexekutor. Es weiß das Publikum in diesem Falle haftet der Staat nicht, ich habe mich nur an den Notar zu halten, und dazu kommt noch, was ich schon bemerkt habe, daß ich nämlich glaube, es sollte eine gewisse Empfehlung in dem Gesetze enthalten sein, indem man sagt: „Der Notar ist befugt" Das Publikum wird dadurch aufmerksam gemacht, daß der Notar derjenige Mann ist, der am meisten berechtigt ist und die meiste Geschicklichkeit hat, derartige Sachen zu machen. Ich bitte, meinem Antrage die Zustimmung zu geben.

Abg. **Lerno:** Es scheint mir nun die Majorität dahin zu neigen, daß man den Artikel 14 mit der vom Herrn Abg. Geiger beantragten Modifikation aufrecht erhält. Ich bin damit einverstanden im Interesse der Klarheit; ich möchte aber eine Anregung machen.

Der Herr Abg. Geiger hat beantragt, den zweiten Satz zu streichen, und das ist ja auch die logische Konsequenz seines Antrags. Allein ich möchte doch fragen, ob es nicht gut wäre, zu sagen „Der Präsident des Landgerichts kann aus gewichtigen Gründen die Ablehnung oder Kündigung anordnen", es könnten doch auch Fälle vorkommen, in welchen eine Testamentsexekution aus lokalen oder persönlichen Gründen sich nicht gut mit der Geschäftsführung eines Notars vereinbart, und für solche Fälle könnte es nicht schaden, wenn man sagen würde, der Präsident könnte dem Notar die Auflage machen, die Testamentsexekution nicht zu übernehmen oder eine übernommene zu kündigen.

Abg. Dr **Casselmann:** Ich möchte meinen Antrag nicht zurückziehen und zwar aus folgenden Gründen. Materiell sind beide Anträge gleich, es wird daselbe erreicht. Es wird in beiden zum Ausdruck gebracht, daß, wenn der Notar eine Testamentsvollstreckung übernimmt, er nichts weiter ist als eine Privatperson. Wir stellen aber im Notariatsgesetz die Grundlagen fest, die dienstlichen Verhältnisse des Notars, und bestimmen ferner, wo er amtlich thätig werden soll, und setzen in Artikel 126 fest, daß der Staat für die Verfehlungen des Notars haften soll mit Ausnahme der Fälle des Artikel 14 des Entwurfes. Wenn wir diesem Grundgedanken folgen, und der Notar in diesem Falle nicht als Beamter,

sondern als Privatmann betrachtet wird, so halte ich es für besser, wenn man S. 650.
ihn überhaupt nach dieser Richtung hin in den Entwurf nicht aufniwwt, denn andernfalls könnte sich viel leichter die Auffassung bilden, daß auch hier der Staat haftbar ist.

Ich bin der Meinung, daß wenn man die Testamentsvollstreckung im Gesetze gar nicht erwähnt und damit zum Ausdruck bringt, daß der Notar wie jede andere Person die Funktion übernehmen darf, und wenn man den Artikel 126 Abs. 4 des Entwurfes streicht, der überflüssig wird, sobald der Artikel 14 fällt, so ist nicht der geringste Anlaß, daß später ein Zweifel darüber bestehen könnte, daß auch in einem solchen Falle der Staat für die Handlungen der Notare haftbar gemacht werden könne. Nach meinem Dafürhalten ist kein Grund vorhanden, den Artikel 14 zu belassen, ich möchte schon bitten, es bei meinem Antrag zu belassen.

Der k. Staatsminister der Justiz: Ich habe nur ein Bedenken: wenn der Artikel gestrichen wird, dann kann der vorletzte Satz des Artikel 126 nicht bleiben, dann besteht aber für immer ein Zweifel, ob der Staat nicht auch haften muß. Wir wissen es ja, daß die Absicht nicht besteht und daß der Testamentsvollstrecker eine Privatperson sein soll, aber wer von diesen Verhandlungen keine Kenntniß hat, könnte doch dazu kommen, anzunehmen, daß der Staat haftet.

Abg. **von Walter:** Ich schließe mich den Ausführungen seiner Excellenz an und ich kann insbesondere nicht zugeben, daß bei dem Stehenbleiben des Artikel 14 Zweifel darüber entstehen könnten, ob doch nicht die Haftung des Staates vorliegt. Ein Gesetz kann doch nicht in seinen einzelnen Artikeln, sondern muß in seinem Znsammenhang ausgelegt werden; im Artikel 126 steht ausdrücklich, daß für die Thätigkeit der Notare der Staat keine Haftung übernehme. Wenn der Artikel stehen bleibt, dann kommt zum Ausdruck, daß es sich hier nicht um eine amtliche Thätigkeit des Notars, sondern lediglich um ein Privatgeschäft handelt. Wenn die jetzige Fassung des Artikel 14 noch einen Zweifel darüber ließe, so könnte sich ja die Redaktionskommission überlegen, ob man den Artikel 14 in der Fassung, die der Herr Abg. Geiger vorgeschlagen hat, nicht vielleicht dem Artikel 11 in irgend einer Weise anreihen kann. Es wäre dann der Gegensatz zwischen den amtlichen Nebengeschäften und den Privatnebengeschäften ganz zweifellos zum Ausdruck gebracht.

Abg. Dr. **Casselmann:** Ich kann die Aeußerungen Seiner Excellenz nicht für zutreffend erachten, wenn gesagt wurde, daß man auswärts den Eindruck haben könnte, daß eben in einem solchen Falle, wie ich ihn konstruirt habe, der Staat die Haftung übernehmen würde. Der Notar befindet sich, wenn wir in das Notariatsgesetz die Testamentsvollstreckung nicht aufnehmen, in der nämlichen Lage wie jeder Private, resp. jeder Staatsbeamte auch, dem die Ausübung der Testamentsvollstreckung übertragen wird in einem Testamente. Es wird draußen Niemandem einfallen, wenn bei einem Beamten, dem eine Testamentsvollstreckung zufällig übertragen ist, etwas vorkommt, den Staat dafür verantwortlich zu machen.

Abg. **Joseph Huber:** Die Ansicht des Herrn Abg. Dr. Casselmann kann ich nicht theilen, ich bin der Ansicht, daß man draußen der Meinung sein wird, daß der Staat haftbar sei, wenn der Notar Gelder und dergleichen in Verwahr nimmt. Diesen Unterschied können nur intelligente Leute machen, aber nicht gewöhnliche Leute auf dem Lande, auch nicht die Gewerbtreibenden in kleinern

S. 650. Städten, vielleicht auch in größern, draußen, die sich vielfach aus dem Landvolk rekrutiren. Ich kann dafür garantiren, daß es die Wenigsten sind, die das verstehen, daß bei Testamentsvollstreckungen der Notar beziehungsweise der Staat nicht haftbar sei.

Abg. **Michel:** Mein Freund Conrad und ich haben uns entschlossen, für den Antrag „Geiger" zu stimmen. Wir halten es für sehr erwünscht, daß eine Bestimmung in das Notariatsgesetz aufgenommen wird, die dem Laien den Weg zeigt, den er zu gehen hat, wenn eine Testamentsvollstreckung nothwendig ist. Wir sind zu der Ansicht gekommen, daß durch gesetzliche Festlegung dem praktischen Bedürfnisse besser gedient ist, als wenn Artikel 14 gestrichen wird.

Vorsitzender: Zum Worte ist Niemand mehr gemeldet.

Das Schlußwort hat der Herr Korreferent.

Abg. **Landmann** (Korreferent): Die Diskussion hat einen eigenthümlichen Verlauf genommen, wir sind wiederum da, wovon wir ausgingen. Wie ich die ganze Debatte überschaue, so komme ich zu dem Schlusse, daß die Fassung der Regierung die bessere ist. Ob wir sagen, der Notar ist „verpflichtet" oder „befugt", ist im Effekt das Gleiche. Denn er wird in den allermeisten Fällen gewiß die Erlaubniß bekommen, auf der anderen Seite besteht ein gewisses Interesse des Volkes, daß er sich dieser Verpflichtung nicht entschlagen kann.

Ich wäre demnach dafür, daß Artikel 14 so, wie er im Entwurfe steht, angenommen wird.

Abg. **Fuchs** (Referent): Wenn der Notar in Erfüllung der ihm durch Artikel 14 auferlegten Pflicht das Amt eines Testamentsvollstreckers ausübt, werden die Betheiligten seine Thätigkeit zweifellos als eine amtliche betrachten, für welche der Staat haftet; sie werden niemals der Anschauung sein, daß die bezügliche Thätigkeit des Notars eine private ist. Verpflichtet man den Notar zur Uebernahme des Amtes eines Testamentsvollstreckers, so muß auch eine öffentlichrechtliche Verpflichtung geschaffen werden, die den Staat für Veruntreuungen des Notars in seiner Eigenschaft als Testamentsvollstrecker haftbar macht. Soll Artikel 14 unverändert bleiben, so müßte der erste Satz des Abs. 4 des Artikels 126 gestrichen werden. Ich bin aber mit dem Herrn Abg. Geiger der Meinung, daß im Gesetze zum Ausdruck gebracht werden soll, der Notar dürfe das Amt eines Testamentsvollstreckers zwar übernehmen, der Staat hafte aber in diesem Falle für diese Thätigkeit des Notars nicht.

Ich erkläre mich also für den Antrag „Geiger", möchte aber bitten, die Worte „ist befugt zu übernehmen" abzuändern in „darf übernehmen"

Abg. Dr **Casselmann:** Nachdem ich so wenig Gegenliebe mit meinem Antrage fand, ziehe ich denselben zurück.

Vorsitzender: Ich frage nun, ob der Herr Abg. Geiger damit einverstanden ist, daß gesagt wird „darf"?

Abg. Joseph **Geiger:** Ich bin damit einverstanden.

S. 651. **Vorsitzender:** Ich bitte jene Herren, welche mit dem Antrage „Geiger" einverstanden sind, der also dahingeht, daß statt „ist befugt" gesetzt wird „darf", sich zu erheben. (Geschieht.)

Der Antrag „Geiger" ist angenommen. Der Artikel 14 lautet also:

„Der Notar darf das Amt des Testamentsvollstreckers übernehmen."

Der zweite Satz „Der Präsident des Landgerichts u. s. w." fällt weg.

Artikel 15. S. 651.

Herr Referent!

Abg. **Fuchs** (Referent)· Artikel 15 bis 18 behandeln die Verpflichtung zur Dienstleistung. (Artikel 15 wird verlesen.) Nach Artikel 43 Abs. 2 des rechtsrheinischen Notariatsgesetzes dürfen die Notare ohne Ersuchen oder ohne richterlichen Auftrag ihr Amt nicht ausüben; das Ersuchen ist die Veranlassung, die conditio sine qua non, das Fehlen eines jeden Ersuchens oder Auftrags würde eine Notariatsurkunde sogar mit Nichtigkeit behaften. Eine solche Bestimmung hat der Entwurf nicht aufgenommen, dagegen findet sich im Entwurf die im Artikel 43 Abs. 1 des Notariatsgesetzes für das rechtsrheinische Bayern und die im Artikel 3 des pfälzischen Notariatsgesetzes enthaltene Vorschrift, daß der Notar die Vornahme des Amtsgeschäfts nicht ohne zureichenden Grund verweigern darf. Es kann sich hiebei selbstverständlich nur um Amtsgeschäfte innerhalb der sachlichen und örtlichen Zuständigkeit der Notare handeln. In Artikel 15 ist nicht gesagt, welche Gründe den Notar zur Verweigerung seiner Amtsthätigkeit berechtigen. Als Gründe können angeführt werden: Befangenheit, Ueberlastung mit anderen Amtsgeschäften, Krankheit sowohl auf Seite des Notars wie der Betheiligten — man denke nur an den Fall, daß der Notar behufs Errichtung eines Testaments zu einer Person gerufen wird, welche z. B. an Cholera, Pest erkrankt ist, oder an den Fall der zweifellosen Unfähigkeit eines Betheiligten zur Abgabe einer wirksamen Willenserklärung, z. B. bei offensichtlicher Trunkenheit, in diesem letzteren Falle ist der Notar durch seine Amtsehre sogar verpflichtet, die Mitwirkung ohne Weiteres abzulehnen.

Wenn die Betheiligten sich über den Notar wegen Verweigerung seiner Amtsthätigkeit beschweren, so entscheidet nach Artikel 18 des Entwurfs das Landgericht.

Ich beantrage die Genehmigung des Artikel 15.

Abg. **Landmann** (Korreferent): Ich beantrage gleichfalls die Zustimmung zu Artikel 15.

Abg. **von Walter:** Ich bin mit den Ausführungen des Herrn Referenten nicht ganz einverstanden. Es darf eine Aeußerung von ihm doch nicht unwidersprochen bleiben. Der Herr Referent hat nämlich vorhin gemeint, daß der Notar nicht verpflichtet ist, zu einer Person zu gehen, die an einer ansteckenden Krankheit leidet. Ich glaube, daß das nicht richtig, sondern daß er dazu verpflichtet ist. Wenn das der Fall wäre, dann wäre es um die Möglichkeit einer Testamentserrichtung bei einer mit einer ansteckenden Krankheit behafteten Person sehr schlecht bestellt.

Ich möchte außerdem auch auf eine Bemerkung in den Motiven verweisen, die in der Allgemeinheit, wie sie dort steht, unter allen Umständen zu weit geht. Es ist dort bemerkt, daß als Ablehnungsgrund auch Ueberhäufung mit sonstigen Amtsgeschäften geltend gemacht werden kann. Das geht nach meinem Dafürhalten doch zu weit; wenn der Notar gerade beschäftigt ist, so wird es sich von selbst verstehen, daß er nicht zugleich ein anderes Geschäft vornehmen kann, und er wird die Partei, die seine Thätigkeit beansprucht, darauf verweisen, daß sie eben so lange warten muß, bis er fertig ist. Allein einen Grund zu einer vollständigen Ablehnung soll das nicht bilden. Ich glaube auch nicht, daß die Motive weiter gehen wollten als so weit, daß dem Notar das Recht zusteht, zu sagen: Ich bin jetzt beschäftigt, und wenn Du meine Amtsthätigkeit in Anspruch nehmen willst, so mußt Du eben warten.

S. 651. **Der k. Staatsminister der Justiz:** Die Bemerkung in den Motiven sollte nicht die Bedeutung haben, daß der Notar berechtigt wäre, Geschäfte, die sich verschieben und später erledigen lassen, wegen vorübergehenden Geschäftsandrangs überhaupt abzulehnen. Es ist nur gedacht an momentane Weigerung bei momentaner Verhinderung.

Bezüglich der vorigen Bemerkung des Herrn Abg. von Walter möchte ich sagen, daß ich derselben vollständig zustimme. Es kann nicht ein Notar das Geschäft verweigern, wenn ihm das Hingehen zu einem Schwerkranken, der an einer ansteckenden Krankheit leidet, angesonnen wird. In diesem Fall muß er z. B. ein Testament ohne Zweifel aufnehmen. Man kann in dieser Frage des Pflichtgefühls keinen Unterschied machen zwischen einem Geistlichen, einem sonstigen Beamten und einem Notar. Auch der Letztere hat, wie die Anderen, ohne Rücksicht auf die Gefahr für seine Person Folge zu leisten, wenn ihn die Pflicht ruft.

Abg. **Fuchs** (Referent): Es ist doch sehr bedenklich, wenn ein Notar bei einem Pestkranken sich einfinden muß, um dessen letzten Willen zu beurkunden. Ich gebe zu, daß es für eine Familie von der größten Wichtigkeit sein kann, daß ein Testament errichtet werde, aber ich halte es für nicht richtig, daß unter diesen erschwerten Umständen ein Notar gezwungen werden kann, sein Leben in die Schanze zu schlagen.

Abg. Dr **Casselmann:** Ich theile das Bedenken nicht; es kann Situationen geben, wo ein Beamter sich Gefahren aussetzen muß; so kann z. B. ein Sicherheitsbeamter auch in die Lage kommen, sein Leben in die Schanze schlagen zu müssen, wenn es das Staatsinteresse erfordert. Der Fall wird sich nicht oft ereignen, aber als letzte Konsequenz muß man ihn schon in's Auge fassen, man muß bedenken, daß sonst die schlimmsten vermögensrechtlichen Folgen für die Betheiligten daraus entstehen könnten. Ich bin schon der Meinung, so unangenehm es im einzelnen Falle für den Betreffenden und seine Familie werden kann, daß der Notar wie jeder andere Beamte unter abnormen Verhältnissen auch unter Hintansetzung seiner Gesundheit, ja sogar seines Lebens zur Amtsausübung verpflichtet ist.

Vorsitzender: Der Artikel 15 scheint von keiner Seite mehr angefochten zu werden; ich nehme an, daß er genehmigt ist.

Artikel 16.

Abg. **Fuchs** (Referent) (verliest Artikel 16): Artikel 16 bestimmt die Fälle,
S. 652. in welchen der Notar wegen Betheiligung ‖ an der Sache die Vornahme von Amtsgeschäften verweigern *soll*. Diese Vorschrift ist eine *Sollvorschrift*; es wäre zu erwägen, ob es nicht richtiger wäre, diese Vorschrift in eine *Mußvorschrift* zu ändern mit der Wirkung, daß ihre Verletzung die Ungiltigkeit des amtlichen Geschäftes nach sich zieht. Nach meiner Meinung sollte der Notar in den angegebenen Fällen *kraft des Gesetzes* von der Amtsausübung ausgeschlossen sein.

Nach Artikel 47 des gegenwärtigen Notariatsgesetzes „darf der Notar eine Verhandlung nicht aufnehmen, wenn bei derselben eine Person betheiligt ist, welche mit ihm in gerader Linie oder bis einschlüssig zum *dritten Grade* der Seitenlinie nach civilrechtlicher Berechnung verwandt oder verschwägert ist"; nach Artikel 16 Ziff. 3 des Entwurfs ist die Aenderung getroffen, daß die betreffende Person mit dem Notar in gerader Linie oder im *zweiten Grade* der Seitenlinie verwandt oder verschwägert sein muß.

Ich verweise noch auf Artikel 33 Abs. 1 des Entwurfs, in welchem die S. 652. Bestimmung getroffen ist, daß der Notar durch seine Verwandtschaft zu einem Theilnehmer der Versammlung einer Genossenschaft, einer Gesellschaft oder eines Vereins, für welche die Bestimmungen des Handelsgesetzbuchs über die Protokollführung in Versammlungen von Aktiengesellschaften u. s. w. gelten, an der Uebernahme der Protokollführung nicht behindert ist.

Ich behalte mir Antragstellung vor.

Abg. **Landmann** (**Korreferent**): Ich halte es auch der Erwägung werth, ob man hier nicht sagen soll, der Notar „muß" statt „soll"

Zu Ziff. 2 hätte ich ein formales Bedenken. Es heißt hier: „in Sachen seiner Ehefrau, auch wenn die Ehe nicht mehr besteht" Ich glaube, wir könnten den Nachsatz recht gut streichen, denn wenn die Ehe nicht mehr besteht, so ist sie seine Ehefrau nicht mehr, und ist sie gestorben, so kann überhaupt von einer Ehefrau nicht mehr die Rede sein.

Abg. Dr **Casselmann:** Das Bedenken, das der Herr Referent dahin geäußert hat, daß er hier nur eine Sollvorschrift findet, während er vorgezogen hätte, wenn bestimmt worden wäre, daß der Notar kraft des Gesetzes von der Ausübung seines Amtes ausgeschlossen sein soll, theile ich nicht. Der Artikel 16 ist dem § 6 des Gesetzes über die Angelegenheiten der freiwilligen Gerichtsbarkeit nachgebildet. Da heißt es: „Ein Richter ist von der Ausübung seines Amtes kraft Gesetzes ausgeschlossen." Trotz dieser Fassung enthält der § 6 keine Zwangsvorschriften, die Verletzung derselben hat nicht die Nichtigkeit der Handlung zur Folge, sondern involvirt nur ein Beschwerderecht. Es ist in dem § 7 des genannten Gesetzes ausdrücklich gesagt, daß gerichtliche Handlungen nicht aus dem Grunde unwirksam sind, weil sie von einem örtlich unzuständigen Richter oder von einem Richter vorgenommen worden sind, der kraft Gesetzes ausgeschlossen ist. Eine weiter gehende Vorschrift, als dieses Gesetz für das Richteramt vorschreibt, für das Notariat zu treffen, halte ich nicht für nothwendig, übrigens auch nicht für zulässig.

Wenn ich den Artikel 16 nun näher in's Auge fasse, so bezieht sich derselbe auf alle Amtsgeschäfte, die ein Notar vorzunehmen hat. Er bezieht sich auf die Beurkundung von Rechtsgeschäften eines Notars; er bezieht sich weiter auf die Beurkundung von Erklärungen, die kein Rechtsgeschäft enthalten, und er bezieht sich auf die Beurkundung von Erklärungen, welche die Auseinandersetzung eines Nachlasses oder einer Gütergemeinschaft betrifft.

Was nun die Beurkundung von Rechtsgeschäften anlangt, so kommen in dieser Beziehung nach meinem Dafürhalten schon einmal die Vorschriften des Bürgerl. Gesetzbuchs — es sind die §§ 2234 ff. und 2276 — in Betracht, dann aber die §§ 170 bis 173 des Gesetzes über die Angelegenheiten der freiwilligen Gerichtsbarkeit. Es könnte nach meinem Dafürhalten irre führen, wenn man, nachdem die Bestimmungen schon bestehen für diese Art von Beurkundungen, noch einmal den Artikel 16 auf dieselben bezieht.

Was aber die Beurkundung von Erklärungen bei Auseinandersetzung eines Nachlasses und einer Gütergemeinschaft betrifft, so ist nach meinem Dafürhalten der § 6 des Gesetzes über die Angelegenheiten der freiwilligen Gerichtsbarkeit schon einschlagend und zwar in Gemäßheit des § 293 dieses Gesetzes.

Wenn diese Auffassung richtig ist, dann würde der Artikel 16 also nur übrig bleiben für die Beurkundung von Erklärungen, die nicht Rechtsgeschäfte sind. Dann wäre es aber nach meinem Dafürhalten vielleicht doch richtiger, wenn man den Artikel 16 hier wegnehmen würde und eine entsprechende Vor-

S. 652. schrift beim Artikel 32 des Entwurfes festsetzen würde, der von den notariellen Urkunden über Erklärungen handelt, die nicht Rechtsgeschäfte sind. Es würde vielleicht da genügen, zu dem dort allegirten Paragraphen des Gesetzes über die Angelegenheiten der freiwilligen Gerichtsbarkeit noch die §§ 170 bis 173 des Gesetzes anzuziehen.

Landgerichtsrath Schmitt: Es sei zur Aufklärung des Verhältnisses des Artikel 16 zu den Bestimmungen der Reichsgesetze über die Ausschließung der Richter und Notare bei Beurkundung von Rechtsgeschäften und zum § 6 des Gesetzes über die Angelegenheiten der freiwilligen Gerichtsbarkeit über die Ausschließung der Richter eine Bemerkung gestattet.

Zunächst ist es wohl kaum zutreffend, daß der Artikel 16 lediglich Anwendung finden soll auf diejenigen notariellen Geschäfte, welche die Beurkundung von Gegenständen, die nicht Rechtsgeschäfte sind, betreffen. Der Artikel 16 ist ganz allgemein gedacht; er soll für alle notariellen Geschäfte gelten, gleichviel ob Rechtsgeschäfte in Betracht kommen oder nicht. Gerade deßwegen aber, weil er allgemein gedacht ist, ist er als Sollvorschrift gesetzt, denn eine allgemeine Mußvorschrift — die Mußvorschrift unterscheidet sich ja von der Sollvorschrift darin, daß nur die Verletzung der Mußvorschrift die Nichtigkeit des Geschäftes zur Folge hat — eine allgemeine Mußvorschrift des Inhalts von Artikel 16 wäre für die Landesgesetzgebung nicht möglich. In dem § 200 des Gesetzes über die Angelegenheiten der freiwilligen Gerichtsbarkeit ist im Abs. 2 gesagt: „Soweit in Landesgesetzen allgemeine Vorschriften über die Errichtung gerichtlicher oder notarieller Urkunden erlassen werden, ist ein Verstoß gegen eine solche Vorschrift unbeschadet der Vorschriften über die Folgen des Mangels der sachlichen Zuständigkeit ohne Einfluß auf die Giltigkeit der Beurkundung." Artikel 16 muß sich also mit dem Charakter einer Sollvorschrift begnügen.

Es kommt dann die zweite Frage, ob man nicht hätte sagen sollen: „Für die Beurkundung von Rechtsgeschäften gelten ausschließlich die Vorschriften der Reichsgesetze, wie sie in § 170 ff. des Gesetzes über die Angelegenheiten der
S. 653. freiwilligen Gerichtsbarkeit enthalten sind, die Vorschriften des Artikel 16 aber, die sich mit denen des § 6 des Gesetzes über die freiwillige Gerichtsbarkeit decken, sollen lediglich auf die übrigen Beurkundungsgeschäfte der Notare Anwendung finden." Allein es hat sich gezeigt, daß die Vorschriften, welche in dem Reichsgesetz über die Angelegenheiten der freiwilligen Gerichtsbarkeit gegeben sind, doch nicht so vollständig sind, daß sie einer Ergänzung durch die Landesgesetzgebung auch bezüglich der notariellen Urkunden über die Rechtsgeschäfte ganz entbehren könnten. Es ergibt sich insbesondere ein sehr bedenklicher Mangel. Nach § 168 des Gesetzes über die Angelegenheiten der freiwilligen Gerichtsbarkeit sind als Betheiligte im Sinne der §§ 169 bis 182 nur diejenigen anzusehen, deren Erklärungen beurkundet werden. Es ist dann in dem § 170 und 171 gesagt, in welchem Falle die Richter oder Notare wegen Verwandtschaft zu den Parteien von der Beurkundung ausgeschlossen sein sollen. Nimmt man danach den Fall meiner Vollmacht an, so ergibt sich: Wenn Jemand der Frau eines Notars eine Generalvollmacht ertheilen würde — die Frau hat dabei gar keine Erklärung abzugeben —, so könnte nach den Bestimmungen des Reichsgesetzes der Ehegatte als Notar die Beurkundung ohne Weiteres vornehmen. Denn die Frau ist nicht „betheiligt" Nichtsdestoweniger werden die Herren aber sofort gefühlt haben, daß eine solche Amtsthätigkeit nicht unbedenklich ist. Auch hier sollte sich der Notar der Amtsausübung enthalten, und wenn wir es ihm nicht verbieten können mit der Folge der Nichtigkeit,

so wollen wir es ihm wenigstens verbieten mit der Folge disziplinärer Ahndung. S. 653.
Wir sind also auf Grund des gegebenen Vorbehalts über das Reichsrecht hinausgegangen und zwar auf dem dienstrechtlichen Wege. Der Artikel 16 soll einen rein dienstrechtlichen Charakter haben, er soll sagen: Wenn andere reichs- oder landesgesetzliche Bestimmungen, die den Notar ohnedieß ausschließen würden, nicht vorhanden sind, dann soll doch in allen den Fällen, die hier festgesetzt sind, der Notar sich auf Grund dieses Gesetzes der Thätigkeit enthalten.

Ueber die sachliche Begründung dieser Fälle wird ein Wort nicht zu verlieren sein. Wird ja die Thätigkeit in allen diesen Fällen durch § 6 des Gesetzes über die Angelegenheiten der freiwilligen Gerichtsbarkeit auch dem Richter verboten.

Aus diesen Gründen, glaube ich, dürfte sich Artikel 16 rechtfertigen. Er ist ein Vorsichtsartikel, der verhüten will, daß nicht irgend ein Notar durch die Maschen des bestehenden Reichs- oder Landesrechts schlüpft, und er kollidirt, weil er keine Mußvorschrift ist, nicht mit den Vorschriften des Gesetzes über die Angelegenheiten der freiwilligen Gerichtsbarkeit.

Zu einer besonderen Bemerkung gibt noch die Aeußerung des Herrn Abg. Dr. Casselmann Anlaß, daß für Vermittlung der Auseinandersetzung des Nachlasses durch den Notar die Bestimmungen des § 6 des Gesetzes über die Angelegenheiten der freiwilligen Gerichtsbarkeit unmittelbar Anwendung fänden. Das trifft nicht zu. Denn in § 194 dieses Gesetzes ist zwar gesagt:

> „Sind für die im § 1 bezeichneten Angelegenheiten nach Landesgesetz andere als gerichtliche Behörden (das wäre also hier der Notar) zuständig, so gelten die in dem ersten Abschnitte für die Gerichte gegebenen Vorschriften auch für die anderen Behörden."

und im ersten Abschnitt steht auch § 6, allein im Abs. 3 dieses § 194 heißt es:

> „Die Vorschriften des § 8 über die Sitzungspolizei und über die Berathung und Abstimmung sowie die Vorschriften der § 6, 10, 11, des § 16 Abs. 2 und des § 31 finden keine Anwendung."

Es würden also für den Fall der Vermittelung der Auseinandersetzung eines Nachlasses durch einen bayerischen Notar überhaupt Vorschriften nicht bestehen, wenn sie nicht hier in Artikel 16 wieder aufgenommen würden. Hierin liegt ein zweiter Grund, weßwegen Artikel 16 aufgenommen worden ist. Er gibt eine allgemeine Garantie, auf die man nicht wohl verzichten kann.

Abg. **Conrad**: Die Frage, ob in einem gegebenen Fall ein Beamter, wenn er eine amtliche Thätigkeit vornimmt oder bei einem solchen Akt mitwirkt, als betheiligt erscheint, ist mitunter eine recht schwierige. Um nur in einen konkreten Fall hineinzuleuchten, möchte ich zu Artikel 16 anregen, wie es aufzufassen ist, wenn ein Notar Mitglied einer Genossenschaft ist, z. B. einer solchen mit unbeschränkter Haftpflicht, ob er nun in der Lage ist, die Aufnahme eines Aktes dieser Gesellschaft zu verweigern oder diesen Akt vorzunehmen. Die Frage ist nicht blos eine theoretische — seit Jahren wurde sie in der Pfalz in dem Verbande der pfälzischen Genossenschaften ventilirt. Sie hat seither unter bisherigem Rechte eine verschiedene Auffassung erfahren. Einerseits kann man sagen, es gilt hier: „tua res agitur", andererseits wäre zu bemerken, daß eine solche Genossenschaft oft den größeren Theil der Bewohner einer Gemeinde umfaßt, so daß einzelne Mitglieder doch kaum als „betheiligt" in vorwürfigem Sinn erscheinen können. Auf den noch näher liegenden Fall einer eventuellen Zugehörigkeit zu einer Aktiengesellschaft in Folge Aktienbesitzes will ich mich hier nicht einlassen. Die pfälzische Gemeindeordnung erachtet z. B. bezüglich

S. 653. der Mitwirkung eines Gemeinderaths bei einem Beschlusse dessen Betheiligung nur dann als vorhanden, wenn er persönlich und unmittelbar an der Angelegenheit betheiligt ist.

Landgerichtsrath Schmitt: Ich bin in diesem Falle leider nicht in der glücklichen Lage, so viel Licht in die Sache zu bringen, als wünschenswerth wäre. Denn die Aufklärung, die hier gegeben werden muß, hängt der Hauptsache nach von der Auslegung des Reichsrechtes ab. Es müssen hier zwei Fälle unterschieden werden. Es kann der Notar, der Mitglied einer Genossenschaft oder Aktiengesellschaft ist, entweder berufen sein zur Beurkundung eines Rechtsgeschäftes, welches von dieser Genossenschaft vorgenommen wird, oder zur Beurkundung von Beschlüssen von Organen dieser Vereinigung. Was letzteres anlangt, so werden die Herren in dem Entwurf selbst, im Artikel 33, eine bezügliche Bestimmung gefunden haben. Hier ist gesagt, daß die Theilnehmer an einer Versammlung nicht als Betheiligte gelten. Was aber die Beurkundung von Rechtsgeschäften anlangt — und das ist die Hauptsache —, so entscheidet der Artikel 169 ff. des Gesetzes über die Angelegenheiten der freiwilligen Gerichtsbarkeit. Die Landesgesetzgebung ist nicht in der Lage, eine authentische Interpretation des Reichsrechtes zu geben. Läßt uns der Wortlaut des Reichsgesetzes im Stiche, so bleibt nichts Anderes übrig, als abzuwarten, welche Interpretation Wissenschaft und Rechtsprechung finden oder ob nicht eine authentische Interpretation durch die Reichsgesetzgebung erfolgt. Soweit aber der Landesgesetzgebung die ergänzende Auslegung nicht gestattet ist, ist es auch nicht angezeigt, darüber eine gutachtliche Aeußerung abzugeben, die doch für Rechtsanwendung nicht verbindlich wäre.

S. 654. Abg. Michel: Es wurde vorhin bei Artikel 14 beschlossen, den Ausdruck zu wählen: „darf“ Artikel 16 Ziff. 4 veranlaßt mich, um Aufklärung zu bitten. Man hat in Notariatskreisen Zweifel darüber, ob der Notar als Testamentsvollstrecker zu den Betheiligten im Sinne des Artikel 16 Ziff. 4 zu rechnen sei, weil er als Testamentsvollstrecker privatthätig zu sein hat, dagegen dann, wenn zur Nachlaßmasse gehörige Immobilien versteigert oder verkauft werden sollen, ein Notar, also ein Beamter bei der Beurkundung dieser Rechtsgeschäfte in Frage kommt. Darf nun der Notar in seiner Eigenschaft als Testamentsvollstrecker diese Beurkundung vornehmen?

Landgerichtsrath Schmitt: Wenn der Testamentsvollstrecker selbst der Verkäufer ist, so wird nach dem Reichsrecht evident sein, daß er nicht zugleich Urkundsperson sein kann. Er kann nicht einen Vertrag beurkunden, bei dem er selbst der eine Kontrahent ist. Daß der Notar durch seine Eigenschaft als Testamentsvollstrecker in der Regel nicht gehindert ist, Rechtsgeschäfte zu beurkunden, welche die Erben unter sich abschließen, wird andererseits ebenso unbedenklich gesagt werden können.

Weitere Aufklärungen aber verbieten sich aus denselben Erwägungen, die schon früher gegen derartige offizielle Ausführungen des Reichsrechts geltend gemacht wurden. —

Nachdem Abg. Dr Casselmann und ebenso Referent Abg. Fuchs in Folge der Ausführung des Herrn Ministerialkommissärs ihr Bedenken fallen lassen, wird auf Antrag des Referenten Artikel 16 angenommen.

(Schluß der Sitzung um 12 Uhr 45 Minuten.)

von Stobäus,
Vorsitzender.

Michel,
Schriftführer.

38. S. 655.

Protokoll

über die Sitzung des besonderen (XVIII.) Ausschusses der Kammer der Abgeordneten zur Berathung der durch die Einführung des Bürgerlichen Gesetzbuchs veranlaßten Gesetzentwürfe.

(Verhandl. d. Justiz-Gesetzg.-Aussch. d. K. d. Abg. 1899. Beil.-Bd. XX, Abth. II, S. 655 bis 674.)

München, den 4. Mai 1899, Vormittags 9½ Uhr.

Gegenwärtig:

Die Vertreter der k. Staatsregierung: der k. Staatsminister der Justiz Dr. Freiherr von Leonrod, Excellenz, der k. Ministerialrath im Staatsministerium der Finanzen, Kronanwalt Ritter von Schubart, der k. Ministerialrath im Staatsministerium der Justiz Thelemann, der k. Landgerichtsrath im Staatsministerium der Justiz Schmitt;

ferner die Ausschußmitglieder: von Stobäus, Vorsitzender, Wagner, Stellvertreter des Vorsitzenden, Dr. Casselmann, Schriftführer, Michel, Stellvertreter des Schriftführers, Beckh, Conrad, Fuchs, Joseph Geiger, Joseph Huber, Landmann, Lerno, Segitz, von Walter (Dr. Ratzinger und Seeberger entschuldigt).

Tagesordnung:

Entwurf eines Notariatsgesetzes.
(Beilage R.)

Artikel 17 mit 27, 37, 28 mit 31, 134, 32 mit 48.

Erste Lesung.

Vorsitzender von Stobäus eröffnet um 9 Uhr 35 Minuten die Sitzung. Die Berathung wird bei **Artikel 17** fortgesetzt.

Abg. **Fuchs** (Referent) (verliest Artikel 17): Nach Artikel 45 Abs. 2 des gegenwärtigen Notariatsgesetzes darf der Notar keine Verhandlungen aufnehmen, deren Inhalt gegen ein Strafgesetz, gegen die öffentliche Ordnung und gegen die guten Sitten verstößt; im Uebrigen muß der Notar beurkunden, mag das zu beurkundende Geschäft auch civilrechtlich ungiltig sein. Artikel 17 des Entwurfes erweitert nun die Pflicht zur Verweigerung der Ausübung des Amtes auf die Geschäfte, die offenbar nichtig sind oder nur zum Schein oder zum Scherze vorgenommen werden sollen, auch wenn darin ein Verstoß gegen die öffentliche Ordnung oder gegen die guten Sitten nicht enthalten ist. Diese Erweiterung der Verweigerungspflicht ist nur zu begrüßen, namentlich die Beseitigung der Auffassung, daß ein offenbar nichtiges Geschäft vom Notar trotzdem beurkundet werden muß, und zwar schon im Interesse der Würde des Amtes und dann auch, um die Betheiligten vor Schaden zu bewahren. Als Fälle, in denen die Amtsthätigkeit wegen offenbarer Nichtigkeit des Geschäftes verweigert werden muß, sind in den Motiven angeführt: geringes Lebensalter der Betheiligten, Geisteskrankheit, eingetretene Entmündigung oder vorübergehende Zurechnungsunfähigkeit zur Abgabe einer wirksamen Willenserklärung. (§§ 104, 106 B.G.B.) Ich verweise noch auf Artikel 29 des Entwurfes, aus welchem sich ergibt, was der Notar thun soll, wenn ihm nicht die Nichtigkeit des Geschäftes offenbar, sondern nur die Wirksamkeit zweifelhaft erscheint.

Ich beantrage die Annahme des Artikel 17.

Abg. **Landmann** (Korreferent): Ohne Erinnerung.

Vorsitzender: Artikel 17 ist angenommen, nachdem Niemand zum Worte gemeldet ist.

Artikel 18.

S. 655. Abg. **Fuchs** (Referent) (verliest Artikel 18): Das Landgericht kann in den Fällen der Artikel 15 bis 17 um Entscheidung angegangen werden; die Bestimmungen über das Verfahren finden sich im fünften Abschnitte des Entwurfes. Die Entscheidung des Landgerichtes hat nur dienstrechtliche Natur; sie ist ohne Belang für die Frage, ob das Geschäft von einem Notar giltig vorgenommen werden kann oder nicht, nur die Verantwortlichkeit geht durch die Entscheidung vom Notar auf das Landgericht über. Ich beantrage die Genehmigung des Artikels.

Abg. **Landmann** (Korreferent): Ich beantrage ebenfalls Genehmigung.

Vorsitzender: Artikel 18 ist angenommen.

Artikel 19.

Abg. **Fuchs** (Referent) (verliest Artikel 19): Für die Notariate als künftige Staatsbehörden gelten, ohne daß dieß im Gesetze besonders hervorgehoben zu werden braucht, die Bestimmungen, nach welchen sonst der Dienst der Staatsbehörden geregelt ist.

Nach den Motiven sollen nähere Vorschriften über Geschäftszeit in der Geschäftsordnung getroffen werden, insbesondere Vorschriften, welche die Amtsausübung zur Nachtzeit (Testamentserrichtung) und an Sonn- und Feiertagen regeln. Was den letzteren Punkt anbelangt, so möchte ich die k. Staatsregierung bitten, an diesem Gedanken festzuhalten.

Artikel 19, welcher dem geltenden Rechte entspricht, ist insbesondere durch den Umstand veranlaßt, daß die Notare zur Aufnahme der öffentlichen Testamente berufen sind. (§ 2231 B. GB., Art. 141 des Einführungsgesetzes zum B. GB., Art. 122, 133 des Gesetzes, betreffend die Aenderung der seit 1818 erlassenen Gesetze. Ich beantrage die Genehmigung.

Abg. **Landmann** (Korreferent): Ich beantrage auch Genehmigung.

Vorsitzender: Zum Worte ist Niemand gemeldet; ich schließe die Diskussion. Artikel 19 ist angenommen.

Artikel 20.

Abg. **Fuchs** (Referent) (verliest Artikel 20): Die Regel ist die Thätigkeit
S. 656. des Notars in den Amtsräumen || des Notariats. Ausnahmen sind zulässig, z. B. wenn die Betheiligten wegen Krankheit oder Gebrechlichkeit nicht zum Notariatssitze kommen können oder wenn die Notare innerhalb der durch Artikel 2 des Entwurfes gegebenen Zuständigkeit außerhalb ihres Amtssitzes Vermögens- und Nachlaßverzeichnisse aufzunehmen haben oder außerhalb ihres Amtssitzes öffentliche Versteigerungen vornehmen müssen oder wenn besonders viele Betheiligte z. B. bei Grundstücksverkäufen anläßlich von Güterzertrümmerungen an einem vom Notariatssitze weit entfernten Orte sich befinden, so daß durch die Vornahme des Geschäftes an diesem Orte eine erhebliche Kostenersparung für die Betheiligten eintritt. Es darf hieher wohl auch der Fall gerechnet werden, daß ein Notar vorübergehend leicht erkrankt und nicht im Stande ist, die Geschäfte innerhalb seiner Geschäftsräume, sondern in seiner Wohnung vorzunehmen. Die Notare haben übrigens selbst pflichtgemäß zu entscheiden, ob ein Ausnahmefall vorliegt. Halten sie einen solchen nicht für gegeben, so steht den Betheiligten nach Artikel 18 des Entwurfes die Beschwerde zu.

Sollten sich die auswärtigen Amtsgeschäfte so häufen, daß der Notar allzuhäufig von seinem Amtssitze abwesend sein müßte, so soll ihm erlaubt sein,

an einem, unter Umständen auch an mehreren auswärtigen günstig gelegenen S. 656.
Orten, vielleicht abwechselnd, förmliche Amtstage abzuhalten, d. h. das Publikum aufzufordern, sich zur bestimmten Zeit an dem bestimmten auswärtigen Orte zur Entgegennahme seiner Geschäfte bei ihm zu melden. Solche Amtstage sind im Interesse der Bevölkerung häufig nützlich und wünschenswerth, sollen aber nicht unbeschränkt gestattet sein, weil sie den Notar dem Publikum am Amtssitze entziehen und leicht Mittel zu einer Konkurrenz werden könnten, die zu beanstanden wäre. Diese Umstände können bei Würdigung der Frage der Genehmigung erwogen werden, welche dem Justizministerium vorbehalten bleiben soll.

Wenn in den Motiven ausgeführt ist, daß der Ort der auswärtigen Thätigkeit des Notars der Amtswürde entsprechen soll, so kann ich mich hiemit einverstanden erklären; ich möchte nur bezweifeln, ob die von der k. Staatsregierung in Aussicht genommenen Vorschriften gegen die Vornahme von Amtsgeschäften in Wirthshäusern allgemein befolgt werden können. Es darf nicht außer Acht gelassen werden, daß in ländlichen Bezirken meist Ortschaften in Frage kommen, in denen außer dem Gemeindehaus oder dem Wirthshaus, vielleicht auch dem Schulhause, andere geeignete Räume nicht zur Verfügung stehen. Es muß hier den Verhältnissen Rechnung getragen werden und dürfte genügen, wenn der Notar in einem von der öffentlichen Wirthsstube abgeschlossenen Raume seine Amtsgeschäfte vornimmt. Ich beantrage die Genehmigung des Artikel 20.

Abg. **Landmann** (Korreferent): Es ist schon den Motiven zu entnehmen, daß die Vornahme von Amtsgeschäften in Wirthshäusern nicht die Regel sein soll; übrigens sollen Ausnahmen zugelassen werden. Es liegt letzteres in der Natur der Sache. Bei Versteigerungen wird es zuweilen kaum möglich sein, ein anderes Lokal als ein Wirthslokal zu nehmen. Damit bin ich aber einverstanden, daß im Prinzip ausgesprochen wird, daß der Notar seine Thätigkeit nicht im Wirthshaus vorzunehmen hat.

Der k. Staatsminister der Justiz Dr. Freiherr **von Leonrod**: Es ist daran gedacht, mit dem k. Staatsministerium des Innern in's Benehmen zu treten, ob nicht in den Gemeindehäusern Lokale für diese Fälle bereit gestellt werden könnten. In den Wirthshäusern soll so wenig als möglich amtirt werden.

Abg. **Wagner**: Der Weg ist gewiß sehr praktisch, aber es gibt recht viele Gemeinden, in denen ein Gemeindehaus nicht besteht, in denen Nebenräume außer im Wirthshause nicht zur Verfügung stehen. In solchen Fällen wird natürlich immer auf's Wirthshaus zurückgegriffen werden.

Abg. **Michel**: Was der Herr Kollege Wagner eben gesagt hat, trifft auf die pfälzischen Verhältnisse auch zu. Dort liegt die Sache gerade so. Es stehen dort außer den Wirthshäusern derartige Lokale größtentheils nicht zur Verfügung. Bisher wurde es so gehalten, daß in einem Nebenraum der Wirthschaften Versteigerungen und Amtirungen vorgenommen wurden und es hat dieß zu keinerlei Beanstandung geführt. Es besteht, soviel ich mich erinnere, eine besondere Vorschrift, daß alle Getränke beseitigt werden müssen, und wird der Charakter der Wirthschaft in diesen Nebenlokalen vorübergehend vollständig beseitigt.

Vorsitzender: Zum Worte ist Niemand mehr gemeldet; die Diskussion ist geschlossen.

Ich darf wohl den Artikel 20 als angenommen erklären.

S. 656.

Artikel 21.

Abg. **Fuchs** (Referent) (verliest Artikel 21): Dieser Artikel handelt von der persönlichen Ausübung des Dienstes. Als Grundsatz gilt, daß der Notar sein Amt persönlich auszuüben hat und sich durch seine Gehilfen nicht vertreten lassen kann. Dadurch ist jedoch nicht ausgeschlossen, daß er sich rechtskundiger und nichtrechtskundiger Gehilfen bei Ausübung seines Amtsgeschäfts unter seiner Aufsicht und Verantwortlichkeit bedienen kann.

Artikel 21 gilt von den juristisch vorgebildeten Gehilfen und dem nicht juristisch gebildeten Hilfspersonal. Die Justizverwaltung wird den Vorbereitungsdienst der Notariats-Rechtspraktikanten regeln und auch bestimmen, daß die Notare verpflichtet sind, Rechtspraktikanten zur Ausbildung aufzunehmen.

Die Gehilfen selbst haben keinen öffentlichen Charakter, ihre Thätigkeit soll nur Vorbereitungs- und Hilfsthätigkeit sein.

Nach Artikel 31 Abs. 4 kann die Vorbereitungsthätigkeit beschränkt werden, indem durch die Geschäftsordnung bestimmt wird, inwieweit der Notar sich seiner Gehilfen zur Einsicht des Grundbuches bedienen darf. Die sonstigen Verhältnisse der Gehilfen werden bei Artikel 129 besprochen werden. Ich beantrage die Genehmigung.

Abg. **Landmann** (Korreferent): Ohne Erinnerung.

Vorsitzender: Artikel 21 ist angenommen.

Artikel 22.

Abg. **Fuchs** (Referent) (verliest Artikel 22): Eine Bestimmung des Begriffes „Amtsgeheimniß“ ist nicht gegeben worden, wahrscheinlich weil sie auch sonst in unseren Rechten fehlt. Nach Artikel 106 des Ausführungs-
S. 657. gesetzes zur Strafprozeßordnung vom 18. August 1879 ist ‖ der Notar in seiner Eigenschaft als Beamter verpflichtet, „über die vermöge seines Amtes ihm bekannt gewordenen Angelegenheiten, deren Geheimhaltung ihrer Natur nach erforderlich oder von seinen Vorgesetzten vorgeschrieben ist, Verschwiegenheit zu beobachten. Diese Verpflichtung dauert fort, auch nachdem das Dienstverhältniß aufgelöst ist“, der Notar ist auch nach § 300 des Strafgesetzbuchs verpflichtet, die Privatgeheimnisse zu wahren, die ihm aus Anlaß seines Berufes anvertraut sind.

Der Notar genießt eine besondere Vertrauensstellung, weßhalb ihm mit Recht die besondere Vorsichtspflicht auferlegt ist, für die Wahrung des Amtsgeheimnisses nach jeder Richtung zu sorgen, die Wahl der Vorsichtsmaßregeln muß dem pflichtmäßigen Ermessen des Notars überlassen werden. In den nach Artikel 129 des Gesetzentwurfes zu erlassenden Vorschriften werden die Notare wohl anzuhalten sein, daß sie mit größter Vorsicht bei der Auswahl der nichtrechtskundigen Gehilfen verfahren und nur Personen in ihren Dienst nehmen, welche ungetrübten Leumund besitzen. Es kommt häufig vor, daß die Notare erst aus der Volksschule entlassene Knaben als sogenannte Inzipienten in ihr Bureau aufnehmen. Diese sind Zeugen aller Amtshandlungen der Notare und geben bei ihrer Jugend keine Gewähr für die Wahrung des Amtsgeheimnisses, fällt es doch bekanntlich erwachsenen Personen manchmal sehr schwer, die Amtsverschwiegenheit zu beobachten. Dieser Zustand, der leider in vielen Notariaten angetroffen wird, ist sehr beklagenswerth und bedarf der Abhilfe. Ein noch viel beklagenswertherer Zustand ist die Anwesenheit von unberufenen dritten Personen, insbesondere von Unterhändlern 2c., bei den notariellen Verhandlungen. Es gibt eine große Anzahl von Notaren, welchen es zur Gewohnheit geworden ist, die Verhandlungen in Gegenwart dritter unbetheiligter Personen zu pflegen und die Urkunden in deren Gegenwart zu verlesen. Ich kann dieß aus eigener Erfahrung bestätigen, und eine Umfrage bei verschiedenen Landtagskollegen hat ergeben, daß diese üble Gepflogenheit sehr verbreitet ist. S. 657.

Ich wäre der k. Staatsregierung sehr dankbar, wenn sie mit aller Energie dahin wirken würde, daß dieser Mißstand endlich einmal beseitigt werde; vielleicht könnte in der Geschäftsordnung den Notaren die Auflage gemacht werden, einen besonderen Warteraum für die Parteien bereit zu halten. Es muß darauf bestanden werden, daß die Verhandlungen nur in Gegenwart der Betheiligten unter Ausschluß jeder unberufenen dritten Person gepflogen werden. Wenn durch die Verletzung des Amtsgeheimnisses, gleichviel ob durch den Notar oder seine Gehilfen, einem Dritten ein Schaden zugefügt werden sollte, so wird Artikel 126 des Gesetzentwurfes, den wir gestern schon behandelt haben, zur Anwendung zu kommen haben. Die Entbindung von der Verpflichtung zur Wahrung des Amtsgeheimnisses zum Zwecke der Vernehmung eines Notars ist Dienstaufsichtssache. Zuständig wird künftig nach Artikel 64 der Landgerichtspräsident sein, nicht das Präsidium oder die Civilkammer.

Ich beantrage die Genehmigung des Artikel 22.

Abg. **Landmann** (Korreferent): Ich habe nichts dagegen zu erinnern, wenn im Wege der Geschäftsordnung Vorschriften in dem vom Herrn Referenten angedeuteten Sinne erlassen werden. Nach meiner Erfahrung wird bei vielen Notaren überhaupt schon in dieser Weise vorgegangen.

Was die Beschäftigung der jungen Leute anlangt, so wird sich hier kaum etwas ändern lassen. Es wird Sache der Notare sein, dafür zu sorgen, daß dieselben bei sekreten Sachen nicht zugezogen werden und ihre Thätigkeit sich in der Hauptsache auf Abschriften bezieht. Man muß solche Schreiberpiccolos haben, da sich aus ihnen das Geschlecht der Schreiber rekrutirt.

Ich möchte mir die Anfrage erlauben, ob nicht vielleicht von Seite der Justizverwaltung Veranlassung genommen wird, daß die Schreibgehilfen bezw. Notariatsgehilfen auch verpflichtet werden.

Abg. **Wagner:** Ich erachte auch die vom Herrn Referenten angeregte Frage der Zuziehung von jungen Leuten für eine solche, welche der ernstesten Würdigung bedarf, und ebenso die Anregung, welche der Herr Kollege Landmann hinsichtlich der Verpflichtung der Gehilfen gegeben hat. Bis jetzt sind die Gehilfen meines Wissens nicht verpflichtet worden, und es ist also der Private, welcher sich einem Notar anvertraut, eigentlich immer in der schlimmen Lage, daß seine Privatgeheimnisse zur Kenntniß von Leuten kommen, die ja der Notar für sich gewiß verpflichtet und zur Wahrung des Amtsgeheimnisses veranlaßt, bezüglich deren aber die Verletzung des Amtsgeheimnisses irgend einen Nachtheil nicht nach sich zieht. Wir kommen später noch darauf und werden uns über die Verhältnisse der Gehilfen noch bei deren Versorgung und dergl. zu unterhalten haben. Wenn man nun diese Gehilfen in eine sicherere Stellung bringen will, als sie bisher haben, dann, glaube ich, wäre es nicht unangemessen, einen Schritt weiter zu gehen und zu bestimmen, daß einmal nur eidesfähige Personen zu Gehilfen der Notare herangezogen werden dürfen, und zweitens, daß dieselben auch einen Diensteid leisten müssen und daß, wenn sie diesen Diensteid verletzen, sie unter die Disziplinarstrafbestimmungen fallen, wie jeder andere öffentliche Beamte und Bedienstete auch. Nur dadurch wird nach meiner Meinung wirksam das Amtsgeheimniß gewahrt.

S. 657. Herr Kollege Landmann meint zwar, die Heranziehung von so jungen Leuten werde sich nicht vermeiden lassen. Man soll nur diese ganz jungen Leute, die Piccolo's, wie er sie nannte, zur Abschrift verwenden; ja, wer eine Urkunde abschreibt, erfährt dadurch deren Inhalt; er erfährt also auch die Geheimnisse. Die Gefahr, daß solche Geheimnisse zu Ohren eines unzuverlässigen Gehilfen kommen, wird für die Zukunft noch größer als jetzt sein bei jenen Notariaten, welche in ihren Erträgnissen zurückgehen und bei welchen es zweifelhaft ist, ob der Notar einen Gehilfen unterhalten kann oder nicht. Da wird er sich auf ein möglichst gering bezahltes Material beschränken, und das ist eine sehr große Gefahr.

Ich würde die Anregung des Herrn Referenten auf das Wärmste unterstützen. Ich meine, in dieser Richtung sollte irgend eine Fürsorge getroffen werden; ich wäre entschieden dafür, daß, nachdem auf der einen Seite, wie wir später erörtern werden, für die Versorgung der Gehilfen etwas gethan werden soll, diese Gehilfen auf der andern Seite den Charakter öffentlicher Bediensteter in ähnlicher Weise wie beispielsweise die Rentamtsgehilfen erhalten und zur Ableistung eines Diensteides verpflichtet werden, und daß die Verletzung dieses Diensteides auch unter Strafe gestellt wird.

Abg. **Michel:** Was der Herr Referent angeführt hat bezüglich der breiten Oeffentlichkeit, die oft waltet, wenn Notariatsurkunden aufgenommen und verlesen werden, so möchte ich auf die Verhältnisse in der Pfalz exemplifiziren.
S. 658. Ich habe schon oft Gelegenheit gehabt, dort Notariatsbureaus zu sehen und auch deren innere Einrichtung. Dabei habe ich wahrgenommen, daß überall ein besonderes streng abgeschlossenes Amtszimmer für den Notar selbst besteht und daß in einem anderen Raum eine förmliche Kanzlei eingerichtet ist, in der die Gehilfen arbeiten. Wenn nun Akten zu verlesen oder Vorbesprechungen mit Parteien zu pflegen sind, dann wird das Amtszimmer des Notars geschlossen, so daß das Verlesen der Urkunde und die Verhandlung an kein unberufenes Ohr dringen kann. Das hat sich in der Pfalz so eingelebt, und ich glaube, was die pfälzischen Verhältnisse anbelangt, so dürfte eine besondere Anordnung nicht nothwendig erscheinen. Sollte es diesseits anders sein, so wären die Bedenken wohl berechtigt.

Was die Gehilfen anlangt, so schließe ich mich ganz den Ausführungen des Herrn Kollegen Wagner an. Auch ich bin vielfach zur Ueberzeugung gelangt, daß gerade aus den Notariatsbureaus heraus durch die jungen Gehilfen Geheimnisse an die Oeffentlichkeit gedrungen sind, die außerdem nicht dahin gelangt wären. Es kamen Fälle vor, daß diese jungen Burschen sich förmliche Notizen aus den Akten machten und daß dann in die Oeffentlichkeit hinaus Mittheilungen kommen über Vermögens- und sonstige Verhältnisse, die außerordentlich unangenehm wirken. Ich möchte um deswillen bitten, daß man strengere Normen trifft.

Abg. Dr. **Casselmann:** Ich darf mich wohl auf Grund meiner Erfahrungen zu der angeregten Frage äußern. Es kommt ja leider vor, daß nicht nur aus Notariatskanzleien, sondern auch aus Anwaltskanzleien Amtsgeheimnisse vom Schreiberpersonal preisgegeben werden. Schützen kann sich der Notar und der Anwalt nur dadurch, daß er einmal sehr vorsichtig in der Auswahl seiner Gehilfen ist und möglichst vermeidet, ihnen Geheimnisse anzuvertrauen. Wo dieß nicht zu vermeiden ist, ist man allerdings auf Gnade und Ungnade den Leuten ergeben. Es bleibt nichts übrig, als solche unzuverlässige Schreiber einfach davonzujagen.

Ich meine aber, man soll das Kind nicht mit dem Bad ausschütten. S. 658.
Ich glaube nicht, daß die Gefahr, daß das Amtsgeheimniß verletzt wird, größer ist, wenn es sich um einen Inzipienten handelt. Ich bin der Meinung, daß hier das Alter nicht entscheidet, sondern ich habe die Erfahrung gemacht, daß, wenn man so junge Leute bekommt, diese, eben weil sie jünger sind, noch harmloser sind wie Leute von 16, 17 oder 18 Jahren, daß gerade bei diesen die Gefahr, das Amtsgeheimniß ihres Prinzipals preiszugeben, viel größer ist als bei den jüngeren Leuten, die mechanisch abschreiben und oft nicht das geringste Verständniß für die Tragweite des Abgeschriebenen haben. Ich möchte mit Rücksicht darauf diese Inzipienten, wenn sie die Volksschule verlassen und ordentlich schreiben gelernt haben, den Notaren nicht einfach nehmen, weil, wie der Herr Kollege Wagner nach meinem Dafürhalten mit Recht hervorgehoben hat, die Frage der Bezahlung der Gehilfen in Zukunft für die Notare bei der beschränkten Einnahme noch eine viel wichtigere werden wird, als sie bisher war.

Ich möchte also bitten, wenn eine Geschäftsordnung nach dieser Richtung erlassen wird, es nicht einfach den Notaren generell zu verbieten, solche Inzipienten, auf welche von den Herrn Vorrednern Bezug genommen wurde, aufzunehmen.

Abg. **Conrad:** Was Herr Kollege Michel bezüglich der pfälzischen Notare mitgetheilt hat, daß wohl überall besondere Zimmer für den Amtsvorstand vorhanden sind, der dort mit seiner Klientel die geschäftlichen Angelegenheiten behandelt, und daß in diesen Zimmern auch schließlich die Protokolle getrennt von dritten Unbetheiligten verlesen werden, kann ich nur bestätigen.

Nun habe ich aber einen Zweifel bezüglich des Vorschlags des Herrn Kollegen Wagner wegen der Verpflichtung der Notariatsgehilfen. Wenn der Beamte die Amtsverschwiegenheit bricht, ist er meines Erachtens nicht deßhalb strafbar, weil er den besonderen Eid, der sich auf die Wahrung des Dienstgeheimnisses bezieht, den jeder Beamte abzuleisten hat, verletzt hat, sondern weil er seine Amtspflicht an und für sich verletzt hat. Die Abnahme des Eides hat nur die Bedeutung einer Gewissensverschärfung. Nun fragt es sich, ob man so weit gehen kann, daß man in dem Gesetz ausspricht, es sind die eidesfähigen Bediensteten zu verpflichten, und wenn sie einen solchen Eid verletzen, sind sie vom Strafrichter zu bestrafen. Ob dieß Seitens der k. Staatsregierung gemacht werden will, ist noch nicht ganz klar. Ich wäre sehr dankbar, wenn sich hierüber die k. Staatsregierung äußern wollte. An und für sich finde ich die Tendenz, die sich in der Anregung des Herrn Kollegen ausspricht, für durchaus berechtigt.

Abg. **von Walter:** Ich bin allerdings auch der Ansicht, daß möglichst Vorsorge dafür getroffen werden muß, daß die Notariatsgehilfen das Amtsgeheimniß wahren und daß durch sie nicht etwas an die Oeffentlichkeit kommt, was für dieselbe nicht bestimmt ist. Im Großen und Ganzen bin ich aber der Ansicht, daß es sich bei den Notaren nicht in allen Fällen, in denen sie Urkunden aufnehmen, um solche geheime Dinge handelt. Die Parteien, die zu den Notaren gehen, kehren in der Regel schon vorher im Wirthshause ein, erzählen dort, was sie bei dem Notar zu verhandeln haben, und wenn sie vom Notar zurückkommen, machen sie erst recht kein Geheimniß daraus. Also bei gewöhnlichen Verträgen, Vollmachtsertheilungen u. s. w. wird es sich von vornherein nicht um Fälle handeln, in denen eine Wahrung des Amtsgeheimnisses absolut nothwendig ist. Bei anderen Geschäften, wie Hypothekenverträgen,

S. 658. ist die Sache anders aufzufassen, und daß das Testament nicht durch den Notariatsgehilfen ausgeplaudert wird, dafür, glaube ich, ist ohnehin schon Vorsorge genug getroffen Die Notare werden ein Testament nicht aufnehmen, ohne einen ganz verlässigen Gehilfen mitzunehmen, dem sie dasselbe diktiren.

Deßhalb glaube ich, daß es nicht angezeigt ist, allzuweit zu gehen und zu vergessen, daß der Notar die Leute aus seiner Tasche bezahlt und daß er deßhalb auch mit den Mitteln, die ihm zur Bezahlung zur Verfügung stehen, rechnen muß. Man darf den Notaren nicht Alles nehmen, sonst würde ja die Lebensfähigkeit des Notariats, die wir erhalten wollen, durch uns selbst am meisten gefährdet werden.

Was insbesondere die Inzipienten betrifft, so glaube ich nach den Erfahrungen, die ich selbst im Notariatsdienste gemacht habe, daß die Inzipienten nicht allzu zahlreich in den Notariatskanzleien überhaupt verwendbar sind. Ein Notar wird sich hüten, einen eben aus der Schule kommenden Jungen in seiner Kanzlei zu verwenden. Solche Inzipienten sind wenig brauchbar und selbst im Abschreiben nicht verlässig, und da Rasuren und Korrekturen und dergl. verboten sind, so wird er viel Papier unnütz verderben, und dieß wird es dem Notar
S. 659. bald verleiden; wenn so ein junger || Mensch tagelang an einer Urkunde schreibt, und wenn der Notar sie unterzeichnen will, findet er so viele Fehler, daß er sie wegwerfen muß. Der Notar wird in der Regel schon etwas geübtere Leute in seinen Dienst nehmen müssen, wenn er sich nicht großen Schäden, neben dem Verlust der Zeit auch noch dem Verlust an Material, Papier und dgl. aussetzen will.

Außerdem stimme ich mit dem Herrn Kollegen Dr Casselmann vollständig darin überein, daß gerade durch solche Inzipienten das Notariatsgeheimniß am wenigsten gefährdet ist. Diese müssen ein gewisses Pensum abschreiben und Jeder, der einmal Schreiber beschäftigt hat, wird wissen, daß das Abschreiben so mechanisch geschieht, daß sie in der Regel vom Inhalte keine Kenntniß haben.

Die Gleichstellung der Notariatsgehilfen mit den Rentamtsgehilfen, die der Herr Kollege Wagner hervorgehoben hat, halte ich auch nicht für durchführbar. Es ist auch schon deßhalb nicht nothwendig, weil der Notariatsgehilfe eben blos ein Hilfsorgan seines Prinzipals ist, während der Rentamtsgehilfe selbständige Arbeiten besorgen muß, allerdings auch unter Leitung und Haftung des Rentbeamten. Aber er hat doch selber eine gewisse Amtsthätigkeit zu entfalten.

Ich meine deßhalb, daß wir daraus, daß nunmehr für die Zukunft der Notariatsgehilfen gesorgt werden soll, nicht allzu viele Konsequenzen ableiten dürfen, weil wir sonst die Stellung der Notare selbst gefährden.

Ob eine Verpflichtung der Notariatsgehilfen am Platze ist, die Frage will ich nicht entscheiden. Gut wäre es schon, wenn nach der Richtung in der Geschäftsordnung eine Bestimmung getroffen werden könnte. Nachdem der Notar nun einmal selber mit der Abnahme von eidesstattlichen Versicherungen und unter Umständen mit der Abnahme von Eiden betraut ist, wird er sich einer vermittelnden Behörde nicht zu bedienen brauchen und wird es dem Notar selbst überlassen werden können, sein Personal in irgend welcher Form zu verpflichten. Die nachdrücklichste Verpflichtung, die der Notar vornehmen kann, ist die, daß, wenn er einen Notariatsgehilfen auf einer Ordnungswidrigkeit ertappt, er mit demselben sofort aufräumt und ihn aus dem Bureau wegweist. Es ist nach dieser Richtung viel Mißbrauch geschehen, das gebe ich zu, aber ich glaube, auch zum Schaden der Notare selbst, nicht blos zum Schaden des Publikums. Die Notariatsgehilfen sind ja in gewissen Bureaus, in welchen auch der Prinzipal nicht sehr tadelfrei war, auch in der Rolle der sogenannten

Ferkelstecher sehr häufig aufgetreten, haben mit der einen oder anderen Partei konferirt und Rathschläge ertheilt u. s. w. Das ist das Allerschlimmste. Wenn dagegen einerseits durch eine Verpflichtung und anderseits durch die ohnehin in's Gesetz aufgenommenen Bestimmungen abgeholfen wird, dann, glaube ich, ist so ziemlich Alles geschehen, was wir auf diesem Gebiete vorzukehren haben, und ich glaube, daß wir uns mit dem Artikel 22 nicht weiter zu beschäftigen brauchen, daß wir eine Remedur und zwar eine kräftige Remedur im Gesetze aufgenommen haben und daß wir im Uebrigen es der Justizverwaltung überlassen können, auch für eine Verpflichtung der Gehilfen durch die Notare zu sorgen. Nur bitte ich wiederholt, daß die Notare in der Aufnahme ihres Personals nicht allzusehr beschränkt werden, weil wir dadurch die Stellung der Notare und die Lebensfähigkeit des Notariats gefährden und damit einen Theil alles dessen wieder zerstören würden, was wir bei der Berathung der Ausführungsgesetze und des gegenwärtigen Gesetzentwurfes zu gewinnen geglaubt haben. S. 659.

Der k. Staatsminister der Justiz: Die Justizverwaltung wird auf Grund des Artikel 129 dieses Gesetzentwurfes das Nöthige verfügen. Sie wird alle heute lautgewordenen, wenn auch theilweise sich sehr widersprechenden Wünsche und Anregungen der ernstesten Erwägung unterziehen und daraus hoffentlich das Beste finden.

Vorsitzender: Wollen sich die Herren Referenten noch äußern? —

Das ist nicht der Fall.

Ich darf wohl konstatiren, daß Artikel 22 angenommen ist.

Artikel 23.

Abg. **Fuchs** (Referent) verliest Artikel 23 Dieser Artikel bestimmt für die Notare den Kreis der Personen, die ein Anrecht auf Akteneinsicht haben, in gleicher Weise wie § 34 des Gesetzes über die Angelegenheiten der freiwilligen Gerichtsbarkeit und legt die Handhabung der gesetzlichen Vorschrift zunächst dem Notar auf. Eine vorherige Ermächtigung zur Akteneinsicht durch das Landgericht soll nicht mehr stattfinden, weil diese Vorschrift der künftigen Stellung der Notare als Vertreter einer Staatsbehörde nicht entspricht. In diesem Artikel ist auch von den „Betheiligten“ die Rede; was darunter zu verstehen sei, ist in dem Entwurfe nicht bestimmt. Nach den Motiven soll die Bestimmung dieses Begriff s der Praxis überlassen werden, die sich bisher ohne Schwierigkeit zurecht gefunden habe, die in § 168 des Gesetzes über die Angelegenheiten der freiwilligen Gerichtsbarkeit gegebene Begriffsbestimmung ist nicht anwendbar, da sie ihr Gebiet auf die §§ 169 bis 182 jenes Gesetzes beschränkt.

Wenn sich der Notar weigert, die Einsicht der Urkunden und Akten zu gestatten oder eine Abschrift zu ertheilen, so können sich die Parteien beschweren. Das Landgericht soll entscheiden, gegen die Entscheidung des Landgerichts ist nach Artikel 61 des Entwurfes Beschwerde zum obersten Landesgericht zulässig, welches in einem Civilsenate in der Besetzung von fünf Mitgliedern entscheidet. Das Verfahren ist im fünften Abschnitte behandelt.

Abs. 2 betrifft ein das Amtsgeheimniß nicht berührendes innerdienstliches Verhältniß; das Justizministerium wird durch Ministerialvorschrift die nöthigen Bestimmungen hierüber erlassen. Ich beantrage die Genehmigung.

Abg. **Landmann** (Korreferent): Ich gleichfalls.

S. 659. Abg. **Wagner:** Ich habe nur eine Anfrage zu stellen. Ich möchte nämlich um Auskunft bitten, ob beabsichtigt ist, den öffentlichen Behörden auch eine Einsichtnahme von Testamenten und Erbverträgen zu gestatten. Ich glaube nämlich, daß man in dieser Beziehung nicht so weit gehen darf, daß, wenn z. B. das Rentamt glaubt, daß in einem Erbvertrage oder in einem Testamente etwas zu finden wäre hinsichtlich der Steuerbemessung, ihm auch die Einsicht gestattet sein dürfte. Ich weiß nicht, ob es nothwendig ist, dieß ausdrücklich zu sagen. Wenn von Seite des Justizministeriums erklärt würde, daß eine derartige Vorschrift nicht nothwendig ist, dann habe ich keine Bemerkung.

Der k. Staatsminister der Justiz: Die Frage ist schon dadurch erledigt,
S. 660. daß das Bürgerl. Gesetzbuch be || stimmt, daß Testamente und Erbverträge verschlossen sein müssen.

Abg. **Wagner:** Es ist das wohl richtig; aber die Erbverträge werden nicht immer verschlossen und dann könnte ja den öffentlichen Behörden die Einsichtnahme der beim Notar verschlossen hinterliegenden Urkunden gestattet werden, wie ich aber soeben höre, wird der Gebührengesetzentwurf eine entsprechende Bestimmung treffen.

Der k. Staatsminister der Justiz: Soweit die Vorschrift des Bürgerl. Gesetzbuchs nicht zur Anwendung kommen sollte, wie bei älteren Testamenten, die unverschlossen beim Notar hinterliegen, gibt Abs. 2 dem Justizministerium das Mittel an die Hand, jeden Bruch des Testamentsgeheimnisses hintanzuhalten, und ich denke, man wird vertrauen dürfen, daß das Justizministerium dafür sorgen wird, daß Testamente und Erbverträge vor dem Tode der Verfügenden nicht eingesehen werden.

Abg. **Michel:** Die Anregung, die der Herr Referent gegeben hat bezüglich der „Betheiligten“ hat mir doch einige Bedenken hervorgerufen. Ich habe mich in dieser Beziehung an den Artikel 23 des Ventose-Gesetzes erinnert. Dieses sagt: „Die im eigenen Namen Betheiligten“ Ich möchte zur Erwägung stellen, ob man den Artikel nicht auch so fassen könnte.

Abg. **Wagner:** Es ist das ähnlich wie bei uns: Was bisher der Landgerichtspräsident zu gestatten hatte, diese Frage zu lösen, soll künftig dem Notar überlassen sein, weil er Beamter wird, und ich halte das für zweckmäßig. In Folge dessen wird es der vorherigen Erlaubniß des Präsidenten nicht mehr bedürfen.

Abg. **Michel:** Das wollte ich gar nicht korrigiren, sondern ich wollte nur bezüglich des Wortes „Betheiligte“ anregen, zu erwägen, welche Personen eigentlich gemeint seien, ob es nicht angezeigt wäre, diesen Begriff genauer zu präzisiren.

Abg. **Fuchs** (Referent): Als „Betheiligte“ werden wohl diejenigen anzusehen sein, deren Aussagen oder Erklärungen beurkundet werden, oder in deren Interesse die Urkunde errichtet ist, oder denen nach der Feststellung in der Urkunde eine mündliche Eröffnung gemacht wird. Nach einem bekannten Kommentator sind als Betheiligte diejenigen zu erachten, deren privatrechtliches Interesse durch die zu beurkundende Thatsache unmittelbar berührt wird, also die „Parteien“ und ihre gesetzlichen oder bevollmächtigten Vertreter, die bei Errichtung der Urkunden mitwirken, also vor dem Notar eine Verhandlung pflegen, eine Erklärung abgeben, oder auch die bei der Aufnahme nicht mitwirken, z. B. derjenige, welcher durch die zu beurkundende Erklärung Rechte

erwirbt, für welche aber die Verhandlung einen Nachtheil oder Vortheil S. 660.
bestimmt. Uebrigens hat sich bereits eine feststehende Rechtsanwendung gebildet, welche durch den Entwurf nicht geändert werden soll.

Der k. Staatsminister der Justiz: Was die Einsicht der Testamente durch die Finanzbehörden anlangt, so soll insbesondere im Artikel 258 Abs. 1 der Gebührengesetznovelle bestimmt werden·

„Testamente und Erbverträge, die nicht verkündet sind, dürfen überhaupt nicht eingesehen werden."

Ich bin der Anschauung, daß eine genauere Bestimmung darüber, wer als „Betheiligter" anzusehen ist, nicht aufgenommen zu werden braucht. Ich glaube annehmen zu dürfen, daß die Notare bei der Einsichtsgestattung nicht leichtsinnig verfahren werden, weil sie für den Schaden verantwortlich wären, der aus der ungerechtfertigten Einsichtsgestattung erwachsen würde. Es wird darum wohl jeder Notar im Zweifelsfalle es auf die Entscheidung des Landgerichtes ankommen lassen. Die Gefahr einer willkürlichen und mißbräuchlichen Auslegung des Begriffes scheint ausgeschlossen.

Vorsitzender: Zum Worte ist Niemand mehr gemeldet; Artikel 23 ist angenommen. Wir kommen zu

Artikel 24.

Abg. **Fuchs** (Referent) (verliest Artikel 24): Diese Vorschrift ist allerdings für die Ordnung und Ueberwachung des notariellen Dienstes wichtig, hätte aber ebenso gut in die Geschäftsordnung aufgenommen werden können. Ich beantrage die Genehmigung.

Abg. **Landmann** (Korreferent): Ich beantrage gleichfalls die Genehmigung.

Vorsitzender: Artikel 24 ist angenommen. Wir kommen nunmehr zu:

Dritter Abschnitt. Notarielle Urkunden.

Artikel 25.

Herr Referent!

Abg. **Fuchs** (Referent): Die im dritten Abschnitt enthaltenen Vorschriften über die notariellen Urkunden bilden nicht nur Anweisungen für den inneren Dienst der Notare, sondern auch Ergänzungen der materiellen Vorschriften, welche in den Reichsgesetzen über notarielle Urkunden gegeben sind. Als solche Reichsgesetze kommen in Betracht:

1. das Reichsgesetz über die Angelegenheiten der freiwilligen Gerichtsbarkeit; dieses hat in den §§ 168 bis 181 Vorschriften über die notarielle Beurkundung von Rechtsgeschäften, und in § 183 Vorschriften über die notarielle Beglaubigung von Unterschriften und Handzeichen;
2. das Bürgerl. Gesetzbuch, welches in §§ 2232 bis 2246 Vorschriften für die Beurkundung von Testamenten und in §§ 2276 und 2277 Vorschriften über die Beurkundung von Erbverträgen gibt;
3. das Handelsgesetzbuch, welches in den §§ 258, 259 und 320 besondere Vorschriften für die Aufnahme der notariellen Protokolle über die Verhandlungen der Generalversammlungen von Aktiengesellschaften und Kommanditgesellschaften auf Aktien enthält.

Diese reichsgesetzlichen Vorschriften über die notarielle Beurkundung von Rechtsgeschäften werden nun auf Grund des Vorbehalts in § 200 des Gesetzes über die Angelegenheiten der freiwilligen Gerichtsbarkeit durch landesgesetzliche

S. 660. Vorschriften ergänzt, da zur öffentlichen Beurkundung, insbesondere zur Beurkundung von Rechtsgeschäften in Bayern der Hauptsache nach ausschließlich der Notar berufen sein soll.

S. 661. Artikel 25 gibt eine einleitende Bestimmung. Ich beantrage die Genehmigung.

Abg. **Landmann** (Korreferent): Ich habe keine Erinnerung.

Vorsitzender: Artikel 25 ist angenommen. Wir kommen nunmehr zu

Artikel 26 und 27

und rufe alsdann zugleich auf **Artikel 37.**

Abg. **Fuchs** (Referent): Diese Artikel behandeln die allgemeinen Vorschriften für Errichtung von notariellen Urkunden. Ich halte es für wünschenswerth, für die Bezeichnung der Urkunden einen einheitlichen Ausdruck zu wählen. In Artikel 26 Abs. 1 Satz 1 findet sich der Ausdruck „Notarielle Urkunde" und in Abs. 2 Satz 2 der Ausdruck „Notariatsurkunde" Hiemit mag sich die Redaktionskommission beschäftigen.

Artikel 26 (wird verlesen). In Abs. 1 werden die für die Beurkundung von Rechtsgeschäften bereits in §§ 175, 176 des Gesetzes über die Angelegenheiten der freiwilligen Gerichtsbarkeit erlassenen Vorschriften auf alle übrigen Urkunden ausgedehnt. Es ist bestimmt, was mindestens jede Notariatsurkunde enthalten muß, sei sie nun ein förmliches Protokoll, ein Zeugniß oder ein Beglaubigungsvermerk, betreffe sie ein Rechtsgeschäft oder etwas Anderes.

Die Vorschrift in Abs. 2 entspricht dem bisherigen Recht und hat die Bedeutung, daß für jede Notariatsurkunde die Beidrückung des Siegels oder Stempels mindestens durch Sollvorschrift geboten ist; inwieweit sie durch eine Mußvorschrift geboten ist, ergibt sich aus den weiteren Vorschriften dieses Entwurfes und den Reichsgesetzen, ebenso inwieweit die Wahl zwischen Siegel und Stempel gelassen ist. Das Landesrecht läßt überall den Stempel (Farbendrucksiegel) zu, wo nicht die Natur der Sache das Trockensiegel erfordert, wie z. B. beim Ansiegeln des Heftfadens. Die Reichsgesetzgebung aber verlangt z. B. für den Theilhypothekenbrief in § 61 der Grundbuchordnung unbedingt das Siegel. Ueber die Form von Siegel und Stempel wird voraussichtlich in der Geschäftsordnung bestimmt werden. Nach Aufhebung des persönlichen Charakters des Notariats wird das Siegel nicht mehr den Namen des Notars, sondern den Namen des Notariats zu tragen haben; es wird z. B. künftig heißen „Kgl. Notariat Regensburg" Mehrere Notariate an demselben Orte werden sich durch Ordnungsnummern unterscheiden, z. B. Kgl. Notariat München I, II, III u. s. w.

Ich möchte die k. Staatsregierung ersuchen, rechtzeitig Vorsorge zu treffen, daß die gegenwärtigen Siegel durch vorschriftsmäßige ersetzt werden; die gegenwärtigen Siegel sollen nach dem 1. Januar 1900 nicht mehr verwendet werden dürfen; die Auslage für das einzelne Notariat ist nicht groß.

Abg. **Landmann** (Korreferent) Was die verschiedenen Bezeichnungen anlangt „Notarielle Urkunde" und „Notariatsurkunde", so lege ich kein Gewicht darauf. Es ist beides dasselbe und ein Mißverständniß kann nicht entstehen. Ich halte deßwegen eine Aenderung nicht für nothwendig.

Ich möchte nur anregen, ob es nicht besser wäre, die Vorschrift, daß die Notariatsurkunden in deutscher Sprache errichtet werden sollen, in eine Mußvorschrift umzuwandeln. Ich weiß zwar nicht, ob nicht eine Bestimmung des Bürgerl. Gesetzbuchs hier entgegensteht.

Landgerichtsrath **Schmitt**: Der Gesetzesbefehl, die Notariatsurkunden in deutscher Sprache zu errichten, kann als Mußvorschrift für alle Urkunden durch das Landesgesetz nicht gegeben werden, weil der § 200 Abs. 2 des Gesetzes über die Angelegenheiten der freiwilligen Gerichtsbarkeit entgegensteht. In diesem Paragraph ist gesagt, daß zwar die Landesgesetze über die Form der notariellen Urkunden ergänzende allgemeine Vorschriften geben können, daß aber die Nichteinhaltung der landesgesetzlichen Formvorschriften die Unwirksamkeit der Urkunden nicht zur Folge haben kann. Würde man im Landesgesetz das Wort „muß" wählen, so könnte der Irrthum entstehen, als ob an die Verletzung der Vorschrift die Ungiltigkeit der Urkunde geknüpft sein sollte, was, wie dargelegt, landesgesetzlich gar nicht vorgeschrieben werden kann. S. 661.

Abg. **von Walter**: Ich bemerke, daß mehrere Vorschriften, die in § 176 des Gesetzes über die Angelegenheiten der freiwilligen Gerichtsbarkeit als Mußvorschrift gegeben sind, in Artikel 26 und 27 als Sollvorschriften aufgeführt werden. Allein nach den gestrigen Ausführungen des Herrn Ministerialkommissärs habe ich mir schon gedacht, daß § 200 Abs. 2 des Gesetzes über die Angelegenheiten der freiwilligen Gerichtsbarkeit die Ursache bilden wird.

Bezüglich der Stempel möchte ich mir eine Anfrage erlauben. Ich möchte nämlich fragen, ob es gestattet ist, daß ein Farbenstempel angewendet wird. (Zuruf des Ministerialvertreters: Ein Stempel ganz in derselben Form wie ein Siegel, auch mit der gleichen Inschrift.)

Ich habe mir den Stempel anders gedacht; dann wäre es vielleicht am besten, wenn man das Wort „Stempel" gleich durch „Siegel" ersetzen würde. (Zuruf des Ministerialvertreters: Das geht nicht wegen des Reichsgesetzes.)

Abg. **Michel**: Aus ländlichen Kreisen bin ich veranlaßt, die Regierung zu bitten, vielleicht in der Geschäftsordnung eine Bestimmung zu treffen, daß die Urkunden, Abschriften und Ausfertigungen nicht in lateinischen Schriftzeichen, sondern in deutschen gefertigt werden, weil es häufig vorkommt, daß die Betheiligten lateinische Schriftzeichen nicht lesen können. Ich bitte, darauf Rücksicht zu nehmen.

Abg. **Lerno**: Ich möchte der Justizverwaltung gegenüber den Wunsch aussprechen, daß in der Geschäftsordnung verfügt werden möchte, daß das Datum der Urkunden nicht nur mit Worten, sondern auch mit Ziffern, wo möglich an die Spitze der Urkunde, gesetzt werden solle, vielleicht in einer eigenen Zeile. Denn gerade beim Gerichtsgebrauch der Notariatsurkunden ist es oft recht mißlich, aus einer langen oft nicht sehr schön geschriebenen Urkunde das mit Worten geschriebene Datum herauszusuchen.

Vorsitzender: Der Artikel 26 ist angenommen. Wir kommen nun zu

Artikel 27.

Abg. **Fuchs** (Referent) (verliest Artikel 27): Die Bezeichnung „Protokoll", welche aus der Reichsgesetzgebung (§ 175 ff. des Gesetzes über die Angelegenheiten der freiwilligen Gerichtsbarkeit) zu übernehmen war, ist für die regelmäßige Form der notariellen Beurkundung in Bayern nicht überall in Gebrauch gewesen. S. 662.

Sachlich bringt der Artikel nichts Neues. Die gesetzlichen Erfordernisse des Protokolls sind im allgemeinen dieselben wie bisher; der Artikel enthält nur ein Mindestsoll und wird die Entscheidnng über die Wesentlichkeit der einzelnen Erfordernisse und darüber, ob bei den einzelnen Arten der Protokolle

S. 662. noch weitere Erfordernisse zu stellen sind, der Reichsgesetzgebung und den nachfolgenden Bestimmungen des Entwurfes überlassen.

Der Ausdruck „Mitwirkende" ist in demselben Sinn gebraucht wie im Reichsgesetz über die Angelegenheiten der freiwilligen Gerichtsbarkeit; er begreift also den Notar — auch den zweiten Notar bei Verhandlungen mit tauben Personen —, den Geschäftszeugen, den Dolmetscher und auch die Vertrauensperson des Artikel 30 des Entwurfes, nicht aber Hilfspersonen, wie Identitäts-Auskunftpersonen, Konzipienten, Schreiber u. s. w.

In Abs. 3 ist die Bestimmung neu, daß der Notar, wenn er das Protokoll durch einen Andern vorlesen läßt, es wenigstens vor der Unterschrift selbst noch einmal durchlesen soll. In den Motiven ist gesagt, daß der Mangel einer solchen Bestimmung sich bisher ziemlich stark fühlbar gemacht habe, indem häufig erst zu spät eingeschlichene Schreibversehen bemerkt und dadurch umständliche Korrekturen und Nachtragsverhandlungen nothwendig geworden seien. Mit dieser Bestimmung würde eine Form, die bisher nur für das offene Testament vorgeschrieben war, verallgemeinert und für alle Urkunden vorgeschrieben. Dafür besteht kein ausreichender Grund und zwar um so weniger, als nach dem Entwurf das Formelwesen möglichst eingeschränkt werden soll. Es ist regelmäßig vollständig gleichgiltig, ob der Notar selbst oder sein Gehilfe die Urkunde vorliest, ich setze dabei allerdings voraus, daß das Vorlesen langsam und verständlich geschieht, so daß die Parteien dem Vorlesenden folgen können. Unter Umständen kann einem Notar das Vorlesen sehr schwer fallen, insbesondere wenn er halsleidend ist oder wenn eine Reihe von Urkunden mit einer ganzen Serie von mehreren hundert Parzellen nach einander vorgelesen werden soll. Das Vorlesen des Protokolls durch den Notar selbst erhöht auch die Feierlichkeit des Aktes nicht, was auch mitbestimmend für die fragliche Bestimmung gewesen sein soll, denn die Aufnahme eines liegenschaftsrechtlichen oder hypothekrechtlichen Aktes schließt doch nicht eine besondere Feierlichkeit in sich. Es kann auch die Erfahrung dafür angerufen werden, daß derjenige, welcher das Vorlesen einer Urkunde aufmerksam verfolgt, viel leichter die Mängel entdeckt, die bei der Abfassung derselben sich eingeschlichen haben, als derjenige, der selbst vorliest. Ich glaube, es dürfte die Bestimmung genügen, daß das Protokoll vor der Unterschrift der Mitwirkenden in Gegenwart des Notars und der Mitwirkenden vorgelesen werden muß und dieser Vorgang in dem Protokoll festzustellen ist. Ich behalte mir eine Antragstellung vor.

Abg. **Landmann** (Korreferent): Ich bin in der Sache zu wenig erfahren, um sagen zu können, daß diese neue Bestimmung nothwendig ist, ich glaube aber schon, daß, nachdem in den Motiven konstatirt ist, daß der Mangel dieser Bestimmung bisher stark sich fühlbar gemacht hat, es besser ist, wenn man die Bestimmung aufnimmt. Es ist ja die Arbeit nicht zu groß; hat ein Notar sehr viele Geschäfte, dann mag er ja einen Theil vorlesen lassen, den andern Theil kann er selbst lesen.

Im Uebrigen muß ich betonen, daß es im Interesse der Rechtssicherheit liegt und sich empfiehlt, wenn wir diese Vorschrift belassen; eine besondere Belästigung der Notare ist nicht gegeben und wir haben doch eine Garantie, daß die Urkunde richtig abgefaßt ist.

Abg. **Wagner**: Ich halte die Bestimmung für sehr nothwendig, denn die Geschäftslast kann hier nicht entscheiden; der Notar darf eben nicht so rasch arbeiten, daß Alles überhudelt wird, und dann wäre auch, wenn wir die Bestimmung nicht treffen, noch die Gefahr vorhanden, daß ein Gehilfe etwas

Anderes vorliest, als darin steht, daß er beispielsweise das, was ihm der S. 662.
Notar richtig diktirt hat, was aber von dem Gehilfen falsch geschrieben worden ist, so, wie der Notar richtig diktirt hatte, vorliest, so daß der Notar im guten Glauben ist, es stehe das darin, was er diktirt hat; davon kann er sich nur durch eigene Einsichtnahme überzeugen, daß das, was er beurkunden wollte, auch wirklich beurkundet ist. Ich würde in der Weglassung dieser Bestimmung eine Gefahr erblicken und glaube auch, daß der Mangel einer solchen Bestimmung sich bisher fühlbar gemacht hat.

Abg. **von Walter:** Ich bin auch dafür, daß man diese Bestimmung stehen läßt, so wie sie ist; es handelt sich ja nicht nur um eine bloße Form, sondern um die Bürgschaft für den materiellen Inhalt der Urkunde. Eine besondere Belästigung des Notars kann darin nicht gefunden werden, ich habe in meiner Eigenschaft als Richter mir die Gewohnheit angeeignet, alle Protokolle, die ich diktirt habe, selbst vorzulesen, um ja sicher zu sein, daß Alles darin steht, was ich diktirte. Es kann vorkommen, wie der Herr Abgeordnete Wagner ausgeführt hat, daß ein Schreiber, der etwas falsch geschrieben hat, dasjenige liest, was eigentlich darin stehen soll, und sich hinterher vorbehält, die Korrektur vorzunehmen, es würde das gegen das Ansehen der Protokolle arg verstoßen und ich würde schon glauben, man soll die Sache so machen, wie sie vorgeschlagen ist. Wenn der Notar ein Halsleiden hat und nicht vorlesen kann, dann muß er es eben durchlesen und sich auf diese Weise vor Verschlimmerung seines Halsleidens schützen.

Abg. **Michel:** Ich möchte auch bitten, es bei der Regierungsvorlage zu belassen. Die geäußerten Bedenken halte ich für begründet.

Abg. **Fuchs** (Referent): Ich halte meine Bedenken nicht weiter aufrecht und beantrage die Genehmigung des Artikel 27

Vorsitzender: Zum Worte ist Niemand mehr gemeldet; Artikel 27 ist angenommen. Wir kommen zu

Artikel 37.

Abg. **Fuchs** (Referent): Artikel 37 (wird verlesen). Der Artikel gibt zu einer Bemerkung keinen Anlaß, ich beantrage die Genehmigung.

Abg. **Landmann** (Korreferent): Ich habe gegen den Artikel nichts zu erinnern. S. 663.
Ich möchte nur anfragen, ob beabsichtigt ist, Schreibmaschinen zuzulassen.

Der k. Staatsminister der Justiz: Ich möchte bitten, die weitere Erwägung hierüber der Justizverwaltung anheimzugeben.

Abg. **von Walter:** Ich wünschte recht sehr, daß die Erwägungen negativ ausfallen möchten, denn etwas Abscheulicheres als die Typen einer Schreibmaschine kann ich mir nicht denken. Ich weiß auch kaum etwas, was schwerer zu lesen wäre. Dadurch, daß alle Buchstaben die gleiche Größe haben und auch noch lateinisch sind, wäre das Lesen der Urkunden sehr erschwert.

Abg. **Wagner:** Ich schließe mich in dieser Beziehung ganz dem Wunsche des Herrn Abg. von Walter an.

Vorsitzender: Artikel 37 ist angenommen.
Wir kommen nun wieder zu

Artikel 28 und 29.

Abg. **Fuchs** (Referent) (verliest Artikel 28 und 29): Die Artikel 28 bis 31 ergänzen die Vorschriften in §§ 168 bis 181 des Gesetzes über die Angelegenheiten

S. 663. der freiwilligen Gerichtsbarkeit, und wenn es sich um Testamente oder Erbverträge handelt, die Vorschriften der §§ 2232 bis 2246, 2276 und 2277 des Bürgerl. Gesetzbuchs.

Die Artikel 28 und 29 enthalten keine Neuerung gegenüber dem bisherigen Recht. Ist die Geschäftsunfähigkeit zweifellos, z. B. bei erfolgter Entmündigung, offensichtlicher Trunkenheit, so wird der Notar nicht nach Artikel 29 verfahren, sondern ohne weiters die Mitwirkung ablehnen, wozu er durch die Bestimmung in Artikel 15 und durch seine Amtsehre verpflichtet ist.

In der Urkunde muß zuverlässig der Wille der Parteien zum Ausdruck kommen, der Notar hat also die Pflicht, die Absicht der Parteien als Laien zu erforschen. Die im Artikel 29 geforderte Feststellung im Protokoll überhebt den Notar der Nothwendigkeit, auf anderem Wege den Beweis der Erfüllung der Belehrungspflicht zu führen. Wenn der Notar vorsätzlich oder fahrlässig diese Feststellung unterläßt, so wird er disziplinär verantwortlich sein, die Nichtigkeit des beurkundeten Vorgangs und der errichteten Urkunde wird diese Pflichtwidrigkeit nicht zur Folge haben.

Ich beantrage die Genehmigung der Artikel 28 und 29.

Abg. **Landmann** (Korreferent): Ich habe keine Erinnerung.

Vorsitzender: Die Artikel 28 und 29 sind angenommen.

Wir kommen nun zu

Artikel 30.

Abg. **Fuchs** (Referent) (verliest Artikel 30): Es ist zunächst darauf zu verweisen, daß die Vorschriften über die Verhandlungen mit Blinden, Tauben oder Stummen oder sonst am Sprechen Gehinderten, ferner mit solchen Personen, welche der deutschen Sprache nicht mächtig sind, in §§ 169, 178 bis 180 des Gesetzes über die Angelegenheiten der freiwilligen Gerichtsbarkeit enthalten sind; dort findet sich auch die Vorschrift, daß der Notar bei Verhandlungen mit tauben Personen einen anderen Notar oder zwei Zeugen zuziehen muß, und im Anschluß hieran sind in den §§ 170 bis 173 des erwähnten Gesetzes die Vorschriften über die Zeugenqualität gegeben. Die Vertrauensperson, die zugezogen wird, wenn der taube Betheiligte Geschriebenes nicht lesen kann, braucht als solche die gesetzlich vorgeschriebenen Eigenschaften eines Geschäftszeugen nicht zu haben, auch ist sie nicht gleich dem Dolmetscher zu verpflichten. Vorausgesetzt wird, daß der Notar pflichtgemäß nur eine solche Person zur Vertrauensperson wählt, die wirklich allgemeines Vertrauen genießt. Als Vertrauenspersonen kann er auch die Geschäftszeugen, den zweiten Notar und den Dolmetscher nehmen; letzterer wird bei Taubstummen in der Regel zugleich Vertrauensperson sein. Die Betheiligten selbst können niemals Vertrauenspersonen sein. Es wird nur fraglich bleiben, ob der Notar auf dem Lande immer eine Person finden wird, die er als Dolmetscher verwenden kann.

Ich beantrage die Genehmigung.

Abg. **Landmann** (Korreferent): Es fällt mir auf, daß hier immer nur von Mannspersonen die Rede ist; es heißt immer „Betheiligter“

Landgerichtsrath **Schmitt:** Das ist die Sprache des Bürgerl. Gesetzbuchs.

Abg. **Conrad:** Es mag oft schwer werden, festzustellen, ob man es mit einem Taubstummen oder mit einem in höherem Grade Schwerhörigen zu thun hat. Ich kann mir denken, daß da der Notar in Verlegenheit kommt. Mir ist ein Fall mitgetheilt worden, daß ein Notar mit einem sehr Schwerhörigen zu

thun hatte, diesen als taubstumm annahm und auch die Vorschriften bezüglich S. 663.
eines Taubstummen beobachtet hat. Er erfuhr merkwürdiger Weise von dem betreffenden Gerichte eine Disziplinirung, weil er den Mann als einen wirklichen Taubstummen angesehen hatte, während er doch nur schwerhörig war. Was der Notar thun sollte, hat das betreffende Gericht zu sagen unterlassen. Ich will zwar keine Anregung geben in dem Sinne, daß man auch die Schwerhörigen hier hereinsetze, ich weiß ja, wie schwierig es ist, hier Grenzlinien zu finden; aber vielleicht geben doch unsere Verhandlungen Anlaß, nicht zu strenge Auslegungsvorschriften zu erlassen.

Ich möchte mir noch eine Bemerkung gestatten. An keiner anderen Stelle des Entwurfs ist sonst von Zeugen gesprochen. Nur in den Motiven zum Artikel 30 werden Geschäftszeugen erwähnt. Ich möchte mir in diesem Zusammenhange die Frage erlauben, wer für die Qualität der Zeugen, wer für die Folgen des Ausplauderns von Dienstgeheimnissen, die Seitens der Zeugen erfolgen, und wer für die Wahl der Zeugen verantwortlich ist. Ich meine, zunächst die Parteien, die die Zeugen heranziehen. Haben aber die Parteien in dieser Beziehnng nichts gethan, so bleibt die Heranziehung von Zeugen wohl dem Notar überlassen. Dieser wird gut thun, bei der Aufnahme eines Aktes sich nachträglich der Zustimmung der Betheiligten über seine Auswahl der Zeugen zu vergewissern. Wem wird aber die spezielle Verantwortlichkeit aufzuladen sein, wenn von diesen Zeugen Verhältnisse ausgeplaudert werden, die wir vorhin bei Besprechung über die Notariatsgehilfen unter den Schutz des Amtsgeheimnisses stellen wollten? Es ist das eine Frage, die sicher der Erwägung werth ist, und ich möchte meinen, sie sollte beim Erlaß der schon so oft besprochenen Geschäftsordnung nicht außer Würdigung bleiben.

Landgerichtsrath **Schmitt**: Die Frage, wann Zeugen zu einem Geschäfte S. 664.
heranzuziehen sind, ist im § 169 des Reichsgesetzes über die Angelegenheiten der freiwilligen Gerichtsbarkeit beantwortet. Wegen der Testamente finden sich außerdem Bestimmungen im Bürgerl. Gesetzbuch. An beiden Stellen sind die Voraussetzungen, welche die heranzuziehenden Zeugen erfüllen müssen, vom Reichsrecht selbst gegeben. Der Notar wird, wenn die Parteien die Zeugen präsentiren, zu prüfen haben, ob in deren Person die gesetzlichen Bedingungen erfüllt sind. Zieht er die Zeugen selbst heran, so ist er zur gleichen Prüfung um so mehr veranlaßt. In jedem Falle aber ist er für die Prüfung diziplinär und gegebenen Falls auch privatrechtlich verantwortlich. Inwieweit den Notar die Mitschuld der Partei von seiner privatrechtlichen Verantwortlichkeit entlastet, ist nach den besonderen Bestimmungen des Bürgerl. Gesetzbuchs zu entscheiden. Auf diesem Gebiete durch dienstrechtliche Vorschriften über die Bestimmungen des Bürgerl. Gesetzbuchs und des Gesetzes über die Angelegenheiten der freiwilligen Gerichtsbarkeit hinauszugehen, besteht kaum ein Anlaß. Erfüllt der Zeuge die Bedingungen, welche die Reichsgesetze stellen, so soll der Notar nicht noch weitergehende Prüfungen anstellen.

Vorsitzender: Artikel 30 ist angenommen. Wir kommen zu

Artikel 31.

Abg. **Fuchs** (Referent) (verliest Artikel 31) Die Grundzüge dieses wichtigen Artikels, welcher die vorherige Einsicht des Grundbuchs für die Beurkundung aller Rechtsgeschäfte des Liegenschaftsrechts fordert, sind bereits besprochen worden, seine Bedeutung ist in den Motiven zutreffend auseinandergesetzt, auf die ich mich der Kürze halber wohl beziehen darf. Ich will hier auch nicht

S. 664. mehr von der Lokalisirung des Notariats sprechen; der Todte, dem eine so schöne Leichenrede gehalten worden ist, soll für immer seine Ruhe haben.

Die Bestimmung, daß der Notar, wenn kein gesetzlicher Ausnahmefall vorliegt, berechtigt und verpflichtet ist, die Dienstleistung so lange zu verweigern, bis er das Grundbuch oder den Auszug eingesehen hat, ist sehr wichtig, auf diese Weise kann der Notar eine Sicherheit über die rechtliche Wirksamkeit seiner Amtshandlung erhalten. Diese Vorschrift ist auch im Interesse der Betheiligten zu begrüßen, weil sie geeignet ist, Mißständen vorzubeugen, die bisher vielfach beklagt worden sind und denen Abg. Geiger in der Generaldiskussion Ausdruck gegeben hat.

Bei einfachen Löschungserklärungen bedarf es der vorherigen Einsicht des Grundbuchs nicht.

Artikel 31 findet nach den Bestimmungen des Artikel 134 des Entwurfs in den Landestheilen rechts des Rheins schon vor dem Zeitpunkt Anwendung, in welchem das Grundbuch als angelegt zu betrachten ist; an die Stelle der Einsicht des Grundbuchs tritt die Einsicht des Hypothekenbuchs.

In Abs. 1 wird unter Anderem verlangt, daß der Auszug erst in „jüngster Zeit“ ausgestellt oder berichtigt sei, d. h. wohl, daß der Auszug das „jüngste Datum“ tragen soll. Nun wäre eine genauere Bezeichnung sehr erwünscht gewesen, ich muß aber zugeben, daß eine solche mit Rücksicht auf die Verschiedenheit des Geschäftsganges bei den einzelnen Grundbuchämtern und Hypothekenämtern sich verbietet. Vor Mißbrauch der Unbestimmtheit des Ausdrucks soll die Vorschrift schützen, daß das Datum des vorgelegten Auszugs in der Urkunde ersichtlich zu machen ist, so daß der Notar unter Umständen die Vorlegung eines anderen Grundbuchauszugs jüngsten Datums fordern kann, eventuell die Beurkundung verweigern muß.

Als Nothfall, in welchem die Einsicht des Grundbuchs unterlassen werden darf, ist in den Motiven angegeben die Aufnahme von Erklärungen schwer kranker Personen, wenn die Besorgniß besteht, daß der Betheiligte früher sterben werde, als die Beurkundung nach Einsicht des Grundbuchs oder des Auszugs möglich ist. Ein Nothfall muß aber gegeben sein und von den Betheiligten eventuell nachgewiesen werden. Die nicht weiter begründete Behauptung der Betheiligten z. B., es bestehe Gefahr, daß das Geschäft nicht mehr zu Stande komme, wenn nicht sofort beurkundet werde, dürfte zur Begründung der Annahme des Nothfalles nicht genügen.

Von der Bestimmung in Abs. 4 wurde schon gesprochen. Aus meiner Praxis am früheren Stadtgericht München I weiß ich, daß Notariatsgehilfen, soweit sie nicht rechtskundig waren, zur Einsicht der Hypothekenbücher niemals zugelassen waren, ich enthalte mich, die Gründe hiefür mitzutheilen, da sie jenen Herren, welche im Hypothekenamte verwendet waren, nicht unbekannt sein werden. Es liegt mir fern, den nichtrechtskundigen Notariatsgehilfen zu nahe treten zu wollen — es gibt eben in jedem Stande Persönlichkeiten, deren Zuverlässigkeit zweifelhaft ist —, aber ich möchte die nichtrechtskundigen Notariatsgehilfen grundsätzlich von der Berechtigung zur Einsichtnahme des Grundbuchs ausgeschlossen haben und werde, wenn meine Anschauung getheilt wird, einen hierauf bezüglichen Antrag einbringen.

Abg. **Landmann** (Korreferent): Wenn ich auch nicht verkenne, daß die Bestimmung des Artikel 31 einen ziemlich tiefen Eingriff in die Freiheit der Betheiligten enthält, so muß ich doch anderseits anerkennen, daß er einen Schutz gewährt, daß nicht Rechtsgeschäfte protokollirt werden, die an einem wesentlichen Mangel leiden oder gar Unrichtiges enthalten. Ich verkenne auch nicht, daß die Vorschrift, die ja sehr gut gemeint ist, in vielen Fällen illusorisch S. 664. gemacht werden kann, da auch außerhalb Bayerns ein solches Rechtsgeschäft beurkundet werden kann und auf Grund einer solchen Urkunde auch die Auflassung vor sich gehen muß. Dieser Umstand würde besonders dann empfindlich werden, wenn die Nachbarstaaten eine ähnliche Vorschrift nicht haben wie wir. Immerhin aber kann mich das nicht hindern, dieser Vorschrift zuzustimmen, weil ich das Gute und Nothwendige dieser Bestimmung vollständig einsehe, wobei mich gerade die Erfahrungen, die ich in meiner Konzipientenzeit gemacht habe, leiten.

Was die Bestimmung des Abs. 4 betrifft, die Zulassung der Gehilfen zur Einsicht des Grundbuchs, so halte ich es für nothwendig, daß dieß nur rechtskundigen Notariatsgehilfen gestattet sein soll.

Ich werde also für den Artikel 31 in seinen sämmtlichen Absätzen stimmen.

Abg. **Lerno**: Die Bestimmung, daß der Grundbuchauszug aus jüngster Zeit stammen soll, ist eine etwas dehnbare. In den Motiven heißt es: „Derselbe soll vom jüngsten Datum sein.“ Es wäre zu erwägen, ob nicht in der Geschäftsordnung eine Grenze bestimmt werden soll, wie alt dieser Grundbuchauszug sein darf.

Diese Bestimmung nun, daß der Notar sich einen Grundbuchauszug vom jüngsten Datum vorlegen lassen muß, soll die bedeutendste Kautel sein für die von uns früher angestrebte Lokalisirung des Notariats, die ja nicht durchgeführt werden kann. Allein daß es Fälle geben kann, für welche diese Kautel nicht ausreicht, dafür möchte ich || mir erlauben, ein Beispiel anzuführen, das S. 665. ganz charakteristisch ist. Der Fall wurde am 6. Juli v. Js. beim Schwurgericht Amberg verhandelt und es lagen ihm folgende Thatsachen zu Grunde: Der Angeklagte hatte im Jahre 1892 einem Taglöhner Namens Krieger in Bach, A.-G. Wörth bei Regensburg, sein Anwesen abgekauft und ein Kaufschillingsrest von 1000 M. war auf dem Anwesen als Hypothek stehen geblieben. Weil er denselben nun nicht zahlen konnte, kam es zum Prozeß. Der Verkäufer war unterdessen nach Amerika ausgewandert, so daß sich die Sache lange hinauszögerte und erst im Frühjahr 1898 die Subhastation des Anwesens zur Beitreibung dieser 1000 M. eingeleitet werden konnte. Um diese Subhastation nun abzuwenden, kam der Käufer auf ein außerordentlich geriebenes Gaunerstückchen. Er fuhr nach Amberg, kaufte sich dort den nächstbesten Dienstmann, der ihn natürlich gar nicht kannte, mit dem er sich aber gleichwohl beim Notar als den früheren Gütler Krieger von Bach, jetzt in Amerika und kürzlich von da zurückgekehrt, vorstellte. Es sei für ihn noch ein Posten von 1000 M. auf seinem früheren Anwesen eingetragen, den er löschen lassen wolle. Der Notar bedeutete dem Manne, daß er zwei Urkundspersonen haben müsse. Der Mann geht wieder auf die Straße und kauft sich einen zweiten Packträger, beide bestätigten dem Notar die Identität des angeblichen Amerikaners und so wurde die Löschung beurkundet und an das Hypothekenamt Wörth geschickt. Der Hypothekenbeamte war aber vorsichtiger als der Notar und nahm Anstand, die Löschung zu vollziehen, es war auch zu auffallend, daß die Löschung in Amberg vorgenommen wurde, daß zwei Dienstmänner als Zeugen dabei fungirten und daß überhaupt der Mann so plötzlich aus Amerika zurückgekehrt sei lediglich zum Zwecke der Bewilligung der Löschung. Die Geschichte ging damit aus, daß der Hauptthäter 2 Jahre 6 Monate Zuchthaus und der eine Packträger 1 Woche, der andere 3 Tage Gefängniß erhielt. Dieser Fall wäre nicht möglich gewesen, wenn die strenge Lokalisirung des Notariats, wie wir

S. 665. sie gewünscht haben, hätte durchgeführt werden können. Das läßt sich nun allerdings nicht machen, allein der Fall legt wenigstens den Gedanken nahe, ob nicht vielleicht in der Geschäftsordnung die Bestimmung getroffen werden sollte, daß Dienstmänner entweder gar nicht oder nur in Nothfällen zu Urkundspersonen genommen werden dürfen, insbesondere nicht zu zweien, weil das doch von vornherein verdächtig ist.

Abg. Dr. **Casselmann:** Wir haben uns zwar vor einigen Tagen an dem feierlichen Leichenbegängniß der Lokalisirung betheiligt, der Todte will aber immer noch nicht zur Ruhe kommen. Wenn der Herr Vorredner meint, daß derartige Fälle wie in Amberg vermieden würden, wenn die strenge Lokalisirung durchgeführt würde, so trifft diese Voraussetzung nicht zu. Auch bei der Lokalisirung kann der Notar, besonders in großen Städten, das Opfer von Gaunereien werden. Auch dem Vorschlage möchte ich nicht zustimmen, daß man etwa in der Geschäftsordnung bestimmt, daß Packträger in der Eigenschaft als Urkundspersonen ausgeschlossen sind, da ich der Meinung bin, daß darauf, welchen Beruf der betreffende Zeuge hat, nichts anzukommen hat, wenn er im Uebrigen die Qualitäten eines einwandfreien Zeugen hat.

Ich will auch über die Lokalisirung nichts weiter sagen, weil ich mich überzeugt habe, daß die Herren, die bisher das Prinzip derselben befürwortet haben, dasselbe haben fallen lassen. Allein ich kann doch gewisse Bedenken, wenn ich den Artikel 31 näher in's Auge fasse, nicht unterdrücken und ich muß mir insbesondere sagen, daß den betreffenden verehrten Herren der Weg nach Damaskus wohl um so leichter gefallen ist, als der Artikel 31 meines Erachtens zwar nicht dasselbe bedeutet, was man unter Lokalisirung des Notariats versteht, aber doch beinahe zu demselben Resultate führt wie die Lokalisirung. Man hat, um eingerissenen Mißständen zu steuern, für nöthig gehalten, die Vorschrift aufzustellen, daß der Notar unter allen Umständen auch dann, wenn die Betheiligten geradezu erklären, daß sie es nicht wünschen, verpflichtet ist, das Grundbuch einzusehen, beziehungsweise einen Auszug aus dem Grundbuch mit dem jüngsten Datum zu verlangen.

Es ist nun in den Motiven der Satz ausgesprochen, daß das einen nicht geringen Eingriff in die Freiheit der Betheiligten bedeutet. Nun, wenn man die Motive zum Bürgerl. Gesetzbuch liest, so findet man gerade auch im Liegenschaftsrecht, daß man möglichste Verkehrsfreiheit schaffen wollte. Deßhalb hat man sogar den Notariatszwang beseitigt bei allen hypothekenrechtlichen Akten. Hier statuirt man nun, wie die Motive selbst hervorheben, einen großen Eingriff in die Verkehrsfreiheit und begründet denselben damit, daß unter dem bisherigen Rechte Mißstände vorgekommen seien, die unter allen Umständen vermieden werden müssen. Man hebt hervor, daß die Betheiligten kein Recht hätten, daß der ihnen vom Staat zur Verfügung gestellte Urkundsbeamte seinen Dienst ohne hinreichende Information, also gewissermaßen mit geschlossenen Augen versehe.

Nun bin ich der Letzte, der in Abrede stellen will, daß thatsächlich Mißstände vorgekommen sind, insbesondere in großen Städten, die aus der unterlassenen vorherigen Einsicht des Hypothekenbuchs entstanden sind.

Ob sich aber deßhalb der hier vorgeschlagene Zwang rechtfertigen läßt, möchte ich bezweifeln. Ich kann mir eine ganze Reihe von Fällen denken, wo die Statuirung dieser Verpflichtung des Notars zu großen Mißhelligkeiten für die Betheiligten führen wird. Ich will einige Beispiele anführen. Nehmen Sie z. B. einen Eisenbahnbeamten an, der seinen Wohnsitz, ich will einmal

sagen, in Hof hat. Der Mann fährt täglich mit dem Zug Hof—Bamberg, S. 665.
er ist in der Nähe von Scheßlitz zu Hause; er hat dort im Erbweg Grundstücke erworben, die er an den Mann bringen will. Er kommt nun nach Bamberg und es hat sich ihm im letzten Augenblick dort ein Käufer für seine Grundstücke angeboten. Unter Umständen kann es ihm wesentlich darauf ankommen, daß das Grundstück möglichst bald verbrieft, daß der obligatorische Vertrag möglichst rasch abgeschlossen wird. Er kann die Beurkundung nicht vornehmen lassen, wenn er nicht vorher Zeit hatte, sich einen Auszug des Grundbuchs vom Amtsgericht in Scheßlitz zu verschaffen, oder wenn er nicht unter Aufwendung besonderer Kosten nach Scheßlitz fährt, um einen dortigen Notar zu nehmen, der an Ort und Stelle das Grundbuch einsieht. Es kommen in die Städte häufig Leute, die dort Handel treiben; ich weiß z. B. aus meiner Heimath, daß dort Leute aus anderen Amtsgerichtsbezirken regelmäßig auf den Markt kommen. Wenn diese nun einen solchen Vertrag beurkunden lassen wollen, so geht das nicht an, es müßte denn die Zwischenzeit mit in Kauf genommen werden, in der der Auszug ertheilt werden kann, und das kann unter Umständen zu spät sein. Ich gebe ja zu, daß das Zugeständniß, daß ein Auszug jüngsten Datums genügen soll, schon ein Fortschritt ist gegenüber der Forderung, daß unter allen Umständen das Grundbuch selbst eingesehen werden muß. Aber wir haben schon gehört, daß es große Schwierigkeiten macht, hier eine genaue Definition des Begriffes des jüngsten Datums zu geben. Was versteht man denn darunter und wie lange braucht man denn, um einen solchen Auszug zu bekommen? Ich will in dieser Beziehung nur sagen, daß manchmal im Publikum mit Recht darüber geklagt wird, daß man Ausfertigungen, die einen solchen Umfang annehmen können wie die Auszüge aus dem Grundbuch, nicht || immer gleich bekommen kann, daß Tage, vielleicht S. 666.
Wochen verstreichen, bis der Betreffende einen solchen Auszug in der Hand hat, und da kann es, wie gesagt, häufig zu spät sein.

Nun sagt man, das ist es ja gerade, was gewollt wird; man verhindert auf diese Weise, daß übereilte Rechtsgeschäfte geschlossen werden, die Leute können sich die Sache überlegen und kommen dann vielleicht zur Einsicht, daß die Unterlassung des Rechtsgeschäftes für sie besser ist. Ich gebe zu, daß das für einzelne Fälle zutreffen mag, aber für viele Fälle trifft es eben nicht zu, hier können wohlberechtigte Interessen durch den Aufschub der Beurkundung schwer geschädigt werden.

Nun noch Eines, und das hat auch schon der Herr Abg. Landmann berührt: Nach der Bestimmung des Bürgerl. Gesetzbuchs kann der Ueberlassungsvertrag vor jedem deutschen Notar abgeschlossen werden. Wir haben nicht die Berechtigung, den außerbayerischen Notaren Vorschriften zu machen. Nun nehmen Sie die Grenzdistrikte an, die Notare in der Gegend von Hof, Lichtenfels, oder nehmen Sie das noch schlagendere Beispiel von Neuulm und Ulm an. Der Notar von Neuulm ist in Zukunft an den Artikel 31 unseres Gesetzentwurfes gebunden, der Notar in Ulm ist es nicht. Wenn nun die Parteien es für nöthig finden, den Artikel 31 zu umgehen, so gehen sie eben über die Donau hinüber und lassen das Rechtsgeschäft drüben beurkunden. Der bayerische Grundbuchrichter ist verpflichtet, diese von einem nichtbayerischen Notar aufgenommene Urkunde in das Grundbuch einzutragen. Das sind Konsequenzen, die sich für das Einkommen der in Frage kommenden Notare in unangenehmer Weise geltend gemacht werden.

Ich warte ab, ob nicht die k. Staatsregierung oder die Herren des Ausschusses in der Lage sind, überzeugende Gründe mir vorzuführen, die mich

S. 666. schließlich zu einer anderen Stellungnahme veranlassen, als ich sie zur Zeit dem Artikel 31 gegenüber noch habe. Ich möchte insbesondere die k. Staatsregierung bitten, nach dieser Richtung hin beruhigende Erklärungen zu geben.

Weil ich gerade das Wort habe, möchte ich bezüglich der Anregung des Herrn Referenten mit Rücksicht auf den Abs. 4 des Artikel 31 meinen, daß man dem Gedanken nicht folgen soll, unter allen Umständen blos rechtskundigen Gehilfen die Einsicht des Grundbuches zu gestatten. Das kann angehen in großen Städten, wo die Notare sich Konzipienten halten können, aber in kleineren Orten kann man das nicht machen. Ich möchte übrigens bemerken, daß es gerade unter diesen Leuten Personen gibt, denen man das Verständniß für die in Frage kommenden Dinge nicht wird absprechen können. Ich erinnere Sie nur daran, was für ganz vorzügliche Hypothekenaktuare wir an vielen Amtsgerichten haben. Wenn man es der Geschäftsordnung überläßt, daß das Gericht angewiesen wird, von Fall zu Fall Verfügung dahin zu treffen, ob den Gehilfen die Einsicht gestattet werden darf, dann, meine ich, sollte man den Unterschied zwischen Rechtskundigen und Nichtrechtskundigen im Gesetze nicht machen.

Ministerialrath **Thelemann:** Ich möchte gleich anknüpfen an die letzte Frage des Herrn Abg. Casselmann. Die Regierung beabsichtigt nicht, bei der Frage der Einsicht des Grundbuchs einen prinzipiellen Unterschied zu machen zwischen rechtskundigen und nichtrechtskundigen Gehilfen. Es ist richtig, zur Zeit besteht die Vorschrift, daß nur Rechtskundige das Hypothekenbuch einsehen dürften. Allein schon bisher ließ sich diese Vorschrift oft gar nicht oder doch nur mit außerordentlicher Härte durchführen. Die Gehilfen haben trotz des Verbotes an Stelle der Notare die Hypothekenbücher eingesehen und man konnte vielfach nicht dagegen einschreiten, weil man sonst die Einsicht des Hypothekenbuches überhaupt unmöglich gemacht hätte. War z. B. ein Notar, der keinen rechtskundigen Gehilfen hatte, durch Unwohlsein oder sonstwie behindert, selbst Einsicht zu nehmen, und hätte man nicht stillschweigend die Einsicht durch einen anderen Gehilfen geduldet, so würde ohne Zweifel der Notar die Parteien bestimmt haben, auf die Einsicht des Hypothekenbuches zu verzichten. Dieß aber wäre ein viel größeres Uebel gewesen. In Zukunft soll daher lediglich auf die Qualität des Gehilfen Werth gelegt werden. Es sollen auch tüchtige nichtrechtskundige Gehilfen zur Einsicht der Grundbücher zugelassen sein. Soviel zur Beseitigung des Bedenkens des Herrn Abg. Dr. Casselmann.

Was den in Artikel 31 enthaltenen Grundsatz der obligatorischen Bucheinsicht anlangt, so war sich die k. Staatsregierung bei ihrem Vorschlage der dafür wie der dagegen sprechenden Gründe wohl bewußt. Sie hat sich gesagt, daß die Bedenken, die der Herr Abg. Dr. Casselmann vorgebracht hat, vorgebracht werden können und müssen. Wenn sie trotzdem dazu gekommen ist, diesen Artikel vorzuschlagen, so geschah es darum, weil sie glaubt, daß nur so den berechtigten Klagen über die notarielle Geschäftsführung im Liegenschaftsverkehr gründlich abgeholfen werden kann.

Das Ideal der Gegner des Notariats ist der Satz, daß die Person, die das Grundbuch oder das Hypothekenbuch führt, und die Person, die das Liegenschaftsgeschäft beurkundet, möglichst nahe beisammen sein sollen, ja, daß sie, wenn möglich, identisch sein sollen. Dieser Gedanke hat vieles für sich. Er läßt sich beim System des selbständigen Notariats nicht vollkommen durchführen, aber es läßt sich doch auch bei diesem System ein Zustand schaffen,

der dem berechtigten Kern jenes Gedankens Rechnung trägt. Es läßt sich durch S. 666.
besondere Vorschriften annähernd derselbe Effekt erzielen, als ob der Notar vor dem aufgeschlagenen Grundbuch amtirte. Das soll mit diesem Artikel erreicht werden. Der Notar soll gewissermaßen vor dem aufgeschlagenen Grundbuch amtiren; er soll nur amtiren, nachdem er das Grundbuch oder den Auszug unmittelbar vorher eingesehen hat.

Wenn der Herr Abg. Dr Casselmann meint, es sei nicht nothwendig, so weit zu gehen, weil es viele Fälle geben kann, wo die Einsicht des Grundbuchs entbehrlich erscheine, und weil auch die bisherige Praxis zu bedenklichen Mißständen nicht geführt habe, so kann ich das als richtig nicht zugeben. Wenn Sie, wie ich, in den Notariatsvisitationsberichten lesen würden, wie viel unvollziehbare Urkunden in den Notariaten vorhanden sind — und sie sind, wenn schon nicht alle, doch zu einem beträchtlichen Theil unvollziehbar, weil es bei der Abfassung an der Bucheinsicht gefehlt hat —, so werden auch Sie ohne Zweifel zugeben, daß ein bedenklicher Mißstand vorliegt.

Man halte nicht entgegen, daß der Mißstand besteht, trotzdem auch bisher schon die Bucheinsicht vorgeschrieben war, denn dadurch, daß die Parteien dem Notar die Einsicht erlassen konnten — wobei es mehr oder minder in die Hand des Notars gegeben war, den Verzicht zu veranlassen — war der Umgebung der Vorschrift Thür und Thor geöffnet. Der von dem Herrn Abg. Dr Casselmann angeführte Fall, wo ein Eisenbahnbeamter unterwegs sein Anwesen verkauft, dürfte doch ein rechter Ausnahmefall sein. Ich kann mir nicht recht vorstellen, wie der Eisenbahnbeamte unterwegs einen Käufer findet, der ihm ohne Vorverhandlungen, ohne daß er einen Katasterauszug oder einen Erwerbstitel gesehen hat, das Grundstück abkauft.

Die von der Vorschrift des Artikel 31 befürchteten Verzögerungen lassen sich aber auch unschwer mindern und vermeiden. Es werden künftighin die Leute, wie sie bisher || einen Katasterauszug gehalten haben, eben einen ständigen S. 667.
Grundbuchauszug halten. Der Kataster hat künftighin nicht mehr den Werth wie jetzt. Halten sich aber die Betheiligten einen ständigen Grundbuchauszug, so brauchen sie ihn, wenn ein Geschäft vorkommt, nur evident stellen zu lassen und das ist rasch geschehen.

Was die Worte „jüngstes Datum oder jüngste Zeit“ betrifft, so ist ja allerdings damit nicht bestimmt, wie viel Tage es sind, aber das müssen wir doch unter allen Umständen dem pflichtmäßigen Ermessen des Notars überlassen; hier eine festbestimmte Grenze zu setzen, wäre unmöglich. Hat der Notar Bedenken, so kann er ja — vor Abschluß der Verhandlung — zumeist sich noch erkundigen, ob seit der Ausstellung des Auszugs im Grundbuche eine Aenderung eingetreten ist.

Noch auf einen weiteren Gedanken habe ich einzugehen, den die Herren Abg. Landmann und Dr Casselmann geäußert haben, nämlich daß der Artikel 31 außerbayerische Notare nicht bindet. Das ist vollständig richtig. Es hat ein außerbayerischer Notar die Möglichkeit, einen obligatorischen Vertrag aufzunehmen, und es kann sich dann unser Grundbuchamt nicht weigern, die Auflassung zu vollziehen. Aber es ist doch auch versucht worden, einer mißbräuchlichen Umgehung des bayerischen Notars einen Riegel vorzuschieben. Ich darf hier im Voraus auf den Entwurf des Gebührengesetzes Bezug nehmen. Dort finden Sie in einem neuen Artikel 91 die Bestimmung:

„Bei Entgegennahme der Auflassung durch das Grundbuchamt wird die im Art. 114 bestimmte Gebühr erhoben, wenn nicht eine Urkunde vorliegt, welche mit dieser Gebühr schon zu bewerthen war.

S. 667. Erfolgt die Auflassung vor dem Grundbuchamt auf Grund einer Urkunde nach § 313 des Bürgerlichen Gesetzbuchs, welche außerhalb Bayerns errichtet ist, so wird außerdem die Gebühr erhoben, welche im Falle der Errichtung der Urkunde durch einen bayerischen Notar an diesen zu entrichten wäre.

Das Gleiche gilt für die Bestellung oder Uebertragung eines Erbbaurechtes."

Wenn also Jemand, um sich der Vorschrift des Artikel 31 zu entziehen, von Neuulm zum Protokolliren nach Ulm hinüberginge, so steht ihm das zwar frei, aber er hat um so viel mehr zu zahlen, als ihm in Ulm an Gebühren abgenommen wird, und das wird nicht ganz gering sein. Denn, wenn die Urkunde an das bayerische Grundbuchamt kommt, so soll nicht nur die Gebühr nach Artikel 114, sondern eine um den Betrag der bayerischen Notariatsgebühren erhöhte Gebühr erhoben werden. Damit dürfte ein wesentliches Bedenken, das gegen den Artikel 31 erhoben wurde, wegfallen.

Ein anderes Bedenken wurde noch geltend gemacht wegen der Erlangung der Auszüge. Es ist richtig, daß bei der Ausstellung der Hypothekenbuchauszüge manches Mal Verzögerungen vorgekommen sind. Die Justizverwaltung wird sich indessen angelegen sein lassen, hier Wandel zu schaffen. Es muß ohnedieß das Kanzleipersonal der Grundbuchämter vermehrt werden, da diese Aemter sonst den Anforderungen, die an sie gestellt werden, nicht genügen können. Wenn das geschieht, so wird auch Sorge dafür getragen sein, daß die Auszüge rasch ertheilt werden und daß so auch auf dieser Seite dem Vollzug des Artikel 31 ein Hinderniß nicht im Wege steht.

Abg. **Wagner:** Ich kann mich den Ausführungen des Herrn Ministerialkommissärs anschließen. Ich theile auch die Meinung, welche der Herr Abg. Dr. Casselmann bezüglich seiner Aeußerungen gegenüber dem Herrn Kollegen Lerno zum Ausdrucke gebracht hat, und ich will mich in dieser Beziehung lediglich auf das beziehen, was er ausgeführt hat.

Sehr dankbar bin ich dafür, daß von Seite des Herrn Ministerialkommissärs in Aussicht gestellt wurde, daß bezüglich der Anfertigung der Grundbuchauszüge besondere Bestimmungen ergehen werden und daß das Kanzleipersonal entsprechend vermehrt werden wird. Denn es war in der That bisher eine Klage, daß man den Hypothekenbuchauszug oft erst nach sehr langer Zeit bekommen konnte, und ich muß offen gestehen, es war eben vielfach mit dem Personal, das man zur Hand hatte, die raschere Ausfertigung nicht möglich; denn die Eintragungen und dergleichen die mußten rasch vollzogen werden, und man konnte an die Hypothekenbuchauszüge nur gehen, wenn dazu genügend Zeit vorhanden war. In dieser Beziehung braucht man ja nicht allgemein zu statuiren, daß der Grundbuchauszug sofort, wenn er verlangt wird, gemacht werden muß; es gibt ja sehr viele Auszüge, z. B. solche, welche die Banken verlangen, welche in der That nicht pressiren, aber andere pressiren wieder. Man wird also bei der Anordnung Rücksicht darauf nehmen, ob der Auszug pressirt oder nicht.

Was dann die Einsicht des Grundbuchs durch Notariatsgehilfen betrifft, so schließe ich mich ganz dem an, was der Herr Ministerialkommissär bemerkt hat, und auch der Herr Abg. Dr. Casselmann. Ich bin auch der Meinung, daß man die Befugniß zur Einsichtnahme nicht auf rechtskundige Gehilfen beschränken soll; wir haben sehr tüchtige Notariatsgehilfen, die nicht rechtskundig sind und die nach jeder Richtung hin volles Vertrauen verdienen.

Es wird vielleicht der Amtsrichter immerhin die Befugniß haben müssen, nicht S. 667.
vertrauenswürdige Gehilfen zurückzuweisen, dann würde ich aber auch bezüglich dieses Punktes den Notaren das Beschwerderecht zur Aufsichtsbehörde ausdrücklich einräumen, damit der Amtsrichter weiß, daß seine Verfügung keine unabänderliche ist, sondern daß der Landgerichtspräsident im Dienstaufsichtswege eine derartige Ausschließung eines Notariatsgehilfen abändern kann. Das würde ich für sehr zweckmäßig erachten.

Was dann die Bedenken des Herrn Abg. Dr Casselmann gegen die Bestimmungen des Artikel 31 im Ganzen betrifft, so theile ich seine Meinung nicht, ich halte den Artikel 31 auch für unbedingt nothwendig. Wer Hypothekenbeamter war, wird wissen, wie oft er zu einer nutzlosen Arbeit verdammt war deßwegen, weil der Notar das Hypothekenbuch nicht eingesehen hatte. Mir ist es oft begegnet, daß ich Urkunden, die auf vielleicht 20 Hypothekfolien Bezug hatten, sorgfältig durchstudirt habe, und zum Schlusse kam ich zur Ueberzeugung, der Notar hat das Hypothekenbuch nicht eingesehen, die Sache klappt da und dort nicht. Wenn die Urkunde später wieder kam, mußte man selbstverständlich nochmal Alles genau durchsehen, weil man nicht sicher war, ob inzwischen nicht eine weitere Aenderung in den Folien eingetragen worden ist. Schon im Interesse des Gerichtes ist der Artikel nothwendig, aber auch im Interesse der Parteien, die Notare haben sich vielfach dazu verleiten lassen, diese Vorschrift zu umgehen, da ihnen die Einsichtnahme des Hypothekenbuchs entweder zu unbequem oder zu umständlich war, oder weil sie Gefahr liefen, daß der Vertrag nicht abgeschlossen werde. Die Notare helfen sich einfach mit der Konstatirung, daß die Einsicht des Hypothekenbuchs nicht möglich war, daß aber die Parteien trotz Belehrung auf der Beurkundung bestanden. In meiner Verwandtschaft selbst ist es vor mehreren Jahren passirt, daß der Notar nicht zum Hypothekenamt ging und in Folge dessen das Bestehen eines Bodenzinses in der Urkunde zu konstatiren unterließ, und mein Verwandter kam hinterdrein in einen Prozeß, den er verlor und der ihn über vier Tausend Gulden gekostet hat, weil diese Last nach dem bayerischen Landrechte hätte S. 668.
konstatirt werden müssen, aber in der Urkunde nicht konstatirt war. Solche Beispiele weiß schließlich Jeder, der in der Praxis gestanden ist. Wenigstens sind mir verschiedene derartige Beispiele bekannt.

Also daß eine Bestimmung dieser Art unbedingt nothwendig ist, darüber habe ich gar keinen Zweifel und ich bin der Meinung der Herren Kollegen Lerno und Geiger, daß man, wenn man diese Bestimmung nicht treffen könnte, allerdings an die Lokalisirung des Notariats denken müßte.

Was nun die Hypotheken- und Grundbuchauszüge jüngsten Datums betrifft, so möchte ich einen Gedanken anregen. Ich meine nämlich, man sollte bezüglich des Ausdruckes „jüngsten Datums“, wie das auch der Herr Ministerialkommissär ausgeführt hat, nicht allzu ängstlich sein und die Beurtheilung den Notaren überlassen, aber ich meine, man könnte in vielen Fällen auf telegraphischem Wege helfen. Wenn der Betheiligte, namentlich derjenige, welcher außerhalb seines Wohnsitzes ein Grundstück verkauft, so wird er sich ganz sicher mit einem Grundbuchauszuge versehen. Nun kann es vorkommen, daß vielleicht die Verhandlungen sich länger hinziehen und daß der Grundbuchauszug also viele Tage alt wird. Ich glaube nun, daß es nicht nothwendig ist, vorzuschreiben, daß man in diesem Falle erst wieder verlangt, daß die Evidenz besonders auf dem Auszuge bestätigt werden muß, aber man sollte dem Notare die Befugniß einräumen, daß er auf telegraphischem Wege Erkundigung einzieht, ob in dem Grundbuche seit dem Datum so und so viel eine Aenderung vorgekommen ist.

S. 668. Wenn zurücktelegraphirt wird: „Nein“, dann ist nach meiner Meinung volle Sicherheit gegeben und der Notar kann ganz wohl annehmen, daß jetzt eine genügende Bestätigung vorliegt, daß der Grundbuchauszug „jüngsten Datums“ ist, und auf Grund dieser telegraphischen Mittheilung auch mit voller Sicherheit, gerade so, als ob er unmittelbar vorher das Grundbuch eingesehen hätte, die Beurkundung vornehmen. Wir haben überall, wo ein Amtsgericht ist, einen Telegraphen, unter Umstanden auch ein Telephon zur Benützung, und mit diesem neuesten und modernsten Verkehrsmittel wird hier allen Schwierigkeiten begegnet werden können.

Sehr dankbar bin ich für die Mittheilung bezüglich der Grenzdistrikte. Das war in der That ein außerordentlich wunder Punkt des Artikels. Gerade für meinen Bezirk, der unmittelbar an der Grenze liegt in seiner langen Ausdehnung, wäre das außerordentlich empfindlich gewesen; aber durch diese Bestimmung im Gebührengesetze ist der Konkurrenz der nichtbayerischen Notare ein sehr wirksamer Riegel vorgeschoben worden. Uebrigens sind die Amtsnotare in Württemberg mit den bayerischen Verhältnissen meist so wenig vertraut, daß ich glaube, daß sie sich kaum zur Beurkundung eines bayerischen Vertrags verstehen würden; sie haben dort viel einfachere Verhältnisse, und soweit ich Erfahrungen gemacht habe, stehen die Amtsnotare in Württemberg auch nicht auf der Höhe wie unsere Notare. Es wird von ihnen eine viel geringere Vorbildung verlangt als von unseren Notaren, und ich glaube, daß auch unser bayerisches Publikum weniger gerne zu ihnen gehen wird als zu unseren einheimischen Notaren. Uebrigens ist das, was im Gebührengesetze vorgeschlagen ist, das Wirksamste, und ich meine deßhalb, daß wir den Artikel 31 unverändert wie er ist, annehmen können.

Abg. Joseph **Geiger**: Ich habe mich zum Worte gemeldet, unmittelbar nachdem der Herr Abg. Dr. Casselmann sich ausgesprochen hatte. Die Versuche dieses Herrn Kollegen, die er gegen den Artikel 31 unternommen hat, sind mittlerweile durch den Herrn Ministerialkommissär, sowie zuletzt durch den Herrn Kollegen Wagner bereits in einer Weise beurtheilt worden, daß ich glaube, hierauf Bezug nehmen zu können.

Nur Eines möchte ich dem Herrn Kollegen Dr. Casselmann noch bemerken: Die Unvollziehbarkeit der erwähnten Notariatsurkunden ist nicht das größere Uebel das denselben anhaftet, weil der Notar ohne vorliegendes Grundbuch beurkundet hat. Es sind sehr viele Urkunden deßhalb vollziehbar geblieben; hinterher aber haben sich die allersonderbarsten Widersprüche ergeben. Es hat sich gezeigt, daß der eine oder andere von den Kontrahenten sehr benachtheiligt worden ist, und der Rechtsstreitigkeiten, die aus solchen Verträgen entstanden sind, bei welchen das Grundbuch nicht vorgelegen ist, sind nicht wenige. Wenn der Herr Abg. Dr. Casselmann meint, bei ihm zu Hause sei so etwas sehr selten, so ist das bei uns in Altbayern ganz anders. Ich beglückwünsche die Provinz Oberfranken, wenn dort die Nichtbeachtung des Grundbucheintrages keinen Schaden bringt.

Was der Herr Abg. Dr. Casselmann zu Gunsten der Freizügigkeit des Instituts vorgebracht hat, das ist nun wohl genügend widerlegt.

Ich bin auch der Anschauung, daß man die Einsicht des Grundbuchs, wenn der Notar selbst verhindert ist, nicht auf dessen rechtskundige Gehilfen beschränken kann. Es ist bekannt, daß nicht selten ein Nichtrechtskundiger sehr wohl Bescheid weiß und genau weiß, auf was es ankommt, was er einsehen soll u. s. w. Es wird wohl am besten den Herren Notaren selbst überlassen bleiben, zu beurtheilen, ob ihre Gehilfen in der Lage sind, die richtige Einsicht S. 668. zu nehmen und ihm — dem Notar — in der richtigen Weise zu referiren.

Was das „jüngste Datum“ betrifft, so sage ich auch, es läßt sich eine bestimmtere Vorschrift nicht geben. „Jüngst“ ist ein relativer Begriff, und wenn der Notar sein Amt richtig auffaßt, so wird er — je nachdem — mit dem ihm vorgelegten Grundbuchauszug zufrieden sein, oder er wird sagen: ich will einen neueren Auszug aus dem Grundbuch. Er wird sich unter Umständen auch des von dem Herrn Kollegen Wagner angeführten Hilfsmittels ganz wohl bedienen können. Ein vorsichtiger Notar, welcher zur Vermuthung Anlaß hat, daß in Bezug auf das Grundstück in letzter Zeit sich manches verändert habe, wird es als seine Pflicht erachten, sich ganz genau zu erkundigen.

Zuletzt möchte ich noch die Bitte stellen, ob es nicht anginge, Artikel 134 schon jetzt mit zur Diskussion zu stellen. Derselbe behandelt ausschließlich den Artikel 31. Er ist eigentlich nur eine Uebergangsbestimmung. Wir könnten dann nämlich später über diesen Artikel ganz hinweggehen.

Bezüglich dieses Artikel 134 habe ich eine Anregung zu machen. Wenn man dieselbe Vorsicht anwenden will, wie sie durch die Einsicht oder Erholung eines Auszuges aus dem Grundbuch Platz greift, wird man künftighin neben dem Auszug aus dem Hypothekenbuche auch einen Auszug aus dem Kataster brauchen. Wir wissen ja, wie vielfach die Bezugnahme des Katasters auf das Hypothekenbuch und umgekehrt nothwendig ist, um Unrichtigkeiten zu beheben. Deßhalb möchte ich anregen, ob wir nicht neben dem Erforderniß des Hypothekenbuchauszugs für die Uebergangszeit auch noch einen Katasterauszug verlangen sollen.

Vorsitzender: Der Artikel 134 steht mit zur Diskussion.

Das Wort hat Herr Abg. Conrad.

Abg. **Conrad:** Mit Recht hat der Herr Referent in seinen einleitenden Bemerkungen erklärt, daß wir es hier mit einer sehr wichtigen Bestimmung des Gesetzentwurfes zu thun || haben. Auch die Ausführungen des Herrn Ministerial- S. 669. kommissärs haben erkennen lassen, daß — wie dieß ja auch von vornherein anzunehmen war — diese Frage Seitens der k. Staatsregierung in ernsteste Würdigung gezogen worden ist.

Nun hatte ich — ich muß das offen gestehen — Anfangs mehr den Ausführungen des Herrn Kollegen Dr. Casselmann mich zugeneigt. Ich erachte nämlich doch die Dinge besonders bei den Notaren auf dem Lande für nicht so schlimm, wie vielleicht einige Andere von uns es annehmen. Ich glaube nämlich, daß solche Ueberrumpelungen eines Käufers mehr in den Städten möglich sind, als draußen auf dem Lande. Die Kontrahenten auf dem Lande kennen in der Regel die Kreditverhältnisse ihres Mitkontrahenten sehr genau, so daß sie sich so leicht wohl nicht überrumpeln lassen werden. Und auch wenn ein Notar nur einige Jahre auf seiner Stelle ist, muß er auch — das ist ja eine Hauptaufgabe für ihn — über die Kreditverhältnisse und namentlich die wirthschaftlichen Verhältnisse seiner Klientel sich schon klar geworden sein. Wie mir auch von einem intelligenten Notar eines Landstädtchens des rechtsrheinischen Bayerns mitgetheilt wird, liegen hier die Dinge wirklich nicht so schlimm. In der Regel hat man sich bisher derart geholfen, daß entweder der Verkäufer die Hypothekenfreiheit garantirt, oder daß die Bestimmung in den Notariatsakt aufgenommen wird, nur Zug um Zug soll mit der Zahlung des Kaufschillings auch die Hypothekenfreiheit hergestellt werden, oder auch daß man bestimmt, es soll das Geld beim Notar hinterlegt werden, der dann den

S. 669. Auftrag hat, mit dem Hypothekengläubiger die nöthigen Verhandlungen zu pflegen und Hypothekenfreiheit herbeizuführen. Es bestehen doch nicht wenige Bedürfnißfälle draußen auf dem Lande, die nicht so weit hergeholt werden müssen, wie Herr Dr Casselmann einen vorgeführt hat. Es finden z. B. Amtstage des Notars statt oder man weiß, es kommt in nächster Zeit ohnedem wegen einer Inventaraufnahme, einer abzuhaltenden Zwangsversteigerung u. dgl. der Notar in den Ort. Da stellen sich dann vielfach die Leute ein, um ihre Verträge, die sie in den letzten Wochen abgeschlossen haben, verbriefen zu lassen. Sie wissen, es liegt nichts vor, sie kennen sich ganz genau aus, und nun soll der Notar sagen: Ja, ich muß zuerst den Hypothekenauszug beziehungsweise Grundbuchauszug haben. Das ist in solchen Fällen doch eine rechte Belästigung des Publikums. Ich glaube auch, daß, wenn man von zahlreichen Fällen spricht, daß nicht vollziehbare notarielle Urkunden vorlagen, so waren wohl viele solcher Urkunden deßhalb nicht vollziehbar, weil die Gläubiger sich nicht auf die Hypothekenfreimachung einließen. Die Hypothekenverhältnisse lagen ganz klar, aber die Gläubiger wollten eben die Hypothekenfreiheit nicht einräumen. Deßhalb konnte die Urkunde nicht vollzogen werden.

Nun muß ich freilich gestehen, die Kehrseite ist nicht minder zu beachten. Im Interesse der Herbeiführung einer völligen Rechtssicherheit liegt es, daß mindestens ein Auszug aus dem Grundbuche vorliegt.

Nun finde ich als besonders glücklich die Anregung des Herrn Kollegen Wagner, der auf eine eventuelle Benützung des Telegraphen oder des Telephons aufmerksam gemacht hat. Dieß dürfte in der That über so manche mißliche Fälle hinwegzuhelfen geeignet sein. Das hat mich schließlich auch bestimmt, davon abzusehen, ob, wie ich anfänglich dachte, nicht die Bestimmung des ersten Satzes zu Abs. 3 in Artikel 31 zu streichen gewesen wäre. Wie es scheint, würde ich aber mit einem solchen Antrage kein Glück haben; ich sehe deßhalb davon ab.

Daß nicht blos rechtskundige Gehilfen des Notars zur Einsichtnahme des Grundbuchs zu benützen seien, kann ich auch nur begrüßen. Anderen Falles hätten wir hier eine Bestimmung, die hauptsächlich die kleinen Notare auf dem Lande schwer getroffen hätte. Die werden in den seltensten Fällen einen akademisch gebildeten Juristen zur Seite haben.

Darüber müssen wir uns überhaupt klar sein, daß die hier erörterte Bestimmung des Artikel 31 thatsächlich so ziemlich die Lokalisirung des Notariates zur Folge haben wird.

Vorsitzender: Wünscht der Herr Referent zu dem mit aufgerufenen Artikel 134 beziehungsweise zu der Anregung, die der Herr Abg. Geiger gegeben hat, eine Bemerkung zu machen?

Abg. **Fuchs** (Referent): Artikel 134 ist nothwendig, weil außerdem die Bestimmung des Artikel 31 nicht vollzogen werden kann. Es muß eine Bestimmung getroffen werden, daß bis zur Anlegung des Grundbuchs das Hypothekenbuch einzusehen ist.

Was die Anregung des Herrn Abg. Geiger betrifft, so möchte ich darauf aufmerksam machen, daß jetzt auch schon eine Vorschrift besteht, nach welcher den Notaren die rentamtlichen Grundsteuerkataster in Vorlage gebracht werden müssen und die Notare sogar die Verpflichtung haben, in die Urkunden die Vorträge in den Grundsteuerkatastern aufzunehmen.

Abg. Dr **Casselmann:** Was die Anregung des Herrn Abg. Geiger betrifft, so glaube ich auch, daß die Aufklärung richtig ist, die der Herr Referent ge-

geben hat. Nur möchte ich meinen, daß am Ende es doch nicht so ganz über- S. 669.
flüssig ist, wenn man die Bestimmung aus dem bestehenden Gesetze in die Uebergangsvorschriften mit hineinnimmt, weil es sonst unter Umständen zu irrthümlichen Auffassungen führen könnte. Es ist das übrigens nur eine formelle Frage.

Ich habe mir das Wort noch einmal erbeten, nicht um die Herren noch lange aufzuhalten, sondern um zu erklären, daß meine prinzipiellen Bedenken gegen Artikel 31 nicht alle behoben sind, da ich mich nach wie vor einer gewissen Befürchtung nicht verschließen kann, daß, wenn auch nicht ganz, so doch theilweise auf dem Umwege des Artikel 31 die Lokalisirung eingeführt wird.

Andererseits muß ich anerkennen, daß durch die Aufklärung des Herrn Ministerialkommissärs wenigstens ein Theil meiner Bedenken beseitigt ist, daß insbesondere die Befürchtung abgeschwächt ist, das man bei der Ausfertigung eines Auszuges aus dem Grundbuche nicht schnell genug bedient werden könnte und daß in Artikel 91 des Entwurfes eines Gebührengesetzes der Konkurrenz der nicht bayerischen Notare ein allerdings wirksamer Riegel vorgeschoben werden wird. Nachdem auch im Uebrigen, wie ich annehme, die Stimmung des Ausschusses dahin geht, daß man dem Artikel 31 seine Zustimmung geben solle, sind die von mir gehegten Bedenken nicht derart, daß ich eine Ausnahme machen will; ich habe es nur für meine Pflicht gehalten, diese Bedenken im Ausschusse zur Sprache zu bringen.

Ministerialrath **Thelemann:** Ich wollte nur gegenüber der Anregung des Herrn Abg. Geiger bemerken, daß auch seither schon die Vorschrift bestand, daß die Katasterauszüge mitgebracht werden müssen, wie sie denn auch nach dem Gesetz in der Urkunde zu citiren sind. Alle diese Vorschriften bleiben so lange bestehen, bis das Grundbuch angelegt ist. Um jeden Zweifel auszuschließen, soll in der Geschäftsordnung ausdrücklich darauf hingewiesen werden, daß die Katasterauszüge auch künftig nothwendig sind. Im Gesetze selbst aber eine Uebergangsbestimmung zu treffen zur vorübergehenden Aufrechthaltung einer Vorschrift, die bisher nur durch Ministerialentschließung gegeben war, möchte sich doch nicht empfehlen.

Die Anschauung des Herrn Abg. Wagner über die Zulässigkeit telegraphischer S. 670.
Erkundigung wird auch von der k. Staatsregierung getheilt. Der telegraphische Aufschluß des Amtsgerichts ist nichts Anderes als eine Evidentstellung des Auszugs in besonderer Form.

Damit dürften alle Bedenken, die geäußert worden sind, gefallen sein.

Abg. Joseph **Geiger:** Ich bin durch diese Aufklärung vollständig befriedigt.

Abg. **Beckh:** Nach den Ausführungen aller verehrten Herren Kollegen könnte ich eigentlich auf das Wort verzichten; doch will ich meine Uebereinstimmnng mit den Ausführungen des Herrn Abg. Wagner aussprechen und nur noch zum Ausdruck bringen, daß die bisherige Uebung, wonach die Notare zur Einsichtnahme des Grundbuchs nicht verpflichtet waren, auf dem Lande sehr viele Mißstände erzeugt hat, also nicht blos in den Städten, sondern auch in den Kreisen, die ich hier zu vertreten habe, so daß eigentlich eine Mißstimmung gegen das Notariatsinstitut entstanden ist und ich gewissermaßen die Instruktion hätte, für die Lokalisirung des Notariats einzutreten. Wenn ich das nicht gethan habe, so ist mir das dadurch möglich geworden, daß der Entwurf mir eine Brücke gebaut hat, und zwar bildet den einen Bogen dieser Brücke der Artikel 5 und den anderen der Artikel 31. Ohne Artikel 31 hätte

S. 670. ich dem Entwurfe nicht zustimmen können und so macht es mir diese Brücke möglich, für den Entwurf und damit für die Selbständigkeit des Notariats zu stimmen.

Abg. **Michel:** Ich wollte nur bemerken, daß die Ausführungen des Herrn Kollegen Conrad mit meiner Zustimmung gemacht wurden; wir gehen beide in dieser Frage ganz einig.

Vorsitzender: Es ist Niemand mehr zum Worte gemeldet.

Der Herr Korreferent verzichtet auf das Wort.

Herr Referent!

Abg. **Fuchs** (Referent): Nachdem nach der Erklärung der k. Staatsregierung die Geschäftsordnung bezüglich der Verwendung von Notariatsgehilfen die nöthigen Kautelen vorsehen wird, bestehe ich nicht weiter auf meiner Anregung und beantrage Annahme der Artikel 31 und 134.

Vorsitzender: Ich konstatire die Annahme dieser beiden Artikel 31 und 134. Wir kommen zu

Artikel 32.

Herr Referent!

Abg. **Fuchs** (Referent) (verliest Artikel 32): Für die Beurkundung von Erklärungen, die nicht Rechtsgeschäfte sind (Aussagen von Zeugen oder Auskunftspersonen, thatsächliche Behauptungen, die durch Versicherung an Eidesstatt bekräftigt werden u. dgl.), können die meisten der Vorschriften, die für die Beurkundung von Rechtsgeschäften gelten, für anwendbar erklärt werden, so die Vorschriften über die Zweifel an der Geschäftsfähigkeit, über die Identitätsfeststellung und über das Verfahren bei der Verhandlung mit blinden, tauben, stummen oder sonst am Sprechen gehinderten Personen.

Die besonderen Vorschriften über die Form und den Inhalt der Wechselproteste, der Theilhypothekenbriefe u. s. w. bleiben selbstverständlich unberührt.

Ich beantrage die Genehmigung.

Abg. Dr. **Casselmann:** Das Reichsgesetz über die Angelegenheiten der freiwilligen Gerichtsbarkeit trifft blos Vorschriften über die Errichtung von Urkunden rechtsgeschäftlichen Inhalts. Es ist deßhalb nothwendig, besondere landesrechtliche Bestimmungen über die Errichtung solcher nicht rechtsgeschäftlichen Inhalts zu treffen. Ich bin deßhalb damit einverstanden, wenn in einem Artikel derartige Bestimmungen getroffen werden. Nur möchte ich mir eine Anfrage erlauben. Es spricht der Artikel nur von notariellen Urkunden über die Erklärungen, die nicht Rechtsgeschäfte sind. Nun gibt es Urkunden, die weder rechtsgeschäftlichen Inhalts sind noch Erklärungen nicht rechtsgeschäftlichen Inhalts enthalten, die auch nicht unter die nachfolgenden Artikel 33 bis 36 des Entwurfs fallen. Ich erinnere nur an Artikel 2 des Entwurfs Ziff. 1 und 2, wo die Rede ist von der Aufnahme von Vermögens- und Nachlaßverzeichnissen, von Anlegung und Abnahme von Siegeln, und ich möchte nur bitten, mir zu sagen, worunter die dort bezeichneten Urkunden zu subsumiren. Wie sollen diese behandelt werden?

Landgerichtsrath Schmitt: Es ist ganz richtig, daß es notarielle Urkunden über Gegenstände gibt, die weder rechtsgeschäftliche Erklärungen noch Erklärungen überhaupt sind. Es sind das nicht nur die in Artikel 2 genannten, sondern insbesondere auch die in den Artikeln 34, 35 und 36 behandelten notariellen Urkunden. Daß aber für sie gar keine Formvorschriften im Gesetz

enthalten wären und deßhalb ein Mangel bestünde, kann nicht zugegeben werden. S. 670.
Auch auf diese Urkunden nämlich sind die allgemeinen Vorschriften der Artikel 26 und 27 und 37 des Entwurfs ihrem Wortlaute nach anwendbar. Diese das Minimum der Form für jede Notariatsurkunde enthaltenden Vorschriften werden hier wohl genügen müssen. Was außerhalb dieses Minimums zu verlangen ist, kann generell kaum bestimmt werden, weil der Gegenstand solcher Urkunden, die keine Erklärungen enthalten, in den einzelnen Fällen gar zu verschieden ist. Es kann sich da handeln um die Feststellung der Beschaffenheit einer Sache, z. B. des baulichen Zustands eines Hauses, um die Feststellung der Thatsache, daß ein Gegenstand vorhanden ist, daß eine Person zu gewisser Zeit in ihrem Besitz z. B. eine Anzahl von Aktien mit gewissen Nummern hat, was häufig nöthig ist, um die Ausübung von Stimmrechten zu ermöglichen. In allen diesen Sachen handelt es sich um notarielle Beurkundungen, die nicht Erklärungen betreffen.

Man wird sofort einsehen, daß hier die Art der Beurkundung so sehr vom speziellen Inhalt abhängt, daß sie durch eingehendere Vorschriften nicht geregelt werden kann. Die allgemeinen Vorschriften, daß eine solche notarielle Urkunde wie jede andere vom Notar unterschrieben sein muß, den Tag und Ort der Errichtung enthalten und in deutscher Sprache errichtet werden soll und wo Protokolle aufzunehmen sind, die allgemeinen Vorschriften über die Form der Protokolle müssen genügen. Für einzelne besonders wichtige und häufige Urkunden dieser Art sind überdieß Spezialvorschriften getroffen, so über die Beglaubigung von Abschriften, Unterschriften und Handzeichen.

Vorsitzender: Zum Worte ist Niemand mehr gemeldet; Artikel 32 ist angenommen.

Artikel 33.

Herr Referent!

Abg. **Fuchs** (Referent) (verliest Artikel 33): Als sachlicher Grund für diese Vorschrift ist in den Motiven ange‖führt, daß die allgemeinen Vor- S. 671.
schriften über die Ausschließung der Notare durch Betheiligung oder Verwandtschaft mit Betheiligten, wie Artikel 16 des Entwurfes vorsieht, auf solche Fälle nicht passen. Es wird daher in Abs. 1 bestimmt, daß die Theilnehmer nicht als „Betheiligte" zu gelten haben, weßhalb auch die Theilnehmer der Versammlung das Protokoll nicht zu unterschreiben brauchen und der Notar durch seine Verwandtschaft zu einem Theilnehmer der Versammlung an der Uebernahme der Protokollführung nicht behindert ist, wie dieß schon bei Artikel 16 erwähnt wurde.

Das Protokoll muß die Eigenschaften haben, wie sie im Artikel 27 des Gesetzentwurfes aufgeführt sind; eine besondere Bestimmung darüber, daß der Notar das Verzeichniß zu unterzeichnen hat, ist daher nicht nothwendig, wohl aber ist, nachdem die Theilnehmer der Versammlung im Hinblick auf Abs. 1 das Protokoll nicht zu unterzeichnen haben, die Vorschrift erforderlich, daß ein Vertreter der Mitwirkenden zu unterzeichnen hat; als solcher ist der Vorsitzende bezeichnet. Ich beantrage die Genehmigung.

Abg. **Landmann** (Korreferent): Ich schließe mich den Ausführungen des Herrn Referenten an.

Abg. Dr. **Casselmann:** In Artikel 33 werden die Theilnehmer der Versammlung als „Nichtbetheiligte" bezeichnet. Ich habe nun Bedenken, ob sie nicht Mitwirkende im Sinne des Artikel 27 des Entwurfes sind und als

S. 671. solche zu unterschreiben verpflichtet sind. Wenn das nicht der Fall ist, wer hat dann das Protokoll zu unterzeichnen? Sollte nicht eine Vorschrift aufgenommen werden, wonach der Vorsitzende und etwa sonst noch statutarisch bestimmte Personen als Betheiligte und Mitwirkende zu gelten und zu unterschreiben haben?

Ich möchte die k. Staatsregierung um Aufklärung bitten.

Landgerichtsrath **Schmitt:** Eine Vorschrift dahin, daß der Vorsitzende der Versammlung das Protokoll zu unterschreiben hat, findet sich bereits im Artikel 33. Weiter zu gehen, ist keine Veranlassung, da man gar nicht wissen kann, welche Organe diese verschiedenartigen Vereine allenfalls noch haben werden. Sollten weitere Mitunterschriften von den Betheiligten gewünscht werden oder nach den Satzungen der Gesellschaft oder des Vereins nothwendig sein, so steht nichts im Wege, sie zuzulassen. Nur hier sollen sie nicht verlangt werden, weil das Gesetz sich naturgemäß auf das Minimum der Erfordernisse beschränken muß.

Was die Frage anlangt, ob die Mitglieder der Versammlung als „Mitwirkende" zu erscheinen haben, so ist sie zu verneinen. Als Mitwirkende im Sinne des Gesetzes, das ist schon in den Motiven gesagt, sind diejenigen anzusehen, welche beim Zustandebringen der Beurkundung in irgendwelcher Eigenschaft, z. B. als Urkundszeugen oder als Dolmetscher oder Vertrauenspersonen thätig sind, nicht aber diejenigen, deren Erklärung Gegenstand der Beurkundung ist. Letztere sind „Betheiligte" Eigentlich wären somit die Mitglieder der Versammlung, deren Verhalten und deren Erklärungen protokollirt werden, „Betheiligte", daß man sie aus Zweckmäßigkeitsgründen dieser ihrer natürlichen Betheiligteneigenschaft im Gesetze entkleidet, macht sie nicht zu Mitwirkenden.

Vorsitzender: Artikel 33 ist angenommen.

Artikel 34.

Abg. **Fuchs** (Referent) (verliest Artikel 34): Die Beglaubigung von Abschriften ist vom Reichsrecht nicht geregelt. An sich wäre die in diesem Artikel enthaltene Vorschrift selbstverständlich, hat aber, wie in den Motiven angegeben ist, bisher nicht überall als selbstverständlich gegolten, weßhalb sie aufgenommen wurde. Ich beantrage die Genehmigung.

Vorsitzender: Der Herr Korreferent hat nichts zu erinnern; Artikel 34 ist angenommen.

Artikel 35.

Abg. **Fuchs** (Referent) (verliest Artikel 35): Dieser Artikel bezieht sich sowohl auf Abschriften von öffentlichen Urkunden wie auf Abschriften von Privaturkunden. Seine Vorschriften sind erschöpfend, soweit es sich um Abschriften von Schriftstücken handelt, die nicht als Urschriften in der dauernden Verwahrung des Notars bleiben.

Abs. 2 finde ich sehr praktisch. Gerade bei der Beglaubigung eines Auszugs aus einem Schriftstück ist größte Vorsicht geboten, damit nicht in dem Auszuge etwas enthalten ist, was in der Urschrift nicht steht, oder etwas weggelassen wird, was in derselben steht. Auf blos amtliche Bestätigungen des Inhalts eines Schriftstückes beziehen sich die Vorschriften des Abs. 2 nicht. Zu erwähnen wäre noch, daß die Vorschriften in Abs. 2 auf die Ertheilung einer auszugsweisen Ausfertigung einer Urkunde entsprechende Anwendung finden.

Ich beantrage die Genehmigung.

Vorsitzender: Zum Worte ist Niemand gemeldet; Artikel 35 ist angenommen. S. 671.

Artikel 36.

Abg. **Fuchs** (Referent) (verliest Artikel 36): Die Vorschriften des Artikel 36 bilden eine Ergänzung der Vorschriften des § 183 des Gesetzes über die Angelegenheiten der freiwilligen Gerichtsbarkeit mit der Unterschriftsbeglaubigung.

Die Vorschrift ist eine Sollvorschrift, der Notar hat daher auch bei der Unterschriftsbeglaubigung die Vorschriften der Artikel 16 und 17 zu beachten. Es ist nämlich der Fall denkbar, daß Jemand dem Notar ein Schriftstück behufs Beglaubigung der Unterschrift vorlegt, welches unsittliche Dinge, Majestätsbeleidigungen u. s. w. enthält; wenn nun der Notar von diesem Schriftstücke keine Kenntniß nehmen dürfte und dennoch gehalten wäre, die Unterschrift unter einem solchen Schriftstück zu beglaubigen, so wäre dieß mit seiner Amtswürde absolut unvereinbar. Selbstverständlich ist, daß Unterschrift oder Handzeichen in Gegenwart des Notars erfolgen müssen. Ueber die Beglaubigung einer Unterschrift oder eines Handzeichens durch den Bürgermeister haben wir uns bereits ausgesprochen.

Da es sich in der Regel um rechtsgeschäftliche Erklärungen handelt, bei denen die Unterschriftsbeglaubigung vorkommt, war es nothwendig, im Abs. 2 die für die Beurkundung rechtsgeschäftlicher Erklärungen gegebenen Vorschriften über die Feststellung der Geschäftsfähigkeit und der Identität für entsprechend anwendbar zu erklären. In welcher Weise das Handzeichen zu machen ist, wird die Geschäftsordnung bestimmen. Ich beantrage die Genehmigung.

Abg. **Landmann** (Korreferent): Man kann darüber im Zweifel sein, ob die Vorschrift des Artikel 36 im ersten Satz nothwendig ist, nachdem das bisher nicht der Fall war. Aber nachdem es sich nicht um eine Muß-, sondern um eine Sollvorschrift handelt, habe ich in der Hauptsache nichts zu || erwähnen. S. 672.
Es wird nur die Frage sein, wie sich der Notar zu verhalten hat, wenn eine Partei kommt und um Unterschriftsbeglaubigung ersucht, aber zugleich sich ganz entschieden weigert, den Inhalt des Schriftstückes einsehen zu lassen.

In formaler Beziehung möchte ich anregen, daß man das Wort „brauchen", welches wohl nicht zur Schriftsprache gehört, durch ein anderes synonymes Wort ersetzt.

Abg. **Wagner**: Was der Herr Kollege Landmann bemängelt, damit bin ich nicht ganz einverstanden. Wenn die betreffende Partei die Urkunde nicht einsehen lassen will, dann sagt der Notar eben ganz einfach: „Dann beglaubige ich die Unterschrift nicht. Mir ist die Verpflichtung auferlegt, von dem Inhalt des Schriftstückes Kenntniß zu nehmen, und wenn ich diese Verpflichtung nicht erfüllen kann, bin ich auch nicht in der Lage, zu beurkunden."

Aber eine andere Zweifelsfrage hätte ich, die ich hiemit stellen möchte: Darf der Notar die Unterschrift auf einem Blankett beglaubigen? Es kann Jemand auf ein Blatt Papier, auf welches er später etwas schreiben will, seinen Namen setzen. Nun geht er zum Notar und sagt, der Notar soll ihm diese Unterschrift beglaubigen, von dem Inhalt der Urkunde kann der Notar deßwegen keine Einsicht nehmen, weil eine Urkunde noch nicht vorhanden ist. Also ich frage: Darf der Notar die Unterschrift auf einem solchen Blankett beglaubigen oder nicht?

Landgerichtsrath Schmitt: Hier könnte es sich lediglich darum handeln, daß bezeugt wird, daß die auf dem Blatte befindliche Handschrift von einer bestimmten Person herrührt. Das der Name einer Erklärung als

S. 672. Unterschrift beigefügt worden ist, kann von dem Notar pflichtgemäß nicht beglaubigt werden, weil eine solche schriftliche Erklärung thatsächlich nicht vorhanden ist. Eine Bestätigung des Inhalts, daß eine bestimmte Person in Gegenwart des Notars eigenhändig ihren Namen auf ein weißes Blatt Papier geschrieben hat, ist recht wohl denkbar und kann da und dort auch erforderlich werden, aber eine Unterschriftsbeglaubigung im Sinne des Artikel 36 des Entwurfs ist das nicht. In diesem Artikel handelt es sich um die Beglaubigung von wirklichen Unterschriften oder Handzeichen.

Die Beantwortung der Frage, ob Blankettvollmachten zulässig sind, ist nicht Sache des Notariatsgesetzes. Dieses bestimmt nur die Form, in welcher eine Unterschrift oder ein Handzeichen zu beglaubigen ist.

Abg. **Wagner:** Wenn ich diese Ausführungen richtig verstanden habe, mit denen ich mich ja im Wesentlichen einverstanden erklären kann, so steht vor Allem fest, daß, wenn Jemand verlangt, daß die Zeichnung seines Namens auf dem Blankett durch einen Notar beglaubigt wird, diese nicht unter Artikel 36 fällt, weil es sich hier nicht um eine Unterschrift handelt oder eine Erklärung. Aber es wäre immerhin möglich, daß der Notar veranlaßt sein könnte, diese Zeichnung des Namens zu beglaubigen. Er wird jedoch dann veranlaßt sein, zu bemerken, daß auf dem Blatt, auf welchem er die Bestätigung der Identität der Namenszeichnung vornimmt, vor dieser Namenszeichnung irgend ein anderer Inhalt der Urkunde nicht vorliegt. In dieser Weise wäre es also allerdings auch möglich, Blankette zu beglaubigen.

Vorsitzender: Niemand wünscht weiter das Wort; Artikel 36 ist angenommen.

Artikel 37 ist bereits mit Artikel 27 angenommen worden.

Ich rufe auf

Artikel 38.

Abg. **Fuchs** (Referent) (verliest Artikel 38): Die Artikel 38 bis 48 geben Vorschriften über die Behandlung der Urschriften und Ausfertigungen der notariellen Urkunden, nachdem diese im Reichsrechte nicht geregelt ist.

Artikel 38 entspricht dem geltenden Recht. Die Gründe für diese Bestimmung sind einleuchtend. Notarielle Urkunden werden in der Regel errichtet, damit die Betheiligten durch dieselben ihre Rechte beweisen und geltend machen können; gibt man die Urkunden den Betheiligten hinaus, so besteht die Gefahr des Verlustes derselben, und wenn sie wirklich verloren gegangen sind, die Unmöglichkeit, aus der Urschrift eine Ausfertigung herstellen zu können. Die Urkunden können allerdings auch beim Notar verloren gehen, z. B. durch Brand, Nachlässigkeit ꝛc., aber immerhin ist die Verlustgefahr auf Seite der Betheiligten eine größere.

Die Urschriften erhalten durch die Verleihung der Behördeneigenschaft an die Notariate die Eigenschaft von behördlichen im Eigenthum des Staates stehenden Aktenstücken. Die näheren Vorschriften über die Verwahrung wird die Geschäftsordnung treffen.

Ehe die Urkunden von den Gerichten (dem Grundbuchamt, Vormundschafts- und Verlassenschaftsgericht) vollzogen sind, werden sie wohl kaum in die Urkundensammlung aufgenommen werden können. Es besteht auch eine autographirte Ministerialentschließung vom 9. August 1869 beziehungsweise 1. November 1871 über vorläufige Nichteinreihung von Urkunden in die Sammlung wegen nicht bezahlter Staatsgebühren oder wegen obwaltender Hindernisse des hypothekenamtlichen Vollzugs ꝛc.; auch diese Vorschrift möge in der Geschäftsordnung berücksichtigt werden. S. 672.

Ich beantrage die Genehmigung.

Vorsitzender: Der Herr Korreferent hat nichts zu bemerken; Artikel 38 ist angenommen.

Artikel 39.

Abg. **Fuchs** (Referent) (verliest Artikel 39): Dieser Artikel trifft Ausnahmen von der Bestimmung in Artikel 38, welche hinreichend begründet sind. Diese Ausnahmen sollen jedoch im Gesetz selbst nicht formulirt werden, sondern ihre Formulirung soll der Verwaltungsvorschrift überlassen werden. Bemerkenswerth ist, daß in diesem Artikel dreierlei Arten von Vorschriften bestehen: „Urschriften dürfen ausgehändigt werden, Urschriften sind abzugeben und Urschriften sollen überlassen werden.“

Die Abgabe von Urschriften kann eine dauernde oder vorübergehende sein, hierüber zu bestimmen wird Sache der Geschäftsordnung sein, welche auch bestimmen wird, daß gewisse Urkunden, weil sie inhaltlich zu einer anderen von einem anderen Notar errichteten und verwahrten Urkunde gehören, in das andere Notariatsarchiv zur Verwahrung abgeliefert werden, um mit der Haupturkunde räumlich vereinigt zu werden.

Ich beantrage die Genehmigung.

Abg. **Landmann** (Korreferent): Artikel 39 steht in einem gewissen Zusammenhang mit Artikel 23.

Ich habe weiter nichts zu bemerken und beantrage Genehmigung.

Vorsitzender: Das Wort wird nicht begehrt; Artikel 39 ist angenommen.

Artikel 40. S. 673.

Abg. **Fuchs** (Referent) (verliest Artikel 40): Die Urschrift, an deren Stelle die Betheiligten eine Ausfertigung erhalten, braucht nicht von dem ausfertigenden Notar herzurühren; nicht einmal eine Notariatsurkunde braucht sie zu sein, sie kann von den Betheiligten hinterlegt oder durch die Geschäftsordnung von außenher dem Notariatsarchiv überwiesen worden sein. Die Verwahrung der Urschrift muß auf die Dauer übernommen sein. Hat ein Notar eine Urkunde nur vorübergehend in seiner Verwahrung, so kann er davon nur Abschriften, nicht aber Ausfertigungen ertheilen. Nur der Notar, der die Urschrift besitzt, kann Ausfertigungen ertheilen. Ich beantrage die Genehmigung.

Abg. **Landmann** (Korreferent): Es wäre zu überlegen, ob nicht in dem zweiten Absatz es heißen soll: Die Ausfertigungen „dürfen“ anstatt „können“ Es ist das viel deutlicher, denn die Ausfertigung kann — allgemein begrifflich genommen — auch von einem anderen Notar ertheilt werden.

Landgerichtsrath Schmitt: Es würde dem Begriffe der Ausfertigung widersprechen, wenn man zuließe, daß ein Anderer als der, der die Urkunde in Verwahrung hat, die Ausfertigung ertheilt. Die Ausfertigung ist begriffsmäßig die Stellvertreterin der Urschrift, sie wird statt der Urschrift gegeben, und nur wer die Urschrift geben kann, soll daher die Ausfertigung geben können. Um diesen nothwendigen und bei näherem Zusehen selbstverständlichen Gedanken noch besonders zum Ausdruck zu bringen, ist im Gesetzentwurf gesagt: daß nur der Notar eine Ausfertigung ertheilen kann, der die Urschrift besitzt. Darin liegt kein Verbot an die anderen Notare, sondern nur ein Hinweis auf die Folge des Begriffs. Eine Abschrift von der Urschrift, die ein anderer

S. 673. Notar gemacht hätte als derjenige, der die Urschrift verwahrt, könnte nie mehr sein als eine gewöhnliche Abschrift, keine Ausfertigung, deßhalb könnte auch einer solchen Abschrift niemals eine Vollstreckungsklausel beigefügt und damit vollstreckt werden. Dieß entspricht auch dem bisherigen Recht der Pfalz sowohl wie der Landestheile diesseits des Rheins. Es gilt der Grundsatz auch nicht nur auf dem Gebiete des Notariats, sondern ebenso auf dem Gebiete der gerichtlichen Thätigkeit. Auch die Urtheile und Beschlüsse der Gerichte können nur von dem Gerichtsschreiber desjenigen Gerichts ausgefertigt werden, bei dem sich das Urtheil oder der Beschluß im Original in Verwahrung befindet.

Vorsitzender: Ein Antrag ist nicht gestellt, Artikel 40 ist angenommen.

Artikel 41.

Abg. **Fuchs** (Referent) (verliest Artikel 41): Ich beantrage die Genehmigung.

Vorsitzender: Der Herr Korreferent ist ebenfalls einverstanden; Artikel 41 ist angenommen.

Artikel 42.

Abg. **Fuchs** (Referent) (verliest Artikel 42): Ich beantrage die Genehmigung.

Vorsitzender: Der Herr Korreferent hat nichts zu erinnern, Artikel 42 ist angenommen.

Artikel 43.

Ab. **Fuchs** (Referent) (verliest Artikel 43): Die Ausfertigung hat, wie der Herr Ministerialkommissär bereits zu Artikel 40 ausgeführt hat, die Stelle der Urschrift zu vertreten, hiernach dürfte grundsätzlich jeder Betheiligte nur eine Ausfertigung erhalten. Solche Ausfertigungen können verloren gehen, z. B. durch Brand, und es kann sich das Bedürfniß zur Ertheilung einer weiteren Ausfertigung für die Betheiligten ergeben. Der Gesetzentwurf beschränkt deßhalb für den Bedürfnißfall die Zahl der zu ertheilenden Ausfertigungen nicht, soweit es sich nicht um vollstreckbare Ausfertigungen handelt, für welche die Vorschriften der Civilprozeßordnung gelten.

Zu erwägen wäre, ob es sich nicht empfehlen dürfte, in der Geschäftsordnung anzuordnen, daß die Ausfertigungen mit Ziffern bezeichnet werden, also: 1. Ausfertigung, 2. Ausfertigung u. s. w. Ich beantrage die Genehmigung.

Vorsitzender: Der Herr Korreferent hat keine Erinnerung; Artikel 43 ist angenommen.

Artikel 44.

Abg. **Fuchs** (Referent) (verliest Artikel 44) In dieser Beziehung soll kein Unterschied bestehen zwischen vollstreckbaren und nicht vollstreckbaren Ausfertigungen. Der Inhalt des Vermerks auf der Urschrift wird ersehen lassen, wem vollstreckbare, wem nicht vollstreckbare Ausfertigung ertheilt wurde. Ich beantrage die Genehmigung.

Vorsitzender: Auch der Herr Korreferent hat keine Erinnerung; Artikel 44 ist angenommen.

Artikel 45.

Herr Referent!

Abg. **Fuchs** (Referent) (verliest Artikel 45): Der Grund, warum in dem einen Falle durch das Landgericht, in dem anderen Falle im Dienstaufsichtsweg, also durch den Präsidenten des Landgerichts, entschieden wird, liegt darin, daß im ersteren Fall und nur in diesem das Interesse der Rechtsuchenden unmittelbar in Frage kommt, daß hier eine rasche, endgiltige Entscheidung erwünscht ist, und daß für eine solche endgiltige Entscheidung — als solche ist sie im Hinblick auf Artikel 18 anzusehen —, die sich gegen Private richtet, die Zuständigkeit eines Gerichts passender erscheint als die eines einzelnen Aufsichtsbeamten. S. 673.

Ich beantrage die Genehmigung.

Vorsitzender: Der Herr Korreferent hat nichts zu erinnern, Artikel 45 ist angenommen.

Artikel 46.

Herr Referent!

Abg. **Fuchs** (Referent) (verliest Artikel 46): Ich habe keine Erinnerung zu machen und beantrage die Genehmigung.

Vorsitzender: Auch auf Seite des Herrn Korreferenten besteht keine Erinnerung, Artikel 46 ist angenommen.

Artikel 47 und 48. S. 674.

Herr Referent!

Abg. **Fuchs** (Referent) (verliest Artikel 47 und 48): In diesen beiden Artikeln ist, wie bereits zu Artikel 39 bemerkt wurde, Vorsorge getroffen, daß eine zu Verlust gegangene Urschrift ebenso wie eine vorübergehend aus dem Notariatsarchiv entfernte Urkunde durch eine in dem Archive zu hinterlegende Ausfertigung ersetzt werden kann. Die hinterlegte Ausfertigung soll die Urschrift in allen Beziehungen vollwirksam vertreten, so daß insbesondere auch weitere vollstreckbare Ausfertigungen ertheilt werden können.

Die Bestimmung in Artikel 48 entspricht dem bisherigen Recht und hat sich bei der Zerstörung von Notariatsarchiven durch Brand praktisch bewährt. Sie gewinnt an Bedeutung, wenn künftig durch Vermehrung der Fälle der Versendung von Urschriften, wie dieß im Artikel 39 gestattet wird, die Verlustgefahr steigt.

Diese Vorschrift kann ungehindert durch das Reichsrecht fortbestehen. Ausfertigungen können vollstreckbar oder nicht vollstreckbar sein. Auszüge können Urschriften nicht ersetzen.

Ich bitte um Aufschluß, welche Haftung für den Notar entsteht, wenn durch seine Schuld eine Urschrift zu Verlust gegangen ist.

Landgerichtsrath Schmitt: Wenn durch Schuld eines Notars eine Unterschrift verloren gegangen ist und nicht ersetzt werden kann und wenn dadurch ein Schaden für die Betheiligten entsteht, so unterliegt es keinem Zweifel, daß, nachdem die Verwahrung der Urschrift zu den Amtsobliegenheiten des Notars gehört und der Staat für den Schaden aus der Verletzung der Amtspflicht durch die Notare haftet, der Staat auch diesen Schaden zu ersetzen hat.

Vorsitzender: Auch der Herr Korreferent hat keine weitere Erinnerung, Artikel 47 und 48 sind angenommen. Wir stehen vor dem vierten Abschnitt.

(Schluß der Sitzung um 1 Uhr.)

von Stobäus,
Vorsitzender.

Michel,
Schriftführer.

S. 675.

39.

Protokoll

über die Sitzung des besonderen (XVIII.) Ausschusses der Kammer der Abgeordneten zur Berathung der durch die Einführung des Bürgerlichen Gesetzbuchs veranlaßten Gesetzentwürfe.

(Verhandl. d. Justiz-Gesetzg.-Aussch. d. K. d. Abg. 1899. Beil.-Bd. XX, Abth. II, Seite 675 bis 691.)

München, den 5. Mai 1899, Vormittags 9½ Uhr.

Gegenwärtig:

Die Vertreter der k. Staatsregierung der k. Staatsminister der Justiz Dr. Freiherr von Leonrod, Excellenz, der k. Ministerialrath im Staatsministerium der Justiz Thelemann, der k. Landgerichtsrath im Staatsministerium der Justiz Schmitt;

ferner die Ausschußmitglieder: von Stobäus, Vorsitzender, Wagner, Stellvertreter des Vorsitzenden, Dr. Casselmann, Schriftführer, Michel, Stellvertreter des Schriftführers, Beckh, Conrad, Fuchs, Joseph Geiger, Joseph Huber, Landmann, Lerno, Segitz, von Walter (Dr. Ratzinger, Seeberger und nach Eröffnung der Sitzung von Stobäus entschuldigt).

Tagesordnung:

Entwurf eines Notariatsgesetzes.

(Beilage R.)

Artikel 49 mit 66.

Erste Lesung.

Vorsitzender **von Stobäus** eröffnet um 9 Uhr 35 Minuten die Sitzung. Ich theile den Herren mit, daß ich für heute und auch für morgen nicht hier anwesend sein und in Folge dessen den Vorsitz nicht führen kann; ich bitte den Herrn Abg. Wagner, den Vorsitz zu übernehmen.

Stellvertretender Vorsitzender **Wagner**: Wir stehen bei:

Vierter Abschnitt.

Gebühren.

Artikel 49.

Abg. **Fuchs** (Referent) (verliest Artikel 49): Nach Artikel 7 des Entwurfes sind die Notare vom König auf Lebenszeit ernannte Beamte. In Folge dieser Amtsstellung erscheint es zweifellos als unabweisbare Pflicht der k. Staatsregierung, die Existenzfähigkeit der Notare nach jeder Richtung hin vollkommen sicherzustellen. Das Notariatsinstitut kann nur dann Ersprießliches leisten, wenn seine Träger so situirt werden, daß sie durch eine unabhängige Stellung vor jeder Beeinflussung geschützt sind und dadurch allgemeines Vertrauen zu erwecken vermögen.

Nach dem Vorschlag der k. Staatsregierung soll nun entsprechend dem bisherigen Rechte den Notaren kein Gehalt aus der Staatskasse gewährt, sondern lediglich die Befugniß zur Erhebung von Gebühren eingeräumt werden, wie sie gemäß Artikel 5 des Gebührengesetzes durch Königl. Verordnung festgesetzt werden, und kann solchen Notaren, deren reines Diensteinkommen die Höhe der Bezüge eines Amtsrichters nicht erreicht, bis zu deren Höhe ein Zuschuß aus der Staatskasse bewilligt werden. Konsequenterweise müßte man die Notare als künftige Staatsbeamte bezüglich ihres Einkommens und ihrer Pension den

übrigen pragmatischen Staatsbeamten gleichstellen und die durch Ausübung des S. 675.
Notariatsgeschäftes anfallenden Gebühren für die Staatskasse einziehen. Dieß würde nach Anschauung der k. Staatsregierung zur Verbindung des Notariats mit den Amtsgerichten führen müssen, eine Verbindung, deren Unzukömmlichkeit in der Begründung des Entwurfes darzuthun versucht wurde. Ich gebe zu, daß nach der Organisation, wie sie geschaffen werden soll, ein zweckmäßigerer Weg als der von der k. Staatsregierung vorgeschlagene wohl kaum zu gehen ist; ob man die Garantiesumme bis zur Höhe des Gehalts eines Oberamtsrichters oder eine Gehalts-Maximalgrenze festsetzen soll, darüber kann noch gesprochen werden.

Es hat nicht an Stimmen gefehlt, welche gegentheiliger Anschauung sind und die Ansicht vertreten, daß man den Notaren recht wohl Gehalt und Pension der pragmatischen Staatsbeamten aus der Staatskasse gewähren und das Notariat trotzdem vollkommen selbständig erhalten könnte und nicht den Amtsgerichten anzugliedern bräuchte. Die zur Zeit unter den Notaren hinsichtlich des Einkommens bestehenden Ungleichheiten sollen aufhören. Obwohl das gegenwärtige Notariatsgesetz keine privilegirten Notare kenne, sei doch die Einnahme der Notare je nach dem Orte ihrer Thätigkeit sehr verschieden; während die Notare in größeren Städten ein Einkommen hätten, das weit über den Ministergehalt hinausginge, hätten andere Notare in kleinen Amtsbezirken oft nicht einmal das reine Einkommen eines Amtsrichters, so daß die Ergänzung nach Artikel 104 des gegenwärtigen Gesetzes erfolgen müsse. Solche Ungleichheiten im Einkommen verstimmten die Notare, die doch vermöge ihrer Vorbildung und ihrer Dienste, die sie zweifellos dem Staate leisten, Anspruch machen könnten, daß ihnen ein Einkommen gewährt würde, das zur Ernährung einer Familie vollkommen ausreiche. Die Notare sollten wie die Richter auf Grund ihrer Staatskonkursnote, also nach dem Prinzipe der Anciennetät angestellt und je nach ihrer Qualifikation auch an bessere Stellen versetzt werden können. Schwierig sei es allerdings, die gegenwärtigen Notare bezüglich des Gehaltes einzureihen, aber es ließen sich schon Normen finden, welche dieß ermöglichten und die Ueberleitung herstellten. Ob die jeweiligen Dienstjahre den Notaren angerechnet werden könnten, sei allerdings fraglich, denn es dürfte nicht außer Acht gelassen werden, daß eine ganze Reihe von Notaren älteren Jahrgangs seit sehr vielen Jahren ein Einkommen gehabt hätte, das weit über das Einkommen eines Oberamtsrichters hinausginge, und daß es sich wahrscheinlich um eine ziemlich große Anzahl von Notaren handeln dürfte, die bereits ein hohes Alter erreicht hätten und daher in Bälde den Pensionsfond in Anspruch nehmen würden.

Ich theile die hier vorgetragene Ansicht nicht, habe aber durch ihre Mittheilung der k. Staatsregierung Gelegenheit geben wollen, sich über diese wichtige Frage, die Existenzfrage der Notare, zu äußern. Die Justizverwaltung wird in der Lage sein, Aufschlüsse, wenn auch in vertraulicher Natur, zu geben, welches Ergebniß die von ihr im Dezember 1897 angeordneten Erhebungen über die künftige Gestaltung des Einkommens der Notare gehabt haben und ob diese Erhebungen als sichere Grundlage für die Bemessung des künftigen Reineinkommens der Notare erachtet werden können.

Ich will nunmehr die einzelnen Bestimmungen des Artikel 49 besprechen. S. 676.

Abs. 1 entspricht dem bisherigen Rechte; der Notar bezieht vom Staate keinen Gehalt, d. h. er erhält kein Entgelt für seine Dienstleistungen, also auch keinen Ersatz für Dienstauslagen; Geschäftsauslagen muß er also aus eigenen Mitteln bestreiten. Gebühren bezieht der Notar bezw. er darf sie in Anspruch

S. 676. nehmen von den Parteien, die seine Thätigkeit in Anspruch genommen haben, gleichviel ob der Notar aus Ersuchen der Betheiligten oder aus Auftrag des Gerichts thätig wird. Da grundsätzlich nur derjenige Notar ein Recht auf Gebühren hat, dessen Thätigkeit in Anspruch genommen ist, und da der Inhalt der Notariatsarchive künftig nur als Sammlung behördlicher Amtsakten in Betracht kommt, so wird auch in der Pfalz künftig kein Notar von seinem Amtsnachfolger eine Abfindung für die Ueberlassung des Archivs zu beanspruchen haben. Wegen des Gebührenbezugsrechtes im Falle der Verwaltung eines Notariats durch einen Amtsverweser enthalten die Artikel 111 bis 113 des Entwurfes Bestimmungen.

Abs. 2 ist dem Artikel 149 des Gebührengesetzes nachgebildet und soll auch äußerlich gleichheitliches Recht für Staats- und Notariatsgebühren schaffen.

Als „reines Diensteinkommen" dürfte das Einkommen abzüglich der Dienstes- und Geschäftsauslagen gelten. Bezüglich des Zuschusses aus der Staatskasse möchte ich zur Erwägung stellen, ob man nicht solchen Notaren, welche, wenn sie im Justizdienst geblieben wären, auf Grund ihrer Konkursnote und ihrer Qualifikation jetzt Oberamtsrichter wären, auch den Gehalt eines Oberamtsrichters garantiren sollte; ist doch auch jüngst im Finanzausschusse beschlossen worden, daß den älteren Gerichtsvollziehern ein Jahresgehalt bis nahezu 4000 M. garantirt werden soll. Es kann entgegnet werden, daß solche Notare, die eine Versetzung auf besser dotirte Stellen anstreben, dieselben auch erhalten, wenn im Uebrigen die erforderlichen Voraussetzungen gegeben sind; es wird aber zugegeben werden müssen, daß ein häufiger Wechsel im Notariate nicht im Interesse der Bevölkerung liegt, es vielmehr wünschenswerth ist, daß ein Notar recht lange auf seiner Stelle bleibt, damit er mit den Verhältnissen seines Bezirkes vollständig vertraut werde. Der Notar soll, wie es in der Pfalz ist, der Vertrauensmann des ganzen Bezirkes sein. Wenn man nun solchen Notaren den Gehalt eines Oberamtsrichters geben würde, so würden sie sich leichter entschließen können, auf ihren Stellen zu verbleiben, da ihnen ein ausreichendes Einkommen garantirt ist.

Die Höhe des Staatszuschusses begreift den Gehalt und die Zulagen eines Amtsrichters von gleichem Dienstalter. Das Dienstalter wird wohl von dem Tag der Anstellung an gerechnet werden.

Nach dem Entwurfe hat der Notar keinen Anspruch auf Ergänzung seines Einkommens. Ich möchte mir die Frage erlauben, aus welchen Gründen der Zuschuß bei dem Vorhandensein der übrigen Voraussetzungen verweigert werden kann und warum nicht im Gesetze selbst bestimmt wird, daß dem Notar der Zuschuß bewilligt werden muß. Wenn man glauben wollte, daß der Notar dann gleichgiltig werden und sich, wie man zu sagen pflegt, auf die faule Haut legen könnte, da er doch wisse, daß er den Gehalt eines Oberamtsrichters erhalte, so steht dieser Ansicht die Bestimmung des Artikel 15 entgegen, nach welcher der Notar ohne zureichenden Grund die Vornahme eines Amtsgeschäftes nicht verweigern darf.

Es ist auch fraglich, ob künftig genug Staatsdienstadspiranten zum Notariate gehen, wenn ihnen nicht einmal der Gehalt eines Amtsrichters vollständig sicher ist. Die k. Staatsregierung ersuche ich, darüber Aufschluß zu geben, wie künftig die Belastung der Staatskasse im Vollzug dieser gesetzlichen Bestimmungen sein wird. Ich behalte mir zunächst Antrag vor.

Abg. **Landmann** (Korreferent): Ich bin mit der Fassung des Artikel 49 des Entwurfes einverstanden. Ich kann mich nicht dafür erwärmen, daß man

den Notaren das Einkommen eines Oberamtsrichters garantire. Ich halte die S. 676.
Voraussetzungen des Herrn Referenten nicht für richtig. Es liegt in der Natur der Sache, daß derjenige, der in der Lage ist, ein höheres Einkommen zu erzielen, es auch anstreben wird; tüchtige Notare werden Gelegenheit haben, dadurch entlohnt zu werden, daß sie eben bessere Stellungen bekommen.

Dem Gedanken, eine Maximaleinkommensgrenze für den Notar zu setzen, stehe ich an und für sich sympathisch gegenüber, vermag aber nicht abzusehen, in welcher Weise die Sache durchgeführt werden soll. Es kann sich hier jedenfalls nur um einen Prozentsatz handeln, der dann an die Staatskasse abgeführt werden müßte. Hierin liegt jedenfalls ein gesunder Gedanke. Ich nehme aber hiezu keine feste Stellung, bevor ich nicht die Meinung der k. Staatsregierung kennen gelernt habe. Ich beschränke mich zunächst auf diese Bemerkungen.

Ministerialrath Thelemann: Sie dürfen die feste Ueberzeugung haben, daß die Justizverwaltung an die Ausarbeitung des Notariatsgesetzentwurfes, überhaupt an den Gedanken, das Notariat in der bisherigen Gestalt aufrecht zu erhalten, erst herangetreten ist, nachdem sie aus dem damals der Justizverwaltung zugänglichen Material unter Berücksichtigung der bevorstehenden Aenderung des bürgerlichen Rechts eingehend geprüft hatte, ob unter den gegebenen Verhältnissen überhaupt das Notariat als lebensfähiges Institut aufrecht erhalten werden könne. Erst nachdem man aus dem damals zugänglichen statistischen Material die feste Ueberzeugung gewonnen hatte, daß das Institut lebensfähig erhalten werden könne, ging man an die Vorarbeiten zu dem Gesetzentwurf. Ich erinnere daran, daß Seine Excellenz der Herr Justizminister in einer Sitzung des Finanzausschusses vor nun bald zwei Jahren auf Grund der damals dem Justizministerium zur Verfügung stehenden Statistik über die Einkommen der Notare eine dießbezügliche Erklärung abgab. Um ganz sicher zu gehen, daß die Berechnung stimme, stellte man sodann nochmals eingehende Erhebungen bei den Notaren selbst an. Das Ergebniß dieser Erhebungen war die vollständige Bestätigung der ersten Aufstellungen. Ich kann Sie bestimmt versichern, daß, soweit es die Justizverwaltung übersehen kann, auch in Zukunft das Notariat als ein lebensfähiges Institut erhalten bleiben kann. Es wird allerdings eine Reihe von Notariaten nicht mehr das bisherige Erträgniß haben. Wie viel davon abgehen wird, läßt sich ziffermäßig nicht sagen, es kann sich nur um mäßige Prozente handeln. Dem Institut im Ganzen aber wird das keinen Eintrag thun. Es gab ja bisher schon eine Reihe von Orten, wo die Notariate wegen mangelnder Einträglichkeit eingezogen werden mußten. Die Zahl dieser Orte wird sich vielleicht im Laufe der Zeit um ein Dutzend vermehren. Damit wird aber die Grenze erreicht sein, alle anderen Notariate werden aus sich lebensfähig bleiben.

Freilich kann man über den Begriff der Lebensfähigkeit verschiedener Meinung sein. Es behauptet vielleicht Jemand, daß ein Notariat mit weniger Reinerträgniß als 10 000 M. nicht lebensfähig sei. Eine solche Aufstellung ist nicht einmal ganz unvertretbar, wenn man bedenkt, was ein Notar für sich und seine Familie braucht und was er zurücklegen soll für Alter und Invalidität. Doch kann das für uns keine Grundlage der Aufstellung bilden, zumal ja eigene Versorgungsanstalten geschaffen werden sollen. Wir werden annehmen müssen, daß ein Notariat dann lebensfähig ist, wenn es ein Einkommen von solcher Höhe abwirft, wie man es nach den bayerischen Gehaltsverhältnissen für einen mittleren bayerischen Beamten für nöthig und ausreichend hält. Ein kleiner Zuschlag wird noch dazu zu kommen || haben, S. 677.
weil doch dem Notar die vollen pragmatischen Rechte fehlen.

S. 677. Nehmen wir das als Grundlage an, so trifft zu, daß die weitaus überwiegende Zahl der Notariate nach wie vor lebensfähig sein wird. Wie viel jedes einzelne Notariat künftig tragen wird, läßt sich so genau und ziffermäßig nicht sagen, aber so viel kann man sagen, daß die Mehrzahl der Notariate zur Zeit sich in ihrem Erträgniß bewegt zwischen 4000 und 5000 M. und zwischen 10,000 und 12,000 M. Was darüber hinaus geht, sind Ausnahmen, die künftig nicht sehr häufig sein werden, die wir aber unter allen Umständen nicht ganz verlieren dürfen, wenn wir nicht durch Mangel an solchen Beförderungsstellen die besseren Bewerber abschrecken wollen. Es sind das, wenn ich es so nennen darf, die Lockvögel, welche dem Notariat den Zugang tüchtiger Kräfte sichern.

Da die k. Staatsregierung die Voraussetzung der Lebensfähigkeit des Notariats für gegeben erachtet, so besteht für sie kein Grund, von den bisherigen Vorschriften prinzipiell abzuweichen und den Notaren feste Gehalte und Pensionen auszusetzen. Würde man Letzteres thun, so bekäme man das Gerichtsnotariat. Aehnliche Einrichtungen mögen sich in Baden und Württemberg bewährt haben, nach der geschichtlichen Entwickelung des Notariats in Bayern und nach den besonderen bayerischen Verhältnissen scheint das selbständige, ausschließlich durch die Gebühr unterhaltene Notariat richtiger.

So viel zur Rechtfertigung der Vorschrift des Artikel 49 Abs. 1.

Der Herr Referent hat an die Vorschriften in Abs. 2 die Frage geknüpft, ob dem Notar nur die Bezüge eines Amtsrichters sollen gewährt werden können oder auch die Bezüge eines Oberamtsrichters. In Gehaltsfragen sind stets Amtsrichter und Oberamtsrichter unterschieden. Es kann daher nach dem Gesetze nur der Gehalt eines Amtsrichters in Frage kommen, aber nicht wie bisher der Anfangsgehalt, sondern der jeweilige Gehalt eines Amtsrichters ohne oberste Grenze einschließlich der Zulage. Es wird also der Neuzugehende, der sich im ersten Jahre nicht auf 2460 M. stellt, eine Ergänzung bis zu diesem Betrage bekommen. Nach dreijähriger Dienstzeit wird diese Summe um 360 M., nach weiteren zwei Jahren nochmals um 360 M. und nach je weiteren fünf Jahren um je 180 M. erhöht werden. Weiter zu gehen, schien nicht angezeigt. Man muß bedenken, daß diese Posten immer Anfangsposten sind und es bleiben. Es ist keine Aussicht, daß ein Notar auf einem so kleinen Notariate sich durch den Gehalt eines Oberamtsrichters halten ließe, wie man ja an kleinen Orten selbst die Amtsrichter und Oberamtsrichter kaum auf längere Zeit festhalten kann. Für das Bedürfniß genügt darum die Bestimmung des Abs. 2.

Der Zuschuß soll absichtlich nur fakultativ, nicht obligatorisch sein. Der Notar soll kein klagbares Recht darauf haben. Dieß liegt nicht nur im Interesse des Staates, sondern auch im Interesse des Notars. Würde man dem Notar einen Rechtsanspruch gewähren, so würde dieser nicht nur für Landnotariate, sondern auch für die Stadtnotariate gegeben sein. Hier läge nun für Manchen die Versuchung nahe, sein Amt als einen Ruheposten anzusehen, den Kollegen die Arbeit zu überlassen und sich selbst mit der Muße und dem Staatszuschuß zu begnügen. Den Zulauf der Parteien zu dem Konkurrenznotariat zu leiten, wäre ja nicht schwer. Letzterer Fall ist bisher schon einmal sehr deutlich in die Erscheinung getreten. In Eichstätt hatten wir früher zwei Notare. Einer davon, ein schon älterer Herr, ruhebedürftig und auf Gelderwerb nicht angewiesen, zog sich, um seinen Kollegen durch Fernhaltung eines anderen Konkurrenten zu begünstigen, zwar nicht formell vom Amt, aber doch thatsächlich von den Geschäften zurück. Nur des Scheines halber nahm er jährlich

eine Vollmachtsurkunde auf und verdiente damit eine Mark. Sollte man auch S. 677.
in einem solchen Falle dem Notar den Zuschuß zahlen wollen? Wenn nicht, beläßt man es am besten bei dem fakultativen Charakter der Einkommensergänzung.

Andererseits hat auch für den Notar der Rechtsanspruch seine Schattenseite. Denn er verdrängt die Möglichkeit, in weitergehendem Maße Billigkeitsrücksichten walten zu lassen. Man wird dann strikt und genau mit den Einnahmen und Ausgaben rechnen müssen und der Erfolg des Rechtsanspruchs würde schließlich der sein, daß die Zahl der Aufgebesserten auch nicht um Einen wachsen, die Höhe der einzelnen Zuschüsse aber sich nennenswerth vermindern würde.

Ich möchte also die Belassung des Entwurfes schon deßhalb warm empfehlen, um nicht die Regierung in einer wohlwollenden, alle besonderen Verhältnisse berücksichtigenden Würdigung der Zuschußgesuche behindert zu sehen.

Häufig wird übrigens die ganze Frage, wenn einmal der Beharrungszustand eingetreten ist, künftig kaum praktisch werden. Denn wenn auf die Dauer ein Notariat unter der zulässigen Einkommensgrenze bleibt, wird voraussichtlich von der Bestimmung Gebrauch gemacht werden, wonach die Geschäfte von einem Gerichtsbeamten erledigt werden können.

Aus diesem Grunde wird sich dann auch die Frage des Herrn Referenten über die künftige Belastung der Staatskasse mit solchen Zuschüssen dahin beantworten lassen, daß vorübergehend vielleicht eine geringe, später aber wahrscheinlich gar keine Belastung mit Zuschüssen entstehen wird.

Der Herr Referent hat mit Recht aus der Bestimmung des Artikel 49 die Folgerung gezogen, daß eine Entschädigung für die Ueberlassung des Archivs an die Amtsnachfolger auch in der Pfalz künftig nicht mehr zu zahlen sein wird. Die Pfälzer Notare haben sich damit im Ganzen einverstanden erklärt. Die Bestimmung, wonach solche Abfindungen zustehen, hatte auch in der letzten Zeit in der Pfalz wenig praktische Bedeutung, sie muß nun gänzlich fallen, da das Notariat zur Behörde geworden ist und von einer Ueberlassung der Notariatsakten zum Privatbesitz deßhalb keine Rede mehr sein kann.

Die Festsetzung einer Maximaleinkommensgrenze für die Notare ist nicht wohl durchführbar, nicht nur deßhalb, weil jeder Notar, der sein Einkommen bis zu dieser Grenze gebracht hat, von da ab im Eifer erkalten müßte, sondern auch darum, weil eine solche Grenze sich technisch kaum bestimmen ließe. Nehmen wir an, es kommen bei einem Notar zufällig in einem Jahr mehrere ungewöhnlich große Geschäfte vor; dadurch können für dieses Jahr seine Gebühren über die Maximalgrenze hinaus wachsen und er unterläge der Kürzung, obwohl vorauszusehen ist, daß er im nächsten Jahre hinter dem Maximum weit zurückbleibt. Wie will man da das Richtige fassen? Man käme wohl kaum irgendwie zu einem angemessenen Ergebniß. Uebrigens sind in der Regel die Einkommen der Notare nicht so hoch, daß es eines so außergewöhnlichen Mittels zur Einschränkung bedürfte. Viele Notare haben ja ein gutes, aber nur einzelne ein außergewöhnlich gutes Einkommen, und wir sind froh, daß Letzteres der Fall ist, denn dadurch fließen uns die besseren Kräfte zu. Nehmen wir diesen Vortheil der Carriere weg, dann bekommen wir von den Bewerbern nicht nur das juste milieu, sondern eine Sorte, die noch wesentlich unter diesem milieu bleibt.

Abg. Dr **Casselmann:** Ich bin mit der Fassung des Abs. 1 des Artikel 49 vollständig einverstanden, da ich auch der Meinung bin, daß wir sonst das zur Zeit bestehende wichtige Institut der Notare prinzipiell umändern würden.

S. 677. Die Frage ist nur, ob wir dem Abs. 2 dieses Artikels, wie er uns vorliegt, zustimmen sollen. Ich kann mich damit einverstanden erklären, daß der Zuschuß aus der Staatskasse nur bis zur Höhe der Bezüge eines Amtsrichters gewährt werden soll, um so mehr, als wir schon aus den Motiven haben entnehmen
S. 678. können, daß sich der Betrag nach den Dienstjahren steigert. Ob || wir es bei der Fassung, die nur von der fakultativen Bewilligung spricht, lassen sollen, das ist mir nicht ganz zweifelfrei. Es ist ja richtig, es können derartige Fälle vorkommen, wie sie der Herr Ministerialrath geschildert hat, und sie sind auch vorgekommen. Aber ich glaube doch, daß derartige Fälle zu den Seltenheiten gehören. Es kann ja vorkommen, daß ein Notar, dem nicht viel daran liegt, ob er mehr oder weniger einnimmt, sich einfach auf den Staatszuschuß berufen könnte und es an Fleiß und Entgegenkommen gegenüber dem Publikum fehlen lassen würde. Ich möchte aber doch glauben, daß es nach dem vorliegenden Entwurfe die Regierung in der Hand hätte, einem solchen pflichtvergessenen Notar auf disziplinarischem Wege beizukommen. Immerhin aber lege ich nicht ein solches Gewicht darauf, daß ich meine Zustimmung zu dem Artikel hievon abhängig mache. In Zukunft wird sich jeder absolvirte Jurist sagen können: was steht mir bevor, wenn ich zum Notariat gehe? Genügen ihm diese Bestimmungen, dann kann er sich später nicht beschweren, wenn die Hoffnungen nicht in Erfüllung gegangen sind; Jeder ist seines Glückes Schmied. Ob freilich nicht die Befürchtung zutrifft, die nicht selten gehegt wird, daß nämlich noch viel weniger, als es bisher der Fall war, junge Leute mit besseren Noten sich dem Notariat zuwenden, das bleibt dahingestellt.

Die Schwierigkeit liegt nach meiner Meinung auf einem ganz anderen Gebiet. Ich habe bereits bei der Generaldebatte hervorgehoben, daß die Hauptschwierigkeit in den Uebergangsbestimmungen liegt, wie das die Natur einer solchen Neuorganisation mit sich bringt. Man wird sie nicht durchführen können, ohne dabei in wohlerworbene Rechte einzugreifen. Es ist das dieselbe Sache wie bei dem Antrag, den die k. Staatsregierung vor einigen Tagen im Finanzausschusse eingebracht hat, der die Neuregelung des Gerichtsvollzieherwesens zum Gegenstand hat. Auch da lag der Schwerpunkt in der Frage, was geschieht mit den vorhandenen Gerichtsvollziehern, um ihnen nicht zu wehe zu thun, nachdem feststeht, daß man ihre bisherigen Bezüge vielfach einschränkt, und so möchte ich auch hier sagen: Es ist für mich kein Artikel des ganzen Entwurfes so wichtig als dieser, insofern ich mir sage, wenn wir nicht entsprechende Uebergangsbestimmungen für die vorhandenen Notare bringen, so begehen wir — verzeihen Sie mir den Ausdruck — ein schreiendes Unrecht diesen Notaren gegenüber. Ich will die Frage ununtersucht lassen, die in gewissen Kreisen aufgeworfen wird, ob der Notar auf Grund seiner Anstellung ein Recht auf seine bisherigen Bezüge hat. Ich will mich nur darauf beschränken, zu sagen, daß der Notar, der vor vielen Jahren unter den dort bestehenden Verhältnissen zum Notariat gegangen ist, der bei seiner Anstellung unmöglich wissen konnte, wie die Dinge einmal laufen werden, wie sie sich in Folge der Reichsgesetzgebung gestalten werden, jetzt sehr übel daran ist, wenn er nun eine wesentliche Einbuße in seinem Einkommen erleidet. Ich habe bei der Generaldebatte darauf hingewiesen und es ist mir nicht widersprochen worden, daß nicht in Abrede zu stellen sei, daß insbesondere in Folge der Beseitigung des Notariatszwanges bei allen hypothekenrechtlichen Akten und anderen Dingen, ohne daß eine bemerkenswerthe Zunahme der Kompetenz des Notars in der Reichsgesetzgebung eingetreten ist, eine wesentliche Einkommenseinbuße erfolgen wird, wenn dieselbe jetzt auch nicht ziffermäßig festgestellt werden kann. Ich kann nur meine Befriedigung darüber ausdrücken, daß die k. Staatsregierung in der Frage des Uebergangs aus den alten Ver-

hältnissen in die neuen den Gerichtsvollziehern gegenüber eine durchaus S. 678
wohlwollende Stellung eingenommen hat, so daß die neulichen Verhandlungen im Finanzausschusse in den weitesten Kreisen der Interessenten Beruhigung und Befriedigung hervorgerufen haben. Es ist dort in Aussicht gestellt worden, daß bei der Neuregelung des Gerichtsvollzieherwesens den älteren vorhandenen Gerichtsvollziehern ein Einkommen bis zu 4000 M. garantirt werde. Nun meine ich, wenn man den Gerichtsvollziehern, die doch eine ganz andere Stellung haben wie die Notare, dieses Wohlwollen entgegengebracht hat, daß die Notare dieses auch beanspruchen dürfen. Die Notare sind doch akademisch gebildet und sie haben in Folge dessen eine ganz andere Stellung als die Gerichtsvollzieher. Sie sind auch in sozialer Beziehung zu ganz anderen Ausgaben veranlaßt wie diese, so daß man es thatsächlich nicht verstehen würde, wenn man hier so scharf eingreifen wollte, wie es nach dem, was uns vorliegt, der Fall zu sein scheint. Bedenken Sie, welche Ausgaben ein Notar hat, bedenken Sie, daß er von dem Einkommen, das er hat, zu bestreiten hat die Auslagen für Verwesung des Notariats, wenn er krank wird oder einen Urlaub nehmen will, wie ihn jeder Beamte unter Fortbezug seines Gehaltes auch hat, daß er für seine alten Tage rechtzeitig Ersparungen machen und daß er für seine Hinterbliebenen durch Eintritt in ein Versicherungsverhältniß unter großen finanziellen Opfern sorgen muß. Da ist doch, meine ich, der Staat zum Mindesten moralisch verpflichtet, diesen Notaren wohlwollend entgegenzukommen.

Ich glaube, das nur anregen zu dürfen, damit die Frage einer ganz gründlichen und wohlwollenden Erwägung unterstellt wird, und ich gebe bis jetzt die Hoffnung nicht auf, daß von Seite der Regierung entsprechende Vorschläge gemacht werden. Ich würde mir eventuell, wenn das nicht der Fall wäre, vorbehalten, auf die Sache hier oder im Plenum noch einmal zurückzukommen.

Ministerialrath Thelemann: Die vom Herrn Abg. Dr. Casselmann angeregte Frage der Entschädigung der Notare für die ihnen drohende Einkommensminderung ist von der Justizverwaltung eingehend geprüft worden. Wenn die Justizverwaltung nicht dazu gekommen ist, in dem Entwurfe Ihnen Vorschläge nach dieser Richtung zu machen, so rührt das davon her, daß man zu der Ueberzeugung gelangt ist, nach Lage der Sache solche Maßregeln entbehren zu können. Das Einkommen der Notare wird nicht in dem Maße geschädigt werden, daß die einzelnen Notare befürchten müßten, Noth zu leiden. Bei den Gerichtsvollziehern sind die Verhältnisse anders gelagert. Die Gerichtsvollzieher sind eben jetzt verstaatlicht worden; ihre seitherige Situation konnte annähernd mit derjenigen der Notare verglichen werden. Nun sollen sie ihre selbständige Stellung einbüßen und ein Vollzugsorgan werden. Sie sollen keine Gebühr mehr bekommen, sondern Gehalt aus der Staatskasse. Diese Organisationsänderung ist doch etwas wesentlich Anderes als die im Notariatsgesetzentwurf enthaltene. Nach dem letzteren Entwurf bleibt ja im Großen und Ganzen Alles beim Alten. Der Notar behält seine Gebühr nach wie vor für sich und ist im Stande, seine Einnahmen durch regen Eifer zu heben. Unter solchen Umständen ist kein Anlaß, zu verfahren wie bei den Gerichtsvollziehern. Im Uebrigen wäre eine solche Entschädigungsnorm ohne jedes Beispiel. Wie war es denn, als im Jahre 1879 die Advokatur aufgehoben wurde und an deren Stelle die freie Rechtsanwaltschaft trat? Lassen sich nicht alle Beispiele, die der Herr Abg. Dr. Casselmann angeführt hat, ebensogut auf die damaligen Advokaten anwenden? Konnten jene Advokaten bei ihrer Anstellung damit

S. 678. rechnen, daß sie nach zwanzig oder mehr Jahren durch Freigabe der Advokatur an ihrem Einkommen so wesentliche Verluste erleiden sollten? Wäre damals entschieden worden, daß die Advokaten entschädigt werden sollten, so würde wohl jetzt die Folge auch für die Notare zu ziehen sein. Es ist aber damals den Advokaten keine Entschädigung gegeben worden und wird darum heute auch den Notaren keine solche gegeben werden können.

Geschehen wird ja etwas müssen für die Notare. Was aber hier in
S. 679. Frage kommt, kann nicht eine Gewährleistung des || Fortbezugs des bisherigen Einkommens sein, sondern lediglich die Versorgung der Notare für den Fall der Dienstunfähigkeit.

Ich darf vielleicht etwas vorgreifend Ihnen im Allgemeinen die Gedanken der k. Staatsregierung über diese Frage entwickeln.

Im Gesetze findet sich davon noch nichts und auch sonst ist eine fertige Organisation noch nicht vorhanden, weil der Ausbau der Sache davon abhängt, welche Grundlage durch die Gestaltung des Gesetzes in den Kammern geschaffen wird. Die Regierung beabsichtigt, für die Versorgung der Notare eine Anstalt zu gründen, welche unterhalten werden soll einerseits durch Beiträge der Notare und andererseits, soweit nöthig, durch Staatszuschuß. Dafür ist im Allgemeinen auch die Zustimmung des k. Staatsministeriums der Finanzen in Aussicht gestellt. Die Modalitäten sind der Zukunft vorbehalten. Im Notariatsgesetzentwurf aber findet sich nun die Bestimmung, daß jene Notare, welche nach der Verkündung des Gesetzes angestellt werden, der zu gründenden Versorgungsanstalt beitreten müssen. Wir bekommen damit für diese Anstalt in dem Momente, wo sie in's Leben tritt, schon einen Stock von Mitgliedern. Es wird auch möglich sein, alle jene Notare, welche in den letzten zehn Jahren angestellt wurden, gegen geringe Nachzahlung als Mitglieder aufzunehmen. Was die anderen anlangt, so haben wir zunächst 40 Notare, die über 70 Lebensjahre alt sind, diese befinden sich ausnahmslos in solchen Stellungen, daß auf sie die Frage des Herrn Abg. Dr Casselmann keine Anwendung finden kann. Es bleiben übrig diejenigen, die sich in mittlerem Dienstalter befinden, Leute im Lebensalter von 50—65 Jahren. Auch diese für die Anstalt zu gewinnen und durch die Anstalt auf den Dienstunfähigkeitsfall sicher zu stellen, wird die Sorge der k. Staatsregierung sein müssen, und in diesem Punkte harrt die Frage noch der Lösung. Hier wird wohl die Kammer einzusetzen haben. Es wird gelten, bei Gelegenheit des nächsten Budgets die Mittel zu bewilligen, um auch den Eintritt dieser älteren Notare in die Versorgungsanstalt zu ermöglichen.

Für die Wittwen und Waisen der Notare besteht jetzt schon ein Pensionsverein, aber er ist nicht recht lebensfähig und genießt jetzt schon einen wenn auch geringen Staatszuschuß. Wie auch dieser zu einem besseren Leben erweckt werden kann, ob er mit der Versorgungsanstalt für die Notare selbst verbunden werden kann, ist auch noch eine Frage, die der Regierung zu lösen übrig bleibt und zu deren Lösung es erst noch versicherungstechnischer Gutachten bedarf. Die Regierung steht in allen diesen Fragen den Wünschen der Betheiligten wohlwollend gegenüber und wird sich die Erledigung angelegen sein lassen. Freilich wird es sehr vom nervus rerum abhängen, ob alle die Wünsche des Herrn Abg. Dr. Casselmann befriedigt werden können. Wenn aber der Herr Abg. Dr. Casselmann befürchtet, Juristen mit besseren Noten würden sich dem Notariat künftig kaum mehr zuwenden, so theilt das k. Staatsministerium der Justiz diese Befürchtung nicht. Es hofft vielmehr für die Zukunft auf einen stärkeren Zugang besser qualifizirter Bewerber. Daß in den letzten Jahren

dieser Zugang gering war, ist nicht verwunderlich. Der Grund lag eben darin, S. 679
daß wir anfänglich so großen Mangel an Rechtspraktikanten hatten, daß auch für Richterstellen besser qualifizirte Bewerber fehlten, während später die Besseren vor dem Notariatsdienst zurückschreckten, weil Niemand wußte, wie es mit dem Notariat gehen werde, ob es nicht eines schönen Tages zu bestehen aufhören würde. Man konnte es Niemand verdenken, wenn er Scheu hatte, sich einem solchen Lebensberufe zuzuwenden. Diese Gründe fallen jetzt hinweg. Wenn demnächst Beruhigung über die Zukunft des Notariats eingetreten sein wird, so hoffen wir zuversichtlich, daß auch die besten Kräfte sich diesem Dienste zuwenden werden, der solche Kräfte wie jeder andere Zweig des Justizdienstes bedarf und verdient. Die Verbesserung und Sicherung des Anfangseinkommens, die im Entwurfe vorgesehen ist, wird für die Kandidaten noch ein weiterer Anziehungspunkt sein.

Abg. **Landmann** (Korreferent): Die Anregung des Herrn Abg. Dr Casselmann betreffend, bin ich mit den Ausführungen des Herrn Ministerialkommissärs vollständig einverstanden, ich möchte mir aber die Anfrage erlauben, wie es in dem seltenen, aber möglichen Falle gehalten würde, wenn ein dienstälterer Amtsrichter oder gar ein Oberamtsrichter sich um ein Notariat bewirbt, welches Einkommen er garantirt erhält?

Ministerialrath **Thelemann**: Wer vom Richterdienst in den Notariatsdienst übertritt, wird bei Bestimmung des allenfallsigen Zuschusses seine Richterdienstjahre angerechnet erhalten, aber natürlich nur für die Berechnung der Amtsrichterbezüge. Hätte er schon höhere Bezüge gehabt, so würde er sie allerdings verlieren, aber er weiß das ja im Vorhinein und kann sich darnach einrichten.

Abg. Dr **Casselmann**: Sie gestatten mir wohl, auf die Ausführungen des Herrn Ministerialkommissärs einige Bemerkungen zu machen. Ich bin zunächst dem Herrn Ministerialkommissär sehr dankbar dafür, daß er uns in großen Zügen den Plan auseinandergesetzt hat, nach welchem für invalide Notare in Zukunft gesorgt werden soll. Ich verkenne ja nicht, daß es sehr schwer ist, nachdem nur in ganz allgemeinen Zügen uns dieser Plan mitgetheilt worden ist, sich definitiv schlüssig zu machen, ich halte das auch nicht für nothwendig; es genügt in dieser Beziehung, daß die k. Staatsregierung erklärt hat, es wird etwas Positives geschehen, und ich vertraue nach dieser Richtung hin vollständig, daß die k. Staatsregierung ihre Absicht auch mit Wohlwollen durchführen wird. Aber ich kann nicht zugeben, wenn der Herr Ministerialkommissär gemeint hat, daß damit meine Bedenken, die ich geäußert habe, beseitigt seien. Es wird durch Einführung einer solchen Versorgungsanstalt der Fall nicht getroffen, den ich im Auge habe. Es wird durch die Versorgungsanstalt allerdings für die Zukunft der Notare gesorgt werden, aber es wird der Mißstand nicht beseitigt, den ich vorhin hervorgehoben habe, daß die vorhandenen Notare in ihren höheren Einnahmen eine wesentliche Einbuße erleiden werden.

Nun will ich natürlich nicht so verstanden sein, als wenn ich annehmen wollte, es solle eine Bestimmung getroffen werden, durch welche den Notaren ihre bisherige Einnahme garantirt wird. Das wäre natürlich eine Forderung, die ich nicht vertreten könnte; aber ich habe nur gemeint, und ich war vollständig berechtigt, hier die Behandlung des Gerichtsvollzieherinstituts in Vergleich zu ziehen, daß man in derselben Weise, wie man den vorhandenen

S. 679. Gerichtsvollziehern entgegengekommen ist, auch den vorhandenen Notaren entgegenkommen soll.

Nun hat wohl der Herr Ministerialkommissär gemeint, beim Gerichtsvollzieherinstitut liege die Sache anders, weil es sich bei diesem um die Verstaatlichung eines Instituts handelt, während beim Notariat es beim Alten bleiben soll. So richtig das ist, so wenig, glaube ich, trifft die Schlußfolgerung des Herrn Ministerialkommissärs zu. Das wird nach meinem Dafürhalten nicht ausschlaggebend sein, daß das Notariatsinstitut nicht verstaatlicht werden soll wie das Gerichtsvollzieherinstitut, sondern es wird die Parallele zu ziehen sein, daß die Gerichtsvollzieher, die nun verstaatlicht werden, ihre bisherigen Einnahmen verlieren und die Notare, die das bleiben, was sie sind, auch eine wesentliche Einbuße erleiden. Das ist das Wesentliche. Damit ist den Notaren nichts gedient, daß man ihnen sagt: bei den Gerichtsvollziehern ist es etwas Anderes, die werden jetzt verstaatlicht, ihre Gebühren werden vom Staate eingezogen, während es bei Euch beim Alten bleibt, wenn der Effekt bei Beiden der gleiche ist, nämlich eine wesentliche Einbuße an ihren Einnahmen.

S 680. Nun glaubt der Herr Ministerialkommissär, diese Vorgänge wären ohne jedes Beispiel. Ich habe bereits durch die Erwähnung des Gerichtsvollzieherinstituts bewiesen, daß gerade in neuester Zeit ein solches Beispiel vorliegt. Der Hinweis auf die Freigabe der Rechtsanwaltschaft und die Aufhebung der Advokatur im Jahre 1879 stimmt deßhalb nicht, weil durch diese Freigabe der Rechtsanwaltschaft die Kompetenz der Rechtsanwälte in gar keiner Weise im Vergleich zu den Advokaten geändert worden ist, was aber hier bei den Notaren zutrifft. Es liegt aus jener Zeit kein Reichsgesetz vor, welches die Betheiligung der Rechtsanwälte an der Rechtspflege in einer Weise einschränkt, wie das hier durch die neue Reichsgesetzgebung bei den Notaren der Fall ist. Denn es wird hier für eine ganze Reihe von Geschäften der Notariatszwang beseitigt, und die mathematische Folge dieser Beseitigung des Notariatszwanges auf sehr wesentlichen Gebieten des Liegenschaftsrechts, aber auch des Erbrechts hat eben einen sicheren Entgang im Einkommen zur Folge.

Nun ist ja richtig, daß gerade die Notare, die ein gewisses Alter erreicht haben, nicht mehr in Frage kommen können, aber es bleibt doch noch eine Reihe anderer übrig, die nicht unter die Kategorie der älteren Herren fallen; und ob es nicht für diese jüngeren Herren ganz wesentlich ist, das ist doch eine andere Frage. Ich habe bei der Generaldebatte ersucht, die k. Staatsregierung möge uns, weil immer von statistischen Erhebungen die Rede ist, eine Uebersicht derselben geben; auch der Herr Referent hat heute das gleiche Ersuchen gestellt; aber die k. Staatsregierung hat erklärt, sie sei heute nicht in der Lage, das Alles ziffermäßig darzulegen, sie habe nur Durchschnittssummen genannt. Ich will und kann ja nicht weiter in die k. Staatsregierung dringen, da ja Bedenken bestehen mögen, nach dieser Richtung hin bestimmte Angaben zu machen. Aber ich meine, wenn die k. Staatsregierung den Standpunkt einnimmt, daß sie sagt, die Befürchtungen dieser Notare werden nicht zutreffen, es werde auch in Zukunft die Einnahme der Notare immerhin noch eine solche sein, daß sie nicht viel an ihrem Einkommen einbüßen, dann wäre auch die Gefahr für die k. Staatsregierung und für den Staatssäckel nicht allzugroß, wenn man prinzipiell, so wie man es bei den Gerichtsvollziehern gethan hat, ein Entgegenkommen zeigen würde. Ist aber die Voraussetzung nicht richtig, von der die k. Staatsregierung ausgeht — und auch sie wird kaum in der Lage sein, nach dieser Richtung hin bestimmte Angaben zu machen —, dann ist so gut wie bei den Gerichtsvollziehern den Notaren gegenüber nothwendig, in den Staatssäckel zu greifen.

Ich stelle gar keinen bestimmten Antrag und nenne keine bestimmte Summe, S. 680. sondern es sind nur allgemeine Gesichtspunkte, die ich zum Ausdruck gebracht habe. Aber ich möchte noch einmal die k. Staatsregierung ersuchen, die Bedenken, die ich ausgesprochen habe, nicht einfach a limine abzuweisen.

Ministerialrath Thelemann: Ich glaube, daß die Bedenken des Herrn Abg. Dr. Casselmann sich heben lassen. Am Schlusse dieses Jahres wird, da wir 40 Notare haben, die schon über 70 Jahre alt sind, ein außerordentlich großer Wechsel im Notariat stattfinden; hiebei können jene Herren, die nicht allzusehr an ihrer Scholle hängen, Gelegenheit bekommen, bessere Stellen zu erlangen, als sie dermalen haben. Gerade das ist aber ein Grund dafür, daß wir nicht auf die Staatsgarantie für die Fortdauer der bisherigen Bezüge eingehen können. Sonst könnten jene Herren die angebotenen besseren Stellen ausschlagend sich lieber vom Staate daraufzahlen lassen, weil ihnen allenfalls der Wechsel unangenehm wäre; das kann nicht zugegeben werden.

Wenn der Herr Abg. Dr. Casselmann meinen Vergleich bezüglich der Aufhebung der Advokatur als nicht zutreffend bezeichnete, weil es sich dort nur um eine Erweiterung der Konkurrenz handelte, hier aber um Einschränkung der Kompetenz, so bemerke ich, daß ich gar nicht von der Kompetenz gesprochen habe, sondern nur von den Wirkungen der damaligen Aenderungen und die Wirkungen waren damals ganz die gleichen wie jetzt beim Notariat. Die damalige Vermehrung der Konkurrenz in der Anwaltschaft bewirkte wie die heutige Verminderung der Kompetenz der Notare eine Verminderung der Einnahmen der Einzelnen. Nur wird die Wirkung der jetzigen Kompetenz wieder auch lange nicht so bedeutend sein wie damals die Wirkung der Vermehrung der Konkurrenz. In dieser Beziehung liegen die Verhältnisse für das Notariat nicht schlimmer, sondern eher besser als damals für die Advokatur.

Abg. von Walter: Es wird allerdings die Kompetenz der Notare namentlich dadurch sehr beschnitten, daß namentlich die Hypothekenurkunden nicht mehr von ihnen errichtet werden müssen und daß, wie bereits hervorgehoben worden ist, die Einnahmen aus diesen hypothekarischen Akten mitunter ein Drittel der Gebühren der Notare ausgemacht haben. Nun meine ich, sollte es da doch auch einen Ausweg geben. Ich meine, daß die Beglaubigungsgebühr, die der Notar bezieht, doch nicht in allen Fällen gleich gehalten werden muß, daß man nicht 1 M. oder 1 M. 50 M. oder 2 M. ein für allemal als Beglaubigungsgebühr in der seinerzeitigen Verordnung einstellen wird, sondern daß man die Geschäfte im Auge behalten soll, welche zu beglaubigen sind. Dadurch daß wir den Notar verpflichtet haben, von dem Inhalt der zu beglaubigenden Urkunde Kenntniß zu nehmen, ist es auch klar, daß ein Unterschied in der Höhe der Gebühr wird getroffen werden müssen. Es ist doch nicht gleich, ob ein Notar eine Hypothekbestellung beglaubigt, die ihm vielleicht einen halben oder ganzen Tag Zeit wegnimmt, oder ob er blos eine einfache Erklärung beglaubigt. Ich glaube also, daß die k. Staatsregierung, welcher ja die Festsetzung der Notariatsgebühren überlassen bleibt, wohl ein zu weites Herabsinken der Notariatsgebühren verhindern wird.

Was die weitere Frage betrifft, ob nicht ein gewisses Einkommen gewährleistet werden soll und ob nicht den Notaren, welche durch die neue Einrichtung bedeutend an Gebühren verlieren, eine Entschädigung zu gewähren sei, so, glaube ich, können wir uns auf diesen Standpunkt im Augenblick wenigstens nicht stellen. Wenn sich wirklich in Zukunft zeigen sollte, daß die k. Staatsregierung in der Feststellung der Grundlagen für die Beibehaltung des Notariats

S. 680 sich getäuscht hat, wenn wider Erwarten ein sehr weites Heruntergehen der Gebühren stattfindet, so daß auch die guten Notariatsstellen nicht mehr das abwerfen, was sie abwerfen müssen, um auch ein Avancement der Notare zu ermöglichen, dann wird es Zeit sein, ausgleichend einzugreifen und Maßnahmen zu treffen, um die Notariate zu erhalten. Heute aber fehlt uns jede Grundlage hiezu.

Herr Abg. Dr Casselmann hat gemeint, daß die Regelung des Gerichtsvollzieherwesens doch auch schon ein Präcedens sei. Der Herr Ministerialrath hat diese Anschauung so widerlegt, daß ich nicht weiter darauf zurückzukommen brauche.

Was aber die Freigabe der Rechtsanwaltschaft betrifft, so ist dieß schon ein Beweis dafür, daß der Staat sich nicht veranlaßt gesehen hat, die Advokaten zu entschädigen, als sie durch die Freigabe in ihren bisherigen Einnahmen ganz wesentlich geschädigt worden sind. Welche Wirkung diese Freigabe gehabt hat, davon nur ein Beispiel Mir hat vor einigen Tagen ein hiesiger Advokat gesagt, daß er vor 40 Jahren als Advokat in München angestellt wurde. Damals waren im Ganzen 34 Advokaten in München, die aber in ganz Bayern thätig sein durften, und jetzt sind 200 Rechtsanwälte vorhanden, die auf München allein beschränkt sind. Daß damit ein bedeutender
S. 681 Ausfall in den Einnahmen verbunden sein muß, ist nicht zu bezweifeln.

Wenn das nun der Fall ist, so müssen wir auch den Notaren gegenüber vorsichtig kein und nicht heute schon einen Beschluß fassen, dessen Tragweite wir nicht übersehen können und von dem wir nicht wissen, ob er überhaupt nothwendig sein wird. Ich wiederhole, wenn die Zukunft zeigt, daß helfend eingegriffen werden muß, so hat die Staatsregierung und auch die Volksvertretung ein dringendes Interesse, diese Hilfe zu gewähren, um die Notariate zu erhalten; aber heute sollten wir diese Frage nicht weiter behandeln.

Der k. Staatsminister der Justiz Dr Freiherr **von Leonrod:** Was ich zur Beruhigung des Herrn Abg. Dr. Casselmann vorhin sagen wollte, das hat mir soeben Herr Abg. von Walter aus dem Munde genommen. Ich bitte zu bedenken, daß das Liegenschaftsrecht eine Aenderung erst erfahren wird, wenn das Grundbuch als angelegt anzusehen ist, und das wird gerade bei den Notariaten, von denen vorhin gesprochen worden ist, noch Jahre dauern. Es muß meiner Ansicht nach vor Allem der Zeitpunkt abgewartet werden, in welchem man mit Sicherheit weiß, ob der Verlust, den die Notare erleiden, so groß ist, daß der Staat helfen muß. Ist Hilfe wirklich nöthig, so wird sie nicht fehlen.

Ministerialrath **Thelemann:** Die Voraussicht des Herrn Abg. von Walter, daß schon Vorsorge werde getroffen werden, daß die Notariate in Hypothekſachen nicht allzu große Einbuße erleiden, wird sich bestätigen. Im Gebührengesetzentwurf ist vorgesehen, daß, wenn die Hypothekerklärungen beim Grundbuchamt aufgenommen werden, das keinesfalls billiger sein soll, als wenn sie beim Notar aufgenommen werden, indem beim Grundbuchamt außer der Staatsgebühr auch noch eine Thätigkeitsgebühr erhoben wird, welche gleich ist der Notariatsgebühr. Damit ist das Gleichgewicht zwischen Notariat und Gericht vollkommen hergestellt; ob die Leute zum Gericht oder zum Notariat gehen, es kostet sie nirgends mehr und nirgends weniger. Ferner ist für die neue Notariatsgebührenordnung in Aussicht genommen, die Beglaubigungsgebühr nicht mehr als eine Fixgebühr zu belassen, sondern, soweit angängig, nach dem Gegenstand der Beglaubigung abzustufen. Diese Sorge

können Sie getrost der Justizverwaltung überlassen, die ja selbst das größte S. 681.
Interesse daran hat, daß die Notariate nicht Noth leiden.

Vorsitzender: Ich habe mich an dieser Stelle selbst zum Worte gemeldet, um ein paar Bemerkungen zu machen. Der ganze Artikel würde leichter zu diskutiren sein, wenn wir wissen würden, wie die Gebührenordnung ausfällt. Es würde vielleicht am besten sein, wenn uns mitgetheilt würde, ob an den Prinzipien der bestehenden Gebührenordnung wesentliche Aenderungen vorgenommen werden wollen. Ich würde um Aufschluß bitten, ob besondere Aenderungen vorgesehen werden, oder ob man im Wesentlichen an den bisherigen Bestimmungen festhält. Das ist eine Frage nur nebenbei.

Meine Herren! Ich bin auch der Meinung des Herrn Kollegen von Walter, daß am Artikel 49, so wie er liegt, keine Aenderung vorgenommen werden soll, denn ich habe auch durch den Vortrag des Herrn Ministerialkommissärs die Ueberzeugung gewonnen, daß, wenn man die Bestimmung in Abs. 2 nicht fakultativ, sondern zwingend macht, sich daraus wesentliche Mißstände ergeben könnten, wie bereits von Seite des Herrn Kommissärs dargelegt wurde.

Es ist nun die eine Frage zu erörtern, welche Herr Dr Casselmann mit Wärme verfochten hat. In dem Gedanken, von dem er ausgeht, sind wir alle einig. Daß unter Umständen für die bisherigen Notare durch eine Verringerung ihrer Thätigkeit ein recht erheblicher Rückgang in ihrem Einkommen eintritt, nicht blos bei den Notariaten in Franken, sondern auch bei einigen Notaren z. B. in Schwaben, daß ist außerordentlich mißlich; aber einen bestimmten Vorschlag nach dieser Richtung zu machen, wird nicht möglich sein.

Wir sind zur Zeit auch nicht in der Lage, zu sagen, daß ein Bedürfniß besteht, einen solchen Vorschlag zu machen; wir sind es aus mehreren Gründen nicht: einmal, weil wir die Höhe des Ausfalles nicht kennen, dann, weil wir eigentlich noch keinen Anhaltspunkt dafür haben, welches Einkommen wir den Leuten garantiren sollen, drittens, ob es nicht möglich ist, bis zu dem Zeitpunkte, in dem die Einkommensminderung eintreten wird, dafür zu sorgen, daß dieselben eine andere Stelle erhalten. Wenn das Letztere möglich ist, dann ist ein Grund zu einer besonderen Befürchtung nicht gegeben. Damit bin ich ganz einverstanden, daß man die Sache nicht so gestalten darf, daß die Notare lediglich ihrer Bequemlichkeit wegen an ihrer dermaligen Stelle bleiben und dann vom Staate noch etwas zu ihrem Mindereinkommen sich daraufzahlen lassen, während sie in der Lage wären, ein weit höheres Einkommen zu beziehen, wenn sie auf ein anderes Notariat, das ihnen angeboten wird, verziehen würden.

Ich bin also auch der Meinung, daß man diese Frage heute nicht abschließend erledige, sondern daß man sich damit begnüge, im Allgemeinen folgendem Gedanken Ausdruck zu geben Wenn sich eine Minderung des Notariatseinkommens in solcher Weise ergibt, daß es als unbillig erscheint, dem Notar den Ausfall zuzumuthen, und wenn auf einem anderen Wege nicht abgeholfen werden kann, dann ist es Zeit, daß der Staat dafür sorgt, diese Vermögensminderung auszugleichen. Dieser Zeitpunkt ist aber vorläufig noch nicht da. Es ist das Bedürfniß noch nicht klargestellt, und darum wird es genügen, wenn wir hier im Ausschusse konstatiren, daß wir den Notaren so wohlwollend gesinnt sind, daß, wenn sich das Bedürfniß ergibt, ihnen unter die Arme zu greifen, die k. Staatsregierung und auch die Kammer nicht ermangeln werden, etwaige Härten auszugleichen.

Im Uebrigen, glaube ich, würde es genügen, wenn man sich mit dieser Konstatirung befreunden würde.

S. 681. **Der k. Staatsminister der Justiz:** Ich möchte die Uebereinstimmung der k. Staatsregierung mit den Worten des interimistischen Herrn Vorsitzenden konstatiren, zugleich aber auch die Gelegenheit ergreifen, um die an die k. Staatsregierung gestellte Frage zu beantworten.

Im Wesentlichen soll die künftige Notariatsgebührenordnung die in den bisherigen Notariatsgebührenordnungen enthaltenen Grundsätze beibehalten Ueber die Einzelheiten lassen sich jetzt noch keine Aufschlüsse geben.

Abg. Dr. **Casselmann:** Meine Herren! Nachdem sowohl von Seite des Herrn Kollegen von Walter als auch von Seite des Herrn Kollegen Wagner und insbesondere auch von Seite Seiner Excellenz erklärt worden ist, daß mit Rücksicht darauf, daß man zur Stunde noch nicht übersehen könne, in welcher Weise man meiner Anregung legislatorisch folgen könne, daß man sie aber im Auge behalten werde, wenn in Zukunft die Befürchtung, der ich hier Ausdruck gegeben habe, sich bewahrheiten sollte, und daß man den betreffenden Notaren helfen werde, ist mein Zweck vorerst erreicht und erkläre ich, daß ich mein Bedenken hier nicht weiter verfolgen werde.

Vorsitzender: Ich kann nunmehr die Diskussion schließen.

Der Herr Korreferent hat nichts zu erinnern.

Herr Referent!

S. 682. Abg. **Fuchs** (Referent): Die zu Artikel 49 und 127 einschlägigen Fragen haben eine eingehende Erörterung erfahren, die nur klärend wirken kann. Ich bin überzeugt, daß die Erklärung der k. Staatsregierung wohl auf den größten Theil der Notare beruhigend wirken und ihren Eindruck nicht verfehlen werden, wie auch wir uns im Großen und Ganzen für befriedigt erklären können.

Ich beantrage nunmehr die Genehmigung des Artikel 49.

Vorsitzender: Artikel 49 ist genehmigt.

Artikel 50.

Abg. **Fuchs** (Referent) (verliest Artikel 50): Wenn der Notar auf Ansuchen des Käufers und des Verkäufers einen Kaufvertrag stipulirt, so haften Käufer und Verkäufer dem Notar gegenüber als Gesammtschuldner bezüglich der Gebühren; Vereinbarungen unter sich, z. B. daß der Käufer allein die Gebühren zu tragen hat oder Käufer und Verkäufer je die Hälfte, sind für den Notar unwirksam, diesem gegenüber bleiben sie immer Gesammtschuldner, so daß, wenn der Käufer nicht zahlt, der Verkäufer die Verpflichtung zur Zahlung hat.

Ich beantrage die Genehmigung.

Abg. **Michel:** Ich habe gegen die Fassung dieses Artikels nichts einzuwenden.

Ich möchte nur an die k. Staatsregierung eine Bitte richten. Die pfälzischen Verhältnisse sind es, welche mich veranlassen, diese Bitte zu stellen. Es kommt nämlich in vielen Fällen vor, daß Notariatsgebühren gestundet werden, wenn der betreffende Notar verhältnißmäßig gut situirt ist und sich seine Klientel zu erhalten wünscht. Es werden die Akten einfach hinausgegeben, ohne daß Bezahlung verlangt wird. Diese Stundungen haben nun manchmal die schlimme Folge, daß dann, wenn der betreffende Notar z. B. bei einem Verkaufe an den Verkäufer sich wendete als Gesammtschuldner, weil vom Käufer, der vertragsmäßig die Kosten des Aktes zu zahlen hatte, oder dessen Rechtsnachfolgern nichts mehr zu holen war, der Verkäufer zahlen muß ohne Aussicht auf Rückersatz. Es dürfte sich vielleicht empfehlen, in die Geschäftsordnung eine ent-

sprechende Anordnung dahin aufzunehmen, daß jedesmal bei Einforderung der S. 682.
Gebühren, nicht erst bei Einreichung des Gesuches um Festsetzung der betreffende Notor gehalten sei, den Uebrigen, welche seine Thätigkeit zu dem fraglichen Geschäfte in Anspruch genommen haben, Mittheilung davon zu machen, daß er die Gebühr eingefordert und keine Zahlung erhalten hat. Es würden wohl auf diese Weise manche Unzuträglichkeiten ferne gehalten werden können, die sich leider bisher ergeben haben, und den sämmtlichen übrigen Mitbetheiligten Veranlassung gegeben werden, ihre Maßnahmen wegen des etwaigen Regresses zu treffen.

Der k. Staatsminister der Justiz: In der Geschäftsordnung wird auf diesen Punkt Rücksicht genommen werden. Ich darf übrigens darauf hinweisen, daß künftig die Notariatsgebühren der kurzen Verjährung von zwei Jahren unterliegen.

Vorsitzender: Eine Erinnerung gegen Artikel 50 ist nicht erhoben worden; derselbe ist genehmigt.

Artikel 51, 52 und 53.

Abg. **Fuchs** (Referent) (verliest Artikel 51, 52, 53): In Artikel 51 wird der Weg zur Beitreibung der Gebühren und Auslagen der Notare vereinfacht und verbilligt. Künftig soll das Landgericht auf Antrag des Notars nicht mehr die Höhe der Notariatsgebühren festsetzen, sondern auch über den Anspruch selbst entscheiden, den Festsetzungsbeschlüssen wird die bisher mangelnde Vollstreckbarkeit verliehen. Es wird also die Zuständigkeit des Amtsgerichts in dieser Beziehung ausgeschlossen, hiegegen die Entscheidung letzter Instanz dem obersten Landesgericht übertragen. Durch dieses praktische Verfahren werden auch die Schwierigkeiten vermieden, die sich bei der Uebertragung von Notariatsverwesungen an Gerichtsbeamte und bei Führung von Notariaten auf Rechnung des Staates ergeben würden.

Durch die Bestimmungen in Artikel 52 sollen die Parteien nicht gezwungen sein, sofort die Klage auf Rückforderung zu stellen, wenn sie irrthümlicher Weise zu viel Gebühren oder Auslagen an den Notar bezahlt haben; wenn sie diesen Weg einschlagen, so steht ihnen immer noch der Weg der Klage auf Rückforderung des irrthümlich zu viel Bezahlten offen. Die Parteien haben also auch das Recht, die Festsetzung der Gebühren zu betreiben, selbst dann, wenn sie dieselben schon bezahlt oder die Auslagen schon erstattet haben.

Artikel 53 enthält eine Mußvorschrift, die sehr zweckmäßig ist. Als Amtsnachfolger kann auch ein Amtsverweser in Betracht kommen, wenn seine Amtsdauer ihm die Durchführung des Verfahrens gestattet. Die Anwendung des Artikel 52 Abs. 2 ist im Falle des Artikel 53 unmöglich; in diesem Falle kann das zu viel Erhobene nur auf dem Rechtsweg zurückgeholt werden.

Ich beantrage die Genehmigung der Artikel 51 bis 53.

Abg. **Landmann** (Korreferent): Ich beantrage gleichfalls Genehmigung.

Vorsitzender: Im Falle des Artikel 52 ist, wenn ich die Motiche richtig verstanden habe, auch die Civilklage gegen den Notar, welcher die zu viel bezahlten Gebühren nicht zurückerstattet, zulässig.

Abg. **Lerno:** Bezüglich des im Artikel 51 erwähnten Kostenfestsetzungsbeschlusses möchte ich anfragen, ob auf denselben die Bestimmungen der Civilprozeßordnung, insbesondere in § 329 Abs. 3 der neuen Fassung Anwendung finden, wonach die nicht verkündeten Beschlüsse des Gerichts den Parteien von Amtswegen zugestellt werden müssen, damit nicht etwa auf Grund eines solchen

S. 682. Kostenfestsetzungsbeschlusses ohne dessen vorherige Zustellung die Zwangsvollstreckung eingeleitet werden könnte.

Ministerialrath Thelemann: Die Bestimmungen der Civilprozeßordnung über das Verfahren werden hier nicht Anwendung zu finden haben, weil das Verfahren im Notariatsgesetzentwurfe selbst geregelt ist. Sie werden in den Artikeln 58 bis 63 des Entwurfes die einschlägigen Bestimmungen finden.

Vorsitzender: Eine Erinnerung wird gegen die drei Artikel nicht erhoben; dieselben gelten als genehmigt.

Artikel 54.

Abg. **Fuchs** (Referent) (verliest Artikel 54): Diese Bestimmung, welche vom notariellen Armenrecht handelt, war in den bisherigen Notariatsgesetzen nicht enthalten. Der Artikel geht davon aus, daß dem Armen beim Notariat dieselbe Befreiung zugestanden werden soll wie bei jeder anderen Staatsbehörde. Dieß ist eine Konsequenz des behördlichen Charakters des Notariats und der in den Artikeln 112 und 113 vorgesehenen Vorschriften, nach welchen Notariate auf Rechnung des
S. 683. Staates geführt || werden und dadurch ein freiwilliger persönlicher Verzicht auf die Gebühren nicht möglich ist. Die Bestimmung ist aber auch um deswillen nothwendig, weil in einer Reihe von Fällen, insbesondere bei der Auflassung, Notariate und andere Behörden konkurrirende Zuständigkeit haben und weil es nicht angeht, dabei einen Unterschied in der Behandlung der Armen zuzulassen. Auch die Wahl des Notars soll folgeweise dem Armen wie dem Reichen freistehen. Eine übermäßige Belastung einzelner Notare durch Armensachen ist deßhalb nicht wahrscheinlich, weil Armensachen in Notariatsangelegenheiten naturgemäß selten sind. Das Armenrecht umfaßt auch die Baarauslagen, selbstverständlich nur die unbedingt nöthigen, z. B. Schreibkosten, Porti; es soll z. B. nicht im Belieben der Betheiligten liegen, blos ihrer Bequemlichkeit wegen ohne sonstige zwingende Gründe den Notar zur Amtsausübung außerhalb seiner Geschäftsräume zu veranlassen, nicht eine willkürlich hohe Zahl von Abschriften und Ausfertigungen zu verlangen.

Bezüglich der Reisekosten bestimmt Artikel 55 das Nähere.

Die in Abs. 1 vorbehaltenen besonderen Vorschriften betreffen hauptsächlich die Fälle, in denen der Notar an Stelle des Gerichts handelt, z. B. Subhastationssachen.

Die Bewilligung des notariellen Armenrechts erfolgt ohne jede Form; auch formale Voraussetzungen sind im Entwurfe nicht vorgesehen; insbesondere bedarf es von Gesetzeswegen dem Notar gegenüber keines behördlichen Dürftigkeitszeugnisses. Der Notar ist andererseits nicht gehindert, die Vorlage solcher Zeugnisse zu verlangen, da es ihm freisteht, die Betheiligten auf den Weg des Abs. 2 zu verweisen; der Notar kann sich also weigern, sein Amt vorläufig unentgeltlich auszuüben, und dann entscheiden auf Antrag der Betheiligten das Landgericht und in letzter Instanz das oberste Landesgericht. Praktisch dürfte sich die Sache dadurch sehr vereinfachen, daß der Notar stets auch um Bewilligung der einstweiligen Freiheit von der Staatsgebührenpflicht ersucht werden wird und bei der Entscheidung hierüber auch die Entscheidung über das notarielle Armenrecht, wohl meist stillschweigend, trifft.

Die Vorschriften über das Armenrecht finden keine Anwendung auf die Thätigkeit der Notare bei der Vermittlung der Auseinandersetzung des Nachlasses und bei der Ausführung der Zwangsversteigerung von Grundstücken zum Zwecke der Zwangsvollstreckung.

Ich beantrage die Genehmigung des Artikel 54.

Abg. Landmann (Korreferent): Ich halte diese Bestimmung für eine sehr notwendige. Es wird sich höchstens darum fragen, ob es nicht angezeigt ist, solche Vorschriften zu erlassen, wie sie für die Erlangung des Armenrechts in bürgerlichen Rechtsstreitigkeiten bestehen. Ich verkenne nicht, daß dadurch die Gelegenheit gegeben wird, den Armenpflegschaftsrath mit Arbeit zu belasten, auf der anderen Seite aber ist die betreffende unvermögende Partei auch von dem mehr oder weniger zutreffenden Wohlwollen des Notars abhängig. S. 683.

Vorsitzender: Ich kann die Anschauung des Herrn Referenten, daß der Notar stillschweigend das Armenrecht ertheilen wird, nicht ganz theilen. Es handelt sich nicht nur um Gebühren des Notars, sondern auch um Staatsgebühren, und da werden wohl in der Geschäftsordnung ausdrückliche Bestimmungen getroffen werden müssen, wie in diesem Falle verfahren werden muß. Ich nehme an, daß die Geschäftsordnung die entsprechenden Ausführungsbestimmungen treffen wird.

Der k. Staatsminister der Justiz: Ich möchte zunächst verweisen auf Abs. 2 des Artikel 1 des Gebührengesetzentwurfes. Dort heißt es

> „In den Angelegenheiten, in welchen der Notar seine Amtsgeschäfte vorläufig unentgeltlich vorzunehmen hat, werden auch Staatsgebühren vorläufig nicht erhoben. Die über die Verpflichtung des Notars, sein Amt vorläufig unentgeltlich auszuüben, ergehende Entscheidung wirkt auch in Ansehung der Staatsgebühren. Das Recht, auf die Entscheidung des Landgerichts anzutragen, sowie die Beschwerde gegen die Entscheidung des Landgerichts steht auch der Regierungsfinanzkammer zu."

Daraus geht hervor, wie künftig das Armenrecht für die Staatsgebühren und für die Notariatsgebühren ineinander greift.

Ueber die Einzelheiten, wie Vorlage eines Zeugnisses vom Armenpflegschaftsrath u. s. w., über die Mittellosigkeit und dergleichen, wird in der Geschäftsordnung verfügt werden.

Schließlich möchte ich noch aufmerksam machen, daß es nicht gerade häufig ist, daß die Notare von Personen angegangen werden, die nicht im Stande sind, Gebühren zu bezahlen.

Vorsitzender: Das Wort wird nicht weiter begehrt. Der Herr Korreferent und der Herr Referent verzichten auf das Schlußwort.

Gegen den Artikel ist weiter eine Erinnerung nicht erhoben worden, derselbe ist angenommen.

Artikel 55.

Abg. Fuchs (Referent) (verliest Artikel 55): Diese Bestimmung beruht auf dem Gedanken, daß der Notar die Entlohnung für die Gesammtheit seiner Dienstleistungen in der Gesammtheit seiner Gebühreneinnahmen zu suchen hat. Durch den Ersatz der Reisekosten dürfte die Staatskasse wegen der Seltenheit der Fälle nicht besonders belastet werden. Es ist wohl selbstverständlich, daß dem Notar auch die Tagegelder vergütet werden. Wenn der Notar in einer Armensache eine Reise machen muß und dadurch die Möglichkeit verliert, am Amtssitze entlohnte Geschäfte vorzunehmen, so ist es nicht mehr als billig, daß ihm wie dem Richter auch die Tagesdiät vom Staate bezahlt wird.

Ich beantrage die Genehmigung.

Abg. Dr. Casselmann: Daß der Notar die Gebühren im Armenrechte nicht bezahlt bekommt, halte ich für selbstverständlich. Wenn aber der Notar ge-

S. 683. zwungen ist, auswärts zu reisen, und dadurch verhindert ist, seine Geschäfte zu Hause zu versehen, dann sollten doch außer den Reisekosten auch noch die Diäten vom Staate bezahlt werden.

Abg. **von Walter:** Ich möchte mich dieser Anregung anschließen. Ich glaube, daß, wie dem Richter, der in einer Armensache ein auswärtiges Geschäft vorzunehmen hat, die entsprechenden Gebühren und Tagesdiäten von der
S. 684. Staatskasse ersetzt werden müssen, es auch beim Notar so gemacht ‖ werden solle. Es handelt sich nicht blos um den Ausfall der Gebühren der Notare. Der Notar ist, wenn er auswärts Geschäfte besorgen muß, außer Stande, in seinen Geschäftsräumen entlohnte Geschäfte vorzunehmen, und verliert vielleicht einen ganzen Tag die Möglichkeit, sich etwas zu verdienen. Es scheint nun doch der Billigkeit und Gerechtigkeit zu entsprechen, daß man dem Notar auch die Tagesdiäten gewährt. Das ist ohnehin blos ein geringer Ersatz für das, was er durch das auswärtige Geschäft verliert, und der Staat wird dabei doch auch kaum besonders zu Schaden kommen.

Ich würde also empfehlen, daß der Artikel 55 in der Weise abgeändert werde, daß die nothwendigen Reisekosten und die Tagesdiäten aus der Staatskasse vergütet werden.

Vorsitzender: Ich kann mich dem nur anschließen.

Abg. **Landmann** (Korreferent). Ich habe auch nichts dagegen, wenn die Sache in der Weise erledigt wird, wie beabsichtigt ist. Ich erlaube mir, darauf aufmerksam zu machen, daß die Gewährung von Diäten nicht überall erfolgt. Die Bezirksärzte bekommen, wenn sie für Arme etwas zu thun haben, auswärts keine Diäten, sondern nur ihre Reisekosten bezahlt.

Abg. **Conrad:** Ich bin derselben Anschauung, wie Herr Abg. von Walter. Man darf nicht übersehen, daß der Bezirksarzt, welcher bei auswärtigen Dienstgeschäften in Armensachen nur sein Gefährtegeld berechnen darf, einen Staatsgehalt bezieht. Das trifft aber beim Notar nicht zu. Er versäumt zu Hause seine Amtsgeschäfte. Darum sollten ihm auch Diäten gewährt werden, und zwar in demselben Betrage wie einem Richter.

Landgerichtsrath **Schmitt:** Ich glaube, zu den Bemerkungen, die zu Artikel 55 gemacht worden sind, eine Gegenbemerkung nicht unterdrücken zu sollen. Es handelt sich darum, von welcher Auffassung der ganze Artikel ausgeht. Man ging ursprünglich davon aus, daß dem Notar gar nichts ersetzt werden solle. Er sollte in Armensachen seinen Dienst ganz umsonst leisten. Bisher hatten wir eine soche Bestimmung nicht. Aber die Notare gewährten freiwillig das Armenrecht im vollen Umfange. Insoferne würden künftig thatsächlich die Notare nicht schlechter gestellt als bisher, wenn man ihnen gar keinen Ersatz gewähren würde. Dem Ansehen der Notare beim Publikum könnte es andererseits nur von Nutzen sein, wenn man wüßte, daß der Notar dem Armen seine Dienste ganz umsonst leistet, wie auch der Staat Gebühren nicht verlangt.

Deßhalb war ursprünglich in Aussicht genommen, keinerlei Entschädigung zu gewähren, und erst, als von Seite der Notariatskammern und einzelner Notare, die mit Gutachten gehört wurden, dagegen sich Widerspruch erhob, kam es zur Konzession der Einsetzung des jetzigen Satzes 2 in den Artikel 55. Der Billigkeit halber sollen die Reisekosten ersetzt werden. Aber auch so steht der Artikel immer noch auf dem Boden der Idee, daß dem Notar wenigstens eine Gebühr nicht zukommen soll, weil er die Entschädigung für die Gesammt-

heit seiner Dienstleistungen aus der Gesammtheit seiner Einnahmen erhält. S. 684.
Damit ist es nicht vereinbar, daß der Notar zur Entschädigung für die Zeit, welche er auf der im Armenrecht unternommenen Dienstreise versäumt, Tagegelder bekommen soll. Auch ist es, wenn man das Tagegeld als Entgelt für entgangenen Verdienst ansieht, inkonsequent, die Gebühr zu versagen, aber Tagegeld zu gewähren. Denn man gewährt damit Entgelt für den Dienst, der nicht geleistet worden ist, indem man gleichzeitig das Entgelt für den geleisteten verweigert.

Abgesehen von der Frage der strikten Konsequenz ist freilich richtig, daß der Entwurf bereits der Billigkeit eine Konzession gemacht hat und daß Sie darin einen Vorgang erblicken können, nach welchem Sie noch weiter gehen. Aber nothwendig ist das nicht, und ich möchte deßhalb bitten, die jetzige Fassung stehen zu lassen.

Zum Schlusse bemerke ich, daß der Entwurf dadurch, daß er nur den Reisekostenersatz gewährt, auch beabsichtigt, den Ersatz der kleineren Baarauslagen für Papier, Porti und dergleichen, aber auch der Schreibgebühren auszuschließen. Dieß ist schon deßhalb angezeigt, weil der gegentheilige Grundsatz zu umständlichen Verrechnungen mit der Finanzbehörde führen müßte, während die Verrechnung der Reisekosten verhältnißmäßig einfach ist.

Abg. **von Walter**: Es hat ja das, was der Herr Ministerialkommissär ausgeführt hat, Manches für sich. Allein, ob es billig ist, die Sache so zu gestalten, ist eine andere Frage. Man kann dem Notar zumuthen, auf die Gebühren zu verzichten, die er für das Geschäft einer armen Partei verdienen würde. Man kann aber nicht noch weiter gehen und sagen: für das, was du durch dieses Armengeschäft versäumt hast, hast du auch nichts zu beanspruchen. Das scheint mir nicht gerechtfertigt. Es scheint mir doch, daß wir ihm ein Tagegeld bewilligen müssen. Es ist das ohnehin ein geringer Satz. Denn er bekommt ein Tagegeld von vielleicht 11 *M*., während er Gebühren von 40 bis 50 *M*. versäumt. Da sollte schon die Billigkeit durchschlagen.

Ich b e a n t r a g e deßhalb: In Artikel 55 Abs. 2 seien vor dem Worte „nothwendige Reisekosten“ die Worte „Tagegelder und“ einzuschalten.

Abg. **Landmann** (Korreferent): Ich schließe mich dem Antrage „von Walter“ an.

Abg. **Michel**: Die von den Herren Abg. von Walter und Casselmann angeführten Gründe erkenne ich als vollständig begründet an. Man soll den Notaren in solchen Fällen Tagegelder, wie sie den Amtsrichtern zustehen, bewilligen. Ich werde für den Antrag „von Walter“ stimmen.

Abg. **Fuchs** (Referent): Ich habe bereits bemerkt, daß ich es aus Billigkeitsgründen für richtig halte, wenn dem Notar im gegebenen Falle, der nicht häufig vorkommen dürfte, das Tagegeld vergütet wird.

Ich kann also die Annahme des Antrags „von Walter“ empfehlen.

Vorsitzender: Ich konstatire, daß der Antrag einstimmig angenommen ist, die Worte „Tagegelder und“ einzuschalten, und daß auch Artikel 55 mit dieser Einschaltung angenommen ist.

Artikel 56.

Abg. **Fuchs** (Referent) (verliest Artikel 56): Durch diese Vorschrift wird die Einführung einer Vorschußpflicht ‖ entbehrlich gemacht, so daß die Vor- S. 685.
nahme des Amtsgeschäftes nicht von der Erlegung des Vorschusses abhängig

S 685. gemacht werden soll; das Mittel der Zurückbehaltung der Urschriften, Ausfertigungen und Abschriften ist entschieden vorzuziehen.

Für die Notariatsverweser ist die Verweigerung unter Umständen Pflicht. Diese Verweigerung auch dem Amtsnachfolger in den Fällen des Artikel 53 zur Pflicht zu machen, dürfte kaum angehen. Ich beantrage die Genehmigung des Artikel 56.

Vorsitzender: Der Herr Korreferent hat nichts zu bemerken; Artikel 56 ist angenommen.

Artikel 57.

Abg. **Fuchs** (Referent) (verliest Artikel 57): Ich habe gegen Artikel 57 nichts zu erinnern; nur möchte ich bemerken, daß Vorschüsse, insbesondere Staatsgebührenvorschüsse, nicht Auslagen der Notare im Sinne dieses Artikels sind.

Vorsitzender: Eine Erinnerung wird nicht erhoben; der Artikel ist angenommen. Wir kommen zu:

Fünfter Abschnitt.

Gerichtliche Entscheidung. Beschwerde.

Es dürfte sich empfehlen, **Artikel 58 bis 63** zusammen zu behandeln. Herr Referent!

Abg. **Fuchs** (Referent): Die Artikel 58 bis 60 handeln von der gerichtlichen Entscheidung, die Artikel 61 bis 63 von den Rechtsmitteln gegen die Entscheidung des Landgerichts.

Artikel 58 (wird verlesen). Hier wird das Verfahren geregelt, welches einzuhalten ist, wenn der Notar sich weigert, ein Amtsgeschäft vorzunehmen, einem Privaten die Einsicht der Urkunden und Akten zu gestatten oder Abschriften davon zu ertheilen, einem Betheiligten eine Urschrift auszuhändigen oder eine Ausfertigung zu ertheilen, wenn die Gebühren und Auslagen des Notars festgesetzt werden sollen, wenn der Notar sich weigert, einem Betheiligten das Armenrecht zu gewähren, wenn Parteien sich gegen die Maßregeln beschweren, welche der Notar zur Sicherung der Gebühren ergriffen hat. Die Betheiligten sollen also das Recht haben, im Falle der erwähnten Weigerungen des Notars u. s. w. sich an das Landgericht zu wenden und zwar nicht nur schriftlich und zum Protokoll des Gerichtsschreibers, sondern auch zum Protokoll des Notars selbst. Letzteres wird voraussichtlich die Regel bilden und zwar aus Zweckmäßigkeitsgründen, weil der das Protokoll aufnehmende Notar das Sachverhältniß schon kennt und zu dessen Darstellung wohl am meisten befähigt ist. Das Landgericht entscheidet in erster Instanz.

Artikel 59 (wird verlesen). Satz 2 Abs. 2 enthält abweichend von den Vorschriften des Gerichtsverfassungsgesetzes und des Ausführungsgesetzes dazu für den Landgerichtspräsidenten einen unmittelbaren Zwang, sich einer bestimmten Kammer in einzelnen bestimmten Fällen anzuschließen. Diese außergewöhnliche Vorschrift soll verbürgen, daß der Präsident als der nächstberufene Inhaber des Dienstaufsichtsrechts mit allen Verhältnissen der ihm unterstellten Notare in möglichst enger Fühlung bleibt.

Artikel 60 (wird verlesen). Diese Vorschrift schließt sich an die Vorschriften in §§ 12 und 16 des Gesetzes über die Angelegenheiten der freiwilligen Gerichtsbarkeit an. In Abs. 2 wird bestimmt, daß die Entscheidung ohne mündliche Verhandlung stattzufinden habe. Es wird sich doch fragen, ob man nicht auch dem Notar Gelegenheit geben soll, der Verhandlung selbst anzuwohnen und vielleicht noch Aufschlüsse zu ertheilen.

Artikel 61 (wird verlesen). Die in Artikel 61 bezeichneten Fälle sind S. 685.
folgende: Artikel 23: wenn der Notar sich weigert, die Einsicht der Urkunden und Akten zu gestatten oder eine Abschrift zu ertheilen; Artikel 45: wenn der Notar sich weigert, einem Betheiligten eine Urschrift auszuhändigen oder eine Ausfertigung zu ertheilen; Artikel 51 bis 54 handeln von den Gebühren und und Armenrechtssachen. Es wird also das Rechtsmittel der Beschwerde für alle Fälle gegeben mit Ausnahme des Falles der Verweigerung der Amtsthätigkeit (Artikel 18) und der Zurückbehaltung der Urkunden zur Sicherung der Gebühren (Artikel 56); in diesen beiden Fällen findet eine Anfechtung der Entscheidung des Landgerichts nicht statt. Die Beschwerde muß auch dem Notar wegen seiner materiellen Betheiligung eingeräumt werden; er hat aber im Verfahren nicht Parteistellung. Die in Abs. 2 bestimmte besondere Art der Besetzung entspricht der Besetzung des obersten Landesgerichts bei der Entscheidung über das Rechtsmittel der weiteren Beschwerde gegen Entscheidungen der Landgerichte als Beschwerdegerichte.

Artikel 62 (wird verlesen). Nach Abs. 1 ist der Anwaltszwang ausgeschlossen. Die Beschwerde ist nach Abs. 2 an keine Frist gebunden, nur für Gebührensachen ist eine Frist zur Beschwerdeeinlegung gesetzt, weil sie hier wegen der Rechtskraft und Vollstreckung des Erkenntnisses unentbehrlich ist. Die Frist beträgt zwei Wochen und beginnt mit dem Zeitpunkt, in welchem die Entscheidung des Landgerichts dem Beschwerdeführer zugestellt ist.

Artikel 63 (wird verlesen). Die Entscheidungen sind zum größeren Theil dienstrechtlicher Natur und sollen darum kostenfrei sein. Von den Entscheidungen des obersten Landesgerichts sind nur jene auf das Armenrecht bezüglichen kostenfrei.

Ich beantrage Genehmigung der sämmtlichen Artikel.

Bezüglich meiner zu Artikel 60 Abs. 2 gegebenen Anregung ersuche ich die k. Staatsregierung um Aeußerung.

Der k. Staatsminister der Justiz: Die Entscheidung erfolgt in nicht öffentlicher Sitzung ohne mündliche Verhandlung. Eine Vorladung des Notars oder der Betheiligten zur Verhandlung findet deßhalb nicht statt. Der Notar kann vorher gehört werden, und das kann sehr gut schriftlich geschehen. Eine Verhandlung unter Anwesenheit des Notars ist durchaus nicht nöthig, da in der Regel Alles aktenmäßig ist oder doch aktenmäßig gemacht werden kann. Wenn der Notar zur Verhandlung anwesend sein müßte, würde nur das Verfahren außerordentlich viel schwerfälliger und weitläufiger, während doch ein offenbares Bedürfniß besteht, so einfach und kurz als möglich zu verfahren.

Vorsitzender: Ich halte die Bestimmung für sehr gut, sie schneidet das bisherige Verfahren wesentlich ab. ‖ Wenn wir den Gedanken des Herrn S. 686.
Referenten ausführen wollten, so müßte man zur mündlichen Verhandlung übergehen; das ist aber nicht zweckmäßig. Die Fälle sind meist so minimaler Natur, wie ich aus der Praxis weiß, daß sie ganz gut auf Grund der Akten entschieden werden können, wodurch dem Notar die Last der Reise abgenommen wird. Das Wort wird nicht weiter begehrt.

Der Herr Korreferent hat nichts zu bemerken; der Herr Referent besteht auf seiner Anregung nicht weiter.

Die sämmtlichen Artikel sind unverändert angenommen. Wir kommen zu

Artikel 64.

Dienstaufsicht und Disziplin.

Abg. Fuchs (Referent): Die Artikel 64 bis 66 behandeln die Dienst-

S. 686. aufsicht. Die Theilung der Dienstaufsicht in Ueberwachung und Aufsicht, wie sie nach dem rechtsrheinischen Notariatsgesetze bisher bestand, und die Ueberwachung durch die Staatsanwälte soll nach dem Vorschlage der k. Staatsregierung aufgegeben werden, weil die Theilung wesentliche Mängel in sich schloß. Die Wirksamkeit der staatsanwaltschaftlichen Visitationen war durch den Umstand gehemmt, daß der Staatsanwalt sofortige Anordnungen zur Behebung gefundener Mängel nicht treffen konnte, weil ihm dazu kein Aufsichtsrecht zustand, und daß er des zur Beaufsichtigung des Notariats nothwendigen Einblicks in die Geschäfte des Hypothekenamts vollständig entbehrte, weil ihm die Ueberwachung und Aufsicht über das Hypothekenamt entzogen war. Letzterer Mangel würde auch künftig bleiben, da an eine Uebertragung der Aufsicht über die Hypothekenämter an die Staatsanwälte wohl nicht gedacht werden kann. Unter diesen Umständen ist es das Zweckmäßigste, die Ueberwachung und Aufsicht über die Notariate ganz den Präsidenten zu geben, die zugleich die Aufsicht über die Hypothekenämter und Grundbuchämter haben; das Aufsichtsgeschäft wird sich damit vereinfachen.

Artikel 64 (wird verlesen). Die Dienstaufsicht wird dem Präsidenten des Landgerichts übertragen. Es ist also davon abgesehen, nach Art des Artikel 69 Abs. 2 des Ausführungsgesetzes zum Gerichtsverfassungsgesetze das Präsidium mit heranzuziehen, nach den Motiven um deswillen, damit das Präsidium mit Arbeit nicht überlastet werde; andererseits soll nach Abs. 2 des Artikel 64 des Entwurfes einer drohenden Ueberlastung des Präsidenten in Folge der Vermehrung der Aufsichtsgeschäfte dadurch vorgebeugt werden, daß dieser sich durch einen richterlichen Beamten des Gerichts, dessen Vorstand er ist, vertreten lassen kann. Es wurde auch in der Generaldiskussion der Gedanke der Uebertragung der Dienstaufsicht an das Präsidium ausgesprochen. Es mag sein, daß unter Umständen das Präsidium eine größere Gewähr für die objektive Ausübung der Dienstaufsicht bietet, aber ich habe nicht den geringsten Zweifel, daß sich die Notare über die Art und Weise der Ausübung der Dienstaufsicht durch die Präsidenten nicht zu beklagen haben werden, zudem ihnen in den meisten Fällen das Recht der Beschwerde zusteht.

Ich halte eine Aenderung des Artikel 64 nicht für angezeigt und beantrage dessen Genehmigung.

Abg. **Landmann** (Korreferent) Ich schließe mich dem an.

Abg. **Michel:** Die Bemerkung des Herrn Referenten scheint sich auf die Aeußerung zu beziehen, welche ich bei der Generaldiskussion machte. Ich halte die damals vorgebrachten Bedenken nicht mehr aufrecht und möchte bitten, dieselben als gegenstandslos anzusehen.

Abg. **von Walter:** Meine Anschauung geht dahin, daß das Oberaufsichtsrecht selbst wohl nicht einer Mehrheit von Personen übertragen werden kann, und deßhalb hätte ich in dieser Beziehung zu Artikel 64 keine weitere Anregung zu machen.

Eine andere Frage ist, ob die Ausübung des Zwangsstrafrechts nicht dem Präsidium übertragen werden soll. Darum handelt es sich bei dieser Gelegenheit aber nicht.

Ich mache nur aufmerksam, daß in den Kreisen der Notare die Befürchtung laut geworden ist, daß diese Aufstellung eines Stellvertreters für den Präsidenten in der Person eines anderen Gerichtsmitgliedes unter Umständen die Wohlthat wieder bedeutend abschwächt oder gar aufgehoben wird, die den Notaren dadurch zugewendet wird, daß das Aufsichtsrecht von der Staatsanwalt-

schaft in die Hände des Präsidenten übergeht. Allein ich glaube, daß in der Auswahl S. 686.
der Stellvertreter wohl die nöthige Vorsicht walten wird, daß man nicht die jüngsten und unerfahrensten Räthe eines Gerichts mit der Stellvertretung des Präsidenten beauftragen wird, und dann würde nach meinem Dafürhalten wohl die Befürchtung der Notare hinfällig werden. Wenn die nöthige Vorsicht waltet, ist nicht abzusehen, warum nicht ein älteres Mitglied die einzelnen Aufsichtsgeschäfte besorgen kann.

Der k. Staatsminister der Justiz: Die soeben vorgetragene Anschauung, daß man nicht zulassen wird, daß die Landgerichtspräsidenten zu ihren Stellvertretern beim Aufsichtsgeschäfte die jüngsten und wenigsterfahrenen Mitglieder ihres Gerichts wählen, ist vollkommen zutreffend. Es ist zu erwarten, daß ohnehin die Präsidenten mit der nöthigen Umsicht und dem nöthigen Takte verfahren. Uebrigens ist ja auch die Genehmigung des Ministeriums vorbehalten. Die Vorschrift des Abs. 2 des Artikel 64 ist unbedingt nöthig, weil die Fälle der Verhinderung des Präsidenten nicht gerade selten sein werden.

Vorsitzender: Die Herren Referenten ergreifen das Schlußwort nicht; der Artikel ist angenommen.

Artikel 65.

Abg. **Fuchs** (Referent) (verliest Artikel 65): Die Vorschriften dieses Artikels sind jenen des Artikel 71 Abs. 1 des Ausführungsgesetzes zum Gerichtsverfassungsgesetze nachgebildet. Die Präsidenten der Landgerichte und Oberlandesgerichte sind befugt, jederzeit von der gesammten Geschäftsführung der Notariate Einsicht zu nehmen und gelegentlich einzelne Geschäfte zu prüfen, und können zu diesem Zwecke einzelne Akten und Register einfordern. Im Interesse eines ungestörten Fortganges der Notariatsgeschäfte möchte ich wünschen, daß dieß nicht allzu häufig geschieht und die Akten, insbesondere die Register, nicht allzu lange in den Händen der Präsidenten verbleiben. Es werden ohnedieß über das Visitationswesen noch Vorschriften erlassen werden. Gegen die „Weisungen" des Präsidenten (Abs. 1) ist eine Beschwerde im Dienstaufsichtswege nicht zugelassen; ich bitte um Angabe der Gründe hiefür.

Die Erledigung eines Amtsgeschäftes kann durch Zwangsstrafen im S. 687.
Gegensatz zu Ordnungs- und Disziplinarstrafen herbeigeführt werden. Der Verhängung der Zwangsstrafe muß die Androhung vorausgehen, welche schriftlich oder mündlich erfolgen kann. Ich hätte die gesetzliche Bestimmung gewünscht, daß diese Androhung nur schriftlich erfolgen darf gleich der Festsetzung der Strafe; es ist für beide Theile gut, wenn dieß aktenmäßig gemacht ist. Vor dem Worte „Androhung" wäre also das Wort „schriftlich" einzuschalten.

Das Zwangsstrafrecht steht ausschließlich den Dienstaufsichtsbehörden zu; hat eine andere Behörde ein Interesse am Zwange, so hat sie die Dienstaufsichtsbehörde um dessen Ausübung zu ersuchen. Handelt es sich aber um private Handlungen der Notare, so können die Gerichte und sonstigen Behörden das ihnen gegen Private zustehende Zwangsstrafrecht auch gegen die Notare anwenden.

Gegen die Strafverfügungen der Präsidenten ist Beschwerde im Dienstaufsichtswege zulässig; die Beschwerden sind an keine Form und Frist gebunden, die Strafverfügungen sind deßhalb stets vorläufig vollstreckbar. Gegen die Verhängung einer Zwangsstrafe durch das Justizministerium gibt es eine Beschwerde oder eine weitere Beschwerde nicht mehr, da dieses die letzte Instanz im Dienstaufsichtswege ist.

S. 687. Wenn der Präsident in seiner Strafverfügung die höchste Strafe von 100 *M.*, welche ich übrigens auch für zu hoch halte, festsetzt, so kann unter Umständen der Notar, der eine Zwangsstrafe erhält, schlechter daran sein als der Notar, der nach Artikel 70 Abs. 2 Ziff. 2 eine Disziplinargeldstrafe von 51 *M.* erhält. Die Zwangsstrafe kann sich in ihrer Wirkung unter Umständen schlimmer darstellen als die Disziplinarstrafe. Wegen Verwendung der Zwangsstrafgelder bestimmt Artikel 128 das Weitere. Ich behalte mir Antragstellung vor.

Abg. **Landmann** (Korreferent): Ich habe dagegen nichts zu erinnern. Daß gegen die Weisungen keine Beschwerde zugelassen ist, ist nicht ausgesprochen. Daß eine Remonstration zulässig ist, das versteht sich von selbst. Ich beantrage die Genehmigung des Artikels.

Vorsitzender: Ich möchte, bevor von Seite der k. Staatsregierung eine Antwort gegeben wird, doch auch den Gedanken, den vorher schon der Herr Abg. von Walter ausgesprochen hat, aufgreifen und wenigstens noch darüber eine Erklärung erbitten, warum man die Entscheidung über die Zwangsstrafe nicht dem Präsidium überträgt. Ich würde es eigentlich doch für angemessener halten, daß ein Kollegium entscheidet, als ein Einzelner. Ich glaube, daß es sogar den Präsidenten nicht sehr angenehm sein wird, wenn sie in diese Zwangslage versetzt werden. Uebrigens will ich einen Antrag nach dieser Richtung nicht stellen, sondern möchte zunächst die Gründe hören, warum man davon abgegangen ist, das Präsidium entscheiden zu lassen.

Der k. Staatsminister der Justiz: Der leitende Gedanke war auch hier, daß Alles so einfach als möglich geordnet werden soll. Die Präsidenten des Landgerichts und des Oberlandesgerichts üben die Dienstaufsicht aus, nehmen zuerst von den vorkommenden Ordnungswidrigkeiten Kenntniß und sollen deßhalb naturgemäß auch dazu berufen sein, die gefundenen Mißstände, soweit das möglich ist, sofort abzustellen. Dazu bedürfen sie einer gewissen Zwangsgewalt und diese soll ihnen im Artikel 65 eingeräumt werden. Soll hier erst lange schriftlich verhandelt und vom Präsidenten eine Vorlage an's Präsidium gemacht, von diesem aber womöglich in einer feierlichen Sitzung entschieden werden, so wird die Sache viel zu weitläufig, um noch ihren Zweck vollständig zu erreichen. Der Artikel 65 sieht deßhalb abweichend von den Normen des Richterdisziplinargesetzes die Beiziehung der Präsidien nicht vor.

Abg. **von Walter:** Ich stimme Seiner Excellenz vollständig bei. Der kürzeste Weg ist der schon, den Artikel 65 vorschlägt, ob er aber auch der sicherste ist, daß läßt sich doch wohl bezweifeln, ohne den Persönlichkeiten der Landgerichts- und Oberlandesgerichtspräsidenten nahe zu treten. Sechs oder acht Augen sehen mehr und deutlicher, als unter Umständen zwei Augen sehen, und die objektive Würdigung wird durch eine Entscheidung des Präsidiums doch ganz gewiß mehr gewährleistet, als wenn der Präsident gelegentlich einer Visitation vielleicht bei einer momentanen Aufregung sofort entscheiden soll.

Vom Abs. 2 des Ausführungsgesetzes, den Seine Excellenz angeführt hat, kann ich eine Reminiscenz ableiten. Im Ausführungsgesetze zum Gerichtsverfassungsgesetze war ja die Sache gerade so vorgeschlagen, wie sie heute vorgeschlagen ist. Allein auf eine Anregung von meiner Seite, daß doch die Erlassung der Ordnungsstrafen am besten in den Händen des Präsidiums gelegen wäre, hat damals Seine Excellenz der Herr Justizminister Dr. von Fäustle sofort zugegeben, daß er dagegen nichts habe.

Die Notare haben die Befürchtung, daß sie gegen die Weisungen rechtlos S. 687.
gestellt sind. Das ist nicht so; denn wenn der Präsident eine Weisung erläßt, so wird ja unter Umständen dem Notar das Recht zustehen, dagegen zu remonstriren und die Sachlage darzustellen, und das wird in den meisten Fällen dazu führen, daß eine nicht vollständig begründete Weisung zurückgezogen und geändert wird.

Allein bezüglich der Zwangsstrafen ist die Sache doch eine etwas andere und ich würde deßhalb schon glauben, daß wir die Strafverfügung nicht dem Präsidenten, sondern dem Präsidium übertragen sollten, und daß deßhalb auch die Beschwerden nicht z. B. an den Präsidenten des Oberlandesgerichts, sondern an's Präsidium zu gehen haben. Dafür, daß von vornherein alle Erwägungen Platz greifen, die Platz greifen müssen, bietet die kollegiale Berathung einer solchen Strafverfügung die nöthige Gewähr, und es liegt nach meinem Dafürhalten die Sache doch viel besser, als es außerdem der Fall ist. Der Grund, daß die Sache schleunig gemacht werden muß, trifft auch bei Strafverfügungen nicht in dem Maße zu als bei Weisungen. Die Strafverfügung kommt immer noch früh genug, und im Falle der Androhung durch den Präsidenten wird es sich der Notar wohl zehnmal überlegen, ob er Angesichts dieser Androhung nicht nachgeben und die Sache so machen soll, wie es gefordert wird. Er wird es nicht thun, wenn die Weisungen offenbar unbegründet sind. Er kann es darauf ankommen lassen, daß das Präsidium sich auf einen anderen Standpunkt stellt als der Präsident, und er wird nichts dabei riskiren.

Ich meine deßhalb, daß es sehr wünschenswerth und unter Umständen sogar nothwendig ist, im Abs. 2 eine entsprechende Aenderung eintreten zu lassen.

Ministerialrath **Thelemann**: Die Ansicht, die soeben Herr von Walter geäußert hat, daß es möglich sei, es so zu machen, daß man den Präsidenten die Androhung || aussprechen läßt, aber den Beschluß über die Zwangsstrafe S. 688.
selbst dem Präsidium vorbehält, dürfte mit Rücksicht auf die Disziplin nicht zu billigen sein. Denn wenn einmal eine Zwangsstrafe angedroht ist, ist es absolut nothwendig, daß sie auch wirklich ausgesprochen wird, wenn der Notar nicht gehorcht. Diese Garantie haben wir, wenn derjenige, der die Strafe androht, sie auch aussprechen kann, aber wir haben sie nicht, wenn eine andere Instanz wie das Präsidium über die Verwirklichung der vom Präsidenten ausgegangenen Drohung entscheidet. Eine solche Trennung ist nicht möglich. Es ist aber auch nicht wünschenswerth, überhaupt das Präsidium hereinzuziehen. Denn wie wäre der Präsident dem Notar gegenüber gestellt, wenn er nicht das Recht hätte, selbst Zwang anzudrohen und zu verwirklichen, sondern nur in Aussicht stellen könnte, er werde beim Präsidium beantragen, daß dieses eine Androhung ergehen lasse. Denken Sie sich nun den Fall, daß es bei der Visitation Anstände gibt, die sofort beseitigt werden sollen, und daß der Notar sich weigert, die ihm deßhalb gegebene Weisung zu befolgen. Da kann doch der Präsident nicht erst nach Hause gehen, kann das Präsidium zu Rathe ziehen und dann vielleicht wieder an den Notariatssitz hinausgehen, wenn der Auftrag etwa die Gewährung der Einsicht betraf. Durch ein solches Verfahren wäre die Disziplin ohnmächtig gemacht.

Man wende nicht ein, daß solche Vorschriften für die Gerichte nicht bestehen. Bei den Gerichten sind sie nach der Art der Thätigkeit derselben nicht in diesem Maße nöthig. Bei den Notariaten brauchen wir aber unbedingt straffe Disziplin. Man verlangt von uns deren Aufrechthaltung und darf deßhalb nicht die Mittel dazu verringern.

S. 688. Die Kammern haben uns immer nahe gelegt, die Notare in möglichst strenger Disziplin zu halten, damit Ausschreitungen, wie sie hier die Konkurrenz und andere Verhältnisse mit sich bringen, hintangehalten werden können. Wir kommen nun diesem Wunsche in dem neuen Disziplinarrechte für die Notare entgegen und ich meine, wir sollten da doch der Zustimmung der Kammern sicher sein. Sie können übrigens der hier vorgeschlagenen Bestimmung um so unbedenklicher beipflichten, als gegen die Verhängung solcher Zwangsstrafen, sofern sie Seitens des Präsidenten erfolgen, die Beschwerde im Dienstaufsichtswege uneingeschränkt zugelassen ist. Es entscheidet dann in zweiter Instanz der Oberlandesgerichtspräsident und möglicherweise noch in dritter das Justizministerium. Das sind doch genügende Garantien gegen jede Uebereilung. Wohl mit Rücksicht hierauf ist auch gegen diese Bestimmungen in den eingeholten Gutachten ein wesentliches Bedenken nicht geäußert worden. Die Notare haben die Vorschrift als selbstverständliche Folge dessen angenommen, daß sie nach ihren Wünschen unter die unmittelbare Aufsicht der Präsidenten gestellt werden.

Alles das, glaube ich, dürfte Sie doch dahin führen, dieser Vorschrift zuzustimmen, die dem, wenn auch seltenen, doch gegebenen Falls dringenden Bedürfnisse raschen und energischen Einschreitens Rechnung trägt.

Abg. Joseph Geiger: Ich habe auch Anfangs geglaubt, wir sollten die Zwangsstrafbefugniß und ebenso die vorausgehende Androhung nicht in die Hände des Präsidenten allein, sondern in die des Präsidiums legen. Wenn der Herr Ministerialrath von einem strammen Vorgehen der Aufsichtsbehörde spricht, so ist das richtig, aber um so mehr ist es nothwendig, daß diese Aufsicht auch stets eine objektive sei. Wir sind ja alle Menschen und wissen, daß es bisweilen vorkommt, daß man in eine gewisse Animosität versetzt werden kann, wenn man vielfache Beanstandungen zu machen hat. Ich will übrigens einen Antrag vorerst nicht stellen und gebe zu, daß das, was von Seite des Herrn Ministerialrathes entgegengehalten worden ist, auch sehr viel für sich hat. Wenn wir uns aber heute nicht entschließen wollen, dieses Zwangsstrafverfahren aus der Hand des Präsidenten in die Hände des Präsidiums zu legen, so möchte ich doch unter allen Umständen eine Linderung des Strafmaßes wünschen und ich möchte in diesem Falle glauben, daß wir mit der Grenze von 50 M. vollständig das Nöthige vorkehren. Es bewegt sich dann diese Summe innerhalb der Grenzen, innerhalb welcher auch die Disziplinarstrafen beginnen.

Ich wiederhole also, wenn die Anregung des Herrn von Walter weiter keinen Anklang findet, werde auch ich es unterlassen, einen Antrag zu stellen, obgleich ich im Interesse der Stellung des Notars, welche auch Berücksichtigung verdient, wünsche, daß wir die Verhängung und Androhung einer Zwangsstrafe einem Richterkollegium übertragen. Wenn solches nicht erreicht wird, so möchte ich doch bitten, das Strafmaß auf die Hälfte herabzusetzen.

Der k. Staatsminister der Justiz: Ich möchte doch auch darauf aufmerksam machen, daß, wenn der Präsident des Landgerichts beziehungsweise des Oberlandesgerichts befugt sein soll, eine Zwangsstrafe anzudrohen, man ihm die Macht, die Drohung wahr zu machen, nicht nehmen darf. Sein Ansehen wäre bedenklich gefährdet, wenn man in Folge der Weigerung des Präsidiums erfahren würde, daß seine Androhungen leere, machtlose Drohungen waren. Ein solcher Mangel an Ansehen wäre aber beim Präsidenten besonders gefährlich. Ich habe hier Jahre lang als Staatsanwalt die sämmtlichen Notare zu visitiren gehabt und da viele Erfahrungen gemacht. Vom Staatsanwalt

weiß der Notar von vornherein, daß er überhaupt Weisungen und Androhungen S. 688.
nicht erlassen kann, sondern daß er nur seine Anträge an das Gericht zu stellen hat. Ganz anders steht es bei dem Präsidenten, der Spitze eines Kollegialgerichts, dem Inhaber der Dienstaufsichtsgewalt. Dieser muß in der Lage sein, selbst zu befinden. Und, meine Herren, ich sollte meinen, der Präsident eines Landgerichts oder eines Oberlandesgerichts wird sich, wenn er hitzigen Temperaments ist, in einem solchen Falle hüten, aus Gereiztheit allzu scharfe Weisungen oder Strafen ergehen zu lassen; weiß er ja doch, daß gegen seine Weisungen und Strafen der Beschwerdeweg offen steht.

Ich möchte Sie also bitten, es in diesem Punkte beim Regierungsvorschlage zu belassen.

Was die Höhe der Zwangsstrafe anlangt, so hat man sich für das Maximum von 100 M. entschieden, weil dieses Maximum auch für andere Justizbeamten nach Artikel 71 unseres Ausführungsgesetzes zum Gerichtsverfassungsgesetze gilt. Uebrigens werden so hohe Zwangsstrafen wohl höchst selten ausgesprochen werden. Sollte es indessen einmal erforderlich sein, so wird man vielleicht Grund haben, die Herabsetzung der Grenze auf 50 M. zu bedauern. Ich meine, es könnte auch dießbezüglich bei dem Wortlaute des Artikel 65 belassen werden.

Vorsitzender: Ich habe bekannt zu geben, daß mir folgender Antrag S. 689.
übergeben wurde:

Der Ausschuß wolle beschließen,

in Abs. 2 des Artikel 65 statt „einhundert Mark" zu setzen „fünfzig Mark". Geiger.

Ich gebe das Wort zur Begründung des Antrags dem Herrn Abg. Geiger.

Abg. Joseph **Geiger:** Ich habe mich schon vorhin geäußert und habe nichts weiter beizufügen.

Abg. **Fuchs** (Referent): Ich möchte meine Anregung, daß die in Abs. 2 des Artikel 65 angeordnete Androhung nicht schriftlich oder mündlich, sondern nur schriftlich gegeben werden muß, nicht fallen lassen. Es soll sowohl der Präsident als auch der Notar über diesen Vorgang etwas Schriftliches in Händen haben, um dem Einwande, es sei eine Androhung nicht erfolgt, mit Erfolg begegnen zu können. Die Sache könnte so geordnet werden, daß der Präsident den Notar die schriftliche Androhung unterzeichnen läßt, diese zu seinen Akten nimmt und dem Notar eine Abschrift derselben aushändigt. Die Sache ist dann aktenmäßig gemacht.

Was den Antrag des Herrn Abg. Geiger anlangt, so habe ich schon bemerkt, daß die Strafe zu hoch erscheint und der Fall eintreten kann, daß ein Notar durch die Verhängung einer Zwangsstrafe von 100 M. unter Umständen eine höhere Strafe erhält, als wenn er disziplinirt würde. Ich habe gegen den Antrag „Geiger" nichts zu erinnern. Meine Anregung bezüglich der Beschwerde gegen die Weisung des Präsidenten lasse ich fallen, nachdem die nöthigen Aufklärungen gegeben worden sind.

Abg. **Landmann** (Korreferent): Ich muß mich gegen den Antrag des Herrn Abg. Geiger aussprechen. Es darf angenommen werden, daß die Präsidenten ihres Amtes gewissenhaft walten. Im Uebrigen dürfte nicht zu vergessen sein, daß es sich um Strafen handelt, die im Interesse der Erledigung eines Amtsgeschäftes verhängt werden, d. h. im Interesse des Publikums selbst,

S. 689. und wenn hier ein Notar so lässig ist, daß sich der Präsident veranlaßt sieht, 100 M. Ordnungsstrafe zu verfügen, so muß das schon ein Fall sein, der sehr bedeutend ist.

Ich möchte also gerade im Interesse des Publikums wünschen, daß es bei diesem Maximalbetrag bleibt, der wohl nur in ganz seltenen Fällen, wie zu erwarten ist, zur Anwendung kommen wird.

Der k. Staatsminister der Justiz: Was die Frage anlangt, ob in Abs. 2 das Wort „schriftliche" vor „Androhung" eingesetzt werden soll, so kann ich schon jetzt versichern, daß die schriftliche Feststellung der erfolgten Androhung durch Ausführungsvorschrift angeordnet werden wird. Die Aufnahme der Vorschrift in's Gesetz selbst halte ich nicht für erforderlich.

Ministerialrath **Thelemann:** Es handelt sich hier nicht um Disziplinarstrafen, es handelt sich um die Erzwingung des Vollzugs dienstlicher Weisungen, die unbedingt rasch und korrekt befolgt werden sollen. Ob eine etwaige Renitenz als Disziplinarvergehen zu gelten hat, ist eine Frage für sich. Ueber diese entscheidet dann nicht der Präsident, sondern das Gericht.

Ich bitte Sie nochmals, dem Regierungsentwurfe zuzustimmen.

Vorsitzender: Ich gebe bekannt, daß noch ein weiterer Antrag eingelaufen ist:

Der Ausschuß wolle beschließen,

es sei in Satz 1 des Abs. 2 des Artikel 65 vor dem Worte „Androhung" das Wort „schriftliche" zu setzen.

Fuchs.

Ich gebe das Wort zur Begründung des Antrags dem Herrn Referenten.

Abg. **Fuchs** (Referent): Ich habe meinen Antrag bereits begründet und vorerst nichts mehr zu bemerken.

Abg. Dr. **Casselmann:** Ich glaube, daß man dem Antrag unbedenklich zustimmen kann. Nachdem Seine Excellenz der Herr Justizminister erklärt hat, daß eine derartige Vorschrift in der Geschäftsordnung so wie so kommen würde, schadet es nichts, wenn diese Vorschrift gleich in das Gesetz mit aufgenommen wird.

Abg. **von Walter:** Ich stelle mir die Sache so vor: Der Präsident wird, wenn er beim Notar Mißstände findet, zunächst mit demselben sich darüber besprechen, er wird seine Anschauung äußern, und der Notar wird diese Anschauung entgegennehmen. Wenn nun trotz der gegentheiligen Anschauung des Notars der Präsident auf seiner Anschauung bestehen zu müssen glaubt, so wird er sagen Sie haben Unrecht, die Sache muß so gemacht werden, und wenn der Notar sich wieder weigert, so wird der Präsident ihm androhen, daß eventuell eine Zwangsstrafe ausgesprochen werde. So weit ist Alles in Ordnung. Nun sehe ich nicht ein, warum der Präsident das nicht auch schriftlich konstatiren soll. Er wird sich doch über seinen Befund Vormerkungen machen und in diese schreibt er hinein, daß er auf Grund seines Befundes Strafe angedroht hat, wenn nicht Wandel geschaffen wird. Damit wird der Antrag des Herrn Referenten vollständig erschöpft sein.

Nun möchte ich noch bezüglich der Höhe der Strafe eine Bemerkung machen gegen das, was der Herr Ministerialrath vorgebracht hat. Es ist richtig, daß bei den Richtern auch auf Zwangsstrafe bis 100 M. erkannt werden kann; allein dort handelt es sich um Kollegialbeschlüsse, und ich meine, daß die Disziplin und Aufsicht über die Notare doch stramm genug ist, wenn man dem Präsidenten außer der Befugniß, die der Artikel 67 einräumt, auch noch die Befugniß gibt, eine Strafe bis zu 50 ℳ. auszusprechen. Ich meine, man müßte die Strafe auf ein niedrigeres Maß um so mehr einschränken, als doch ein Unterschied zwischen Zwangsstrafen und Disziplinarstrafen sein muß. Die Ordnungsstrafe geht auch blos bis 50 ℳ., und die Disziplinarstrafe fängt bei 50 ℳ. an. Wenn die Ordnungsstrafe mit 50 ℳ. hoch genug ist, glaube ich, ist es die Zwangsstrafe auch. S. 689.

Ich möchte bitten, den Anträgen des Herrn Abgeordneten Geiger und des Herrn Referenten zuzustimmen.

Der k. Staatsminister der Justiz: Soll es im Gesetz heißen: „es muß eine schriftliche Androhung vorausgehen", so wird man anzunehmen haben, daß das Schriftstück, das die Androhung enthält, dem Notar entweder förmlich zugestellt oder zur Bestätigung durch Unterschrift ‖ vorgelegt und sodann zu S. 690. den Akten gebracht wird. Die Vormerkung, die der Präsident für sich macht, genügt dann nicht und ist nur nebensächlich. Sollte nach der Auffassung des Herrn Referenten die letzterwähnte Vormerkung des Präsidenten schon genügen, so würde in Wirklichkeit nur mündliche Androhung mit schriftlicher Konstatirung verlangt sein.

Vorsitzender: Wenn ich mir selbst das Wort geben darf, so glaube ich, daß der Herr Kollege Fuchs die Sache nicht so aufgefaßt hat, wie nach der Darlegung Seine Excellenz glaubt, daß der Herr Kollege von Walter die Sache aufgefaßt hat. Ich bin übrigens der Meinung, daß man dem Antrage des Herrn Kollegen Fuchs ganz wohl stattgeben kann. Ich glaube, daß, wenn nicht der schriftliche Nachweis einer solchen Androhung vorliegt, daraus recht große Unzukömmlichkeiten erwachsen werden. Wie liegt die Sache, wenn der Notar die Ertheilung der Androhung in Abrede stellt? Das ist doch recht ärgerlich für den Präsidenten, wenn hier seine Glaubwürdigkeit in Zweifel gezogen wird. Es ist ja selbstverständlich, daß man dem Präsidenten glauben wird, aber schon die Möglichkeit, daß eine derartige Androhung als wirklich erfolgt in Zweifel gestellt wird, ist nach meiner Meinung für den Präsidenten etwas recht Unangenehmes und es wird ja doch in den allerhäufigsten Fällen, ich glaube ausnahmslos, dazu kommen, daß man die Androhung schriftlich gibt; wenigstens, wenn ich Präsident wäre, ich würde das schon so machen. Wenn man nicht der Meinung ist, daß das in der Geschäftsordnung zum Ausdruck kommen soll, so wird es gut sein, wenn man das gleich hier zum Ausdrucke bringt.

Ebenso glaube ich, sollte auch die k. Staatsregierung sich mit dem Antrage des Herrn Abg. Geiger einverstanden erklären. Wir schließen uns ja nicht an die Bestimmungen des Ausführungsgesetzes bezüglich der Zwangsstrafen gegen nichtrichterliche Beamte an. Wir machen davon die Ausnahme, daß wir die Entscheidung nicht einem Kollegium in erster Instanz übertragen. Wenn wir diese Ausnahme machen, so, glaube ich, sollten wir auch bezüglich der Höhe der Summe uns nicht an die dortige Bestimmung halten.

Auch ich bin der Meinung, daß 50 ℳ. in der Regel reichen werden. Wenn das nicht reicht, so wird das Disziplinarverfahren schon die richtige Norm treffen, und nachdem im Artikel 70 für die Ordnungsstrafe als Maximum 50 ℳ. bestimmt ist, so wäre ich der Meinung, daß man sich auch hier mit 50 ℳ. begnügen sollte.

S. 690. Abg. **Conrad:** Ich wollte mich gleichfalls im Sinne der beiden Anträge aussprechen. Die Ausführungen des Herrn Vorredners überheben mich aber, näher darauf einzugehen. Ich meinte auch, es kann das Aussprechen einer Strafe Anlaß zu weiteren Verhandlungen geben. Es ist ja die Beschwerde zulässig, deren ordnungsgemäße Behandlung es wünschenswerth macht, daß man die Einzelnen Momente von Relevanz aktenmäßig macht.

Im Weiteren meine auch ich, daß eine Strafe von 50 M. schon recht empfindlich ist, und ich möchte glauben, daß man damit auch bei den schwersten Fällen, die ja sicherlich nur ganz ausnahmsweise vorkommen, nachdrucksam wird vorgehen können. Reicht die einmalige Bestrafung nicht aus, so kann sie ja wiederholt werden. Ich hatte selbst einmal in einem recht schweren Falle vorzugehen. Ich drohte 45 M. — das ist nämlich die höchste zulässige Strafe im bezirksamtlichen Dienste — an. Hiebei lautete die Strafverfügung, daß, wenn der Weisung nicht entsprochen werden sollte, hiemit zugleich eine weitere Strafe von 45 M. angedroht sei. Man kann also mit 50 M. schon recht empfindlich strafen.

Der k. Staatsminister der Justiz: Die Sache ist von keiner besonderen Wichtigkeit. Ich erkläre mich deßhalb mit der vorgeschlagenen Aenderung, daß die Androhung stets schriftlich erfolge und der Höchstbetrag der Zwangsstrafe 50 M. sein soll, einverstanden.

Vorsitzender: Wenn die verehrten Herren Kollegen das Wort nicht weiter ergreifen wollen, darf ich die Diskussion schließen, vorbehaltlich des Schlußwortes der Herren Referenten. (Die Herren Referenten verzichten.)

Nachdem die k. Staatsregierung mit den beiden Anträgen sich einverstanden erklärte und eine weitere Erinnerung nicht mehr erhoben wird, darf ich annehmen, daß der Artikel 65 mit den beantragten Modifikationen angenommen ist, so daß in Abs. 2 der erste Satz folgendermaßen lautet: „Der Festsetzung der Zwangsstrafe muß eine schriftliche Androhung vorausgehen." Der zweite Satz wird lauten: „Die einzelne Strafe darf den Betrag von 50 M. nicht übersteigen; die Festsetzung der Strafe erfolgt schriftlich."

In dieser Weise konstatire ich die Annahme des Artikel 65.

Artikel 66.

Abg. **Fuchs** (Referent) (verliest Artikel 66): Wenn die Dienstaufsichtsbeamten die ordnungsgemäße Ausführung der Geschäfte u. s. w. der Notare prüfen sollen, so muß ihnen auch Gelegenheit gegeben sein, sämmtliche Akten, Urkunden, Bücher, Register u. s. w. einzusehen, insbesondere auch nachzusehen, ob die in Verwahrung der Notare befindlichen Gelder und sonstige Gegenstände vorhanden sind. Selbstverständlich muß die Schonung des Testamentsgeheimnisses auch gegenüber den Dienstaufsichtsbeamten verbürgt werden.

Ich beantrage die Genehmigung.

Abg. **Landmann** (Korreferent): Ich habe nichts zu erinnern.

Abg. **Michel:** Es wird wohl auch im Falle des Artikel 66 der Dienstaufsichtsbehörde gestattet sein, zu verlangen, daß die Akten eingesendet werden; oder ist es so gedacht, daß nur örtliche Akteneinsicht zulässig erscheint? Nach dem Wortlaute des Artikels könnte man die Sache so verstehen, daß sowohl am Sitze des Notariats die Akteneinsicht gestattet sei, als auch daß die Akteneinsendung verlangt werden könnte.

Ich bitte deßhalb die k. Staatsregierung um Aufklärung.

Abg. **Fuchs** (Referent): Ich habe schon zu Artikel 60 die Bemerkung S. 690.
gemacht, daß die Präsidenten jederzeit von der gesammten Geschäftsführung der Notare Einsicht nehmen können und befugt sein sollen, Urkunden, Akten 2c. 2c. einzufordern, daß es aber erwünscht sei, wenn diese Urkunden 2c. mit Rücksicht auf die Geschäftsführung der Notare nicht zu ‖ lange Zeit in den Händen S. 691.
der Präsidenten verbleiben. Gegen diese meine Anschauung ist ein Widerspruch nicht erhoben worden.

Der k. Staatsminister der Justiz: Ich füge noch bei, daß hier der bereits angenommene Artikel 39 einschlägt.

Vorsitzender: Eine Erinnerung gegen den Artikel 66 ist nicht erhoben worden; derselbe gilt als genehmigt.

(Schluß der Sitzung um 12 Uhr 45 Minuten.)

Wagner,
Vorsitzender.

Michel,
Schriftführer.

---

40. S. 693.

Protokoll

über die Sitzung des besonderen (XVIII.) Ausschusses der Kammer der Abgeordneten zur Berathung der durch die Einführung des Bürgerlichen Gesetzbuchs veranlaßten Gesetzentwürfe.

(Verhandl. des Justiz-Gesetzg.-Aussch. d. K. d. Abg. 1899. Beil.-Bd. XX, Abth. II, S. 693 bis 708.)

München, den 5. Mai 1899, Nachmittags $4^1/_2$ Uhr.

Gegenwärtig:

Die Vertreter der k. Staatsregierung. der k. Staatsminister der Justiz Dr. Freiherr von Leonrod, Excellenz, der k. Ministerialrath im Staatsministerium der Justiz Thelemann, der k. Landgerichtsrath im Staatsministerium der Justiz Schmitt;
ferner die Ausschußmitglieder: Wagner, Stellvertreter des Vorsitzenden, Dr. Casselmann, Schriftführer, Michel, Stellvertreter des Schriftführers, Conrad, Fuchs, Joseph Geiger, Joseph Huber, Landmann, Lerno, Segitz, von Walter (Beckh, Dr. Ratzinger, Seeberger und von Stobäus entschuldigt).

Tagesordnung.

Entwurf eines Notariatsgesetzes.
(Beilage R.)

Artikel 67 mit 90.

Erste Lesung.

Abg. **Wagner** als Vertreter des Vorsitzenden eröffnet die Sitzung um 4 Uhr 35 Minuten.

Wir treten ein in die Berathung des

Artikel 67.

Ich gebe das Wort dem Herrn Referenten.

Abg. **Fuchs:** (Referent): Die Artikel 67 bis 79 behandeln das Dienststrafrecht.

S. 693. Das Dienststrafrecht der Notare ist dem Dienststrafrecht der Richter, wie es im bayerischen Richterdisziplinargesetze vom 26. März 1881 enthalten ist, nachgebildet, weist jedoch einzelne Abweichungen auf; so wurde der dem Richterdisziplinargesetz unbekannte Unterschied zwischen Ordnungsstrafen und Disziplinarstrafen, wie er bisher schon nach Artikel 113 des rechtsrheinischen Notariatsgesetzes bestand, beibehalten und für die Notare eine höhere Geldstrafe als für die Richter bestimmt.

Ich habe mir die Frage vorgelegt, ob man nicht alle auf das Disziplinarstrafrecht bezüglichen Bestimmungen des Entwurfes streichen und nur einen einzigen Artikel des Inhalts genehmigen soll: „Auf die Notare finden die Bestimmungen des Richterdisziplinargesetzes vom 26. März 1881 gleichmäßig Anwendung"; ich bin aber zu der Ueberzeugung gekommen, daß dieß mit Rücksicht auf die Eigenart des Notariats nicht möglich ist, und erkläre mich also mit dem Grundgedanken des Disziplinarstrafrechts einverstanden.

Artikel 67 (wird verlesen). Der Begriff des Dienstvergehens, wie er hier gegeben ist, ist dem Sinne nach ebenso bestimmt wie im Artikel 1 des Richterdisziplinargesetzes; es ist nur eine kleine Aenderung redaktioneller Art vorgenommen worden. Ich beantrage die Genehmigung.

Abg. **Landmann** (Korreferent): Ich beantrage gleichfalls Zustimmung.

Vorsitzender: Ich erkläre den Artikel 67 für angenommen.

Artikel 68.

Abg. **Fuchs** (Referent) (verliest Artikel 68): Die Verbote sind dem Artikel 10 des rechtsrheinischen Notariatsgesetzes entnommen. Da man auch ohne Bestehen des ausdrücklichen Verbotes annehmen müßte, daß solche Handlungen gegen die Standesehre verstoßen, so gehören die Verbote nicht in das allgemeine Dienstrecht, sondern in das Dienststrafrecht. Sie wären allenfalls auch hier entbehrlich, weil sie durch den Artikel 67 gedeckt sind; da sie aber bisher im Notariatsgesetz ausdrücklich hervorgehoben waren, so sind sie wahrscheinlich wiederholt worden, um die Auffassung zu verhüten, daß das Fehlen der bisherigen Vorschriften im neuen Gesetz eine Aufhebung des Verbotes bedeutet.

Der Ausdruck „Spekulationen" ist hier im schlimmen Sinne gebraucht; einzelne Ankäufe und Verkäufe von Werthpapieren z. B., die sich in dem Rahmen halten, in dem ein solider Privatmann sie ohne Schaden für seinen Ruf macht, gehören nicht hieher. Ich beantrage die Genehmigung.

Abg. **Landmann** (Korreferent): Ich habe nichts zu erinnern.

Abg. **Lerno:** Ich bin aus Notariatskreisen auf die ohnehin nicht unbekannte Thatsache aufmerksam gemacht worden, daß manche Notare sich zur Hebung ihres Geschäfts der Unterhändler, Packträger und dergl. bedienen. Daß das eine Thatsache ist, die mit der Ehre und Würde dieses Standes unvereinbar ist, unterliegt keinem Zweifel. Ich wollte nur anregen, ob es nicht angezeigt wäre, diesen Punkt als eigene Ziffer hier in Artikel 68 aufzunehmen. Wenn dieß aber nicht angezeigt erscheint, so begnüge ich mich damit, daß die Zustimmung der k. Staatsregierung zu dieser Anschauung im Protokoll konstatirt wird.

Abg. **Conrad:** Artikel 68 Ziff. 3 legt nur als Dienstvergehen fest, wenn der Notar Gelder, die er amtlich in Verwahrung bekommen hat, bei einer Bank oder dergl. nutzbringend anlegt. Dieser Gedanke ist schon bei Artikel 13 gestreift worden. Daß ein solches Verfahren unzulässig ist, ist hier mit wünschenswerther Klarheit ausgesprochen.

Nicht ganz so klar scheint mir die Ziff. 4 zu sein. Ihre Fassung ist eine sehr weitgehende und will, daß jedwelche Verpflichtung, die der Notar aus Anlaß eines Amtsgeschäfts übernimmt Dritten gegenüber, verboten sein soll. Nun kommen aber doch auch Fälle vor, daß z. B. der Notar oder der Gehilfe, für den er natürlich einzutreten hat, sich eines kleinen Versehens schuldig macht bei der Aufnahme eines Aktes und nun eine Amtsverpflichtung den Parteien || gegenüber für den Fall übernimmt, wenn dieselben etwa zu Schaden kommen sollten. Es ist z. B. übersehen worden, daß ein veräußertes Grundstück außer den Hypotheken noch mit einem Vorzugsrecht behaftet ist. Das kommt erst später zu Tage und für den Fall, daß etwa eine Partei zu Schaden kommen sollte, übernimmt der Notar eine Garantieverpflichtung. Ich sollte nun meinen, daß ein solches Verhalten in disziplinarischer Beziehung nicht so schwer wiegt. Der so ganz allgemeinen Fassung der Ziffer gegenüber wollte ich solche Fälle jedoch zur Sprache gebracht haben. S. 693. S. 694.

Der k. Staatsminister der Justiz Dr. Freiherr **von Leonrod**: Ich möchte nur bemerken, daß dieselbe Vorschrift wie in Artikel 68 Ziff. 4 des Entwurfes schon in Ziff. 6 des Artikel 10 des älteren Notariatsgesetzes steht, also nun schon seit 30 Jahren giltig ist und nie zur Beanstandung Anlaß gegeben hat. Hat der Notar bei der Beurkundung eines Geschäfts ein Versehen begangen und verpflichtet sich, für die etwaigen Folgen dieses Versehens einzustehen, so fällt eine solche Haftungsübernahme nicht unter das Verbot, denn hier wird ja gar nicht für das Geschäft selbst, sondern für die Verschuldung des Notars eine Haftung übernommen.

Ministerialrath **Thelemann**: Die Frage der Hintanhaltung des Zutreiberwesens wurde bei der Aufstellung des Entwurfes eingehend erwogen. Es ist trotz vieler Versuche nicht gelungen, eine Fassung zu finden, welche den hier in Frage stehenden Fall der illoyalen Konkurrenz genau decken würde. Jede Fassung brachte die Gefahr mit sich, daß dadurch die Umgehung des Gesetzes statt erschwert erleichtert würde. Schließlich kam man zu der Ueberzeugung, daß es am besten sei, überhaupt keine ausdrückliche Strafnorm zu setzen. Man nahm an, daß die Gerichte die illoyale Konkurrenz in jeder Form als schweres Disziplinarreat erachten müssen und daß sie, hier durch keine Fassung beengt, am sichersten jede Uebertretung zu ahnden im Stande sind. Es wird genügen, daß diese Auffassung jetzt hier im Protokoll konstatirt wird, um jeden Zweifel auszuschließen.

Vorsitzender: Ich glaube, der Ausschuß wird darin einig sein, daß die Konstatirung, welche die k. Staatsregierung und Kollege Lerno vorgenommen haben wollen, eine zutreffende ist. Ich bitte also, das in's Protoll aufzunehmen.

Das Wort wird nicht weiter begehrt; ich schließe die Diskussion, vorbehaltlich der Schlußäußerungen der Herren Referenten. (Dieselben verzichten.)

Eine Erinnerung gegen den Artikel 68 ist nicht erhoben worden; derselbe ist angenommen.

Artikel 69.

Abg. **Fuchs** (Referent) (verliest Artikel 69): Die Unterscheidung zwischen Ordnungs- und Disziplinarstrafen ist, wie ich bereits erwähnt habe, eine Abweichung von dem Richterdisziplinargesetze; der Grund für diese Unterscheidung ist in den Motiven angegeben. In diesem Artikel wird davon abgesehen, kasuistisch zu bestimmen, was „minder erheblich“ und „mehr erheblich“ ist, also welches Dienstvergehen mit einer Ordnungsstrafe und welches mit einer Disziplinar-

S. 694. strafe zu ahnden ist; insbesondere soll die Frage der Unwirksamkeit des Geschäfts hier nicht vom Gesetze hereingezogen werden. Die Erfahrungen, die man bisher in dieser Beziehung gemacht hat, waren nicht günstig. Die Gerichte waren zu oft veranlaßt, für entschuldbare Versehen Disziplinarstrafen zu verhängen, während einzelne schwere Vergehen verhältnißmäßig nur geringe Sühne finden konnten. Den Gerichten soll es künftig bei der Würdigung des einzelnen Falles überlassen bleiben, inwieweit die Verursachung der Unwirksamkeit eines Geschäfts als besonderer Erschwerungsgrund gelten soll. Der Ausdruck „minder erhebliche“ und „erheblichere“ ist völlig unbestimmt und dürfte, wenn dieß überhaupt möglich ist, zu präzisiren sein, vielleicht könnte man einen Ausweg dadurch treffen, daß man Artikel 69 in folgender Weise faßt: „Dienstvergehen werden entweder mit Ordnungsstrafen oder mit Disziplinarstrafen geahndet“, und als Abs. 2 den im Artikel 70 befindlichen Abs. 3 hier aufnimmt: „Die Art und das Maß der Strafe sind nach der Schwere des Dienstvergehens unter besonderer Rücksichtnahme auf das gesammte Verhalten des Notars zu bestimmen“, dieser Abs. 3 würde in Wegfall kommen. Es wäre damit der dehnbare Begriff „minder erhebliche“ und „erheblichere“ vermieden und dasselbe gesagt, was Artikel 69 anordnet. Ich behalte mir Antragstellung vor.

Abg. **Landmann** (Korreferent): Ich glaube nicht, daß die Sache durch den Antrag des Herrn Referenten klarer wird. Wir müssen immer die Erwägung, ob ein minder erhebliches oder erheblicheres Vergehen vorliegt, dem Richter überlassen. Wir können zu unseren Gerichten das unbedingte Vertrauen haben, daß sie im einzelnen Falle das Richtige treffen werden. Wir werden kaum durch eine andere Fassung die Sache besser präzisiren können. Die Praxis wird wohl das Richtige treffen.

Ministerialrath **Thelemann**: Ich besorge, daß die Fassung, die der Herr Referent vorschlägt, noch unbestimmter ist als die des Entwurfes. Sachlich ist ja mit beiden Fassungen dasselbe gemeint. Aber im Entwurf ist wenigstens der Satz ausgesprochen, daß minder erhebliche Sachen mit Ordnungsstrafen, erheblichere mit Disziplinarstrafen geahndet werden sollen. Diese Fassung ist nicht unabsichtlich gewählt, denn sie läßt noch ein Drittes im Hintergrund. Ganz unerhebliche Sachen sollen überhaupt nicht gestraft werden. Es kann Fälle geben, die so unerheblich sind, daß man sie überhaupt nicht bestrafen soll. Dazu hat die Fassung des bisherigen Gesetzes keine Befugniß gegeben und das war — wie Sie wissen — manchmal recht mißlich. Hier heißt es nun: erheblichere, dann minder erhebliche Verstöße; die ganz unerheblichen wird der Präsident nicht vor die Kammer bringen, sondern allenfalls im Wege des Vorhalts erledigen.

Abg. **von Walter**: Mir ist auch nahegelegt worden, die Gradation zu ändern; es ist mir gesagt worden, daß die Unterscheidung von minder erheblichen und erheblicheren Fällen zu dehnbar und es besser wäre, hier genauer zu präzisiren. Allein ich kann dieser Anregung nicht beipflichten, denn, wie schon der Herr Ministerialkommissär ausgeführt hat, haben wir eigentlich vier Grade zu unterscheiden: Die ganz unerheblichen sollen außer Strafe bleiben, die minder erheblichen sollen mit Ordnungsstrafen belegt werden, die erheblicheren mit leichteren Disziplinarstrafen und die ganz erheblichen mit höheren Geldstrafen oder Entlassung und Zwangsversetzung. Ich glaube, mit diesen vier Stufen ist eigentlich doch das Beste geleistet, was wir den Gerichten in Bezug auf die Beurtheilung der Fälle an Anhaltspunkten bieten können.

Die Anregung des Herrn Referenten hat auch einen Nachtheil, nämlich wenn wir den Artikel 69 in der von ihm bezeichneten Weise ändern und als Abs. 2 den jetzigen Abs. 3 des Artikel 70 anreihen, so kommt der Richter in die Lage, bei minder erheblichen Disziplinarvergehen, die an und für sich nur mit einer Ordnungsstrafe bedroht wären, auf eine Disziplinarstrafe zu erkennen, wenn er dazu in dem gesammten Verhalten des Notars Anlaß hat. Ich glaube nicht, daß das in der Intention des Entwurfes gelegen ist; was mit Ordnungsstrafe belegt ist, soll es bleiben auch dann, wenn das minder erhebliche Dienstvergehen von einem Notar verübt wird, der in seinem Gesammtverhalten eigentlich Anlaß gäbe, die Sache strenger zu nehmen. Die strengere Bestrafung kann auch da eintreten, weil die Ordnungsstrafen auch höher gegriffen werden können. Aber es bleibt doch bei der Ordnungsstrafe, während nach dem Antrage des Herrn Referenten eine Disziplinarstrafe eintreten müßte, und das wäre eine Verschärfung des Gesetzes, welche die Regieruug nicht will und die auch nicht angezeigt ist. S. 695.

Vorsitzender: Zum Worte ist Niemand mehr gemeldet; ich schließe die Diskussion, vorbehaltlich des Schlußwortes des Herrn Referenten. Der Herr Korreferent verzichtet.

Das Wort hat der Herr Referent.

Abg. **Fuchs** (Referent): Ich bestehe auf meiner Anregung nicht weiter und beantrage die unveränderte Annahme des Artikel 69.

Vorsitzender: Artikel 69 ist nicht weiter beanstandet; ich konstatire dessen Annahme.

Artikel 70.

Abg. **Fuchs** (Referent) (verliest Artikel 70): Hier werden die Strafen für die Dienstvergehen behandelt.

Die neugewählte Abstufung, die meines Wissens in den meisten neueren Notariatsgesetzen besteht, dürfte geeignet sein, die Disziplinarstraffälle zu vermindern und die Anwendung der eigentlichen Disziplinarstrafen auf die ihrer Schwere nach dazu geeigneten Fälle zu beschränken. Bemerkenswerth ist, daß sich die Suspension als Dienststrafe in dem Entwurfe nicht mehr findet, da sie sich in der Eigenschaft als Strafe nicht bewährt hat und durch die Geldstrafe und die Strafversetzung entbehrlich wird.

Mit der Höhe der Geldstrafe „von mehr als 50 bis zu 3000 M." kann ich mich nicht einverstanden erklären; ich finde dieselbe für viel zu hoch. Der von dieser Strafe betroffene Notar kann mit seiner Familie geradezu ruinirt sein. Nach dem Richterdisziplinargesetze kann dem Richter ein Monatsgehalt im Disziplinarwege entzogen werden; hienach wäre als Maximum der Disziplinarstrafe, selbst wenn man die Eigenart des Notariats und den Umstand in's Auge faßt, daß die Einnahmen einzelner Notare gegenüber jenen der Richter wesentlich höher sind, die Summe von 1000 M. genügend.

Ich werde, wenn ich die nöthige Unterstützung finde, einen dießbezüglichen Antrag einbringen.

Gegen Abs. 3 ist nichts zu erinnern. Unter dem Gesammtverhalten wird das dienstliche und außerdienstliche Verhalten des Notars gemeint sein.

In Abs. 4 geht der Entwurf bei dem Zusammentreffen mehrerer Dienstvergehen von dem System der Strafenhäufung aus, nur soll neben der Dienstentlassung auf keine andere Strafe erkannt werden können. Der in Artikel 70 Abs. 2 Nr. 2 bestimmte Höchstbetrag der Geldstrafe darf auch bei dem

S. 695. Zusammentreffen mehrerer disziplinär strafbaren Handlungen nicht überschritten werden.

Abg. **Landmann** (Korreferent): Was den Antrag des Herrn Referenten hinsichtlich der Geldstrafe als Disziplinarstrafe betrifft, wonach demselben die Maximalsumme von 3000 M. zu hoch erscheint, so lassen die Motive etwas Näheres hierüber nicht ersehen. Ich behalte mir vor, zur Sache Stellung zu nehmen, wenn sich die k. Staatsregierung hierüber geäußert hat, da mir weitere Anhaltspunkte fehlen und ich nicht beurtheilen kann, ob in der That eine so hohe Summe veranlaßt ist.

Nach dem Gesetze ist das System der Strafenhäufung angenommen, es ist aber ausgeschlossen in dem Falle, wenn auf Dienstentlassung erkannt ist.

Der k. Staatsminister der Justiz: Für die schwereren Fälle ist es meiner Ansicht nach schon nöthig, die Summe von 3000 M. als Maximalsumme festzusetzen. Ich mache darauf aufmerksam, daß auch die Rechtsanwaltsordnung das Maximum von 3000 M. hat, und ich mache weiter aufmerksam, daß Preußen, Sachsen und Hessen für die Notare ebenfalls 3000 M. als Maximalgeldstrafe vorsehen.

Abg. Dr. **Casselmann:** Ich bin gleichwohl der Ansicht des Herrn Referenten, daß die Maximalsumme von 3000 M. zu hoch ist. Es ist ja richtig, daß dieselbe Summe auch für die Rechtsanwälte gilt; allein ich möchte doch in dieser Beziehung den Rechtsanwalt mit dem Notar nicht auf eine Stufe stellen. Der Notar ist Beamter und als solcher in seinem Erwerbe nach verschiedenen Richtungen hin viel mehr beschränkt als der Rechtsanwalt, ganz abgesehen davon, daß, wie wir heute Morgen erörtert haben, das Einkommen des Notars durch die neue Reichsgesetzgebung eine wesentliche Einbuße erleidet. Dazu kommt, daß der Höchstbetrag der Geldstrafe von weittragender Bedeutung deßhalb ist, weil er bei dem Zusammentreffen mehrerer disziplinär strafbarer Handlungen nicht überschritten werden darf.

Ich wäre der Meinung des Herrn Referenten, daß die Summe von 1000 M. mit Rücksicht auf die Erwerbsverhältnisse des Notars vollkommen genügt.

Vorsitzender: Ich gebe bekannt, daß der Antrag eingelaufen ist:

Der Ausschuß wolle beschließen,

es habe die Nr. 2 des Artikel 70 Abs. 2 zu lauten:

2. Geldstrafe von mehr als 50 bis zu 1000 M.

Fuchs.

Abg. **Lerno:** Ich bin für die Beibehaltung des Satzes der Regierungsvorlage und möchte glauben, daß diese Beibehaltung in manchen Fällen gerade im Interesse der Notare selbst sein kann; denn es können Fälle vorkommen, bei denen eine Geldstrafe von 1000 M. zu gering erscheint. In diesem Falle müßte dann auf Strafversetzung oder gar Dienstentlassung erkannt werden, während, wenn wir den Disziplinarkammern einen weiteren Rahmen lassen, so daß sie eine Geldstrafe bis zu 3000 M. aussprechen können, dieß im Interesse der Notare selbst gelegen ist, weil sie dann von noch schärferer Strafe verschont bleiben können.

S. 696. Ministerialrath **Thelemann:** Ich muß als richtig bestätigen, was soeben der Herr Abg. Lerno gesagt hat. Bei der Feststellung der Höchstsumme von 3000 M. war aber noch ein weiterer Gedanke entscheidend, nämlich der, daß die Strafversetzung, wenn sie auch nicht ganz entbehrlich ist, doch möglichst selten sein soll. Denn diese Strafart zieht immerhin in gewissem Grade das Publikum in Mitleidenschaft. Sie nimmt dem Publikum den Notar, an den es sich gewöhnt hat, und das soll nicht ohne Noth geschehen, insbesondere dann nicht, wenn das Dienstvergehen kein offenkundiges, das Vertrauen in den Notar erschütterndes ist. Ist nun bei den Geldstrafen ein genügend hoher Strafrahmen, so wird leichter die Ahndung durch Geldstrafe bewirkt und von der Versetzung Abstand genommen werden können. S. 696.

So sehr gefährlich ist andererseits das hohe Geldstrafmaximum nicht, weil es ja ein auch hier anzuwendender allgemeiner Grundsatz ist, daß der Richter bei der Verhängung von Geldstrafen auf das Einkommen des Verurtheilten Rücksicht zu nehmen hat. Auch den thatsächlichen Verhältnissen widerspricht das Maximum von 3000 M. keineswegs. Wenn einzelne Notariate, wie es schon vorgekommen ist — z. B. in München — 30,000 M. und noch mehr ertragen, so wird für einen so gut gestellten Notar, wenn eine größere Verfehlung vorkommt, gewiß eine andere Geldstrafe nothwendig sein als für einen Notar, der 3000 M. Diensteinkommen hat. Uebrigens ist zu bedenken, daß die Strafbeträge wieder den Notaren zu gute kommen, indem sie in die Notariatspensionskasse fließen sollen.

In Betracht kommt ferner, wie schon Seine Excellenz der Herr Staatsminister bemerkt haben, daß auch Preußen, Hessen und Sachsen in den neueren Notariatsgesetzen die Maximalgeldstrafe von 3000 M. haben. Nur in Württemberg ist ein Höchstbetrag von nur 100 M vorgesehen. Dort ist aber die Sache um deswillen ganz anders und keineswegs besser für die Notare gelagert, weil der Regierung viel weiter gehende Rechte bezüglich der Dienstentlassung eingeräumt sind. Württemberg kann also nicht gut zum Vergleich herangezogen werden.

Vorsitzender: Das Wort wird nicht weiter begehrt, ich schließe die Diskussion.

Das Schlußwort hat zunächst der Herr Korreferent.

Abg. **Landmann** (Korreferent): Ich beantrage nunmehr, den Artikel 70 nach dem Vorschlage der k. Staatsregierung anzunehmen.

Abg. **Fuchs** (Referent): Ich verkenne die Gründe, die gegen meinen Antrag vorgebracht worden sind, durchaus nicht, bin aber nach wie vor der Anschauung, daß der Betrag von 1000 M. als höchste Geldstrafe genügen dürfte. Ich bitte, meinen Antrag anzunehmen.

Vorsitzender: Wir kommen zur Abstimmung.

Es ist zuerst über den Modifikationsantrag des Herrn Referenten abzustimmen.

Ich bitte diejenigen Herren, welche für den Fall der Annahme des Abs. 2 Nr. 2 statt „3000 M." setzen wollen „1000 M.", sich von den Sitzen zu erheben. (Geschieht.) Der Antrag ist abgelehnt.

Ich darf wohl annehmen, daß im Uebrigen gegen den Artikel 70 keine Erinnerung besteht, derselbe ist angenommen.

Artikel 71.

Abg. **Fuchs** (Referent) (verliest Artikel 71) Ich möchte mir zunächst eine formelle Bemerkung erlauben. Wenn man der Abstufung in Abs. 2 des Artikel 70 folgen wollte, so müßte zunächst die Strafversetzung und dann erst

S. 696. die Dienstentlassung verfügt werden; im Entwurfe selbst ist die umgekehrte Ordnung eingehalten.

Die Vorschriften des Artikel 71 geben die Vorschriften des Artikel 6 des Richterdisziplinargesetzes wieder; die Vorschrift ist eine Sollvorschrift. Ich beantrage deren Genehmigung.

Vorsitzender: Wenn eine Erinnerung nicht erhoben wird, so erkläre ich den Artikel 71 für angenommen.

Artikel 72.

Abg. **Fuchs** (Referent) (verliest Artikel 72): Nach dieser Vorschrift kann auf Dienstentlassung erkannt werden, es muß also nicht erkannt werden.

Das Wörtchen „auch“ halte ich für überflüssig und werde in der Redaktionskommission dessen Streichung beantragen. Ich beantrage die Genehmiguug.

Abg. **Landmann** (Korreferent): Ich beantrage gleichfalls die Genehmigung.

Abg. **Conrad:** Ich möchte hier in Ziff. 2 des Artikels das Wörtchen „neuerdings“ in etwas schärfere Beleuchtung gerückt sehen. Wir haben hier eine gesetzliche Bestimmung, die bei sich wiederholenden Verfehlungen eine schärfere Strafe eintreten läßt. Man sollte dann aber auch einen Zeitpunkt bestimmen, innerhalb dessen sich derartige Verfehlungen zu wiederholen haben, wenn eine schärfere Einschreitung veranlaßt erscheint. Wenn z. B. ein Notar vor 12 oder 15 Jahren eine ganze Reihe von Strafen sich zu Schulden kommen ließ und sich als renitent erwies, dann aber in einem längeren Zeitraum seitdem ein ganz zuverlässiger und tüchtiger Beamter geworden ist und nun schließlich wieder einmal etwas sich zu Schulden kommen läßt, dann, meine ich, wäre nicht die hier angedrohte Strafe der Dienstentlassung veranlaßt. Es würde sich deßhalb vielleicht empfehlen, wenn man eine Bestimmung hier trifft, die besagt, daß, wenn nach Ablauf von etwa 10 Jahren wieder eine Verfehlung eintritt, der Notar dieser Strafe nicht unterliegt.

Ich verkenne freilich nicht, daß im Artikel 70 schon gesagt ist, es sei überhaupt das gesammte Verhalten des Notars in Würdigung zu nehmen. Ich begrüße jene Bestimmung, weil Klagen bestehen, daß früher Disziplinarerkenntnisse ergingen, die nur irgend ein vereinzeltes formales Versehen des Notars recht empfindlich bestraften, während er sonst ein ganz zuverlässiger Notar war.

Unter Umständen könnte daher eine Bestimmung in dem von mir gedachten Sinne hier eingestellt werden; doch erachte ich noch eine nähere Besprechung dieser Anregung veranlaßt und will sehen, ob dieselbe auch bei anderen Herren Gegenliebe findet.

Der k. Staatsminister der Justiz: Ich bitte, dieser Anregung keine Folge zu geben. Warum soll man den Richter ungünstiger stellen als den Notar? Die Vorschrift gilt seit 1881 für die Richter und ist seitdem nie beanstandet worden.

S. 697. Abg. **von Walter:** Ich bin auch der Ansicht, daß man schon wegen der Gleichförmigkeit mit dem Artikel 6 Abs. 1 des Richterdisziplinargesetzes den Absatz stehen lassen soll. Ich glaube, die Bestimmung wird dahin aufzufassen sein, daß die früheren Strafen Disziplinarstrafen sind und daß Ordnungsstrafen dabei nicht berücksichtigt werden. Ich möchte nur bemerken, daß, wenn vor 15 Jahren einmal eine Disziplinarstrafe ausgesprochen wurde und jetzt nach 15 Jahren wieder eine Strafe zu verhängen ist, wohl keine Disziplinarkammer sich veranlaßt sehen wird, deßhalb den Artikel 70 anzuwenden. Es ist die Möglichkeit vorgesehen, auf das Gesammtverhalten Rücksicht zu nehmen, aber von dieser Möglichkeit wird kein Gebrauch gemacht werden, wenn ein so langer Zeitraum zwischen den einzelnen Fällen liegt. S. 697.

Vorsitzender: Nachdem Niemand mehr das Wort ergreift, darf ich annehmen, daß Artikel 72 unverändert genehmigt ist.

Artikel 73.

Abg. **Fuchs** (Referent) (verliest Artikel 73): Dieser Artikel bestimmt die Folgen der Dienstentlassung des Notars.

Der Rücktritt wird, dem Behördencharakter des Notariats entsprechend, künftig nur mehr die Bedeutung des Gesuches um Enthebung vom Amte haben. Ich beantrage die Genehmigung.

Vorsitzender: Der Herr Korreferent ergreift das Wort nicht; Artikel 73 ist genehmigt.

Artikel 74.

Abg. **Fuchs** (Referent) (verliest Artikel 74): Diese Vorschrift ist eine Mußvorschrift. Die Fälle, in denen ein Notar wider seinen Willen auf eine andere Stelle versetzt werden kann, wenn also kein Dienstvergehen vorliegt, bestimmt Artikel 86. Ich beantrage die Genehmigung.

Vorsitzender: Der Herr Korreferent ergreift das Wort nicht; der Artikel ist angenommen.

Artikel 75.

Abg. **Fuchs** (Referent) (verliest Artikel 75): Diese Verjährungsvorschrift ist dieselbe wie die im Artikel 2 des Richterdisziplinargesetzes gegebene. Mit dieser Bestimmung wird das bisherige Recht geändert, nach welchem die Verfolgung von Dienstvergehen der Notare schon in zwei Jahren verjährte. Nach den Motiven hätte sich die bisherige Verjährungsfrist wegen der Unmöglichkeit, innerhalb ihres Laufes die Geschäftsführung der Notariate genügend zu prüfen, als zu kurz erwiesen. Ich beantrage die Genehmigung.

Abg. Dr **Casselmann:** Wenn ich Artikel 75 richtig auffasse, so bezieht sich die Verjährungsvorschrift auch auf Ordnungsstrafen. Es dürfte da doch erwogen werden, ob für solche Fälle die vorgeschlagene Verjährungsfrist nicht doch zu hart ist. Wenn man bedenkt, daß unter Umständen die einfachsten Verfehlungen der Ordnungsstrafe verfallen können, so meine ich schon, daß für diese Bagatellesachen eine fünfjährige Verjährung eine zu lange ist.

Ministerialrath Thelemann: Der Gedanke einer kürzeren Verjährungsfrist für Ordnungsstrafsachen hat wohl eine gewisse Berechtigung, durchführbar ist er aber nicht, weil es zwischen Ordnungsstrafsachen und Disziplinarstrafsachen keine äußere Grenze gibt, sondern nur eine Grenze im Ermessen des Richters.

Vorsitzender: Ich bin derselben Anschauung wie der Herr Ministerialkommissär. Ich meine aber auch, hier würde durch Veränderung der Verjährungsfrist für die Notare nichts besser werden. In verschiedenen Fällen würde der Richter gehindert werden, ein minder erhebliches Dienstvergehen anzunehmen, weil er dann die Untersuchung einstellen oder freisprechen müßte; er würde also dann das erheblichere Vergehen annehmen müssen. Wenn es bezüglich der Visitationsperiode so bleibt wie bisher, wird das Notariat nur

S. 697. alle drei Jahre visitirt. Man kann da nicht eine so kurze Verjährungsfrist stehen lassen, weil verschiedene Dinge gar nicht entdeckt werden könnten.

Ministerialrath Thelemann: Die kurze Verjährungsfrist hätte den mißlichen Zwang zur Folge, daß man die Visitationsperiode verkürzen müßte, damit nicht schon verjährt ist, bis wieder visitirt wird. Wie es künftig im Einzelnen mit den Visitationen zu halten sein wird, läßt sich jetzt noch nicht so genau sagen. Wir werden wohl im Anfang eine kürzere Visitationsperiode als drei Jahre einführen, im Laufe der Zeit, wenn sich alle Verhältnisse geklärt haben, wird aber voraussichtlich die Frist wieder verlängert werden.

Vorsitzender: Herr Abg. Dr. Casselmann hat seine Bedenken wieder fallen gelassen.

Eine Erinnerung wird nicht erhoben; der Artikel gilt als genehmigt.

Artikel 76.

Abg. **Fuchs** (Referent) (verliest Artikel 76): Ich habe gegen diesen Artikel nichts zu erinnern und beantrage dessen Genehmigung.

Abg. **Landmann** (Korreferent): Es ist hier ein Unterschied gemacht zwischen einem vom Amte enthobenen und entlassenen Notar. Dieser Unterschied ergibt sich klar durch Artikel 88. Der enthobene Beamte ist derjenige, welcher nicht aus Strafgründen seines Amtes enthoben wird, während ein entlassener Beamte ein solcher ist, welcher zur Strafe das Amt aufgeben mußte. Es wird wohl diese meine Auffassung richtig sein. Ich bin auch mit dem Artikel einverstanden.

Vorsitzender: Dieser Artikel ist, da er ohne Erinnerung geblieben, genehmigt.

Artikel 77.

Abg. **Fuchs** (Referent) (verliest Artikel 77): Die Vorschrift in Abs. 1 steht in Uebereinstimmung mit den Vorschriften des Richterdisziplinargesetzes.

Die Voraussetzung für die Bestimmungen des Artikels ist, daß der betreffende Notar wegen fraglicher Handlungen nicht schon abgeurtheilt bezw. freigesprochen worden ist. Ich beantrage die Genehmigung.

S. 698. **Vorsitzender:** Der Herr Korreferent ergreift das Wort nicht; Artikel 77 ist angenommen.

Artikel 78.

Abg. **Fuchs** (Referent) (verliest Artikel 78): In diesem und dem folgenden Artikel wird die Frage der Konkurrenz von Dienststrafverfahren und Kriminalstrafverfahren behandelt. Nach Abs. 1 genügt es schon, daß der Staatsanwalt in einem strafgerichtlichen Verfahren die öffentliche Anklage erhoben hat. Ich beantrage die Genehmigung.

Vorsitzender: Der Herr Korreferent ergreift das Wort nicht, Artikel 78 ist genehmigt.

Artikel 79.

Abg. **Fuchs** (Referent) (verliest Artikel 79): Nach diesem Artikel muß das Strafgericht bereits erkannt haben im Gegensatze zu Artikel 78, den Notar also entweder freigesprochen oder verurtheilt haben.

In Abs. 1 wird lediglich diejenige Thatsache zum Gegenstande des Dienststrafverfahrens gemacht, welche an sich schon ein Dienstvergehen enthält, und als solches auch dann behandelt werden, wenn nicht das Kriminalstrafverfahren eingeleitet werden soll.

Ist ein Notar wegen eingetretener Verjährung vom Strafgerichte frei- S. 698.
gesprochen worden, so kann trotzdem nach Abs. 2 das Dienststrafverfahren gegen ihn eingeleitet und fortgesetzt werden, wobei die Bestimmung des Artikel 75 zu beachten ist, nach welcher die Strafverfolgung von Dienstvergehen erst in fünf Jahren verjährt.

Abs. 3 enthält eine Abweichung vom Richterdisziplinargesetze. Durch diese Vorschrift wird lediglich eine Vereinfachung angestrebt. Wenn im strafrechtlichen Verfahren eine Verurtheilung erfolgt ist, welche den Verlust des Amtes nicht zur Folge gehabt hat, ein Disziplinarverfahren aber noch nicht eingeleitet ist, so hat nach dem Richterdisziplinargesetze das Disziplinargericht zu entscheiden, ob außerdem das Disziplinarverfahren einzuleiten ist; nach dem Entwurfe aber soll die Dienstaufsichtsbehörde entscheiden, ob die Einleitung des Disziplinarverfahrens zu veranlassen ist. Es kann also nach dem Entwurfe der Antrag auf Einleitung des Disziplinarverfahrens einfach unterbleiben, während nach der Vorschrift des Richterdisziplinargesetzes ein Antrag dahin zu stellen wäre, daß das Gericht in Würdigung der Sachlage von der Eröffnung des Disziplinarverfahrens Umgang nehmen wolle. Ich beantrage die Genehmigung.

Vorsitzender: Der Herr Korreferent ergreift das Wort nicht; Artikel 79 ist genehmigt.

Artikel 80.

Abg. **Fuchs** (Referent): In den Artikeln 80 bis 85 ist das Dienststrafverfahren geregelt; Artikel 80 bis 82 behandeln das Dienststrafverfahren für Ordnungsstrafen und Artikel 83 bis 85 jenes für Disziplinarstrafen.

Vorsitzender: Ich rufe die **Artikel 80 bis 85** gleichzeitig auf.

Abg. **Fuchs** (Referent): Durch die in den Artikeln 80 bis 85 vorgeschlagenen Bestimmungen über das Dienststrafverfahren soll die bisherige Ungleichheit, wonach den Richtern nur zwei Instanzen, den Notaren aber drei Instanzen gegeben waren, beseitigt und ein Verfahren geschaffen werden, das die Sicherheit der Handhabung des Rechtes zu fördern geeignet sein soll.

Ich gebe nun eine kurze Darstellung des künftigen Dienststrafverfahrens.

Das Dienststrafverfahren ist verschieden, je nachdem es sich um Herbeiführung einer Ordnungsstrafe oder einer Disziplinarstrafe handelt.

Ich will zunächst die Ordnungsstrafen behandeln. Wenn der Herr Landgerichtspräsident bei der Geschäftsvisitation eines Notariats, also bei der Handhabung der Dienstaufsicht die Wahrnehmung macht, daß der Notar ein Dienstvergehen begangen hat, das durch eine Ordnungsstrafe zu ahnden ist, wird er in der Regel sofort den Notar zur Aufklärung bezw. zur Verantwortung auffordern, die mündlich oder schriftlich gegeben werden kann. Der Präsident wird dann das Verfahren einleiten, indem er eine Sitzung der Civilkammer des Landgerichts einberuft, dem Staatsanwalt von der Einleitung des Verfahrens behufs mündlicher oder schriftlicher Aeußerung Kenntniß gibt und, soferne dieß zur Aufklärung des Sachverhalts noch nöthig sein sollte, auch dem Notar Gelegenheit zur Abgabe einer Erklärung gibt, welche mündlich oder schriftlich erfolgen kann. Der Präsident trägt sodann in der Sitzung der Civilkammer, der er sich anschließen muß, den Sachverhalt vor und die Civilkammer beschließt, welche Strafe dem betreffenden Notar zuzuerkennen sei.

Es können nun folgende Fälle eintreten.

1 Der Notar wird freigesprochen. In diesem Falle ist das Erkenntniß dem Staatsanwalt zur Einsicht zuzustellen, damit er eventuell das

S. 698. Rechtsmittel der Beschwerde ergreifen kann. Dem Notar soll nach den Motiven das Erkenntniß nicht zugestellt werden, da er eine Mittheilung über die Einleitung des Verfahrens auch nicht erhalten habe. Ich meine, daß es doch angezeigt wäre, auch dem Notar Kenntniß von dem freisprechenden Erkenntniß zu geben, nachdem er und wahrscheinlich auch sein Personal doch davon Kenntniß hat, daß der Landgerichtspräsident bei der Visitation Manches gefunden hat, was nicht in Ordnung war, und er doch auch schon Erklärungen abgegeben hat.

2. Der Notar erhält eine Ordnungsstrafe. In diesem Falle ist das Erkenntniß dem Notar von Amtswegen zuzustellen und dem Staatsanwalt zur Einsicht vorzulegen. Beiden steht das Rechtsmittel der Beschwerde zur Notariatsdisziplinarkammer zu, welche die Disziplinarkammer des betreffenden Oberlandesgerichtsbezirkes ist. Wird Beschwerde ergriffen, so ist dieselbe innerhalb einer Nothfrist von zwei Wochen einzulegen und ist weder auf den Rechtspunkt noch auf den in erster Instanz vorgebrachten Verhandlungsstoff beschränkt. Die Beschwerde kann von der Disziplinarkammer verworfen werden, die von der Civilkammer des Landgerichtes ausgesprochene Strafe kann erhöht oder vermindert werden, der Notar kann freigesprochen werden, die Disziplinarkammer kann aber auch finden, daß nicht die Verhängung einer Ordnungsstrafe, sondern einer Disziplinarstrafe angezeigt ist; in letzterem Falle hat sie sich einer Entscheidung ganz zu enthalten und Beschluß auf Eröffnung des Disziplinarstrafverfahrens zu erlassen. Gegen einen Entscheid der Disziplinarkammer soll es eine weitere Beschwerde nicht geben, daher kann auch gegen dieses Erkenntniß der Disziplinarkammer eine Beschwerde nicht eingelegt werden.

S. 699. 3. Die Civilkammer findet, daß nicht ein Ordnungsstraffall, sondern ein Disziplinarstraffall vorliegt. In diesem Falle hat die Civilkammer der Entscheidung sich zu enthalten und der Präsident des Landgerichts die Einleitung des Disziplinarstrafverfahrens zu veranlassen; eines förmlichen Unzuständigkeitsbeschlusses der Civilkammer bedarf es nach den Motiven nicht, ebensowenig einer Zustellung an den Notar. Wenn die Civilkammer ausspricht, daß ein Disziplinarstraffall und kein Ordnungsstraffall vorliegt, so hat sie damit nach meinem Dafürhalten schon eine Entscheidung getroffen, die doch auch protokollirt werden muß, sonst findet sich ja in den Akten nichts darüber, daß sie sich überhaupt mit der Sache beschäftigt hat. Ich wünsche auch, daß eine Zustellung an den Notar erfolgen soll; für ihn ist es von großem Interesse, zu erfahren, daß seine Sache schlechter steht und er nun vor die Disziplinarkammer als erste Instanz kommt.

Was die Disziplinarstrafen anlangt, so wird die Einleitung des Disziplinarstrafverfahrens in der gleichen Weise vor sich gehen wie das Verfahren des Ordnungsstrafverfahrens, mit dem Unterschiede, daß als erste Instanz die Disziplinarkammer des betreffenden Oberlandesgerichtsbezirkes als Notariatsdisziplinarkammer und als zweite Instanz der Disziplinarhof als Notariatsdisziplinarhof entscheidet. Auf das Verfahren finden durchweg die Bestimmungen der 2. und 3. Abtheilung des Richterdisziplinargesetzes Anwendung.

Was nun Artikel 80 selbst anlangt, so ist dadurch, daß ein Kollegialgericht die Ordnungsstrafe verhängt hinreichende Gewähr gegen willkürliche Behandlung gegeben. Das Ordnungsstrafverfahren soll im Interesse des Dienstes wie der Notare einfach, rasch und von möglichst wenig Formvorschriften belastet sein; es ist deßhalb, wie in den Motiven ausgeführt ist, dem Strafbefehlverfahren ähnlich gestaltet. In Abs. 3 befindet sich die Bestimmung, daß die Entscheidung ohne mündliche Verhandlung erfolgt. Es wird sich

fragen, ob man dem Notar nicht doch Gelegenheit geben soll, hier in der S. 699.
Sitzung zu erscheinen und seine Sache zu vertreten.

Artikel 81 enthält bezüglich der Fristbestimmung eine Abweichung vom Richterdisziplinargesetz. Die Frist von zwei Wochen, die eine Nothfrist ist, dürfte in der Regel für die schriftliche Rechtfertigung der Berufung genügen.

Zu Artikel 82 und Artikel 83 habe ich nichts zu erinnern.

Nach der Vorschrift des Artikel 84 Abs. 2 würden die Notare schlechter gestellt sein als die Richter. Wenn auch zugegeben werden muß, daß die Fristbestimmung in Artikel 51 bis 53 des Richterdisziplinargesetzes zu einer sehr bedeutenden Prozeßverschleppung führt, an der Niemand ein ernstliches Interesse haben kann, und wenn auch die Anberaumung des Termins zur Verhandlung vor dem Disziplinarhof voraussichtlich immer so erfolgen wird, daß die Parteien hinreichende Zeit zum Schriftenwechsel haben, so bin ich doch der Anschauung, daß zur Beantwortung der Berufung eine Frist, und mag sie noch so kurz sein, nothwendig sein dürfte.

Zu Artikel 85 ist zu bemerken, daß die Fassung in Abs. 1 von der Bestimmung in Abs. 2 zu unterscheiden ist; in Abs. 1 handelt es sich um einen Beschluß der Disziplinarkammer bei der Entscheidung über die Eröffnung des Hauptverfahrens, also vor der Verweisung zur Hauptverhandlung, in Abs. 2 nur vom Urtheil auf Grund der Hauptverhandlung. Das Verfahren in Abs. 1 weicht von dem Verfahren des Richterdisziplinargesetzes ab, ist aber entschieden praktischer; das Landgericht ist dadurch an einem freisprechenden Erkenntniß nicht gehindert, wenn es zur Ueberzeugung gelangt, daß gar kein Verschulden des Notars vorliegt. Wenn die Sache vor das Landgericht verwiesen wird, so tritt das in Artikel 80 bestimmte Verfahren ein und gelten dieselben Grundsätze, wie wenn die Sache ohne Verweisung Seitens der Disziplinarkammer unmittelbar durch den Landgerichtspräsidenten anhängig gemacht worden wäre.

In Abs. 2 des Artikel 85 ist der Fall behandelt, daß erst in der Hauptverhandlung vor der Disziplinarkammer oder dem Disziplinarhof sich ergibt, daß das Dienstvergehen ein minder erhebliches ist und nur eine Ordnungsstrafe, nicht eine Disziplinarstrafe zu verhängen ist. Aus Zweckmäßigkeitsgründen soll hier die Disziplinarkammer selbst auf Ordnungsstrafe erkennen können. Für das Verfahren und die Rechtsmittel soll Artikel 83 des Entwurfes angewendet werden, d. h. die Disziplinarkammer entscheidet hier in erster Instanz und der Disziplinarhof in zweiter Instanz, es gibt also gegen die Verhängung einer Ordnungsstrafe durch die Disziplinarkammer eine Beschwerde zum Disziplinarhof, eine weitere Instanz gibt es nicht. Ich behalte mir zunächst Antragstellung vor.

Abg. **Landmann** (Korreferent): Ich halte die Anregung des Herrn Referenten, daß der Notar von dem freisprechenden Erkenntniß der Civilkammer zu verständigen sei, für sehr beachtenswerth. Es wird zwar in den Motiven erwähnt, daß eine Zustellung nicht nothwendig ist, da er auch eine Mittheilung über die Einleitung des Verfahrens nicht erhalten hat. Das wird nur in jenen Fällen zutreffen, in welchen der Notar nicht gehört worden ist. Aber die meisten Fälle werden wohl derartig sein, daß er vor der Entscheidung gehört werden wird. Es möchte sich also schon empfehlen, daß dem Notar in irgend einer Weise eine Mittheilung gemacht wird, sonst ist er in einem ewigen Hangen und Bangen. Es wird sich empfehlen, daß man in Artikel 80 statt „dem Verurtheilten" „dem Notar" setzt. Dann weiß er wenigstens, wie die Sache ausgegangen ist.

S. 699. Ich will keinen Antrag stellen, ich überlasse das dem Herrn Referenten, wünsche aber doch, daß die k. Staatsregierung sich dazu äußert.

Ministerialrath Thelemann: Die k. Staatsregierung hat nicht geglaubt, daß es ein Bedürfniß ist, in Ordnungsstrafsachen die Anhörung des Notars obligatorisch zu machen; denn in den meisten Fällen wird ein solches besonderes Gehör nicht nöthig sein. Stellen Sie sich den Geschäftsgang vor. Der Präsident visitirt beim Notar, findet eine Reihe von Beanstandungen, bespricht sie mit dem Notar und bringt seine Beobachtung, wenn er keine genügende Aufklärung und Entschuldigung erhält, vor die Civilkammer. Da werden neunundneunzig Prozent der Sachen so einfach liegen, daß ein formelles Gehör des Notars an der Sache nichts ändern, dem Beschuldigten nichts helfen wird. Für den Rest kann die Kammer das Gehör anordnen, sie wird es nach bestem Gewissen thun, und wenn einmal unter den vielen ein Fall mitunterlaufen sollte, wo das Gehör zu Unrecht unterblieben ist, so ist das nicht so schlimm. Das Ganze ist ja lediglich ein Strafbefehlverfahren, das der Kürze und Einfachheit wegen gewählt ist. Der Notar sieht, wenn er nicht schon gehört ist, aus dem Strafbefehl, was an ihm gerügt wird, und kann jedenfalls im Wege der Be-
S. 700. schwerde bei der Disziplinarkammer seine Vertheidigung an ‖ bringen. Die Regierung glaubt, daß in den weitaus meisten Fällen der Notar dankbar sich gerne der erhaltenen Ordnungsstrafe unterwerfen wird.

Auch auf den Zwang zur Mittheilung der im Ordnungsstrafverfahren auf Freisprechung lautenden Beschlüsse der Civilkammern kann nicht eingegangen werden. Da bedürfte es ja jedesmal der Zustellung eines förmlichen Erkenntnisses und einer eingehenden Sachverhaltsdarstellung und in das Verfahren käme gerade da, wo es am wenigsten nothwendig ist, eine außerordentliche Weitläufigkeit. Bewirkt würde damit nur, daß unter Umständen die Autorität des Präsidenten in bedenklicher Weise in's Wanken geriethe. Soll es der Notar ohne Noth jedesmal schriftlich in die Hand bekommen, daß der Präsident überstimmt worden ist? Das läßt sich mit den Grundsätzen der Disziplin nicht vereinigen. Von einem Hangen und Bangen der Notare kann im Ernst nicht die Rede sein. Entweder weiß der Notar gar nicht, daß gegen ihn ein Ordnungsstrafverfahren eingeleitet ist, dann macht ihn das Verfahren auch nicht heiß, oder der Präsident hat ihm die Einschreitung in Aussicht gestellt, dann weiß er, daß sich die Wolken verzogen haben, wenn innerhalb der nächsten Woche nichts kommt. Denn das Verfahren ist ja gerade um deswillen so einfach eingerichtet, damit die Strafe auf dem Fuße folgt, nicht daß wie bisher Jahre darüber hingehen. Der Notar ist übrigens in keiner schlechteren Lage wie ein Privatmann, der wegen der Anschuldigung einer Uebertretung von der Polizei vernommen wurde. Auch dieser erhält zumeist keine Mittheilung über die erfolgte Einstellung. Findet schließlich der Notar keine Ruhe, bis er Gewißheit hat, ob gegen ihn noch etwas schwebt, so bleibt ihm das einfache Mittel der Anfrage. Es wird Anweisung ergehen, daß solche Anfragen umgehend zu beantworten sind.

Landgerichtsrath Schmitt: Findet die Civilkammer, daß nicht eine Ordnungsstrafe, sondern eine Disziplinarstrafe am Platze ist, so kann sie weder selbst die Disziplinarstrafe verhängen, noch das Disziplinarverfahren einleiten. Sie müßte ja dann das Verfahren vor dem Disziplinargerichte, vor der Disziplinarkammer am Oberlandesgerichte eröffnen. Das geht nicht an. Es bliebe sonach nur übrig ein Beschluß, der sachlich ein Unzuständigkeitsbeschluß wäre. Demgemäß könnte man recht wohl die Sache so ordnen, daß man sagen würde,

in diesem Falle hat die Civilkammer einen Beschluß zu fassen, durch den sie sich S. 700.
ausdrücklich für unzuständig erklärt, und es der Dienstaufsichtsbehörde überläßt, die Einleitung des Disziplinarstrafverfahrens vor dem Disziplinargericht zu betreiben. So möchte es der Herr Referent wohl haben, wenn er meint, man solle den Beschluß dem Notar zustellen lassen. Das ist aber nicht nothwendig und würde nur das Verfahren sehr erschweren. In Folge einer solchen Zustellung würde zwar der Notar erfahren, daß gegen ihn beim Ordnungsstrafgericht eine Sache in Schwebe war und wegen Unzuständigkeit eingestellt worden ist, aber er wäre dadurch nicht in den Stand gesetzt, irgend etwas zu seiner Vertheidigung zu thun. Er müßte ruhig abwarten, ob das Disziplinargericht das Verfahren eröffnet oder nicht. Ob es für den Notar angenehmer ist, nach einer Zustellung im Bewußtsein der drohenden Gefahr unthätig warten zu müssen, oder gar nichts zu wissen von dem, was er doch nicht hindern kann, überlasse ich Ihrer Beurtheilung. Ich weise nur darauf hin, daß, wenn wirklich dann, vielleicht nach Wochen, das Disziplinarverfahren eingeleitet werden sollte, der Notar selbstverständlich eine zweite Zustellung bekommt, die genau dieselbe Anschuldigung enthält wie die erste, nämlich die Zustellung des Eröffnungsbeschlusses, auf welche hin ihm seine Vertheidigung freisteht. Er hat dann sozusagen einen vorläufigen und einen definitiven Bescheid. Ich glaube aber, daß es gar nicht im Interesse des Notars ist, daß er hier eine solche vorläufige Kenntniß bekommt, um dann erst nach Wochen Gelegenheit zur Verantwortung zu haben. Für ihn kann es nur darauf ankommen, daß er rechtzeitig Gelegenheit bekommt, sich vor der Disziplinarkammer, wenn diese das Verfahren gegen ihn eröffnen sollte, zu verantworten. Da genügt es, wenn er den Eröffnungsbeschluß zugestellt erhält. Wird nun der Unzuständigkeitsbeschluß nicht zugestellt, dann ist es auch nicht nothwendig, daß er formell ausgefertigt wird, es genügt eine einfache Aktenvormerkung, von welcher der Staatsanwalt Kenntniß nehmen kann.

Ich glaube, es ist für alle Theile besser, hier dem Entwurf als den Aenderungsvorschlägen des Herrn Referenten zu folgen.

Es wird Ihnen Allen nicht entgangen sein, daß die Fristen, die im Richterdisziplinargesetze sich finden, im Entwurfe sehr vermindert sind. Das geschah deßhalb, weil sie sich im Richterdisziplinargesetz als durchaus unpraktisch erwiesen haben. Es wird durch die langen Fristen eine enorme Verschleppung des Verfahrens herbeigeführt. Dieß ist gegen das Interesse der Angeklagten selbst, die zumeist bald Gewißheit haben wollen über den endgiltigen Ausgang der Sache und sich nach dem Ende des Prozesses sehnen. Andererseits kann auch ohne solche gesetzliche Fristen dem Bedürfniß der Angeklagten, sich schriftlich zu vertheidigen, hinreichend Rechnung getragen werden, wenn der Termin vor dem Disziplinarhof genügend weit gesteckt wird. Nun ist die Praxis am Disziplinarhofe, soweit ich davon Kenntniß habe, ohnehin schon eine solche, daß der Termin zur Verhandlung über eine Disziplinarsache vor dem Disziplinarhofe keineswegs auf ein paar Tage, sondern in der Regel wenigstens auf ein oder zwei Monate hinaus anberaumt wird; inzwischen ist ausreichend Zeit, Schriftsätze zu wechseln und nöthige Anträge auf Beweiserhebung u. dgl. zu stellen. Fehlt es aber ausnahmsweise an Zeit, so kann ja um Vertagung des Termins gebeten werden.

Abg. Dr **Casselmann:** Ich bin mit den Artikeln 81 bis 85 vollkommen einverstanden, ich habe nur gegen Artikel 80 ein Bedenken. Ich muß mich in dieser Richtung der Anregung des Herrn Referenten anschließen, der vermißt hat, daß in der Verhandlung, die bei der Civilkammer des Landgerichts stattfindet, der Notar Gelegenheit hat, sich auf die Anklage zu äußern.

S. 700. Es wurde nun vom Herrn Ministerialkommissär betont, daß ja die Verurtheilung nach Artikel 80 nur eine provisorische sei, daß sie eine dem Strafbefehlverfahren ähnliche sei. Nun finde ich doch, daß, wenn man Vergleiche zwischen dem Strafbefehlverfahren der Strafprozeßordnung und dem Verfahren nach Artikel 80 zieht, zwei wesentliche Unterschiede sich ergeben. Der eine Unterschied besteht darin, daß gegen den Strafbefehl der ordentliche Rechtsweg eröffnet ist: Der Bestrafte geht also, wenn er vom Amtsgericht einen Strafbefehl erhält, an das Amtsgericht, erhebt Einspruch gegen denselben und wird nun in erster Instanz vom Amtsgerichte verhandelt, während hier, wenn der Notar Einspruch oder, wie es im Artikel 81 heißt, Beschwerde gegen diesen Strafbefehl einlegt, nicht etwa in kontradiktorischer Verhandlung vor dem
S. 701. Landgerichte in erster Instanz gegen ihn entschieden ‖ wird, sondern er muß sofort an das Oberlandesgericht gehen und verliert dadurch, von Anderem abgesehen, eine Instanz.

Der zweite Unterschied — und der ist mir der wesentliche — ist der: Im Strafverfahren gibt es keine Verhandlung, bei der ein Vertreter der Anklagebehörde zugegen ist, während nach Artikel 80, so wie ich ihn auffasse, der Staatsanwalt an dem Verfahren betheiligt ist. Wenn ich den Artikel hier, wie ich dem Zurufe des Herrn Ministerialkommissärs entnehme, irrthümlich aufgefaßt habe, indem ich aus demselben geschlossen habe, daß unter Umständen der Staatsanwalt die Möglichkeit hat, sich in der Sitzung mündlich zu äußern, so ist ja die Sache nicht ganz so schlimm.

Wenn vom Herrn Ministerialkommissär betont wurde, dem Notar selbst thue man keinen Gefallen, man veranlasse unnöthige Arbeit und Mühe, veranlasse ihn, von seinem Notariatssitze an das Landgericht zu kommen in Dingen, die aktenmäßig feststünden u. s. w., so trifft das nur zu, wenn man den Notar verpflichten würde, in der Verhandlung sich zu verantworten. So weit will auch der Herr Referent nicht gehen, man will dem Notar nur die Möglichkeit geben, daß er gehört wird. Meines Erachtens wird der Notar ja, wenn die Sache so glatt liegt, daß eine Verfehlung gerügt werden soll, welche aktenmäßig feststeht, in den seltensten Fällen kommen. Es lassen sich aber gewiß auch Fälle denken, in denen der Notar ein Interesse daran hat, daß er gehört wird. Ich möchte also nur, daß ihm diese Möglichkeit gegeben wird. Ich glaube, es hätte keine Gefahr, wenn man den Artikel 80 so formuliren würde, daß ihm diese Möglichkeit eröffnet wird.

Vorsitzender: Ich möchte nur bemerken, daß die Sache eigentlich so liegt wie im Falle des Artikel 60, den wir heute behandelt haben, wo wir denn auch zur Ueberzeugung kamen, daß es nicht praktitch ist, den Notar beizuziehen. Wenn wir von einer Entscheidung in nicht öffentlicher Sitzung ohne mündliche Verhandlung sprechen, dann, glaube ich, ist ja eigentlich kein Raum für die Zuziehung des Notars. Wenn das der Fall sein soll, was Herr Dr Casselmann und der Herr Referent wollen, dann müssen wir ein anderes Verfahren konstruiren, zu welchem der Angeklagte und der Staatsanwalt zugezogen und in welchem die Sache so behandelt wird, wie es bis jetzt der Fall war, und das ist äußerst umständlich. Ich glaube auch nicht, daß das irgend welchen Nutzen bringt und den Gegenständen der Verhandlung angemessen ist. Ich wäre der Meinung, daß man von einem solch' umständlichen Verfahren absehen kann. Die Notare werden froh sein, wenn von solchen Sitzungen nicht die Rede ist.

Abg. **von Walter:** Ich stehe auch auf dem Standpunkte, daß das Ver-

fahren ein einfaches sein muß und daß insbesondere eine mündliche Verhand- S. 701.
lung in das Ordnungsstrafverfahren nicht hereingenommen werden kann. Nichtsdestoweniger aber meine ich, daß unter allen Umständen vor der Erlassung des Urtheiles auf eine Ordnungsstrafe der Notar zu hören wäre, und da könnte leicht geholfen werden, wenn im Artikel 80 Abs. 2 die Worte: „wenn es zur Aufklärung des Sachverhältnisses nöthig ist" gestrichen werden. Nach meinem Dafürhalten soll das Landgericht immer den Notar hören. Es hat jedes Ding zwei Seiten. Auch die Verfehlungen werden dadurch, daß dem Notar Gelegenheit geboten wird, sich zu äußern, vielleicht in ein ganz anderes Licht gerückt, als es durch die immerhin einseitige Auffassung des Präsidenten geschieht. Dagegen wird kaum etwas zu erinnern sein und dadurch würde auch das Verfahren keineswegs erheblich verzögert.

Ich habe noch zu bemerken, daß man in Notariatskreisen der Anschauung ist, daß die Bestimmung des Artikel 84 Abs. 2, wonach für die Einreichung der Schriftsätze zur Rechtfertigung und Beantwortung der Berufung keine Frist bestehen soll, dahin aufgefaßt wird, daß überhaupt keine Fristen laufen. Allein in den Motiven ist aufgeklärt und auch heute gesagt worden, daß eine Frist läuft und daß sie so lange dauert, bis die Hauptverhandlung vor dem Disziplinarhofe stattfindet. Damit, glaube ich, werden auch die Bedenken, die von den Notaren geäußert werden, verschwinden.

Allein unter allen Umständen möchte ich bitten, daß die k. Staatsregierung sich über meine Anregung äußert, in Artikel 80 Abs. 2 die bezeichnete Aenderung vorzunehmen.

Abg. Joseph Geiger: Ich würde die k. Staatsregierung bitten, bei Beantwortung der Frage, welche von Herrn von Walter gestellt wurde, sich vielleicht auch darüber zu äußern, welche Erwägungen Platz gegriffen haben, bei diesem, wie ich anerkenne, äußerst einfachen und kurzen Verfahren die Staatsanwaltschaft hereinzuziehen. Die Bezugnahme auf das Disziplinargesetz für Richter wird wohl nicht durchschlagend sein. Ich glaube, daß, wenn die Civilkammer des Landgerichts zur Ansicht kommt, daß eine Ordnungsstrafe nicht veranlaßt ist, die Sache nicht weiter verfolgt werden solle. Warum soll hier dem Staatsanwalt das Recht eingeräumt werden, gegen diesen Beschluß des Kollegiums eine Beschwerde zu ergreifen? Ich glaube, es würde das so einfach gedachte Verfahren für die betreffenden geringfügigen Verfehlungen vollständig genügen. Es ist nichts als ein Strafbefehl in Frage, und wenn hiezu kein Anlaß gefunden wird, mag die Sache beruhen. Es wird kaum ein Fall vorkommen, in welchem die Richter nicht selbst am besten Bescheid wissen. Warum soll in solchen kleinlichen Sachen dem Staatsanwalt eine Kognition darüber eingeräumt werden, ob etwa die Sache weitergeführt werden soll? Ich bitte, auch in dieser Beziehung sich zu äußern.

Ministerialrath Thelemann: Was die letzte Frage anlangt, so glaubt die k. Staatsregierung, daß es ohne Beiziehung der Staatsanwaltschaft überhaupt nicht geht. Die Staatsanwaltschaft ist ja auch beim Strafbefehlverfahren betheiligt und kommt hier zum Worte, obwohl der Beschuldigte nicht gehört wird. Wir können der Mithilfe der Staatsanwaltschaft aber auch der Disziplin halber nicht entbehren. Die Staatsregierung muß darauf dringen, daß die Rechtsprechung der Civilkammern in Ordnungsstrafsachen gleichmäßig und angemessen ist. Sie muß deßhalb die Einlegung von Rechtsmitteln veranlassen können. Dieß kann sie nur, wenn die Staatsanwaltschaft die Befugniß zur Einlegung der Beschwerde hat. Wäre ein solches Mittel nicht gegeben, so könnte

S. 701. es vorkommen, daß die eine Civilkammer eine außerordentlich laxe, die andere wieder eine außerordentlich strenge Praxis hätte und daß die in einem Bezirke gesammelten Erfahrungen im anderen nicht verwerthet werden könnten. Dem muß vorgebeugt werden. Es kann aber nur vorgebeugt werden, wenn die Staatsanwaltschaft am Verfahren in der Weise betheiligt wird, daß sie Kenntniß erhält, sich äußern kann und Beschwerde einlegen kann.

Die Aeußerungen können insbesondere auch in Aufschlüssen über das sonstige Verhalten des Notars bestehen, das etwa dem Staatsanwalt mehr bekannt ist als den Civilkammern.

S. 702. Noch bedenklicher ist ein anderer Punkt. Wie sollte verhütet werden können, daß die Civilkammern Fälle als Ordnungsstrafsachen erledigen, die ihrer Schwere nach vor die Disziplinarkammern gehören, wenn der Staatsanwalt nicht von den Beschlüssen der Civilkammer Kenntniß bekommt und ermächtigt wird, Beschwerde einzulegen? Man beläßt es darum wohl besser beim Entwurf.

Auch der Anregung des Herrn von Walter, die Worte: „wenn es zur Aufklärung des Sachverhältnisses nöthig ist“ zu streichen, bitte ich keine Folge zu geben. Die Vorschrift des obligatorischen Gehörs würde zur Vielschreiberei führen. Ich bin der festen Ueberzeugung, daß in den allermeisten Fällen die Sache so glatt gelagert ist, daß man den Notar absolut nicht zu hören braucht. Nun sollte auch da dem Notar das Sachverhältniß ausdrücklich auseinandergesetzt werden, es müßte ihm eine Frist zur Erklärung gesetzt werden und erst nach Ablauf dieser Frist wäre die Civilkammer in der Lage, Beschluß zu fassen. So gibt es nur unnöthige Mühe und Verzögerung. Nach dem Entwurfe ist ja auch der Civilkammer die Befugniß gegeben, den Notar zu hören, und wir dürfen sicher das Vertrauen haben, daß, wenn die Sache nicht glatt liegt, von dieser Befugniß auch wirklich Gebrauch gemacht wird. Ein Bedürfniß zur Abänderung des Entwurfes im Sinne des Antrages des Herrn Abg. von Walter besteht also sicher nicht.

Vorsitzender: Ich möchte zur Anregung des Herrn Kollegen von Walter mir eine Bemerkung erlauben. Es kommt ja oft vor, daß schon aus einer Urkunde selbst ersehen werden kann, ob eine Verfehlung eines Notars unter eine Ordnungsstrafe zu stellen ist. Der Fehler, den der Notar machte, liegt also in der Urkunde klar zu Tage; auf Grund der Urkunde ist dargelegt, daß der Notar eine Disziplinarverfehlung begangen hat. In diesem Falle ist es ganz überflüssig, den Notar noch einmal zu hören, er müßte lediglich eingestehen, daß er ein Uebersehen begangen hat.

Abg. Dr **Casselmann:** Ich kann mich den letzten Ausführungen anschließen. Ich bin auch der Meinung, daß in einer Reihe von Fällen wirklich nur die Sache verschleppt würde, wenn man den Notar hören müßte. Allein ich stehe gleichwohl immer noch auf dem Standpunkt und nähere mich hier der Auffassung des Herrn Abg. von Walter, daß, wenn der Notar es wünscht, er um so mehr gehört wird, als doch so viel feststeht, daß in allen Fällen der Staatsanwalt von der Einleitung des Verfahrens Kenntniß bekommt und daß demselben Gelegenheit gegeben ist, sich mündlich oder schriftlich zu äußern.

Der Herr Ministerialkommissär hat vorhin ein Beispiel angeführt. Er sagt, es werde in einem solchen Falle der Präsident mit dem Staatsanwalt Rücksprache nehmen, der Staatsanwalt werde vielleicht in der Lage sein, alles Mögliche sagen zu können, und der Präsident werde der Civilkammer alles das vortragen. Das könnte unter Umständen zu einer einseitigen Behandlung der

Sache führen. Der Notar weiß gar nicht, was der Staatsanwalt über ihn S. 702.
mündlich oder schriftlich dem Präsidenten mittheilt und was dieser in Folge dessen der Civilkammer übermittelt; er ist nicht in der Lage, sich äußern zu können.

Wenn sich eine Fassung finden ließe — ich glaube, darauf könnte man sich einigen —, wonach der Notar, wenn er es wünscht, rechtliches Gehör auch in diesem Verfahren bekommt, wo der Staatsanwalt Gelegenheit nimmt, sich zu äußern, so sollte man einer solchen Fassung zustimmen. Ich bin jetzt nicht in der Lage, dieselbe vorzuschlagen, aber ich bitte die k. Staatsregierung, die Frage im Auge zu behalten; vielleicht ließe sich in der zweiten Lesung eine Lösung finden.

Vorsitzender: Ich möchte nur bemerken, daß ich derartige Fälle schon öfter mitgemacht habe, und ich kann in der That die Ueberzeugung aussprechen, daß in dem Falle, den der Herr Kollege Dr Casselmann unterstellt, das Gericht beschließen wird, daß der Notar zu hören ist; wenn der Präsident vorträgt: „der Staatsanwalt hat das und das gesagt, wofür aber ein Beweis nicht vorliegt," dann wird das Gericht sagen „Woher wissen wir denn das? Dafür haben wir keinen Anhaltspunkt, das muß dem Notar mitgetheilt und er muß gehört werden." In vielen Fällen wird es zur Freisprechung kommen, und warum soll der Notar geängstigt und behelligt werden mit einer Anklage, wenn das Gericht dazu kommt, eine Freisprechung eintreten zu lassen? Nach dem Entwurfe geht in einem solchen Falle die Sache über den Notar weg, er erfährt davon nichts, er wird nicht geängstigt, und das ist für die Sachlage nach meiner Meinung das Beste. Wenn nur das geringste Bedürfniß vorliegt, wird der Notar gehört werden. Wenn aber die Sache ganz glatt liegt — in einer Urkunde zum Beispiel, die bei Gericht hinterlegt ist —, dann sehe ich nicht ein, warum man den Notar hören soll.

Der k. Staatsminister der Justiz: Die Ordnungsstrafen werden von der Civilkammer des Landgerichts verhängt. Der Staatsanwalt gehört nicht zur Civilkammer und kann, wenn es nicht besonders vorgeschrieben wird, den Sitzungen derselben nicht beiwohnen. Eine mündliche Verhandlung soll nicht stattfinden. Es ist also auch ein Vorrufen der Betheiligten nicht denkbar.

Nun heißt es weiter Der Notar ist zu hören, wenn es zur Aufklärung des Sachverhältnisses nothwendig ist. Das Gericht wird, sowie irgend eine Veranlassung gegeben ist, den Notar hören. Das ist stets geschehen und ich wüßte nicht, was die Gerichte bewegen sollte, davon abzugehen. Nimmt sogar der Staatsanwalt Veranlassung, sich zu äußern, so wird das Gericht, und da stimme ich mit dem Herrn Dr Casselmann vollständig überein, um so mehr Anlaß nehmen, den Notar darüber zu hören. Es ist nun möglich, daß man diesen Abs. 2 des Artikel 80 vielleicht so faßt, daß man zum Ausdruck bringt, daß dann der Notar zu hören ist, aber, wie gesagt, ich halte das für selbstverständlich.

Abg. Joseph **Geiger:** Die Aeußerungen Seiner Excellenz geben allerdings Beruhigung und Gewähr dafür, daß der Mitwirkung des Staatsanwalts gegenüber auch die Vertheidigung des Notars im vorbereitenden Verfahren ermöglicht wird. Ich komme gleichwohl noch einen Augenblick auf die vorige Anregung wegen der Einmischung der Staatsanwaltschaft überhaupt zurück.

Der Staatsanwalt hat kein Recht, in die Dienstaufsicht sich einzumischen. Der Präsident des Landgerichts nimmt die Visitation vor, und prüft das Geschäftsgebahren des Notars nach allen Richtungen. Er wird auch Klagen, welche

S. 702. etwa von außen kommen, zunächst in Empfang nehmen. Wir legen es in die Hand des Präsidenten selbst, inwieweit und ob er auf Grund der wahrgenommenen Mißstände mit Rücksicht auf allenfallsige Geringfügigkeit die S. 703. Sache an die Civilkammer bringen will. Er ist nicht ge‖nöthigt, Alles an die Civilkammer zu bringen, sondern er wird auch wieder ausscheiden und mit sich zu Rathe gehen, ob in diesem oder jenem Punkte Anlaß gegeben sei, die Sache der Civilkammer vorzulegen. Ich glaube, bei diesem Ermessen, welches wir dem Präsidenten als Aufsichtsbehörde einräumen müssen, wird es um so weniger nothwendig sein, den Staatsanwalt zu hören, denn die Rechte, welche allenfalls der Staatsanwalt zu wahren hätte, werden sicher von Seite des Präsidenten auch gewahrt.

Ich wollte das nur gegenüber den Aeußerungen des Herrn Regierungskommissärs noch bemerken.

Der k. Staatsminister der Justiz: Wenn wir doch einmal so weit auf die Sache eingehen, so möchte ich bitten, zu bedenken, daß es ja auch vorkommen kann, daß der Präsident von den anderen beiden Mitgliedern der Civilkammer überstimmt wird. Da es ganz unmöglich ist, in einem solchen Falle dem überstimmten Präsidenten die Beschwerde einzuräumen, so müßte er in jedem Falle gegen seine Beisitzer Unrecht behalten. Ein solches Ergebniß wäre unannehmbar. Da wird denn doch nichts übrig bleiben, als eine Beschwerde durch den Staatsanwalt zuzulassen, damit die Sache an die Disziplinarkammer gebracht werden kann. Omnipotent kann doch die Civilkammer nicht sein.

Ich wiederhole, wir haben in diesem Falle eben nur eine Persönlichkeit, welche die im Interesse des Dienstes nöthige Beschwerde ergreifen kann, und das ist der Staatsanwalt.

Abg. Dr **Casselmann:** Seine Excellenz hat vorhin gesagt, daß es selbstverständlich sei, daß, wenn der Staatsanwalt davon Gebrauch macht, mündlich oder schriftlich sich zu äußern, dann auch der Notar gehört werden müsse. Es ist das derselbe Gedanke, den ich zum Ausdruck gebracht habe.

Nun wird gesagt, in einem solchen Falle wird das Landgericht den Notar wohl auch immer hören. Ich gebe zu, daß man im Allgemeinen das Vertrauen haben kann, daß das geschieht. Aber wenn wir hier Gesetze machen und wenn wir anerkennen, daß es in einem solchen Falle selbstverständlich ist, daß, wenn eine Partei — wenn ich hier von Parteien sprechen darf — sich über die andere Partei äußert, dann auch die andere Partei gehört werden soll, so könnte man das im Gesetz auch zum Ausdruck bringen.

Ich würde vorschlagen, daß man einen weiteren Satz anfügt: „Der Staatsanwalt kann die Akten einsehen und sich mündlich oder schriftlich äußern. Aeußert sich der Staatsanwalt zum Nachtheile des Notars, so ist dem Notar Gelegenheit zu seiner Rechtfertigung zu geben."

Damit ist nicht gesagt, daß der Notar gehört werden muß, aber er soll wenigstens die Möglichkeit haben, daß, wenn der Staatsanwalt, ohne daß er etwas weiß, vielleicht Gott weiß was über ihn sagt, er dann gehört wird.

Ich möchte seine Excellenz bitten, sich darüber zu äußern.

Der k. Staatsminister der Justiz: Es soll gesagt werden, daß, wenn der Staatsanwalt sich zum Nachtheile des Notars äußert, dann auch der Notar zu hören sei. Würde indessen die Aeußerung des Staatsanwalts dem Gerichte belanglos erscheinen, so würde auch die Mittheilung der Aeußerung an den Notar keine Bedeutung haben. Es wird sehr schwer sein, im Gesetze für den angeregten Gedanken eine zutreffende Fassung zu finden.

Abg. Dr **Casselmann:** Es ist ein alter Grundsatz im Rechtsleben: S. 703.
audiatur et altera pars, das rechtliche Gehör darf nicht verweigert werden. Wenn man sich nun wie der Herr Ministerialkommissär auf den Standpunkt stellt, daß der Notar nicht gehört werden soll, wenn es das Gericht nicht für nothwendig findet, so ist mir das nicht ausschlaggebend. Das Gericht kann nicht im Voraus Alles wissen. Es ist vielleicht der Meinung, daß das, was der Staatsanwalt sagt, so überzeugend ist, daß es den Notar nicht braucht. Es könnte aber dasselbe Gericht, wenn der Notar käme und sich rechtfertigen würde, nachdem es auch den andern Theil gehört hat, zu einer ganz anderen Auffassung kommen.

Vorsitzender: Ich meine, es wäre das ein Vorschlag, auf den man sich einigen könnte. Darüber habe ich keinen Zweifel, daß kein Bedürfniß vorliegt, eine solche Bestimmung aufzunehmen; aber wenn sie aufgenommen wird, schadet sie jedenfalls nichts.

Landgerichtsrath **Schmitt:** Ich möchte mich entschieden gegen eine Vorschrift erklären, die das Gehör des Notars in allen Fällen der Aeußerung des Staatsanwalts obligatorisch macht, denn eine solche Vorschrift würde viel zu weit führen; sie würde insbesondere dahin führen, daß auch dann, wenn die Aeußerung des Staatsanwalts für belanglos erachtet und sofort die Freisprechung des Notars in Aussicht genommen wird, die Freisprechung nicht erfolgen könnte, sondern noch eine nach der Ueberzeugung des Gerichts von vornherein überflüssige Einvernehmung des Notars eintreten müßte. Dieß hätte gar keinen Zweck, sondern nur die Folge, den Staatsanwalt vor dem Notar zu kompromittiren und beide zu verfeinden. Ich glaube nicht, daß man darin eine Verbesserung des Verfahrens sehen könnte.

Hier ist auch der Satz „audiatur et altera pars" angerufen worden. Der Satz gehört sicher zu den Eckstreben der Justiz. Allein er ist auch sonst in der Rechtsordnung nicht ohne Ausnahme. Sie finden ihn im Strafrecht beschränkt auf dem Gebiete der geringeren Vergehen und Uebertretungen, also in den Bagatellsachen. Hier kann durch amtsrichterlichen Strafbefehl Strafe verhängt werden, ohne daß der Beschuldigte gehört ist. Das Gehör kommt erst nachher, wenn der im Strafbefehl Verurtheilte sich damit nicht zufrieden gibt. Diese Abweichung vom Satz „audiatur et altera pars" ist aus praktischem Grunde erwünscht und nothwendig und man ist im Publikum so sehr damit zufrieden, daß man nahezu eine weitere Ausdehnung wünscht. Genau dasselbe haben Sie hier. Die Ordnungsstrafsachen sind die Bagatellsachen unter den Dienstvergehen. Auch bei ihnen soll darum die Möglichkeit gegeben sein, das Gehör des Angeklagten in das Nachverfahren zu verweisen. Gerade diese Idee, daß man das Gehör in's Nachverfahren verweisen kann, ist die Seele des Strafbefehlverfahrens wie des jetzt vorgeschlagenen Ordnungsstrafverfahrens. Greifen Sie hier grundsätzlich ändernd ein, so werden Sie alle Vortheile, die ein so kurzes und straffes Verfahren naturgemäß hat, zu nichte machen.

Abg. **Fuchs** (Referent): Ich gestehe, daß es mir auch lieber gewesen wäre, wenn man dem Staatsanwalt, dem man die Dienstaufsicht abgenommen hat, auch im Dienststrafverfahren keine Rolle zugewiesen hätte.

Bezüglich meiner lediglich im Interesse der Notare gemachten Anregungen,
welche Anlaß zu einer längeren Dis||kussion gegeben haben, bin ich noch immer S. 704.
der Anschauung, daß sie trotz der von verschiedenen Seiten vorgebrachten Einwendungen berücksichtigungswerth sein dürften; ich lege ihnen aber keine so

S. 704. große Bedeutung bei, daß ich sie zu einem Antrage verdichten möchte. Ich beantrage nunmehr die Genehmigung der Artikel 80 bis 85.

Abg. Dr **Casselmann:** Darüber kann man ja sprechen, ob es nicht möglich sein wird, für die zweite Lesung eine redaktionell einwandfreie Fassung zu bringen.

Nun möchte ich doch der Ausführung des verehrten Herrn Ministerialkommissärs entgegentreten. Ich muß zunächst bestreiten, daß es sich hier immer um unbedeutende Sachen, um Bagatellsachen handelt. Wenn man weiß — und ich weiß das aus meiner Praxis —, wie leicht es für den Notar ist, Ordnungsstrafen zu bekommen, wenn man ferner weiß, wie peinlich genau der Notar sein muß, wie ängstlich er bei der Herstellung von Urkunden sein muß, wie ängstlich er sein muß in der Ausfertigung von Urkunden u. dgl., dann weiß man auch, daß ein Notar sehr leicht in die Lage kommen kann, eine solche Ordnungsstrafe zu bekommen, und wenn er mehrere derartige Ordnungsstrafen hat und es handelt sich um seine Qualifikation und darum, einmal an eine bessere Stelle zu kommen — ich weiß ja nicht, wie weit die hohe Staatsregierung auf diese Ordnungsstraflisten rekurrirt —, so ist nach meinem Dafürhalten dieß für den Notar, der etwas auf sich hält, durchaus nicht so bagatellmäßig.

Der Herr Ministerialkommissär hat einen Fall angeführt, der eintreten könnte, wenn das Gericht trotz des Staatsanwalts sagt, die Sache ist so, daß wir dem Notar keine Ordnungsstrafe zu Theil werden lassen, wenn in einem solchen Falle nun der Notar zu hören wäre, so wäre das nicht im Interesse des Notars gelegen und es würde die Sache unnöthig verschleppt werden. Man kann allerdings einen solchen Fall konstruiren. Man kann aber auch andere Fälle konstruiren, die anders gelagert sind, und in der Regel sind sie anders gelagert. Ich kann mir Fälle genug denken, wo eben auf einseitige Erklärungen des Staatsanwalts hin es gut wäre, wenn man auch den Notar hören würde, und ich habe mir nur deßhalb erlaubt, den Antrag vorzulegen, weil Seine Excellenz die Güte hatte, zu erklären, daß sie in dem Punkte vollständig einig mit mir ginge.

Ministerialrath **Thelemann:** Ich glaube, der Herr Abg. Dr Casselmann hat eine Aeußerung, die ich vorhin gegenüber dem Herrn Abg. Geiger gemacht habe, falsch verstanden. Wenn ich geäußert habe, daß der Staatsanwalt nothwendig sei, weil er unter Umständen besondere Aufschlüsse über den Notar ertheilen könne, so habe ich damit durchaus nicht sagen wollen, daß solche Aeußerungen der Staatsanwaltschaft häufig sein werden, im Gegentheil, die mündliche oder schriftliche Aeußerung wird in der Regel in gar nichts Anderem bestehen, als daß der Staatsanwalt erklärt, ich habe gegen die Abwandlung im Ordnungsstrafwege nichts einzuwenden. Im Ganzen wird es schon selten sein, daß der Staatsanwalt sich dahin äußert, daß seiner Meinung nach die Sache als eigentliche Disziplinarsache vor die Disziplinarkammer gehöre. Auch dazu muß der Staatsanwalt in der Lage sein und es kann unter Umständen durch eine solche Aeußerung das Verfahren sehr vereinfacht werden, wenn z. B. der Präsident auf Grund der Aeußerung die Sache zur Kognition der Disziplinarkammer bringt. Es bedarf dann nicht des Umwegs der Beschwerde.

Abg. Dr **Casselmann:** Der Herr Staatsminister hat geäußert, daß in solchen Fällen, wo der Staatsanwalt sich äußert, auch der Notar gehört werden soll, und darauf hin habe ich meine Bemerkung gemacht.

Ministerialrath Thelemann: Die Aeußerungen des Herrn Staats- S. 704.
ministers decken sich mit den meinigen. Danach soll das Gericht, wenn der Staatsanwalt neue Behauptungen vorbringt, den Notar hören, weil und soweit es zur Aufklärung nöthig ist. Dieß ergibt sich aber auch schon aus den Vorschriften des Entwurfes.

Vorsitzender: Wir können die Diskussion jetzt schließen.

Das Schlußwort hat der Herr Korreferent.

Abg. **Landmann** (Korreferent): Ich beantrage Genehmigung sämmtlicher Artikel. Es würde genügen, daß der Notar lediglich von der Thatsache ohne Angabe von Gründen verständigt wird, daß die Sache eingestellt ist.

Vorsitzender: Der Herr Referent verzichtet auf das Wort. Ich konstatire die Annahme der Artikel 80 mit 85.

Artikel 86.

Abg. **Fuchs** (Referent) (verliest Artikel 86): Dem bisherigen Notariatsgesetze war die Zwangsversetzung unbekannt. Die Einführung der administrativen Zwangsversetzung wird durch die Erwägung zu rechtfertigen gesucht, „daß das Gesammtinteresse der Bevölkerung des Bezirkes und das Interesse des Dienstes im Kollisionsfalle dem Einzelinteresse des Notars vorgehen müsse und daß es nicht angehe, von dem allgemeinen Satze, daß jeder Beamte, selbst der Richter, unter Umständen sich versetzen lassen müsse, wenn seine Stellung am Orte unhaltbar geworden sei, zu Gunsten der Notare eine Ausnahme zu machen" Die k. Staatsregierung hat auch die Kehrseite dieser neuen Einrichtung gezeigt, indem sie zugibt, „daß das Institut der Zwangsversetzung für die Notare insofern eine größere Gefahr in sich berge wie für Beamte mit fester Besoldung, als diesen ihr Gehalt gesichert bleibe, während dem Notar der Natur der Sache nach eine gleich gute Stelle nicht verbürgt werden könne"

Der Notar kann „wider seinen Willen" versetzt werden, also abgesehen von den Fällen der Organisationsänderung und der disziplinären gerichtlichen Verurtheilung.

Zu Nr. 1 bemerke ich, daß die Notare diese Bestimmung nicht angenehm empfinden. Die Versetzung eines Notars aus administrativen Erwägungen, noch dazu ohne sein Verschulden, verletze die Rechte, welche den bereits im Amte befindlichen Notaren durch Artikel 1 Abs. 3 des gegenwärtigen Notariatsgesetzes gewährleistet seien. Das billige Ermessen der Justizverwaltung, von dem in den Motiven die Rede sei, biete keinerlei Gewähr. Nach dieser Bestimmung könnte ein Notar, der seine Kräfte in seinem Amte nahezu aufgerieben habe, auch versetzt werden, weil seine Wirksamkeit auf der bisherigen Stelle als erheblich gestört erachtet werde, oder weil eines seiner Familienglieder sich einer strafbaren oder doch ehrenrührigen Handlung schuldig gemacht habe. Diese Bestimmung gehe zu weit und müsse eingeschränkt werden. Ich bin der Meinung, daß der k. Staatsregierung die Mittel in die Hand gegeben werden müssen, damit die vielen Mängel, die sich bisher in dieser || Beziehung gezeigt S. 705.
haben, im Interesse des Dienstes und des Publikums beseitigt werden.

In Artikel 87 ist das Verfahren vorgezeichnet, welches dem Verfahren für die Zwangsversetzuug der Richter vollkommen angeglichen ist. Zugestanden muß werden, daß es nicht angeht, einen Anspruch auf Uebertragung einer gleich guten Stelle zuzugestehen, weil die Erträgnisse der Notariate schwankend und oft von der persönlichen Tüchtigkeit der Notariate abhängig sind, auch die Erledigung einer solchen Stelle immer ungewiß bleibt. Ich habe das Vertrauen

S. 705. zur Justizverwaltung, daß sie objektiv die einzelnen Verhältnisse prüft und im Interesse der Familie des Notars allzu große Härten zu vermeiden sucht.

Abg. **Landmann** (Korreferent): Ich bin einverstanden.

Abg. **von Walter:** Der Artikel 86 weicht von den Vorschriften des Artikel 65 des Reichsdisziplinargesetzes in zwei Punkten ab: einmal darin, daß er in Nr. 2 des Abs. 1 von „anderen Gründen" spricht, die sich dort nicht finden, und dann darin, daß er in Abs. 2 dem Notar die Ersetzung der Umzugskosten aus der Staatskasse nur dann in Aussicht stellt, wenn die Zwangsversetzung auf Grund des Abs. 1 Nr. 1 erfolgt, während dem Richter nach Abs. 2 des Artikel 65 die Umzugsgebühren in allen Fällen zu ersetzen sind.

Ich möchte nun um Aufschluß bitten, was unter „anderen Gründen" zu verstehen ist, und dann glaube ich, daß die Umzugsgebühren auch dann zu ersetzen wären, wenn die Verfolgung im Dienststrafverfahren wegen Verjährung nicht erfolgen kann. In dem letzteren Falle dürfte es überhaupt fraglich sein, ob es noch nothwendig ist, zur schweren Maßregel der Zwangsversetzung zu greifen.

Ich möchte die Uebereinstimmung mit dem Richterdisziplinargesetz in dieser Beziehung nicht aufgeben, und nach meiner Meinung muß die Milde, die man dem Richter gegenüber walten läßt, auch gegenüber dem Notar Platz greifen, um so mehr, als der Richter durch die Zwangsversetzung nichts verliert, während beim Notar die Gefahr sehr groß sein wird, daß er bedeutende Einbuße erleidet.

Der k. Staatsminister der Justiz: Ich erkläre den Verzicht auf die Worte „oder aus anderen Gründen" und kann auch darauf verzichten, daß in Abs. 2 die Nr. 1 aufgeführt wird.

Abg. Dr **Casselmann:** Ich muß anerkennen, daß der Artikel 86 nothwendig ist im öffentlichen Interesse, obwohl er seinem Wortlaut nach und nach der Natur der Sache sehr elastisch ist. Herr von Walter hat mit Recht hervorgehoben, daß bei den Notaren die Sache schlimmer ist als beim Richter. Wenn der Richter wider seinen Willen auf eine andere Stelle versetzt wird, so hat er denselben Gehalt, der Notar aber kann sehr erheblich in seinem Einkommen geschädigt werden.

Ich möchte nur bitten, zu sagen, an welche Fälle hier vornehmlich gedacht wurde.

Der k. Staatsminister der Justiz: Es ist schwer, sich darüber präzis auszusprechen. Es kann z. B. in der Familie eines Notars Vorfälle geben, für die er nicht verantwortlich ist, unter denen aber sein Ansehen so leidet, daß er nicht am Orte belassen werden kann.

Abg. **Lerno:** Ich möchte um eine Aeußerung der Regierung bitten, ob unter Umzugskosten die Gebühren im Sinne der Verordnung über die Umzugsgebühren von 1817 zu verstehen sind, oder ob lediglich der Ersatz der baaren Auslagen für den Umzug beabsichtigt ist.

Der k. Staatsminister der Justiz: Es sind nur die auf den Umzug erwachsenen Baarauslagen gemeint.

Abg. **Lerno:** Es müßte also dann der Notar eine Liquidation seiner Umzugsauslagen einreichen, welche der Revision und Festsetzung der Finanzbehörde unterliegt.

Abg. **Conrad:** Es wurde mir aus Notarskreisen die Mittheilung gemacht, daß eine gewisse Beunruhigung bezüglich des Artikel 86 besteht. Ich schließe

mich den Aeußerungen der Herren Abg. von Walter und Dr. Casselmann an, S. 705.
indem auch ich einsehe, daß eine Bestimmung dieser Art nicht gänzlich entbehrlich, daß aber die Regierung nicht wohl Anlaß haben wird, derartige Maßnahmen zu veranlassen. Nachdem aber das Enthebungsverfahren unter gerichtlichen Schutz gestellt ist und nachdem ferner vorgeschrieben ist, daß der Notar gehört werden soll, wenn es zur Aufklärung des Sachverhältnisses nöthig ist, so glaube ich, werden die Befürchtungen sich zerstreuen. Hervorzuheben ist, daß der Notar selbst, wenn seine Stellung an einem Orte gewissermaßen unhaltbar geworden ist, Schritte thun wird, um wegzukommen. Denn er selbst merkt schon an seinem Geldbeutel, daß seines Bleibens nicht mehr ist. Dann wird aber auch der Charakter der Zwangsversetzung diesen gehässigen Beigeschmack nicht haben, wenn der Notar selbst findet, daß er gut thut, einen anderen Ort aufzusuchen.

Vorsitzender: Nach dem Antrag des Herrn Abg. von Walter sollen in Abs. 1 Nr. 2 die Worte „oder aus anderen Gründen" gestrichen werden. Nach dem Antrag des Herrn Referenten soll dann in Abs. 2 die Nr. 1 wegbleiben.

(Referent beantragt, zu sagen: „Dem auf Grund dieser Vorschrift".)

Diese beiden Anträge können wir der Redaktionskommission überlassen.

Ebenso ist vom Herrn Abg. Lerno jetzt gerade der Wunsch geäußert worden, daß statt „die Umzugskosten" gesetzt werden soll „die baaren Umzugsauslagen"

Ich schreite zur Abstimmung.

Die beiden Anträge auf Streichung der Worte „oder aus anderen Gründen" in Abs. 1 und auf Streichung der Worte „Nr. 1" in Abs. 2 sind angenommen.

Im Uebrigen ist Artikel 86 unverändert geblieben und konstatire ich dessen Annahme.

Artikel 87.

Herr Abg. Fuchs als Referent!

Abg. **Fuchs** (Referent) (verliest Artikel 87): Dieser Artikel regelt das Verfahren, welches bei der Zwangsversetzung einzuhalten ist. Zur Entscheidung soll die Notariatsdisziplinarkammer berufen sein, welche nach ihrer sonstigen Thätigkeit am besten mit den einschlägigen Verhältnissen vertraut sein wird. In Notariatskreisen wird gewünscht, daß, nachdem hier kein Disziplinarstraffall gegeben sei, den Standesgenossen selbst, eventuell dem Plenum des Landgerichts, in ‖ dessen Bezirk der Notar seinen Wohnsitz hat, die Entscheidung übertragen S. 706.
werden soll. Ich eigne mir diese Ansicht nicht an, bin vielmehr mit den Vorschlägen der k. Staatsregierung einverstanden.

Ein Rechtsmittel gegen die Entscheidung der Disziplinarkammer ist nicht gegeben. Ich beantrage die Genehmigung.

Abg. **von Walter:** Ich stehe auf dem Standpunkt des Herrn Referenten, wonach die Entscheidung darüber, ob eine Zwangsversetzung stattfinden soll, weder der Notariatskammer noch dem Plenum des Landgerichts überlassen, sondern diese Frage im Disziplinarwege verhandelt und entschieden werden soll. Aber die Bestimmung scheint mir zu hart, daß die Disziplinarkammer endgiltig zu entscheiden hat und ein Rechtsmittel gegen die Zwangsversetzung ausgeschlossen ist. Es ist beim Richter wohl auch so, aber der Richter erleidet durch die Zwangsversetzung keine Einbuße; der Notar aber kann eine solche erleiden; und

S. 706. in den Fällen des Artikel 86 kann oft nicht einmal von einem Verschulden des Notars eine Rede sein.

Es dürfte also doch gut sein, dem Notar ein Rechtsmittel zu gestatten.

Abg. Dr. **Casselmann:** Ich unterstütze diesen Antrag. Es kann bei der elastischen Natur des Artikel 86 nicht einmal definirt werden, welche Fälle alle darunter zu subsumiren sind; um so mehr muß man verlangen, daß, wenn es zur Entscheidung kommt, die möglichste Kautel für die Notare geschaffen werde, daß ihnen nicht Unrecht geschieht. Darum meine auch ich, daß man ein Rechtsmittel gegen die Entscheidung der Disziplinarkammer geben soll.

Ministerialrath **Thelemann:** Der Notar soll in keine bessere Lage kommen als der Richter. Dem Richter ist dieses Rechtsmittel nicht gewährt; es soll auch dem Notar nicht gewährt werden. Daß der Richter bei der Zwangsversetzung im Gehalte keinen Schaden leidet, ist richtig; aber auch beim Notar soll eine Schmälerung des Einkommens, soweit thunlich, vermieden werden. Es ist in Aussicht genommen, in solchen Fällen nach Möglichkeit den Notar auf eine Stelle mit annähernd gleichem Einkommen zu versetzen. Daß das nicht auf Mark und Pfennig ausgerechnet werden kann, ist klar; dafür finden Sie aber auch im Artikel 94 Abs. 3 des Entwurfes eine Bestimmung, durch welche dem Staatsministerium der Justiz die Möglichkeit eingeräumt ist, die Ausführung der Versetzung so lange zu verschieben, bis eine entsprechende Stelle frei wird. Sie haben vielleicht gedacht, daß diese Bestimmung ihre Schärfe gegen die Notare wende. Sie ist jedoch lediglich zu ihren Gunsten gemacht, weil ohne eine solche Bestimmung sofortige Versetzung auf die nächste sich erledigende, wenn auch viel schlechtere Stelle stattfinden müßte.

Ich glaube, Sie sollten nach diesen Aufklärungen und mit Rücksicht auf die im Entwurf gegebenen Garantien auf dem Verlangen der Zulassung eines Rechtsmittels nicht bestehen. Ein solches Rechtsmittel würde doch nur die Sache um einige Monate verzögern und schließlich die Lage des Notars kaum verbessern.

Abg. Dr **Casselmann:** Es handelt sich hier wirklich um einen Kautschukparagraphen. Ich bin wohl überzeugt, daß die gegenwärtige Justizverwaltung alles Wohlwollen gegen die Notare in dieser Richtung hat, aber wir machen Gesetze für alle Zeiten und ich kann mich des Eindrucks nicht erwehren, daß, wenn man den Artikel 86 annehmen will, man möglichst weitgehende Kautelen in Artikel 87 schaffen soll, und darum ist mir die Anregung des Herrn von Walter sympathisch.

Der k. Staatsminister der Justiz: Diese Fälle kommen nur selten vor. Sie dürfen überzeugt sein, daß in einer so ernsten Sache die Justizverwaltung mit aller Vorsicht vorgehen und die Zwangsversetzung eines Notars nur dann betreiben wird, wenn es unmöglich ist, ihn auf seiner Stelle zu belassen.

Abg. **Landmann** (Korreferent): Ich meine, man sollte die Regierungsvorlage annehmen; im dritten Absatz ist ja ausdrücklich gesagt, daß, wenn das Staatsministerium der Justiz den Einspruch des Notars gegen seine Versetzung als begründet erachtet, es die Sache für beruhend erklärt und den Notar davon benachrichtigt. Es ist ja das auch in gewissem Grade ein Rechtsmittel.

Abg. **Lerno:** Ich möchte gleichfalls der Regierungsvorlage beistimmen und zwar hauptsächlich aus dem von der Regierung geltend gemachten Grunde, daß der Notar es nicht besser haben soll als der Richter. Wenn gesagt wird, daß mit der Zwangsversetzung für den Notar weittragendere materielle Nach-

theile verbunden sind als bei jener des Richters, so mache ich doch aufmerksam, S. 706.
daß auch beim letzteren die Zwangsversetzung oft mit sehr unangenehmen materiellen Nachtheilen verbunden sein kann, z. B. durch den Verlust der Dienstwohnung, durch den Umstand, daß der Versetzte seine Kinder in auswärtigen Anstalten unterbringen muß u. s. w.

Vorsitzender: Ein Antrag zu Artikel 87 ist nicht gestellt; derselbe ist angenommen.

Artikel 88.

Herr Referent!

Abg. **Fuchs** (Referent) (verliest Artikel 88): Es sind in diesem Artikel die Fälle angegeben, in welchen ein Notar, abgesehen von den Fällen der Organisation, wider seinen Willen, also zwangsweise von seinem Amte enthoben werden kann. Diese dem bisherigen Rechte unbekannte Bestimmung wird dadurch begründet, daß die Umgestaltung der Notariate zu Behörden diese Aenderung nothwendig mache und die Einführung der Zwangsenthebung einem dringenden praktischen Bedürfnisse entspreche. Die Enthebung wegen Dienstunfähigkeit, die durch Krankheit bewirkt sei, sei mit Rücksicht auf die Rechtspflege nicht zu entbehren; ihr Fehlen habe bisher schon bei geistiger Erkrankung von Notaren zu schlimmen Mißständen geführt.

Ich begrüße diese neue Einrichtung, durch welche endlich einem Zustande ein Ende gemacht werden kann, der im Volke oft nicht verstanden wurde und auf die Dauer sich nicht hätte halten lassen. Die ständige Amtsverwesung, welche ihre große Bedenken hatte, hört hiemit auf.

Die Frage, ob die vom Amt enthobenen Notare auch entsprechenden Unterhalt bekommen, wurde heute schon bei Artikel 49 im Zusammenhalt mit Artikel 127 eingehend erörtert, die von der Regierung in dieser Beziehung gegebenen Aufschlüsse lassen jede Besorgniß schwinden.

Aus der Bestimmung in Nr. 1 ergibt sich, daß die Enthebung eines S. 707.
Notars wegen Krankheit nicht schon bei vorübergehender Erkrankung erfolgen soll; wenn die Wiederherstellung des Notars in angemessener Zeit in Aussicht steht, so kann durch Gewährung von Urlaub und durch Aufstellung eines Amtsverwesers für die Dauer der Krankheit geholfen werden. Wenn gegen den Notar ein Verfahren nach Artikel 88 und 89 eingeleitet ist, so kann gemäß Artikel 93 Abs. 1 Nr. 3 die Suspension über den Notar von der Disziplinarkammer verhängt werden, sie kann auch nach Artikel 94 Ziff. 2 vom Staatsministerium der Justiz für die Zeit bis zur Enthebung ausgesprochen werden.

Ich beantrage die Genehmigung.

Abg. **von Walter:** Zu den Bestimmungen des Artikel 88 kann man nur die Zustimmung ertheilen, wenn für den Lebensunterhalt des Notars in irgend einer Weise Vorsorge getroffen ist. Das wurde heute Morgen schon in Aussicht genommen. Ich glaube übrigens, daß auch hier die Worte „oder aus anderen Gründen" gestrichen werden sollten.

Landgerichtsrath **Schmitt:** Die Worte „aus anderen Gründen" wurden bei Artikel 86 gestrichen, und es kann kaum bestritten werden, daß diese Streichung guten Grund hatte. Denn der Artikel 74, welcher über die Strafversetzung handelt, lautet: „Auf Strafversetzung ist zu erkennen, wonach ein Notar durch eine Handlung, die ein Dienstvergehen bildet, die Achtung oder das Vertrauen der Bevölkerung des Notariatsbezirks verloren hat, so daß er in diesem Bezirke nicht belassen werden kann." Die Strafversetzung ist also

S. 707. selbst dann zu verhängen, wenn das Vergehen nicht von übermäßiger Schwere, aber doch von solcher Art ist, daß man den Notar nicht in seinem Bezirke lassen kann. Dem gegenüber läßt sich allerdings ein anderer Grund als die Verjährung für die Unmöglichkeit des Eintritts der Strafversetzung bei kompromittirenden Dienstvergehen nicht wohl denken. Die „anderen Gründe" können darum hier fehlen.

Ganz anders ist das beim Artikel 88. Hier mußten die Worte eingesetzt werden, weil sie nothwendig sind und weil sich ihr Fehlen im Richterdisziplinargesetz als empfindlicher Mangel herausgestellt hat. Zum Beweis dessen ein Beispiel! Es ist vorgekommen, daß ein Richter disziplinär zur Verantwortung gezogen wurde wegen einer Handlung, durch die er vor der Oeffentlichkeit so kompromittirt war, daß er ohne Schaden für das Richteramt unmöglich Richter, ja auch nur Beamter bleiben konnte. Es fand sich aber, daß das subjektive Verschulden des Richters zwar gegeben, doch nicht so hoch war, daß man hätte strafweise die Dienstentlassung verhängen können. Es wurde also nur eine hohe Geldstrafe ausgesprochen und gleichzeitig das Zwangspensionirungsverfahren eingeleitet. Was ergab sich aber? Im Zwangspensionirungsverfahren befand das Oberlandesgericht — und mußte vielleicht so befinden —, daß der Fall des Gesetzes nicht gegeben sei, weil die vorhandene unheilbare Kompromittirung nicht ohne Verschulden, sondern durch Verschulden des Richters eingetreten und der Fall der Verjährung nicht gegeben sei. Ein solches Ergebniß ist aber durchaus unbefriedigend und darf, wenn man neue Disziplinarbestimmungen macht, nicht durch diese ermöglicht werden. Es ist vielmehr bei den neuen Bestimmungen dem richtigen Gedanken Rechnung zu tragen, daß es auf irgend eine Weise möglich sein muß, die Entfernung eines Beamten, der — schuldig oder nicht — sich so kompromittirt hat, daß seine Belassung im Amt ohne Schädigung der Würde des Amts nicht möglich ist, auch gegen seinen Willen zu erzwingen. Diesen Sinn haben die Worte „aus anderen Gründen".

Abg. Dr **Casselmann:** Ich erkläre gleich Herrn Kollegen von Walter, daß ich Artikel 88 nur zustimmen kann Angesichts der Versicherung, die die k. Staatsregierung gestern gegeben hat, daß nach Maßgabe des Vermögens und der Dienstzeit für derartige Fälle für den Notar vom Staate gesorgt werden soll.

Vorsitzender: Ich schließe mich dieser Erklärung an. Ich habe aber das Bedenken, daß wir, nachdem im Falle des Artikel 89 das Verfahren des Artikel 87 Anwendung findet, doch wohl besser gethan hätten, gegen die Entscheidung der Disziplinarkammer auf Zwangsversetzung ein Rechtsmittel zuzulassen. Wir werden das bei der zweiten Lesung erwägen müssen.

Ministerialrath **Thelemann:** Aus den Worten des Herrn Abg. Wagner ist die Frage herauszulesen: Wie soll, solange noch keine Versorgungsanstalt für die Notare besteht, nach dem 1 Januar 1900 für die Notare gesorgt werden? Es wird das Bestreben der Justizverwaltung sein, die Vorbereitungen für die Gründung der Versorgungsanstalt so rasch wie möglich zu treffen, aber wie Sie wissen, hängt die Ausgestaltung solcher Pläne ab von den versicherungstechnischen Gutachten, die nicht sofort zu haben sind. Wir konnten diese Gutachten nicht fertigen lassen, bevor wir für sie die Unterlage des Notariatsgesetzes hatten. Es wird deßhalb kaum möglich sein, bis zum 1 Januar 1900 zu einem Abschlusse zu kommen. Tritt der Fall der Unmöglichkeit rechtzeitiger Gründung ein, so wird vorläufig durch Aufnahme einer Position in das nächste Budget Vorsorge getroffen werden müssen für die Fälle, welche unter den Artikel 88 fallen. Das Andere läßt sich nachholen.

Vorsitzender: Die Herren Referenten verzichten auf das Schlußwort. S. 707.
Ein Antrag auf Abänderung des Artikel 88 ist nicht gestellt; derselbe ist angenommen.

Artikel 89.

Abg. **Fuchs** (Referent) (verliest Artikel 89): Durch diese Bestimmung ist immerhin eine gewisse Gewähr gegeben, daß die Enthebung vom Amte nur dann erfolgen wird, wenn Thatsachen vorliegen, welche die Weiterführung des Amtes im Interesse des Dienstes und des Publikums unmöglich machen.
Ich beantrage die Genehmigung.

Abg. **Landmann** (Korreferent): Es heißt hier, der Notar muß vernommen werden, insoferne nicht sein körperlicher oder geistiger Zustand die Zulässigkeit der Vernehmung ausschließt. Nun denke ich mir die Sache so, daß, wenn er in Folge körperlichen Leidens nicht vernommen werden kann, man sich zu ihm hinbegeben muß. Sein körperlicher Zustand wird die Vernehmung wohl immer gestatten, bei dem geistigen trifft dieß allerdings nicht immer zu.

Der k. Staatsminister der Justiz: Die Vorschrift stimmt überein mit der des Artikel 54 des Richter‖disziplinargesetzes. Es gibt doch auch körperliche S. 708.
Zustände, die eine Vernehmung unmöglich machen.

Vorsitzender: Eine weitere Erinnerung wird nicht erhoben, Artikel 89 ist genehmigt.

Artikel 90.

Abg. **Fuchs** (Referent) (verliest Artikel 90): Dieser Artikel ist dem Artikel 77 des Richterdisziplinargesetzes nachgebildet. Ich beantrage die Genehmigung.

Abg. **Landmann** (Korreferent): Ich bin mit dem Artikel einverstanden.

Vorsitzender: Ich konstatire, daß Artikel 90 angenommen ist.

(Schluß der Sitzung um 7 Uhr 25 Minuten.)

Wagner,
Vorsitzender.

Michel,
Schriftführer.

---

41. S. 709.

Protokoll

über die Sitzung des besonderen (XVIII.) Ausschusses der Kammer der Abgeordneten zur Berathung der durch die Einführung des Bürgerlichen Gesetzbuchs veranlaßten Gesetzentwürfe.

(Verhandl. d. Justiz-Gesetzg.-Aussch. d. K. d. Abg. 1899. Beil.-Bd. XX, Abth. II, S. 709 bis 729.)

München, den 6. Mai 1899, Vormittags 9 Uhr.

Gegenwärtig:

Die Vertreter der k. Staatsregierung: der k. Staatsminister der Justiz Dr. Freiherr von Leonrod, Excellenz, der k. Senatspräsident am obersten Landesgerichte Dr. Ritter von Jacubezky, der k. Ministerialrath im Staatsministerium der Finanzen, Kronanwalt Ritter von Schubart, der k. Ministerialrath im Staatsministerium der Justiz Thelemann, der k. Landgerichtsrath im Staatsministerium der Justiz Schmitt;

ferner die Ausschußmitglieder: Wagner, Stellvertreter des Vorsitzenden, Dr. Casselmann, Schriftführer, Michel, Stellvertreter des Schriftführers, Conrad, Fuchs, Joseph Geiger, Joseph Huber, Landmann, Lerno, Segitz, von Walter (Beckh, Dr. Ratzinger, Seeberger und von Stobäus entschuldigt).

S. 709.

Tagesordnung:

Entwurf eines Notariatsgesetzes.
(Beilage R.)

Artikel 91 mit 140.

Erste Lesung.

Der Stellvertreter des Vorsitzenden Abg. **Wagner** eröffnet um 9 Uhr 5 Minuten die Sitzung und ertheilt das Wort dem Herrn Referenten zu

Artikel 91.

Abg. **Fuchs** (Referent) (verliest Artikel 91): Während die gegenwärtigen Notariatsgesetze die Suspension der Hauptsache nach als Strafe, in einigen Fällen auch als vorläufige Maßregel behandeln, soll in dem künftigen Notariatsgesetze die Suspension als Strafe ganz fallen gelassen werden und nur mehr eine vorläufige Schutzmaßregel sein. Nach Artikel 136 des Entwurfes kann auf Strafe der Suspension auch in den Uebergangsfällen nicht mehr erkannt werden.

Ein suspendirter Notar wird durch die Suspension nicht unfähig, Amtshandlungen rechtswirksam vorzunehmen; er macht sich jedoch eines Dienstvergehens schuldig, wenn er in Kenntniß von der Suspension Amtshandlungen vornimmt. Nach Artikel 99 Abs. 1 erfolgt im Falle der Suspension des Notars die Bestellung eines Verwesers von Amtswegen. Ich beantrage die Genehmigung.

Vorsitzender: Artikel 91 ist genehmigt.

Artikel 92.

Abg. **Fuchs** (Referent) (verliest Artikel 92): Artikel 92 bestimmt, in welchen Fällen die Suspension kraft des Gesetzes eintritt. Die Fälle 1 bis 4 stimmen mit dem Artikel 59 des Richterdisziplinargesetzes überein, nur ist Ziff. 4 auf jede Freiheitsstrafe, also auch auf die Haftstrafe ausgedehnt; nach den Motiven besteht „bei der besonderen Gestaltung der Suspension im Notariatsrecht kein Anlaß zu einer Ausnahme für die Haftstrafe" Die Fälle Ziff. 5 bis 7 finden sich im Richterdisziplinargesetze nicht, sind aber sachlich nothwendig, hiegegen sind die Bestimmungen des Artikel 61 des Richterdisziplinargesetzes in das Notariatsgesetz nicht mit aufgenommen worden, weil ein Anlaß, in Fällen der Untersuchungshaft und des Vollzugs einer Freiheitsstrafe der Suspension noch über das Ende der Freiheitsentziehung hinaus wirken zu lassen, nicht gegeben erscheint. Ich beantrage die Genehmigung.

Vorsitzender: Artikel 92 ist ohne Erinnerung angenommen.

Artikel 93.

Abg. **Fuchs** (Referent) (verliest Artikel 93): Dieser Artikel bestimmt die Fälle, in welchen die Suspension durch Beschluß der Disziplinarkammer verhängt werden kann, also nicht muß.

In Nr. 1 und 2 handelt es sich um Fälle, in welchen erst ein Disziplinarverfahren eingeleitet ist, bezw. der Notar erst in der Voruntersuchung steht.

In Nr. 2 sind zum Unterschiede von Artikel 92 Nr. 2, in welchem Falle es sich um ein Verbrechen oder Vergehen handelt, das den Verlust des Amtes nach sich ziehen kann, diejenigen Verbrechen und Vergehen gemeint, welche diese Folge nicht haben; die Fortführung des Amtes durch den Notar muß

die Würde des Standes oder das Interesse des Dienstes gefährden, der Notar S. 709.
kann also schon in der Voruntersuchung suspendirt werden. Es ist fraglich, ob dieß nicht unter Umständen als eine Härte erscheint.

Nach Nr. 3 kann der Notar auch suspendirt werden, wenn ihn gar kein Verschulden trifft (Art. 88 Nr. 2), ja seine Beschwerde hat nicht einmal aufschiebende Wirkung. Ich halte diese Bestimmung auch für zu streng und glaube, daß der Beschwerde aufschiebende Wirkung zugestanden werden soll.

Abs. 3 kann, nachdem in Artikel 13 die Verpflichtung des Notars zur Uebernahme von Geldern ꝛc. festgesetzt wurde, in der vorgeschlagenen Fassung nicht belassen werden. Ich behalte mir Antragstellung vor.

Abg. **Landmann** (Korreferent): Von Seite des Herrn Referenten wird in Zweifel gezogen, ob die Nr. 3 des Artikel 93 aufrecht erhalten werden soll. Ich muß mich für die Annahme des Regierungsentwurfes aussprechen. Ich erinnere zunächst daran, daß die Suspension nicht verfügt werden muß, sondern nur verfügt werden kann und daß sie nicht vom Ministerium oder vom Präsidenten des Landgerichts verfügt wird, sondern von der Disziplinarkammer, also von einem Gerichtshofe. Ich bin auch der Ansicht, welche die
k. Staatsregierung in den Motiven ‖ niedergelegt hat, daß für dieselbe die S. 710.
nämlichen Gründe sprechen wie für die Suspension im Falle des Bevorstehens der Strafversetzung und der Entlassung.

Was den Abs. 3 anlangt, welcher ausspricht, daß, wenn gegen einen Notar ein Disziplinarstrafverfahren wegen einer Handlung anhängig ist, welche seine Verlässigkeit in Geldangelegenheiten in Frage stellt, so halte ich diese Vorschrift Angesichts des Beschlusses des Ausschusses, daß die Haftung des Staates in Anspruch genommen werden soll, für unbedingt nothwendig.

Wenn wir auf der einen Seite den Staat vollkommen in Anspruch nehmen wollen, so muß man auf der anderen Seite der Staatsbehörde jedes Mittel in die Hand geben, um zu verhindern, daß der Staat irgendwie in dieser Beziehung in Verlegenheit kommt.

Ich spreche mich also für die unveränderte Annahme des Artikel 93 aus.

Vorsitzender: Ich möchte mir eine Anfrage erlauben bezüglich des Abs. 3. Wenn die Befugniß, Gelder in Empfang resp. in Verwahrung zu nehmen, dem Notar entzogen wird, so wird es doch nothwendig sein, eine bestimmte Anordnung zu treffen, wie es gehalten werden soll mit dem Geld, welches, bevor die Maßnahme bekannt ist, abgesendet wird, das aber der Notar deßwegen, weil ihm im Moment des Eintreffens des Geldes die Befugniß zur Aufbewahrung entzogen ist, nicht mehr annehmen kann. Es wird wohl in der Geschäftsordnung ein Ausweg getroffen werden müssen dahingehend, daß für diesen Zeitpunkt die betreffenden Gelder in Verwahrung des Amtsgerichts bezw. einer Hinterlegungsstelle genommen werden. Ich möchte dieß bemerken, damit der Herr Vertreter der k. Staatsregierung gleich die Antwort darauf geben kann.

Ministerialrath **Thelemann:** Was die letzte Bemerkung des Herrn Abg. Wagner anlangt, so ist es ganz selbstverständlich, daß in dieser Beziehung entsprechende Weisung erlassen werden würde. Es würde zweckmäßig sein, da allgemeine Vorschriften nicht möglich sind, solche Weisungen beim Erlaß der jedesmaligen Entziehung der Erlaubniß zu geben, weil wohl bei dieser Gelegenheit erst darüber verfügt werden könnte, wo die Gelder hinkommen sollen. Es muß das nach den Oertlichkeiten unter Umständen verschieden geordnet werden.

S. 710. Was aber die Bestimmung in Abs. 3 überhaupt betrifft, so hängt ihr Schicksal ab von der Fassung des Artikel 13. Wenn der Notar die Berechtigung, aber nicht die Verpflichtung hat, Gelder anzunehmen, so kann man ihm untersagen, von dieser Berechtigung Gebrauch zu machen. Nachdem Sie aber jetzt beschlossen haben, daß der Notar die Verpflichtung hat, Gelder anzunehmen, so wird sich dieser Abs. 3 so, wie er jetzt hier steht, kaum aufrecht erhalten lassen. Wenn Jemand weiß, der Notar ist verpflichtet, Gelder anzunehmen, so können Sie ihm die Befugniß nicht ohne öffentliche Bekanntmachung und damit verbundene Zerstörung seines Ansehens entziehen. Denn die Betheiligten hätten ja sonst das Recht, sich darauf zu verlassen, daß die Annahmepflicht besteht.

Die Regierung muß, da sie noch immer der Ansicht ist, daß die dem Artikel 13 von ihr gegebene Fassung die bessere ist, unter der Voraussetzung der Wiederherstellung jener Fassung auch auf dem jetzt zur Debatte stehenden Abs. 3 bestehen. Wenn Sie aber auf dem bereits gefaßten Beschlusse auch in der zweiten Lesung bestehen sollten, dann kann die Bestimmung so, wie sie hier steht, nicht aufrecht erhalten bleiben.

Wenn der Herr Referent dann noch gegen die Ziff. 2 Bedenken erhoben hat, daß ja auch schon in der Voruntersuchung eine Suspension eintreten könne, so, glaube ich, kann ich seine Bedenken zerstreuen. Dieselbe Bestimmung ist im Richterdisziplinargesetz in Artikel 60 Abs. 2 enthalten, ohne daß sich bisher daraus Anstände ergeben hätten. Artikel 92 Ziff. 2 sagt: Wenn gegen den Notar wegen eines Verbrechens oder wegen eines Vergehens, das den Verlust des Amtes nach sich ziehen kann, das Hauptverfahren eröffnet ist, dann soll er kraft Gesetzes suspendirt sein. Artikel 93 Ziff. 2 deckt die übrigen Fälle gerade so wie der Artikel 60 des Richterdisziplinargesetzes, stellt es aber in das Ermessen der Disziplinarkammer, ob sie es für nöthig findet, die Suspension eintreten zu lassen.

Ferner wurde noch beanstandet, daß die Beschwerde gegen die Suspension keinen Suspensiveffekt habe. Das ist doch wohl naturnothwendig. Was bedeutet sonst die Suspension? Wenn die Disziplinarkammer glaubt, sofort dem Weiteramtiren Einhalt thun zu müssen, das ist doch der Gedanke der Suspension, dann muß dieß auch sofort in Wirksamkeit gesetzt werden können.

Abg. **Landmann** (Korreferent): Abs. 3 kann mit Rücksicht darauf, daß wir Artikel 13 anders gestaltet haben, nicht mehr aufrecht erhalten werden. Es ist nicht mehr von einer Befugniß die Rede, sondern von einer Verpflichtung. Es ist im Augenblicke schwer, eine richtige Formulirung zu finden. Ich habe die Ansicht, daß in einem solchen Falle der Präsident des Landgerichts befugt sein soll, sofort eine provisorische Verfügung zu treffen, welche darin besteht, daß erstens der Notar weiter kein Geld, keinen Geldeswerth und keine Kostbarkeiten annehmen darf, zweitens daß er auch die bereits deponirten Gelder an andere Stellen abzugeben hat. In dieser Richtung muß wohl Abs. 3 geändert werden. Es ist Gewicht darauf zu legen, daß sofort ohne jede Verzögerung von Seite der Aufsichtsbehörde eingegriffen werden kann.

Ministerialrath **Thelemann**: Bei der dermaligen Sachlage wäre es wohl zweckmäßig, wenn jetzt dieser Abs. 3 gestrichen und darauf in der zweiten Lesung zurückgekommen würde, weil er mit Artikel 126 und 13 zusammenhängt. Die Frage müßte dann im Zusammenhange mit diesen beiden Artikeln geregelt werden.

Vorsitzender: Es ist vom Herrn Referenten der Antrag gestellt, Abs. 3 des Artikel 93 zu streichen.

Der Antrag des Herrn Referenten ist angenommen; im Uebrigen ist S. 710.
Artikel 93 genehmigt.

Artikel 94.

Abg. **Fuchs** (Referent) (verliest Artikel 94): Dieser Artikel enthält dem bisherigen Notariatsgesetze gegenüber vollkommen neue Vorschriften. Die Suspension für die Fälle in Nr. 1 hat nicht die Eigenschaft einer Strafe für den Notar, wohl aber kann gegen den Notar wegen unerlaubter Entfernung noch nebenbei disziplinär eingeschritten werden. In Nr. 1 ist auch vom Urlaub die Rede. Die Urlaubsvorschriften werden für die Notare wie für alle übrigen Beamten auch im Verwaltungswege gegeben werden; die ‖ zur Zeit geltenden S. 711.
Urlaubsvorschriften sind in Artikel 120 des rechtsrheinischen Notariatsgesetzes zu finden.

Die Suspension im Falle unerlaubter Entfernung ist gerechtfertigt. Die k. Staatsregierung schlägt vor, die Suspension über die Zeit der thatsächlichen Abwesenheit hinaus auszudehnen, und begründet diese Bestimmung damit, daß, wenn im Augenblicke der Rückkehr des Notars die Suspension beendigt sein sollte, der für den Notar bestellte Amtsverweser ohne Weiteres auf das Trockene gesetzt wäre und durch eine solche Möglichkeit Notariatspraktikanten u. s. w. von der Uebernahme der Amtsverwesung abgeschreckt würden. Der Notariatsverweser bedarf also einer Schutzfrist, welche von der k. Staatsregierung auf zehn Tage bemessen ist; warum gerade zehn Tage bestimmt wurden, ist in den Motiven nicht angegeben.

Die Vorschriften in Nr. 2 und 3 geben der Regierung die Möglichkeit, die Entfernung des Notars von seiner Stelle mit einer gewissen Schonung auszuführen. Ein zur Enthebung vom Amte verurtheilter Notar soll überhaupt nicht mehr amtiren; dieß liegt schon im Interesse der Bevölkerung.

Nach Nr. 3 kann das Justizministerium mit dem Vollzuge der Versetzung sechs Monate zuwarten. Nun ist der betreffende Notar von Gesetzeswegen schon lange vorher suspendirt; angenommen, das Verfahren dauert in den beiden Instanzen drei Monate und es kommen die sechs Monate hinzu, die nach dem Belieben des Ministeriums noch nach dem rechtskräftigen Urtheil zugewartet werden kann, so ist Zeit genug vorhanden, um den betreffenden Notar ganz empfindlich zu schädigen, zumal wenn er dann auf ein wenig einträgliches Notariat versetzt wird. Der Notar kann also nach dem rechtskräftigen Urtheil bis zum Vollzuge der Versetzung noch sechs Monate lang suspendirt werden.

Wird nach Artikel 99 Abs. 1 des Entwurfes für die Dauer der Suspension des Notars ein Notariatsverweser von Amtswegen aufgestellt, welcher nach Artikel 111 Abs. 1 des Entwurfes die Geschäfte auf Rechnung des Notars gegen eine angemessene Vergütung besorgt, so erhält der Notar immerhin eine Einnahme, die aber unter Umständen, z. B. wenn das Notariat zu jenen des Artikel 49 Abs. 2 des Entwurfes gehört, sehr gering und für den Lebensunterhalt absolut unzureichend sein kann. Ich behalte mir Antragstellung vor.

Ministerialrath **Thelemann**: Ich glaube, der Herr Referent geht bei der Beurtheilung der Frist von sechs Monaten davon aus, daß die Bestimmung eine Härte gegen die Notare enthält. Ich habe mir schon gestern erlaubt, darauf hinzuweisen, daß diese Bestimmung gerade zum Vortheile der Notare ist. Steht urtheilsmäßig die Nothwendigkeit fest, einen Notar zu versetzen, so darf man ihn am Orte nicht mehr wirken lassen; man müßte ihn also, wenn man sein Fortwirken am Orte nicht anderweitig verhindern könnte, sofort versetzen.

S. 711. Lassen Sie die Bestimmung in Ziff. 3 weg, so wird es das Bestreben der Justizverwaltung sein müssen, den Notar gleich auf die nächste sich eröffnende Stelle zu versetzen. Diese Stelle kann nun eine recht schlechte sein. Die Versetzung darauf ließe sich aber nicht umgehen, weil man nicht absehen könnte, wann wieder eine andere frei wird. Dadurch könnte der Notar doch — der Absicht der Kammer zuwider — ganz außerordentlich geschädigt werden, während, wenn Sie der Justizverwaltung die Möglichkeit gewähren, bis zu sechs Monaten zuzuwarten, anzunehmen ist, daß sich innerhalb dieser sechs Monate eine ganze Reihe von Stellen erledigen, so daß es möglich ist, dem Notar eine Stelle mit annähernd gleichem Erträgniß zu geben. Der Herr Referent hat schon erwähnt, daß der Notar während dieser sechs Monate nicht ohne Einnahme gestellt ist, sondern die volle Einnahme behält abzüglich des Aufwandes für den Amtsverweser, und fragt an, was werden solle, wenn die Stelle, auf der sich der Notar befindet, nicht einmal die Kosten der Amtsverwesung trägt. Die Antwort, glaube ich, liegt nahe genug. Wenn wir nach Artikel 49 den Notaren die Ergänzung auf das Reineinkommen eines Amtsrichters gewähren, dann werden eben die Kosten der nothwendigen Amtsverwesung unter die Dienstaufwandssummen einzusetzen sein und der Notar wird beim Zuschuß seine Rechnung finden. Uebrigens wird eine Zwangs- und Strafversetzung solcher Notare kaum vorkommen, weil alle Notare von sich aus von solchen Stellen wegstreben und die Gerichte eine Strafe, die in concreto keine Strafe wäre, nicht aussprechen werden.

Abg. **Conrad:** Auch die Bestimmung in Ziff. 1 wäre geeignet, ein Bedenken zu erregen. Wenn sich ein Beamter von seinem Wohnsitz entfernt, ohne Urlaub nachzusuchen, so ist das natürlich eine Verfehlung. Ob das aber dem Notar gegenüber in diesem Maße unter allen Umständen angenommen werden kann, ist doch eine andere Frage, zudem der Notar doch eigentlich nicht in dem zwingenden Beamtenorganismus steht, wie etwa der Verwaltungs- oder der richterliche Beamte, und dann auch aus dem anderen schon öfter erwähnten Grunde, weil eben für den Notar schon jedes lucrum cessans eine Strafe und schwere Schädigung bedeutet. Nun können Fälle eintreten — das Leben ist ja so vielgestaltig —, die doch gewiß harmloser Natur sind. Es heißt hier allerdings nur: „kann ausgesprochen werden" Ich nehme aber trotzdem Anlaß, einen solchen Fall zur Erörterung zu bringen, um der k. Staatsregierung Gelegenheit zu beruhigenden Erklärungen über die Tendenz dieser Bestimmung zu geben und vielleicht auch noch bei den Urlaubsvorschriften selbst, wenn solche erlassen werden, entsprechende Ausscheidung zu treffen.

Unlängst starb die Haushälterin eines Notars ganz plötzlich unter erschütternden Umständen. Das brachte den Notar in solche Aufregung, daß der Arzt sagte, er müsse sofort, noch ehe die Beerdigung stattfinde, weg und in ein Bad. Er reiste ab, Urlaub konnte er in dem Moment noch nicht einholen. Nun denke man sich die Möglichkeit einer Suspension vom Amte!

Eine beruhigende Erklärung der k. Staatsregierung, daß man die Möglichkeit der Suspension doch in weitere Ferne gerückt denkt, würde daher schon gut sein.

Ministerialrath **Thelemann:** Es hängt das mit den in Aussicht genommenen Urlaubsvorschriften zusammen. Seither war der Urlaub in Artikel 120 des rechtsrheinischen Notariatsgesetzes geregelt. Dort hat sich die Bestimmung gefunden, daß der Notar auf die Dauer von drei Tagen von seinem Amtsitz ohne Erlaubniß sich entfernen kann. Dieß ausdrücklich in's Gesetz aufzunehmen,

schien unter den jetzigen Verhältnissen nicht geboten. Dieselbe Bestimmung ist S. 711.
z. B. nach den im Verordnungswege erlassenen Urlaubsvorschriften für die Oberamtsrichter gegeben. Genau so soll es auch mit der Urlaubsvorschrift für die Notare ge || halten werden. Damit wird ein Bedenken des Herrn Vor- S. 712.
redners wegfallen. In dem vom Herrn Vorredner angeführten Falle wird der Notar kaum länger als drei Tage brauchen, und für drei Tage kann er sich selbst beurlauben. Uebrigens ist bei der Einräumung der Suspensionsmöglichkeit für das Ministerium nicht an Entfernung des Notars auf ganz kurze Zeit gedacht, denn in solchen Fällen erfährt das Justizministerium überhaupt von der Entfernung des Notars erst etwas, wenn er schon wieder zurückgekehrt ist. Das bringt der Geschäftsgang mit sich. Die Möglichkeit, im Desertionsfalle zu suspendiren, ist dagegen nicht wohl entbehrlich. Es kam schon vor und kann jeden Augenblick wieder vorkommen, daß ein Notar z. B. in einem Anfalle von Geistesstörung seinen Posten verlassen hat und verschwunden ist. Da muß man doch Sorge für das Amt treffen können. Daß man einen solchen Mann nicht sofort bei der Rückkehr das Amt wieder übernehmen läßt, hängt unter Anderem auch damit zusammen, daß man sich überzeugen muß, was der Grund der Entfernung war. Diese Nachfrist ist ja übrigens sehr kurz, nur zehn Tage.

Ich wiederhole: das schutzbedürftige Interesse des Publikums erfordert unter allen Umständen, daß wir mit solchen Bestimmungen ausgerüstet sind, wie sie der Entwurf vorschlägt.

Abg. **Fuchs** (Referent): Die vom Herrn Ministerialkommissär gegebenen Aufschlüsse genügen mir; ich beantrage nunmehr die Genehmigung des Artikel 94.

Vorsitzender: Zum Worte ist Niemand mehr gemeldet; Artikel 94 gilt als genehmigt.

Siebenter Abschnitt. Notariatsverweser.

Artikel 95.

Abg. **Fuchs** (Referent) (verliest Artikel 95): Die Notariatsverweser des neuen Gesetzes unterscheiden sich von den Notariatsverwesern des bisherigen Gesetzes insofern, als nach Artikel 93 des gegenwärtigen Notariatsgesetzes der Notariatsverweser mit Rücksicht auf die persönliche Funktion des Notars der persönliche, wenn auch gesetzliche Stellvertreter des Notars ist, während der Notariatsverweser nach dem künftigen Notariatsgesetze mit Rücksicht auf die behördliche Eigenschaft des Notariats nicht mehr der Vertreter des Notars, sondern der Vertreter der Behörde ist. Es ist also künftig, was unter den bisherigen Vorschriften nicht möglich ist, die Aufstellung eines Notariatsverwesers für den Fall der Erledigung eines Notariats durch Todesfall möglich.

Was Artikel 95 anlangt, so ist die Vorschrift in Abs. 1 eine Sollvorschrift, die wohl um deswillen getroffen worden ist, damit jedes Notariat so rasch als möglich wieder besetzt werden kann und durch zu lange Nichtbesetzung der Stelle eine Schädigung der Bevölkerung ausgeschlossen ist. Die Uebertragung erfolgt nach Artikel 100 in widerruflicher Weise.

Die Bestimmung in Abs. 2 wurde bereits bei Artikel 5 besprochen. Ich beantrage die Genehmigung.

Vorsitzender: Artikel 95 ist genehmigt.

Artikel 96.

Abg. **Fuchs** (Referent) (verliest Artikel 96): Für den Notariatsverweser werden die Voraussetzungen des Artikel 8 des Entwurfes verlangt, was gerecht-

S. 712. fertigt ist. Es kann also zum Notariatsverweser nicht bestellt werden, wer ein Amt oder eine Stellung inne hat, die nach Artikel 11 des Entwurfes mit der Stellung eines Notars unvereinbar ist. Es kann auch ein pensionirter Richter als Notariatsverweser aufgestellt und nach Artikel 98 ein Notar Amtsverweser werden. Ich beantrage die Genehmigung.

Abg. Dr **Casselmann:** Ich möchte die k. Staatsregierung um Darlegung der Gründe bitten, die zu Abs. 3 des Artikel 96 geführt haben.

Ministerialrath **Thelemann:** Es kann nur derjenige Notariatsverweser sein, der Notar sein kann. Da ein Rechtsanwalt nicht Notar sein kann, so kann er auch nicht Notariatsverweser sein. Wir können nicht aktive Rechtsanwälte zu Notariatsverwesern machen, nachdem wir überhaupt die Inkompatibilität zwischen Rechtsanwälten und Notaren ausgesprochen haben. Wenn der Rechtsanwalt seine Anwaltschaft niederlegt, so ist er ein willkommener Bewerber um das Notariat.

Vorsitzender: Der Artikel 96 ist genehmigt.

Artikel 97.

Abg. **Fuchs** (Referent) (verliest Artikel 97): Bei diesem Artikel müssen die Voraussetzungen des Artikel 95 des Entwurfes gegeben sein; es ist also nicht ausgeschlossen, daß Richter oder rechtskundige Gerichtsschreiber zu Verwesern von Notariaten gemacht werden können, die nicht zu jenen zählen, für welche sich wegen der Geringfügigkeit der Zahl der Amtsgeschäfte die Aufstellung eines Notars nicht verlohnt. Die Bestimmung dient hauptsächlich für die Fälle, wo bei Erledigung von Notariatsstellen die sofortige Wiederbesetzung nicht stattfinden kann, z. B. bei Todesfällen, aber auch für die Fälle, in denen der Notar bei plötzlicher Erkrankung keinen anderen Amtsverweser findet. Sie gibt auch die Möglichkeit, bei Verwesermangel auch einem erholungsbedürftigen Notar auf dem Lande ohne Schädigung des Publikums Urlaub gewähren zu können. Es dürfte Sache der Justizverwaltung sein, die etwa einander zuwiderlaufenden Interessen zu vereinigen. Bei Besprechung des Artikel 8 wurde darauf hingewiesen, daß die Befürchtungen, es möchten die Notariatsgeschäfte in den Händen junger Juristen nicht in der Weise erledigt werden können, wie es im Interesse des Dienstes und des Publikums liegt, nicht unbegründet sein dürften. Der Ausschuß hat sich mit dem Vorschlage der k. Staatsregierung einverstanden erklärt, weßhalb auch dieser Artikel unbeanstandet genehmigt werden kann. Es ist wohl selbstverständlich, daß es sich um Richter und Gerichtsschreiber handelt, die im aktiven Dienst sich befinden, und daß auch Richter auf Ansuchen von der Notariatsverwesung enthoben werden können. Ich beantrage die Genehmigung.

Abg. **Landmann** (Korreferent): Es ist wohl selbstverständlich, daß die
S. 713. Worte „der Amtsgerichte" sich auch auf ‖ die Worte „die Richter" beziehen, so daß nicht etwa auch die Richter an den Landgerichten zur Uebernahme verpflichtet sind.

Ministerialrath **Thelemann:** Nur die Richter der Amtsgerichte, also die Oberamtsrichter und die Amtsrichter sind verpflichtet, sich zu Notariatsverwesern bestellen zu lassen.

Vorsitzender: Artikel 97 ist genehmigt.

Artikel 98.

Abg. **Fuchs** (Referent) (verliest Artikel 98): Es kann hienach ein Notar sogar zum Verweser eines Notariats bestellt werden, das nicht einmal in seinem

Landgerichtsbezirk liegt. Wenn diese Auffassung richtig ist, so können Kollisionen S. 713.
mit der Vorschrift des Artikel 5 Abs. 4 des Entwurfes entstehen; es liegt allerdings ein Ausnahmefall vor.

Die Bestimmung soll dem Interesse der Bevölkerung dienen, welcher der Weg zum Notar nur ausnahmsweise erschwert werden darf. Ein Ausnahmefall kann unter Anderem darin liegen, daß die Amtsverwesung nicht lange dauern und in eine Zeit fallen soll, wo selten Notariatsgeschäfte vorkommen, z. B. während der Erntezeit, endlich auch darin, daß der Amtssitz des Notariatsverwesers auch mit den Orten, aus welchen dem zu verwesenden Notariat hauptsächlich die Amtsgeschäfte anfallen, gute Verbindung hat und die rasche Abwicklung des Dienstes durch Uebernahme der Abhaltung von Amtstagen ermöglicht wird. Ich beantrage die Genehmigung.

Vorsitzender: Ist die Bestimmung dieses Artikels eigentlich nothwendig, könnte das nicht in der Geschäftsordnung geregelt werden?

Ministerialrath **Thelemann:** Es soll im Gesetze zum Ausdruck gebracht werden, daß von der Uebertragung von Amtsverwesungen an Nachbarnotare, die nicht am selben Orte wohnen, nicht so viel Gebrauch gemacht werden soll, als es seither der Fall war, denn die bisherige Uebung hat zu manchen Unzuträglichkeiten geführt. Doch soll diese Art der Stellvertretung auch nicht ganz ausgeschlossen sein. Es gibt Fälle, wo zwei Amtssitze ganz nebeneinander liegen, ich führe nur Ellingen und Weissenburg oder Amorbach und Miltenberg an, die nur eine Eisenbahn-Viertelstunde von einander entfernt sind. Ich weise übrigens darauf hin, daß die Bestimmung des Artikel 98 mit dem Artikel 5 Abs. 3 Satz 2 in genauer Korrespondenz steht und nicht wohl entbehrt werden kann, wenn die dort enthaltene Vorschrift, daß in jedem Amtsgerichtsbezirke wenigstens ein Notar sein soll, zur vollen Wahrheit werden soll.

Vorsitzender: Artikel 98 ist genehmigt.

Artikel 99.

Abg. **Fuchs** (Referent): Im Artikel 99 sind die Fälle aufgeführt, in welchen die Aufstellung eines Amtsverwesers von Amtswegen erfolgt; dazu kommt der im Gesetzentwurfe nicht aufgeführte, aber selbstverständliche Fall, daß das Notariat unbesetzt ist. Grundsätzlich soll also künftig die Bestellung des Amtsverwesers nicht mehr durch den Notar, sondern stets durch die vorgesetzte Behörde, regelmäßig durch das Justizministerium erfolgen (Art. 100), doch wird dem Notar in den im Abs. 1 nicht genannten Fällen ein Vorschlagsrecht eingeräumt und zwar mit Rücksicht auf sein persönliches Interesse an der Führung des Amtes. Der Notar hat die Verpflichtung, einen Vorschlag zu machen; an den Vorschlag selbst ist die Behörde jedoch nicht gebunden. Ich beantrage die Genehmigung.

Abg. **Landmann** (Korreferent): Ich beantrage gleichfalls Genehmigung.

Abg. **von Walter:** Es ist die Befürchtung laut geworden, daß das für den Staat ein ganz lukratives Geschäft ausmachen könnte, wenn eine gute Notariatsstelle längere Zeit unbesetzt gelassen und durch einen Amtsverweser, dem man den Gehalt eines Amtsrichters gibt, verwaltet wird. Ich glaube zwar, daß die Befürchtung nicht begründet ist, möchte aber doch veranlassen, das zu konstatiren.

Der k. Staatsminister der Justiz Dr. Freiherr **von Leonrod:**

S. 713. Diese Befürchtung ist sicher ganz unbegründet. Für die Regierung bestände ja keinerlei vernünftiger Grund zu einem solchen Verfahren.

Vorsitzender: Artikel 99 ist genehmigt.

Artikel 100.

Abg. **Fuchs** (Referent) (verliest Artikel 100): Die Enthebung des Amtsverwesers, also der Widerruf, wird in der Regel vom Justizministerium auszugehen haben. Die Enthebung kann auf Ansuchen und von Amtswegen erfolgen, das Ansuchen kann von dem Amtsverweser oder dem Notar ausgehen. Der Landgerichtspräsident soll die Befugniß haben, vorläufig einen Notariatsverweser zu bestellen, wenn beispielsweise zu befürchten ist, daß durch die Einhaltung des Dienstweges eine Verzögerung der Besetzung des Notariats herbeigeführt werden könnte, die den Betheiligten zum Schaden gereichen könnte; der Amtsverweser muß aber noch vom Justizministerium bestätigt werden.

Ich frage, ob der Landgerichtspräsident den Verweser so lange selbst abberufen kann, bis die Bestellung vom Justizministerium bestätigt ist.

Der k. Staatsminister der Justiz: Das ist selbstverständlich.

Abg. **Fuchs** (Referent) Die Vorschrift in Abs. 3 kann zweckmäßig sein, wenn es sich z. B. um Stellvertretungen auf kurze Zeit handelt; die einzelnen Fälle sind im Gesetze nicht aufgeführt. Es ist dieß unbedenklich, weil der Justizverwaltung selbst daran gelegen sein muß, so rasch als möglich dem Publikum wieder Gelegenheit zur Beurkundung von Rechtsgeschäften zu geben. Ich beantrage die Genehmigung.

Abg. **Landmann** (Korreferent): Ohne Erinnerung.

Vorsitzender: Artikel 100 ist genehmigt.

Artikel 101, 102, 103.

Abg. **Fuchs** (Referent) (verliest Artikel 101): Im Gesetze finden sich Vor-
S. 714. schriften über das Verfahren bei || Amtsübergabe und Amtsabnahme und über die vorläufige Sicherstellung der Amtspapiere und Amtsgelder weder im Erledigungsfalle noch im Falle der Aufstellung eines Notariatsverwesers; hier wird wahrscheinlich die Geschäftsordnung das Weitere bestimmen, da es sich um innerdienstliche Angelegenheiten handelt. Zur Aufnahme in die Geschäftsordnung möchte ich die Vorschrift empfehlen, daß der Uebernehmende, sei es ein Notar oder ein Amtsverweser, wenn thunlich unter Mitunterschrift des Uebergebenden, im Anschluß an den vorhandenen Eintrag im Geschäftsregister in auffallender Weise, vielleicht mit rother Tinte, die Thatsache der Uebernahme des Amtes festzustellen hat.

Satz 2 erfährt im Artikel 103 eine Ausnahme. Ich beantrage die Genehmigung.

Artikel 102 (wird verlesen): In Folge des Fehlens einer ähnlichen Vorschrift in dem bisherigen Notariatsgesetze mußte der Notariatsdienst oftmals auf kürzere Zeit unterbrochen werden, obwohl die als Amtsverweser aufgenommene Person sich an Ort und Stelle befand. Dieß ist sehr mißlich empfunden worden, und es ist gut, daß hier Abhilfe geschaffen wird.

Abs. 1 wird auch Anwendung finden, wenn der Notariatsverweser auf unbestimmte Zeit, z. B. für die Dauer der Krankheit eines Notars, aufgestellt ist. Im Falle des Abs. 2 ist für die Fortdauer der Amtsverwesung nach dem Tode des Notars selbstverständlich der Amtsverweser als direkter und ohne Vorschlag vom Staate, hier also vom Gesetze berufener Offizialvertreter zu betrachten.

Die in Artikel 115 bestimmte Haftung des Notars kann in diesem Falle nicht eintreten. Ich beantrage die Genehmigung. S. 714.

Artikel 103 (wird verlesen): Diese im Interesse der Notare getroffene Bestimmung ist eigentlich selbstverständlich; von den Gerichten ist allerdings ihre Selbstverständlichkeit nicht durchweg anerkannt worden, sie ist eine Ausnahme von Artikel 101 Satz 2. Wenn die Notare früher aus dem Urlaube zurückkehren und nach wiedererlangter Gesundheit ihre Geschäfte wieder aufnehmen wollen, bevor die dem Amtsverweser bei seiner Bestellung bestimmte Zeit abgelaufen ist, der Amtsverweser also nicht mehr amtiren kann, so haben sie selbstverständlich den Verweser für die vorzeitige Beendigung seiner Funktion schadlos zu halten. Ich beantrage die Genehmigung.

Abg. **Landmann** (Korreferent): Nach Artikel 101 soll der Notar der Vornahme von Amtsgeschäften während der Zeit der Verwesung sich enthalten. Es ist selbstverständlich, daß, wenn er gleichwohl Geschäfte vornimmt, dieselben nicht ungiltig sind.

Ministerialrath **Thelemann**: Ich muß das, was Herr Abg. Landmann soeben gesagt hat, als richtig bestätigen.

Abg. **Michel**: Ich wollte nur darauf hinweisen, daß das bisherige Recht in der Pfalz insoweit abgeändert wird, als im Artikel 8 des Gesetzes vom 16. Mai 1868 eine Mußvorschrift enthalten ist, die nun in zweckmäßiger Weise in eine Sollvorschrift umgewandelt wird. Ich begrüße diese Bestimmung.

Vorsitzender: Die Artikel 101 bis 103 gelten als genehmigt.

Artikel 104.

Abg. **Fuchs** (Referent) (verliest Artikel 104): Ich beantrage die Genehmigung.

Abg. **Landmann** (Korreferent): Ich habe keine Erinnerung.

Abg. **von Walter**: Die Notare glauben, daß überhaupt eine derartige Vorschrift einer Bekanntmachung von der Bestellung eines Notariatsverwesers nicht nothwendig sei. Ich wäre auch dieser Ansicht, denn es ist nicht wohl anzunehmen, daß in der Beziehung irgend welche Schwierigkeiten und Inkonvenienzen sich ergeben können. Wenn der Amtsverweser das Amt übernommen hat, so will er damit zum Ausdruck geben, daß er der Notariatsverweser ist; insofern wäre also die Vorschrift wohl entbehrlich. Aber am meisten fürchten die Notare, daß, wenn ein Anschlag am Geschäftslokal selbst erfolgt, dieser mehr oder minder die Bedeutung einer Warnungstafel hat und daß daraus Mißhelligkeiten erwachsen, besonders wenn an einem und demselben Orte mehrere Notariate bestehen, weil durch den Anschlag das Publikum von dem Geschäftslokal zurückgescheucht und in die Arme eines anderen Notars getrieben werden würde.

Ministerialrath **Thelemann**: Ich will nur bemerken, daß auch der Justizverwaltung die Frage zweifelhaft geschienen hat, ob es zweckmäßig ist, solche Bekanntmachungen zu erlassen.

Was Herr von Walter bezüglich des Anschlags **vor** dem Amtslokal erwähnte, hat seine Berechtigung. Ob es aber nicht zweckmäßig ist, im Amtslokal einen Anschlag zu machen, damit die Leute wissen, mit wem sie es zu thun haben, ist vielleicht der Erwägung werth. Der Artikel 104 soll es lediglich in die Hand der Justizverwaltung geben, eine Bekanntmachung irgend welcher Art, wenn sie nach den Umständen sich als nothwendig herausstellen

S. 714. sollte, anzuordnen. Sie dürfen überzeugt sein, daß reiflich erwogen werden wird, ob eine derartige Vorschrift nothwendig ist.

So viel kann schließlich jetzt schon gesagt werden, daß die Bekanntmachung im Kreisamtsblatte, welches von Privaten fast gar nicht gelesen wird, sich als zweckmäßig nicht erwiesen hat.

Vorsitzender: Damit wird der Herr Abg. von Walter zufrieden sein.
Artikel 104 ist genehmigt.

Artikel 105.

Abg. **Fuchs** (Referent) (verliest Artikel 105): Durch diese Bestimmung wird angeordnet, daß die häufige Wiederholung des Amtseides durch die Amtsverweser als zwecklos in Wegfall kommen soll. Die Möglichkeit der Uebertragung der Abnahme des Eides an die Amtsgerichte ist im Interesse der Ersparung unnöthiger Kosten und im Interesse der Raschheit des Amtsantritts in Dringlichkeitsfällen vorgesehen. Ich beantrage die Genehmigung.

S. 715. Abg. **Landmann** (Korreferent): Ich habe nichts zu erinnern.

Vorsitzender: Ich würde es für zweckmäßig halten, daß man diese Verpflichtung ein für allemal den Amtsgerichten überträgt. Das wäre viel einfacher. Diese Verpflichtungen von Notariatsverwesern sind für die Landgerichte nicht gerade immer sehr angenehm und für die Amtsverweser auch nicht, wenn sie extra an den Sitz des Landgerichts reisen müssen, während sie sich am Sitz des Amtsgerichts selbst befinden. Ich meine, es würde genügen, daß in diesen Fällen die Verpflichtung immer nur in der Sitzung des Amtsgerichts erfolgt.

Ministerialrath **Thelemann:** Der Zweck der Vorschrift des Artikel 105 Abs. 1 ist ein doppelter: Einmal soll prinzipiell für den Amtsverweser das Gleiche gelten, wie für den Notar, sodann aber wird es oft dem Präsidenten des Landgerichts erwünscht sein, den Verweser vor dem Amtsantritt zu sehen, um ihn kennen zu lernen, ihn aufzuklären über die Verhältnisse des Notariats und ihm etwa mündlich Instruktionen zu ertheilen. Bedarf der Präsident alles dessen nicht, so kann er die Verpflichtung in die Sitzung des Amtsgerichts verweisen.

Vorsitzender: Ich halte meine Anregung nicht mehr aufrecht.
Artikel 105 gilt für genehmigt.

Artikel 106.

Abg. **Fuchs** (Referent) (verliest Artikel 106): Die Verhinderung des Notars kann auf Beurlaubung, Krankheit, Abwesenheit oder Suspension beruhen. Für Notariatsverweser, welche Richter oder rechtskundige Gerichtsschreiber im aktiven Dienste sind, ist diese Vorschrift gegenstandslos, da sie auch ohne diese die Residenzpflicht am gleichen Orte haben. Ich möchte fragen, ob der Notariatsverweser, sofern er nicht selbst Notar ist, verpflichtet sein soll, für die Zeit der Amtsverwesung seinen Aufenthalt am Sitze des Notariats zu nehmen, dessen Geschäfte er stellvertretungsweise führt.

Der k. Staatsminister der Justiz: Der Notariatsverweser ist selbstverständlich gehalten, an dem Amtsitze zu wohnen.

Abg. **Fuchs** (Referent): Ob die Bestimmung in Abs. 2 zweckmäßig ist, möchte fraglich erscheinen, namentlich dann, wenn ein anderer Notar die Amtsverwesung hat und die Geschäfte in seinen eigenen Amtsräumen vornimmt. Die Partei, welche zum Notar kommt, soll nicht wieder zu einem anderen

Notar geschickt werden; der Amtsverweser kann ja gewisse Amtstage im Bureau S. 715.
des anderen Notars bestimmen, wo auch dessen Gehilfen sich befinden, die mit den Geschäften des Notars vertraut sind, wo alle Behelfe vorhanden sind 2c.

Abg. **Landmann** (Korreferent): Ich halte die Bestimmung für sehr praktisch und wünsche nicht, daß eine Aenderung eintreten würde.

Der k. Staatsminister der Justiz: Denken Sie sich den Fall: Für ein kleines Notariat ist ein Amtsrichter als Amtsverweser aufgestellt; dieser sollte nun sein Richterzimmer verlassen, um im Notariatsbureau zu warten, ob er nicht als Notariatsverweser in Anspruch genommen wird, während er die Richtergeschäfte liegen läßt. Das geht doch nicht an. Ich halte dafür, daß gerade die Bestimmung im Artikel 106 sehr zweckmäßig ist.

Abg. **Fuchs** (Referent): Unter Umständen wäre es doch vorzuziehen, wenn der betreffende Notariatsverweser nur in den Amtsräumen des verhinderten Notars die Geschäfte vornehmen dürfte; ich gebe zu, daß Ausnahmen erwünscht sein können. Ich bestehe auf meiner Anregung nicht weiter und beantrage die Genehmigung des Artikel 106.

Vorsitzender: Der Notariatsverweser kann das thun.

Abg. **von Walter:** Ich glaube sogar, er wird das thun, wenn er Geschäfte von größerem Umfange vorzunehmen hat; allein zu bestimmen, daß der Notariatsverweser wegen jeder Vollmacht, wegen jeder Unterschriftsbeglaubigung aus seinem Geschäftslokal in das des Notars gehen soll, wäre doch eine Zumuthung, der er nicht nachkommen kann, weil er auch seinen eigenen Dienst hat, dem er dadurch zu viel entzogen würde.

Vorsitzender: Der Herr Referent hält seine Erinnerung nicht aufrecht.
Artikel 106 ist genehmigt.

Artikel 107.

Abg. **Fuchs** (Referent) (verliest Artikel 107): In den Motiven ist dargethan, aus welchen Gründen nicht selten der Uebernahme von Testamentsvollstreckungen durch Richter oder Gerichtsschreiber Bedenken entgegenstehen. Der Richter, welcher Verlassenschaftsrichter sei, werde nicht zugleich als Testamentsvollstrecker thätig sein können; auch mit den Obliegenheiten des Grundbuchbeamten könnten jene des Testamentsvollstreckers kollidiren; andererseits könne die Uebernahme der Testamentsvollstreckung, wenn der Nachlaß bedeutend sei, die dienstliche Thätigkeit des Beamten und, wenn eine Entlohnung für den Testamentsvollstrecker ausgesetzt sei, seine Unabhängigkeit beeinträchtigen. Mit Rücksicht hierauf sei es angezeigt, die Uebernahme einer Testamentsvollstreckung von der Genehmigung der Dienstaufsichtsbehörde abhängig zu machen.

Ich finde die Begründung zutreffend und beantrage die Genehmigung.

Abg. **Landmann** (Korreferent): Ohne Erinnerung.

Vorsitzender: Artikel 107 ist genehmigt.

Artikel 108.

Abg. **Fuchs** (Referent) (verliest Artikel 108): An solchen Amtsgerichten, wo nur ein Gerichtsschreiber aufgestellt ist, wird diesem auch die Besorgung des gesammten Gebührenwesens zu übertragen sein; es muß also der Notariatsverweser zugleich das gesammte Gebührenwesen besorgen. Ich beantrage die Genehmigung.

Abg. **Landmann** (Korreferent): Ich beantrage gleichfalls Zustimmung.

Vorsitzender: Artikel 108 ist angenommen. S. 71

S. 716.

Artikel 109.

Abg. **Fuchs** (Referent) (verliest Artikel 109): Diese Bestimmung ergibt sich aus der Natur des Verhältnisses mit Nothwendigkeit, geht aber in ihren Wirkungen über das Dienstrecht hinaus und greift in das bürgerliche Recht über, da der Amtsverweser mit Wirksamkeit für den Notar, wenn es nothwendig sein soll, die Gehilfen entlassen und auch neue aufnehmen kann. Es können Umstände eintreten, unter denen der Amtsverweser selbst wider seinen Willen gezwungen ist, von dieser Bestimmung Gebrauch zu machen. Selbstverständlich ist, daß der Notariatsverweser hiebei immer das Interesse des Dienstes im Auge haben und gleichzeitig das Interesse des Notars nach Kräften wahren muß und sich nicht von persönlichen Voreingenommenheiten leiten lassen darf. Im Falle der Aufstellung eines Richters oder eines Gerichtsschreibers als Amtsverweser eines unbesetzten Notariats wird die Justizverwaltung für die Gehilfen Vorsorge treffen, da die Geschäftsführung auf Rechnung des Staates geht, im Falle der Aufstellung eines anderen Verwesers dieser selbst, da die Geschäftsführung auf seine Rechnung geht (Art. 112). Bei der Bestellung einer Amtsverwesung oder bei der Fortführung einer solchen im Falle des Ablebens eines Notars wird die Frage der Fortbeschäftigung der vorhandenen Gehilfen für die Uebergangszeit im Wege der Vereinbarung zu regeln sein. Ich beantrage die Genehmigung.

Abg. **Landmann** (Korreferent): Ich beantrage gleichfalls Genehmigung.

Vorsitzender: Artikel 109 ist genehmigt.

Artikel 110.

Abg. **Fuchs** (Referent) (verliest Artikel 110): Der Wortlaut der Bemerkung zur Unterschrift wird wahrscheinlich durch die Geschäftsordnung vorgeschrieben werden, ebenso wird durch diese bestimmt werden, daß im Protokoll selbst die Amtsverwesung im Allgemeinen erwähnt wird. Ich beantrage die Genehmigung.

Abg. **Landmann** (Korreferent): Ohne Erinnerung.

Vorsitzender: Artikel 110 ist genehmigt.

Artikel 111.

Abg. **Fuchs** (Referent) (verliest Artikel 111): Hier handelt es sich um eine Verwesung im Falle des *besetzten* Notariats im Gegensatz zur Bestimmung in Artikel 112, wo es sich um ein unbesetztes Notariat handelt.

Während bisher zwischen dem Notar und dem Verweser meist eine Vereinbarung darüber getroffen wurde, was der Amtsverweser für seine Arbeitsleistung bezahlt erhält, wer den Dienstaufwand bestreitet u. s. w., sind im Gesetzentwurfe mit Rücksicht darauf, daß dem Notariatsverweser künftig eine selbständige Stellung eingeräumt ist, Vorschriften nöthig geworden. Im Falle des Abs. 1 soll es ausnahmslose Regel sein, daß das Amt auf Rechnung des behinderten Notars geführt wird; der Notar soll die Gebühren erhalten, dafür aber auch den Dienstaufwand bestreiten.

In Abs. 2 möchte ich das Wort „Stellvertretungskosten" durch ein anderes Wort ersetzt wissen, was ich in der Redaktionskommission beantragen werde.

Als Abs. 3 bringe ich in Vorschlag:

> „Notare, auf welche die Bestimmung des Artikel 49 Abs. 2 Anwendung findet, haben diese Vergütung nicht zu leisten."

Ich eigne mir zur Begründung meines Vorschlages die Bemerkung in den

Motiven an, „daß der Aufwand, der dadurch an Staatsmitteln erforderlich S. 716.
wird, von dem Notar dem Staate zurückvergütet werden soll, soweit nicht der Notar nur das Mindesteinkommen bezieht" Ich wünsche, daß das, was die k. Staatsregierung selbst als ihre Ansicht uns darlegt, im Gesetze zum Ausdruck kommt, damit den Notaren mit geringem Einkommen diese Verpflichtung nicht auferlegt werden kann. Ich behalte mir Antragstellung vor.

Abg. **Landmann** (Korreferent): Was diese Anregung des Herrn Referenten anlangt, so ist sie ganz zutreffend. Die Frage wird nur sein, ob eine besondere gesetzliche Festlegung nothwendig ist. Nachdem dieß in den Motiven selbst gesagt und zu erwarten ist, daß in den Ausführungsbestimmungen die Sache in diesem Sinne geregelt werden wird, worüber ich mir eine präzise Erklärung der Staatsregierung erbitte, können wir auf eine gesetzliche Festlegung verzichten.

Der k. Staatsminister der Justiz: Die Bestimmung wird in der Geschäftsordnung getroffen werden, im Gesetze selbst ist sie nicht nothwendig.

Abg. **Fuchs** (Referent): Ich halte es für richtiger, im Gesetze selbst diese Bestimmung zu treffen; diejenigen Notare, deren Einkommen nach Artikel 49 Abs. 2 erhöht werden muß, haben dann keine Verpflichtung, dem Staate die Kosten für die Amtsverwesung zu vergüten. Ich halte meinen Antrag aufrecht.

Vorsitzender: Es ist mir folgender Antrag überreicht worden:

Der Ausschuß wolle beschließen,

es sei dem Artikel 111 Abs. 2 folgender Absatz anzufügen:

„Notare, auf welche die Bestimmung des Artikel 49 Abs. 2 Anwendung findet, haben diese Vergütung nicht zu leisten."

Fuchs.

Abg. **Landmann** (Korreferent): Ich habe mich vorhin schon dahin geäußert, daß ich gegenüber einer bestimmten Erklärung der k. Staatsregierung eine gesetzliche Festlegung nicht für nothwendig halte.

Abg. **Fuchs** (Referent): Ich habe meinen Antrag bereits begründet und wiederhole, daß mir eine dießbezügliche Vorschrift in der Geschäftsordnung, die
stets geändert werden kann, nicht genügt, sondern dieselbe gesetzlich fest || gelegt S. 717.
werden muß. Ich ersuche, meinem Antrage zuzustimmen.

Vorsitzender: Ich bringe zunächst den Modifikationsantrag des Herrn Referenten zur Abstimmung und bitte diejenigen Herren, welche diesem Antrage zustimmen, sich von den Sitzen zu erheben. (Geschieht.) Der Antrag ist abgelehnt.

Gegen den Artikel 111 ist im Uebrigen eine Erinnerung nicht erhoben worden; derselbe ist angenommen.

Artikel 112.

Abg. **Fuchs** (Referent) (verliest Artikel 112): Es handelt sich in diesem Artikel um die Verwesung eines unbesetzten Notariats durch einen Amtsverweser, der nicht Richter oder Gerichtsschreiber ist. In der Regel führt dieser Verweser die Amtsgeschäfte auf eigene Rechnung, es kann aber von dem Justizministerium bestimmt werden, daß die Geschäfte auf Rechnung des Staates geführt werden; die Befürchtungen, daß das Justizministerium die Geschäfte von einträglichen Notariaten auf längere Zeit durch einen Amtsverweser für Rechnung der Staatskasse werde führen lassen, wurden von der k. Staatsregierung und vom Abg. von Walter als unbegründet erklärt.

S. 717. In den Motiven ist ausgeführt, daß „Gründe der Zweckmäßigkeit für die Uebernahme der Amtsverwesung auf Rechnung des Staates sprechen können, insbesondere würde es oft bei Amtsverwesungen von kurzer Dauer eine unbillige Zumuthung an den Amtsverweser sein, das Amt auf eigene Rechnung zu führen, weil die Gebühren oft erst später eingingen, während die Auslagen sofort zu machen seien". Um nicht dadurch öfter in die Zwangslage zu kommen, an Stelle eines mit Vortheil verwendbaren Notariatsgehilfen einen Gerichtsbeamten wählen zu müssen, soll der k. Staatsregierung diese Ermächtigung gegeben werden. Ich beantrage die Genehmigung.

Abg. **Landmann** (Korreferent): Ich beantrage gleichfalls Genehmigung.

Vorsitzender: Artikel 112 ist angenommen.

Artikel 113.

Abg. **Fuchs** (Referent) (verliest Artikel 113): Diese Bestimmung ist konform mit jener im Artikel 111 Abs. 2 Satz 2 mit dem Unterschiede, daß es sich hier um Verwesung eines unbesetzten Notariats handelt. Nach der Vorschrift in Satz 2 kann eine angemessene Vergütung bewilligt werden; ich erbitte mir Aufschluß, was die k. Staatsregierung unter „angemessen" versteht.

Im Uebrigen beantrage ich die Genehmigung.

Abg. **Landmann** (Korreferent): Ich habe nichts zu erinnern.

Ministerialrath **Thelemann:** Was „angemessen" ist, bestimmt zu sagen, ist wohl nicht möglich. Es wird auf den Umfang der besonderen Arbeit ankommen, die dem Beamten aus der Besorgung der Notariatsgeschäfte neben seinem laufenden Dienste erwächst, auf die Quantität und Qualität seiner Extraleistung. Die Grundsätze werden übrigens dieselben sein wie bei Remunerationen, die überhaupt auch für sonstige neben dem laufenden Dienste gemachte außerordentliche Leistungen der Staatsbeamten bewilligt werden. Sind z. B. in einem solchen Notariate alle Wochen nur ein paar Urkunden aufzunehmen und ist der Beamte ohnehin zu wenig beschäftigt, so wird unter Umständen überhaupt kein Grund zu einer Remuneration sein; handelt es sich aber bei der Verwesung eines Notariats um die Uebernahme eines bedeutenden Arbeitspensums, so wird man auch mit der Remunerationsgewährung liberal zu verfahren haben.

Vorsitzender: Der Herr Referent ist durch die Aufklärung befriedigt.

Artikel 113 ist genehmigt.

Artikel 114.

Abg. **Fuchs** (Referent) (verliest Artikel 114): Es ist der in Artikel 111 aufgestellte Notariatsverweser gemeint, der die Geschäfte auf Rechnung des Notars, also auf fremde Rechnung führt; es kann auch der nach Artikel 113 aufgestellte Verweser gemeint sein, welcher die Geschäfte auf Rechnung der Staatskasse führt. Die in Artikel 56 bezeichnete Verweigerung ist für den Notariatsverweser unter Umständen Pflicht, sonst haftet er ausschließlich für die Entrichtung der Gebühren und die Erstattung der Auslagen.

Ich beantrage die Genehmigung.

Abg. **Landmann** (Korreferent): Ich beantrage gleichfalls Genehmigung.

Vorsitzender: Artikel 114 ist genehmigt.

Artikel 115. S. 717.

Abg. **Fuchs** (Referent) (verliest Artikel 115): Dieser Bestimmung ist zu entnehmen, daß der Notariatsverweser, welcher ebenso wie der Notar der selbständige Vertreter einer staatlichen Behörde ist und seine Berufung von der obersten Staatsverwaltungsbehörde erhält, ebenso wie der Notar als Beamter zu gelten hat und darum für den Schaden, den er durch Verletzung der Amtspflicht verursacht, nach § 839 des Bürgerl. Gesetzbuchs haftet. Wenn im Entwurfe der Notar als mitverantwortlich für den vom Notariatsverweser verursachten Schaden erklärt wird, so hat das seinen Grund darin, daß der verhinderte Notar die Gebühren erhält, die aus den Amtsgeschäften des Verwesers anfallen, und diese Gebühren auch die Vergütung für das bei dem Geschäfte übernommene Risiko enthalten. Eine Ausnahme ist nur für den Fall gemacht, daß eine andere Person als Amtsverweser bestellt wurde, als die von dem Notar vorgeschlagene, oder daß die Bestellung ohne Vorschlag erfolgte (Art. 99 Abs. 1); in diesem Falle haftet der Notar nicht mit. Für das Haftungsverhältniß zwischen Notar und Verweser gelten die allgemeinen Grundsätze.

Wenn der Notar während der Verwesung gestorben ist, so ist der Amtsverweser von dem Augenblicke des Todes des Notars an Verweser nicht mehr des besetzten, sondern des unbesetzten Notariats; eine Haftung der Erben für den Verweser ist also ausgeschlossen. Ich beantrage die Genehmigung.

Vorsitzender: Wird sich hiemit regierungsseitig einverstanden erklärt? — Es ist das der Fall.

Abg. **Landmann** (Korreferent): Ich habe nichts zu erinnern. S. 718.

Vorsitzender: Artikel 115 ist genehmigt.

Artikel 116.

Abg. **Fuchs** (Referent) (verliest Artikel 116): Dieser Artikel behandelt die Dienstaufsicht und Disziplin für die Notariatsverweser. Es ist selbstverständlich, daß die Richter und Gerichtsschreiber nicht zweierlei Disziplin unterworfen sein können, und auf sie auch in ihrer Eigenschaft als Notariatsverweser das Recht ihres Hauptamtes anzuwenden ist. Ich beantrage die Genehmigung.

Abg. **Landmann** (Korreferent): Ich habe keine Erinnerung.

Vorsitzender: Artikel 116 ist genehmigt.

Artikel 117.

Abg. **Fuchs** (Referent) (verliest Artikel 117): Die Verfolgung der Dienstvergehen der Notariatsverweser wird durch die Beendigung der Amtsverwesung nicht ausgeschlossen, sondern nur durch den Verzicht auf fernere Verwendung im Notariatsdienste. Diese Frage war bisher mehrfach streitig gewesen. Es ist allerdings auffallend, daß man einen Amtsverweser noch nach Beendigung der Amtsverwesung verfolgt, aber die Unterlassung dieser Verfolgung wäre unvereinbar mit der Gerechtigkeit und dem Bedürfnisse der Aufrechterhaltung der Disziplin überhaupt; denn dann würden die Amtsverweser nahezu vollkommen straflos sein, weil in den meisten Fällen die Dienstvergehen erst nach Beendigung der Amtsverwesung entdeckt werden.

Für die dienstrechtliche Verfolgung von Vergehen, die sich ein früherer Amtsverweser nach Beendigung seiner Amtsführung hat zu Schulden kommen lassen, ist abgesehen von dem Bruche des Amtsgeheimnisses kein hinreichender

S. 718. Grund; ein Zusammenhang solcher Vergehen mit dem Dienst besteht nicht und die Ausschließung von der ferneren Verwendung im Notariatsdienste kann, wenn sie veranlaßt sein sollte, jeden Augenblick im Verwaltungswege erfolgen. Ich beantrage die Genehmigung.

Abg. **Landmann** (Korreferent): Ich beantrage ebenfalls Genehmigung.

Vorsitzender: Artikel 117 ist genehmigt.

Artikel 118.

Abg. **Fuchs** (Referent) (verliest Artikel 118): Notariatsverweser, die selbst Notare sind, kommen selbstverständlich gegenüber den Vorschriften im Artikel 118 nur als Notare in Betracht.

Artikel 86, der hier angeführt ist, handelt von der Zwangsversetzung, Artikel 87 von dem Verfahren für die Zwangsversetzung, Artikel 88 von der Zwangsenthebung, Artikel 89 von dem Verfahren für die Zwangsenthebung, Artikel 93 von der Suspension durch die Disziplinarkammer, Artikel 94 von der Suspension durch das Justizministerium. Ich beantrage die Genehmigung.

Abg. **Landmann** (Korreferent): Ohne Erinnerung.

Vorsitzender: Ich möchte hier für die Redaktonskommission die Anregung geben, ob es nicht möglich wäre, den Artikel kürzer zu fassen, indem man positiv das ausspricht, was Artikel 118 sagt. Das ist möglich, indem man statt der Worte: „vorhergehenden Abschnitten" setzt: „Artikeln 1 bis 88, 90 bis 92" und den zweiten Satz streicht. Wie gesagt, ist das Sache der Redaktionskommission und ich möchte auch blos eine Anregung geben.

Eine Erinnerung wird sonst nicht erhoben; Artikel 118 ist genehmigt.

Achter Abschnitt. Sammelarchive.

Artikel 119.

Abg. **Fuchs** (Referent) (verliest Artikel 119). Nach dem von uns bereits angenommenen Artikel 38 des Entwurfes bleiben die Urschriften der Notariatsurkunden in der Urkundensammlung des Notariats. Diese Vorschrift bezieht sich auf alle seit Bestehen des Notariats angesammelten und künftig anfallenden Urschriften, soweit sie natürlich den Betheiligten nicht auszuhändigen sind. Die Zahl der gesammelten Urkunden ist bei den einzelnen Notariaten, namentlich bei jenen in größeren Städten, eine sehr große, so daß die Schwierigkeit ihrer Unterbringung und Sicherung immer größer wird. Um nun die Urkundensammlungen der Notariate von älteren Beständen zu entlasten, wird in Artikel 119 bestimmt, daß die älteren Urkunden, welche seit mindestens 20 Jahren von den Notaren verwahrt werden, in Sammelarchive abgeliefert werden sollen. Als nebensächlicher Grund für diese Maßnahme wird in den Motiven noch angeführt, daß die Urkunden leichter aufgesucht werden können, wenn sie in wohlgeordneten Archiven sich befinden, und daß die Erben und Rechtsnachfolger derjenigen, welche die Urkunden haben errichten lassen, vielleicht später nicht mehr in der Lage sein werden, das Notariat bestimmt anzugeben, bei welchem die betreffende Urkunde errichtet worden ist, während ihnen der größere Bezirk, innerhalb dessen sie errichtet wurde, meist bekannt sein dürfte. In Sammelarchiven dürften die Urschriften sicherer, auch gegen Feuersgefahr, aufbewahrt sein. Die Bildung der Sammelarchive wird in absehbarer Zeit nothwendig werden. Eine Bestimmung darüber, wo und zu welchem Zeitpunkt dieselben errichtet werden, ist im Gesetze nicht getroffen; dem Justizministerium

soll vorerst lediglich die Ermächtigung zur Errichtung von solchen Sammel- S. 718.
archiven gegeben werden, dieses wird auch die zur Ausführung der Vorschriften erforderlichen Bestimmungen im Verordnungswege erlassen und wahrscheinlich vor dem Erlasse dieser Vorschriften die Notariatskammern über die Einrichtung und Verwaltung dieser Archive gutachtlich hören. Vielleicht ist das Justizministerium schon heute in der Lage, dem Ausschusse nähere Mittheilungen zu machen, ob die Verwaltung dieser Sammelarchive einem Notar des Archivsitzes oder einem Beamten des Landgerichts als Nebenbeschäftigung übertragen werden soll, ob diese Beamten hiefür auch honorirt werden sollen, ob vielleicht Neubauten zur Unterbringung dieser Urkundensammlungen an den Landgerichtssitzen nothwendig werden u. s. w.

Mit dem Vorschlage der Bildung von Sammelarchiven kann ich mich einverstanden erklären, da die Erhaltung der Urschriften im Interesse der Rechtssicherheit absolut nothwendig ist; ich glaube aber, daß solche nur dann errichtet werden sollen, wenn sich wirklich ein dringendes Bedürfniß hiefür zeigt. Die Urschriften werden am besten nach Amtsgerichtsbezirken und sowohl nach dem Alphabet, als auch nach der Zeit geordnet, damit sie so leicht als möglich sofort aufgefunden werden können; es wären also zwei Register ‖ zu S. 719.
führen. Ueber das Hin- und Herschicken der Urschriften, der Uebernahme der Kosten hiefür u. s. w. werden Vorschriften zu erlassen sein.

Nach Abs. 1 kann das Justizministerium auch eine höhere Zeitgrenze als 20 Jahre festsetzen. In der Pfalz wünscht man, daß die Notare die Urschriften 30 Jahre und darüber aufbewahren dürfen.

Die Maßregeln, welche verhüten sollen, daß unverkündete Testamente oder Erbverträge sich in den Archiven häufen, sind in dem bereits von der Kammer der Abgeordneten angenommenen Artikel 96a des Ausführungsgesetzes zum Bürgerl. Gesetzbuche getroffen.

Ich beantrage die Genehmigung und ersuche die k. Staatsregierung um die erbetenen Aufschlüsse.

Abg. **Landmann** (Korreferent): Ich halte die Bestimmung für sehr nöthig. Was die Ausführungsbestimmungen anlangt, so läßt sich im Allgemeinen etwas Näheres nicht sagen. Wir dürfen das wohl auch der k. Staatsregierung ruhig überlassen. Ergibt sich das Bedürfniß, daß besondere Beamte in absehbarer Zeit aufgestellt werden müssen, so wird dieß nicht zu umgehen sein. Ich habe nichts zu erinnern.

Abg. **Michel:** Ich bin veranlaßt worden, verschiedene Wünsche, die mir aus Notariatskreisen der Pfalz zugegangen sind, hier zum Ausdruck zu bringen. Die Notariatskammern von Zweibrücken und Frankenthal wünschen, daß ein Alter von 30 Jahren bei den Akten angenommen werden solle. Eine Zuschrift, die mir vorliegt, wünscht sogar, daß 70 Jahre angenommen werden sollen. Sie wissen, daß Akten aus nahezu einem Jahrhundert in der Pfalz aufgestapelt sind, allein diese haben nicht sehr viel Raum in Anspruch genommen, weil früher die Akten auf das kleine 7 Kreuzer-Stempelpapier geschrieben wurden und außerordentlich wenig Raum einnahmen. Ich habe vielfach Gelegenheit gehabt, auch in größere Archive der Notare zu kommen, und habe mich überzeugt, daß dort wirklich diese Massen von Akten in verhältnißmäßig kleinen Archivkästen zusammengehäuft sich vorfinden. Ich habe bei früherer Gelegenheit schon einmal ausgesprochen, daß die pfälzischen Notare förmlich sich als Archivare der einzelnen Familien betrachten und deßhalb außerordentlich ungern diese Akten aus ihrem Verwahr herausgeben. Es ist dabei

S. 719. allerdings auch eine geschäftliche Rücksicht maßgebend. Wenn der betreffende Notar lange und fortgesetzt im Besitze dieser Familienakten sich befindet, dann weiß er zunächst einmal, daß die Betheiligten, wenn Urkunden aufzunehmen sind, zu ihm kommen werden, und ist ferner in der Lage, rasch über die nöthigen Vorakten Aufschluß zu geben.

Eine Zuschrift von denen, die mir zugegangen sind, wünscht, daß die Sammelarchive an den Amtsgerichten zu errichten seien. Ich kann mir diese Auffassung nicht aneignen. Es würde sich hier häufig nur um einen Umzug am selben Orte handeln, denn die Akten, die sich jetzt im Bureau eines Notars befinden, würden dann einfach an die Amtsgerichte geschafft. Ich möchte mich also dieser Anschauung nicht anschließen.

Im Uebrigen aber bitte ich, zu erwägen, ob nicht die Wünsche der Notariatskammern und der Notare berücksichtigt werden können. Es ist ja richtig, daß bereits in den Motiven gesagt ist, daß auch weiter zurückgegriffen werden kann als auf 20 Jahre.

Der k. Staatsminister der Justiz: Ueber kurz oder lang wird die Justizverwaltung daran gehen müssen, solche Sammelarchive einzurichten. Es wird das auf Kosten des Staates zu geschehen haben; die Justizverwaltung wird also in die Lage kommen, dem Landtage Vorschläge über die Gewährung von Mitteln dafür zu machen. Bei dieser Gelegenheit wird die k. Staatsregierung sich zu entscheiden haben, wie die Archive zu besetzen sind und ob die Beamten, denen die Verwaltung der Sammelarchive übertragen wird, hiefür eine Bezahlung erhalten sollen. Das wird ja wohl in Aussicht zu nehmen sein; ohne Verwaltungskosten wird es nicht abgehen. Alle Einzelheiten aber entziehen sich im derzeitigen Stadium der Sache der Besprechung, weil davon noch nichts feststeht.

Abg. **Conrad:** Ich hätte mich eigentlich nur dem anzuschließen, was der Herr Abg. Michel ausgeführt hat, namentlich in der Richtung, daß man in der Pfalz wünscht, es möchten die Akten für längere Zeit als auf 20 Jahre beim Notar verbleiben. Allerdings in einem Punkt stimmen meine Informationen nicht mit dem überein, was Herr Abg. Michel ausgeführt. Nach meinen Informationen besteht nämlich der Wunsch, die Akten näher bei der Hand zu behalten. Hiebei wird auch hervorgehoben, daß dieselben auf den Notariatsbureaux schon ziemlich angeschwollen sind. Die Bureaux, die ich besucht habe, beweisen so recht, daß schon Urkunden von nahezu einem ganzen Jahrhundert zusammengeschrieben wurden. Der Notar klagte darüber, bemerkend, er werde vor lauter Akten aus dem Zimmer hinausgetrieben. Ob nun das Amtsgericht oder das Landgericht der Ort ist, die Sammelarchive aufzunehmen, das, glaube ich, sei am besten dem Gutachten der Notariatskammer zu überlassen. Ich hätte geglaubt, daß es bequemer wäre, daß man, wenn auf bereits abgelieferte Akten requirirt wird, diese in der Nähe hat, also von dem Amtsgericht erholt, als wenn sie in einem entfernten Landgericht in Verwahr sind.

Vorsitzender: Ich bin der Meinung, daß wir heute über diese Frage nicht zu breit diskutiren sollen. Es wird das, was der Landtag zu sagen hat, seiner Zeit besprochen werden können, wenn eine Budgetposition kommt. Der Landtag wird sich nicht darum reißen, daß man diese Befugnisse allzuweit ausdehnt; soweit kein Bedürfniß besteht, wird man die Archive sehr gerne den Notaren belassen, damit die Staatskasse nicht belastet wird.

Abg. Joseph Huber: Ich stimme mit dem überein, was Herr Abg. Michel gesagt hat. Ich halte es für gut, für ganz Bayern die Akten länger beim

Notar zu belassen, denn es würde oft Schwierigkeiten geben, wenn man solche S. 719.
Urkunden in weiter Entfernung hat. Es muß oft vom Notar nachgesehen werden, und deßhalb halte ich es nicht für gut, wenn die Akten schon nach 20 Jahren an einen anderen Ort verschickt werden.

Vorsitzender: Gegen Artikel 119 ist weiter keine Erinnerung erhoben worden; derselbe gilt als genehmigt. Wir kommen nun zu:

Neunter Abschnitt. Notariatskammern.

Ich bitte, hier die **Artikel 120 bis 125** gemeinschaftlich zu besprechen.

Abg. **Fuchs** (Referent): Die in den Artikeln 120 bis 125 enthaltenen Vorschriften schließen sich im Großen und Ganzen an das bestehende Recht an. Es ist von einer Seite der Wunsch ausgesprochen worden, den Notariatskammern die Eigenschaft von förmlichen Disziplinar-Ehren || gerichten zu geben, S. 720.
wie sie den Vorständen der Rechtsanwaltskammern nach § 67 der Rechtsanwaltsordnung zugestanden ist; dabei wird vergessen, daß die Rechtsanwälte keine Beamten sind. Mit Rücksicht auf die Eigenschaft der Notariate als Staatsbehörden und die Nothwendigkeit, die Disziplin in den Händen der Justizverwaltung zu erhalten, ist es nicht möglich, diesem Wunsche zu entsprechen. Die Notariatskammern werden nach wie vor in der Lage sein, für die Wahrung der Standesehre der Notare zu sorgen.

Artikel 120 (wird verlesen): Was Artikel 120 anlangt, so ist in demselben zwar nicht ausdrücklich ausgesprochen, daß die Notariatskammern aus Notaren zu bilden seien, es dürfte dieß aber wohl selbstverständlich sein. In Artikel 146 des gegenwärtigen Notariatsgesetzes ist eine dießbezügliche Bestimmung enthalten. Ich beantrage, Artikel 120 zu genehmigen.

Artikel 121 (wird verlesen): Nach den Motiven soll die den Notariatskammern schon bisher zustehende Befugniß, zum Zwecke der Aufrechterhaltung der Standesehre einem Notar Warnungen zukommen zu lassen oder Tadel auszusprechen, auch künftig als Ausfluß des Berufs zur Wahrung der Standesehre bestehen bleiben, dagegen dürfen sie förmliche Strafen nicht aussprechen; diese bleiben den Disziplinarkammern vorbehalten, an welche die Notariatskammern sich pflichtgemäß zu wenden haben, wenn gegen einen Notar eine Strafeinschreitung veranlaßt ist.

Streitigkeiten in Nr. 2 sind solche, welche sowohl auf das Amt als auf die Person Bezug haben. Nach Nr. 3 soll die Notariatskammer nur auf Antrag des Notars oder der Betheiligten thätig werden.

Die im Artikel 65 des Entwurfes dem Landgerichtspräsidenten eingeräumte Befugniß wird dadurch nicht alterirt. Ich beantrage die Genehmigung des Artikel 121.

Artikel 122 (wird verlesen): Zu diesem Artikel habe ich keine Bemerkung zu machen; ich beantrage die Genehmigung.

Artikel 123 (wird verlesen): Ich wünsche, daß für alle Notariatskammern im ganzen Königreich die Geschäftsordnung eine einheitliche sein möge; das Justizministerium kann in dieser Beziehung das Nöthige anordnen. Ich beantrage die Genehmigung.

Artikel 124 (wird verlesen): Ich frage, was geschieht, wenn sich ein Notar weigert, das von ihm geforderte Gutachten abzugeben; nach meinem Dafürhalten kann hierin ein Dienstvergehen erblickt werden.

Artikel 125 (wird verlesen): Ich weiß nicht, aus welchen Gründen das Justizministerium die Auflösung verfügen kann.

S. 720. Nach Artikel 147 des gegenwärtigen Notariatsgesetzes ist bestimmt, daß das Justizministerium binnen sechs Monaten nach Auflösung einer Notariatskammer die Bildung einer neuen Notariatskammer veranlassen muß; hier wird vorgeschlagen, daß das Justizministerium binnen sechs Wochen die Neubildung einer Notariatskammer zu veranlassen habe. Die Kürzung der Frist dürfte im Interesse der Erledigung der einer Notariatskammer zugewiesenen Geschäfte sich rechtfertigen lassen.

Ich beantrage die Genehmigung und bitte, meine Anfragen zu beantworten.

Abg. **Landmann** (Korreferent): Ich habe zu diesen Artikeln im Allgemeinen nichts zu erinnern; nur habe ich das Gefühl, daß es sich empfehlen würde, in Artikel 120 wenigstens allgemein zu sagen, wie sich diese Notariatskammer zusammensetzt. Es entsteht nämlich die Frage, ob nicht hier auch Richter zugezogen werden. In den Motiven ist gesagt, daß die Vorschriften über die Bildung der Notariatskammern auch im künftigen Rechte dem Verordnungswege überlassen seien und daß die Aufnahme der hiefür nothwendigen Bestimmungen in das Notariatsgesetz dieses unverhältnißmäßig belasten würde. Damit bin ich vollständig einverstanden. Ich hätte aber nur geglaubt, man könnte dieß ganz kurz sagen, z. B. in der Fassung: „In jedem Oberlandesgerichtsbezirke wird mindestens eine Notariatskammer gebildet, welche aus einer Anzahl von gewählten Notaren besteht", damit man doch wenigstens weiß, aus welchen Elementen die Notariatskammer besteht.

Abg. **Fuchs** (Referent): Ich habe bereits erwähnt, daß Artikel 146 des gegenwärtigen Gesetzes die Bestimmung enthält, daß die Notariatskammern aus den Notaren gebildet werden. Ich glaube, daß ein Zweifel nicht bestehen kann, auch wenn diese Bestimmung in das neue Gesetz nicht herübergenommen wird.

Ministerialrath **Thelemann**: Es ist ganz richtig, daß in dem seitherigen Artikel 146 gesagt ist: „Aus den Notaren werden in jedem Appellationsgerichtssprengel eine oder mehrere Notariatskammern gebildet." Aber ich kann nur sagen: diese Fassung erschien uns unschön, die jetzige aber besser und ohne Lücken. Da das ganze Gesetz nur von Notaren handelt, so kann wohl nach dem Zusammenhange kein Zweifel entstehen, daß die Notariatskammer auch nur aus Notaren bestehen soll.

Wenn der Herr Referent anfragt, aus welchen Gründen denn das Justizministerium die Auflösung der Notariatskammern verfügen wolle, so bringt er damit die Regierung einigermaßen in Verlegenheit, denn sie hat bisher nie Grund zu einer solchen Maßregel gehabt, wird ihn auch vielleicht nie bekommen. Aber es stand nun einmal die Vorschrift im Artikel 147 des bisherigen rechtsrheinischen Notariatsgesetzes. Sie sollte darum, da es nicht vollkommen undenkbar ist, daß ein solcher Fall doch einmal vorkäme, im neuen Gesetze nicht fehlen. Vielleicht ist die Vorschrift einmal zum Nutzen der Notare, wenn eine Kammer aus irgend welchem Grunde nicht mehr ihr Vertrauen genießt. Denn man wird doch lange Wahlperioden machen müssen und kann den Notaren nicht zumuthen, sich Jahre lang von einer Kammer regieren zu lassen, zu der sie in ihrer Mehrheit kein Vertrauen mehr haben. Von einer Gefahr von Gewaltakten Seitens der Regierung kann keine Rede sein, denn die Notare können ja auch nach der Auflösung genau dieselben Herren wieder wählen, die vorher in der Kammer saßen. Die Frist von „sechs Monaten" ist auf „sechs Wochen" abgekürzt, weil es weder im Interesse der Regierung noch der Notare liegt, bei den Notariatskammern ein langes Interregnum zu haben.

Ich glaube deßhalb, daß ein Bedenken gegen die Abkürzung der Frist S. 720.
kaum bestehen kann.

Was die Geschäftsordnung der Notariatskammern betrifft, so wird die Justizverwaltung selbstverständlich für möglichste Einheitlichkeit sorgen, ohne doch die einzelnen Notariatskammern allzusehr zu beschränken und ihnen eine Geschäftsordnung förmlich aufzuzwingen. Das wird sich leicht so machen lassen, daß man Gutachten einfordert und dann diese Gutachten jeweils den anderen Notariatskammern mittheilt, allenfalls eine Mustergeschäftsordnung ausarbeitet und zur Kenntnißnahme gibt, auch den Wunsch ausspricht, daß möglichst gleichheitliche Geschäftsordnungen aufgestellt werden. Auf diese Weise wird das Nöthige erreicht werden; eine unbedingte Uebereinstimmung wird ja nicht nöthig sein.

Was dann die weitere Anfrage betrifft, was zu geschehen habe, wenn ein Notar sich weigert, ein Gutachten oder einen Bericht an die Kammer
zu erstatten, so ‖ ist es schon die Meinung der Justizverwaltung, daß diese S. 721.
Thätigkeit der Notare zu ihren Amtsobliegenheiten gehört und deßhalb nach Artikel 65 erzwungen werden kann. Auch kann recht wohl unter Umständen ein Notar deßhalb der Disziplinirung verfallen, weil er grundlos und frivol den berechtigten Forderungen der Notariatskammer Folge zu leisten sich weigert. Zuständig zur Ausübung des Zwangs und der Strafgewalt bleiben aber natürlich die Aufsichtsbehörden und die Disziplinargerichte. Die Notariatskammern haben selbst keine Exekutive. Sie sind gehalten, ihre Anträge an die zuständige Behörde zu stellen.

Vorsitzender: Eine Anregung zu einer Aenderung wird nur vom Herrn Korreferenten und zwar nur bezüglich des Artikel 120 gegeben. Ich glaube wirklich auch, daß das nicht nöthig sein dürfte. Es ist ja selbstverständlich, daß die Notariatskammern nur aus Notaren bestehen werden, und es wird nicht nöthig sein, das im Gesetz ausdrücklich zu sagen.

Abg. **Michel:** Ich habe eine kurze Bemerkung bezüglich des Artikel 120 zu machen. Dieser bringt für die Pfalz etwas Neues. Wir hatten bisher vier Notariatskammern an dem Sitze der vier Landgerichte. Diese Einrichtung beruht auf Artikel 50 des Ventose-Gesetzes und auf dem Beschluß vom 2. Nivose XII (verliest den Artikel). So war die damalige Bestimmung formulirt. Ich will kein weiteres Gewicht darauf legen und nur bemerken, daß sonst gegen den Artikel 120 von unserem Standpunkt aus keine Erinnerung besteht.

Ministerialrath **Thelemann:** Im Artikel 120 ist keineswegs gesagt, daß für die Pfalz künftighin nur *eine* Kammer errichtet werden muß, sondern es heißt: „Mindestens eine Notariatskammer muß in jedem Oberlandesgerichtsbezirke gebildet werden.“ Es ist also die Möglichkeit offen gelassen, die bisherigen Notariatskammern zu belassen. Wie ich indessen weiß, ist auch aus den Kreisen der Pfälzer Notare selbst der Wunsch geäußert worden, es möchten die vier Notariatskammern in *eine* zusammengefaßt werden. Die Frage wird bei der Ausführung des Gesetzes weiter zu verfolgen sein.

Vorsitzender: Gegen die Artikel 120 bis 125 wird eine Erinnerung nicht erhoben; die Artikel gelten als genehmigt. Wir kommen nunmehr zu

Zehnter Abschnitt. Haftung des Staates.

S. 721.

Artikel 126.

Dieser Artikel wurde bereits besprochen, und ich weiß nicht, ob noch einmal eine Diskussion beliebt wird.

Abgestimmt ist über den Artikel noch nicht.

Abg. **Fuchs** (Referent): Es ist zweifelhaft, ob nach den zu Artikel 13 und 14 gefaßten Beschlüssen die Fassung dieses Artikels belassen werden kann. Ich glaube, noch bemerken zu sollen, daß eine Vorentscheidung des Verwaltungsgerichtshofes nach Artikel 7 des Gesetzes vom 8. August 1878 nicht nothwendig sein wird, da die Notare künftig Beamte der freiwilligen Gerichtsbarkeit sind.

Abg. **Landmann** (Korreferent): Ich bin der Ansicht, daß der zweite Satz des dritten Absatzes des Artikel 126 zu streichen sei. Es wird das lediglich die Konsequenz des Beschlusses sein, welchen wir zu Artikel 13 gefaßt haben.

Ministerialrath, Kronanwalt **von Schubart**: Die neue Fassung des Artikel 13 würde dem nicht entgegenstehen, daß die Regierungsvorlage bei Artikel 126 aufrecht erhalten bleibt. Wenn auch in dem Artikel 126 Abs. 1 das Prinzip aufgestellt ist, daß der Staat für die Amtsgeschäfte der Notare haftet, so hindert das nicht, in Bezug auf bestimmte Amtsgeschäfte eine Ausnahme zu statuiren. Die Haftung des Notars tritt ja ein, aber es ist nicht nothwendig, auch die Haftung des Staates eintreten zu lassen.

Vorsitzender: Ich glaube auch, daß die Streichung nothwendig sein wird.

Abg. **Landmann** (Korreferent): Ich halte entschieden die Streichung für nothwendig, wenn wir konsequent verfahren wollen.

Ministerialrath, Kronanwalt **von Schubart**: Es ist ja richtig: bei der Berathung und bei der Beschlußfassung über diesen Artikel ist der Ausschuß von der Anschauung ausgegangen, daß damit auch eine erweiterte Haftung des Staates eintreten solle.

Abg. **von Walter**: Ich möchte den Herrn Vertreter des Finanzministeriums bitten, mitzutheilen, ob nicht inzwischen im Schooße des Finanzministeriums Berathungen stattgefunden haben darüber, ob und inwieweit auf eine Ausdehnung der Haftung des Staates eingegangen werden kann. Wenn das der Fall ist, dann würde ich bitten, daß eine andere Fassung des Artikel 126 vorgeschlagen wird, denn sonst tappen wir im Dunkeln. Der Artikel 13 hat ja von Seite der k. Staatsregierung eine Beanstandung gefunden, so wie wir ihn festgestellt haben, und es müßte in der zweiten Lesung unter allen Umständen auf die Frage der Haftung des Staates zurückgegriffen werden. Ich meine, es würde das Beste sein, wenn wir gleich bei Berathung des Artikel 126 klar sehen könnten.

Ministerialrath, Kronanwalt **von Schubart**: Es ist bei Berathung des Artikel 13 von mir Namens der Staatsregierung der Wunsch ausgesprochen worden, daß dem Artikel die Fassung bleiben solle, welche die Regierung vorgeschlagen hat; aber hauptsächlich hat sich mein Bedenken dagegen gerichtet, daß, wenn dem Artikel 13 eine andere Fassung gegeben werden wollte, auch eine erweiterte Haftung des Staates eintreten solle. Es ist ja, wie schon bemerkt, auch dann, wenn der Artikel 13 die Fassung erhält, die er nach Ihren Beschlüssen bekommen soll, nicht nothwendig, daß deßhalb eine weitere Haftung des Staates in dem Artikel 126 statuirt wird. Nachdem nun aber der Ausschuß in seiner großen Mehrheit an der Ansicht festhält, daß auch in dem Falle des

Artikel 13 die Haftung des Staates einzutreten habe, so habe ich zu erklären, S. 721.
daß aus Anlaß des jüngsten Beschlusses über die Fassung des Artikel 13 und der Absicht, die Haftung des Staates zu erweitern, zwischen den nächstbetheiligten Ministerien Verhandlungen eingeleitet worden sind und daß es für nothwendig befunden wurde, über gewisse Punkte Ermittelungen anzustellen. Der Abschluß dieser Ermittelungen ist noch nicht erfolgt. Es kommen eben zu viel kritische Punkte in Betracht.

Ich bin daher nicht in der Lage, jetzt schon eine endgiltige Erklärung abzugeben, ob überhaupt und wenn, unter welchen Voraussetzungen die Staatsregierung der von Ihnen || in Aussicht genommenen Erweiterung der Haftung S. 722.
des Staates zuzustimmen vermöge.

Zunächst kann ich Ihnen nur empfehlen, von einer erweiterten Haftung abzusehen und es beim Artikel 126 zu lassen mit der Modifikation, daß der zweite Halbsatz des letzten Satzes des Abs. 3 in Wegfall zu kommen hätte, weil dieser Halbsatz mit der neuen Fassung des Artikel 13 nicht mehr übereinstimmt.

Definitive Erklärung muß ich für die zweite Lesung des Entwurfes vorbehalten.

Vorsitzender: Der Artikel 13 ist so gefaßt worden, daß wir die Verpflichtung des Notars zur Annahme statuirt haben, und deßhalb bin ich schon der Meinung, daß wir den ganzen zweiten Satz zu streichen haben, sonst hat ja unser Beschluß zu Artikel 13 gar keinen Werth.

Es ist nun auch ein Antrag vom Herrn Korreferenten eingelaufen, der dahin geht:

Der Ausschuß wolle beschließen,

es sei der Satz 2 des dritten Absatzes des Artikel 126 zu streichen.

Abg. **Landmann** (Korreferent): Ich halte dafür, daß es absolut nothwendig ist, diese Streichung vorzunehmen; denn, wenn wir so vorgehen, wie der Herr Kronanwalt meint, dann nehmen wir mit der einen Hand das wieder, was wir mit der anderen gegeben haben. Es gibt nur eine Möglichkeit: entweder wir stellen den Artikel 13 wieder her, wie er war, und das wollen wir nicht thun; und wenn wir das thun, so müssen wir, um konsequent zu sein, wie ich beantragt habe, den Satz 2 des dritten Absatzes vollständig streichen.

Abg. **Fuchs** (Referent): Die Ausführungen haben mich überzeugt, daß der Antrag gerechtfertigt ist, weßhalb ich demselben zustimme.

Vorsitzender: Wir haben nun zunächst abzustimmen über den Modifikationsantrag des Herrn Korreferenten, den ich bereits verlesen habe.

Die Herren, welche dafür sind, bitte ich, sitzen zu bleiben, die Herren, welche dagegen sind, ersuche ich, aufzustehen. (Geschieht.) Der Antrag ist einstimmig angenommen.

Im Uebrigen ist der Artikel 126 unverändert angenommen worden. Wir kommen nun zu:

Elfter Abschnitt.

Versorgung der Notare und Notariatsgehilfen und ihrer Hinterbliebenen.

Artikel 127 bis 129.

Abg. **Fuchs** (Referent) (verliest Artikel 127 bis 129): Nachdem die Notare nach Artikel 49 des Entwurfes keinen Anspruch auf Gehalt und Pension haben, andererseits aber nach Artikel 88 wider ihren Willen von ihrem Amte enthoben

S. 722. werden können, muß Vorsorge getroffen werden, daß die Notare, auch wenn sie nicht mehr im Amte sind, ausreichenden Unterhalt für sich und ihre Familien haben; dieser Pflicht darf sich der Staat nicht entziehen. Dieser Grundgedanke ist bei der Berathung des Artikel 49 unter Zustimmung der Regierung allseits gebilligt worden. Der Herr Ministerialkommissär hat gestern in allgemeinen Umrissen den Plan entwickelt, nach welchem für die Invalidität der Notare und für deren Hinterbliebene in Zukunft gesorgt werden soll. Es soll ein Verein in's Leben gerufen werden, welchem jeder Notar als Mitglied angehören muß und dessen Aufgabe es sein soll, aus den anfallenden Beitrittsgeldern, aus den Zwangsstraf-, Ordnungsstraf- und Disziplinarstraf-Geldern und eventuell aus den vom Landtag zu bewilligenden Staatszuschüssen die Versorgung der Notare und ihrer Hinterbliebenen zu übernehmen. Die Einzelheiten dieses Planes — die Höhe der Beiträge, die Höhe der Pensionen — liegen zur Zeit noch im Schooße der k. Staatsregierung verborgen und sollen noch nicht feststehen, insbesondere sollen die versicherungstechnischen Gutachten noch nicht vorliegen. Auch darüber, ob der derzeitige auf schwachen Füßen stehende Pensionsverein mit der neuen Anstalt verbunden werden soll oder was sonst mit ihm geschehen soll, konnte uns keine Mittheilung gemacht werden.

Es ist mißlich, daß uns die k. Staatsregierung in dieser Beziehung die nothwendigen Aufschlüsse nicht geben kann, obwohl sie uns andererseits zumuthet, eine gesetzliche Bestimmung zu treffen, die für die Notare von der größten Wichtigkeit ist und in deren Interesse getroffen werden muß. Die vorgeschlagenen Bestimmungen, welche Gesetz werden sollen, sind für die k. Staatsregierung nicht verbindlich, es ist ihr nur die Befugniß eingeräumt, nicht aber die Verpflichtung auferlegt, die geeignete Fürsorge zu treffen. Die gestrigen Ausführungen des Herrn Ministerialkommissärs sind aber geeignet, Beruhigung zu schaffen, ich habe das Vertrauen zur Justizverwaltung, daß sie in der Fürsorge für die Notare und deren Hinterbliebenen schon in ihrem eigensten Interesse vollauf ihre Pflicht thun wird.

Was Artikel 127 anlangt, so bleibt die Anordnung des Beitrittszwanges der k. Verordnung vorbehalten. Der Beitrittszwang soll nur gegen diejenigen Notare ausgeübt werden, welche erst nach dem Tage der Verkündung des neuen Notariatsgesetzes ernannt werden, der Beitrittszwang soll auf die Notare, welche sich schon im Amte befinden, nicht erstreckt werden. Es ist also ein Unterschied zu machen zwischen den nach dem 1. Januar 1900 zu ernennenden Notaren und jenen Notaren, welche nach Artikel 133 Abs. 1 des Entwurfes als auf Grund dieses Gesetzes aufgestellt gelten.

Nachdem der Beitrittszwang bestimmt ist, soll es auch keiner Beitrittserklärung bedürfen; die Notare werden mit ihrer Ernennung Mitglieder der noch unbekannten Anstalt oder, wenn dieselbe zur Zeit ihrer Ernennung noch nicht bestehen sollte, Mitglieder vom Tage ihrer Errichtung an.

Die Bestimmung in Artikel 128 ist aus dem gegenwärtigen Notariatsgesetze (Art. 144) herübergenommen und im Hinblick auf Artikel 65 und 70 entsprechend ergänzt worden.

Artikel 129 hat in mir Bedenken erregt. Wenn ich die Sache recht auffasse, soll eine gewisse Analogie mit dem Rentamtspersonal geschaffen werden; diese dürfte aber aus verschiedenen Gründen nicht passen. Ich habe auch die Befürchtung, daß auf diesem Umwege wieder neue Stellen für Militäranwärter geschaffen werden sollen.

Nachdem die Notare ihre Gehilfen allein zu bezahlen haben, sollen sie auch selbst über die Aufnahme und Entlassung derselben entscheiden dürfen.

Es mag richtig sein, daß manche Notare ihr Personal nicht besonders glänzend S. 722.
bezahlen und damit rechnen, daß diejenigen Gehilfen oder Buchhalter, die verheirathet sind und durch ihre Frauen ein kleines Nebengeschäft betreiben lassen, sich wohl überlegen werden, den Dienst zu verlassen. Dieß ist aber nicht die Regel; ich bin überzeugt, daß die Notare durchschnittlich ihr Personal gut bezahlen; die Entlohnung des Schreiber‖personals ist nach den örtlichen S. 723.
Verhältnissen und den Leistungen eine verschiedene.

Wenn einerseits bestimmt wird, daß der Notar keinen Gehalt aus der Staatskasse bezieht, ihm aber andererseits die Auflage gemacht wird, nur solche Gehilfen aufzunehmen, welche den vom Justizministerium zu erlassenden Vorschriften entsprechen, so liegt darin ein Widerspruch.

Wenn die nichtrechtskundigen Gehilfen den öffentlichen Anstalten und Vereinen angehören sollen, welche für ihre Fürsorge ꝛc. bestimmt sind, so muß entweder der Gehalt dieser Leute bedeutend erhöht werden, oder es müssen die Jahresbeiträge zu diesen Anstalten und Vereinen sehr gering bemessen werden; die jährlichen Staatszuschüsse werden auch nicht gering sein.

Ich ersuche die k. Staatsregierung, uns, wenn möglich, die nöthigen Aufschlüsse zu ertheilen, und behalte mir zunächst Antragstellung vor.

Abg. **Landmann** (Korreferent): Ich hätte nur eine Bemerkung zu Artikel 129 zu machen, die sich auch mit einer von dem Herrn Referenten gemachten Bemerkung deckt. Der Artikel 129 gibt dem Justizministerium das Recht, Vorschriften über die Aufnahme und Entlassung der Notariatsgehilfen zu erlassen, womit ich einverstanden bin, nur mit dem Vorbehalt, daß nicht vielleicht Vorschriften im Sinne oder zu Gunsten der Militäranwärter erlassen werden möchten; wir haben bekanntlich schon diese Klage bei den Gemeinden; ich will keinen dießbezüglichen Antrag stellen, wäre aber dankbar, wenn von Seite der k. Staatsregierung eine beruhigende Erklärung abgegeben werden könnte.

Ministerialrath **Thelemann**: In dem elften Abschnitt des Entwurfes ist die Versorgung der Notare und der Notariatsgehilfen behandelt. Was die Versorgung der Notare anlangt, so habe ich mir erlaubt, gestern bereits in großen Umrissen darzulegen, was die Regierung nach dieser Richtung beabsichtigt. Ich bedauere ebenso wie der Herr Referent, daß die Arbeiten nicht weiter vorgeschritten sind; es wäre Niemand lieber als dem Justizministerium, wenn die wahrlich nicht kleine Arbeit schon vollendet wäre; allein, wie ich mir bereits gestern zu bemerken erlaubte, die Vollendung war absolut unmöglich, weil die Feststellung der Voraussetzung und Grundlage aller Berechnungen, die Feststellung des Gesetzes selbst unbedingt abgewartet werden mußte. Vorher in's Ungewisse hinein die schwierigen und kostspieligen technischen Gutachten fertigen zu lassen, ging unter keinen Umständen an.

Wenn ich mich nicht täusche, sprach vorhin der Herr Referent davon, daß nur die Notare, welche vom 1. Januar 1900 ab angestellt werden, verpflichtet werden sollen, der zu gründenden Anstalt beizutreten. Da hat sich der Herr Referent doch wohl nur versprochen, denn im Gesetz ist ausdrücklich gesagt, und es ist das auch gestern von mir hervorgehoben worden, daß die von der Verkündung des Gesetzes an aufgestellten Notare gezwungen werden können, Mitglieder zu werden. Es ist das, wie ich wiederholt bemerke, in Aussicht genommen, weil am Schluß dieses Jahres ein besonders großer Wechsel im Notariat zu erwarten ist und dann die Neuangestellten den Grundstock für die neue Anstalt abgeben sollen.

Soviel über die Versorgung der Notare.

S. 723. Was aber die Versorgung der Notariatsgehilfen anlangt, so bin ich in der Lage, heute schon weitergehende Aufklärungen zu geben, weil hier die Verhältnisse einfacher gelagert sind und wir auch ein Vorbild dafür in einer anderen Organisation aus den letzten Jahren haben. Zunächst muß ich die Besorgniß zerstreuen, als sei beabsichtigt, die Aufnahme von Militäranwärtern zur Bedingung zu machen. Ich habe neulich schon Gelegenheit gehabt, im Finanzausschusse darauf hinzuweisen, daß wir damit den Militäranwärtern keinen besonderen Gefallen erweisen würden. Zu Schreiberdiensten melden sich Militäranwärter fast nie. Wer in der Truppe Dienst gemacht hat, der kann sich nach 12 Jahren nicht leicht entschließen, in der Schreibstube still zu sitzen. Die wenigen im Schreibgeschäft geübten Militäranwärter aber, die aus den Militärkanzleien stammen, die brauchen wir den Notaren nicht aufzuzwingen, denn sie sind auch so schon außerordentlich gesucht. Die Notare sind selbst froh, solche Leute, die eine hervorragend schöne Handschrift haben, zu bekommen. Denn schöne Handschrift ist gerade für den Notariatsdienst von besonderem Vortheil. Die Bedenken wegen der Militäranwärterfrage sind also unbegründet.

Was bezüglich der Aufnahme und Entlassung der Notariatsgehilfen sonst geplant ist, das sind Vorschriften über die Qualifikation der Gehilfen, daß z. B. nicht Jemand aufgenommen werden soll, der schon bestraft ist, auch unter Umständen, daß eine Mindestgrenze im Alter eingehalten werden soll, wie ich schon gestern sagte. Auch kann unter Umständen eine Mindestgrenze der Bezahlung für die ständig aufzunehmenden Gehilfen in Betracht kommen; die Höchstgrenze überlassen wir selbstverständlich der Generosität der Notare, der wir nicht Schranken setzen wollen. Ferner wurde in Aussicht genommen, wegen der Nebengeschäfte der Notariatsgehilfen die Bestimmungen aufrecht zu erhalten, die seither schon bestanden haben, daß sie nämlich nicht Agentengeschäfte treiben dürfen. Die Herren wissen, zu welchen Mißhelligkeiten und zu welcher Schädigung des Ansehens der Notare diese Verhältnisse schon geführt haben.

Ferner wurde in Aussicht genommen, daß als Notariatsgehilfen nur diejenigen Aufnahme finden dürfen, die den öffentlichen Anstalten beitreten, welche für die Versorgung der Notariatsgehilfen und ihrer Hinterbliebenen bestimmt sind. Wir halten das für die Hauptsache im Interesse der Notare wie der Notariatsgehilfen. Es ist vor einigen Jahren gelungen, die Versorgung der Gerichtsschreibergehilfen, wie ich annehmen darf, zur allgemeinen Zufriedenheit, soweit eben eine solche überhaupt zu erreichen ist, zu regeln. Es ist gelungen, die Gerichtsschreibergehilfen in einen Pensions- und Unterstützungsverein zusammenzufassen, der lebensfähig geworden ist und mit einem keineswegs bedeutenden Staatszuschuß (12,000 ℳ.) arbeitet. Die Leitsätze für diesen Verein sind außerordentlich einfach. Jeder Gehilfe bezahlt ohne Rücksicht auf sein Alter beim Zugang und seine Gesundheitsverhältnisse 3% seines Bezugs in die Vereinskasse und erhält, wenn er ausscheidet, nach einer fünfjährigen Karenz 30% seines Gehaltsbezuges als Pension. Das Vermögen des Vereins beträgt jetzt schon über 400,000 ℳ. Die Wittwen und Waisen der Gerichtsschreibergehilfen werden von dem Vereine ebenfalls mit einer, wenn auch nicht 30%igen, so doch nicht ganz unerheblichen Pension versorgt. Auch ist Vorsorge getroffen, daß in den Fällen vorübergehender Krankheit momentane Unterstützungen aus der Vereinskasse gewährt werden können.

Genau nach dem Muster dieses Vereins will die Justizverwaltung auch die Fürsorge für das Kanzleipersonal der Notare regeln. Auch die Notariatsgehilfen sollen mit Zwang in einen Pensionsverein zusammengefaßt werden, mit Ausnahme derer, die zur Aufnahme schon allzu alt sind. Sie werden

voraussichtlich auch 3% einbezahlen und 30% ihres Gehaltsbezuges als Pension S. 723.
erhalten. Die versicherungstechnischen Gutachten sind bereits eingeholt. Es wird möglich werden, mit einem nicht allzu hohen Staatszuschuß diesen || Verein S. 724.
lebensfähig zu machen. Darin soll aber nur ein Theil der Fürsorge für das Gehilfenpersonal liegen, die Versorgung, welche sie sich durch eigene Mitwirkung zu sichern haben. Es ist natürlich, daß diese Versorgung nicht ausreicht. Das gleiche Verhältniß besteht ja auch bei den Gerichtsschreibergehilfen. Für diese hat sich deßhalb die Staatsregierung vom Landtag noch einen Sustentationsfond erbeten, der zur Zeit 55,000 ℳ. beträgt, woraus die dem Pensionsverein angehörigen und die wegen zu hohen Alters vom Eintritt in den Verein ausgeschlossenen Gerichtsschreibergehilfen, wenn sie alt und invalid geworden, ihren Dienst nicht mehr versehen können, eine fortlaufende Rente erhalten. Diese Einrichtung hat im Vereine mit dem Pensionsverein bewirkt, daß kein invalider Gerichtsschreibergehilfe mehr Noth zu leiden braucht. Es stellen sich so die Leute natürlich nicht absolut, aber relativ besser als die statusmäßigen Bediensteten.

Das Nähere werden Sie aus den im Jahre 1891 im Justizministerialblatte veröffentlichten Bekanntmachungen ersehen.

In derselben Weise soll ergänzend zu der Versorgungsanstalt, zu welcher die Notariatsgehilfen beitragen, von der Regierung ein Budgetbetrag eingestellt werden, aus welchem auch fortlaufende Renten gewährt werden können. Es werden die Notariatsgehilfen künftig in gleicher Weise wie die Gerichtsschreibergehilfen behandelt, und damit dürfte vorerst den Bedürfnissen Genüge geleistet sein. Es läßt sich natürlich nicht Alles erreichen, was die Notariatsgehilfen wünschen. Sie besser zu stellen als das Kanzleipersonal bei den Gerichten, das wird nicht möglich, aber auch nicht nöthig sein.

Abg. **Segitz**: Ich halte den Artikel 129 nicht nur für unbedenklich, sondern für außerordentlich wünschenswerth. In den betheiligten Kreisen der Notariatsgehilfen wird Beruhigung entstehen, wenn Artikel 129 genehmigt und durchgeführt wird.

Der Herr Referent hat gemeint, daß es bedenklich sei, Bestimmungen über die Entlohnung der Notariatsgehilfen aufzunehmen. Ich halte dieß aber für absolut nothwendig. Wenn die Notariatsgehilfen verpflichtet sind, Kassen beizutreten, wie sie für die Gerichtsschreibergehilfen bestehen, so müssen sie auch in die Lage versetzt werden, entsprechende Beiträge bezahlen zu können, und das dürfte jetzt nicht bei allen Notariatsgehilfen der Fall sein. Der Herr Referent meint, im Allgemeinen werden die Leute gut bezahlt. Ich weiß aber aus Erfahrung und weiß von vielen Leuten, daß es zahlreiche Ausnahmen gibt, daß sehr viele Notariatsgehilfen auf Nebeneinkünfte angewiesen sind, die nicht ganz unbedenklicher Natur sind. Ich kenne persönlich die Leute und weiß, daß Notariatsgehilfen verwendet werden von Inhabern von Auskunftsbureaux, von Inhabern von Geldverleihinstituten, von Heirathvermittelungsbureaux zum Zwecke, über die Vermögensstellung der Leute Auskunft zu geben, die mit dem Notariate zu thun haben; es sind derartige Nebenerwerbe nicht dazu geeignet, das Ansehen dieser Gehilfen beziehungsweise das Ansehen der Notare selbst zu heben, und wenn es möglich wäre, die Notariatsgehilfen so zu stellen, daß sie auf diesen Nebenverdienst verzichten können, so wäre dieß ein wesentlicher Fortschritt. Die Leute sollen gezwungen werden, das Amtsgeheimniß zu wahren; wenn sie dazu gezwungen werden können, dann müssen sie in die Lage versetzt werden, auf Nebeneinkünfte zu verzichten; dieß ist jetzt namentlich bei den ver-

S. 724. heiratheten Notariatsgehilfen nicht immer der Fall. Die verheiratheten Notariatsgehilfen sind in den meisten Fällen auf derartige Nebeneinkünfte angewiesen. Andere behelfen sich damit, daß sie Abschriften fertigen, Gutachten ausstellen und sonstige Geschäfte führen, die vom Publikum verlangt werden, Eingaben an Behörden schreiben u. s. w. Aber es gibt auch solche, welche bedenkliche Nebengeschäfte führen.

Ich glaube, der Artikel 129 wäre geeignet, diesen Mißständen entgegenzutreten, und ich möchte bitten, dem Antrage der k. Staatsregierung zuzustimmen.

Ministerialrath **Thelemann:** Ich möchte hier feststellen, daß nach den gepflogenen Erhebungen, zur Zeit und im Ganzen genommen, die Bezahlung der Notariatsgehilfen keine schlechte ist. Daß es einzelne Ausnahmefälle gibt, muß zugegeben werden. Für diese soll eben die in Aussicht genommene Bestimmung über den Mindestlohn sorgen. Die Hauptverbesserung für die Notariatsgehilfen wird jedoch nicht hierin, sondern darin liegen, daß sie Aussicht haben, für den Fall des Alters und der Krankheit versorgt zu sein.

Vorsitzender: Ich bin auch der Meinung, daß der Plan der Regierung nur zu billigen ist; nach meiner Meinung hat das Publikum ein dringendes Interesse daran, daß nur ganz zuverlässige Leute von den Notaren als Gehilfen verwendet werden dürfen, und wenn wir diese Interessen schützen wollen, dann muß auch dafür gesorgt werden, daß die Leute so bezahlt sind, daß sie mit dem, was ihnen ihr Amt einträgt, leben können. Denn die Nebenverdienste, auf welche der Herr Abg. Segitz hingewiesen hat, sind ja jetzt schon verpönt. Eigentlich ist ja ein Notar gezwungen, einen derartigen Gehilfen sofort zu entlassen, wenn er ein solches Nebengewerbe treibt. Wenn also das, was Kollege Segitz mittheilt, wirklich vorkommt, dann kann das nur sein, wenn der Notar oder die Aufsichtsbehörde davon nichts gewußt hat. Würde er Kenntniß erlangen, dann dürfte er das absolut nicht zulassen. Wir haben, wenn ich mich recht entsinne, in der letzten Session eine Petition der Notariatsgehilfen gehabt, in welcher sie noch mehr wünschten, als was hier von der Regierung in Aussicht gestellt ist. Nun sind wir, glaube ich, damals zum größten Theile diesen Wünschen nicht unfreundlich gegenüber gestanden. Es besteht kein Anlaß, daß wir jetzt eine andere Stellung einnehmen. Ich bin der Meinung, daß das, was von Seite der Regierung geplant ist, nur Billigung und Anerkennung verdient.

Ich hätte zu dem, was von Seite des Herrn Ministerialvertreters ausgeführt wurde, nur noch anzuregen, ob nicht auch eine Vorsorge dafür getroffen werden soll, daß die Gehilfen nicht ohne zwingenden Grund entlassen werden dürfen. Im Artikel ist vorgeschlagen, daß bezüglich der Entlassung Bestimmungen getroffen werden. Ich würde um Vervollständigung der desfallsigen Mittheilungen bitten. Vielleicht wäre es auch möglich, Aufschluß darüber zu geben, wie hoch der Sustentationsfond bemessen werden muß, wenn die Absicht der Regierung nach jeder Hinsicht erreicht werden soll. Ich meine, der Herr Referent sollte sich auch dieser Anschauung zuneigen, daß der Artikel 129 sehr wohlthätig ist und daß es sich um eine Sache handelt, welche unsere Unterstützung finden muß.

Abg. **Michel:** Ich bin der Ansicht, daß Artikel 129, wie er Seitens der Regierung vorgeschlagen ist, in den betheiligten Kreisen der Notariatsgehilfen Beruhigung hervorzurufen geeignet ist; insbesondere die Erklärung, wie sie von Seite der Regierung abgegeben wurde bezüglich der finanziellen Ausgestaltung des Vereins der Notariatsgehilfen, wird gewiß geeignet sein, nach S. 724. allen Richtungen zu befriedigen.

Ich bin veranlaßt worden vom Ausschusse des Kreisvereins der pfälzischen S. 725. Notariatsgehilfen, einen weiteren Punkt zur Sprache zu bringen. Die Notariatsgehilfen wünschen, daß die ersten Gehilfen, die sogenannten ersten Clercs, Leute, die schon eine lange Reihe von Jahren, oft 20, 25, 30 Jahre unausgesetzt im Notariatsdienste verwendet sind, die Möglichkeit bekommen, in die Grundbuchämter als Sekretäre einzutreten. Ich habe mir sofort gesagt: dieser Wunsch greift tief ein in die Organisation der Gerichte und in die Grundsätze, die in dieser Beziehung aufgestellt sind, so daß ich Bedenken hatte, diesen Wunsch zum Ausdruck zu bringen, aber ich möchte die Regierung bitten, noch einmal ernstlich erwägen zu wollen, ob diesem Wunsche der ersten Notariatsgehilfen in irgend einer zufriedenstellenden Weise entgegengekommen werden kann.

Vorsitzender: Ich muß bemerken, auch an mich ist eine ähnliche Anregung gekommen, wie sie soeben Herr Abg. Michel zum Ausdruck brachte. Wenn eine Möglichkeit gegeben ist, dieselbe zu berücksichtigen, so möchte ich sie zur Berücksichtigung empfohlen haben. Daß die Herren sofort Sekretäre werden, das wird nicht angehen, aber sie werden als Sekretariatsgehilfen oder Sekretariatsassistenten unter Umständen verwendet werden können.

Abg. **von Walter**: Ich habe gegen den Artikel 129 nach der Erklärung, die wir aus dem Munde des Herrn Ministerialkommissärs vernommen haben, nichts zu erinnern. Ich erblicke in dieser Erklärung eine Bürgschaft dafür, daß den Notaren nicht eine allzu große Einschränkung in Bezug auf die Aufnahme und Entlassung der Notariatsgehilfen auferlegt werde.

Ich habe gegen Artikel 127 ein Bedenken und das geht dahin, daß mir der Beitrittszwang zu wenig weit geht. Es ist zunächst gesagt, daß die Notare, die bereits vor der Verkündung des Gesetzes im Amte sich befinden, nicht zum Beitritte gezwungen werden, allein die Erfahrung, die in dieser Beziehung besteht, berechtigt nicht zur Hoffnung, daß die Notare freiwillig beitreten werden, nämlich die Erfahrung, die wir beim Unterstützungsverein der Staatsbeamten und der Töchterkasse gemacht haben. Dort war der Zwang nicht vorgeschrieben und die Folge war, daß schließlich nach Jahren diejenigen, welche nicht freiwillig beigetreten waren, einen Sturmlauf unternommen haben, daß sie doch noch nachträglich in den Verein aufgenommen werden könnten. Es geschah das und jetzt soll es noch genug Beamte geben, die Alles aufwenden, um dem Unterstützungsverein und der Töchterkasse beitreten zu können. Die Erfahrung dürfte dafür sprechen, daß man den Beitrittszwang für die Notare sofort zu Anfang weiter ausdehnen und daß man es nicht der Sorglosigkeit des Einzelnen überlassen soll, ob er beitreten will oder nicht. Es kann ja sein, daß eine große Anzahl der Notare selbst zur Ueberzeugung kommt, daß der Weg, den Artikel 127 vorschlägt, von ihnen nothwendig beschritten werden muß. Aber es wird auch andere geben, die nicht freiwillig sich dazu herbeilassen, und für die möchte ich den Zwang gebrauchen. Man braucht ja den Zwang nicht auf die allerältesten Notare auszudehnen. Nachdem in Aussicht genommen ist, daß vom 1. Januar 1900 an ein großer Wechsel in Bezug auf die älteren Notare eintritt, so scheint es mir, daß der Zwang so ziemlich auf alle Notare ausgedehnt werden soll, und soweit das möglich ist, würde ich bitten, daß das geschieht und daß der Zwang sofort auch in Artikel 127 festgelegt wird.

Ministerialrath **Thelemann**: Was die letzte Bemerkung des Herrn Abg. von Walter anlangt, so seien Sie überzeugt, daß reiflich überlegt worden

S. 725. ist, wie weit man im Gesetz gehen soll, aber ohne die versicherungstechnischen Gutachten hat man keine spezielle Grundlage gefunden. Daß es zu wünschen ist, möglichst viele Notare in dem Verein zu haben, versteht sich von selbst. Aber es gibt unter den Notaren, die schon seit einer Reihe von Jahren in Anstellung sich befinden, so manche, die schon durch hohe Versicherungen Vorsorge getroffen haben. Sie ohne Nachzahlung in die Anstalt zu übernehmen, geht nicht, Nachzahlung und Prämienfortzahlung wäre aber vielleicht zu schwer. Es müssen vorerst Erhebungen darüber angestellt werden, welche Notare schon ausreichend durch Versicherung gesorgt haben, welche nicht. Aus allen diesen Gründen konnte im Gesetzentwurfe kein anderer Vorschlag gemacht werden, als der darin aufgenommene. Kommt es zur Gründung der Anstalt und sehen wir, daß sich ein weitergehender Zwang empfiehlt, so können wir ihn im Weg der Sondergesetzgebung immer noch schaffen. Für jetzt aber ist die Regierung nicht in der Lage, zu sagen, wie weit der Zwang ausgedehnt werden darf.

Was die Aeußerung des Herrn Abg. Wagner anlangt, so habe ich zu bemerken, daß selbstverständlich völlig ungerechtfertigte Entlassungen der Notariatsgehilfen künftig durch Vorschriften hintangehalten werden sollen.

Die Höhe des Sustentationsfonds ist Sache des Ermessens. Wir werden uns da voraussichtlich an das Beispiel bei den Gerichtsschreibergehilfen zu halten haben. Dort hat im ersten Jahre der Betrag von 30,000 ℳ. genügt. Jetzt ist er allerdings angewachsen auf 55,000 ℳ. und wird noch immer weiter steigen bis der Beharrungszustand eingetreten ist. Ich glaube, wir würden hier auch mit 30,000 ℳ. anfänglich ausreichen, ohne Gewähr dafür, ob nicht dieser Betrag später höher wird.

Dann komme ich noch auf die Frage des Herrn Abg. Michel wegen der Uebernahme der pfälzischen Notariatsclercs in die Grundbuchämter. Das könnte ich Namens der Justizverwaltung in gar keiner Weise in Aussicht stellen, daß die Clercs Sekretäre werden sollen, da, wie ich neulich in der Finanzausschußsitzung auszuführen die Ehre hatte, wir außerordentlich viel Adspiranten auf die Sekretariatsstellen haben, so daß wir diese nicht durch eine neue Kategorie vermehren dürfen, wenn wir nicht große Unzufriedenheit erregen wollen. Ich kann auch den Notariatsgehilfen nicht einmal recht die allgemeine Aussicht eröffnen, daß sie als Sekretariatsgehilfen herübergenommen werden. Es kann vereinzelte Fälle geben, z. B. wenn ein Notariat aufgehoben wird, daß man das ältere Personal irgendwo unterbringt, vielleicht auch in Gerichtsschreibereien, aber eine allgemeine Aussicht darauf, daß sie an die Gerichte herübergenommen werden, kann ich nicht eröffnen, weil wir sonst die uns noch näher stehenden Gerichtsschreibergehilfen schädigen würden. Sie wissen ja, daß jetzt schon ein Gerichtsschreibergehilfe 8 bis 9 Jahre warten muß auf die Anstellung als Sekretariatsgehilfe. Wir dürfen diese Wartezeit nicht ohne Noth auf 12 bis 15 Jahre verlängern.

Abg. **von Walter:** Ich bin damit einverstanden, daß die k. Staatsregierung für die Zukunft in Aussicht genommen hat, einen gesetzlichen Zwang in dieser Beziehung einzuführen, und ich darf daran den Wunsch knüpfen, daß dieß sofort geschehe, sobald einmal die Grundlagen für einen solchen Unterstützungsverein festgestellt sind, denn die Zeit rückt immer weiter vor und die Herren werden alle Tage älter.

Vorsitzender: Ich schließe die Diskussion, vorbehaltlich des Schlußwortes der beiden Herren Referenten.

S. 726. Der Herr Korreferent verzichtet. Herr Referent!

Abg. **Fuchs** (Referent): Ich habe mich für verpflichtet gehalten, die Bedenken, die sich mir aufgedrängt haben, hier zum Ausdruck zu bringen; es lag mir aber vollständig fern, den Notariatsgehilfen die von der k. Staatsregierung in Aussicht genommene Verbesserung ihrer Lage zu mißgönnen. Die Sache steht sich verschieden an, je nachdem man auf dem Standpunkt des Notars oder auf jenem der Gehilfen steht. Ich bin der k. Staatsregierung übrigens dankbar für ihre Aufschlüsse und wünsche nur, daß die weitgehende Fürsorge der k. Staatsregierung die Notariatsgehilfen auch wirklich zufriedenstellt. S. 726.

Ich beantrage die Annahme der Artikel 127 bis 129.

Vorsitzender: Eine Erinnerung ist dagegen nicht erhoben worden; die Artikel 127 bis 129 gelten als genehmigt.

Zwölfter Abschnitt. Schluß- und Uebergangsbestimmungen.

Artikel 130.

Herr Referent!

Abg. **Fuchs** (Referent) (verliest Artikel 130): An sich bleiben die meisten Vorschriften der beiden Notariatsgesetze vom Reichsrechte unberührt und werden nur insoweit außer Wirksamkeit gesetzt, als sie den Vorschriften des Bürgerl. Gesetzbuchs und seiner Nebengesetze entgegenstehen. Nachdem wir ein neues Notariatsgesetz machen, das am 1. Januar 1900 in Kraft treten soll, müssen die bisherigen Notariatsgesetze aufgehoben werden. Selbstverständlich sind auch jene Gesetze aufzuheben, die zur Ergänzung und Abänderung der Notariatsgesetze erlassen worden sind, die Ausnahmen finden sich in Artikel 132. Die hier noch einschlägigen Gesetze vom 28. Februar 1880, die Abänderung des Artikel 9 des pfälzischen Notariatsgesetzes vom 25. Ventose XI betreffend, und vom 18. März 1896, die Abänderung des Artikel 19 des Notariatsgesetzes vom 10. November 1861 betreffend, sind von der Kammer der Abgeordneten durch Annahme des Gesetzes, die durch die Einführung des Bürgerl. Gesetzbuchs veranlaßten Aenderungen der seit 1818 erlassenen Gesetze betreffend, bereits aufgehoben worden, sie sind unter Artikel 122[41] Nr. 28 und 34 dieses Gesetzes verzeichnet. Ich beantrage die Genehmigung des Artikel 130.

Vorsitzender: Ich darf annehmen, daß der Artikel 130 als genehmigt zu erachten ist.

Artikel 131.

Abg. **Fuchs** (Referent) (verliest Artikel 131): Ich beantrage die Genehmigung dieses Artikels.

Abg. **Landmann** (Korreferent): Ich beantrage gleichfalls Genehmigung.

Vorsitzender Artikel 131 ist genehmigt.

Artikel 132.

Abg. **Fuchs** (Referent) (verliest Artikel 132): Von den Vorschriften des rechtsrheinischen Notariatsgesetzes vom 10. November 1861 werden unter den Vorbehalt des Artikel 132 fallen:

a) die allgemeinen Vorschriften in Artikel 11 Abs. 3, Artikel 13, Artikel 51, soweit sie das vorbehaltene Liegenschaftsrecht und Erbrecht betreffen,

b) die liegenschaftsrechtlichen Vorschriften in Artikel 12 Abs. 2 und 3, Artikel 14, Artikel 15, soweit sie durch Artikel 189 des Einführungsgesetzes zum Bürgerl. Gesetzbuch gedeckt sind,

S. 726. c) die Vorschriften in Artikel 27, 28, 29, 30, 32 Abs. 2, Artikel 33, 34, 35 Satz 1, endlich

d) die Vorschriften des Artikel 52, soweit sie Versteigerungen in Nachlaßsachen betreffen.

Hiebei macht es keinen Unterschied, ob die Vorschriften Bestimmungen des materiellen Civilrechts oder Verfahrensbestimmungen enthalten. Die allgemeinen Vorschriften jedoch, welche bei dem vorbehaltenen Verfahren bisher einzuhalten waren, werden selbstverständlich durch die allgemeinen Formvorschriften des neuen Rechts, wie sie im dritten Abschnitt dieses Entwurfes gegeben sind, ersetzt. Ich beantrage die Genehmigung des Artikel 132.

Abg. **Landmann** (Korreferent): Ich habe keine Erinnerung zu erheben.

Vorsitzender: Eine Erinnerung gegen Artikel 132 wurde nicht erhoben; derselbe ist genehmigt.

Artikel 133.

Abg. **Fuchs** (Referent) (verliest Artikel 133): Die Bestimmung in Abs. 1 ist zwar nothwendig, aber selbstverständlich.

Vom 1. Januar 1900 ab soll ein Unterschied zwischen den rechtsrheinischen und den pfälzischen Notaren nicht mehr bestehen. Es soll kein Zweifel übrig bleiben, daß insbesondere künftig jeder pfälzische Notar die in Artikel 14 des jetzt geltenden rechtsrheinischen Notariatsgesetzes und jeder rechtsrheinische Notar die in Artikel 219 des Ausführungsgesetzes zur Civilprozeßordnung vorgeschriebenen Notariatsurkunden errichten kann, soweit diese Artikel nach Artikel 132 dieses Entwurfes und nach Artikel 123 des von der Kammer der Abgeordneten bereits genehmigten Gesetzes, betreffend die durch die Einführung des Bürgerl. Gesetzbuchs veranlaßten Aenderungen der seit 1818 erlassenen Gesetze, noch anwendbar bleiben. Mit dieser Bestimmung ist die viel bestrittene und beklagte Rechtsprechung der Gerichte, daß die Urkunden nach Artikel 14 des rechtsrheinischen Notariatsgesetzes nur von einem Notar des rechtsrheinischen Bayern und nicht von einem pfälzischen Notar rechtsgiltig errichtet werden können, endlich beseitigt. Ich beantrage die Genehmigung.

Abg. **Landmann** (Korreferent): Ich beantrage gleichfalls die Genehmigung dieses Artikels.

Abg. **Lerno**. Es ist mir aus Notariatskreisen eine Anregung zugekommen, der ich hier am besten Ausdruck geben zu können glaube, nämlich: Es wäre für die Betheiligten von großem Interesse, zu erfahren, was die k. Regierung mit jenen Notaren zu thun gedenkt, die zwar unter dem bisherigen Regime noch ganz wohl einige Jahre hätten mitthun können, Alters oder Krankheit
S. 727. wegen aber nicht im ‖ Stande sind, neben ihren Geschäften auch noch das neue Recht zu studiren, und daher vom 1. Januar 1900 ab amtirungsunfähig werden. Ich möchte in dieser Beziehung um Aufklärung bitten.

Ministerialrath **Thelemann**: Es muß wiederholt werden, daß die ältesten Notare, die bisher auf sehr guten Stellen waren, bei der Frage der Versorgung außer Betracht bleiben müssen, weil sie bisher ein solches Einkommen hatten, daß sie in gar keiner Weise beanspruchen können, vom Staate versorgt zu werden. Bezüglich der übrigen wurde gestern schon gesagt, daß man voraussichtlich dazu kommen wird, dem nächsten Landtag eine Budgetposition vorzuschlagen, aus welcher die etwa entstehenden Härten gemildert werden können.

Vorsitzender: Der Herr Abg. Lerno wird nach dieser Aufklärung beruhigt sein. S. 727.

Eine Erinnerung gegen den Artikel 133 selbst wurde nicht erhoben; derselbe ist genehmigt. Artikel 134 ist bereits erledigt.

Artikel 135.

Abg. **Fuchs** (Referent) (verliest Artikel 135): Die Bestimmung, daß in der Pfalz die neue Eintheilung der Notariatsbezirke erst später und nach Lage der Umstände allmählich in's Leben treten soll, ist getroffen worden, damit eine plötzliche Schädigung der im Amte befindlichen Notare vermieden werde; bei Artikel 5 wurde von der k. Staatsregierung schon eine dießbezügliche Erklärung abgegeben. Ich beantrage die Genehmigung.

Vorsitzender: Ich gebe bekannt, daß nachstehender Antrag eingelaufen ist:

Der Ausschuß wolle beschließen,
es sei der Artikel 135 zu streichen. Michel, Conrad.

Das Wort zur Begründung dieses Antrags hat Herr Abg. Michel.

Abg. **Michel:** Die Herren erinnern sich, daß ich mir erlaubte, vor einigen Tagen darauf aufmerksam zu machen, daß durch Verordnung vom 7. September 1820 eine Klassifikation der Notare insoweit eintrat, als Bezirks- und Landkommissariatsnotariate bestehen. Die Funktions- beziehungsweise Zuständigkeitsgrenze der einzelnen Notare ist in der Weise geregelt, daß die Bezirksnotare im Bezirke des ganzen Landgerichts amtiren können, während die anderen nur innerhalb der Grenzen des Landkommissariats — Bezirksamts — zu amtiren befugt sind. Diese Bestimmung soll nach Artikel 135 des Entwurfes erst dann wegfallen, wenn in der Pfalz durchwegs das Grundbuch als angelegt zu betrachten ist.

In Artikel 135 soll zugleich der Regierung die Ermächtigung ertheilt werden, für einzelne Bezirke schon früher diese Bestimmung eintreten zu lassen. Es ist nun von verschiedenen Seiten der Wunsch laut geworden, den ich selbst für ganz berechtigt halte, daß man für alle Notare schon vom 1. Januar 1900 ab gleiches Recht schaffe. Das kann geschehen, wenn dieser Artikel 135 gestrichen wird, und deßhalb bitte ich die k. Staatsregierung, diesem unserem Antrage zuzustimmen, und den Ausschuß, denselben anzunehmen.

Der k. Staatsminister der Justiz: Die k. Staatsregierung ist mit der Streichung dieses Artikels vollständig einverstanden. Er wurde ohnehin nur eingesetzt mit Rücksicht auf den bisherigen Zustand in der Pfalz. Wünscht man dort dessen Aufrechthaltung nicht, so soll sie nicht erzwungen werden.

Vorsitzender: Die Herren Referenten werden hiegegen eine Erinnerung nicht erheben.

Ein Widerspruch gegen den Antrag „Michel erfolgt nicht; der Antrag ist angenommen. Ich konstatire also die Streichung des Artikel 135.

Artikel 136, 137 und 138.

Abg. **Fuchs** (Referent): Die Artikel 136 bis 138 regeln die Behandlung der zur Zeit des Inkrafttretens des neuen Gesetzes in Notariatsangelegenheiten bei Gericht anhängigen Sachen.

Artikel 136 bestimmt, daß bezüglich der am 1. Januar 1900 anhängigen Ordnungs- und Disziplinarstrafsachen nach den bisherigen Vorschriften zu verfahren sei, während bezüglich des materiellen Strafrechts die Regel des § 2

S. 727. Abs. 2 des Strafgesetzbuchs gelten soll, hienach also bei Verschiedenheit der Gesetze von der Zeit der begangenen Handlung bis zu deren Aburtheilung das mildeste Gesetz anzuwenden ist.

Beide Bestimmungen sind zu billigen, da die bisherigen Vorschriften von den neuen zu verschieden sind, als daß ein Uebergang aus der einen in die andere Verfahrungsart möglich wäre, und auf die Anwendung der mildesten Gesetze nach dem Strafgesetzbuch Jeder, der sich gegen die Strafgesetze verfehlt hat, Anspruch hat.

Nach Artikel 137 soll, wenn am 1. Januar 1900 ein Verfahren in den Angelegenheiten anhängig ist, welche die Verweigerung der Ausübung des Amtes, die Verweigerung der Gestattung der Einsicht, die Verweigerung der Ertheilung von Abschriften und Ausfertigungen, die Verweigerung der Aushändigung von Urschriften, Abschriften oder Ausfertigungen, die Zurückbehaltung von Urkunden, Geldern und Werthpapieren betreffen, materiell immer nach dem neuen Gesetz entschieden werden, weil der abgewiesene Antrag jederzeit neu gestellt und dadurch die Sache dem neuen Rechte unterworfen werden könnte. Auch das Verfahren soll nach den neuen Vorschriften stattfinden, weil die alten und neuen Vorschriften in dieser Beziehung ziemlich übereinstimmen. Eine Ausnahme sieht jedoch der Entwurf vor für die Fälle, in denen schon eine Entscheidung ergangen ist, gleichviel ob eine einzelrichterliche Seitens des Landgerichtspräsidenten oder eine Entscheidung des Landgerichts, und mit Recht, da es wohl nicht angeht, die nach altem Rechte ergangenen Entscheidungen in einem Beschwerdeverfahren anfechten zu lassen, das ein andersgeartetes erstinstanzielles Verfahren voraussetzt.

Nach Artikel 138 sollen, wenn in Gebührenfestsetzungssachen die Entscheidung des ordentlichen Prozeßgerichts vor dem 1. Januar 1900 bereits angerufen ist, diese Sachen nach dem alten Verfahren erledigt werden, weil ein Eingriff in die Verhandlungen der ordentlichen Gerichte vermieden werden muß. Ist vor dem 1. Januar 1900 eine Entscheidung nach dem dienstrechtlichen Verfahren ergangen, das dem Anrufen des ordentlichen Gerichts vorhergeht, so sollen auch auf das weitere Verfahren die bisherigen Vorschriften angewendet werden. Ist aber weder nach der einen noch nach der anderen Richtung eine Entscheidung vor dem 1 Januar 1900 ergangen, so sollen auch für das Festsetzungsverfahren und die Beitreibung der vor dem 1. Januar 1900 entstandenen Forderungen die neuen Vorschriften Anwendung finden.

Ich beantrage die Genehmigung der Artikel 136 bis 138.

S. 728. Abg. **Landmann** (Korreferent): Ohne Erinnerung.

Vorsitzender: Das Wort wird nicht begehrt, eine Erinnerung nicht erhoben; die Artikel 136, 137 und 138 sind genehmigt.

Artikel 139.

Abg. **Fuchs** (Referent) (verliest Artikel 139): Artikel 100 des rechtsrheinischen Notariatsgesetzes bestimmt, daß im Falle der Erledigung eines Notariats durch Tod, Entlassung oder Versetzung dessen Urschriften und Repertorien nebst dem Amtssiegel von dem Amtsgericht zu verwahren sind, bis der Landgerichtspräsident einen Notar desselben Sitzes oder einen Notar der nächstgelegenen Notariatssitze vorsorglich mit deren Uebernahme betraut hat. Artikel 102 desselben Gesetzes schreibt vor, daß im Falle der Suspension eines Notars die Ausfertigung von den Urkunden aus den Urschriften des Suspendirten durch den Präsidenten des Landgerichts einem Notar desselben oder des nächstgelegenen Amtssitzes übertragen wird. Artikel 61 des pfälzischen Notariatsgesetzes und Artikel 4 Abs. 1 des Gesetzes vom 26. Mai 1868 treffen ähnliche Anordnungen. S. 728.

Dieser Artikel ist ein Vorsichtsartikel und bestimmt, daß die auf Grund der genannten Artikel vorsorglich getroffenen Anordnungen auch nach dem 1. Januar 1900 in Wirksamkeit zu bleiben haben, bis sie durch Aufstellung eines Notars oder Notariatsverwesers gegenstandslos werden.

Im Artikel 150 des gegenwärtigen Notariatsgesetzes findet sich in Abs. 3 die Bestimmung, daß die Befugnisse der bestehenden Wechselnotare nicht aufgehoben werden. Ich erlaube mir an die k. Staatsregierung die Anfrage, aus welchem Grunde diese Bestimmung nicht in das neue Gesetz herübergenommen worden ist.

Im Uebrigen beantrage ich die Genehmigung des Artikel 139.

Der k. Staatsminister der Justiz: Durch den Gesetzentwurf werden die bisherigen Befugnisse der Wechselnotare nicht berührt. Uebrigens ist zu bemerken, daß die Wechselnotare auf dem Aussterbeetat stehen. Seit 1861 ist keiner mehr ernannt worden und — soviel bekannt — ist nur noch einer am Leben, der 1885 seine Anstellung fand. Unter solchen Umständen wird es kaum nothwendig sein, in dem Gesetze der Wechselnotare Erwähnung zu thun, es wird genügen, wenn hier konstatirt wird, daß ihre Befugnisse auch nach dem Inkrafttreten des Gesetzes ungeschmälert bleiben.

Abg. **Landmann** (Korreferent): Ich habe nichts zu erinnern.

Vorsitzender: Gegen den Artikel 139 ist eine Erinnerung nicht erhoben worden; derselbe ist angenommen.

Artikel 140.

Abg. **Fuchs** (Referent) (verliest Artikel 140): Ich beantrage die Genehmigung.

Abg. **Landmann** (Korreferent): Ohne Erinnerung.

Abg. **Conrad:** Es wird wohl hier der Punkt sein, wo ich mir noch eine Anfrage erlauben darf.

In Artikel 18 des nun aufzuhebenden Ventose-Gesetzes über das pfälzische Notariat war bestimmt, daß der Notar eine Tabelle bezüglich der Entmündigten und unter Kuratel Gestellten in seinem Bureau aufzuhängen hatte. Hiebei waren noch nähere Anordnungen getroffen. Nun könnte man im Zweifel sein, ob diese Bestimmung neben der neuen des § 660 der Civilprozeßordnung noch in Kraft sei, die ja Anordnungen gibt über die Mittheilung solcher Entmündigungsbeschlüsse. Darnach sollen solche Mittheilungen lediglich an die Vormundschaftsbehörden und an diejenigen Organe, welchen die Fürsorge für einen Entmündigten anvertraut ist, ergehen, nicht aber in der erweiterten Form des Ventose-Gesetzes. Nun halte ich diese Bestimmung, welche jetzt als aufgehoben zu gelten hat, doch für sehr zweckmäßig und der Erwägung werth, ob nicht an ihrer Stelle eine neuerliche Anordnung im gleichen Sinne angezeigt wäre. In der Pfalz hat sich diese Einrichtung überall eingelebt. Die Gerichte machen die Mittheilung an das Oberlandesgericht, von wo dann die Vermittlung an die Notariate erfolgt. Es liegt auf der Hand, daß hiedurch manche Mißlichkeiten wegen eventueller Ungiltigkeit von Akten vermieden sind. Ich erlaube mir deßhalb die Anfrage, ob die k. Staatsregierung nicht beabsichtigt, in dieser Beziehung oder in welcher anderen Form und zwar auf dem Verordnungswege Anordnung zu treffen.

S. 728. **Der k. Staatsminister der Justiz:** Dieser Anregung kann bei Erlassung der Geschäftsordnung Rechnung getragen werden.

Vorsitzender: Eine Erinnerung gegen den Artikel 140 wird nicht erhoben; derselbe ist genehmigt. Wir haben noch Ueberschrift und Einleitungsworte des Gesetzentwurfes festzustellen.

Abg. **Fuchs** (Referent): Ich beantrage die Genehmigung.

Abg. **Landmann** (Korreferent): Ich ebenfalls.

Vorsitzender: Eine Erinnerung ist nicht erhoben worden; Ueberschrift und Einleitungsworte gelten als genehmigt. Eine Abstimmung über den ganzen Gesetzentwurf wird nicht nothwendig sein, da wir doch eine zweite Lesung vornehmen müssen.

S. 729. (Schluß der Sitzung um 12 Uhr 30 Minuten.)

Wagner,
Vorsitzender.

Michel,
Schriftführer.

S. 731.

Protokoll

über die Sitzung der Redaktionskommission des besonderen (XVIII.) Ausschusses der Kammer der Abgeordneten zur Berathung der durch die Einführung des Bürgerlichen Gesetzbuchs veranlaßten Gesetzentwürfe.

(Verhandl. d. Justiz-Gesetzg.-Aussch. K. d. Abg. 1899. Beil.-Bd. XX, Abth. II, Seite 731, 732.)

München, den 9. Mai 1899, Nachmittags 4 Uhr.

Gegenwärtig:

Der Vertreter der k. Staatsregierung: der k. Landgerichtsrath der Justiz Schmitt; die Ausschußmitglieder: Fuchs, Referent, Landmann, Korreferent, Michel, Schriftführer.

Tagesordnung:

Feststellung der Beschlüsse erster Lesung zum Entwurf eines Notariatsgesetzes (Beilage R).

Es wurden folgende Beschlüsse gefaßt:

Als Zwischenüberschrift ist nach:

Erster Abschnitt.

Zuständigkeit und Organisation.

zu setzen:

1. Zuständigkeit.

Nach Artikel 3 wird als **Artikel 3a** eingeschaltet:

Der Notar ist verpflichtet, Gelder, Werthpapiere und Kostbarkeiten, die ihm aus Anlaß eines Amtsgeschäfts von den Betheiligten übergeben werden, zur Aufbewahrung für die Betheiligten oder zur Ablieferung an Dritte oder an eine Behörde zu übernehmen.

Die Bestimmungen über das Verfahren bei der Uebernahme, Aufbewahrung und Ablieferung, insbesondere über die Führung von Verwahrungsbüchern werden durch Ministerialvorschriften getroffen.

Nach **Artikel 4** kommt als Zwischenüberschrift:

2. Organisation.

Nach: S. 731.

Zweiter Abschnitt.

Dienstverhältnisse und Geschäftsführung.

kommt als Zwischenüberschrift:

1. Ausschließlichkeit des Dienstes, Nebengeschäfte.

Artikel 13 ist geändert und als **Artikel 3a** hinter Artikel 3 eingestellt.

Artikel 14 Satz 1 hat zu lauten:

Der Notar darf das Amt des Testamentsvollstreckers übernehmen.

Als Zwischenüberschriften kommen:

nach **Artikel** 14:

2. Verpflichtung zur Dienstleistung.

nach **Artikel** 18:

3. Zeit und Ort der Vornahme der notariellen Amtsgeschäfte.

nach **Artikel** 20:

4. Verwendung von Gehilfen.

nach **Artikel** 21:

5. Amtsgeheimniß, Gestattung der Akteneinsicht.

nach **Artikel** 23:

6. Geschäftsregister.

nach **Artikel** 25:

1. Vorschriften über die Errichtung notarieller Urkunden.

Satz 2 des 2. Absatzes im **Artikel** 26 soll lauten:

Jede **notarielle** Urkunde ꝛc. ꝛc.

Nach **Artikel** 37 kommt als Zwischenüberschrift:

2. Vorschriften über die Verwahrung der Urschriften und die Ertheilung von Ausfertigungen.

Artikel 46 soll lauten:

Für die Vollstreckbarkeit der **notariellen** Urkunden ꝛc.

Artikel 53 Abs. 1 soll lauten:

Die Vorschriften des Artikel 51 und des Artikel 52 Abs. 1 finden auch Anwendung, wenn der Notar **aus dem Amte geschieden oder gestorben ist.**

(sonst unverändert)

Artikel 55 Satz 2 soll lauten:

Bei auswärtigen Dienstgeschäften werden ihm Tagegelder und Reisekosten aus der Staatskasse vergütet.

Nach:

Sechster Abschnitt.

Dienstaufsicht und Disziplin.

kommt als Zwischenüberschrift:

1. Dienstaufsicht.

Artikel 65 Abs. 2 soll lauten:

Der Festsetzung der Zwangsstrafe muß eine schriftliche Androhung vorausgehen. Die einzelne Strafe darf den Betrag von fünfzig Mark nicht übersteigen;

(sonst unverändert)

S. 731. Nach Artikel 66 kommt als Zwischenüberschrift:

2. Dienststrafrecht.

Im Artikel 72 erste Zeile wird das Wort „**auch**" gestrichen.

Im Artikel 73 wird in der zweiten Zeile das Wort „der" durch das Wort „**des**" und das Wort „Ehrentitel" durch das Wort „Ehrentitels" ersetzt.

S. 732. Nach Artikel 79 kommt als Zwischenüberschrift:

3. Dienststrafverfahren.

Im Artikel 81 Abs. 1 hat Satz 3 zu lauten:

Die Beschwerde ist bei dem Landgerichte durch Einreichung einer Beschwerdefrist einzulegen.

(Satz 3 und 4 sind zusammengezogen.)

Nach Artikel 85 kommt als Zwischenüberschrift:

4. Zwangsversetzung und Zwangsenthebung.

Im Artikel 86 Abs. 1 Nr. 2 sind die Worte „**oder aus anderen Gründen**" gestrichen.

Abs. 2 soll lauten

Dem auf Grund dieser Vorschriften versetzten Notar sind die Umzugskosten aus der Staatskasse zu vergüten.

Artikel 87 soll lauten

Soll ein Notar auf Grund des Art. 86 versetzt werden, so wird ihm dies im Auftrage des Staatsministeriums der Justiz durch den Präsidenten des Oberlandesgerichts schriftlich unter Angabe der Gründe und mit der Aufforderung eröffnet, binnen einer Frist von zwei Wochen eine Erklärung abzugeben.

Willigt der Notar in die Versetzung, so kann diese ohne Weiteres erfolgen. Erhebt der Notar Einsprache und erachtet das Staatsministerium der Justiz die Einsprache für begründet, so erklärt es die Sache für beruhend und benachrichtigt davon den Notar.

Wird die Einsprache nicht für begründet erachtet, oder gibt der Notar innerhalb der Frist eine Erklärung nicht ab, so entscheidet auf Veranlassung des Justizministeriums die Disziplinarkammer über die Zulässigkeit der Versetzung. Vor der Entscheidung hat der Präsident des Oberlandesgerichts oder ein von ihm beauftragter Richter die nöthigen Ermittelungen vorzunehmen. Dem Notar und dem Staatsanwalt ist Gelegenheit zu geben, sich über das Ergebniß der Ermittelungen zu äußern. Die Disziplinarkammer entscheidet in der für Disziplinarstrafsachen vorgeschriebenen Besetzung in nicht öffentlicher Sitzung auf Vortrag eines Berichterstatters. Die Entscheidung ist in beglaubigter Abschrift dem Notar zuzustellen. Eine Anfechtung der Entscheidung findet nicht statt.

Im Artikel 89 Abs. 2 soll der zweite Satz lauten

Ueber das Gesammtergebniß der Erhebungen muß der Notar schriftlich oder zu Protokoll vernommen werden,

(sonst unverändert)

Nach Artikel 90 kommt als Zwischenüberschrift

5. Suspension.

Im **Artikel 93** ist Abs. 3 gestrichen. S. 732.

Abs. 4 soll lauten

Im Falle des Abs. 1 Nr 1 kann die Suspension im Laufe des Berufungsverfahrens vom Disziplinarhof auch dann verhängt werden, wenn die Disziplinarkammer eine Entscheidung darüber nicht getroffen hat.

Im **Artikel 94** wird in Nr. 2 die Ziffer 89, in Nr. 3 die Ziffer 87 gestrichen.

Im **Artikel 95** soll Abs. 1 lauten:

Für die Dauer der Beurlaubung, der Suspension, der sonstigen Behinderung des Notars oder der vorübergehenden Erledigung eines Notariats soll die Wahrnehmung der Amtsgeschäfte einem Amtsverweser (Notariatsverweser) übertragen werden.

Abs. 2 soll lauten:

Ein Notariatsverweser soll ferner bestellt werden, wenn die Besetzung eines Notariats mit einem Notar wegen der Geringfügigkeit der Zahl der Amtsgeschäfte unthunlich ist.

Artikel 105 soll lauten:

Der Notariatsverweser soll, sofern er **nicht Richter an einem Amtsgericht ist,**

(sonst unverändert)

In den **Artikeln 106, 107, 108, 112, 113, 116, 117** sind die Worte:

„Amtsrichter oder Gerichtsschreiber" zu ersetzen durch das Wort:

„Gerichtsbeamter".

Im **Artikel 113** soll Satz 2 lauten:

Dem Verweser kann bei ꝛc. ꝛc.

Im **Artikel 116** soll Zeile 3 lauten:

den **für sie als Gerichtsbeamte** bestehenden Vorschriften ꝛc.

Im **Artikel 126** soll Abs. 3 lauten:

Für die Thätigkeit der Notare und Notariatsverweser in den Fällen des Artikel 14 haftet der Staat nicht.

(Der zweite Satz ist gestrichen.)

Artikel 135 ist gestrichen.

Fuchs, Vorsitzender.

Michel, Schriftführer.

S. 733.

42.

Protokoll

über die Sitzung des besonderen (XVIII.) Ausschusses der Kammer der Abgeordneten zur Berathung der durch die Einführung des Bürgerlichen Gesetzbuchs veranlaßten Gesetzentwürfe.

(Verhandl. d. Justiz-Gesetzg.-Aussch. d. K. d. Abg. 1899. Beil.-Bd. XX, Abth. II, Seite 733 bis 741.)

München, den 10. Mai 1899, Nachmittags 4½ Uhr.

Gegenwärtig:

Die Vertreter der k. Staatsregierung: der k. Staatsminister der Justiz Dr. Freiherr von Leonrod, Excellenz, der k. Ministerialrath im Staatsministerium der Finanzen, Kronanwalt Ritter von Schubart, der k. Ministerialrath im Staatsministerium der Justiz Thelemann, der k. Landgerichtsrath im Staatsministerium der Justiz Schmitt;

ferner die Ausschußmitglieder: Wagner, Stellvertreter des Vorsitzenden, Dr. Casselmann, Schriftführer, Michel, Stellvertreter des Schriftführers, Beckh, Conrad, Fuchs, Joseph Geiger, Joseph Huber, Landmann, Lerno, von Walter (Dr. Ratzinger, Seeberger, Segitz und von Stobäus entschuldigt).

Tagesordnung:

Entwurf eines Notariatsgesetzes.

(Beilage R.)

Zweite Lesung.

Der Stellvertreter des Vorsitzenden Abg. Wagner eröffnet um 4 Uhr 35 Minuten die Sitzung.

Es wird sofort in die zweite Lesung des Entwurfes eines Notariatsgesetzes eingetreten.

Vorsitzender: Ueberschrift und Einleitungsworte des Entwurfes bleiben zunächst zurückgestellt.

Ich werde lediglich die einzelnen Artikel aufrufen und ich denke, es wird zu verfahren sein wie bei den übrigen Gesetzentwürfen. Wenn das Wort zu einem Artikel nicht begehrt wird, darf ich wohl konstatiren, daß dieser Artikel in zweiter Lesung als angenommen zu betrachten ist.

Die Herren sind mit diesem Vorschlage einverstanden. Ich rufe zunächst auf:

Erster Abschnitt. Zuständigkeit und Organisation.

1. Zuständigkeit.

Artikel 1.

Abg. **Fuchs** (Referent): In der Redaktionskommission wurde dem in der Generaldiskussion zum Ausdruck gebrachten Wunsche, die Ueberschriften, welche sich in den Motiven finden, auch in den Gesetzestext zu übernehmen, entsprochen; es haben sich dabei manche Schwierigkeiten ergeben. Nach dem ersten Abschnitt: „Zuständigkeit und Organisation“ mußte vor dem Worte „Zuständigkeit“ Ziff. 1 gesetzt werden, um die Zwischenüberschrift hervortreten zu lassen.

Da Artikel 26, 27, 37 zusammengehören, so mußte die Ueberschrift: „Allgemeine Vorschriften für die Errichtung von notariellen Urkunden“ abgeändert und jene vor Artikel 32 weggelassen werden.

Vor Artikel 86 findet sich die Ueberschrift: „Zwangsversetzung und Zwangsenthebung“, diese trifft auf Artikel 90 nicht zu, denn dort ist nicht blos die Pflicht zur Tragung der Kosten für die Zwangsversetzung und Zwangsenthebung, sondern auch für das Dienststrafverfahren geregelt. Hier stimmt also die Zwischenüberschrift nicht ganz, und man müßte eigentlich für Artikel 90 eine eigene Ueberschrift wählen, z. B. „Gemeinsame Vorschriften über das Dienststrafverfahren, die Zwangsversetzung und die Zwangsenthebung", die wegen ihrer Länge nicht zu empfehlen ist. Dieß ist eine kleine Illustration dafür, welche Schwierigkeiten die große Zahl von Zwischenüberschriften hat. S. 733.

Abg. **Landmann** (Korreferent): Ich habe nichts zu bemerken. Ich bin der Ansicht, daß die Ueberschriften, welche wir festgesetzt haben, sich im Allgemeinen mit dem Inhalte der Artikel decken.

Abg. **Fuchs** (Referent): In der ersten Lesung habe ich eine andere Fassung des Artikel 1 angeregt, mich jedoch inzwischen überzeugt, daß mein Vorschlag nicht genau das trifft, was die Bestimmung in Artikel 1 besagen will. Ich bestehe daher nicht mehr auf meiner Anregung und beantrage die Genehmigung des Artikel 1.

Vorsitzender: Die Ueberschriften vor Artikel 1 und der Artikel 1 selbst sind genehmigt.

Artikel 2, 3, 3a.

Abg. **Fuchs** (Referent): Die Versetzung des Artikel 13 als Artikel 3a ist nothwendig, weil die Depositalgeschäfte der Notare nunmehr Amtsgeschäfte der Notare werden; die Bestimmungen hierüber können nicht dort stehen, wo von den erlaubten Privatgeschäften die Rede ist, sondern sind da unterzubringen, wo die nothwendigen Amtsgeschäfte behandelt werden, also in den Zuständigkeitsvorschriften.

Die in Abs. 2 des Artikel 13 vorgenommene Aenderung hat ihren besonderen Grund. Wenn der Staat die Haftung für die notariellen Depositen übernimmt, muß den Finanzbehörden auch die Kontrole über die Depositengeschäfte mitübertragen werden. Die Folge wird sein, daß die Vorschriften, die über das Verfahren bei der Uebernahme von Geldern 2c. 2c. zu erlassen sein werden, nicht mehr vom Justizministerium allein, sondern von diesem im Benehmen mit dem Finanzministerium gemeinschaftlich gegeben werden; sie sind also nicht nur für die Notare, sondern auch für die Finanzbehörden bestimmt. Um dieses Verhältniß zum Ausdruck zu bringen, wurde die vorliegende Fassung gewählt.

Ich beantrage, Artikel 13 als Artikel 3a einzustellen und denselben in der von der Redaktionskommission vorgeschlagenen Fassung zu genehmigen.

Abg. **Landmann** (Korreferent): Ich habe nichts zu erinnern.

Vorsitzender: Darf ich mir die Frage an den Herrn Vertreter des Finanzministeriums erlauben, ob von Seite des k. Staatsministeriums der Finanzen dem Artikel 3a zugestimmt wird?

Ministerialrath, Kronanwalt **von Schubart:** Durch Ihre Beschlußfassung erscheint die Uebernahme von Geldern, Werthpapieren, Kostbarkeiten durch den Notar nach Maßgabe des Artikel 13, jetzt 3a, als Amtspflicht des Notars ‖ charakterisirt, und die Konsequenz hievon im Zusammenhalte mit dem S. 734.
in Artikel 126 Abs. 1 ausgesprochenen Prinzip ist, daß der Staat für die Thätigkeit des Notars und des Notariatsverwesers in den Fällen des Artikel 13, jetzt 3a, zu haften hat, soferne nicht ausdrücklich im Gesetze das Gegentheil ausgesprochen wird. Sie haben in erster Lesung jene Konsequenz denn auch gezogen, indem Sie sich für den Wegfall des zweiten Satzes des Abs. 3 von Artikel 126 erklärt haben.

S. 734. Wenn nun auch die k. Staatsregierung nach wie vor die ernstesten Bedenken gegen diese erweiterte Haftung des Staates hegt, so will sie sich doch gegenüber den einstimmig gefaßten Beschlüssen des Ausschusses nicht weiter ablehnend verhalten, sofern ihr die Handhaben bewilligt werden, welche sie für erforderlich hält, um die Konsequenzen dieser Haftung möglichst zu begrenzen und zu verringern. Ich habe bereits bei der ersten Lesung des Entwurfes hervorgehoben, daß, wenn der Staat die Haftung auch für die Depositalthätigkeit der Notare übernehmen soll, ihm dann auch gewisse Depositengebühren zugebilligt werden müssen. Es ist auch aus der Mitte Ihres Ausschusses selbst heraus als billig erklärt worden, daß der Staat für die von ihm zu übernehmende Haftung ein Aequivalent, gewissermaßen eine Versicherungsgebühr erhalte. Zum Zwecke der Verschaffung einer staatlichen Depositengebühr würde im Artikel 257 des Gebührengesetzes, welcher nach dem Entwurfe eines Gesetzes, die Abänderungen des Gebührengesetzes betreffend, unverändert bleiben sollte, eine Einschaltung zu machen sein.

Artikel 257 lautet

> Für die Aufbewahrung der bei den Gerichten oder gemäß Art. 76 Abs. 3 des Gesetzes zur Ausführung des Gerichtsverfassungsgesetzes bei der Königlichen Bank oder anderen Kassen des Staates hinterlegten Gelder und Werthpapiere können besondere Gebühren (Depositalgebühren) erhoben werden.
>
> Die Gebührensätze werden durch Königliche Verordnung bestimmt.

In diesem Artikel würden nach den Worten „bei den Gerichten“ einzusetzen sein die Worte „den Notaren“ Der Staat soll dadurch lediglich in die Lage versetzt werden, die Konsequenzen der erweiterten Haftung leichter über sich ergehen zu lassen. Es ist nicht beabsichtigt, mit dieser Gebühr ein sogenanntes gutes Geschäft für den Staat zu machen. Es würde sich in Folge dessen auch mit einer sehr geringen Gebühr begnügt werden können, allenfalls mit einer Gebühr von 20 Pfennig pro mille, also der Hälfte der Gebühr, welche bei gerichtlicher Depositenverwahrung erhoben zu werden pflegt. Eine derartige Gebühr enthält bei geringeren Beträgen eine geradezu minimale Belastung und bei größeren Beträgen doch ein recht geringes Opfer dafür, daß der Deponent einen absolut solventen Haftungspflichtigen, nämlich den Staat, erhält. Sie dürfen eben nicht vergessen, daß der Interessent in den Fällen, die hauptsächlich in Betracht kommen, bei Hypothekengeschäften, bei Vermittelung der Auseinandersetzung von Nachlässen u. s. w. nicht genöthigt ist, beim Notar zu deponiren. Wenn er es nun aber trotzdem thut, um sich Gänge, Reisen, Reisekosten zu ersparen, so ist es doch nicht mehr wie billig, daß er dafür, daß er dieß künftighin ohne jedes Risiko thun kann, einen kleinen Tribut leistet.

Nun noch ein weiterer Punkt, auf den der Herr Referent bereits aufmerksam gemacht und den er in der Hauptsache bereits behandelt hat. Bei der Fassung, welche Artikel 13 und Artikel 126 der Regierungsvorlage hatten, hätte sich die Finanzverwaltung mit den Bestimmungen des Artikel 258a des Entwurfes eines Gesetzes, die Abänderungen des Gesetzes über das Gebührenwesen betreffend, begnügen können. Wenn nun aber der Staat eine so erweiterte Haftung übernehmen soll, wie sie von Ihrem Ausschusse in Aussicht genommen ist, dann kann die Finanzverwaltung des Rechtes einer unmittelbaren erweiterten Finanzkontrole über das Depositenwesen der Notare und, soferne die Notare zur Mitwirkung bei der Erhebung und Verrechnung der Staats- oder Gemeindegebühren herangezogen werden, auch über ihre Thätigkeit auf diesem Gebiete nicht entrathen. Sie muß insbesondere in der Lage sein, jederzeit durch beauftragte Finanzbeamte die gesammte hierauf bezügliche Buch- und Kassaführung einer genauen Prüfung unterstellen zu können. Es muß ihr in dieser Beziehung dieselbe Befugniß zustehen, wie sie ihr gemäß der Allerhöchsten Verordnung, die Behandlung des Depositenwesens bei den Gerichten in den rechtsrheinischen Landestheilen betreffend, vom 8. September 1879 gegenüber den gerichtlichen Depositialbehörden zusteht. Die Vorschrift muß in das Notariatsgesetz aufgenommen werden. S. 734.

Ich erlaube mir, Ihnen schon jetzt einen bezüglichen Antrag zu überreichen, und gestatte mir, beizufügen, daß es sich empfehlen dürfte, diese Vorschrift nach Artikel 66 als Artikel 66a anzufügen. Bei Annahme dieses Antrags würde Artikel 258a des Gebührengesetzentwurfes, weil durch diese Bestimmung vollständig ersetzt, überflüssig werden und demnach in Wegfall kommen. Daß ein ungetreuer Notar so rasch als möglich entlarvt wird, ist entschieden im Interesse des Publikums, des Staates und nicht am wenigsten auch des Standes der Notare selbst gelegen. Es dürfen also die Mittel, die erforderlich sind, um dieses Ziel zu erreichen, nicht versagt werden.

Nun möchte ich noch Eines bemerken. Wenn Artikel 3a von der Uebernahme von Geld u. s. w. aus Anlaß eines Amtsgeschäftes spricht, so ist das so zu verstehen, daß es sich um Uebernahmen handelt, welche in einem inneren ursächlichen Zusammenhange mit dem Amtsgeschäfte stehen. Wenn ein bei der Abwicklung eines Amtsgeschäftes Betheiligter bei Gelegenheit dieser Abwicklung dem Notar Geld u. s. w. zur Aufbewahrung anvertraut oder solches, das zufolge jenes Amtsgeschäftes ihm auszuhändigen wäre, auch nach Erledigung dieses Amtsgeschäftes dem Notar zur Aufbewahrung beläßt, so handelt es sich nicht mehr um ein Depositum nach Maßgabe des Artikel 3a, sondern es handelt sich da um ein reines Privatgeschäft des Notars, für welches der Staat nicht zu haften hat. Ich möchte dieser Auffassung über die Tragweite des Artikel 3a besonders Ausdruck gegeben haben.

Abg. **Fuchs** (Referent): Mit Rücksicht auf die im Artikel 3a ausgesprochene Verpflichtung des Notars und die damit zusammenhängende Haftung des Staates (Art. 126) kann die Erhebung einer Depositalgebühr, welche nach der Erklärung des Herrn Kronanwalts sehr gering sein wird — bei 10,000 M. nur 2 M. —, nicht beanstandet werden. Wenn auch voraussichtlich der Hypothekschuldner diese Gebühr zu entrichten haben wird, so genießt er andererseits bezüglich seines Depositums die Sicherheit durch die Haftung des Staates.

Ich habe bereits bemerkt, daß, wenn der Staat die Haftung übernimmt, der Finanzbehörde auch das Recht eingeräumt werden müsse, Kontrole zu üben. Mit der Interpretation der Worte „aus Anlaß eines Amtsgeschäftes“, wie sie vom Herrn Kronanwalt gegeben wurde, kann ich mich einverstanden erklären; es muß ein innerer ursächlicher Zusammenhang mit dem Amtsgeschäfte bestehen, so daß die Haftung des Staates nicht mehr in Anspruch genommen werden kann, wenn beispielsweise einer der Betheiligten nach vollständiger Abwicklung des Amtsgeschäftes sein Geld noch längere Zeit in Verwahrung des Notars läßt.

Ich beantrage, Artikel 3a in der vorgeschlagenen Fassung zu genehmigen.

Abg. **Landmann** (Korreferent): Ich kann mich auch mit den Ausführungen des Herrn Kronanwalts einverstanden erklären. Es ist selbstverständlich, daß, wenn wir vom Staate diese Haftung verlangen, wir demselben auch eine Garantie in die Hand geben müssen, ihn möglichst vor Schaden zu bewahren. Ich habe die Ueberzeugung, daß, wenn die gedachte Kontrole ausgeführt wird, S. 735.

S. 735. Defraudationen sich auf ein Minimum reduziren werden. Wenn die Aufsicht schon bisher so geübt worden wäre, wie jetzt bestimmt werden soll, so hätten wir den letzten Fall — den Fall des Notars Biehler — kaum zu beklagen gehabt.

Was die Interpretation des Artikel 3a anlangt, so habe auch ich hiegegen nichts zu erinnern. Die Haftung des Staates ist immer gegeben, wenn das Geld übergeben wird bei Abwicklung eines Geschäftes, das in einem inneren Zusammenhange mit einem Amtsgeschäfte steht. Ich würde in dem Falle, den speziell der Herr Kronanwalt angeführt hat, auch der Ansicht sein, daß es sich hier nicht um ein Amtsgeschäft handelt, sondern um ein solches, das nicht als im inneren Zusammenhang damit stehend betrachtet werden kann.

Abg. **Lerno**: Ich freue mich auch, daß die k. Staatsregierung nun auf unsern Wunsch bezüglich der Haftung des Staates für die notariellen Depositen eingegangen ist. Es ist das um so mehr zu begrüßen, als die Ausnahme der Notare sicherlich sehr unlieb empfunden worden wäre, nachdem in Artikel 53 und 53a des Ausführungsgesetzes zum Bürgerl. Gesetzbuch diese Haftung hinsichtlich aller Beamten des Staates und der Gemeinden generell festgelegt wurde.

Speziell bezüglich der Notare halte ich diese Haftung aber noch aus einem weiteren Gesichtspunkt angezeigt und nothwendig, nämlich weil gegenüber dem Notariatszwang, den wir beibehalten haben, für die Bevölkerung diese Sicherung ihrer Vermögensstücke ein nothwendiges Korrelat bildet.

Was nun die Interpretation des Herrn Kronanwalts anlangt, daß diese Haftung des Staates sich nur so weit erstrecke, als bis ein Amtsgeschäft abgewickelt sei, und mit der Abwicklung des Amtsgeschäftes diese Haftung erlösche, so ist dieselbe wohl nur in dem weiteren Sinne zu verstehen, daß die Haftung des Staates nur dann nicht mehr in Anspruch genommen werden kann, wenn eine der betheiligten Parteien gewissermaßen privatim das Geld noch längere Zeit nach der Abwicklung des Geschäftes bei dem Notar stehen läßt. Es kommt z. B. häufig vor, daß ein Hypothekschuldner ein neues Hypothekkapital aufnimmt zur Wegschaffung eines anderen, für das er höhere Zinsen bezahlen mußte, und es wird nun die betreffende neue Hypothekbestellung vom Notar beurkundet. Von den Banken wird nämlich in solchen Fällen in der Regel ein ganz neues Schuldbekenntniß verlangt; sie begnügen sich nicht mit einer einfachen Cession; auch besteht wohl in den meisten Fällen die Bank oder der neue Gläubiger, welcher das Geld hergibt, darauf, daß dieses Geld dem Hypothekschuldner nicht ausgehändigt wird, bis nicht der Eintrag bezw. die Umschreibung im Hypothekenbuch erfolgt ist. Wenn man nun die Auslegung des Herrn Kronanwalts strenge nehmen würde, so wäre mit der Aufnahme der Urkunde das Geschäft erledigt; allein ich betone zur Interpretation des Artikels, daß das Geschäft nach meiner Auffassung erst dann für erledigt zu gelten hat, wenn der Notar Veranlassung hatte, das Geld herauszugeben. Erst dann, wenn dieser Hypothekschuldner oder überhaupt ein Empfangsberechtigter aus irgend welchen persönlichen und privaten Gründen das Geld noch einige Zeit beim Notar freiwillig liegen läßt, wird die Haftung des Staates nicht mehr in Anspruch genommen werden können. Die übrigen von der Regierung jetzt noch verlangten weiteren Kautelen in Bezug auf die Gebührenfestsetzung und die strenge Beaufsichtigung der notariellen Kassen- und Depositenführung halte ich für ganz selbstverständlich.

Ministerialrath, Kronanwalt **von Schubart**: Ich bin vollständig mit dieser Auslegung einverstanden und begrüße sie, da ich es für durchaus wünschenswerth halte, daß möglichste Klarheit für die Praxis und für die

Rechtsprechung darüber geschaffen werde, in welchem Sinne der Artikel 3a S. 735.
auszulegen ist.

Abg. **von Walter**: Ich bin sehr erfreut darüber, daß eine alte Seeschlange, die sich um den Leib der Parteien bisher gewunden hat, mit Artikel 3a aus der Welt geschafft wird, und ich bitte nur, daß die k. Staatsregierung bei der Berathung der Sache im Ausschusse der Kammer der Reichsräthe die Bedenken fallen lassen möge, die hier dagegen bisher geltend gemacht worden sind.

Ich bin auch damit vollständig einverstanden, daß zur Sicherung des Staates der Weg eingeschlagen wird, den der Herr Kronanwalt bezeichnet hat. Denn wenn der Notar ein staatliches Depositenamt versteht, dann ist auch die Finanzbehörde zur Ueberwachung dieses Depositenwesens berufen und berechtigt, wie ich schon bei der ersten Lesung angedeutet habe.

Was die Depositalgebühren betrifft, die der Staat in Anspruch nehmen will, so habe ich auch dagegen nichts. Es ist billig, daß, wenn wir dem Staate unter Umständen eine so große Haftung aufwälzen, wir ihm auch eine Entschädigung dafür bieten. Nun ist aber das, was wir jetzt beschließen wollen, nach meinem Dafürhalten nicht blos im Interesse der Parteien gelegen, sondern auch im Interesse der Notare selbst. Die Notare haben schwer zu büßen, wenn so ein Fall wie der Fall Biehler vorkommt. Das Ansehen derselben ist sehr erschüttert, das Vertrauen zu ihnen sehr gelockert worden, und die Notare haben auch die Haftung des Staates verlangt in ihrem Gutachten, wenigstens in dem Gutachten, das mir bekannt geworden ist, und ich denke deßhalb, daß auf die Depositalgebühr, welche der Staat einhebt, bei der Festsetzung der notariellen Depositalgebühr auch Rücksicht genommen werden könnte, um den Parteien nicht so viel Kosten aufzubürden. Ich glaube, es wird den Notaren, die auch eine gewisse Sicherheit mit der Haftung des Staates ihrerseits genießen, nichts daran gelegen sein, daß die Depositalgebühr ermäßigt und ein Ausgleich mit der Depositalgebühr, die der Staat in Anspruch nimmt, geschaffen wird.

Abg. **Landmann** (Korreferent): Was die Depositalgebühren anlangt, so bin ich mit dem einverstanden, was Herr Abg. von Walter gesagt hat, und ich darf wohl die Erwartung aussprechen, daß dieselben nicht zu hoch getrieben werden.

Was die Haftung des Staates anlangt, so möchte ich mir die Anfrage erlauben, ob meine Annahme richtig ist, daß der Staat auch haftet, wenn der betreffenden Partei eine mora accipiendi zur Schuld fällt. Ich nehme an, das Geschäft ist abgewickelt, der Notar hat Vollmacht, das Geld anzunehmen, und schreibt der Partei, sie möchte sich an einem bestimmten Tag einfinden; die Partei kann nun am Erscheinen verhindert sein; ich glaube, daß in einem solchen Falle das Geschäft als noch nicht abgewickelt zu betrachten ist und daher die Haftung des Staates bei einer Veruntreuung Seitens des Notars fortbesteht.

Ministerialrath, Kronanwalt **von Schubart**: Ich meine, einzelne Fälle können wir hier nicht entscheiden. Es wird in einem solchen Falle, wenn sich nicht ein billiger Ausgleich findet, wenn der Staat nicht freiwillig
anerkennt, daß da Verhältnisse vorliegen, unter denen er die Haftung ‖ nicht S. 736.
verweigern soll, die Sache an die Gerichte kommen und von diesen der Entscheidung zuzuführen sein. Es kommt da immer auf Einzelheiten an. Ich glaube übrigens nicht, daß in einem Falle, wie er beregt wurde, von Seite des Staates die Haftung abgelehnt werden würde.

S. 736. Abg. **von Walter:** Ich würde im Allgemeinen der Ansicht sein, daß der Betheiligte, der sich im Empfangsverzug befindet, selbst die Folgen zu tragen hat, wenn er wirklich im schuldhaften Verzug ist. Wenn er einfach die Sache gehen läßt und sich nicht weiter kümmert, so, glaube ich, muß er einstehen für die Folgen.

Ministerialrath, Kronanwalt **von Schubart:** Es ist gesagt worden: „in nicht schuldhafter Weise".

Abg. **von Walter:** Das ist dann etwas Anderes.

Vorsitzender: Ich bin der Meinung, daß, wenn der Notar dem Betreffenden blos mittheilt, er kann die Gelder in Empfang nehmen, ohne daß er ihm eine Frist zur Abnahme setzt, wohl angenommen werden darf, daß er nicht sofort laufen muß, um das Geld zu holen, sondern er wird unter allen Umständen eine billige Frist zum Holen haben müssen. Das ist ohne allen Zweifel. Es wäre, glaube ich, nicht das, was der Herr Korreferent will, denn von einer mora accipiendi wird keine Rede sein können, wenn Jemand blos in Kenntniß gesetzt wird, das Geld in Empfang zu nehmen. Ich glaube, Voraussetzung wird sein, daß der Notar zur Abnahme des Geldes auffordert und eine entsprechende Frist setzt. Es wird wohl dazu kommen, daß bezüglich dieser Abhebung der Depositen von Seite der Finanzbehörde Vorschriften erlassen werden. Es wird wohl zu den Notaren gesagt werden: Bezüglich der Gelder, zu deren Aufbewahrung ihr für die Zukunft einen Anlaß nicht mehr habt, habt ihr die Verpflichtung, daß ihr dieselben möglichst rasch aus dem Depositum schafft, ähnlich wie es bei den Gerichten ist. Und so lange nicht diesen Vorschriften entgegengehandelt ist, so lange wird angenommen werden dürfen, daß das Geld noch aus Anlaß eines Amtsgeschäftes in den Händen des Notars ist. Würde sich die Sache so gestalten, daß ein Betheiligter entgegen den bestehenden Vorschriften und Aufforderungen, welche der Notar erlassen hat, doch die Gelder mit seinem Verschulden in gerichtlicher Verwahrung beläßt, so wäre das nach dem, was der Herr Kronanwalt vorhin ausgeführt hat, der Fall, daß das Geld nicht mehr aus Anlaß eines Amtsgeschäftes, sondern aus Verschulden desjenigen, der das Geld zu empfangen hat, in deposito ist, und in diesem Falle muß es der Betheiligte sich selbst zuschreiben, daß er einen allenfalls eintretenden Schaden zu ersetzen hätte. Ich meine, im Allgemeinen kann das, was der Herr Abg. Lerno und der Herr Kronanwalt bemerkt haben, als richtige Interpretation dessen betrachtet werden, was als „aus Anlaß eines Amtsgeschäftes" zu betrachten ist, und die Bemerkungen, die der Herr Korreferent gemacht hat, dürften wohl zur Aufklärung noch beigetragen haben.

Die weiteren Punkte, welche angeregt sind, werden ja bei den späteren Artikeln, beziehungsweise beim Gebührengesetze zu behandeln sein. Was desfalls heute zum Ausdruck kommt, wird lediglich dazu dienen, unsere Geneigtheit kund zu thun, daß wir dem, was regierungsseitig von uns als Aequivalent für die Konzession des Artikel 3a verlangt wird, in einem späteren Stadium unserer Berathung die Zustimmung geben werden.

Ich schließe die Diskussion, vorbehaltlich des Schlußwortes der Herren Referenten. Die Herren Referenten verzichten.

Eine Erinnerung gegen Artikel 3a ist nicht erhoben worden; ich erkläre denselben sowie Artikel 2 und 3 als genehmigt.

Artikel 4. S. 736.

2. Organisation.

Artikel 5, 6, 7.

Abg. **Fuchs** (Referent): Ich ersuche um Aufschluß, ob Bestimmungen über Rang und Uniform der Notare zu erwarten sind.

Der k. Staatsminister der Justiz Dr. Freiherr **von Leonrod:** Von Seite der Regierung ist dermalen die Erlassung solcher Vorschriften nicht in Aussicht genommen.

Abg. **Landmann** (Korreferent): Ich möchte mir die Anfrage erlauben, ob es den Notaren, wie es bisher der Fall war, jederzeit frei steht, auf ihr Amt zu verzichten bezw. zu resigniren, oder ob es dazu der Zustimmung der k. Staatsregierung bedarf.

Der k. Staatsminister der Justiz: Praktisch wird sich hier eine Aenderung nicht ergeben, wohl aber theoretisch und der Form nach. Bisher stellten die Notare an die Krone das Gesuch, ihren Rücktritt vom Amte zu genehmigen. Sie waren dann gesetzlich verpflichtet, so lange noch im Amte zu bleiben, bis der Nachfolger das Amt übernahm.

Künftig haben sich die Notare zu verhalten wie alle anderen Staatsbeamten, d. h. um Enthebung vom Amte nachzusuchen. Das kann für sie sogar noch günstiger sein, weil der Amtsnachfolger nicht wie bisher drei Monate Bedenkzeit hat.

Im Ganzen genommen tritt also eine Aenderung gegenüber dem bisherigen Zustande kaum ein.

Vorsitzender: Eine Erinnerung gegen Artikel 4 bis 7 wird nicht erhoben; dieselben sind genehmigt.

Artikel 8, 9, 10.

Ich konstatire die Annahme der aufgerufenen Artikel.

Zweiter Abschnitt. Dienstverhältnisse und Geschäftsführung.

1. Ausschließlichkeit des Dienstes, Nebengeschäfte.

Artikel 11, 12.

Ministerialrath **Thelemann:** Die Staatsregierung schlägt vor, unter Streichung des Artikel 14 hier im Artikel 12 einen zweiten Absatz einzustellen mit dem Wortlaut:

„Zur Uebernahme des Amtes des Testamentsvollstreckers bedarf der Notar einer dienstaufsichtlichen Erlaubniß nicht."

Artikel 12 behandelt ex professo die erlaubnißbedürftigen Privatgeschäfte und hieran reiht sich am besten die Vorschrift des Artikel 14, nachdem sie nach Ihrem Beschlusse nur mehr die Freigabe von der Erlaubnißpflicht enthält. Auf diese Weise würde auch noch deutlicher zum Ausdruck gebracht, daß es sich um ein reines Privatgeschäft handelt, während, wenn die Vorschrift in Artikel 14 isolirt steht, der Schein erweckt wird, als ob das Geschäft gewissermaßen offiziös, wenn auch nicht offiziell, zum Amtsgeschäft erklärt werden sollte.

Abg. **Fuchs** (Referent): Ich finde die Anregung für gerechtfertigt und habe hiegegen nichts zu erinnern.

Abg. **Landmann** (Korreferent): Ich habe auch nichts zu erinnern. S. 737.

S. 737. **Vorsitzender:** Der Artikel 12 würde also lauten:

„Der Notar darf weder selbst Handel oder Gewerbe betreiben, noch die Verwaltung einer Handelsgesellschaft oder einer ähnlichen auf Erwerb gerichteten Unternehmung führen. Mitglied des Aufsichtsraths einer solchen Gesellschaft oder Unternehmung darf er nur mit Erlaubniß des Staatsministeriums der Justiz werden."

Als zweiter Absatz würde nun folgen:

„Zur Uebernahme des Amtes des Testamentsvollstreckers bedarf der Notar einer dienstaufsichtlichen Erlaubniß nicht."

Eine Erinnerung gegen diesen Vorschlag wird nicht erhoben.

Artikel 12 ist mit diesem Zusatz genehmigt und damit sind auch Artikel 13 — in Folge Annahme des Artikel 3a — und Artikel 14 gestrichen.

2. Verpflichtung zur Dienstleistung.

Artikel 15, 16, 17, 18.

Gegen diese sämmtlichen Artikel und gegen die Ueberschrift ist eine Erinnerung nicht erhoben; dieselben gelten als genehmigt.

3. Zeit und Ort der Vornahme der notariellen Amtsgeschäfte.

Artikel 19, 20.

Auch gegen diese beiden Artikel, ebenso gegen die Ueberschrift ist eine Erinnerung nicht erhoben worden; sie gelten als genehmigt.

4. Verwendung von Gehilfen.

Artikel 21.

Ueberschrift und Artikel 21 sind genehmigt.

5. Amtsgeheimniß, Gestattung der Akteneinsicht.

Artikel 22, 23.

Ueberschrift und die beiden Artikel sind genehmigt.

6. Geschäftsregister.

Artikel 24.

Auch diese Ueberschrift und Artikel 24 sind genehmigt.

Dritter Abschnitt. Notarielle Urkunden.

Artikel 25.

Abg. **Fuchs** (Referent): In der Redaktionskommission wurde der Ausdruck „notarielle Urkunden" gewählt, so daß in Artikel 26 Abs. 2 und in Artikel 46 das Wort „Notariatsurkunden" durch die Worte „notarielle Urkunden" ersetzt wird. Ich beantrage die Genehmigung.

Vorsitzender: Eine Erinnerung wird gegen die Ueberschriften und Artikel 25 nicht erhoben; sie gelten als genehmigt.

1. Vorschriften über die Errichtung notarieller Urkunden.

Artikel 26, 27, 28, 29, 30, 31.

Abg. **Conrad:** Die Bestimmung des letzten Absatzes des Artikel 31 und die Verhandlungen in unserem Ausschusse hierüber haben draußen in den betheiligten Kreisen manche Staubwolke aufgewirbelt, namentlich ob und in welchem Umfange der Notar zur Einsichtnahme der Grundbücher sich seiner

Gehilfen bedienen darf. Namentlich hat es Anstoß erregt, daß, wie ich glaube, S. 737.
Seitens des Herrn Referenten ursprünglich bemerkt wurde, daß der Notar sich zu diesem Akte nur rechtskundiger Gehilfen bedienen darf.

Vorsitzender: Wenn ich den Herrn Redner unterbrechen darf, so ist meines Wissens konstatirt worden, daß der Notar sich auch eines nichtrechtskundigen Gehilfen bedienen darf. Ich habe schon die Bemerkung gemacht, daß die Amtsrichter das Recht haben müssen, einen derartigen Gehilfen, wenn er nicht zuverlässig ist, zurückzuweisen. Dem Notar muß dagegen im Wege der Dienstaufsicht ein Beschwerderecht eingeräumt werden. So ist die Sache meines Wissens konstatirt worden.

Abg. **Conrad:** Ich bin froh, daß das noch einmal ausdrücklich ausgesprochen wird. Es scheint vielfach mißverstanden worden zu sein. Denn es kamen verschiedene Zuschriften an mich, die zum Theil in ziemlich aufgeregter Weise des Näheren erörterten, in welche Verlegenheit unter Umständen der Notar draußen käme, wenn er förmlich sein eigener Ausläufer wäre. Er hätte unter Umständen recht lange Zeit auf dem Grundbuchamte zu verweilen und würde zu Hause seine Geschäfte versäumen, wenn es nicht gestattet sein sollte, zu diesen Geschäften sich tüchtiger Gehilfen zu bedienen. In diesem Sinne haben sich mehrere Zuschriften ausgesprochen. Ich habe dieß daher noch einmal konstatiren wollen. Die k. Staatsregierung wird vielleicht in der Geschäftsordnung Veranlassung nehmen, diesen Wünschen der Notare gerecht zu werden.

Vorsitzender: Die Herren Referenten haben keinen Anlaß zu einer Bemerkung. Die Frage ist in erster Lesung genügend klar gelegt worden. Eine Erinnerung gegen Artikel 31 ist sonst nicht erhoben.

Die Artikel 26 bis 31 sowie die Ueberschrift vor Artikel 26 sind genehmigt.

Artikel 32, 33, 34, 35, 36, 37.

Auch diese Artikel sind ohne Erinnerung geblieben; sie gelten als genehmigt.

2. Vorschriften über die Verwahrung der Urschriften und die Ertheilung von Ausfertigungen.

Artikel 38, 39, 40, 41, 42, 43, 44, 45, 46, 47, 48.

Die Ueberschrift vor Artikel 38 sowie die Artikel 38 bis 48 sind genehmigt.

Vierter Abschnitt. Gebühren.

Artikel 49, 50, 51, 52, 53.

Abg. **Fuchs** (Referent): Um in Artikel 53 eine Uebereinstimmung mit Satz 2 des Abs. 1 herbeizuführen, hat die Redaktionskommission Satz 1 in der vorgeschlagenen Weise gefaßt. Ich beantrage die Genehmigung.

Abg. **Landmann** (Korreferent): Ich habe nichts zu erinnern.

Vorsitzender: Ich konstatire, daß die Ueberschriften vor Artikel 49 und S. 738.
die Artikel 49 bis 53 genehmigt sind.

Artikel 54, 55.

Abg. **Fuchs** (Referent): Satz 2 des Artikel 55 wurde in der Redaktionskommission dahin geändert, daß zur Verdeutlichung der Zusatz „bei auswärtigen Dienstgeschäften“ gemacht und das Wort „nothwendigen“ als selbstverständlich gestrichen wurde. Ich beantrage die Genehmigung.

S. 738. **Vorsitzender:** Eine Erinnerung ist nicht erhoben worden; die Artikel 54 und 55 sind genehmigt.

Artikel 56, 57.

Auch gegen diese beiden Artikel besteht keine Erinnerung; dieselben sind genehmigt.

Fünfter Abschnitt. Gerichtliche Entscheidung, Beschwerde.

Artikel 58, 59, 60, 61, 62, 63.

Die Ueberschriften vor Artikel 58 und die Artikel 58 bis 63 sind genehmigt, nachdem eine Erinnerung nicht erhoben wurde.

Sechster Abschnitt. Dienstaufsicht und Disziplin.

1. Dienstaufsicht.

Artikel 64, 65, 66.

Eine Erinnerung gegen diese Artikel ist nicht erhoben worden, ebensowenig gegen die Ueberschriften vor Artikel 64; dieselben gelten als genehmigt.

Artikel 66a.

Herr Referent!

Abg. **Fuchs** (Referent): Der Artikel 66a lautet:

> Die Finanzbehörden sind jederzeit berechtigt, das Depositenwesen der Notare (Art. 3a) sowie deren Thätigkeit bei Berechnung und Erhebung von Staats- oder Gemeindegebühren (Art. 4), insbesondere die gesammte hierauf bezügliche Buch- und Kassaführung durch beauftragte Beamte prüfen zu lassen.
>
> Die Notare haben diesen Beamten gegenüber die gleichen Verpflichtungen, wie sie ihnen in Artikel 66 gegenüber den dienstaufsichtführenden Beamten auferlegt sind, und haben den wegen Erledigung ihrer finanziellen Geschäfte, insbesondere der Buch- und Kassaführung, ergehenden Weisungen der Finanzbehörde Folge zu leisten. Zur Erledigung der finanziellen Geschäfte sind die Notare auf Veranlassung der Finanzbehörden durch Zwangsstrafen anzuhalten und unterliegen bei Verletzung ihrer diesbezüglichen Vorschriften der Einschreitung im Dienststrafwege.

Abg. **Fuchs** (Referent): Es ist bereits bemerkt worden, daß diese vom Finanzministerium gegenüber der Bestimmung des Artikel 3a gestellte Forderung der Billigkeit entspricht und nicht nur im Interesse der Betheiligten, sondern auch im Interesse der Notare selbst liegt. Vielleicht nimmt der Herr Kronanwalt noch Anlaß, sich zu äußern.

Ministerialrath, Kronanwalt **von Schubart:** Ich weiß nicht, ob das nach dem, was ich bereits bei Artikel 3a ausgeführt habe, noch nothwendig sein wird. Es ist ja der Inhalt des Artikel 66a ziemlich in's Detail ausgeführt. Es sollen im Großen und Ganzen der Finanzverwaltung dieselben Rechte zustehen, welche ihr jetzt schon den gerichtlichen Depositenbehörden gegenüber zukommen. Es ist die Vorschrift zum Theile bereits in Artikel 258a des Gebührengesetzentwurfes enthalten. Es muß berücksichtigt werden, daß die Dienstaufsicht als solche der Finanzverwaltung nicht zusteht. Das ist auch der Grund, warum es am Schlusse heißt:

> „Zur Erledigung der finanziellen Geschäfte sind die Notare auf Veranlassung der Finanzbehörden durch Zwangsstrafen anzuhalten

und unterliegen bei Verletzung ihrer diesbezüglichen Dienstpflichten S. 738.
der Einschreitung im Dienststrafwege."

Also direkt strafweise vorzugehen, ist die Finanzbehörde nicht zuständig.

Ministerialrath Thelemann: Ich konstatire, daß die Fassung dieses Artikels in vollständiger Uebereinstimmung mit der Justizverwaltung festgestellt worden ist. Die Justizverwaltung sieht in diesem Artikel nichts, was den Notaren zu nahe treten könnte. Sie glaubt im Gegentheile, daß die Notare durch den Artikel eine größere Deckung bekommen, eine größere Sicherheit nach außen in Bezug auf das ganze Depositalverfahren. Uebrigens ist ja der ganze Inhalt des Artikels nichts Anderes, als was schon seither für das Gebiet der Gebührenerhebungsthätigkeit der Notare von der Justizverwaltung in Uebereinstimmung mit der Finanzverwaltung in Aussicht genommen war. Die Rechte der Finanzbehörden sind nur insofern erweitert, als sie sich jetzt auch auf die Depositengeschäfte, nicht nur auf die Gebührengeschäfte erstrecken sollen.

Abg. **Landmann** (Korreferent): Ich bin einverstanden.

Vorsitzender: Gegen den Artikel 66a wird keine Erinnerung erhoben; er ist genehmigt, vorbehaltlich einer besseren Fassung in der Redaktionskommission.

2. Dienststrafrecht.

Artikel 67, 68, 69, 70.

Ich konstatire, daß die Ueberschrift vor Artikel 67 und die Artikel 67 bis 70 genehmigt sind.

Artikel 71.

Abg. **Fuchs** (Referent): Man hat in der Redaktionskommission versucht, den Text dieses Artikels zu verbessern. Der Wortlaut: „Auf Dienstentlassung ist zu erkennen, wenn ein Notar durch die Achtung, welche der Beruf erfordert, entziehendes Handeln u. s. w." wurde für sehr verbesserungsbedürftig gehalten, man hat sich aber dahin geeinigt, eine Aenderung nicht vorzunehmen, weil sich der gleiche Wortlaut auch im Richterdisziplinargesetze findet und ohne zwingenden Grund von dem Texte dieses Gesetzes nicht abgewichen werden soll.

Abg. **Landmann** (Korreferent): Ohne Erinnerung.

Vorsitzender: Eine Erinnerung gegen Artikel 71 ist nicht erhoben; derselbe ist genehmigt.

Artikel 72.

Abg. **Fuchs** (Referent): In Artikel 71 ist die Dienstentlassung obligatorisch, in Artikel 72 fakultativ; es wurde das Wort „auch" in Satz 1 des Artikel 72 als überflüssig gestrichen. Ich beantrage die Genehmigung.

Abg. **Landmann** (Korreferent): Ohne Erinnerung. S. 739.

Vorsitzender: Artikel 73.

Abg. **Fuchs** (Referent): Um Uebereinstimmung mit dem Artikel 76 Abs. 1 Satz 2 zu erzielen, wurden die Worte „der Ehrentitel" geändert in „des Ehrentitels" Ich beantrage die Genehmigung.

Vorsitzender: Artikel 72 und 73 sind genehmigt.

Artikel 74, 75, 76, 77, 78, 79.

Eine Erinnerung gegen die Artikel 74 bis 79 ist nicht erhoben worden; dieselben gelten als genehmigt.

S. 739. 3. Dienststrafverfahren.

Artikel 80.

Abg. Dr. **Casselmann:** Ich hatte hier die Stellung eines Antrags für die zweite Lesung in Aussicht genommen, stehe aber davon ab nach der Erklärung Seiner Excellenz des Herrn Justizministers in erster Lesung, die dahin ging, daß sie es für selbstverständlich hielten, daß das Landgericht, wenn ein Staatsanwalt Gelegenheit nimmt, über einen Notar dem Präsidenten gegenüber sich zu äußern, allemal Veranlassung nehmen wird, den Notar zu hören. Es wird das in der Praxis derartig respektirt werden, daß die Aufnahme einer bezüglichen Bestimmung in das Gesetz überflüssig ist.

Vorsitzender: Eine Erinnerung wird weiter nicht erhoben; Ueberschrift und Artikel 80 sind genehmigt.

Artikel 81.

Abg. **Fuchs** (Referent): Die Sätze 3 und 4 des ersten Absatzes sind in einen Satz zusammengezogen. Ich beantrage die Genehmigung.

Abg. **Landmann** (Korreferent): Ich gleichfalls.

Vorsitzender: Eine Erinnerung gegen den Artikel 81 wurde nicht erhoben; derselbe gilt als genehmigt.

Artikel 82, 83, 84, 85.

Gegen die Artikel 82 bis 85 wurde eine Erinnerung nicht erhoben; dieselben gelten als genehmigt.

4. Zwangsversetzung und Zwangsenthebung.

Artikel 86.

Abg. **Fuchs** (Referent): Die in der ersten Lesung zu Abs. 2 beschlossene Fassung wurde lediglich redaktionell verbessert. Ich beantrage die Genehmigung.

Abg. **Landmann** (Korreferent): Ich habe auch keine Erinnerung.

Vorsitzender: Die Ueberschrift vor Artikel 86 und der Artikel 86 selbst sind genehmigt.

Artikel 87.

Abg. **Fuchs** (Referent): Artikel 87 erhielt nach meinem Vorschlag in der Redaktionskommission eine neue Fassung, durch welche eine materielle Aenderung nicht herbeigeführt wird; die neue Fassung dürfte logischer sein. An Stelle des Wortes „endgültig" in Abs. 2 wurden die Worte: „Eine Anfechtung der Entscheidung findet nicht statt." als letzter Satz des Abs. 3 gesetzt.
Ich beantrage die Genehmigung.

Abg. **Landmann** (Korreferent): Ich habe gleichfalls nichts zu erinnern.

Vorsitzender: Das Wort wird nicht begehrt, eine Erinnerung nicht erhoben; Artikel 87 ist genehmigt.
Artikel 88 ist gleichfalls genehmigt.

Artikel 89.

Abg. **Fuchs** (Referent): In Satz 2 des Abs. 2 wurden die Worte „am Schlusse" als überflüssig gestrichen; sobald das Gesammtergebniß der Erhebungen vorliegt, sind die Ermittelungen abgeschlossen.
Ich beantrage die Genehmigung.

Abg. **Landmann** (Korreferent): Ich habe nichts zu erinnern. S. 739.

Vorsitzender: Eine Erinnerung gegen den Artikel 89 wird nicht erhoben; derselbe gilt als genehmigt.

Artikel 90.

Gilt ebenfalls als genehmigt.

5. Suspension.

Artikel 91.

Abg. **Fuchs** (Referent): Hier wurde als Ueberschrift das Wort „Suspension" gewählt, da Artikel 91 die Begriffsbestimmung enthält. Ich hätte die Streichung des Fremdwortes vorgezogen; nachdem dasselbe aber in den Artikeln 91, 92, 93, 94, 95, 99 vorkommt und dort durch die Worte „vorläufige Enthebung" ersetzt werden müßte, wurde das Wort „Suspension" beibehalten.

Abg. **Landmann** (Korreferent): Ich habe nichts zu erinnern.

Vorsitzender: Gegen die Ueberschrift vor Artikel 91 und gegen den Artikel 91 selbst wurde eine Erinnerung nicht erhoben, sie gelten als genehmigt.

Artikel 92.

Genehmigt.

Artikel 93.

Abg. **Fuchs** (Referent): Abs. 3 wurde in der ersten Lesung gestrichen.
In Abs. 4 wurden in der ersten Lesung die Worte „und des Abs. 3" gestrichen; die Redaktionskommission hat das Wort „Maßregel" durch das Wort „Suspension" ersetzt. Die frühere Fassung war nothwendig, da nach Abs. 3 außer der Suspension noch eine andere Maßregel möglich war; jetzt bleibt nur mehr die Suspension übrig, weßhalb es sich empfiehlt, die Maßregel mit dem wirklichen Namen zu bezeichnen. Ich beantrage die Genehmigung.

Abg. **Landmann** (Korreferent): Ich habe nichts zu erinnern.

Vorsitzender: Der Artikel 93 ist genehmigt.

Artikel 94. S. 740.

Abg. **Fuchs** (Referent): In Nr. 2 und 3 wurden diejenigen Artikel als überflüssig gestrichen, welche sich lediglich auf das Verfahren beziehen.
Ich beantrage die Genehmigung.

Abg. **Landmann** (Korreferent): Ich beantrage gleichfalls die Genehmigung.

Vorsitzender: Artikel 94 ist genehmigt.

Siebenter Abschnitt. Notariatsverweser.

Artikel 95.

Die Ueberschriften sind genehmigt.

Abg. **Fuchs** (Referent): Die von der Redaktionskommission vorgeschlagene Aenderung soll klar zum Ausdruck bringen, daß im ersten Absatz nur von vorübergehenden Verwesungen die Rede ist, während nach Abs. 2 eine fortdauernde Verwesung dann stattfinden soll, wenn das Notariat zu klein ist.
Ich beantrage die Genehmigung.

Abg. **Landmann** (Korreferent): Ich habe nichts zu erinnern.

Vorsitzender: Artikel 95 ist genehmigt.

S. 740. **Artikel 96, 97, 98, 99, 100, 101, 102, 103, 104.**

Die Artikel 96 bis 104 sind genehmigt.

Artikel 105.

Abg. **Fuchs** (Referent): In der Redaktionskommission habe ich mit Rücksicht auf Artikel 97 das Wort „Amtsrichter" beanstandet; man hat sich geeinigt, dieses Wort durch „Richter an einem Amtsgericht" zu ersetzen.

Ich beantrage die Genehmigung.

Abg. **Landmann** (Korreferent): Ich bin damit einverstanden; es soll damit ausgedrückt werden, daß auch ein Oberamtsrichter die Verwesung übernehmen kann.

Vorsitzender: Eine Erinnerung gegen den Artikel 105 wird nicht erhoben; derselbe gilt als genehmigt.

Artikel 106.

Abg. **Fuchs** (Referent): Um eine Uebereinstimmung mit Artikel 97 herbeizuführen, wurden in den Artikeln 106, 107, 108, 112, 113, 116, 117 die Worte „ein Amtsrichter oder ein Gerichtsschreiber" ersetzt durch das Wort „Gerichtsbeamter", welcher Ausdruck sich auch in den Motiven öfter findet.

Ich beantrage die Genehmigung dieser Aenderung für die erwähnten Artikel.

Abg. **Landmann** (Korreferent): Ich habe nichts zu erinnern.

Vorsitzender: Eine Erinnerung gegen Artikel 106 erfolgt nicht, Artikel 106 gilt als genehmigt.

Artikel 107, 108, 109, 110, 111.

Die Artikel 107 bis 111 sind genehmigt.

Artikel 112 ist ebenfalls genehmigt.

Artikel 113.

Abg. **Fuchs** (Referent): In Satz 2 wurden im Hinblick auf Satz 1 die Worte „Amtsrichter oder Gerichtsschreiber" ersetzt durch das Wort „Verweser"

Ich beantrage die Genehmigung.

Abg. **Landmann** (Korreferent): Ich habe keine Erinnerung.

Vorsitzender: Eine Erinnerung wurde nicht erhoben; Artikel 113 ist genehmigt.

Artikel 114, 115, 116, 117, 118.

Die Artikel 114 bis 118 sind ohne Erinnerung geblieben; sie sind genehmigt.

Achter Abschnitt. Sammelarchive.

Artikel 119.

Die Ueberschriften vor Artikel 119 und dieser selbst sind genehmigt, weil sie ohne Erinnerung geblieben sind.

Neunter Abschnitt. Notariatskammern.

Artikel 120, 121, 122, 123, 124, 125.

Gegen die Ueberschriften und diese sämmtlichen Artikel wurde keine Erinnerung erhoben; dieselben gelten als genehmigt.

Zehnter Abschnitt. Haftung des Staates. S. 740.

Gegen die Ueberschriften erfolgt keine Erinnerung; dieselben gelten als genehmigt.

Artikel 126.

Abg. **Fuchs** (Referent): Satz 2 des Abs. 3 wurde bereits in erster Lesung gestrichen.

Satz 1 dieses Absatzes bedarf im Hinblick auf den heute beschlossenen Abs. 2 zu Artikel 12 einer Aenderung.

Ministerialrath **Thelemann**: Ich habe einen Antrag zu stellen. Die Fassung des jetzigen Abs. 3 des Artikel 126, welche lautet: „Für die Thätigkeit der Notare und Notariatsverweser in den Fällen des Artikel 14 haftet der Staat nicht", kann nach dem Beschlusse, der vorhin gefaßt wurde, nicht mehr aufrecht erhalten werden. Es muß jetzt heißen:

> „Für den Schaden, den ein Notar oder ein Notariatsverweser in Ausübung des Amtes des Testamentsvollstreckers einem Dritten zufügt, haftet der Staat nicht."

Ich bitte, diese Aenderung zu genehmigen.

Abg. **Fuchs** (Referent): Ich beantrage die Zustimmung.

Abg. **Landmann** (Korreferent): Ich habe gleichfalls keine Erinnerung.

Vorsitzender: Eine Erinnerung wurde nicht erhoben; Artikel 126 ist mit dieser Modifikation genehmigt.

Elfter Abschnitt.

Versorgung der Notare und Notariatsgehilfen und ihrer Hinterbliebenen.

Artikel 127, 128.

Die Ueberschriften vor Artikel 127, dann die Artikel 127 und 128 sind genehmigt.

Artikel 129. S. 741.

Abg. **Conrad**: Wenn ich mich recht entsinne, hat der Herr Ministerialrath davon gesprochen, daß hier Vorschriften beabsichtigt sind über die Altersgrenze der Gehilfen. Mit Rücksicht darauf entstand die Frage, ob das auch nach unten hin gedacht ist in dem Sinne, daß erst von einem gewissen Alter an Gehilfen von dem Notar aufgenommen werden sollen. Ich sollte meinen, es wird hier keine Einschränkung in der Richtung gegeben werden wollen, daß man nicht auch junge Leute, die man sich erst anzuerziehen hat, aufnehmen kann.

Ich möchte hiewegen um nähere Auskunft bitten. Ich denke, der Notar muß junge Leute aufnehmen können, damit er sie anleiten kann.

Ministerialrath **Thelemann**: Es wird, soweit darüber jetzt etwas gesagt werden kann, voraussichtlich die Sache so geregelt wie bei den Gerichtsschreibereien. Auch bei den Gerichtsschreibereien sind außer den eigentlichen Gehilfen noch Personen in Verwendung, welche erst zu Gehilfen herangebildet werden. Für diese ist eine Altersgrenze dahin, daß Jemand nicht aufgenommen werden dürfte, der nicht 15 oder 16 Jahre alt wäre, nicht gegeben. Nur daß Schulpflichtige nicht aufgenommen werden dürfen und können, ist selbstverständlich. Bestimmungen bestehen dagegen und müssen bestehen darüber, wer als eigentlicher Gehilfe aufgenommen werden darf. Auch über die Beschäftigung der Inzipienten, die nicht eigentliche Gehilfen sind, sind Bestimmungen

S. 741. nöthig. So junge Leute dürfen natürlich nicht überall hineinsehen und auch nicht ohne Unterschied in jeder Sache zum Abschreiben verwendet werden. Wie wir nun nach diesen Richtungen Vorschriften für die Gerichte haben, sind sie auch für die Notare gedacht. Daß leider das Inzipiententhum nicht aus der Welt geschafft werden kann, versteht sich von selbst. Um nur einen Punkt herauszugreifen, viele Eltern wären in größter Verlegenheit, was sie mit ihren Kindern anfangen sollten, wenn es nicht solche Verwendungen gäbe. Aber auch wegen des Nachwuchses von Schreibern, der herangezogen werden muß, ist das Inzipiententhum nicht entbehrlich. Ich wiederhole, daß jedenfalls nicht daran gedacht ist, mit den Beschränkungen weiter zu gehen, als bei den Gerichtsschreibereien.

Vorsitzender: Eine Erinnerung erfolgt nicht; Artikel 129 ist genehmigt.

Zwölfer Abschnitt. Schluß- und Uebergangsbestimmungen.

Artikel 130, 131, 132, 133, 134.

Die Ueberschriften vor Artikel 130 und die Artikel 130 bis 134 sind genehmigt.

Artikel 135 ist gestrichen.

Artikel 136, 137, 138, 139, 140.

Auch gegen die Artikel 136 bis 140 wurde eine Erinnerung nicht erhoben; sie gelten als genehmigt.

Wir kommen nun zu der Ueberschrift und den Einleitungsworten des Gesetzentwurfes.

Auch hiegegen wird eine Erinnerung nicht erhoben; es gelten auch diese für genehmigt.

Wir haben noch die namentliche Abstimmung über den ganzen Gesetzentwurf vorzunehmen.

Ich bitte diejenigen Herren, welche dem Gesetzentwurfe zustimmen wollen, mit „Ja", diejenigen, welche das nicht wollen, mit „Nein" zu antworten.

(Folgt namentliche Abstimmung.)

Der ganze Gesetzentwurf ist einstimmig angenommen worden.

Es wird jetzt zunächst noch die Redaktionskommission zusammenzutreten haben, um die Beschlüsse der zweiten Lesung festzustellen, und dann wird der Gesetzentwurf dem Justiz-Gesetzgebungsausschusse der Kammer der Reichsräthe mitgetheilt werden. Es erhebt sich keine Erinnerung

(Schluß der Sitzung um 5 Uhr 50 Minuten.)

Wagner,
Vorsitzender.

Dr. Casselmann,
Schriftführer.

Protokoll

S. 743.

über die Sitzung der Redaktionskommission des besonderen (XVIII). Ausschusses der Kammer der Abgeordneten zur Berathung der durch die Einführung des Bürgerlichen Gesetzbuchs veranlaßten Gesetzentwürfe.

(Verhandl. des Justiz-Gesetzg.-Aussch. d. K. d. Abg. 1899 Beil.-Bd. XX, Abth. II, Seite 743.)

München, den 10. Mai 1899, Nachmittags 6 Uhr.

Gegenwärtig:

Der Vertreter der k. Staatsregierung: der k. Landgerichtsrath im Staatsministerium der Justiz Schmitt;

die Ausschußmitglieder: Fuchs, Referent, Landmann, Korreferent, Dr. Casselmann, Schriftführer.

Tagesordnung.

Feststellung der Beschlüsse zweiter Lesung zum Entwurf eines Notariatsgesetzes (Beilage R).

Es wurden folgende Beschlüsse gefaßt:

Dem **Artikel 12** wird als zweiter Absatz beigefügt:

Zur Uebernahme des Amtes des Testamentsvollstreckers bedarf der Notar einer dienstaufsichtlichen Erlaubniß nicht.

Artikel 13 und **Artikel 14** sind gestrichen.

Als **Artikel 66a** wird neu eingestellt:

Die Finanzbehörden sind jederzeit berechtigt, das Depositenwesen der Notare (Art. 3a) sowie deren Thätigkeit bei Berechnung und Erhebung von Staats- oder Gemeindegebühren (Art. 4), insbesondere die gesammte hierauf bezügliche Buch- und Kassaführung durch beauftragte Beamte prüfen zu lassen.

Die Notare haben diesen Beamten gegenüber die gleichen Verpflichtungen, wie sie ihnen in Artikel 66 gegenüber den dienstaufsichtführenden Beamten auferlegt sind, und haben den wegen Erledigung ihrer finanziellen Geschäfte, insbesondere der Buch- und Kassaführung, ergehenden Weisungen der Finanzbehörden Folge zu leisten. Zur Erledigung der finanziellen Geschäfte sind die Notare auf Veranlassung der Finanzbehörden durch Zwangsstrafen anzuhalten; die Notare unterliegen bei Verletzung ihrer diesbezüglichen Dienstpflichten der Einschreitung im Dienststrafwege.

In **Artikel 126** tritt an Stelle des bisherigen Abs. 3 folgender Abs. 3:

Für den Schaden, den ein Notar oder ein Notariatsverweser in Ausübung des Amtes des Testamentsvollstreckers einem Dritten zufügt, haftet der Staat nicht.

Fuchs, Vorsitzender.

Dr. Casselmann, Schriftführer.

4.

Verhandlungen des Justizgesetzgebungsausschusses der Kammer der Reichsräthe.

XIX. Protokoll

des besonderen Ausschusses der Kammer der Reichsräthe zur Berathung der durch die Einführung des Bürgerlichen Gesetzbuchs veranlaßten Gesetzentwürfe über den

Entwurf eines Notariatsgesetzes.

(Verhandl. des Justizgesetzgebungsausschusses d. K. d. Reichsräthe 1899.)

— Artikel 1 mit 48. —

München, den 12. Mai 1899.

Gegenwärtig die Herren Reichsräthe: Graf Fugger von Glött, Ritter von Küffner, stellvertretender Vorstand, von Auer, Referent, Dr. Ritter von Bechmann, Sekretär, Freiherr von Soden-Fraunhofen, Dr. Ritter von Schmitt, Exzellenz, Hessert, Referent.

Ritter von Maffei. Der Herr I. Präsident Graf von Lerchenfeld-Köfering

Von Seite des k. Staatsministeriums: Der k. Staatsminister der Justiz Dr. Freiherr von Leonrod. Der k. Ministerialrath, Kronanwalt Ritter von Schubart. Der k. Ministerialrath Thelemann. Der k. Landgerichtsrath Schmitt.

Die Sitzung wird um 10 Uhr durch den Vorsitzenden, Herrn Reichsrath **von Auer** eröffnet.

Vorsitzender Ich ersuche den Herrn stellvertretenden Vorsitzenden, Herrn Reichsrath von Küffner, den Vorsitz übernehmen zu wollen und werde mir dann erlauben, über das Notariatsgesetz Bericht zu erstatten. (Herr Reichsrath von Küffner übernehmen den Vorsitz.)

Reichsrath **von Auer** als Referent: Die Berichterstattung über den vorliegenden Gesetzentwurf war besonders schwierig. Um noch rechtzeitig fertig zu werden, habe ich mich schon an die Arbeit gemacht, bevor der Ausschuß der Kammer der Abgeordneten in die Berathung eingetreten war. Ich ließ mir durch die Kanzlei die Zusammenstellung der Beschlüsse des Ausschusses der zweiten Kammer nach Zeitungsberichten ausfertigen und hienach korrigirte ich mein Elaborat; als ich damit fertig war, erhielt ich eine gedruckte Gegenüberstellung des Regierungs-Entwurfes und der Beschlüsse des Ausschusses der Abgeordnetenkammer erster Lesung und habe dann eine zweite Aenderung vorgenommen, und nachdem diese fertig war, ist mir gestern nachmittags der korrigirte Entwurf nach der zweiten Lesung im Ausschusse der Kammer der Abgeordneten zugegangen und dann habe ich die dritte Aenderung vorgenommen.

Der stellvertretende **Vorsitzende**: Vor dem Eintritt in die Berathung des Gesetzentwurfs fühle ich mich gedrängt, der Schöpfer des bisherigen Notariatsgesetzes ehrend zu gedenken. Das Werk, welches eine neue Bahn für die Angelegenheiten der freiwilligen Gerichtsbarkeit eröffnete, war epochemachend, und die Mängel, die sich im Laufe der Zeit daran ergeben haben, betreffen mehr die Form als die Sache. Einer der Mitwirkenden hat im hohen Alter noch das Glück gehabt, den Fortbestand des Gesetzes zu erleben und sicher zu sein, daß dessen nothgedrungener jetziger Ersatz sich würdig an jenen anschließen werde.

Hinsichtlich des letzteren kommt nun zunächst in Frage, ob eine Generaldiskussion vorgenommen werden solle. Für die Umgangnahme von solcher käme in Betracht, daß bei der Befassung mit anderen Gesetzentwürfen, nämlich dem

Entwurf A in Artikel 73 und 74, dem Entwurf B in Artikel 34 Absatz 1, dem Entwurf C in Artikel 26, der Hauptgrundsatz der Erhaltung eines selbständigen, lebensfähigen Notariats bereits Eingang gefunden hat, und im übrigen die Unterlagen des gegenwärtigen Gesetzentwurfs ausführlich und zutreffend in der Begründung desselben niedergelegt sind.

Reichsrath von Auer als Referent: Voraussichtlich wird im Plenum über das Notariatsgesetz gar nichts oder nur weniges gesprochen werden. Die Frage, ob ein Notariatsgesetz als solches gerechtfertigt ist oder nicht, war schon früher Gegenstand lebhafter Diskussion. Es wird sich deßhalb empfehlen, vielleicht in Kürze der Zweckmäßigkeit und Nothwendigkeit der Erlassung eines Notariatsgesetzes zu gedenken, und ich habe in ganz kurzen Worten zusammengefaßt, aus welchen Gründen ich der Ansicht bin, daß von der Erlassung eines Notariatsgesetzes nicht Umgang genommen werden kann. Wenn die Herren erlauben, werde ich die Bemerkungen hier verlesen.

Schon die formelle Anordnung der Gesetzesvorlage zeigt nicht zu unterschätzende Vorzüge gegenüber dem Gesetze von 1861. Sie ist in 12 Abschnitte eingetheilt, was wesentlich dazu beiträgt, sich leichter darin zurecht zu finden, während Titel II des geltenden Gesetzes in Artikel 11—103 formelle und materielle Bestimmungen vermengt und damit das Auffinden einzelner Bestimmungen, auch demjenigen erschwert, welcher sich mit dem Gesetze häufig zu beschäftigen hat.

Als ein besonderer Vorzug des Entwurfs ist hervorzuheben die präzise Ausdrucksweise, sowie, daß eine Reihe von Vorschriften — meist formeller Art — der zu erlassenden Geschäftsinstruktion vorbehalten ist, wodurch das Gesetz an Kürze gewinnt und die Möglichkeit gewahrt wird, diese Vorschriften, falls sie sich im Laufe der Zeit als minder brauchbar erweisen, auf einfache Art zu ändern, ohne die Gesetzgebung damit zu behelligen.

Was den materiellen Inhalt des Entwurfs anlangt, so beschränke ich mich bezüglich der Frage, ob das Notariat als selbständiges Rechtsorgan beizubehalten sei, darauf, auf die Motive zu verweisen. Diese Frage scheint selbst von den Gegnern des Institutes nicht mehr ernstlich bekämpft zu werden. Bei der gegenwärtigen Entwicklung des Rechtsverkehrs ist das Notariat nicht mehr zu entbehren und man würde wohl üble Erfahrungen machen, wenn man versuchte, es abzuschaffen.

Das Publikum ist durch das Notariat seit dessen nahezu 40jährigen Bestand daran gewöhnt, seine Rechtsgeschäfte nicht nur beurkunden zu lassen, nachdem sie zustande gekommen sind, sondern es erblickt in diesem Institute eine passende Einrichtung, sie zustande zu bringen. Ein Notar, der seiner Aufgabe sich bewußt ist, darf sich nicht darauf beschränken, das was ihm als Wille der Parteien bekannt gegeben wird, niederzuschreiben, sondern er muß sie darauf aufmerksam machen, wie sie ihre Zwecke in der ihren Absichten am meisten entsprechenden und vortheilhaftesten Weise erreichen können; er wird sich bemühen, durch Rath auf die Hindernisse aufmerksam zu machen, welche ihren Absichten entgegenstehen, und selbstthätig mitwirken, sie zu beseitigen, und so zur Förderung der Rechtssicherheit beitragen schon aus dem Grunde, weil er an dem Zustandekommen des Geschäftes ein Interesse hat. Ich kann mir die Regelung einer verwickelten Hypothekbelastung, die Auseinandersetzung einer schwierigen Verlassenschaft, den Abschluß eines Vertrages, bei dem es darauf ankommt, widerstrebende Interessen in Einklang zu bringen, nicht denken ohne eine solche Vermittelung, die am passendsten der beurkundende Beamte übernimmt, der sich nicht scheut, im Interesse der Sache selbst die Verantwortung für die Schritte zu übernehmen, die zur Erreichung des Zweckes nothwendig sind.

Von einem Richter, der auf seinen eng bemessenen Gehalt angewiesen ist, kann man eine solche Exponierung nicht verlangen, sie ist auch mit seiner Stellung nicht vereinbar. Würde man aber das Notariat wieder mit dem Richteramte verbinden, so würde man Zustände schaffen, welche mehr oder minder denjenigen glichen, welche vor dem Jahre 1862 bestanden haben, die nur der zu beurtheilen vermag, der sie damals unerträglich gefunden hat. Die Unzufriedenheit würde aber eine noch größere sein, weil seit jener Zeit der Rechtsverkehr sich erheblich gesteigert hat und das Publikum schon an eine promptere Abwickelung seiner Geschäfte gewöhnt ist.

Ich weiß zwar, daß die Anschauung eines einzelnen nicht ausschlaggebend sein kann, aber den Erfahrungen, welche Personen mit dem Notariate machten, die sich ex professo damit zu beschäftigen hotten, kann doch ein gewisser Werth nicht abgesprochen werden. Ich kannte die Zustände vor Einführung des Notariats in Bayern, bin infolge meines Berufes während der ganzen Zeit, seitdem das Notariat in Bayern besteht, in jeder Beziehung mit diesem Institute in Berührung gekommen und kann nur bestätigen, daß es von den wohlthätigsten Folgen für den Rechtsverkehr gewesen ist. Es ist nicht zu leugnen, daß einzelne Beschwerden, begründete Beschwerden, laut geworden sind. Diese sind aber theils auf den unnöthigen Formalismus des bisherigen Gesetzes zurückzuführen, theils auf Personen, nicht auf das Institut selbst. Im Anfange war man genöthigt, die Notariate mit Personen zu besetzen, welche weder die nöthige Befähigung, noch die entsprechende Auffassung von ihrem Berufe hatten. Es ist nicht zu leugnen, daß hierin Wandel geschaffen wurde, und zu hoffen, daß ein so klares Gesetz, wie das vorliegende, dazu beitragen wird, die Handhabung desselben zu erleichtern und das Ansehen der Notare zu erhöhen.

Man kann der Anschauung sein, daß das Notariat mit der Anwaltschaft verbunden werden solle, wie dies in Preußen der Fall ist. Es entsprängen aus dieser Verbindung mancherlei Vortheile, namentlich, daß die Zahl der Notare vermehrt werden könnte, daß ihr Nahrungsstand besser gesichert wäre, und daß ein Notar, der zugleich Anwalt ist, dem Rechtsleben näher steht und die Bedürfnisse des Publikums besser zu würdigen versteht, als ein auf seine Amtsstube gebannter Notar. Allein, da die Regierung sich einmal entschlossen hat, dem Notariate den Charakter einer öffentlichen Behörde zu verleihen, entfällt von selbst die Möglichkeit einer solchen Verbindung.

Es ist endlich vielfach die Frage der Lokalisierung des Notariates aufgeworfen worden. Der Entwurf hat sie nicht aufgenommen. Ich erlaube mir, auf die vollständig schlüssigen Ausführungen in den Motiven Bezug zu nehmen und nur hinzuzufügen, daß meines Erachtens das Notariat durch die Lokalisierung einen seiner größten Vorzüge verlieren würde: die freie Wahl des Mannes, dem die Parteien die Besorgung ihrer Rechtsangelegenheiten übertragen können.

Der erste Präsident: Ich möchte mir hier nur ein paar Worte erlauben. Wie aus den einleitenden Worten des Herrn Referenten hervorgeht, sind es verschiedene Fragen, von denen eine ersprießliche Thätigkeit des Instituts des Notariats für das Publikum abhängig ist. Die wichtigste und schwerwiegendste Frage betrifft die Person des Notars. Hier glaube ich nun, daß in der Wahl der Persönlichkeit des Notars so strenge und sorgfältig wie möglich vorgegangen und die Ueberwachung der Notare eine ernstere und strengere werden sollte, wie bisher. Denn wenn der Notar dem allgemeinen Vertrauen, welches doch der Gesetzentwurf in diesen Mann setzt, nicht völlig entspricht, sollte derselbe meiner Ansicht nach möglichst bald aus seiner Stellung entfernt, seinem Schicksal überlassen oder anderswie verwendet werden. Jeder Fehler, den ein Notar macht, trifft das Institut und die Gesammtheit der Notare. Die neuen Bestimmungen über die Ueberwachung der Notare sind nach meiner Ansicht sehr gut und wenn bei Ausführung dieser Bestimmungen Ernst gezeigt wird, so glaube ich, daß genug Handhaben im Gesetze vorhanden sind, um meinem Wunsche Rechnung zu tragen. Die Handhabung wird aber wohl nur dann eine Frucht tragen, wenn sie energisch durchgeführt wird.

Ich werde dann noch zu den einzelnen Artikeln einige Anfragen stellen. Meinen Widerstand gegen das Notariatsgesetz habe ich aufgegeben; die Herren wissen ja, daß ich ein entschiedener Gegner der Notariate war und daß ich gewünscht hätte, daß sie auf das Maß zurückgeführt würden, wie in Preußen bezw. auf das Maß, auf welches sie nach dem Bürgerlichen Gesetzbuche hätten zurückgeführt werden können.

Reichsrath Freiherr **von Soden-Fraunhofen:** Auch ich gehöre zu denen, welche das Verschwinden des Notariats gewünscht hätten, seit Jahren habe ich mich in diesem Sinne ausgesprochen und vor allem auch diejenigen Gründe hiefür angeführt, die soeben der Herr erste Präsident ausgesprochen hat. Aus den Erfahrungen auf dem platten Lande weiß ich, daß der große Mißstand der Ueberhandnahme der Güterzertrümmerung nicht in dem Maß bestände, wenn wir nicht die Notare hätten. Bekanntlich gibt es gewisse Notare, welche sich hauptsächlich mit diesen Geschäften abgeben und von den Gutszertrümmerern besonders gesucht sind.

Auch ein anderer agrarischer Gesichtspunkt nimmt mich gegen die Notare ein. Nach meiner Ansicht hätte die Verschuldung auf dem Lande nicht so zugenommen, wenn wir keine Notariate hätten. Die Notare, oder vielleicht richtiger, ihre Hilfsbeamten sind Agenten der Hypothekenbanken und haben oftmals auch in den Fällen, wo der Betreffende nicht die Absicht hatte, eine Bankschuld aufzunehmen, ihn veranlaßt, dies zu thun, in manchen Fällen gewiß zu seinem Vortheile, in manchen Fällen aber auch zu seinem Schaden.

Wie die Verhältnisse jetzt liegen, kann darüber aber kein Zweifel sein, daß es bis auf weiteres bei der Beibehaltung des Notariats sein Bewenden haben wird. Ich habe aber mit Befriedigung aus den Motiven ersehen, daß die Schattenseiten des Notariats offen zum Ausdruck gekommen sind und daß man — ich muß das zugeben, mit Recht der Meinung ist, das Notariat sei zur Zeit in Bayern nicht zu entbehren. Man hat überdieß an diesem Institute im Entwurfe Besserungen vorgenommen, die als sehr werthvoll zu bezeichnen sind und von denen ich hoffe, daß sie mit der Zeit dazu führen werden, das Notariat zu beseitigen. Ich schöpfe diese Hoffnung hauptsächlich aus der Bestimmung, daß das Notariat zu einer Staatsbehörde umgestaltet wird, und aus der Bestimmung über die Notariatsgehilfen, aus denen ich entnehme, daß die Beseitigung des Notariats im Laufe der Zeit ermöglicht werden wird. Ich kann also dem Entwurfe, den ich in seinen einzelnen Ausführungen für sehr gut halte, und von dem ich glaube, daß er hinsichtlich des Notariats wesentliche Besserungen bringt, zustimmen. Eine Besserung sehe ich für das Publikum hauptsächlich in der Uebernahme der Haftung durch den Staat, in welcher Hinsicht mit Recht bisher begründete Klagen bestanden haben, zumal in den Fällen, wo die einzelnen Notare nicht die Qualität hatten, die man bei Einführung des Notariats in Bayern erwartet hat; dabei wird es auch ferner sein Bewenden haben, und deshalb glaube ich, daß die, welche keine besonderen Freunde des Notariats sind, Recht haben, wenn sie wünschen, daß dieses Institut aus Bayern mit der Zeit wieder verschwinden möchte.

Ich wollte nur meinen prinzipiellen Standpunkt wahren, weil ich von jeher dem Wunsche Ausdruck gegeben hatte, es möge bei dieser Gelegenheit eine Aenderung eintreten.

Reichsrath von Heffert: Ich werde mir keine weiteren Ausführungen erlauben, da feststeht, daß ein prinzipieller Widerspruch gegen das Notariat nicht erhoben wird. Wenn ich zurückdenke an die gewichtigen Stimmen, die sich vor 15 Jahren auch in diesem Hohen Hause gegen das Notariat ausgesprochen haben, und wenn ich namentlich in Anschlag bringe, was in dem anderen Hause für Bemerkungen gefallen sind von gewichtiger Seite, dann muß ich mich wundern, wie rasch die Dinge wechseln. Damals wollte man das ganze Institut über den Haufen werfen; die Angriffe sind damals durch die Kammer der Reichsräthe abgewiesen worden. Was die Pfalz betrifft, so begrüße ich es außerordentlich, daß wir aus der Isolierung herauskommen. Die Pfalz bildete bisher, was das Notariat betrifft, eine Insel. Jetzt tritt ein einheitliches Institut für ganz Bayern ein, an dem und an dessen Entwicklung auch wir Antheil nehmen. Es konnte sich eine Literatur auf dem kleinen Gebiete der Pfalz nicht entwickeln, obwohl dies höchst wünschenswerth gewesen wäre, wenigstens in wichtigen Fragen. Ich erkläre von vorneherein, daß ich vom Pfälzer Standpunkt mit dem Entwurf im allgemeinen vollständig einverstanden bin, wenn ich auch im einzelnen manches zu besprechen haben werde. Man hat sich theilweise sehr ungehalten über die Auswüchse des Notariats ausgesprochen, es ist auch ein Irrthum, wenn man glaubt, die Pfalz hätte das Notariat aus Frankreich entlehnt. Allerdings ist es in die Pfalz zunächst aus Frankreich gekommen. Es ist aber nachgewiesen, daß es ein altdeutsches Institut ist, das lange Zeit prosperiert hat und nur verkümmerte durch die eigenthümlichen Verhältnisse, die Sie alle kennen. Aber das heutige französische Notariat mit dem rheinischen zu vergleichen, das ist vollkommen ungerechtfertigt, in Frankreich ist der Notar Geschäftsmann, nur nebenbei ein bischen Jurist; in der Hauptsache aber macht er Geld, er kauft ja auch seine Stelle. Wie weit es in Frankreich gekommen ist, das mögen die Hohen Herren aus folgendem Beispiele entnehmen:

Wie bei uns, ist es auch in Frankreich vorgeschrieben, daß eine Urkunde von einem Notar und zwei Zeugen oder von zwei Notaren unterschrieben werden muß. In Frankreich erscheint der zweite Notar bei Aufnahme der Urkunde gar nicht, steht aber im Akt; es heißt dort: Notar N. et son collègue. Der Kollege ist aber gar nicht da, sondern die Notare wechseln gegenseitig ihre Urkunden aus, und der Kollege unterschreibt dann erst, wenn die Urkunde zu ihm geschickt wird. Es ist diese Uebung eine offenbare Fälschung, wurde aber vom Kassationshofe nothgedrungen gutgeheißen. Es wurde nämlich eine Fälschungseinrede erhoben, und nun stand der Kassationshof vor der Frage, ob er sämmtliche Urkunden in Frage stellen wolle. Es wurde gesagt, es ist allerdings eine Fälschung, aber eine Uebung, eine langjährig geheiligte Uebung. Es blieb daher dem Kassationshofe nichts anderes übrig, als die Einrede der Fälschung abzuweisen.

Das rheinische Notariat ist etwas ganz anderes als das französische. Die Vorbedingungen des französischen Notars sind ja sehr gering, während sie für den rheinischen dieselben sind, wie für den Richter. Es steht fest, daß sich Jahre hindurch dem Notariat die besten Kräfte gewidmet haben ebenso wie der Advokatur. Jetzt wird die Disziplin noch verschärft und auch davon hoffe ich mir Nutzen.

Was die Güterzertrümmerung anlangt, so ist das für die Pfälzer Verhältnisse nicht so durchschlagend. Bei uns ist es jedem Interessenten gestattet, aus dem Grundstück, das im Miteigenthum steht, möglichst viel herauszuschlagen. Wenn da der Notar mithilft, kann man nichts machen. Dies vorausgeschickt, erkläre ich, daß ich mit dem Entwurf im allgemeinen einverstanden bin.

Der Staatsminister der Justiz Dr. Freiherr **von Leonrod**: Ich möchte zunächst meine besondere Freude darüber zum Ausdrucke bringen, daß die Aufrechterhaltung des selbständigen Notariats und der vorgelegte Gesetzentwurf insbesondere auch in diesem hohen Ausschusse Anklang gefunden hat.

Auf die Bemerkungen Seiner Exzellenz des Herrn I. Präsidenten, möchte ich mir erlauben, Folgendes zu antworten. Seine Exzellenz haben dem Justizministerium zwei Rathschläge gegeben; erstens, die Ueberwachung der Notare zu verschärfen; und zweitens, in der Auswahl der Notariatsbeamten sehr sorgfältig zu Werke zu gehen. Sie dürfen überzeugt sein, daß letzteres auch bisher schon geschehen ist und stets geschehen wird. Aber die Justizverwaltung hatte in letzter Zeit hauptsächlich damit zu kämpfen, daß die Aufrechterhaltung des Notariats in Frage stand und infolge dieser Ungewißheit sich fast ausnahmslos nur minderwerthige Kräfte für den Notariatsdienst gemeldet haben, während die talentierteren und mit besserer Konkursnote gewürdigten Rechtspraktikanten den Gerichtsdienst vorzogen. In neuester Zeit mehrt sich übrigens wieder die Zahl der besser Qualifizierten unter den Bewerbern um Notarstellen, ohne Zweifel deshalb, weil die Hoffnung erstarkt ist, daß Regierung und Landtag das selbständige Notariat aufrecht erhalten werden. Zum anderen Rathschlage möchte ich mir die Bemerkung erlauben, daß der gegenwärtige Entwurf nicht weniger als 30 Artikel enthält (Art. 64—94), welche die Dienstaufsicht und Disziplin betreffen. Und die Disziplin spielt eine so hervorragende Rolle in diesem Entwurfe gerade deshalb, weil man längst zu der Ueberzeugung gekommen war, daß gerade in diesem Punkte die bisherigen gesetzlichen Vorschriften am wenigsten zureichend waren. Auf Grund des neuen Gesetzes wird, davon dürfen Sie überzeugt sein, die Ueberwachung der Notare eine ganz andere werden, als sie bisher war. Was die hier gegen die Notariate erhobenen Vorwürfe anlangt, so muß zugegeben werden, daß Auswüchse, sogar bedenklicher Natur, in manchen Fällen vorgekommen sind. Allein einzelne Ausnahmsfälle dürfen für das Prinzip nicht maßgebend werden.

Reichsrath **von Auer** als Referent: Ich möchte zwei Behauptungen des Herrn Reichsraths Freiherrn von Soden-Fraunhofen widerlegen. Der Herr Reichsrath hat erklärt, daß an der Güterzertrümmerung und an der Verschuldung das Notariat einen wesentlichen Antheil hat. Wenn man die Anschauung damit begründet, daß durch das Notariat der Rechtsverkehr bezüglich der Immobilien erleichtert wurde, kann man der Anschauung insofern zustimmen, als damit die Güterzertrümmerung und die Schuldaufnahme wie der Immobiliarverkehr überhaupt erleichtert wurde. Daß aber leichtsinnige Verschuldungen und ungerechtfertigte Güterzertrümmerungen nicht stattgefunden hätten, wenn das Notariat nicht eingeführt worden wäre, das kann ich unmöglich zugeben. Das erinnert mich an die Ansicht, daß es ein Unglück war, das Messer zu erfinden, weil dasselbe nicht nur zu nützlichen Zwecken verwendet werden, sondern auch gelegentlich jemand damit todtgestochen werden kann. Es ist auch noch zu berücksichtigen, daß gerade die landwirthschaftliche

Bevölkerung, deren Interessen zu fördern der Herr Reichsrath sich zur besonderen Lebensaufgabe gemacht hat, am allerwenigsten geneigt ist, sich eine Beschränkung in Bezug auf die Güterzertrümmerung und die Verschuldung gefallen zu lassen. Jeder Bauer hat in seinem Besitz ein unumschränktes Recht, in dem er sich am liebsten durch kein Gesetz würde hemmen lassen. Ich hege nicht die Hoffnung, daß durch das jetzige Gesetz das Notariat in seiner Selbstständigkeit und in seinem Charakter sehr wesentlich eine Aenderung erfahren, sondern ich hoffe gerade dadurch, daß das Gesetz sehr praktisch abgefaßt wird, daß die Lebensfähigkeit des Instituts eine Stärkung erfahren werde.

Der stellvertretende **Vorsitzende:** Zur Generaldiskussion ergreift niemand mehr das Wort; es wird nunmehr die Spezialdiskussion eingeleitet. Ich rufe auf:

Erster Abschnitt.

Zuständigkeit und Organisation.

I. Zuständigkeit.

Artikel 1—4, 13,

der hiefür einschlägig ist.

Reichsrath **von Auer** als Referent: Ich habe den Bericht so eingerichtet, daß ich mir an der Hand der Begründung immer mehrere zusammengehörige Artikel zusammengefaßt habe; es werden von vornherein die Vorschriften über die Zuständigkeit der Notare, Artikel 1—4, zur Berathung zu stellen sein. Infolge des Beschlusses der Kammer der Abgeordneten wäre aber diese Berathung und Beschlußfassung nicht vollständig, wenn wir nicht den Artikel 13 hereinzögen, der einen besonderen Zusatz zu Artikel 3 veranlaßte, der als Artikel 3a eingefügt wurde. Ich würde daher, wenn die Hohen Herren nichts dagegen zu erinnern haben, über die Artikel 1—4 mit Artikel 13 zusammen Bericht erstatten.

Der stellvertretende **Vorsitzende:** Es erhebt sich keine Erinnerung.

Reichsrath **von Auer** als Referent: Die Zuständigkeit der künftigen Notare entspricht im allgemeinen dem geltenden Rechte. Sie erleidet jedoch eine Beschränkung insoferne, als nach Reichs- und Landesrecht in bestimmten Fällen neben den Notaren andere staatliche Organe zur Beurkundung mit gleicher rechtlicher Wirksamkeit befugt sind. Diese Fälle sind auf Seite 12 der Motive angeführt, sie werden eine Vermehrung erfahren, falls der Beschluß des Justizgesetzgebungsausschusses der Kammer der Reichsräthe zu Artikel 44 des A.G. z. B.G.B., wonach zur Beglaubigung des Antrages und der Vollmacht in Bezug auf Schuldverschreibungen des Staates und der übrigen Personen des öffentlichen Rechtes die Gemeindebehörden des Wohnortes des Antragstellers oder Vollmachtgebers zuständig sind, die Zustimmung der beiden Kammern erhält. Der Beschluß wurde damit motiviert, daß man sich thatsächlich mit dieser Art der Beglaubigung begnügte und bisher Inkonvenienzen hieraus nicht entstanden sind. Dies mag richtig sein. Weiter zu gehen und die Befugniß, Urkunden zu beglaubigen, den Gemeinden allgemein zuzuerkennen, möchte sich nicht empfehlen, weil die gegenwärtige Einrichtung der Gemeindebehörden auf dem Lande nicht die nöthige Sicherheit gewährt. Aber auch im Interesse der Gemeinden möchte eine derartige Vorschrift nicht gelegen sein wegen der Haftung, welche sie nach Artikel 53 des A.G. z. B.G.B. für ihre Organe zu übernehmen haben.

Eine Erweiterung der Zuständigkeit der Notare liegt in der ihnen eingeräumten Befugniß, Siegel anzulegen und abzunehmen, in der Abnahme von Versicherungen an Eidesstatt, dann in der Abnahme von Eiden und in der Bewirkung von Zustellungen in Fällen, in welchen dies nach den Rechten eines ausländischen Staates durch den Notar geschehen soll. Diese Bestimmungen entsprechen einem wirklichen Bedürfnisse. Ich hätte auch kein Bedenken getragen, den Notaren die Befugniß zu ertheilen zur Abnahme von Eiden in allen Fällen, welche mit ihrer Geschäftsführung in Zusammenhang stehen, da solche Eide sicher dieselbe Garantie bieten, wie die von Richtern abgenommenen.

Ich nehme an, daß in der Befugniß zur „öffentlichen Beurkundung" auch die Berechtigung zur Aufnahme der Wechselproteste enthalten ist. Es stand dieses Recht bisher schon den Notaren zu, wenn auch in letzterer Zeit das Publikum sich weniger der Notare zur Aufnahme dieses Rechtsaktes bediente, weil die Gebühren der Gerichtsvollzieher, welche hiezu gleichfalls verwendet werden können, niedriger waren. Es ist nicht ausgeschlossen, daß nach Reorganisation des Gerichtsvollzieherinstituts die Notare wieder mehr mit der Aufnahme von Protesten beschäftigt werden, weshalb ich hierauf aufmerksam machen zu müssen glaubte.

Ich beantrage Zustimmung zu Artikel 1—4.

Im Zusammenhange mit Artikel 1—4 steht Artikel 13. Nach diesem Artikel soll der Notar zur Uebernahme von Geldern nur insoweit verpflichtet sein, als diese Verpflichtung sich aus gesetzlichen Vorschriften ergibt.

Die Vermittlung der Auseinandersetzung eines Nachlasses, ein verwickeltes Hypothekdarlehensgeschäft und dgl. kann ich mir nicht denken, ohne daß der Notar das hiebei eine Rolle spielende Geld in die Hand bekommt. Wer soll das Geld in Empfang nehmen, das im Nachlaß vorgefunden wurde, oder das ein Nachlaßschuldner einbezahlt, wer soll das Geld liefern, um Hypotheken wegzuzahlen, zu deren Berichtigung ein größeres Kapital aufgenommen wird? Der Notar muß dieses Geld übernehmen, weil die Uebernahme desselben im sachlichen Zusammenhange steht mit dem von ihm übernommenen Geschäft, das er nicht ausführen könnte, wenn er sich der Geldannahme weigerte. Die Begründung hilft sich darüber hinweg, indem sie die Weigerung des Notars mit Rücksicht auf das finanzielle Interesse des Notars und der ihm drohenden Konkurrenz für unwahrscheinlich hält. Diese Begründung mag hinreichen, um die drohende Haftbarkeit des Staates für die übernommenen Gelder künstlich auszuschließen (Artikel 126), sachlich ist sie nicht. Ich erachte, dies sei schon hier bemerkt, diese Haftung des Staates auch für die vom Notar vereinnahmten Gelder für absolut nothwendig. Dadurch wächst nicht nur das Ansehen des ganzen Instituts, sondern auch das Vertrauen, das jeder einzelne Notar so nothwendig hat. Das Publikum fürchtet nicht so sehr, daß es durch eine falsche Beurkundung geschädigt werde, als es Sicherheit für die dem Notar amtlich anvertrauten Gelder wünscht. Der Staat haftet doch allgemein für seine Beamten, die Notare sind auch Beamte, warum soll ihre Beamtenqualität in Wegfall kommen, wenn es sich um die Haftung für die von ihnen in Ausübung ihrer Amtsthätigkeit vereinnahmten Gelder handelt? Die Beträge, die hier in Frage kommen, sind nicht so erheblich, daß sie ein Hinderniß bilden würden, das allgemeine Prinzip der Haftung des Staates für seine Beamten zu durchbrechen. Nöthigenfalls könnte sich der Staat für diese Haftung durch Erhebung einer kleinen entsprechenden Gebühr schadlos halten.

Der Ausschuß der Kammer der Abgeordneten beschloß daher einen neuen Artikel 3a aufzunehmen, welcher lautet:

„Der Notar ist verpflichtet, Gelder, Werthpapiere und Kostbarkeiten, die ihm aus Anlaß eines Amtsgeschäfts von den Betheiligten übergeben werden, zur Aufbewahrung für die Betheiligten oder zur Ablieferung an Dritte oder an eine Behörde zu übernehmen.

Die Bestimmungen über das Verfahren bei der Uebernahme, Aufbewahrung und Ablieferung, insbesondere über die Führung von Verwahrungsbüchern werden durch Ministerialvorschrift getroffen."

Ich beantrage Zustimmung.

Reichsrath Dr. von Schmitt, Exzellenz: Ich erlaube mir, den Hohen Herren einen Antrag zu unterbreiten zu dem Artikel 1 Absatz 2 des Entwurfs. Die Vorschrift des zweiten Absatzes des Artikel 1 ist ja ganz zweckmäßig und ich habe gegen dieselbe nichts zu erinnern; aber aus einem praktischen Gesichtspunkte heraus, glaube ich doch, wäre es wünschenswerth, daß zu dieser Vorschrift eine weitere kommt. In dem § 2261 B.G.B. lesen wir „Hat ein anderes Gericht, als das Nachlaßgericht das Testament in amtlicher Verwahrung, so liegt dem anderen Gerichte die Eröffnung des Testamentes ob." Diese Bestimmung des Bürgerlichen Gesetzbuchs beruht auf der Voraussetzung, daß die Testamente in der Regel verwahrt sind beim Nachlaßgericht, aber daß es möglich ist, daß ausnahmsweise ein anderes Gericht ein solches Testament oder auch einen Erbvertrag in Verwahrung hat, und für diesen Ausnahmefall müßte, wenn es zur Publikation kommt und man den Satz aufstellt, daß das Nachlaßgericht zu publizieren habe, von dem Gericht, das die Urkunde verwahrt, die Urkunde an das Nachlaßgericht geschickt werden. In dem erwähnten § 2261 wird nun bestimmt, daß wo ein anderes als das Nachlaßgericht das Testament ꝛc. verwahrt, das verwahrende Gericht selbst die Publikation vorzunehmen hat und als Grund hiefür ist in den Motiven zum Bürgerlichen Gesetzbuch wörtlich Folgendes bemerkt: „Es wird bezweckt die unnöthige und nicht ungefährliche Versendung einer noch nicht eröffneten Testamentsurkunde thunlichst zu vermeiden." Wenn nun die Voraussetzung des Bürgerlichen Gesetzbuchs, wonach in der Regel beim Nachlaßgericht ein Testament, ein Erbvertrag u. s. w. verwahrt wird, im Artikel 1 Absatz 2 unseres Entwurfs für Bayern geändert wird, und zwar dahin, daß der Notar alle Testamente und Erbverträge, die er aufgenommen hat, ausschließlich selbst verwahrt, so müssen die Fälle, daß eine Versendung des Testamentes oder Erbvertrages an das Nachlaßgericht einzutreten hat, sich unendlich oft wiederholen und es muß sich die Gefahr, die mit der Versendung verbunden ist, verhundert- und vertausendfachen. Nach meinem Dafürhalten liegt eine Gefahr nicht nur dann vor, wenn der Notar an einem andern Ort domiziliert, wie das Nachlaßgericht, sondern die Gefahr ist auch gegeben, wenn der Notar an dem gleichen Orte domiziliert; weniger allerdings, wenn der Notar persönlich die Urkunde an das Gericht gibt. Aber kann das in der That immer geschehen, kann man das immer verhüten, daß der Notar seine Gehilfen mit der Urkunde an das Gericht schickt oder daß er den Weg der Post wählt? Wenn ein Testament oder ein Erbvertrag zu Verlust geht, dann ist er nicht mehr zu ersetzen; denn der Erblasser ist gestorben. Unter solchen Umständen wüßte ich nicht, was entgegenstehen dürfte, die Bestimmung des Bürgerlichen Gesetzbuchs hier gleichfalls in das Gesetz einzufügen und dem zweiten Absatz den Zusatz zu geben. „Die Notare sind zuständig an Stelle des Nachlaßgerichtes, die von ihnen verwahrten Testamente und Erbverträge nach §§ 2260, 2262, 2273 des B.G.B. zu eröffnen und bekannt zu geben." Es kann das umsomehr geschehen, als ja nach diesem Gesetzentwurf das Notariat zu einer Behörde gemacht worden ist, also eine Behörde da und eine Behörde dort publiziert. Zudem haben wir in dem Art. 147 Abs. 1 des E.G. z. B.G.B. ausdrücklich einen Vorbehalt dahin, daß wir solche Bestimmungen für Bayern treffen können. Unter solchen Umständen glaube ich, Ihnen meinen Vorschlag empfehlen zu sollen.

Der k. Staatsminister der Justiz Dr. Freiherr **von Leonrod**: Ich erkläre, daß die Regierung mit diesem Vorschlage Seiner Exzellenz des Herrn Reichsraths von Schmitt einverstanden ist. Der Antrag kommt ihr erwünscht. Zu den Einzelheiten des Antrags möchte ich anregen, ob nicht auch der § 2300 des B.G.B. erwähnt werden soll, der die Vorschrift über die Oeffnung und Bekanntgabe von Erbverträgen enthält. Dieser Paragraph lautet:

„Die für die Eröffnung eines Testaments geltenden Vorschriften der §§ 2259—2263, 2273 finden auf den Erbvertrag entsprechende Anwendung, die Vorschriften des § 2273 Satz 2, 3 jedoch nur dann, wenn sich der Erbvertrag in besonderer amtlicher Verwahrung befindet."

Es wäre vielleicht vollständiger und deutlicher, wenn das Allegat des § 2300 noch in den vorgeschlagenen Zusatz aufgenommen würde.

Dann möchte ich anregen, ob es nicht besser wäre, statt „eröffnen" zu sagen „öffnen", weil man ja doch zwischen Testament „öffnen" und „eröffnen" unterscheidet. Jeder Süddeutsche meint, wenn es heißt, das Testament wird „eröffnet," es wird bekannt gegeben. Hier aber handelt es sich zunächst um das Oeffnen des Testaments.

Reichsrath Dr **von Schmitt**: Ich habe gegen die Ergänzung des Allegats durch den § 2300 nichts zu erinnern, und ebensowenig gegen die Vertauschung des Wortes „eröffnen" mit dem Worte „öffnen" Bemerken möchte ich in Bezug auf einen anderen Artikel noch das Folgende:

Wie sich die Hohen Herren erinnern, haben wir im Ausführungsgesetz zum Bürgerlichen Gesetzbuch einen Artikel als Artikel 96a aufgenommen. Dort handelt es sich um Testamente, die über 54 Jahre hinterlegt sind, so daß angenommen werden kann, der Erblasser beziehungsweise derjenige, welcher das Testament gemacht hat, wird höchstwahrscheinlich nicht mehr leben. Solche Testamente sollen, wenn nicht bekannt ist, daß der Erblasser noch lebt, geöffnet werden. Wir haben das Notariat doch seit 38 Jahren, und es sind bei den Notaren viele Testamente hinterlegt. Es ist aber nicht gesagt, wer die betreffende Oeffnungshandlung vornehmen soll. Es fragt sich, ob man den erwähnten Artikel 96a nicht hier mitzuallegieren hat. Ich habe ihn nicht mitallegiert, habe mir aber vorbehalten, die Hohen Herren darauf aufmerksam zu machen. Wenn es hier heißt: Es soll der Notar zuständig sein, Testamente u. s. w. zu eröffnen, und bekannt zu geben, so hat er natürlich auch das Recht, sie zu öffnen, und insofern könnte man annehmen, die Sache ist gedeckt.

Deswegen habe ich eine Ausdehnung des Antrags nach dieser Richtung unterlassen.

Reichsrath **von Heffert**: Der von Seiner Exzellenz beantragte Zusatz ist mir sehr sympathisch, und ich halte dafür, daß eine Erinnerung dagegen nicht zu erheben sein wird. Es wird damit die Sache, besonders für die Pfalz, bedeutend vereinfacht. Was den Artikel 3a betrifft, so spielt er für die Pfalz eine große Rolle. Es wird die bisherige Befugniß der Notare, Gelder in Verwahrung zu nehmen, die ihnen aus Anlaß eines Amtsgeschäftes in die Hand gegeben sind, wiederholt. Wenn die Fälle immer derart wären, wie der Herr Referent angeführt hat, daß Geld in der Masse vorhanden ist, das aufgehoben werden soll, so wären ja die Zustände sehr glücklicher Natur. Leider ist aber das Gegentheil der Fall. Es kommt aber doch Geld in die Hände des Notars dadurch, daß die bestehenden Schulden bereinigt werden müssen; es wird ein Liquidationsverfahren eintreten, die Liegenschaften werden ganz oder theilweise veräußert, und es werden dadurch die Mittel gewonnen, um die Schulden zu zahlen. Den Cessionspunkt kann man nicht den Betheiligten überlassen, er bleibt bei dem Notare. Die Notare haben von diesem Verfahren keine Vortheile, und es ist sehr uneigennützig von ihnen, daß sie sich dem unterziehen. Ich bin deshalb der Meinung, daß man für die Pfalz eine Bestimmung getroffen hat, die sich außerordentlich empfiehlt.

Der k. Ministerialrath, Kronanwalt **von Schubart**: Artikel 126 ist zwar nicht zur Berathung gestellt, er hängt aber mit Artikel 3a unmittelbar und innig zusammen. Der Artikel 3a hat die jetzige Fassung gerade deshalb erhalten, um die Haftung des Staates für diejenigen Handlungen, welche unter Artikel 3a fallen, herbei zu führen. Ich erlaube mir daher, auch in meine weiteren Ausführungen, den Artikel 126 einzubeziehen. Ich muß mir auch gestatten, nachdem den Hohen Herren ein Sitzungsprotokoll, welches über die Vorgänge in der vorgestrigen Sitzung des Justizausschusses der Kammer der Abgeordneten Aufschluß geben würde, noch nicht vorliegt, über diese Vorgänge mündlich zu referieren. Die Staatsregierung würde es an sich vorgezogen haben, wenn es bei der ursprünglichen Fassung der Artikel 13, nun 3a, und 126 geblieben wäre. Sie hat jedoch schließlich bei der zweiten Lesung des Gesetzes im Ausschusse der Kammer der Abgeordneten zu den bezüglichen Beschlüssen dieses Ausschusses ihre Zustimmung erklärt, und zwar in Anbetracht einerseits der Einstimmigkeit dieser Beschlüsse, andererseits in der Absicht, durch die Uebernahme einer erweiterten Haftung des Staates einen der wichtigsten Klagepunkte der Gegnerschaft des Fortbestandes des Notariatsinstitutes, dem ja auch Herr Reichsrath von Soden vorhin Ausdruck gegeben hat, in Wegfall zu bringen. Sie hat jedoch diese Zustimmung von zwei Voraussetzungen abhängig erklärt, nämlich davon, daß der Finanzverwaltung für den Fall der erweiterten Haftung des Staates eine unmittelbare weitgehende finanzielle Kontrolle über die Buch- und Kassaführung der Notare, insbesondere über ihre Geschäftsgebahrung bei der Behandlung des Depositenwesens eingeräumt werde, und zweitens davon, daß der Staatskassa die Erhebung einer, wenn auch geringen, staatlichen Depositalgebühr zugestanden werde. Der Ausschuß der Kammer der Abgeordneten hat sich einstimmig mit diesen beiden Voraussetzungen einverstanden erklärt. Der ersten Voraussetzung ist dadurch genügt worden, daß der Artikel 66a nach dem Vorschlage der Staatsregierung in den Notariatsgesetzentwurf eingestellt wurde. Die Möglichkeit der Erhebung einer staatlichen Depositalgebühr soll in der Weise bewerkstelligt werden, daß der Artikel 257 des Gebührengesetzes, der auch nach dem Entwurf eines Gesetzes, die Abänderung von Bestimmungen des Gebührengesetzes betreffend, unverändert geblieben wäre, jetzt eine kleine Abänderung erfährt, nämlich eine Einschaltung. Der Artikel 257 lautet:

> Für die Aufbewahrung der bei den Gerichten oder gemäß Artikel 76 Abs. 3 des Gesetzes zur Ausführung des Gerichtsverfassungsgesetzes bei der Königlichen Bank oder anderen Kassen des Staates hinterlegten Gelder und Werthpapiere können besondere Gebühren (Depositalgebühren) erhoben werden.
>
> Die Gebührensätze werden durch Königliche Verordnung bestimmt.

Hier sollen nun nach den Worten: „bei den Gerichten“ eingesetzt werden die Worte: „den Notaren“ Der Staat würde sich mit einer sehr geringen Depositalgebühr begnügen, allenfalls mit einer Gebühr von 20 ₰ pro Tausend; das wäre die Hälfte der Gebühr, welche für die Aufbewahrung von Depositen bei den gerichtlichen Depositenämtern gefordert wird. Letztere beträgt nämlich vier Zehntel vom Tausend. Die verlangte Gebühr soll die Staatskasse in die Lage versetzen, die Konsequenzen der erweiterten Haftung leichter über sich ergehen lassen zu können. Ich erkenne dankbarst an, daß der Herr Referent selbst bereits in Anregung gebracht hat, daß man dem Staate doch wenigstens ein kleines Aequivalent für die Uebernahme der Haftung bieten soll.

Eine solche minimale Gebühr macht bei kleinen Beträgen soviel wie gar nichts aus, bei größeren Werthsummen ist sie immerhin sehr gering und eine recht billige Vergütung dafür, daß jetzt der Deponent, wenn er beim Notar deponiert, dies thun kann, ohne das geringste Risiko; daß er es mit dem Bewußtsein thun kann, wenn das Geld wirklich vom Notar veruntreut wird, so zahlt der Staat. Ich möchte dabei darauf aufmerksam machen, daß ja in den Fällen, für welche die Haftung des Staates in Aussicht genommen ist, die Interessenten nicht genöthigt sind, beim Notar zu deponieren. Dies gilt insbesondere auch für den Fall, den Herr Reichsrath von Auer erwähnt hat. Wenn eine Mehrheit von Erben da ist, und es wird die Vermittlung des Notars oder des Gerichts zur Auseinandersetzung der Verlassenschaft angegangen, so hat nach dem Gesetze der Notar bezw. das Gericht die Aufgabe, eine Vereinbarung zwischen den Betheiligten zustande zu bringen, einen Auseinandersetzungsplan anzufertigen, schließlich die getroffene Vereinbarung zu beurkunden bezw. zu bestätigen. Eine reale Verfügung über Bestandtheile des Nachlasses braucht Gericht oder Notar nicht auszuüben. Es wird freilich vielfach dazu kommen, daß die Betheiligten den Notar auch zu derartigen Maßnahmen und zur Verwaltung des Nachlasses bis zur erfolgten Auseinandersetzung ermächtigen. Aber an und für sich sind bei einer Mehrheit von Erben die Erben miteinander zur Verwaltung des Nachlasses und zur Verfügung über die einzelnen Bestandtheile des Nachlasses berufen. Es finden die Bestimmungen in § 2032 ff. B.G.B. Anwendung. Also eine Nothwendigkeit, die Hilfe des Notars in dieser Richtung in Anspruch zu nehmen, bei ihm zu deponieren, ist nicht gegeben. Ich gebe zu, daß es in den gedachten Fällen und insbesondere auch bei der Vermittlung von Hypothekdarlehen oftmals sehr wünschenswerth ist, dem Notar Gelder und Werthpapiere anvertrauen zu können. Wenn aber die Parteien im Interesse der Ersparung von Kosten oder Gängen oder Reisen, oder zur Vermeidung von Ungelegenheiten dies thun, dann ist es nicht mehr als billig, daß der Staatskasse für das ihr hiedurch erwachsende Risiko ein kleines Aequivalent, eine Versicherungsgebühr gewährt wird.

Was Artikel 66a anlangt, so dürfte sich bei der späteren Berathung dieses Artikels Anlaß geben, denselben näher zu begründen. Ich habe jetzt nur noch Eines zu erwähnen. Es ist bei der Fassung des Artikel 3a eine weitere und eine engere Auslegung möglich.

Es läßt sich aber nicht gut eine andere Fassung finden als die gewählte: „Der Notar ist verpflichtet, Gelder, Werthpapiere und Kostbarkeiten, die ihm aus Anlaß eines Amtsgeschäftes von den Betheiligten übergeben werden, zu übernehmen.“

Die Staatsregierung hat deshalb sich veranlaßt gesehen, bei der zweiten Lesung des Entwurfs im Ausschusse der Kammer der Abgeordneten zum Ausdruck zu bringen, wie sie die Fassung auslegt, und ich gestatte mir hier das

Gleiche zu thun. Wenn der Artikel 3a von der Uebernahme von Geldern u. s. w. aus Anlaß eines Amtsgeschäftes spricht, so ist das so zu verstehen, daß es sich um Uebernahmen handelt, die in einem inneren ursächlichen Zusammenhange mit dem Amtsgeschäfte stehen. Das hat auch der Herr Referent bereits ausgesprochen. Wenn ein bei der Abwickelung eines Amtsgeschäftes Betheiligter bei Gelegenheit dieser Abwickelung dem Notare Geld, Werthpapiere anvertraut, oder, wenn er ihm Geld oder Werthpapiere, die zufolge jenes Amtsgeschäftes ihm auszuhändigen wären, auch nach Abwickelung des Amtsgeschäfts noch weiter beläßt, so ist hier nicht mehr ein Depositum nach Artikel 3a gegeben, sondern es handelt sich dann nur mehr um ein Privatgeschäft, für welches der Staat selbstverständlich eine Haftung nicht zu tragen hat. Der Ausschuß der Kammer der Abgeordneten hat diese Interpretation der Regierung gebilligt, und ich möchte die Hohen Herren bitten, sich auch auf diesen Standpunkt zu stellen. Es handelt sich eben darum, der Praxis und der Rechtsprechung für die Auslegung des Artikel 3a wenigstens in gewisser Beziehung Anhaltspunkte zu geben.

Reichsrath **von Hessert:** Ich möchte mir eine ganz kurze Bemerkung gestatten, die sich auf die besonderen Verhältnisse der Pfalz bezieht. Ich will gegen die Ueberwachung durch die Finanzbehörden nichts erinnern, aber daß die Staatsverwaltung noch eine besondere Gebühr erheben will, das geht mir zu weit. Vermögende Leute bedürfen der Vermittelung des Notars nur in sehr seltenen Fällen, Leute, die seine Vermittelung nöthig haben, das sind in der Regel unbemittelte Leute, denen nichts oder nur wenig übrig bleibt. Da eine Gebühr zu erheben, davon sollte man absehen.

Die Haftbarkeit des Staates ist in der jüngsten Zeit soweit in Anspruch genommen worden, daß das wahrhaftig nicht mehr viel ausmacht, und ich betone, gerade in der Pfalz ist dieser Artikel von der größten Wichtigkeit und er würde nur kleine Leute treffen, die sich keines anderen Mittels als des Notars bedienen können. Bisher ist es ohne Gebühr abgegangen, der Notar hat das Risiko getragen, sich der Mühe unterzogen, er hat die Gelder verwahren, sie ein- und auszahlen müssen, und die Leute sind daran gewöhnt. Ich meine, die k. Staatsregierung sollte unter diesen Umständen nicht weiter auf der Erhebung einer Gebühr bestehen.

Der k. Ministerialrath, Kronanwalt **von Schubart:** Ich muß erklären, daß die k. Staatsregierung ohne Gewährung einer Depositalgebühr der Erweiterung der ärarialischen Haftung nicht zustimmen kann. Der Fall, den Herr Reichsrath von Hessert anführte, ist meines Erachtens am allerwenigsten dazu angethan, die verlangte Gebühr als drückend erscheinen zu lassen. Denn wenn nicht viel da ist, ist nur eine sehr geringe Depositalgebühr zu erheben. Eine Gebühr von 20 ₰ von 1000 ℳ. wird niemand wehthun, für den Staat aber macht sie doch sehr viel aus. Es handelt sich bei Artikel 3a nicht bloß um die Auseinandersetzung von Nachlässen, sondern hauptsächlich auch um die Uebernahme von Geldern, Werthpapieren, wenn Hypotheken-Pfandbrief-Darlehen gegeben werden. Das sind Hunderte von Millionen, die jährlich aus solchem Anlasse durch die Hände der Notare laufen.

Ich möchte bitten, daß, nachdem sich der Ausschuß der Kammer der Abgeordneten einstimmig, also einschließlich der Herren pfälzischen Abgeordneten, für Gewährung der staatlichen Depositalgebühr ausgesprochen hat, auch der Hohe Ausschuß dasselbe thun möge.

Der k. Staatsminister der Justiz Dr. Freiherr **von Leonrod:** Die Hohen Herren haben vom Herrn Kronanwalt soeben gehört, daß der Ausschuß der Kammer der Abgeordneten einstimmig und mit Entschiedenheit für die Haftung des Staates für die Notare sich ausgesprochen hat. Ich muß das bestätigen und noch hinzufügen, daß auch die Erhebung einer besonderen Depositalgebühr für den Staat einstimmige Billigung gefunden hat. Das in letzterer Beziehung geltend gemachte Bedenken kann ich nicht theilen. Es handelt sich doch in der Hauptsache nicht um die kleinen Leute, deren Schonung der Herr Reichsrath von Hessert im Auge hat, sondern zumeist um recht vermögliche Personen. Die Gebühr wird zumeist bei der Aufnahme von Hypothekkapitalien anfallen. Sind es nur ein paar Tausend Mark Kapital, so handelt es sich nur um ein paar Pfennige Gebühr. Beträgt aber das Kapital viele Tausende, so wird es sicher nicht einem armen Manne vorgestreckt.

Alles in allem genommen aber ist eine Gebühr von zwanzig Pfennig von Tausend Mark so bemessen, daß sie gegenüber der Größe der vom Staat übernommenen Haftung nicht zu groß erscheinen kann.

Reichsrath **von Hessert:** Ich habe mich, wie es scheint, nicht vollständig genug ausgedrückt. Ich glaube nicht, daß bei mir ein Mißverständniß vorliegt. Ich gebe zu, daß bei gewissen Hypothekdarlehen etwas erhoben werden kann. Es handelt sich dabei hier um die Auseinandersetzung des Vermögens von kleinen landwirthschaftlichen Familien der verschiedensten Art. Die Massen sind gewöhnlich derart, daß sie mehr oder weniger belastet sind. Die Schuldentilgung kann auf dem einfachsten Wege dadurch geschehen, daß die Güter freiwillig versteigert werden. Der Steigerungserlös wird sofort cediert und der Notar empfängt den Cessionspreis, den sonst Niemand empfangen kann als er, und er zahlt mit diesem die Gläubiger aus, soweit es reicht; wenn etwas übrig bleibt, so bekommen es die Betheiligten. Das sind Fälle, die zu Tausenden vorkommen, und diese Fälle habe ich im Auge gehabt. Die Frage ist übrigens doch von keiner besonderen Bedeutung und will ich nicht weiter darauf eingehen.

Reichsrath Dr. **von Schmitt:** Ich möchte mir eine kleine Bemerkung zu Artikel 3a erlauben bezüglich der Frage, die gerade den Gegenstand der Diskussion bildet. Ich war seiner Zeit schon bedenklich gegen eine weitere Ausdehnung der Staatshaftung für Beamtenhandlungen. Ich habe damals schon vorausgesehen, obschon die Notare noch nicht in Frage waren, daß die Staatshaftung auch bei den Amtshandlungen der Notare Platz greifen wird. Nun ist nicht bloß diese Erweiterung der Staatshaftung da, es wird auch der amtliche Geschäftskreis des Notariats gegen bisher ausgedehnt: Bei den Notaren sollen Gelder und Geldeswerthe in unbeschränkter Menge hinterlegt werden können und die Haftung des Staates dafür soll gleichfalls eintreten. Die Last, die der Staat da auf sich nehmen soll, wächst ersichtlich von Schritt zu Schritt; da sollte ich doch glauben, daß es billig sei, wenn der Staat, um gerade der Haftung bei der Hinterlegung von Geldern und Geldeswerth gerecht werden zu können, einen gewissen Ersatz, eine kleine Gebühr erhebt, die mit 20 ₰ von 1000 M. nicht übermäßig ist.

Ich halte das für ganz in der Ordnung, man kann nicht immer dem Staat neue Lasten auflegen.

Reichsrath **von Auer** als Referent: Gegen den Artikel 1 habe ich eine Erinnerung nicht zu erheben; es dürfte sich aber vielleicht empfehlen, denselben der Redaktionskommission zu überweisen, weil doch noch einige Citate hineinkommen sollen.

Reichsrath **von Schmitt:** Wenn ich mir erlauben darf, meinen Antrag zu verlesen, so würde nun die Fassung die sein:

„Zusatz zum zweiten Absatze.

Die Notare sind zuständig, an Stelle des Nachlaßgerichtes die von ihnen verwahrten Testamente und Erbverträge nach den § 2260, 2262, 2273 und 2300 des B.G.B. zu öffnen und bekannt zu geben."

Der **erste Präsident:** Ich möchte mir eine formelle Frage gestatten, nämlich dahingehend, ob dieser Zusatz nicht als dritter Absatz zu Artikel 1 gehören würde. Ich frage nur deshalb, weil der zweite Absatz die ganz bestimmte Fassung.

„nur durch die Notare"

enthält und weil dieser neue Zusatz also wohl ganz gut als dritter Absatz eingereiht werden könnte.

Ich stelle keinen besonderen Antrag; ich habe das bloß anregen wollen.

Reichsrath **von Schmitt:** Das kann man auch. Ich habe den Zusatz hervorgehoben, weil der Zusammenhang mit dem zweiten Absatze evident ist.

Der k. Staatsminister der Justiz Dr Freiherr **von Leonrod:** Ich habe mir das so gedacht, daß der beantragte Zusatz den zweiten Satz des Absatz 2 bilden soll.

Reichsrath **von Auer** als Referent: Wenn ich weiter fahren darf, so möchte ich zu dieser Geldfrage übergehen. Ich halte diese Bestimmung für eine der wichtigsten im ganzen Gesetze; damit wird, wie ich erwähnt habe, die Sicherheit des Rechtsverkehres und die Sicherheit der Parteien außerordentlich gefördert und ein wesentliches Gravamen gegen das Notariatsinstitut muß damit verschwinden. Ich würde daher ein materielles Opfer, um diesen Erfolg zu erreichen, unter keiner Bedingung scheuen. 20 Pfennig vom Tausend sind allerdings nicht gering, sie sind aber auch nicht hoch. Ich gehe von der Ansicht aus, daß der Staat, wie jeder andere Wirthschafter damit rechnen muß, daß er für das übernommene Risiko auch eine Prämie zu erheben befugt ist von demjenigen, welcher von der Einrichtung des Gelddeponierens nach dem Notariatsgesetze Gebrauch macht.

Ich habe irgendwo in den Verhandlungen in der Kammer der Abgeordneten gelesen, daß bei den Notaren jährlich 300 Millionen Mark umgekehrt werden. Wenn ich nun 20 Pfennig pro mille — wenn ich recht verstanden habe — als die Gebühr annehme, die für die Deponierung dieser Gelder erhoben wird, so wird das per Jahr 60,000 ℳ. ausmachen, das ist die Versicherungsprämie, die der Staat einnimmt für die Haftung, die er übernommen hat. Ich muß allerdings zugeben, daß diese Prämie eine ziemlich hohe ist und daß keine Gesellschaft, welche in dieser Beziehung einen Versicherungs-Vertrag mit einem Privaten abschließen würde, im Stande wäre, eine solch hohe Prämie von Privaten zu erhalten. Wenn ich bis zum Anfange der Existenz des Notariatsgesetzes zurückgehe, werden die Defraudationen der Notare während dieser Zeit den Betrag von 200,000 ℳ. nicht erreicht haben; wenn ich nun seit dieser Zeit 40 Jahre annehme, so sind es 2'400,000 ℳ., die der Staat an Prämien erhoben hat. Aber trotzdem erachte ich diese Gebühr für nicht zu hoch, weil sie den Einzelnen nicht zu schwer trifft; 20 Pfennig per Tausend würden bei 100,000 ℳ. 20 ℳ. ergeben, das kann, wer 100,000 ℳ. hinlegt, wohl noch aufbringen; es ist auch zu berücksichtigen, daß der Staat diese Gebühr nicht auf einmal einnimmt, sondern, daß er sie tropfenweise einnimt und schließlich glaube ich doch gegenüber dem Herrn Reichsrathe von Heßert hervorheben zu sollen, daß ich es sogar für bedenklich erachten würde, daß man gar keine Gebühr von diesen Depositen erhebt, weil dadurch die Parteien Veranlassung nehmen würden, ohne Noth Geld den Notaren in die Hand zu geben. Es ist das ein Korrektiv, das die Staatsregierung meiner Ansicht nach mit Recht in Anspruch nimmt, ich bin daher der Anschauung, daß der Hohe Ausschuß seine Ansicht dahin feststellen solle, daß gegen die Erhebung dieser Gebühr von 20 Pfennigen per tausend Mark eine Erinnerung nicht besteht.

Der stellvertretende Vorsitzende: Wir kommen zur Abstimmung. Es wird sich zunächst um den Antrag Seiner Exzellenz des Herrn Reichsrathes Dr. Ritter von Schmitt handeln, betreffend den Zusatz zu Artikel 1.

Es hat Niemand gegen diesen Antrag eine Erinnerung erhoben.

Er gilt infolgedessen als angenommen.

Im Uebrigen ist auch gegen die Artikel 1, 2, 3, 3a und 4 keine Erinnerung erhoben worden, denn zu Artikel 3a wurde von Seite des Herrn Reichsrathes von Heßert ein Antrag nicht gestellt, es waren nur platonische Erinnerungen, die von dieser Seite geltend gemacht wurden.

Es gelten diese Artikel als angenommen, und damit ist zugleich die Streichung des Artikel 13 genehmigt.

Artikel 5—10.

Reichsrath von Auer als Referent: Die Organisation erfuhr insoferne eine Aenderung, als die Notariate in Zukunft staatliche Behörden bilden. Hiedurch gewinnt das Notariat gegen außen nicht nur an Ansehen, sondern die Stellung der Notare gegenüber anderen Behörden wird mehr präzisirt. Diese Stellung der Notare ist von Einfluß auf deren Geschäftsführung, auf die Disziplin und auf die Haftung des Staates für Schädigung der Parteien durch Amtshandlungen der Notare.

Artikel 8 bestimmt, wer zum Notar befähigt ist. Nach Artikel 3 des Gesetzes vom 10. November 1861 waren hiezu auch Rechtsanwälte geeigenschaftet.

Nach Artikel 8 des Entwurfes sind sie zwar vom Notariate nicht vollständig ausgeschlossen, weil auch sie die Befähigung zum Richteramte erlangt haben, allein ihre Ernennung zum Notar setzt einen zweijährigen Vorbereitungsdienst voraus. Ich halte diese Bestimmung nicht für gerechtfertigt. Die Beschäftigung eines Anwalts ist eine bessere Vorbereitung für den Notariatsdienst als jeder Vorbereitungsdienst bei einem Notar. Der Anwalt ist mehr als jeder andere Jurist in der Lage, die rechtlichen Bedürfnisse des Volkes und dessen Gewohnheiten kennen zu lernen. Er steht dem Rechtsverkehre näher als der Richter, der ihn nur im Gerichtssaale kennen lernt, und eine längere Beschäftigung als Anwalt dürfte diesen zum Notare mindestens ebenso qualifiziert erscheinen lassen, als die ältesten Notare, deren Beschäftigung immer eine einseitige ist. Als im Jahre 1862 das Notariat zur Einführung kam, traten mehrere ältere erfahrene Advokaten zu demselben über. Sie erfreuten sich nahezu ausnahmlos des Vertrauens des Publikums und genossen großes Ansehen auch bei den Gerichten. Die Begründung des Entwurfs hebt hervor, daß manchmal Mangel an Bewerbern um das Notariat sich gezeigt habe; wenn dem aber so ist, so ist schwer zu begreifen, warum gerade derjenigen Kategorie von Juristen der Zutritt zum Notariat erschwert oder gar unmöglich gemacht wird, welche diesem Berufe vermöge ihrer Beschäftigung am nächsten stehen; denn man würde durch das Erforderniß des zweijährigen Vorbereitungsdienstes nur den Erfolg erzielen, daß sich zum Notariate nur jüngere, minderbefähigte Anwälte melden, welche nichts aufzugeben haben, während erfahrene und beschäftigte Anwälte wohl nie einer Vorbereitungspraxis sich unterwerfen werden.

Die Begründung führt an, daß die gesetzliche Befreiung von der Vorbereitungspraxis durch die gegenwärtige Organisation der Rechtsanwaltschaft unmöglich gemacht werde, weil sie zur Aufhebung des Erfordernisses des Vorbereitungsdienstes führen würde. Dies kann zugegeben werden. Allein es ist nicht nothwendig, daß man jeden Rechtsanwalt zum Notar ernennt, sondern nur wünschenswerth, daß solchen Anwälten der Zutritt zum Notariate freigehalten werde, welche sich durch ihre Erfahrung, ihre Leistungen und auch durch ihren Charakter hiezu besonders qualifizieren. Auch nicht jeder Richter wird, wenn er sich zum Notariat meldet, sein Ziel erreichen. Man sollte daher im Interesse des Notariats selbst der Regierung die Möglichkeit offen lassen, Rechtsanwälte, welche längere Zeit als solche fungiert haben, zu Notaren zu ernennen, indem man ihr gestattet, solche Anwälte von der Ableistung des zweijährigen Vorbereitungsdienstes zu dispensieren. Schaden kann hiedurch jedenfalls nicht entstehen, indem kein Anwalt ein Recht auf Ernennung zum Notar besitzt, und die Regierung die Dispens zu ertheilen nicht gezwungen ist.

Ich beantrage daher:

in Absatz 3 des Artikel 8 nach den Worten „oder bekleidet haben" einzufügen „ferner bei Bewerbern, welche mindestens 10 Jahre die Rechtsanwaltschaft ausgeübt haben"

Hervorzuheben ist noch, daß in Städten von mehr als 100,000 Einwohnern der Amtssitz eines Notars auf einen bestimmten Theil der Stadt begrenzt werden kann, und daß Filiallokale einzurichten verboten ist (Art. 10). Letzteres erachte ich selbstverständlich und auch ohne gesetzliche Vorschrift schon im Disziplinarwege erzwingbar. Ich beantrage außer der von mir angeregten Abänderung Zustimmung zu Artikel 5—10.

Der k. Staatsminister der Justiz Dr. Freiherr **von Leonrod**: Ich möchte bitten, dem Antrage, daß die Rechtsanwälte nach zehnjähriger Anwaltspraxis ohne jeden Vorbereitungsdienst im Notariat zu Notaren sollen ernannt werden können, keine Folge zu geben.

Die Richter sind allerdings im Artikel 8 des Entwurfs ungleich den Rechtsanwälten von der Vorbereitungspraxis im Notariat gesetzlich entbunden. Diese Ausnahme indessen und die Beschränkung auf diese eine Ausnahme hat ihre innere Berechtigung. Die jüngeren Richter sind durchweg in der freiwilligen Gerichtsbarkeit beschäftigt, insbesondere im Hypothekenwesen. Sie haben von hier aus einen besonders genauen Einblick in die meisten Notariatsgeschäfte. Ganz anders ist das bei den Rechtsanwälten. Die Rechtsanwälte sind weit mehr auf dem Gebiete des Obligationenrechts beschäftigt als auf dem des Immobiliensachenrechts, des Liegenschaftsverkehrs, der des jüngeren Richters wie des Notars tägliches Brod ist. Die Rechtsanwälte bewegen sich ferner wenig auf dem Gebiet der freiwilligen Gerichtsbarkeit, hauptsächlich vielmehr auf dem der streitigen, die dem Notar ferne liegt. So kann die längere Dauer der Beschäftigung in der Anwaltschaft denn auch die Vorbereitungspraxis im Notariat nicht ersetzen. Häufig wird sogar die Beschäftigung in der Anwaltschaft eine gewisse Entfremdung mit der freiwilligen Gerichtsbarkeit zur Folge haben. Hat dann der angehende Rechtsanwalt — wie das fast Regel ist — unmittelbar nach der Staatsprüfung die Gerichtspraxis verlassen und keine solche mehr gesucht, so spricht die Vermuthung wohl zumeist gegen seine Fähigkeit zur sofortigen Uebernahme eines Notariats. Schon von diesem Gesichtspunkte aus betrachtet, ist es wohl richtiger, zu Gunsten der Rechtsanwälte keine Ausnahme zu machen. In zweiter Linie kommt indessen hier auch noch die Personalfrage in Betracht. Die Regierung ist im allgemeinen nicht in der Lage, die Rechtsanwälte so kennen zu lernen, daß sie wüßte, wer von ihnen sich für das Notariat eignet. Personalakten, die Aufschluß geben könnten, sind nicht vorhanden. Die Thätigkeit der Anwälte bei Gericht ist, als ganz anders geartet, nicht entscheidend, die Konsultationsthätigkeit aber den Augen der Aufsichtsbehörden vollkommen entzogen. Wie soll da das Ministerium die ihm für die Auswahl der Bewerber nahegelegte peinliche Prüfung vornehmen? Es ist aber auch für die Rechtsanwaltschaft keineswegs gut, wenn sich etwa junge Herren nach der Staatsprüfung zur Rechtsanwaltschaft wenden, bloß um freier das Leben genießen zu können und sich nach zehn Jahren in das Notariat hinüber zu retten.

Begreiflich ist freilich manchmal der letztere Wunsch. Ich habe schon sehr viele ältere Herren empfangen, welche dringend baten, die schwierige und unangenehme Stellung eines Rechtsanwaltes mit der ihrer Meinung nach leichteren und einträglicheren Stellung eines Notars vertauschen zu dürfen. Aber solche persönliche Rücksichten dürfen auf Prinzipienfragen keinen Einfluß üben. Andererseits ist es eine sehr mißliche Sache, auf die vorgeschlagene Weise den Bewerbern, die sich von vorneherein dem Notariatsberuf zugewendet haben, eine ganz unkontrollierbare Menge von Mitbewerbern aus dem Stande der Rechtsanwälte an die Seite zu stellen und so ihre berechtigten Hoffnungen auf einigermaßen baldige Anstellung zu trügen. Am schlimmsten aber hätte es der Justizminister selber, denn trotz aller Versicherungen, die ich seit vielen Jahren den Herren Rechtsanwälten gegeben habe, daß sie unmöglich in das Notariat eintreten können, nehmen die Bitten in dieser Richtung kaum ab. Ein Nebenpunkt verdient schließlich noch besondere Beachtung, ein Punkt, bei dem wir schon unsere Erfahrungen gemacht haben. In den achtziger Jahren mußten wir bei Bewerbermangel nothgedrungen dazu greifen, ältere Rechtsanwälte ins Notariat zu übernehmen. Alsbald zeigten sich die schlimmen Folgen dieser Maßregel für den Pensionsverein für Wittwen und Waisen der Notare. Die Notare fürchteten sein Zugrundegehen, beschwerten sich bitter über eingetretene Schädigung und baten mich durch Deputationen um Abhilfe. Man ging der Sache nach. Es fand sich, daß der Verein geschädigt sei und nicht lebensfähig bleiben könne, wenn weitere Zugänge Aelterer stattfänden. Man mußte mit der Uebernahme älterer Rechtsanwälte einhalten und eine jährliche Abfindung an den Verein zahlen, die Sie heute noch im Budget finden. Aehnlich, nur noch schlimmer, würde es uns später mit dem Uebernehmen älterer Rechtsanwälte gehen; denn, wie Sie wissen, sollen ja die Fürsorgeanstalten für die Notare bedeutend vermehrt werden. Sollen wir noch vor der Gründung dieser Anstalten den Keim zu ihrer Schädigung legen? Das geht doch wohl nicht an.

Reichsrath **von Auer** als Referent: Die Aeußerungen Seiner Exzellenz lauten schroff ablehnend. Ich glaube, daß innere Gründe hiefür nicht bestehen. Seine Exzellenz erklärten zunächst, daß die Rechtsanwälte mit ganz anderen Dingen beschäftigt sind als die Notare, daß sie namentlich in der freiwilligen Gerichtsbarkeit wenig zu thun haben und außerdem das Immobiliarsachenrecht weniger kultivieren als das Obligationenrecht. Davon ist mir in den 37 Jahren meiner Praxis nichts bekannt geworden. Im Gegentheil muß ich feststellen, ich war mehr mit der freiwilligen Gerichtsbarkeit beschäftigt als wie mit der streitigen. Zur Zeit kann ein Anwalt gar nicht prosperieren, der sich nicht auch der freiwilligen Gerichtsbarkeit annimmt, und die Hauptaufgabe eines Anwaltes erblicke ich darin, daß er auch den Parteien vor Schließung ihrer Rechtsakte rathend zur Seite steht, und ich bin der Anschauung, daß er damit den Parteien größere Dienste leisten kann als wie dann, wenn die Rechtsgeschäfte geschlossen sind und ihm nichts mehr übrig bleibt, als die Fehler, die gemacht worden sind, möglichst gut wieder zu reparieren. Seine Exzellenz haben gesagt, der Justizminister sei gar nicht in der Lage, sich über die Qualifikation der Anwälte zu Notaren zu vergewissern. Die Qualifikation der Anwälte richtet sich nach dem Vertrauen, das sie im Publikum finden, und jeder Landgerichtspräsident wird ja auch wissen, welcher Anwalt vertrauenswürdig ist und welcher diese Eigenschaft nicht besitzt. Es wird über jeden Anwalt auch ein Akt geführt, aus welchem zu ersehen ist, ob der Anwalt seinen Beruf gewissenhaft führt oder nicht, namentlich ob er disziplinären Strafen unterlegen ist oder nicht. Wenn demnach in dieser Beziehung ein Zweifel sein sollte, so kann er nur beim Justizministerium sein, das das nicht in Erfahrung bringt, was alle andere Welt kennt. Junge Herren werden sich nach Anschauung Seiner Exzellenz zum Anwaltsdienste melden, um nach 10 Jahren Notar zu werden! Dieser Grund ist meiner Ansicht nach denn doch nicht haltbar. Kein junger Anwalt wird darüber gewiß sein können, was er nach 10 Jahren zu thun beabsichtigt, namentlich ob er nach 10 Jahren sich dem Notariat zuwenden will oder nicht. Hat er aber bei Beginn seiner Anwaltspraxis diese Absicht, dann thut er viel besser daran, die zweijährige Praxis bei einem Notar sofort zu nehmen, um die Aussicht zu haben, nach 2 Jahren schon die Befähigung zu erlangen, statt erst nach 10 Jahren, wie ich vorgeschlagen habe. Die Konkurrenz, welche durch Anwälte den Notariatskandidaten entstehen würde, ist nach Anschauung Seiner Exzellenz auch ein Hinderniß, welches die Kandidaten für das Notariat abhalten könnte, diesem Berufe sich zuzuwenden. Allein, besteht dieses Hinderniß nicht auch in der Zulassung der Richter, sind diese Notariatskandidaten nicht ebenso der Gefahr ausgesetzt, daß sie durch einen Richter werden von ihrem Berufe verdrängt werden? (Zuruf: Im Gesetze steht es drinnen, es kommt nicht vor!)

Ich glaube, hierin kann ebensowenig ein Grund erblickt werden, welcher die Zulassung der Rechtsanwälte verbietet. Schließlich wird noch als Haupthinderniß angeführt der Pensionsverein der Notare, der geschädigt werden sollte, wenn solche zehnjährige Rechtsanwälte, die allzubald dem Pensionsvereine zur Last fallen, in denselben eintreten wollen. Ja, dieselbe Gefahr besteht hinsichtlich des Pensionsvereines der Rechtsanwälte auch; auch die Rechtsanwälte können dem Pensionsvereine beitreten in hohen Jahren; wenn sie eine junge Frau heirathen, können sie diesen Pensionsverein außerordentlich belasten.

Es gibt aber technische Mittel, um dieser Gefahr vorzubeugen, welche nach meiner Ansicht naheliegend sind. Die Eintrittsgebühr und die jährlichen Prämien, die diese ex post in den Pensionsverein getretenen Notare zu bezahlen haben, werden die Ausgleichung bilden und dazu hat man die Versicherungstechnik, welche genau ausrechnen kann, wie viel mehr ein solcher spät eintretender Genosse den Pensionsverein in Anspruch nimmt, als ein solcher, der früher eingetreten ist. Zugeben kann ich, daß es für Seine Exzellenz den Herrn Justizminister nicht angenehm ist, von noch mehr solchen Kandidaten belästigt zu werden; allein Seine Exzellenz hat ja ohnedem in dieser Beziehung soviele Unannehmlichkeiten zu ertragen, daß, wenn diese neue auch noch dazu kommt, damit das Maß nicht zum Ueberlaufen gebracht wird.

Daß die Notariatskammern einmal eine Deputation abgesandt haben, um einen Zufluß von solchen Anwälten hintan zu halten, das kann ja wohl möglich sein. Aber ob hiebei sachliche Gründe oder rein persönliche Rücksichten mit unterlaufen sind, das will ich dahingestellt sein lassen. Die Thatsache steht fest und wird von Niemand widersprochen werden können, daß bei Einführung des Notariats die Rechtsanwälte es waren, welche vorzugsweise dazu beitrugen, das Notariat zu Ansehen beim Publikum zu bringen.

Ich kenne Rechtsanwälte, von denen ich glaube, daß, wenn sie heute zum Notariat übertreten würden und übertreten könnten, das Institut des Notariats und das Publikum gleichmäßig durch ihren Uebertritt gewinnen würden.

Reichsrath Dr. **von Schmitt:** Ich will nicht verkennen, daß in dem Vorschlag des Herrn Referenten ein an sich begründetes Wohlwollen für die Rechtsanwälte enthalten ist, ich will auch nicht verkennen, daß die Lage der Rechtsanwaltschaft, wie sie sich bis jetzt entwickelt hat, keineswegs nach allen Richtungen hin eine sehr begehrenswerthe ist. Man hat die Freiheit der Advokatur eingeführt und hat natürlich damit die Möglichkeit geschaffen, daß die Advokatur in unverhältnißmäßigem Grade mehr gesucht wird, als sie früher gesucht werden konnte. Die Folge davon war, — das sehen wir alle Tage — daß pêle-mêle nicht bloß qualifizierte, sondern vorzugsweise nicht qualifizierte Leute sich zur Advokatur drängen. Wir werden ungefähr jetzt die doppelte Zahl an Advokaten in Bayern haben, wie vor 30 Jahren. Damit hat die Advokatur nichts gewonnen und die Advokaten haben verloren. Die Geringstqualifizierten gehen sofort nach dem Staatsexamen zur Rechtsanwaltschaft, um nach einiger Zeit wieder in den Staatsdienst herüberzuwandern und sei es nur in der Eigenschaft als Sekretäre. Ich war niemals ein Freund der Freigebung der Advokatur. Ich bin nicht der Ueberzeugung, daß dasjenige Land das glücklichste ist, welches die meisten Advokaten besitzt. Die gegenwärtige Misère der Rechtsanwaltschaft in vielen ihrer Mitglieder hat bereits die Aufmerksamkeit weiterer Kreise auf sich gezogen. Ich verstehe es, daß man ihr zu Hilfe kommen will.

Ich verstehe es, wenn man den Rechtsanwälten die Möglichkeit eröffnen will, nach längerer Praxis ein einträglicheres Amt zu bekommen, und überdies dann die Aussicht auf eine sustentierte Ruhestelle. Maßgebend dagegen wäre für mich gerade nicht, daß die Konkurrenten um das Notariat aus anderen Kreisen, diejenigen, die sich für das Notariat vorbereiten, damit unzufrieden sind. Wenn man aber Veranlassung nimmt, gerade bezüglich der Rechtsanwälte eine Erleichterung des Uebertritts zum Notariat zu schaffen, so frage ich, wo ist die Grenze? Sollte nicht Jeder, der den Staatskonkurs gemacht und irgend eine Praxis nachgewiesen hat, sofort Notar werden können? Den Staatskonkurs haben auch Universitätsdozenten und Professoren gemacht, vielleicht solche, die über nichtstreitige Rechtspflege, über Notariat lesen und gute, in der Praxis allgemein gesuchte Bücher geschrieben haben. Aber auch der Herr Referent verlangt von dem Privatdozenten oder außerordentlichen Professor, wenn er Notar werden will, das Durchmachen der zweijährigen Vorbereitungszeit, obwohl nach seinem Buche vielleicht sich das ganze Notariat richtet. Wie ist es mit den Administrativbeamten? Wir haben sehr tüchtige Administrativbeamte, sie haben auch den Staatskonkurs gemacht, haben Jurisprudenz studiert u. s. w. Es ist möglich, daß Staatsanwälte noch gar nicht Richter waren, sie waren immer in der Staatsanwaltschaft thätig, ja zur Beaufsichtigung 2c. der Notare berufen. Warum sollte man diesen nicht auch die Erleichterung zu Theil werden lassen? Aber ich frage, wo ist die Grenze? Nun sagt man, die Advokatur macht vorzugsweise geeignet, Notariatsgeschäfte zu bethätigen. Dieser Entwurf — und in dieser Richtung ist er vom Herrn Referenten nicht beanstandet — steht auf einem ganz anderen Standpunkt:

er verbietet die Vereinigung der Advokatur und des Notariats in derselben Person. Es ist vorhin exemplifiziert worden auf Preußen und andere Staaten, wo eine Verbindung von Notariat und Advokatur besteht. Ich habe diese Exemplifikation auch schon anderwärts gehört. Aber da geht man weit irr, wenn man meint, z. B. in Preußen (ausgenommen die Rheinlande natürlich) hätte man ein Notariat, wie bei uns. Die preußischen Notare, die zugleich Anwälte sind, bewegen sich innerhalb einer ganz anderen, viel geringeren Zuständigkeit. Sie dürfen Verfügungen von Todeswegen nicht aufnehmen, sie dürfen Grundbuchsgeschäfte nicht vornehmen, der nach dem preußischen Landrechte für viele Fälle genügende schriftliche Vertrag wird privatim gemacht, Prozeßvollmachten erfordern die notarielle Beurkundung zunächst gar nicht, was bleibt da dem Notar-Anwalt übrig? In der That sind die Funktionen des Anwalts und Notars recht sehr verschieden und die Vorübung in dem einen Fache befähigt noch lange nicht, das andere mit Erfolg zu kultivieren. Der Rechtsanwalt ist vorzugsweise der Mann der Kritik; der Notar produziert, schafft und baut auf. Das sind innerlich verschiedene Richtungen und es ist ausgemacht, daß selbst ein älterer Rechtsanwalt stets einen guten Vertrag entwirft. Der Rechtsanwalt wird vielfach um Rath gefragt, wie ein Vertrag gemacht werden soll, er kann einen sehr guten Rath geben, aber ob er den Vertrag gut entwerfen kann, das ist eine andere Sache. Einzelne können es, aber daß die Rechtsanwälte es durch die Bank verstünden, ist im allgemeinen nicht bewiesen. Uebrigens sage ich aufrichtig, mir wäre es lieber, wenn jüngere Rechtsanwälte sich um das Notariat bewerben würden. Sie würden mehr Gewähr dafür bieten, daß sie tüchtige Notare werden. Ein älterer Rechtsanwalt, der das schon zehn und mehr Jahre war und nun auf ein anderes Gebiet hinüberwechseln will, gibt mir nicht das größte Vertrauen.

Würde endlich der Antrag auch angenommen, hätten denn dann die Rechtsanwälte in der That eine verbriefte Aussicht? Der Antrag geht nur dahin, daß die Vorbereitungspraxis erlassen werden kann. Es wird ihnen also etwas in Aussicht gestellt, was gar nicht so sehr aussichtsvoll ist. Die Regierung muß ja Rücksicht nehmen auf diejenigen, die wirklich geschäftsmäßig sich für das Notariat vorbereiten. Sonst bekommt sie weniger technisch vorgebildete Notare und mehr Rechtsanwälte, die vielleicht schon in der Advokatur nicht prosperiert haben. Mit denen kann sie nichts machen.

Der k. Staatsminister der Justiz Dr Freiherr **von Leonrod**: Gegenüber der Aufstellung, daß die Rechtsanwälte hauptsächlich und in der Regel mit der streitigen, wenig mit der freiwilligen Rechtspflege beschäftigt seien, theilt Herr Reichsrath von Auer mit, daß er selbst mehr in der freiwilligen, als in der streitigen Gerichtsbarkeit beschäftigt sei. Das ist wohl für jetzt unzweifelhaft richtig, aber ich frage: trifft es auch zu für die ersten zehn Jahre seiner anwaltschaftlichen Thätigkeit? und ist es nicht eine Ausnahme? Hat er nicht auch in dieser Beziehung wenige Seinesgleichen unter seinen Kollegen? Wenn ich mich sonst unter den Rechtsanwälten umschaue, sehe ich mehr Männer der streitigen als der freiwilligen Gerichtsbarkeit. Ich hörte sagen, die Justizverwaltung könne sich gewiß, wenn sie wolle, leicht über Leumund und Charakter der Rechtsanwälte Kenntniß verschaffen. Das glaube ich schon. Aber das langt noch nicht für die Prüfung, ob der Rechtsanwalt sich zum Notar eignet. Und wenn man selbst bezüglich des letzteren Punktes vielleicht bei einem Münchener Anwalt durch zehnjährige Beobachtung sich überzeugen könnte, bei einem auswärtigen Anwalt fehlt auch die Möglichkeit näherer Beobachtung. Soll man vielleicht seine Kollegen in der Advokatur fragen, ob er sich besonders für das Notariat eignet? Das hat doch seine Bedenken.

Es ist geltend gemacht worden, das Bedenken wegen der Konkurrenz der Rechtsanwälte sei nicht durchschlagend, weil mit demselben Rechte gleiches Bedenken gegen die Konkurrenz der Richter erhoben werden könnte. Das ist nur dem Worte, nicht der Wahrheit nach richtig. Solange ich mich erinnern kann, ist es nur ein- oder zweimal vorgekommen, daß ein Richter zum Notariat überging. Gesuche von Rechtsanwälten aber waren trotz der Aussichtslosigkeit sehr häufig. Es ist also bezüglich der Konkurrenzgefahr keineswegs dasselbe, wenn die Richter und wenn die Rechtsanwälte als freie Konkurrenten zugelassen werden.

Auf meinen Hinweis über die Schädigung der Versorgungsanstalten für die Notare durch den Eintritt älterer Rechtsanwälte ist eingewendet worden, daß sich das leicht durch entsprechende versicherungstechnische Maßnahmen, insbesondere durch Erhöhung der Beitrittsgelder und Jahresbeiträge ausgleichen lasse. Allein all diese Aushilfsmittel sind in dem von uns erprobten Falle versucht worden, und es ergab sich, daß trotz all dem der Pensionsverein lebensunfähig geworden wäre, wenn man nicht den weiteren Zugang älterer Rechtsanwälte verhindert und außerdem noch dem Verein mit Staatszuschuß geholfen hätte.

Reichsrath von Auer als Referent: Wenn Herr Reichsrath von Schmitt glaubt, daß man auf ein uferloses Meer kommt, wenn man den Rechtsanwälten einräumt, Notare zu werden, so glaube ich nicht, daß das so schlimm wäre. Das Notariat ist ja nicht so begehrenswerth, besonders nach der neuen Formation, und dann ist doch ein Unterschied zwischen Rechtsanwälten, Staatsanwälten und Universitätsprofessoren. Ein Staatsanwalt und ein Universitätsprofessor wird nicht leicht auf die Idee kommen. Notar werden zu wollen und wird auch keine besondere Neigung dazu empfinden. Der Grund liegt darin, daß ein Universitätsprofessor, wenn er auch über die freiwillige Gerichtsbarkeit liest, noch lange nicht die Befähigung sich erworben hat, die der Notar notwendig hat zur Ausübung seines Berufs. Dagegen sind die Thätigkeiten des Rechtsanwalts und des Notars so nahe verwandt, daß ich nicht einsehe, warum gerade diese Art von Juristen ferngehalten werden soll vom Notariat. Es ist richtig, daß die Rechtsanwaltschaft und das Notariat sich gewissermaßen ausschließen, aber wenn der Rechtsanwalt Notar wird, so hört er eben auf, Rechtsanwalt zu sein, und die Trennung in den beiden Berufsarten beruht nur darin, daß die Rechtsanwaltschaft ein freigewählter Beruf ist, vollständig unabhängig von der Anstellung. Der Notar dagegen ist königlicher Beamter und die Notariate sind staatliche Behörden. Wenn mein Antrag so außerordentlich erscheinen soll, so berufe ich mich darauf, daß das gegenwärtige Gesetz den Rechtsanwalt für das Notariat nicht für minder qualifiziert erachtet als die Richterbeamten. Ich verstehe nicht, warum jetzt eine Aenderung getroffen werden soll. Allerdings gibt der Umstand, daß man Rechtsanwalt ist, noch keinen Anspruch auf eine besonders bevorzugte Stellung, aber eine Schande ist es auch nicht. Man darf doch auch nicht sagen, alle Juristen werden qualifiziert erachtet, Notare zu werden, wer aber einmal die abschüssige Bahn der Rechtsanwaltschaft betreten hat, der verliert diese Eigenschaft. Ich bin auf diesem Antrag heute hartnäckiger bestanden als es sonst meine Gewohnheit ist. Sie werden das erklärlich finden mit Rücksicht auf die Stellung, die ich im bürgerlichen Leben eingenommen habe. Ich erachte mich verpflichtet, einzutreten für einen Stand, den ich nie verleugnen werde, dem ich alles, was ich bin und habe, verdanke.

Der k. Staatsminister der Justiz Dr. Freiherr von Leonrod: In Artikel 3 des bisherigen rechtsrheinischen Notariatsgesetzes heißt es:

„Wer die Stelle eines Richters, Staatsanwaltes, Gerichtssekretärs oder Rechtsanwaltes bekleidet hat, ist von der Vorschrift des Art. 2 ausgenommen."

(Reichsrath von Auer: Das sage ich ja auch!)

Gewiß, aber unter den hier genannten Rechtsanwälten waren die staatlich ernannten Rechtsanwälte aus der Zeit vor der Freigabe der Advokatur verstanden.

Der stellvertretende Vorsitzende: Wir können abstimmen. Der Antrag des Herrn Referenten lautet, in Absatz 3 des Artikel 8 nach den Worten „oder bekleidet haben" einzufügen: „ferner bei Bewerbern, welche mindestens 10 Jahre die Rechtsanwaltschaft ausgeübt haben."

Dieser Antrag wird mit allen gegen 2 Stimmen abgelehnt.

Artikel 5 mit 10 ist damit angenommen.

Zweiter Abschnitt.

Dienstverhältnisse und Geschäftsführung.

1. Ausschließlichkeit des Dienstes, Nebengeschäft.

Artikel 11, 12,*) 14.

Reichsrath von Auer als Referent: Ich fasse Artikel 11 mit 12 und 14 zusammen.

Der Notar ist von der Rechtsanwaltschaft ausgeschlossen, was mit seiner Eigenschaft als k. Beamter zusammenhängt, er darf weder Handel noch Gewerbe treiben und hat zum Eintritt in den Aufsichtsrath die Genehmigung des k. Staatsministeriums der Justiz nothwendig. Dagegen ist nichts zu erinnern.

Der Notar ist nach Artikel 14 verpflichtet, das Amt eines Testamentsvollstreckers zu übernehmen, kann jedoch von dem Präsidenten des Landgerichtes ermächtigt werden, dieses Amt abzulehnen. Nach dem Beschlusse des Ausschusses der zweiten Kammer soll der Notar befugt sein, ohne jede Genehmigung Testamentsvollstrecker zu werden. Ich halte diese Auffassung auch für richtiger, weil der Entwurf das genannte Amt als ein Privatgeschäft erachtet, zu dessen Uebernahme einen Zwang einzuführen, nicht paßt. Der Ausschuß der Kammer der Abgeordneten änderte deshalb Artikel 12 dahin, daß er denselben als Absatz 1 beließ, als Absatz 2 aber aufnahm „Zur Uebernahme des Amts des Testamentsvollstreckers bedarf der Notar einer dienstaufsichtlichen Erlaubniß nicht", und Artikel 14 strich. Ich beantrage Zustimmung.

Der stellvertretende Vorsitzende: Wenn keine Erinnerung erfolgt, sind die Artikel 11 und 12, letzterer mit dem vom Ausschuß der Kammer der Abgeordneten beschlossenen Absatz 2 unter Streichung des Artikel 14 angenommen.

2. Verpflichtung zur Dienstleistung.

Artikel 15—18.

Reichsrath von Auer als Referent: Ich fasse Artikel 15 mit 18 zusammen.

---

*) Artikel 13 siehe S. 4 ff. Vgl. hier S. 312 ff.

Aus der Eigenschaft des Notariats als Behörde folgt, daß der Notar zur Dienstleistung verpflichtet ist. Artikel 16 und 17 enthalten die Fälle, in welchen der Notar die Dienstleistung verweigern muß, und Artikel 18 bestimmt, wie zu entscheiden ist, wenn streitig, ob die Weigerung eines Notars berechtigt ist. Ohne Erinnerung.

Der stellvertretende **Vorsitzende:** Es besteht keine Erinnerung. Die Artikel 15—18 sind angenommen.

3. Zeit und Ort der Vornahme der notariellen Amtsgeschäfte.

Artikel 19 und 20.

Reichsrath **von Auer** als Referent: Ich fasse Artikel 19 und 20 zusammen und möchte nur anfragen, warum das Wort „notariell" mit zwei „l" geschrieben wird. Ich halte das orthographisch für unrichtig.

Der k. Staatsminister der Justiz Dr. Freiherr **von Leonrod**: Das Wort „notariell" findet sich in den Reichsgesetzen mit doppeltem „l" geschrieben, wie dies auch sonst der allgemeinen Schreibweise entspricht. Für die Regierung bestand kein Grund zu einer Abweichung von dieser Schreibweise.

Reichsrath **von Auer** als Referent: Es ist hervorzuheben, daß der Notar verpflichtet erklärt wird, Amtsgeschäfte in dringlichen Fällen auch außer der gewöhnlichen Geschäftszeit vorzunehmen, was einer Begründung nicht bedarf, dann, daß er die Amtsgeschäfte regelmäßig am Amtssitze in seinen Geschäftsräumen vornehmen und Amtstage nur mit Erlaubniß des Staatsministeriums der Justiz vornehmen soll. Diese Bestimmungen bezielen, das Notariat jederzeit zugänglich zu machen und hängen mit der Eigenschaft der Behörde, mit welcher das Notariat künftig bekleidet werden soll, zusammen, einer Eigenschaft, die nicht gestattet, daß das Amt ambulant ausgeübt wird. Es ist jedoch zu wünschen, daß die Aufsichtsbehörden darauf sehen, daß die Geschäftsräume der Notare auch derart eingerichtet werden, wie anständige Menschen es verlangen können.

Als selbstverständlich betrachte ich es, daß die Geschäftsführung außerhalb der Geschäftsräume des Notars auch dann gestattet ist, wenn diese sich zu klein erweisen, wie bei Versammlungen von Vereinen, Aktiengesellschaften 2c. 2c. Ich beantrage Zustimmung.

Reichsrath **von Hessert:** Ob die Amtsgeschäfte am Amtssitze oder außerhalb desselben vorzunehmen sind, bleibt dem Ermessen des Notars überlassen. Nun kommt es häufig vor, daß Versteigerungen in Wirthshäusern vorgenommen werden. In kleinen Ortschaften gibt es keine eigenen Versteigerungslokale und es muß der Notar, um den Parteien entgegenzukommen, in das Wirthshaus gehen. Das hat nun außerordentliche Mißstände und die Notariatskammer von Frankenthal hat ihre Stimme dagegen erhoben. Es ist nun auch von Seite der Aufsichtsbehörden dagegen eingeschritten worden und wurden Gemeinden beauftragt, für Versteigerungslokalitäten zu sorgen. Es ist das nun auch in gewissem Grade geschehen, aber nicht überall und es wäre sehr wünschenswerth, wenn in der Instruktion hier das Nöthige vorgekehrt würde.

Der k. Staatsminister der Justiz Dr. Freiherr **von Leonrod:** Schon im Ausschusse der Kammer der Abgeordneten ist, insbesondere auch seitens der Abgeordneten aus der Pfalz, betont worden, daß es sehr wünschenswerth wäre, daß die notariellen Versteigerungen nicht in den Wirthshäusern stattfänden, sondern in den Gemeindehäusern. Ich habe erklärt, daß ich mit dem Ministerium des Innern ins Benehmen treten werde, ob nicht irgendwie zu ermöglichen wäre, daß für solche Amtsgeschäfte die Gemeindehäuser zur Verfügung gestellt werden. Selbstverständlich werden auch die Notare durch die Geschäftsordnung nachdrücklich darauf hingewiesen werden, durch entsprechende Auswahl des Lokals für die Vornahme der Amtsgeschäfte für die Aufrechterhaltung der Würde des Amtes zu sorgen.

Reichsrath Freiherr **von Soden-Fraunhofen**: Mit Recht besteht nach den Motiven die Absicht, durch die Ausführungsbestimmungen unter bestimmten Voraussetzungen ein Verbot der Vornahme von Notariatsgeschäften in einem Wirthshaus zu statuieren. Ich erinnere mich von früheren Fällen her, daß der Umstand, daß die Notare auf dem Lande ziemlich regelmäßig in Nebenzimmern des Wirthshauses ihre Amtstage halten, zu großen Beschwerden Veranlassung gab. Die unmittelbare Nähe des Bier- oder Weinlokals ist zu gefährlich, und es ist sehr naheliegend, daß die eine der Parteien sogar das Wirthshaus benutzt, um die andere betrunken zu machen. Wenn man also hiegegen eine Bestimmung nicht in das Gesetz aufnehmen will, so muß doch in den Vollzugsverordnungen eine solche enthalten sein. Wenn ich mich recht erinnere, besteht im württembergischen Liegenschaftsgesetz ein derartiges Verbot und zwar im Gesetze selbst, soweit es sich um öffentliche Versteigerungen handelt. Mir sind diese Fälle besonders zur Kenntniß gekommen, bei der Frage der Güterzertrümmerung, wo Mißbräuche mit Betrunkenen besonders flagrant erscheinen. Ich bitte im Hinblick auch auf die Ausschuß-Verhandlungen der anderen Kammer darauf Bedacht zu nehmen, daß Lokale gewählt werden, die dem Wirthshaus möglichst ferne liegen.

Der erste Präsident, Graf **von Lerchenfeld-Köfering** Diese Frage ist eine sehr wichtige, allein es wird schwer werden, zu einem für alle Theile günstigen Resultate zu kommen. Wenn wir in einer Stadt ein Versteigerungslokal brauchen, werden wir das leicht finden, in einem Dorfe nicht. Man kann doch die Versteigerungen nicht in den Kirchen abhalten und ein Gemeindehaus, wie Herr Reichsrath von Hessert angeführt hat, das gibt es meines Wissens in unseren Dörfern meistens nicht, also bleibt nur das Wirthshaus übrig. Daß da mit möglichster Sorgfalt vorgegangen werden muß, versteht sich von selbst, und wenn da sich Notare wiederholt Ungehörigkeiten zu Schulden kommen lassen, so muß man eben gegen solche Notare strenge vorgehen, weil sie ihrer Pflicht nicht genügen. Was Herr Reichsrath Freiherr von Soden anregte, daß die Bauern betrunken gemacht werden im Wirthshaus, so ist ja auch die Möglichkeit nicht ausgeschlossen, daß die Bauern im Wirthshause zuerst betrunken gemacht, und dann zum Notar geführt werden. Man muß es wohl der Instruktion vorbehalten, das Richtige zu treffen. Ich möchte aber andrerseits den dringenden Wunsch aussprechen, daß man den Landgemeinden hierin keine Zumuthungen für Errichtung von Bauten macht; dazu wäre diese Sache wahrlich nicht angethan.

Der stellvertretende **Vorsitzende**: Wenn keine weitere Erinnerung besteht, sind Artikel 19 und 20 angenommen. Wir kommen zu

4. Verwendung von Gehilfen.

Artikel 21.

Reichsrath **von Auer** als Referent: Keine Erinnerung.

Der erste Präsident, Graf **Lerchenfeld-Köfering**. Bezüglich der Amtsgehilfen möchte ich auf die Klagen hinweisen, die da sehr häufig vorkommen, namentlich bezüglich der sogenannten Eintreiber oder Zutreiber. Gegen diese sollte von Seite der k. Staatsregierung mit großer Energie vorgegangen werden.

Der stellvertretende **Vorsitzende:** Wenn keine weitere Erinnerung erfolgt, so ist Artikel 21 angenommen.

5. Amtsgeheimniß, Gestattung der Akteneinsicht.

Artikel 22 und 23.

Reichsrath **von Auer** als Referent: Ohne Erinnerung.

Reichsrath **von Hessert:** Ich möchte zu Artikel 23, in dem es sich um Einsicht der Akten handelt, bemerken, daß bei Weigerung des Notars, die Einsicht zu gestatten, nunmehr das Landgericht zu entscheiden hat. Bisher hatte in diesem Punkt der Landgerichtspräsident die Entscheidung, der wohl auch diesseits diese Befugniß hat. Es hat das ausgereicht und keine Gefahren mit sich gebracht. Warum will man jetzt das Landgericht an die Stelle setzen? Es scheint, man wollte bei wichtigen Fällen den Weg der weiteren Beschwerde offen lassen, aber man kann ja auch gegen den Präsidenten sich an den Oberlandesgerichtspräsidenten und dann noch ans Ministerium wenden. Im Interesse der Vereinfachung möchte ich empfehlen, es beim früheren einfachen Wege zu belassen.

Der k. Staatsminister der Justiz Dr. Freiherr **von Leonrod:** Im Gesetzentwurf sind im Großen und Ganzen die Notariate als Behörden den Amtsgerichten gleichgestellt. Ueber Beschwerden gegen das Amtsgericht entscheidet das Landgericht, deshalb soll auch über die Beschwerde gegen den Notar das Landgericht entscheiden.

Reichsrath **von Auer** als Referent Ohne Erinnerung.

Der stellvertretende **Vorsitzende:** Artikel 24 ist angenommen.

Dritter Abschnitt.

Notarielle Urkunden.

Artikel 25.

Reichsrath **von Auer** als Referent: Ohne Erinnerung.

Der stellvertretende **Vorsitzende:** Artikel 25 ist angenommen.

1. Vorschriften über die Errichtung notarieller Urkunden.

Artikel 26, 27, 37.

Reichsrath **von Auer** als Referent Ich verbinde Artikel 26, 27 und dazu 37

Nach Artikel 27 sollen notarielle Urkunden in der Form von Protokollen aufgenommen werden. Was ein Protokoll ist, was zu einem solchen gehört, darüber wurde in dem Hohen Ausschusse bei Berathung des Ausführungsgesetzes zur Grundbuchordnung, Artikel 9, gesprochen, ohne daß es gelungen wäre, allgemeine Begriffe hiefür festzusetzen. Die Bezeichnung einer Urkunde als Protokoll gibt hiefür Anhaltspunkte nicht. Nach v. Bayer kommt das Wort von πρῶτος κολλάω, ich leime, von dem an der Spitze des Schriftstückes angebrachten Stempel (Hoheitszeichen) und ist demnach für die jetzige Form der Protokolle ohne Bedeutung, auch die Unterschrift ist nicht immer ein wesentliches Erforderniß des Protokolles, wie § 148 der C.P.O. zeigt, der dieses Erforderniß für das Sitzungsprotokoll nicht kennt. Die Urkunden, welche in der Form von Protokollen errichtet werden, müssen sich demnach lediglich nach den Erfordernissen richten, welche Artikel 26 und 27 aufstellen.

Eine Neuerung findet sich hiebei insoferne, als der Notar, welcher die Urkunde nicht selbst vorliest, dieselbe vorher durchlesen muß, was nicht zu beanstanden ist, und daß die äußere Form der Urkunden durch eine Geschäftsordnung festgestellt wird, was ich für praktisch halte. Wünschenswerth wäre, wenn man hiebei darauf sehen würde, daß die Notariatsurkunden übersichtlicher würden, denn die jetzigen Urkunden erfordern stets, daß man das ganze Schriftstück durchliest, um auch nur die geringfügigste Bestimmung zu finden.

Der Ausschuß der Kammer der Abgeordneten hat nur eine redaktionelle Aenderung in Artikel 26 beschlossen, indem er anstatt „Notariatsurkunde" „notarielle Urkunde" setzt.

Es wird Zustimmung zu den Artikeln 26, 27 und 37 mit der zu Artikel 26 hervorgehobenen redaktionellen Aenderung beantragt.

Nur möchte ich anfragen, welche zwingenden Gründe veranlaßt haben, die Worte: „Notariatsurkunde" umzuwandeln in: „Notarielle Urkunde"

Der k. Staatsminister der Justiz Dr Freiherr **von Leonrod:** In dem Gesetzentwurf, wie er der Kammer des Landtages in Vorlage kam, war abgewechselt zwischen den Worten: „Notariatsurkunde" und „Notarielle Urkunde" Bei Gelegenheit der Berathung im Ausschuß der Kammer der Abgeordneten wurde der Wunsch nach einheitlicher Ausdrucksweise laut, und diesem Wunsche ist nun dadurch Rechnung getragen, daß, entsprechend der Ausdrucksweise des Reichsrechtes, überall „notarielle Urkunde" gesetzt ist.

Reichsrath **von Auer** als Referent: Ein Gesetz kann oft an Verständlichkeit nur gewinnen, wenn derselbe Gedanke mit verschiedenen Worten ausgedrückt wird. Auch die Schönheit der Sprache würde dadurch nicht beeinträchtigt werden; allein ich füge mich dem Beschlusse der Kammer der Abgeordneten. Dagegen muß ich sagen, die jetzige Form der Notariatsurkunden ist eine unschöne. Ich möchte bitten, daß das Justizministerium bei der Abfassung der Geschäftsordnung hier Wandel schafft. Die Diktion ist höchst holperig. Ein anderer Deutscher, der Anspruch macht, ein korrektes Deutsch zu schreiben, würde sich diesen Stil nicht aneignen. Es ist ein ganz spezieller Notariatsstil. Bis man den Kaufpreis aus einer Notariatsurkunde findet, muß man die schwierigsten Exkursionen machen. Bisher hat man auch in den Gesetzen Absätze als nothwendig befunden, gerade um den Inhalt des Gesetzes übersichtlich zu machen. Jetzt kommt aber der Notariatsbuchhalter und ist bemüht, die Absätze durch Striche wieder auszugleichen und damit die Uebersichtlichkeit natürlich zu beseitigen. Wozu ist das nothwendig, daß in solchen Urkunden weit und breit aufgeführt wird, das Grundstück Plan-Nummer so und so liegt in der Gemeinde so und so, Rentamt und Amtsgerichtsbezirk so und so, während doch die Konstatierung des Grundbuches das alles schon ersehen läßt. Dadurch erhalten diese Urkunden eine Weitläufigkeit und Unschönheit, die mich gegen das Notariatsgesetz eingenommen machen könnte, wenn das möglich wäre.

Reichsrath **von Hessert:** Denselben Vorwurf muß man auch den Urtheilen machen. Es ist dort schwer zu finden, wo ein Antrag steht, wo die Motive beginnen u. s. w. Allein die Striche in den Notariatsurkunden sind doch nothwendig, sie sind sogar ausdrücklich vorgeschrieben, um alle Lücken auszufüllen, damit ja kein Zusatz gemacht werden kann.

Reichsrath von Auer als Referent: Man kann ja dann in jede Urkunde solche Zusätze machen. Nehmen Sie z. B. einen Kaufbrief oder Heirathsbrief an, der vom Oberschreiber eines alten Landgerichtes gefertigt wurde, der macht einen viel freundlicheren Eindruck, als die Notariatsurkunde. Da steht oben schon: „Heirathsbrief 2c. 2c.“, man weiß, um was es sich handelt. Wenn man bei einer Notariatsurkunde aber wissen will, was sie enthält, muß man die ganze Urkunde lesen. In einem solchen Heirathsbrief oder Kaufbrief älteren Datums ist deutlich hervorgehoben, was Gegenstand des Vertrages ist, während bei den Notariatsurkunden dies erst gesucht werden muß.

Reichsrath von Hessert: Es kann sich da um sehr gefährliche Zusätze handeln. Es kann z. B. heißen „Der Kaufpreis beträgt ℳ. 1000.—, dann heißt es: lese: 2000 ℳ.“

Solche nachträgliche Aenderungen können sehr leicht gemacht werden, und darum darf von dieser Vorschrift, daß die Lücken zu beseitigen sind, nicht abgegangen werden. Auch mit dem Vorlesen und Durchlesen der Urkunden könnte man es einfacher wie bisher gestalten Das immer zu beurkunden und zu thun, was hierzu vorgeschrieben ist, wird für den Notar belästigend.

Es ist bei uns auch noch weiter vorgeschrieben, daß die Urkunden leserlich geschrieben werden. Das wäre auch für manche andere Urkunden zu empfehlen.

Der k. Staatsminister der Justiz Dr. Freiherr **von Leonrod:** Ich gebe die Versicherung, daß bei der zu erlassenden Geschäftsordnung auf alle diese Wünsche Rücksicht genommen wird. Wir werden auf das Genaueste erwägen, wie sich die Sache am besten machen läßt.

Der stellvertretende **Vorsitzende:** Artikel 26, 27 und 37 sind angenommen. Wir kommen zu

Artikel 28—31.

Reichsrath von Auer als Referent: Ich fasse Artikel 28 mit 31 zusammen.

Dem Notar wird die Pflicht auferlegt, vor Protokollierung einer Erklärung in Bezug auf ein Grundstück sich zu überzeugen, ob das Rechtsgeschäft mit dem Inhalt des Grundbuchs übereinstimmt, er hat dies zu konstatieren und kann von dieser Verpflichtung durch das Einverständniß der Parteien nicht befreit werden. Stimmt die aufzunehmende Urkunde mit dem Inhalt des Grundbuchs nicht überein und bestehen die Parteien trotzdem auf der Errichtung der Urkunde, so hat der Notar dies gleichfalls festzustellen. Eine Erschwerung des Immobiliarverkehrs ist von dieser Bestimmung, die ich für sehr zweckmäßig erachte, nicht zu befürchten. Künftig wird sich jeder Grundbesitzer mit einem Grundbuchsauszuge versehen, wie er dies gegenwärtig mit dem Grundsteuerkatasterauszuge thut, und ich zweifle nicht daran, daß die Landesjustizverwaltung dafür sorgen wird, daß die Grundbuchsauszüge jederzeit prompt gefertigt und evident gestellt werden. Heutzutage ist der Immobiliarverkehr nicht mehr schleppend und kann auch keine Verzögerung ertragen, dies verdankt er wesentlich dem Notariatsinstitute.

Ich habe gegen diese Artikel nichts zu erinnern.

Der stellvertretende **Vorsitzende:** Es wird gegen diese Artikel keine Erinnerung erhoben, Artikel 28 mit 31 sind angenommen.

Artikel 32—36.

Reichsrath von Auer als Referent: Ich fasse Artikel 32 mit 36 zusammen. Hier ist hervorzuheben, daß nach Artikel 33 Theilnehmer an Versammlungen eines Vereines, einer Genossenschaft oder einer Gesellschaft mit beschränkter Haftung in Bezug auf das in solchen Versammlungen Beurkundete nicht als Betheiligte gelten.

Hoffentlich wird der Vermerk bei Beglaubigung von Urkunden ein nicht zu ausgedehnter.

Artikel 36 enthält die Bestimmung, daß der Notar von dem Inhalt einer Urkunde, von der er nur die Unterschrift beglaubigt, Kenntniß nehmen soll. Soll diese Kenntnißnahme einen Zweck haben, so muß sie eine gründliche sein und darauf sich richten, ob der Inhalt keine Gesetzwidrigkeit enthalte oder ob er nicht gegen Artikel 17 des Entwurfes verstoße und ob er nicht zur Gebührenerhebung Anlaß gebe. Diese Zwecke erachte ich nicht für hinreichend, um den Notar mit solcher Arbeit zu belasten. Denn die Beglaubigung der Unterschrift ist ohne Einfluß auf die Giltigkeit des Inhaltes der Urkunde; der Notar hat auch nicht die Aufgabe als polizeiliches Organ zu dienen, um Gesetzwidrigkeiten zu vermeiden, und wenn solche vorkommen, so werden solche durch die notarielle Unterschriftsbeglaubigung nicht gehoben werden. In manchen Fällen ist die Kenntnißnahme für den Notar geradezu ausgeschlossen, wenn die Urkunde in fremder, dem Notar nicht geläufiger Sprache verfaßt ist.

Was aber die Gebührenerhebung anlangt, so kann es zwar im fiskalischen Interesse gelegen sein, eine Urkunde sofort bei ihrer Entstehung der Besteuerung zu unterwerfen; diese Rücksichtnahme rechtfertigt aber nicht, dabei die Thätigkeit des Notars als solchen in so umfassender Weise in Anspruch zu nehmen, wie dies Artikel 36 vorsieht. Man kann das fiskalische Interesse auch dadurch wahren, daß man die Gebühr erhebt, sobald die Urkunde benützt wird, bei Hypothekeinträgen mit dem Antrag auf Eintragung ꝛc. oder daß man Strafen wegen Hinterziehung der Gebühren festsetzt.

Die Gebühr, welche der Notar für die Beglaubigung einer Urkunde erhält, kann der Natur der Sache nach nur eine geringfügige sein; man kann dem Notar nicht zumuthen für eine oder zwei Mark Urkunden, deren Unterschrift er zu beglaubigen hat, die nicht selten umfangreich sind, auf deren Inhalt zu prüfen, um zu konstatieren, daß sie keine Gesetzwidrigkeit enthalten oder ob von ihnen nicht Gebühren zu erheben sind.

Ich beantrage deshalb den 1. Satz des Artikel 36 zu streichen.

Der k. Staatsminister der Justiz Dr. Freiherr **von Leonrod:** Der erste Satz des Artikel 36 des Entwurfes ist eine rechtspolizeiliche Vorschrift. Er ist aber nicht die einzige rechtspolizeiliche Vorschrift in dem Entwurfe, nur die einzige, die beanstandet wurde.

Die Artikel 16, 17, 28, 29 sind ebenfalls rechtspolizeilicher Natur. Diese Vorschriften beschränken natürlich alle die persönliche Freiheit. Jede Beschränkung der persönlichen Freiheit ist unangenehm, aber nicht jede ist entbehrlich. Besser ist oft kleine Beschränkung als großer Schaden wegen Mangels an beschränkenden Schutzmaßregeln. Von diesem Gesichtspunkt aus hat der Ausschuß der Kammer der Abgeordneten die nun hier angegriffene Bestimmung nach längerer Debatte einstimmig angenommen. Nachdem auch Ihr hoher Ausschuß den übrigen rechtspolizeilichen Vorschriften seine Zustimmung nicht versagt hat und der jetzt strittige Satz nur ein ergänzendes Glied zu der Kette jener Vorschriften bildet, möchte ich meinen, daß Sie auch hier Ihre Zustimmung ertheilen könnten.

Der Satz 1 des Artikel 36 ist um deswillen so besonders nothwendig, weil es ohne ihn leicht wäre, alle anderen Schutzvorschriften durch Vertauschung der Beurkundung mit der Beglaubigung zu umgehen. Auch ist es nicht gerade schön, was man sonst dem Notar zumuthet. Der Notar soll die Unterschrift bestätigen, also die Unterschrift unter einer Urkunde. Was aber darüber steht, das soll der Notar nicht kennen dürfen. Der Inhalt der Urkunde darf nichtig, verboten, strafbar sein, darf den Verfasser in den größten Schaden bringen, den Notar geht Alles das nichts an, denn er braucht es ja nicht zu kennen. Er bestätigt nur die Richtigkeit der Unterschrift und drückt sein Siegel unter die Urkunde. Das mag abstrakt genommen richtig und unbedenklich sein, vom praktischen Standpunkt aus aber und nach dem Urtheil des Volks liegt doch in der Beglaubigung eine gewisse Sanktionierung des Inhalts, der vielleicht offenbar Schein, Scherz, Lug und Trug oder Unsittlichkeit ist. Das ist nicht passend, das schädigt das Ansehen des Notariats.

Zu gleich großen Bedenken führen weitere Erwägungen. Wir denken uns den Notar als Vertrauensmann des Bezirks und sollen aussprechen, daß im Falle der Beglaubigung ihm Niemand Vertrauen zu schenken brauche, jeder ihm verbieten dürfe, die Urkunde zu lesen, deren Unterschrift er bestätigen soll? Ein solches Mißtrauen soll man gestatten gegen einen Beamten, dem die Amtsverschwiegenheit so besonders an's Herz gelegt ist? Weil auch die Gebührenbewerthung zur Einsichtnahme drängt, wurde gesagt, es sei nicht nothwendig, daß der Notar die prozentuale Gebühr bei der Beglaubigung erhebe, das könne auch anderswie oder später geschehen. Das widerspräche unserer bisherigen Uebung und den Absichten für die Zukunft. Aber — zugegeben es ließe sich machen — so müßte doch später bei der Gebührenerhebung die Urkunde von Jemand, von einem Beamten eingesehen werden, und wenn das nöthig ist, warum soll gerade der Notar nicht hineinschauen dürfen? Mit Rücksicht auf alle diese Umstände bitte ich, es beim Entwurfe zu belassen. Die Regierung legt sehr großes Gewicht darauf, und auch der Ausschuß der Kammer der Abgeordneten ist damit einverstanden. Ich möchte also dringend bitten, dem Antrage des Herrn Referenten nicht beizutreten.

Reichsrath Freiherr **von Soden-Fraunhofen**: Ich halte die fragliche Bestimmung für eine sozialpolitische Maßregel, die nicht zu entbehren ist. Nach den Ausführungen des Herrn Staatsministers würden höchst bedenkliche Dinge sich ergeben, wenn diese Bestimmung nicht aufgenommen würde. Sie scheint auch eine Konsequenz der neuen Bestimmung zu sein, daß an die Stelle der bisherigen Notare eine Staatsbehörde tritt; der Staat würde an seinem Ansehen verlieren, wenn er seitens einer Behörde Dinge zuließe und möglich machte, welche verwerflich sind. Ich erachte es zumal auch im Interesse der ländlichen Bevölkerung für ein dringendes Bedürfniß, den Entwurf mit dieser Bestimmung zur Annahme zu bringen.

Reichsrath Dr. **von Schmitt**: Man kann zugeben, daß dieser erste Satz des Artikel 36 im Hinblick auf das geltende Recht etwas auffällig erscheint. Wir hatten eine solche Vorschrift bisher nicht, und vom theoretischen Standpunkt kann man sagen: Was ist denn die Beglaubigung einer Unterschrift? Es ist die Konstatierung der Echtheit eines Namenszuges und weiter nichts. Aber auf eines muß aufmerksam gemacht werden; lesen die Hohen Herren, von allem anderen abgesehen, den § 29 der Grundbuchordnung. Dort finden

Sie, daß, wer einen Eintrag im Grundbuche erwirken will, die thatsächlichen Voraussetzungen entweder durch eine öffentliche Urkunde nachweisen muß oder durch eine öffentlich beglaubigte Urkunde.

Eine öffentliche Urkunde ist nothwendig für die Auflassung. Eine öffentlich beglaubigte Urkunde genügt für die übrigen Fälle, für den Eintrag von Hypotheken, Grund- und Rentenschulden, dinglichen Sonderrechten wie Dienstbarkeiten u. s. w. Für alle diese Dinge ist in der Zulassung der öffentlich beglaubigten Urkunde eine große Erleichterung geschaffen. Das ist die Mehrzahl der Fälle; für sie, tausende von Einträgen, genügt eine öffentlich beglaubigte Urkunde über die Bewilligung des Eintrages. Das ist sehr gut. Aber welch' viel schwerere Bedeutung bekommt jetzt die öffentliche Beglaubigung nach dem Bürgerlichen Gesetzbuch, insbesondere nach der Grundbuchordnung? Da empfiehlt es sich doch wohl, daß diese öffentliche Beglaubigung nicht mehr so salopp behandelt wird wie bisher. Und wer soll das thun? Ich denke der Notar. Der Notar soll der Vertrauensmann der Betheiligten sein. Wir gehen davon aus, daß er der Rechtsfreund der Parteien sein soll, daß er die Leute belehrt u. s. w. Soll er bei der Beglaubigung Halt machen mit seiner Belehrung, weil es nur eine Beglaubigung ist? Soll er sagen dürfen: „Die Sache geht mich weiter nichts an, ich habe nur die unter der vorstehenden Schrift befindliche Unterschrift zu bestätigen; darüber steht zwar allerhand, allein mich geht nur der Namenszug an?“ Wenn er die Urkunde lesen würde, dann würde er vielleicht finden, daß mit dieser Erklärung kein Zweck erreicht wird, daß die Leute schlecht belehrt sind, daß sie entweder gar nicht oder unrichtig von einem Unkundigen belehrt worden sind. Warum soll das Gesetz nicht den Notar daran erinnern, daß er als Rechtsfreund der Parteien diese belehren und zu solchem Zweck lesen soll, was sie ihm bringen? Warum soll er unterlassen, die Leute aufmerksam zu machen, daß sie ganz umsonst ihr Geld ausgeben, wenn sie eine inhaltlich mangelhafte Urkunde beglaubigen lassen, mit der sie vom Grundbuchamte ja doch zurückgewiesen und zum Notar retour geschickt werden? Es fällt mir in der That auf, daß dieser Gedanke selbst im Entwurfe nicht ganz zum Ausdruck kommt. Es wird nur der Artikel 29 Absatz 1 des Entwurfs als hierher anwendbar erklärt. Es gehört auch der zweite Absatz dieses Artikels hieher. Auch Artikel 31 gehört hieher. Es wird allerdings mit solchen Bestimmungen eine gewisse Bevormundung angebahnt, aber zum Vortheil des Publikums. Ich habe überhaupt keine Freude daran, daß im Bürgerlichen Gesetzbuch das sogenannte Legalitätssystem mit dem Konsensprinzip vertauscht ist. Denken Sie an den Fall des Analphabeten, der seine drei Kreuze beglaubigen läßt. Der Mann hat die Urkunde gar nicht lesen können. Liegt es da nicht sehr nahe, dem Notar zu empfehlen, daß er die Urkunde durchlese und den Mann frage, ob er das so gewollt hat? Denken sie auch an Mißbräuche, die bei der Beglaubigung möglich sind. Soll es zulässig sein, daß einer ein Blankett beglaubigen läßt, oder daß er bei der Vorlage der Urkunde dem Notar die Schrift verdeckt und nur die Unterschrift sehen läßt, die beglaubigt werden soll? Das sind doch Dinge, die hintangehalten werden sollen. Ich möchte den Notar nicht zu einer so mechanischen, hölzernen Thätigkeit berufen haben; er soll wissen, was geschieht, und eigentlich konstatiert er ja nicht nur die Echtheit des Namenszuges. Der Namenszug soll die Unterschrift sein; eine Unterschrift setzt aber doch auch eine Schrift voraus, unter der sie steht.

Aus diesen Gründen, glaube ich,

1. wäre es gut, es bei dem ersten Satze des Artikel 36 zu belassen, und

2. in dem folgenden Satze statt „im Artikel 29 Absatz 1" zu setzen: „Artikel 29, 31"

Reichsrath von Auer als Referent: Ich habe zwei Punkte hervorzuheben. Ich bin nicht gegen die polizeiliche Thätigkeit der Notare, die ich aber nur in den Fällen für gerechtfertigt erachte, in welchen der Notar zur Beurkundung eine Thätigkeit leistet. Die Stelle, die der Herr Minister angeführt hat, hat nur Bezug auf die Urkunden, die vor dem Notare verfertigt werden, nicht aber auf Beglaubigungen, und ich habe mich auch nicht gegen den Satz 1 des Artikel 36 ausgesprochen, weil die Parteien geschädigt werden, sondern deshalb, weil dem Notar eine Thätigkeit zugemuthet wird, die er gar nicht leisten kann. Hätte der Satz 1 des Artikel 36 die Fassung bekommen „vor der Beglaubigung einer Unterschrift oder eines Handzeichens kann der Notar von dem Inhalt eines Schriftstückes Kenntniß nehmen", dann hätte ich kein Bedenken gehabt, so aber setzt diese Bestimmung voraus, daß der Notar verpflichtet ist, Kenntniß zu nehmen. Ist nun aber diese Verpflichtung gesetzlich feststehend, dann muß jeder, der eine derartige Urkunde nur beglaubigen läßt, annehmen, der Inhalt dieser Urkunde sei nach dem Urtheil des Notars fehlerfrei. Nun lege ich mir die Frage vor, ob der Notar imstande ist, immer das zu prüfen bei Gelegenheit einer Unterschriftsbeglaubigung und da komme ich gerade auf den Fall, den Seine Exzellenz Herr Reichsrath von Schmitt angeführt hat, daß nach der Grundbuchordnung sollen übertragen werden können Hypotheken u. dgl. ohne irgend welche Förmlichkeiten. Würde man den Notar verpflichten, darauf zu sehen, daß die Urkunde auch vollstreckbar ist, so kann er das gar nicht. Er darf sich nicht darauf beschränken, daß er nur den Inhalt der Urkunde kennen lernt, sondern er muß sie mit dem Grundbuch vergleichen, und dann wird aus der Urkunde mit Unterschriftsbeglaubigung eine Notariatsurkunde. (Zuruf des Herrn Reichsraths von Schmitt: Das ist sie zwar nicht, aber sie leistet dasselbe.) Ja, aber dann muß man doch auch dem Notar dieselben Gebühren geben, wie wenn er die Urkunde selbst aufgenommen hätte und dann müßte überhaupt bei jeder Beglaubigungsurkunde nach denselben Regeln verfahren werden, wie bei den Notariatsurkunden. Wozu dann der Unterschied?

Reichsrath Dr. von Schmitt: Es geht dann die Sache ganz glatt, wenn ein Sachverständiger nach vorheriger Einsichtnahme des Grundbuchs die Bestätigung vornimmt. Da hat der Betheiligte den größten Vortheil; außerdem wird er von Pontius zu Pilatus geschickt und er versteht doch nichts davon. Daß man für solche Beglaubigungen dem Notar höhere Gebühren gibt, das ist nicht ausgeschlossen.

Reichsrath von Auer als Referent: Ich möchte weiter fragen: Sind denn alle diejenigen Parteien, die zum Notar gehen, beaufsichtigungsbedürftig, sind es lauter kuratelbedürftige Personen? Wenn ich mir das Grundbuch ansehe und mache mir eine Urkunde selbst, bin ich dann nicht berechtigt, zum Notar zu sagen „Sie brauchen sich nicht darum zu kümmern, ich weiß selbst, was dazu gehört?" Die Bestimmung im Reichsgesetz, die der Urkunde mit Unterschriftsbeglaubigung dieselbe rechtliche Bedeutung beilegt, wie einer notariellen Urkunde, hat den Zweck, daß der Verkehr erleichtert wird. Wie erreichen wir den Zweck, wenn wir bei der Unterschriftsbeglaubigung dieselbe Thätigkeit entwickeln lassen müssen wie bei einer notariellen Urkunde? Der ganze Unterschied, den das Reichsgesetz bezweckt, ist geradezu aufgehoben. Ich sehe keinen Grund ein, warum es so schrecklich sein soll, wenn der Notar bestätigt: „Diese

Unterschrift ist vor mir auf diesem Bogen gemacht worden." Es besteht kein Hinderniß, daß der Notar Blankette beglaubige. Der Notar hat lediglich zu bestätigen, daß die vorliegende Unterschrift die der vor ihm erschienenen Person ist. Wenn wir den formellen Akt einmal zulassen, dann sehe ich nicht ein, warum noch Recherchen gepflogen werden sollen.

Dann habe ich auch noch nicht erfahren, wie es zu halten sei mit einer Urkunde, die in ausländischer Sprache geschrieben ist, die der Notar unter Umständen gar nicht kennt. Dann muß er also einen vereidigten Uebersetzer beiziehen, der unter Umständen nach der Anschauung der Parteien gar nicht nothwendig ist? Denn wenn der Notar die Urkunde nicht lesen kann, dann wird er selbst den Erfordernissen des Artikel 36 Absatz 1 nicht entsprechen können.

Reichsrath Dr. **von Schmitt**: Der Herr Referent übersieht, daß es sich um eine Sollvorschrift handelt. Wenn der Herr Referent zum Notar kommt und bringt ihm ein ganzes Paquet von Schriften und sagt: „Sie können sich darauf verlassen; die Sache ist in Ordnung", — dann glaube ich nicht, daß es einen Notar gibt, der erwidert: „Das geht nicht, ich muß die Sache genauer prüfen, ich muß auf's Grundbuchamt gehen" u. s. w. Es ist nur eine Sollvorschrift und sie ist gemeint für die breite Masse des Volkes. Man muß alle Dinge praktisch behandeln und sie praktisch durchführen. Daher sehe ich darin keine große Gefahr, am allerwenigsten machen mich die in einer ausländischen Sprache geschriebenen Urkunden scheu. Der Fall kommt sehr selten vor, und da soll sich der Notar eben helfen wie er kann. Davon steht nichts im Entwurfe, daß er einen Uebersetzer beiziehen muß. Ich würde keinen beiziehen, auch wenn ich das Chinesische nicht verstünde. Ich würde sagen: „Unter den gegebenen Umständen kann ich das nicht lesen, also beglaubige ich einfach die Unterschrift." So schlimm ist also die Sache gewiß nicht. Allerdings ohne eine Art von Bevormundung geht es nicht ab. Wenn man auf der einen Seite eine so große Erleichterung gibt, daß der öffentlichen Urkunde für die schwerwiegendsten und allermeisten Fälle die öffentlich beglaubigte Urkunde gleichgestellt wird, dann glaube ich, ist man verpflichtet, dafür zu sorgen, daß nicht große Uebelstände für die breite Masse des Volkes entstehen. Es ist meines Erachtens schlimm, daß wir nicht das Legalitätssystem, mit welchem unser Hypothekengesetz ganz Ausgezeichnetes leistete, beibehalten konnten, sondern das Konsensprinzip einführen mußten, weil man in Preußen das Konsensprinzip schon hatte. Eine gewisse Bevormundung ist berechtigt, soweit sie heilsam ist, und für die breite Masse des Volkes brauchen wir so etwas, sonst ist der Notar nicht der Rechtsfreund derselben, sondern derjenige, durch welchen die Leute ins Unglück kommen.

Der k. Staatsminister der Justiz Dr. Freiherr **von Leonrod**: Ich möchte mir nur eine kurze Bemerkung erlauben wegen der Beglaubigung der Urkunden, die in fremder Sprache geschrieben sind. Die Vorschrift des Satz 1 des Artikel 36 ist eine „Sollvorschrift", nicht eine „Mußvorschrift" Für die Sollvorschrift gilt der Satz »ultra posse nemo tenetur«. Wenn der Notar die Sprache nicht kennt, in welcher die Urkunde abgefaßt ist, wenn er außerstande ist, Einsicht zu nehmen, so wird er für die Unterlassung nicht zur Rechenschaft gezogen werden können.

Was die Frage der Blankettbeglaubigung betrifft, so ist bereits im Ausschusse der Kammer der Abgeordneten darauf eingegangen und erklärt worden, daß die Beglaubigung eines von einer bestimmten Person auf ein unbeschriebenes Papier gesetzten Namenszuges als von dieser herrührend an sich zulässig sei und manchmal aus besonderen Gründen nothwendig sein werde, daß es sich hier aber nicht um eine eigentliche Unterschriftsbeglaubigung im Sinne des Artikel 36 handle.

Um schließlich nochmals recht deutlich vor Augen zu führen, wie bedenklich es wäre, wenn wir dem Notar die Einsicht der Urkunden, die er beglaubigt, erlassen wollten, berufe auch ich mich nochmals darauf, daß nach dem Reichsgesetz, insbesondere auch der Reichsgrundbuchordnung, für alle Geschäfte des Hypothekenverkehrs die öffentliche Beglaubigung genügt. Wir hielten bisher zum Schutz gegen Irrthum und Betrug sogar die notarielle Beurkundung nothwendig. Das Reichsgesetz erlaubt Beglaubigung. Sollen wir nun auch noch die Beglaubigung blindlings erfolgen lassen? Wir schreiben im Artikel 36 für die Geschäfte des Liegenschaftsverkehrs vorherige Einsicht des Grundbuchs vor. Und nun soll bei der einen, vielleicht größeren Hälfte dieser Geschäfte, der Notar nicht einmal sehen müssen, was in der Urkunde steht? Damit könnten wir doch recht schlimme Zustände schaffen.

Ich bitte Sie daher wiederholt und dringend, es bei der Regierungsvorlage zu belassen.

Reichsrath von Auer als Referent: Mein Standpunkt ist nicht der, daß ich dem Publikum etwas erleichtern wollte, das besorgt das Gesetz schon, sondern mein Standpunkt ist der, daß ich befürchte, man muthet dem Notar durch die Bestimmung etwas zu, was er nicht erfüllen kann, daß jeder, der eine solche beglaubigte Urkunde in die Hand bekommt, mit Rücksicht auf diese Bestimmung denkt, die Urkunde sei tadellos, weil sie der Notar angesehen und geprüft hat. Ich halte es für die größte Gefahr für den Rechtsverkehr, daß eine falsche Anschauung im Publikum Pl tz greift, die eine reale Grundlage nicht hat, weil in vielen Fällen der Notar gar nicht ermessen kann, ob eine solche Urkunde, wovon er nur die Unterschrift beglaubigt, wirklich dem Willen der Parteien entspricht und sachlich angemessen ist.

Der stellvertretende Vorsitzende: Die Diskussion über den Antrag des Herrn Referenten ist zu Ende, ich stelle die Frage, ob die Hohen Herren denselben annehmen oder ablehnen wollen, diejenigen der Hohen Herren, die für den Antrag stimmen wollen, bitte ich mit „Ja", die übrigen mit „Nein" zu stimmen.

(Der Antrag wird mit 5 gegen 2 Stimmen abgelehnt.)

Nach dem Vorschlag des Herrn Reichsraths von Schmitt soll im 2. Satze des Artikel 56 mit Einverständniß der k. Staatsregierung statt Artikel 29 Absatz 1 gesetzt werden „Artikel 29, 31."

Die Artikel 32—36 gelten, und zwar Artikel 36 mit vorerwähnter Modifikation, als genehmigt.*)

2. Vorschriften über die Verwahrung der Urschriften und die Ertheilung von Ausfertigungen.

Artikel 38—48.

Reichsrath von Auer als Referent: Ich finde es vollkommen gerechtfertigt, daß viele Bestimmungen, welche das Gesetz von 1861 enthält, der zu erlassenden Geschäftsordnung vorbehalten werden. Im Laufe der Zeit können sich Aenderungen in der formellen Behandlung dieser Materie ergeben, welche im Gesetzgebungswege zu treffen doch nicht nothwendig sein dürfte.

*) Artikel 37 siehe S. 14 ff. vgl. hier S. 331 ff.

Auch in Artikel 46 findet sich wieder die redaktionelle Aenderung „notarielle Urkunden“ anstatt „Notariatsurkunden“ Ich beantrage Zustimmung zu den sämmtlichen Artikeln.

Der stellvertretende Vorsitzende Eine Erinnerung dagegen besteht nicht. Die Artikel 38—48 sind angenommen.

Reichsrath von Hessert: Ich möchte noch auf Artikel 33 Absatz 1 zurückkommen, wo es heißt: „Beurkundet der Notar in der Versammlung einer Genossenschaft, einer Gesellschaft mit beschränkter Haftung oder eines Vereines den Gang der Verhandlung, so gelten die Theilnehmer an der Versammlung nicht als Betheiligte. Im Artikel 16 heißt es, der Notar soll von der Ausübung seines Amtes ausgeschlossen sein in Sachen, in welchen er selbst betheiligt ist, das ist also die Regel. Ist er nun nach Artikel 33 Absatz 1 selbst Theilnehmer an dieser Versammlung, soll er dann nicht als Betheiligter in diesem Falle gelten, steht hier nicht die allgemeine Bestimmung des Artikel 16 entgegen oder kann der Notar, obwohl er Theilnehmer ist an einer solchen Versammlung, doch das Protokoll errichten? Das ist die Frage.

Der k. Staatsminister der Justiz Dr Freiherr **von Leonrod:** Ich möchte gebeten haben, mir die Beantwortung dieser Frage auf morgen versparen zu dürfen.

(Schluß der Sitzung um 1 Uhr 30 Minuten.)

XX. Protokoll

des besonderen Ausschusses der Kammer der Reichsräthe zur Berathung der durch die Einführung des Bürgerlichen Gesetzbuchs veranlaßten Gesetzentwürfe

über den

Entwurf eines Notariatsgesetzes.

(Verhandl. d. Justizgesetzgebungsausschusses der K. der Reichsräthe 1899.)

— Artikel 49 mit 140. —

München, den 13. Mai 1899, Vormittags 9 Uhr.

Gegenwärtig die Herren Reichsräthe: Graf Fugger von Glött, Ritter von Küffner, stellvertretender Vorstand, von Auer, Referent, Freiherr von Soden-Fraunhofen, Sekretär, Dr. Ritter von Schmitt, Exzellenz, von Hessert, Ritter von Maffei.

Der Herr I. Präsident Graf von Lerchenfeld-Köfering.

Von Seite des k. Staatsministeriums: Der k. Staatsminister der Justiz Dr. Freiherr von Leonrod, der k. Ministerialrath, Kronanwalt Ritter von Schubart, der k. Ministerialrath Thelemann, der k. Landgerichtsrath Schmitt.

Die Sitzung wird durch den stellvertretenden Vorsitzenden, Herrn Reichsrath **von Küffner** um 9 Uhr 5 Minuten eröffnet.

Wir sind gestern bei Art. 33 stehen geblieben, insofern als von Seite des Herrn Reichsraths von Hessert angeregt wurde, über das Wechselverhältniß dieses Artikels zu Art. 16 Aufklärung von Seite der k. Staatsregierung zu erhalten, und es wird die k. Staatsregierung, welche gewünscht hat, daß die Aufklärung über diese Anfrage zurückgestellt werde, heute wohl in der Lage sein, darüber sich auszusprechen.

Der k. Staatsminister der Justiz Dr. Freiherr von Leonrod: Der Artikel 33 des Entwurfs enthält eine Vorschrift des Inhalts, daß, wenn der Notar in der Versammlung einer Genossenschaft oder Gesellschaft oder eines Vereins den Hergang der Verhandlung beurkundet, die Theilnehmer an der Versammlung nicht als „Betheiligte" gelten sollen. Damit soll u. A. bewirkt werden, daß der Notar an der Aufnahme des Protokolls durch die Vorschrift des Art. 16 nicht gehindert ist, wenn einzelne Theilnehmer mit ihm nahe verwandt sein sollten.

Herr Reichsrath von Hessert hat nun gestern die Anfrage gestellt, ob diese Befreiung von der Vorschrift des Artikel 16 auch auf den Fall zutrifft, daß der Notar selbst sachlich betheiligt ist. In dieser Richtung kann gesagt werden, daß der Notar an der Aufnahme des Protokolls dadurch nicht gehindert sein wird, daß er selbst Mitglied der Gesellschaft oder des Vereins ist oder daß er Gesellschaftsantheile besitzt. Dagegen wird dem Notar wohl nahezulegen sein, daß er nicht neben seiner Rolle als Urkundsbeamter formal auch noch eine Theilnehmerrolle spielt. Er soll sich nicht im Theilnehmerverzeichniß aufführen, sich des Abstimmens enthalten, auch nicht mit Parteireden in den Gang der Verhandlung eingreifen, weil er nicht gleichzeitig verschiedene Funktionen ausüben und nicht seine eigenen außeramtlichen Handlungen beurkunden kann. Aus demselben Grunde wird der Notar unmöglich als Vorsitzender der Versammlung fungieren dürfen, deren Gang er protokolliert.

Weitere Aufschlüsse in dieser Auslegungsfrage von der Regierungsseite aus zu geben, dürfte sich nicht empfehlen. Eine ganz ähnliche Vorschrift wie die des Artikel 33 des Entwurfs findet sich im § 181 des Gesetzes über die Angelegenheiten der freiwilligen Gerichtsbarkeit. Ihn authentisch auszulegen steht der Landesgesetzgebung nicht zu. Es ist aber erwünscht, daß die Auslegung nach denselben Grundsätzen erfolge wie bei Artikel 33, und daß eine solche gleichmäßige Auslegung durch die Gerichte nicht durch einseitige Beeinflussung des Landesrechts mittelst Regierungsauslegung behindert werde.

In letzter Linie wird also auch die Auslegung des Artikel 33 Sache der Gerichte bleiben. Für die Notare aber wird, da Artikel 16 nur eine Sollvorschrift ist, genügen, zu wissen, von welcher Ansicht die oberste Dienstaufsichtsbehörde ausgeht.

Reichsrath von Hessert: Ich habe unterdessen die Motive noch einmal gelesen. Diese gehen nur davon aus, daß der Notar ausgeschlossen sei, wenn er selbst betheiligt ist; denn sie sprechen nur immer von dem anderen Falle, daß seine Verwandten betheiligt sind, nicht daß er selbst betheiligt ist. Ich bin übrigens sehr dankbar für die Aufklärung der k. Staatsregierung; die Notare werden sich wohl darnach richten.

Reichsrath von Auer als Referent: Meine Anschauung geht dahin, wenn der Notar nur als Mitglied einer Gesellschaft oder eines Vereines betheiligt ist, ohne daß er in der Versammlung, in welcher die Beurkundung stattzufinden hat, von dieser seiner Eigenschaft der Zugehörigkeit einen Gebrauch gemacht hat, so erscheint er eben nicht als betheiligt. Es ist nicht die Pflicht jedes Mitgliedes einer Gesellschaft, daß er bei dieser Versammlung aktiv auftritt. Es kann ein Notar eine Aktie einer Gesellschaft besitzen, davon aber insofern keinen Gebrauch machen, als er das damit verbundene Stimmrecht in der Versammlung nicht ausübt. In diesem Fall erscheint er bei der Versammlung eben nicht betheiligt; er hat keine Stimme, er tritt nicht auf, wenn er sich aber eine Stimmkarte erholen und in der Versammlung mitstimmen würde, so würde ich den Notar als betheiligt und für nicht befugt erachten, das Protokoll aufzunehmen.

Der stellvertretende Vorsitzende: Es wird immer auf den einzelnen Fall ankommen, wie die Sache zu beurtheilen ist, ob der Notar sich in einer solchen Lage befindet, wie der Herr Referent angedeutet hat, oder ob ihm überhaupt eine Zulassung zu diesen Versammlungen in seiner Eigenschaft als Notar gegönnt sein soll. Das läßt sich im allgemeinen nicht sagen, sondern hängt eben von den Voraussetzungen des jeweiligen Falles ab. Nur wenn der Notar in amtlicher Eigenschaft erscheint, wird er auch weiter an den Berathungen der Versammlung nicht theilnehmen können, denn er ist dann nicht blos Theilnehmer an der Versammlung, sondern Behörde, und beides läßt sich nicht vermischen. Es hat sich dermalen nur um eine Anfrage gehandelt, welche nicht zu einer Abstimmung führen kann. Die Aufklärung ist durch das k. Staatsministerium der Justiz gegeben worden, soweit es bis jetzt möglich war, und damit kann dieser Punkt als erledigt betrachtet werden.

Weil einmal ein Rückgriff bethätigt worden ist, sehe ich mich selbst zur Vornahme eines solchen veranlaßt.

Bei Artikel 31 steht außer Zweifel, daß der notarius rei sitae, um ihn kurz so zu benennen, die Verpflichtung zur Einsicht des Grundbuchs hat. Diese Verpflichtung dürfte nun auch auf die unerledigten Eintragungsanträge zu erstrecken sein, also auf die Anträge, die, schon vorliegend, der Eintragung in das Grundbuch harren. Wenn nun ein Notar es unterläßt, Einblick in derartige Anträge zu nehmen, so liegt die Gefahr nahe, daß zu Gunsten eines Andern bereits ein Antrag auf Eintragung in das Grundbuch gestellt sein kann, der die Rechte seines Mandanten zu verletzen vermag. Es scheinen mir daher diese unerledigten Eintragungsanträge, die gewöhnlich in einem Fascikel beisammen liegen werden, dasselbe Gewicht zu haben und von denselben Folgen begleitet zu sein, wie die Grundbuchseintragungen selbst. Es entscheidet ja hier die Reihenfolge, und wenn ein früherer Antrag, der für einen späteren als hemmend sich zeigt, schon in Mitte liegt, so wird der Notar seine Maßnahmen dagegen zu treffen wissen.

Es sind also die mehrerwähnten Eintragungsanträge von derselben Bedeutung, wie das Grundbuch selbst, sie stehen in unmittelbarem Zusammenhange mit diesem, und infolgedessen würde, wenn es bei dem alleinigen Ausdruck „Einsicht des Grundbuchs" verbliebe, der Notar sich um sonstige Anträge möglicherweise wenig bekümmern und dadurch könnte die Wirkung, welche man von der Einsichtnahme des Grundbuchs durch den Notar erwartet, wohl ernstlich gefährdet sein. Es wird deßhalb der Antrag gestellt, zu den Worten „durch" und bezw. „nach Einsicht des Grundbuchs" im Artkel 31 Absatz 1 noch beizufügen, „und der unerledigten Eintragungsanträge", was sodann in Abs. 3 und 4 nach den Worten „des Grundbuchs" ebenmäßig zu geschehen hätte. Geschieht es nicht, so ist eine erhebliche Lücke gegeben. Die Einsichtnahme des Grundbuchs allein kann nur dann als entscheidend erachtet werden, wenn nicht andere Momente dazu kommen. Ich kann mir kaum denken, daß eine Bekämpfung der von mir verfochtenen Ansicht stattfinden kann.

Der k. Staatsminister der Justiz Dr. Freiherr von Leonrod: Wenn die Einsicht des Grundbuchs verlangt wird, so gehört dazu ohne Zweifel auch die Einsicht der bereits vorliegenden, aber noch nicht erledigten Eintragungsanträge, denn diese sind bedingungsweise bereits als Theil des Grundbuchs einzusehen. Der Grundbuchsrichter hat dem Notar selbstverständlich nicht nur von dem in Frage stehendem Grundbuchblatte, sondern auch von allen zugehörigen unerledigten Eintragungsanträgen Einsicht zu gewähren. Er hat insbesondere auch, wenn er einen Auszug aus dem Grundbuch beglaubigt, die vorliegenden zugehörigen Eintragungsanträge aufzuführen. Sonst wäre er haftbar wegen Ertheilung eines unrichtigen Auszugs. Allein alles das ist so selbstverständlich, daß es höchstens in der Instruktion auseinandergesetzt, nicht aber in's Gesetz selbst aufgenommen werden kann. Im Gesetz selbst würde es nur stören. Uebrigens darf nicht verkannt werden, daß auch die noch so vollkommene Buchseinsicht oder Auszugsertheilung nicht ausschließt, daß nach der Ertheilung des Auszugs oder nach der Vornahme der Buchseinsicht infolge späterer Anträge Aenderungen des Buchinhalts eintreten. Das ließe sich selbst bei Lokalisierung des Notariats nicht vermeiden und könnte darum jedenfalls durch eine ausdrückliche Bemerkung im Gesetz, daß vorliegende unerledigte Eintragungsanträge miteinzusehen sind, nicht verhütet werden. Ich wiederhole, die Darlegung des Verhältnisses der vorliegenden unerledigten Eintragungsanträge zum Buch gehört nicht in das Gesetz, sondern in die Instruktion. Dort soll der Notar streng angewiesen werden, bei der Buchseinsicht genau zu verfahren und selbstverständlich auch die unerledigten Anträge mitzuberücksichtigen. Aber auch die Grundbuchsbeamten sollen angewiesen werden, dem Notar vollkommen reinen Wein einzuschänken.

Der stellvertretende Vorsitzende: Ich bin mit Seiner Exzellenz einverstanden, es könne nie beseitigt werden, daß in der Zwischenzeit von der Einsichtnahme des Grundbuchs durch den Notar bis zu dessen Eintreffen in seinem Amtslokal wieder andere Verhältnisse eingetreten sein können. Das unterliegt gar keinem Bedenken, kann aber nicht geändert werden. Bezüglich des anderen Punktes habe ich nur im Auge gehabt, vorzubeugen, daß irgend etwas außerhalb des Grundbuchs vorliegt, was auf das Geschäft, welches der betreffende Notar zu besorgen hat, von größtem Einflusse sein kann, und daß also darauf aufmerksam gemacht werden soll, es sei nicht blos das, was im Grundbuche steht, maßgebend, sondern auch anderes, was zum Eintrage bereit gestellt ist. Nun wird mir Recht gegeben werden, daß, wenn in dieser Beziehung nicht Kautelen getroffen werden, sowohl das Gericht als der Notar die Sache ziemlich sorglos behandeln werden, daß der Notar zufrieden ist, wenn er das Grundbuchblatt eingesehen hat, und daß der Richter, der vielleicht gerade anderweitig beschäftigt ist, auch nicht daran denkt, den Notar auf weiter Belangreiches aufmerksam zu machen. Dem wollte ich durch meine Anregung abhelfen. Wenn nun dies in das Gesetz nicht aufgenommen würde, sondern, wie Seine Exzellenz dargelegt haben, in einer Instruktion mit entsprechender Schärfe Platz finden soll, so bin ich damit ebenso zufrieden, als wenn die bezeichneten Worte gesetzlich berücksichtigt würden. Ich wollte nur Leichtfertigkeiten in dieser Beziehung entgegentreten. Denn es wird hauptsächlich anfangs manche Interessenten geben, die sich nur um die Eintragungen im Grundbuch kümmern, um anderes aber nicht.

Der k. Staatsminister der Justiz Dr. Freiherr von Leonrod: Ich möchte hier noch der Auffassung entgegentreten, als ob sich künftig bei den Grundbuchämtern unerledigte Anträge in großer Anzahl, ja in ganzen Stößen vorfinden würden. Das war schon bisher bei den Hypothekenämtern nicht der Fall und wird künftig noch weniger bei den Grundbuchämtern der Fall sein. Denn dem Grundbuchrichter obliegt ja nicht mehr wie bisher die Legalitätsprüfung, der Inhalt des obligatorischen Vertrags untersteht im Einzelnen nicht mehr seiner Cognition, er prüft lediglich die Identität und Legitimation der Verfügenden und den Inhalt des abstrakten dinglichen Vertrags. Er kann deßhalb noch rascher erledigen als der Hypothekenbeamte und von bedeutenden Rückständen darf keine Rede sein.

Der stellvertretende Vorsitzende: Auf das Mehr oder Minder der Eintragungsanträge kommt es gegenüber der Prinzipienfrage, die ich zur Sprache gebracht habe, nicht an. Sie ist an sich materiell anerkannt, und das genügt um so unbedenklicher, als sie durch eine öffentliche Bekanntmachung zur Kenntniß weitester Kreise gebracht werden wird.

Der erste Präsident: Ich habe nur kurz erwähnen wollen, daß ich bei Lesung dieser Artikel dieselben so aufgefaßt hatte, wie Seine Exzellenz ausgeführt haben. Ich war der Ansicht, daß die Absicht dieser Paragraphen darin besteht, vollständige Klarheit über die Verhältnisse des betreffenden Grundstückes zu schaffen, bevor die Protokollaufnahme des Vertrages stattfindet, und daß das also dem Notar zur strengen Pflicht gemacht wird.

Die Möglichkeit besteht immer noch, daß zwischen der Besichtigung des Grundbuchs beziehungsweise der Annexe des Grundbuchs und dem Augenblicke der Verbriefung oder des Protokollierungsvertrages noch ein Mittelding sich eingeschoben hat. Deßhalb wird sich jeder Käufer oder jeder, der Geld auf Hypothek gibt, gewiß vorsehen und erst wenn der Eintrag stattgefunden hat, wird er sein Geld hinausgeben, ausgenommen den Fall, daß der Vertragsgegner ihm so sicher ist, daß er ihm das Geld auch ohne diese Sicherheit geben würde. Bei uns wird gewöhnlich protokolliert und die Auszahlung erfolgt nach Eintrag des Schuldtitels.

Der stellvertretende Vorsitzende: Ich ziehe meinen Antrag zurück und bin zufrieden mit den Ausführungen, die derselbe veranlaßt hat, komme dagegen noch zu einem anderen Bedenken. Die Verbindlichkeit zur Einsicht des Grundbuchs ist auf die Beurkundung aller Rechtsgeschäfte des § 873 des B. G. B. auszudehnen, nicht bloß derjenigen, welche auf die Aenderung des Rechtes nach Inhalt und Rang sich beziehen. Es fallen darunter die Kündigung eines Pfandes, der Verzichtsvertrag auf eine Hypothek.

Unter Leistungen sind begriffen Zahlung, datio in solutum, Kompensationsvertrag. Einfache Löschungserklärungen sind jedoch ausgeschlossen. Weiter ist die Einsicht des Grundbuchs zu erstrecken auf die Beurkundung des Vertrags, wodurch sich ein Theil zur Aufhebung eines dinglichen Rechtes verpflichtet. Es besteht daher meines Erachtens durchaus keine Erinnerung, daß in Art. 31 des Gesetzentwurfes auch der obligatorische Kausalvertrag mitaufgenommen ist. Es heißt hier nämlich: „vor Beurkundung eines jeden Vertrags, durch den sich der eine Theil verpflichtet, eine solche Uebertragung, Belastung oder Aenderung vorzunehmen ꝛc. ꝛc." Das ist der obligatorische Kausalvertrag. Es dürfte aber diese Stelle eine Erweiterung erfahren durch Einfügung desjenigen Vertrags, mit welchem sich ein Theil verpflichtet, die Aufhebung eines Vertrags vorzunehmen. Denn was für einen dinglichen Aufhebungsvertrag und einen Verzichtsvertrag gilt, das hätte auch auf den obligatorischen Kausalvertrag Anwendung zu finden. Infolgedessen würde ich vorschlagen, es sei in Abs. 1 Satz 1 nach dem Worte „Belastung" einzusetzen das Wort „Aufhebung", so daß es nun hieße „durch den sich der eine Theil verpflichtet, eine solche Uebertragung, Belastung, Aufhebung oder Aenderung vorzunehmen".

Außerdem müßte der ganze Satz wiederholt werden.

Der k. Staatsminister der Justiz Dr Freiherr **von Leonrod:** Herr Reichsrath von Küffner wünscht nach dem Worte „Uebertragung" einzuschalten das Wort: „Aufhebung" Ich kann ein Bedürfniß dafür nicht zugeben. Bei der einfachen Rechtsaufhebung ist die Einsicht des Grundbuchs von wenig Belang.

Der stellvertretende **Vorsitzende:** Es bezieht sich das auch auf die Aufhebung eines obligatorischen Kausalvertrages.

Der k. Staatsminister der Justiiz Dr Freiherr **von Leonrod:** Wird ein obligatorischer Vertrag abgeschlossen, durch den sich der eine Theil verpflichtet, das Eigenthum an einem Grundstück zu übertragen, so bedarf es natürlich der Einsicht des Grundbuchs. Soll ein solcher noch nicht vollzogener obligatorischer Vertrag einfach wieder aufgehoben werden, so ist dagegen eine solche Einsicht unnöthig, weil dann ja nur der Stand wiederhergestellt werden soll, wie er vor dem ersten Vertragsabschlusse war, sei er nun gewesen wie er wolle. Ich kann deshalb eine Ausdehnung der Pflicht zur Buchseinsicht auf diese Fälle nicht empfehlen.

Reichsrath Dr **von Schmitt:** Ich mache darauf aufmerksam, daß in dem Artikel auch steht „die Aenderung eines solchen Rechtes" Es ist z. B. eine Hypothek eingetragen, auf die ich verzichten möchte. In diesem Falle ist nichts weiter nöthig, als daß man nachsieht, ob die Hypothek eingetragen ist.

Der stellvertretende **Vorsitzende:** Wenn unter dem Worte „Aenderung" die Aufhebung mit verstanden sein soll, so ist das, was ich wieder zum Zwecke einer Vervollständigung angeregt habe, nicht mehr geboten. Demnach möchte ich von einer förmlichen Antragstellung Umgang nehmen, wodurch auch eine Abstimmung darüber entfällt.

Reichsrath Dr **von Schmitt:** Ich möchte mir nur noch zu bemerken erlauben, daß, wenn es heißt: „Einsicht des Grundbuchs", darunter auch Alles zu verstehen ist, was zum Grundbuch gehört; die Beilagen des Grundbuchs sind unter Umständen selbst ein Stück Grundbuch, z. B. bei der Bezugnahme auf Akten, wenn es sich um den Inhalt einer Dienstbarkeit handelt.

Der stellvertretende **Vorsitzende:** Ich bin damit beruhigt.

Vierter Abschnitt.

Gebühren.

Artikel 49—57.

Reichsrath **von Auer** als Referent: Der Entwurf entspricht im allgemeinen den geltenden Bestimmungen. Hervorzuheben ist, daß die Parteien für die Notariatsgebühren sammtverbindlich haften, daß die Gebühren von den Landgerichten festgesetzt werden und daß auf Grund des Festsetzungsbeschlusses die Zwangsvollstreckung erwirkt werden kann (Art. 51) und zwar nicht nur vom Notar selbst, sondern auch, wenn er aus dem Amte geschieden ist, von seinem Amtsnachfolger für ihn, und wenn er verstorben ist, für seine Erben (Art. 53).

Ferner soll der Notar Armen seine Dienste vorläufig unentgeltlich leisten, er ist berechtigt, Urkunden sowie Gelder und Werthpapiere bis zur Entrichtung seiner Gebühren zurückzuhalten (Art. 56).

Der Ausschuß der Kammer der Abgeordneten beschloß.

1. im Art. 53 zu setzen anstatt „wenn der Notar gestorben oder aus dem Amte geschieden ist", „aus dem Amte geschieden oder gestorben ist";

2. den zweiten Satz des Art. 55 folgendermaßen zu fassen:

„Bei auswärtigen Dienstgeschäften werden ihm Tagegelder und Reisekosten aus der Staatskasse vergütet."

Der Notar erhält demnach auch Tagegelder.

Ich beantrage Annahme der Artikel 49—57 mit diesen Modifikationen.

Die erste Modifikation ist rein redaktionell; die zweite Modifikation — daß er Tagegelder und Reisekosten bekommt — ist leichter verständlich, wie der Entwurf, welcher lautet: „daß die nothwendigen Reisekosten aus der Staatskasse vergütet werden sollen. Hier ist es immer fraglich, was nothwendige Reisekosten sind. Versteht man darunter auch die Vergütung für die gesammte Zehrung des Notars oder nur den Mehraufwand gegenüber dem zu Hause.

Reichsrath **von Hessert**: Es ist in den Motiven zu diesem Artikel auch vom Vorschußrecht die Rede. Der Vorschuß ist im Entwurfe überhaupt nicht erwähnt, so daß man daraus schließen könnte, daß das Vorschußrecht überhaupt nicht zulässig sei. Es können aber doch Fälle vorkommen, wo ein Vorschuß berechtigt ist, z. B. bei der Gründung von Aktiengesellschaften, wenn ein Notar Auslagen hat für Herren vom Auslande, da könnte er doch in die Lage kommen, einen Vorschuß verlangen zu müssen, denn sonst könnten die Herren, nachdem der Vertrag abgeschlossen ist, am Ende nicht wieder kommen. Ich glaube daher, daß es dem Notar nicht verwehrt ist, einen Vorschuß zu nehmen, wenn es auch nicht im Gesetze steht. Es würde meines Erachtens zu weit gehen, wenn man sagen sollte, jede Vorschußforderung sei verboten.

Reichsrath **von Auer** als Referent Ich glaube, daß diese Frage schon erledigt ist; denn schon nach dem jetzigen Stand der Gesetzgebung ist der Notar berechtigt, namentlich bei Zwangsversteigerungen Vorschuß zu verlangen, er muß ja auch die Veröffentlichung in den Blättern sofort bezahlen, und so viel ich weiß, haben auch die Notare bisher von diesem Rechte Gebrauch gemacht und gesagt, „erst nach Erlegung des Vorschusses erfolgt die Ausschreibung"

Der stellvertretende **Vorsitzende**: Meines Erachtens ist unter Tagegeldern nichts anderes zu verstehen, wie bei den Staats-Beamten. Unter Reisekosten ist nichts anderes zu verstehen, als die Auslagen zur Bewegung von einem Ort zum anderen; daß er dabei noch Nahrungskosten ersetzt bekommen soll, davon kann keine Rede sein. Diese Unterscheidung muß umsomehr Platz greifen, als der Notar künftig überhaupt den Beamten gleichgestellt wird. Infolgedessen wird über diesen Satz wohl kein Zweifel sein. An und für sich sind die beiden Ausdrücke klar und es bedarf wohl keiner weiteren Erörterung darüber. Solche Fälle, wie sie der Herr Reichsrath von Hessert angeführt hat, werden ihre spezielle Lösung finden müssen. Man kann sie im allgemeinen nicht in Betracht ziehen, denn sonst könnte man zu allen möglichen Exemplifikationen in dem Gesetze selbst kommen.

Der k. Staatsminister der Justiz Dr Freiherr **von Leonrod**: Das Vorschußrecht der Notare hat weder in dem bisherigen bayerischen Notariatsgesetze, noch in dem Entwurf eine Aufnahme gefunden. Ich höre, daß die Gerichte es bisher wenigstens bezüglich der Auslagen als selbstverständlich gegeben angenommen haben und dagegen wird wohl nichts zu erinnern sein. Bei der Feststellung des Entwurfs ergab sich die Frage, ob man eine Bestimmung des Inhalts machen solle, daß die Notare die Leistung ihres Dienstes von der Leistung des Vorschusses abhängig machen dürfen. Man sah aber davon ab, weil auch die Gerichte dies der Hauptsache nach nicht dürfen und weil man den Notar durch das Zurückbehaltungsrecht für genügend gedeckt hielt.

Der stellvertretende **Vorsitzende:** Das ist eine Prinzipienfrage, diese ist auch so zu beantworten, aber Herr Reichsrath von Hessert hat sich auf einen bestimmten Fall bezogen.

Der k. Staatsminister der Justiz Dr. Freiherr **von Leonrod:** Soweit es sich allerdings um baare Auslogen handelt, die der Notar machen muß, um eine Dienstreise im Parteiinteresse zu machen, ist zuzugeben, daß es billig scheint, daß die Partei dafür einen Vorschuß leistet. Vom einem Vorschuß der Staatsgebühr durch die Partei ist keine Rede, denn diese braucht der Notar nicht auszulegen. Wenn er es thut, so ist es sein freier Wille. Der Artikel 51 des Entwurfs sagt nur, daß solche Staatsgebührvorschüsse, wenn sie vom Notar freiwillig gemacht sind, als Auslagen behandelt werden sollen.

Reichsrath **von Hessert:** Diese braucht er nicht vorzuschießen und, wenn er es dennoch thut, so ist das seine Sache; Vorschüsse aus seiner eigenen Tasche kann man doch dem Notar nicht zumuthen für Auslagen jeder Art, wie Porti, Expreßboten, Reisen u. s. w. Ich meine, für solche Dinge müßte das Recht des Vorschusses zugestanden werden. Bei den Anwälten ist dieses Recht allgemein gesetzlich festgesetzt. Bei den Gebühren würde sich ein Vorschuß nach meiner Ansicht nicht geziemen; das würde gegen die Delikatesse verstoßen.

Reichsrath **von Auer** als Referent: Ich glaube, diese Frage ist entschieden durch den Art. 15, welcher lautet

„Der Notar darf die Vornahme eines Amtsgeschäftes nicht ohne zureichenden Grund verweigern.“

Es wird nun im einzelnen Falle dem Richter sich die Frage aufdrängen, ob der Notar einen zureichenden Grund hat, eine Amtshandlung aus dem Grunde zu verweigern, weil er eine Deckung für seine Kosten nicht gefunden hat. Meine Anschauung geht nun dahin, daß man dem Notar ebenso wenig wie dem Richter zumuthen kann, baare Auslagen zu machen, wofür eine Deckung von den Parteien nicht im Vorhinein geleistet wird. Wird dem Notar zugemuthet, z. B. eine Verlassenschaftsversteigerung auszuschreiben und damit die Verantwortlichkeit gegenüber den Blättern zur Bezahlung der Insertionskosten zu übernehmen, so kann er mit Recht fordern: wenn ihr Parteien diese Thätigkeit von mir verlangt, so müßt ihr mir auch das Obligo decken, das das ich durch die Insertion übernehme. Wenn dann eine Partei sich darüber beklagt, daß der Notar dieses Geschäft, das ihm zugemuthet worden ist, vorzunehmen sich weigert, so wird sich kaum ein Richter finden, der sagt, der Notar habe grundlos in diesem Falle die Vornahme der Amtshandlung verweigert.

Der stellvertretende **Vorsitzende** Ein Abänderungsantrag ist zu Artikel 55 nicht gestellt, es wird sohin derselbe nach den mehrfachen Aufklärungen über seine Tragweite als angenommen gelten können.

Sämmtliche Artikel 49—57 sind darnach genehmigt.

Fünfter Abschnitt.

Gerichtliche Entscheidung. Beschwerde.

Artikel 58—63.

Reichsrath **von Auer** als Referent: Gegen diesen ganzen Abschnitt habe ich keine Erinnerung zu erheben.

Der stellvertretende **Vorsitzende:** Es wird auch von anderer Seite keine Erinnerung erhoben, infolgedessen erkläre ich die Artikel 58—63 für angenommen.

Sechster Abschnitt.

Dienstaufsicht und Disziplin.

1. Dienstaufsicht.

Artikel 64—66.

Reichsrath **von Auer** als Referent: Die Dienstaufsicht, welche bisher den Staatsanwälten zustand (Art. 124 des Gesetzes von 1861), geht auf die Präsidenten des Land- bezw. Oberlandesgerichts über. Ordnungsstrafen als Zwangsmittel, die bisher von jedem Gerichte verhängt werden konnten (Art. 143), welches den Notaren Aufträge ertheilte, können künftig nur von der vorgesetzten Dienstaufsichtsbehörde entsprechend der Stellung der Notariate als Behörden verhängt werden; sie setzen Androhung voraus.

Der Notar kann nach Artikel 65 zur Ausführung der Weisungen der Aufsichtsbehörde mit Zwangsstrafen angehalten werden, deren Höhe 100 M. nicht übersteigen soll. Der Ausschuß der Kammer der Abgeordneten setzte das Maximum der Zwangsstrafen auf 50 M. herab. Ob damit den Notaren gedient ist, mag dahingestellt bleiben, sie werden dann, wenn das Maximum geringer ist, um so schneller dem Disziplinarverfahren verfallen.

Ich erachte jedoch die Sache nicht von durchschlagender Bedeutung und beantrage deßhalb, die Artikel 64—66 mit der beregten Modifikation sowie mit dem weitern von dem Ausschusse der Kammer der Abgeordneten beschlossenen Zusatz, daß die Androhung der Zwangsstrafe eine schriftliche sein müsse, die Zustimmung zu ertheilen.

Reichsrath **von Hessert:** Zu dem Artikel 64, welcher von der Dienstaufsicht handelt, möchte ich eine Bemerkung machen. Bekanntlich ist nach der Civilprozeßordnung, wenn ein Notar als Zeuge vernommen werden soll, die Entbindung vom Amtsgeheimniß durch die vorgesetzte Behörde vorgeschrieben. Nun hat sich in der Praxis eine Meinungsverschiedenheit darüber gebildet, wie es zu halten ist, wenn ein Notar wegen einer Urkunde vernommen werden soll, die er an einem früheren Wohnorte und unter einem anderen Gerichte aufgenommen hat. Ist das Gericht des Wohnorts zuständig oder das Gericht des Geschäftes: Ich persönlich bin nicht im Zweifel, daß das Gericht des Wohnorts zuständig ist, weil die dermalige Dienstbehörde diejenige ist, die die ganze Aufsicht über ihn zu führen hat. Nun ist aber merkwürdiger Weise die Sache zweimal verschiedentlich behandelt worden. Durch die Verordnung vom Jahre 1865 ist der Präsident des Wohnorts für zuständig erklärt worden und durch die Verordnung vom Jahre 1870 der Präsident des Geschäftes. Die Gründe, welche dafür maßgebend waren, daß hier verschiedene Anordnungen ergangen sind, sind mir nicht bekannt. In einem praktischen Falle wurde entschieden, daß der Präsident des Wohnorts zuständig ist.

Der k. Staatsminister der Justiz Dr Freiherr **von Leonrod:** Es war mir bis jetzt nicht zweifelhaft, daß stets der Präsident des Wohnorts des Notars, der Präsident, welcher zur Zeit der Verhandlung der Sache die Dienstaufsicht über die Notare führt, allein zuständig ist.

Reichsrath **von Hessert:** Das wird also Gegenstand der Ausführungsverordnung sein.

Der stellvertretende Vorsitzende: Das Gesagte dient zur Aufklärung. Damit sind die Art. 64—66 genehmigt. Wir gehen über zu

Artikel 66a.

Reichsrath von Auer als Referent: Artikel 66a ist auf Antrag der k. Staatsregierung nur hinzugekommen. Er lautet:

Die Finanzbehörden sind jederzeit berechtigt, das Depositenwesen der Notare (Artikel 3a) sowie deren Thätigkeit bei Berechnung und Erhebung von Staats- oder Gemeindegebühren (Artikel 4), insbesondere die gesammte hierauf bezügliche Buch- und Kassaführung durch beauftragte Beamte prüfen zu lassen.

Die Notare haben diesen Beamten gegenüber die gleichen Verpflichtungen, wie sie ihnen in Artikel 66 gegenüber den dienstaufsichtführenden Beamten auferlegt sind, und haben den wegen Erledigung ihrer finanziellen Geschäfte insbesondere der Buch- und Kassaführung, ergehenden Weisungen der Finanzbehörden Folge zu leisten. Zur Erledigung der finanziellen Geschäfte sind die Notare auf Veranlassung der Finanzbehörden durch Zwangsstrafen anzuhalten; die Notare unterliegen bei Verletzung ihrer dießbezüglichen Dienstpflichten der Einschreitung im Dienststrafwege.

Die Haftung des Staates für die vom Notar vereinnahmten Gelder bedingt eine verschärfte Kontrolle des Kassen- und Depositenwesens, die sich nicht nur auf die vom Notar für die Parteien vereinnahmten Gelder, sondern auch auf die perzipierten Gebühren erstrecken muß, weil nur die gleichzeitige Kontrolle beider Kassen eine Gewähr für die Richtigkeit der Kassenführung bietet. Der Ausschuß der Kammer der Abgeordneten beschloß daher in diesem Artikel die Finanzbehörden nicht nur zu ermächtigen, Buch- und Kassaführung zu kontrollieren, sondern auch die von ihnen erlassenen Anordnungen durch Zwangsstrafen zum Vollzug zu bringen, selbstverständlich auf demselben Wege, wie die übrigen Strafen angedroht und ausgesprochen werden.

Ich halte diese Bedingung gegenüber der übernommenen Haftung des Staates für perzipierte Gelder für unerläßlich.

Ich beantrage die Zustimmung zu Art. 66a.

Der stellvertretende Vorsitzende: Eine Erinnerung gegen Artikel 66a ist nicht geltend gemacht worden, ich erkläre somit denselben als angenommen.

2. Dienststrafrecht.

Artikel 67—79.

Reichsrath von Auer als Referent: Der Entwurf hält die Unterscheidung zwischen Ordnungs- und Disziplinarstrafen aufrecht ohne jedoch im Gesetze zu bestimmen, in welchen Fällen auf die eine oder andere Art der Strafe zu erkennen ist. Hierüber haben die Gerichte zu befinden.

Im Uebrigen ist diese Materie ziemlich dem Richterdisziplinargesetze nachgebildet.

Die Kammer der Abgeordneten hat zwei redaktionelle Aenderungen vorgenommen

1. Eingang des Artikel 72 sei zu fassen:
   „Auf Dienstentlassung kann erkannt werden·"
2. in Artikel 73 zu setzen „des Ehrentitels" anstatt „der Ehrentitel"

Ich beantrage Zustimmung.

Der erste Präsident, Graf **von Lerchenfeld-Köfering**: Es scheint mir im Gesetzentwurf die Frage nicht hinreichend klar behandelt zu sein, was zu geschehen hat, wenn gegen einen Notar ein Strafverfahren eingeleitet wurde, das mit seiner Freisprechung endete, die dem Strafverfahren zu Grunde liegenden Thatsachen aber doch derartig sind, daß sie dessen ferneres Verbleiben im Amt unthunlich erscheinen lassen. Ich bitte um Aufklärung.

Der k. Staatsminister der Justiz Dr. Freiherr **von Leonrod**: Dafür ist in den Artikeln 88 und 89 Vorsorge getroffen.

Reichsrath **von Auer** als Referent: Ich möchte mir zu Art. 68 noch nachträglich eine Bemerkung erlauben. Hier ist dem Notar verboten, unter seinem Namen Geschäfte zu machen oder auf seinen Namen fremde Gelder anzulegen, die ihm aus Anlaß seiner Amtsgeschäfte anvertraut worden sind. Die gegenwärtige Art der Geschäftsführung bringt es mit sich, daß man größere Summen nicht zu Hause behält, sondern bei der Bank in Verwahrung gibt. Es sind sogar hie und da die Gerichte in der Lage, von dieser Einrichtung Gebrauch machen zu müssen, weil sie keine entsprechenden Kassenlokale zur Verfügung haben. Einem Notar ist es auch kaum zuzumuthen, daß er alle Gelder und Werthpapiere in seinem Haus aufspeichert und dort verwahrt. Im Interesse der Sache ist es deshalb, daß er einen sicheren Verwahrungsort auffindet. Es ist dazu Gelegenheit gegeben. Die k. Bank ist beinahe in allen größeren Städten vertreten und können die Notare dort ihre Gelder und Werthsachen hinterlegen. Ich verstehe diesen Artikel also nur dahin, daß der Notar keinen Gewinn mit fremden Geldern machen darf durch eine derartige Anlage, sonst glaube ich, daß er allerdings ermächtigt ist, die Gelder bei einer Bank zu deponieren, ohne damit den Strafbestimmungen des Art. 68 zu verfallen. Es liegt das im Interesse der Sache, des Notars und der Parteien.

Der k. Staatsminister der Justiz Dr. Freiherr **von Leonrod**: Artikel 68 Ziffer 3 verbietet nur, daß der Notar auf seinen Namen fremde Gelder anlegt, nicht aber, daß er auf fremden Namen zu seiner Verfügung bei einer Bank hinterlegt.

Reichsrath **von Auer** als Referent: Der Notar muß die Gelder auf seinen Namen hinterlegen, denn sonst bekommt er sie nicht wieder heraus. Wenn z. B. der Notar eine Verlassenschaft in die Hand bekommt und er hinterlegt die Gelder auf den Namen der Erben, so bekommt er die Gelder nicht mehr auf seinen Namen heraus.

Der k. Staatsminister der Justiz Dr. Freiherr **von Leonrod**: Wenn ein Notar fremde Gelder in die Hand bekommt, so muß er fragen: Was soll ich mit dem Geld anfangen? Soll ich es bei mir behalten oder soll ich es auf die Bank geben? In den meisten Fällen wird die Partei sagen, er soll es auf die Bank geben.

Natürlich wird der Notar im Interesse der Partei zu erwägen haben und zumeist im Benehmen mit ihr erwägen, ob er die übernommenen Werthe in seinem Verwahr behalten, oder sei es als geschlossenes Depot, oder nutzbringend, bei der Bank hinterlegen soll. Es wird in sehr vielen, vielleicht sogar in den meisten Fällen zur Hinterlegung bei der Bank kommen. Nur soll das nicht in der Weise geschehen, daß der Schein erweckt wird, als lege er das Geld für sich selbst an oder gar so, daß er wirklich das Geld zu eigenem Zinsengenuß und Vortheil benützt.

Reichsrath Dr. Ritter **von Schmitt**: Es genügt, wenn der Notar, der bei der Bank hinterlegt, hinzufügt, daß das Geld zu der Verlassenschaft so und so gehört, dann bekommt er das Geld auch jederzeit auf Verlangen wieder zurück.

Der k. Staatsminister der Justiz Dr Freiherr **von Leonrod**: Ich mache darauf aufmerksam, daß die jetzt beanstandete Vorschrift in Bayern seit fast 40 Jahren gilt und seitdem in der Praxis nicht ein einzigesmal zu einem Anstand geführt hat. Ich glaube darum, man könnte sie auch jetzt stehen lassen.

Reichsrath **von Auer** als Referent: Ich glaube, daß ausschlaggebend ist, daß der Notar aus der Hinterlegung keinen Gewinn zieht. Auch bisher haben die Notare schon die Banken zur Hinterlegung benutzt.

Der k. Staatsminister der Justiz Dr Freiherr **von Leonrod**: Ich glaube, daß der Entwurf hier einer weiteren Ergänzung oder Verdeutlichung nicht bedarf. Der Zweck des Gesetzes ist doch offenbar der Hauptsache nach, zu verpönen, daß ein Notar fremde Gelder unter seinem Namen anlegt, um daraus Gewinn zu ziehen.

Reichsrath Dr **von Schmitt**: Der Notar kann, ja er muß sogar im Interesse der Sicherheit fremde Gelder anlegen, aber er muß dabei erkennbar machen, daß das Geld nicht sein Eigen ist, sondern fremdes Geld, welches ihm in seiner Eigenschaft als Notar übergeben worden ist z. B. in einer Verlassenschaft. Dann bekommt er das Geld jederzeit wieder zurück.

Reichsrath **von Auer** als Referent Das glaube ich nicht, denn wenn es heißt: Verlassenschaft des N. N., dann wird keine Bank das Geld herausgeben.

Der k. Staatsminister der Justiz Dr Freiherr **von Leonrod**: Ich kann nicht zugeben, daß bei den Banken Schwierigkeiten wegen der Erhebung entstehen werden, wenn der Notar verhalten wird, bei der Anlage oder Hinterlegung den Betreff anzugeben, in dem sie geschieht. Die Bank wird ihm anstandslos auf sein Ersuchen die hinterlegten Werthe zurückgeben. Das geschieht bei dem Gericht unter ähnlichen Verhältnissen tagtäglich.

Reichsrath **von Auer** als Referent: Ja, den Gerichten schon, aber nicht den Notaren.

Reichsrath Dr. **von Schmitt**: Der Notar ist künftig so gut Behörde wie das Gericht.

Reichsrath **von Auer** als Referent: Das Entscheidende ist immer, wie die Hinterlegung erfolgt. Es wird im Auge zu behalten sein, daß unter Verwahrung nicht eine Anlage zu verstehen und die Verwahrung der Gelder nicht so zu verstehen ist, daß der Notar die Verwahrung selbst besorgen muß, sondern daß er sich dabei der Institute bedienen kann, die im gewöhnlichen Verkehr hiezu benutzt werden. Nur das möchte ich zum Ausdruck gebracht haben.

Der **erste Präsident**: Dieser Absatz 3 des Artikel 68 kann und wird so interpretiert werden müssen, wie vorhin gesagt wurde, aber richtig ist er nicht gefaßt.

Der **stellvertretende Vorsitzende**: Ich frage, ob von irgend einer Seite ein förmlicher Antrag gestellt wird. Es scheint das nicht der Fall zu sein. Die Sache ist genügend besprochen und dabei aufgeklärt, was der Sinn des Artikels sein soll.

Ich kann also kundgeben, daß Artikel 68 Absatz 3 angenommen ist, weiter daß auch die Artikel 67 bis 79 genehmigt sind.

3. Dienststrafverfahren.

Artikel 80—85.

Reichsrath **von Auer** als Referent: Das Dienststrafverfahren ist verschieden, je nachdem es sich um Verhängung einer Ordnungs- oder einer Disziplinarstrafe handelt. Ordnungsstrafen werden von der Civilkammer des Landgerichtes ausgesprochen, während auf Disziplinarstrafen nur von den Disziplinargerichten nach Maßgabe des Gesetzes vom 26. März 1881 „des Disziplinargesetzes für richterliche Beamte" ausgesprochen werden können. Das Verfahren wird in der Begründung des Entwurfs in faßlicher Weise dargestellt, wodurch ich der Nothwendigkeit überhoben bin, dasselbe ausführlich hier zu besprechen, und mich darauf beschränken kann, dasselbe als durchaus sachgemäß geordnet zu bezeichnen.

Man könnte die Frage aufwerfen, ob es sich empfehle, die Aburtheilung der Dienstvergehen der Notare einem eigenen Standesgerichte zu überweisen, ähnlich den für die Rechtsanwälte eingeführten Ehrengerichten, die sich nach meinen Erfahrungen durchaus bewährt haben und eine viel strengere und korrektere Disziplin ausüben als dies früher der Fall war, da die Disziplinargewalt über die k. Advokaten von den Gerichten geübt wurde. Allein, nachdem man den Notaren die Eigenschaft von Beamten verleiht und die Notariate als Behörden anerkannt hat, muß ich zugeben, daß es sich nicht rechtfertigen würde, den Notaren bezüglich der Disziplinargewalt eine Sonderstellung einzuräumen und kann nur anerkennen, daß es im Interesse der Notare gelegen erscheint, sie in dieser Beziehung den Richtern möglichst gleichzustellen. Eine stramme Disziplin erhöht das Ansehen des Standes, sie ist am wenigsten für das Notariatsinstitut entbehrlich, in dem dem einzelnen so wichtige Interessen anvertraut werden.

Diese Gleichstellung der Notare mit den Richtern würde aber nicht ausschließen, daß die Disziplinargerichte wenigstens theilweise mit Mitgliedern der Notariatskammer besetzt werden, wodurch diese Gerichte weder an Ansehen noch an Objektivität verloren hätten.

Es hätte das den Vorzug, daß in das Gericht zugleich Sachverständige Aufnahme gefunden hätten, welche die Sache richtiger beurtheilen könnten als das beim Richterstande der Fall ist. Es würde weiter das Vertrauen der Notare auf die Gerichte wesentlich gestärkt werden und ich habe die Erfahrung gemacht, daß solche gemischte Gerichte das größte Ansehen genießen. Der Ehrengerichtshof für Rechtsanwälte in Leipzig erläßt Urtheile, die sehr wenig Anfechtung in ganz Deutschland gefunden haben, und dort ist eine Anzahl von Anwälten als Richter thätig. Es wäre nicht ausgeschlossen. daß man für die Notare dieselbe Einrichtung hätte treffen können. Die Notare finden sich natürlich, wenn sie durch Richter allein abgeurtheilt werden, sehr oft nicht ganz so beurtheilt, wie sie glauben, daß sie hätten beurtheilt werden sollen. Dieser Haupteinwurf gegen diese Art der Disziplinargerichte würde aber in Wegfall kommen, wenn in das Disziplinargericht auch die Notare Aufnahme gefunden hätten. Dadurch würde aber eine vollständige Aenderung des Verfahrens nothwendig sein. Ich bin zufrieden gewesen, daß ich in der kurzen Zeit mir überhaupt ein Bild über die Sache machen konnte. So eingreifende und durchschlagende Aenderungen zu beantragen bin ich nicht im Stande. Ich erachte es aber als Verpflichtung, darauf aufmerksam zu machen, daß ich die Frage auch erwogen habe und nur durch die Gewalt der Umstände verhindert worden bin, einen Antrag zu stellen, der meinen Anschauungen entsprochen hätte.

Der Ausschuß der Kammer der Abgeordneten beschloß im Artikel 81 Satz 3 und 4 folgendermaßen zusammenzufassen: „Die Beschwerde ist bei dem Landgerichte durch Einreichung einer Beschwerdeschrift einzulegen."

Ich beantrage, den Artikeln 80—85 mit dieser Modifikation die Zustimmung zu ertheilen.

Der k. Staatsminister der Justiz Dr. Freiherr **von Leonrod**: Man wollte in diesem Punkte ganz wie bei den Richtern verfahren. Man hielt sich deshalb so genau wie möglich an das Gesetz vom 26. März 1881. Die Notare werden von den mit Richtern besetzten Disziplinargerichten ebenso gerecht beurtheilt werden als von den eigenen Kollegen. Es ist auch, glaube ich, nicht der Wunsch der Mehrzahl der Notare, selbst in solche Gerichte einzutreten. Denn es hat seine Schattenseiten, über die eigenen Kollegen zu Gericht sitzen zu müssen. Ich glaube, daß die Richter viel unabhängiger urtheilen können. Auch wird es, glaube ich, im Publikum einen guten Eindruck machen, wenn nicht die Notare selbst durch Notare, sondern durch die gewöhnlichen Richterdisziplinargerichte abgeurtheilt werden. Das sind die Gründe, welche die Justizverwaltung bei der Aufstellung der Disziplinarvorschrift geleistet haben. Die vorgeschlagene Regelung hat im Ausschusse der Kammer der Abgeordneten Billigung gefunden.

Reichsrath **von Auer** als Referent: Die letzten Worte geben mir doch Veranlassung, ein Paar Bemerkungen zu machen. Das Publikum, glaube ich, hätte keinen Anstand daran gefunden, daß Notare in die Disziplinargerichte berufen würden. Nach meiner Erfahrung ist im Gegentheil das Publikum mit solchen Standesgerichten außerordentlich zufrieden. Der Andrang des Publikums zu den Ehrengerichten der Anwälte läßt darauf schließen, daß das Publikum großes Vertrauen auf diese Ehrengerichte hat. Ich glaube, feststellen zu können, daß vor Einführung dieser Ehrengerichte nicht der zehnte Theil der Beschwerden gegen Anwälte an die Gerichte gekommen sind, wie das jetzt bezüglich der Ehrengerichte der Fall ist. Der einfache Grund ist, daß den Beschwerden bei den jetzigen Ehrengerichten Abhilfe verschafft wird, während früher bei den Gerichten, ich will denselben nicht zu nahe treten, eine solche Abhilfe sehr schwierig war.

Vorsitzender: Es ist kein Antrag gestellt, das Wort wird auch nicht weiter ergriffen, Artikel 80—85 sind somit angenommen.

4. Zwangsversetzung und Zwangsenthebung.

Art. 86—90.

Reichsrath **von Auer** als Referent: Nach Artikel 122 des Notariatsgesetzes von 1861 konnte ein Notar aus administrativen Erwägungen versetzt werden, aber nur, nachdem er wiederholt bestraft und auf die ihm drohende Versetzung im Strafbeschlusse ausdrücklich hingewiesen worden war.

Diese Versetzung ist demnach als eine Straffolge aufzufassen. Der Entwurf kennt diese Versetzung auch (Art. 74), wenn auch unter anderen Bedingungen. Es machte sich aber das Bedürfniß geltend, daß der Notar unter Umständen auch versetzt werden könne, ohne daß eine Strafe gegen ihn ausgesprochen wurde, ja sogar auch, wenn ihn gar kein Verschulden trifft. Ist die Bestrafung wegen eingetretener Verjährung oder aus sonstigen Gründen ausgeschlossen, oder gibt das Verhalten der Familienangehörigen des Notars zu erheblichen Beanstandungen Anlaß, so liegt es im öffentlichen Interesse, daß der Notar in seiner Stellung nicht belassen werde. Dieser Rücksicht muß das Privatinteresse des Notars, auf seinem Posten zu verbleiben, weichen.

Unter ähnlichen Verhältnissen, wie dann, wenn der Notar wegen geistiger oder körperlicher Gebrechlichkeit zur Ausübung seines Berufes überhaupt nicht mehr befähigt ist, kann derselbe auch seines Amtes enthoben werden.

Es war bisher mißlich, daß ein Notar, der in Geisteskrankheit verfiel oder körperlich so herabgekommen war, daß er sein Amt nicht mehr selbst versehen konnte, doch darin belassen werden mußte, und die Aufstellung eines Amtsverwesers bot in diesen Fällen nur ein ungenügendes Auskunftsmittel. Mit Recht schafft der Entwurf hier Abhilfe.

Es ist zwar hart, wenn der Notar von einer solchen Maßregel betroffen wird. Deshalb sind Garantien nothwendig, daß von ihr nur innerhalb des Rahmens des Gesetzes Gebrauch gemacht wird. Diese Garantie bietet der Entwurf, indem er die Zwangsversetzung und Zwangsenthebung nur dann gestattet, wenn die Disziplinarkammer einen Fall, in welchem eine dieser Maßregeln gerechtfertigt erscheint, als gegeben erkennt.

Nach Artikel 86 Ziffer 3 soll die Zwangsversetzung eines Notars auch dann zulässig sein, wenn die Strafverfolgung wegen Verjährung oder aus anderen Gründen nicht erfolgen kann, aber nicht ohne Verschulden des Notars Umstände eingetreten sind, welche sein Verbleiben auf seiner bisherigen Stelle in einer nicht bloß vorübergehenden Art erheblich stören. Der Ausschuß der Kammer der Abgeordneten beschloß die Worte „oder aus anderen Gründen" zu streichen. Die Unbestimmtheit dieser Worte rechtfertigen allerdings diesen Beschluß, dem ich beizustimmen beantrage. In Konsequenz dieses Beschlusses beantrage ich weiter, die gleichen Worte in Artikel 88 Ziffer 3 zu streichen.

Ebenso wird es sich rechtfertigen auch dem Beschlusse des Ausschusses der II. Kammer, dem Notar, der wegen Verjährung nicht mehr verfolgt werden kann, für den Fall der Zwangsversetzung die Umzugskosten zu bewilligen, die Zustimmung zu ertheilen, schon aus dem Grunde, weil dies dem Richterdisziplinargesetz Art. 65 entspricht.

Artikel 87 Absatz 1 erhielt im Ausschusse der Kammer der Abgeordneten eine nicht zu beanstandende Aenderung. Nach Absatz 2 soll nach dem Beschlusse dieses Ausschusses die Versetzung ohne weiteres nur dann erfolgen, wenn der Notar einwilligt, nicht auch wie nach dem Entwurfe, wenn er keine Erklärung abgibt. Die weitere Aenderung dieses Artikels ist redaktioneller Natur.

Ich beantrage Zustimmung hiezu wie zu der redaktionellen Aenderung des Artikel 89.

Der k. Staatsminister der Justiz Dr. Freiherr **von Leonrod:** Ich bedaure, dem Antrag des Herrn Referenten zu Artikel 88 Ziffer 3 nicht zustimmen zu können. Da die Protokolle über die Verhandlungen des Ausschusses der Kammer der Abgeordneten noch nicht gedruckt sind, so kann aus dem Umstande, daß die Worte „oder aus anderen Gründen" im Artikel 86 gestrichen, in dem korrespondierenden Artikel 88 aber stehen geblieben sind, allerdings leicht geschlossen werden, daß an letzterer Stelle bloß ein Versehen vorliegt. Dies ist jedoch nicht der Fall. Die Worte sind mit gutem Bedacht stehen gelassen worden.

Auch in der Kammer der Abgeordneten wurden nämlich im Artikel 88 die Worte „oder aus anderen Gründen" beanstandet. Die Regierung hielt jedoch daran fest. Ich darf wohl die diesbezüglich von Seite der Regierung gegebenen Aufklärungen aus dem Manuskript des Protokolls bekannt geben. Es ist ausgeführt worden:

„Die Worte „aus anderen Gründen" wurden bei Artikel 86 gestrichen, und es kann kaum bestritten werden, daß diese Streichung guten Grund hatte. Denn der Artikel 74, welcher über die Strafversetzung handelt, lautet: „Auf Strafversetzung ist zu erkennen, wenn ein Notar durch eine Handlung, die ein Dienstvergehen bildet, die Achtung oder das Vertrauen der Bevölkerung des Notariatsbezirks verloren hat, so daß er in diesem Bezirk nicht belassen werden kann." Die Strafversetzung ist also selbst dann zu verhängen, wenn das Vergehen von nicht übermäßiger Schwere, aber doch von solcher Art ist, daß man den Notar nicht in seinem Bezirke belassen kann. Dem gegenüber läßt sich allerdings ein anderer Grund als die Verjährung für die Unmöglichkeit des Eintritts der Strafversetzung bei kompromittierenden Dienstvergehen nicht wohl denken. Die „anderen Gründe" können darum hier fehlen. Ganz anders ist das beim Artikel 88. Hier mußten die Worte eingesetzt werden, weil sie nothwendig sind und weil sich ihr Fehlen im Richterdisziplinargesetz als empfindlicher Mangel herausgestellt hat. Zum Beweise dessen ein Beispiel! Es ist vorgekommen, daß ein Richter disziplinär zur Verantwortung gezogen wurde wegen einer Handlung, durch die er vor der Oeffentlichkeit so kompromittiert war, daß er ohne Schaden für das Richteramt unmöglich Richter ja auch nur Beamter bleiben konnte. Es fand sich aber, daß das subjektive Verschulden des Richters zwar gegeben, doch nicht so hoch war, daß man hätte strafweise die Dienstentlassung verhängen können. Es wurde also nur eine hohe Geldstrafe ausgesprochen und gleichzeitig das Zwangspensionierungsverfahren eingeleitet. Was ergab sich aber? Im Zwangspensionierungsverfahren befand das Oberlandesgericht — und mußte vielleicht so befinden —, daß der Fall des Gesetzes nicht vorliege, weil die vorhandene, unheilbare Kompromittierung nicht ohne Verschulden, sondern durch das Verschulden des Richters eingetreten und der Fall der Verjährung nicht gegeben sei.

Ein solches Ergebniß ist aber durchaus unbefriedigend und darf, wenn man neue Disziplinarbestimmungen macht, nicht durch diese ermöglicht werden. Es ist vielmehr bei den neuen Bestimmungen dem richtigen Gedanken Rechnung zu tragen, daß es auf irgend eine Weise möglich sein muß, die Entfernung eines Beamten, der — schuldig oder nicht — sich so kompromittiert hat, daß seine Belassung im Amte ohne Schädigung der Würde des Amtes nicht möglich ist, auch gegen seinen Willen zu erzwingen.

Diesen Sinn haben die Worte „aus anderen Gründen."

Der Ausschuß der Kammer der Abgeordneten nahm daraufhin den Artikel 88 ohne Abänderung an.

Reichsrath **von Auer** als Referent: Ich verstehe die Sache noch nicht recht. Der von Seiner Exzellenz angeführte Fall würde nach meiner Ansicht unter Ziffer 2 des Artikel 88 fallen.

Reichsrath Dr **von Schmitt**: Es gibt objektive und subjektive Gründe, aus welchen ein Richter oder ein anderer Beamter in seinem Amte nicht verbleiben kann.

Objektive Gründe ohne jede konkurrierende Schuld des Mannes sind z. B.: Der Notar ist aus Gesundheitsrücksichten nicht vorübergehend, sondern dauernd unfähig zu amtieren. Der Mann muß seines Amtes enthoben werden; denn er kann es ja nicht ausüben.

Es gibt aber noch andere objektive Gründe, aus welchen er zur Ausübung des Amtes absolut nicht ferner zugelassen werden kann. Brauche ich solche Gründe noch einzeln durch Beispiele zu erörtern? Diese anderen objektiven Gründe hat der Entwurf in Artikel 88 Ziffer 3 am Ende im Auge. Hiebei ist es völlig gleichgültig, ob den Notar dabei auch eine Schuld trifft oder nicht. Wenn er nicht mehr möglich ist, muß er aus dienstlichen Gründen ganz unabhängig von der Frage der Disziplin entlassen werden können, er muß eben fort. Nun hat man im Richterdisziplinargesetz die objektiven Entfernungsgründe und die subjektiven miteinander vermischt, und das war ein Fehler. Man hat gesagt, wenn ein Richter eine so schwere Schuld auf sich lädt, daß er nicht im Richteramt belassen werden kann, so soll auf seine Entlassung aus dem Richteramt im Strafurtheil erkannt werden. Das hat ja den Anschein der Berechtigung, aber auch seine schlimmen Folgen. Denn, wird festgestellt, daß der Mann unter allen Umständen nicht Richter bleiben kann und gleichzeitig, daß Umstände vorhanden sind, die den subjektiven Thatbestand, das persönliche Verschulden, minder schwer erscheinen lassen, wie Betrunkenheit u. dgl., so kommt das Gericht in die Lage, sagen zu müssen: Der Mann ist als Richter unmöglich, man kann keinem Richter zumuthen, daß er mit einem so kompromittierten auf einer Bank zusammensitzt, aber doch soll er bleiben; denn es kommen ihm subjektive Milderungsgründe zu statten. Das darf man nicht dulden. Ich meine darum: So wie die Dinge liegen, insbesondere nach dem Richterdisziplinargesetz und seiner Anwendung bleibt gar nichts anderes übrig als zu sagen: „Nicht bloß wenn wegen Verjährung, sondern auch, wenn aus anderen Gründen die Entlassung nicht erfolgen kann, soll die Zwangsenthebung erfolgen, wenn sie nöthig ist."

Der erste **Präsident**: Die Worte: „oder aus anderen Gründen" sind im Artikel 86 gestrichen worden. Bei der Motivierung durch Seine Exzellenz den Herrn Minister ist auf Artikel 74 hingewiesen worden. Ich kann trotz dieser Ausführungen noch immer nicht den Unterschied erkennen und bitte also darüber aufgeklärt zu werden, warum in Artikel 86 die Worte „oder aus anderen Gründen" entbehrlich, im Artikel 88 aber nicht entbehrlich sein sollen.

Der k. Staatsminister der Justiz Dr. Freiherr **von Leonrod**: Der Unterschied liegt eben darin, daß es im Artikel 74 heißt: Auf Strafversetzung ist zu erkennen, wenn der Notar wegen eines Dienstvergehens am Orte unmöglich geworden ist und daß deshalb der Fall eines nicht durch Verjährung gedeckten Verschuldens, das unter Artikel 86 fiele, nicht vorkommen kann. Denn wenn nicht Verjährung vorliegt, muß ja immer Strafversetzung erfolgen. Ganz anders liegt es bei der Zwangsenthebung. Hier ist überhaupt eine Vorschrift dahin, daß im Falle der Unhaltbarkeit des Notars infolge Dienstvergehens immer auf Dienstentlassung erkannt werden müßte, nicht vorhanden, auch nicht wohl möglich. Wir bedürfen also hier bei der offenliegenden Unzulänglichkeit des Richterdisziplinargesetzes der vorgeschlagenen besonderen Aushilfe.

Der erste Präsident: Nach Artikel 74 Ziffer 2 wird auf Strafversetzung erkannt, wenn nach Lage des Falles die Verhängung einer Geldstrafe ungenügend und nicht die Verhängung der Dienstentlassung veranlaßt ist. Wenn nun aber dieses Strafverfahren dahin führen sollte, daß diese Ziffer 2 nicht in Anwendung käme und der Notar lediglich eine Geldstrafe erhalten würde aus mildernden Gründen, so könnte doch die Versetzung nothwendig sein, wenn die Umstände es erheischen. Ich spreche hier nur für die Ehre und das Ansehen des Notariatsinstitutes.

Der k. Staatsminister der Justiz Dr. Freiherr **von Leonrod:** Die Ziffer 2 des Artikel 74 kann überhaupt nur dann in Frage kommen, wenn der Notar an sich am Orte noch haltbar wäre. Denn wenn er durch das Dienstvergehen unhaltbar geworden ist, muß stets Artikel 74 Ziffer 1 angewendet werden. Artikel 74 Ziffer 2 und Artikel 86 können also nicht kollidieren.

Reichsrath **von Auer** als Referent: Nach diesen Aufklärungen scheint mir die Ziffer 3 des Artikel 88 noch viel bedenklicher in Bezug auf die Bestimmung: „aus anderen Gründen" als vorher. Nach diesen Aufklärungen soll eine solche Berechtigung, den Notar zur Strafe zu versetzen, dann eintreten, wenn der Disziplinarrichter keine hinreichenden Gründe aus dem Verschulden des Notars hiezu gegeben sieht. Es setzt demnach die Anwendung dieses Artikel 88 voraus, daß das erste Gericht aus subjektiven Gründen das Verfehlen des Notars nicht so schwer erachtet hat, um ihn zu versetzen. Dann geht man weiter und sagt, aus objektiven Gründen muß der Notar pensioniert werden. Wäre es nicht möglich, sofort diese Gewalt dem ersten Gericht einzuräumen und zu sagen, aus subjektiven Gründen wäre der Notar zwar minder strafbar, allein die Enthebung vom Amt ist aus objektiven Gründen nothwendig? Wür es so bleiben, wie es jetzt hier im Artikel steht, dann ist nicht zu verhindern, daß das zweite Urtheil den Charakter einer Korrektur des ersteren annimmt. Das erste Urtheil des Disziplinargerichts erklärt, der Notar ist nicht so strafbar, daß man ihn entfernen muß, und das zweite sagt, das ist allerdings richtig, aber wir können ihn nicht mehr länger beibehalten, wir müssen ihn doch entfernen aus objektiven Gründen. Für den Notar wird es wohl gleichgültig sein, ob er aus subjektiven Gründen entfernt wird, und ich weiß wirklich nicht, wie das in der Praxis gehalten werden soll, daß nach einem ersten Urtheil, welches den Notar nicht als schuldig in so hohem Grade erachtet, daß er aus seinem Amtsverhältniß entfernt wird, es doch noch möglich sein kann, ihn durch ein zweites Urtheil aus objektiven Gründen vom Notariat zu entfernen.

Reichsrath **von Heffert:** Der Herr Referent hat beanstandet, daß noch ein zweites Urtheil nöthig sei, das möglicher Weise das erste korrigieren würde. Das läßt sich nicht umgehen, denn beim ersten Urtheil kann der zweite Punkt nicht berührt werden. Es ist ein ganz anderer Thatbestand, der nicht in der Anklageschrift erwähnt ist, dem Notar zur Last gelegt. Er kann also auch nicht wegen dieses Thatbestandes abgeurtheilt werden. Es handelt sich eben nicht um dieselbe Thatsache, sondern um eine ganz neue Thatsache, die Anlaß gibt zu einer neuen Wendung des Disziplinarverfahrens. Ich meine also, wir sollen den Wortlaut des Artikels nicht beanstanden.

Der stellvertretende **Vorsitzende:** Wenn niemand mehr das Wort ergreift, so schreiten wir zur Abstimmung. Der Herr Referent hat beantragt, im Artikel 88 bei Ziffer 3 die Worte: „oder aus anderen Gründen" zu streichen.

Der Antrag ist abgelehnt. Es bleibt also bei der Fassung des Artikel 88.

Reichsrath von Auer als Referent: In Artikel 89 heißt es in Absatz 2: „Der Notar muß über das Gesammtergebniß der Erhebungen schriftlich oder zu Protokoll vernommen werden." Es ist das eine Aenderung gegenüber dem Entwurf, zu der ich Zustimmung beantrage. Ich bemerke, daß in meinem gedruckten Antrag der Artikel 63 als vom Ausschusse der Kammer der Abgeordneten abgeändert bezeichnet ist, während an demselben gegenüber dem Entwurf gar keine Aenderung eingetreten ist. Mein diesbezüglicher Antrag beruht also auf einem Irrthum. Ich ziehe ihn zuück.

Der stellvertretende Vorsitzende: Ich konstatiere die Annahme der Artikel 86—90.

5. Suspension.

Artikel 91—94.

Reichsrath von Auer als Referent: Die Suspension vom Dienste nach dem bisherigen Gesetz (Art. 113) kennt der Entwurf nicht und mit Recht. Er folgt hierin der Rechtsanwaltsordnung, welcher diese Strafart gleichfalls fremd ist (§ 65). Ein Notar, dem zur Strafe die Ausübung seines Amtes untersagt ist, wird dadurch derart diskreditiert, daß er weder an seinem bisherigen, noch an einem andern Amtssitze seinem Berufe obliegen kann, weil er das Vertrauen, das ihm nothwendig ist, verloren hat. Dagegen erscheint die Suspension als eine provisorische Maßregel unentbehrlich. Die Bestimmungen des bisherigen Gesetzes (Art. 140) über die Fälle, in welchen die provisorische Suspension verhängt werden konnte, erwiesen sich als ungenügend. Nach dem Entwurfe tritt diese Art der Suspension entweder kraft des Gesetzes ein (Art. 92) oder sie kann von der Disziplinarkammer (Art. 93) oder vom Staatsministerium der Justiz (Art 94) verhängt werden. Die Fälle der ersten und zweiten Kategorie geben zu einer Beanstandung keinen Anlaß, insbesondere muß ich für vollkommen gerechtfertigt erachten, daß einem Notar, gegen den ein Disziplinarverfahren anhängig ist, welches seine Verlässigkeit in Geldangelegenheiten in Frage stellt, schon vor der Verhängung der Suspension die im Artikel 13 eingeräumte Befugniß einstweilen entzogen werden kann, und kann deshalb die Zustimmung zu dem Beschlusse des Ausschusses der Kammer der Abgeordneten, Absatz 3 des Artikel 93 zu streichen, nicht beantragen.

Gegen die redaktionelle Aenderung des Absatzes 4 dieses Artikels besteht keine Erinnerung.

Aber auch die Bestimmungen, nach welchen das Ministerium eine Suspension eintreten lassen kann, erregen kein Bedenken. Wenn ein Notar ohne Urlaub sich entfernt, kann der für ihn bestellte Verweser nicht sofort nach Rückkehr des Notars entlassen werden, die Suspension muß sich deshalb nicht nur auf die Dauer der Abwesenheit, sondern auch auf eine angemessene Zeit — zehn Tage — darüber hinaus erstrecken; wenn die Zulässigkeit der Enthebung vom Amte durch die Disziplinarkammer ausgesprochen ist, erfordert es das Interesse des Dienstes, daß der betroffene Notar seine Thätigkeit sofort einstelle.

Gegen die vom Ausschusse der Kammer der Abgeordneten beschlossene Streichung der Allegationen der Artikel 89 und 87 in Artikel 94 besteht keine Erinnerung.

Mein Antrag geht also dahin, sich dem Beschlusse der Kammer der Abgeordneten mit Ausnahme des Beschlusses zu dem dritten Absatze des Artikel 93, welcher nach meiner Meinung bestehen bleiben soll, anzuschließen. Ich bin der Anschauung, daß, wenn der Staat für die Gelder haftet, die ein Notar einhebt, man ihm dann auch die Konzession machen muß, daß der Notar, welcher Bedenken bezüglich seiner Geschäftsführung in Geldangelegenheiten im Disziplinarverfahren gibt, durch das Disziplinargericht suspendiert werden kann. Ich halte dies für dringend nothwendig, denn zu warten bis der Notar wirklich veruntreut, das ist doch nicht empfehlenswerth, und anderseits ist es ein Skandal, wenn die ganze Welt weiß, daß der Notar, welcher von allen denjenigen, die in seiner Geschäftsführung einen Einblick haben, keinen Kreuzer Geld mehr in die Hand bekommt, gleichwohl in seiner Stellung belassen werden muß. Es sind in dieser Beziehung in München Fälle vorgekommen, die für den, der es miterlebt hat, es als dringend nothwendig erscheinen lassen, diese Bestimmung aufrecht zu erhalten.

Der k. Staatsminister der Justiz Dr. Freiherr **von Leonrod:** Der Absatz 3 des Artikel 93 ist mit Zustimmung der Regierung gestrichen worden und zwar, weil er neben der neuen Fassung des Artikel 3a nicht mehr aufrecht zu erhalten war. Wenn die Uebernahme von Werthen für den Notar Pflicht und Amtsgeschäft ist, kann man ihm nicht die Befugniß dazu entziehen, ohne ihn zu suspendieren.

Reichsrath **von Auer** als Referent: So geht es, wenn man auf Grund eines ungenügenden Materials referieren muß; wenn man nicht weiß, warum ein Beschluß gefaßt wurde, kann man sich keine Vorstellung machen, und ich werde mich künftig weigern, unter solchen Umständen ein Referat zu erstatten. Man kann doch von keinem Referenten verlangen, daß er in die Seele derjenigen, die einen Beschluß gefaßt haben, hineinblickt.

Reichsrath **von Hessert:** Ich meine, es bleibt doch noch ein Raum für den Absatz 3 denn, wenn auch der Notar gesetzlich verpflichtet ist, dann kann ihm die Verpflichtung wieder abgenommen und ein Verbot erlassen werden, das sich aus anderen Gründen rechtfertigt.

Der k. Staatsminister der Justiz Dr. Freiherr **von Leonrod:** Das wird aus den schon angegebenen Gründen nicht angehen, nachdem an Stelle der Befugniß die Verpflichtung des Notars zur Uebernahme gesetzt ist. Auch das Staatsministerium der Finanzen hat deshalb der von dem Ausschusse der Kammer der Abgeordneten beschlossenen Aenderung zugestimmt.

Reichsrath **von Auer** als Referent: Nach diesen Aufklärungen ziehe ich meinen Antrag zurück.

Der stellvertretende **Vorsitzende:** Die Artikel 91—94 sind angenommen.

Siebenter Abschnitt.

Notariatsverweser.

Artikel 95—118.

Reichsrath **von Auer** als Referent: Der Notariatsverweser ist künftig nicht mehr Vertreter des Notars, wie dies bisher der Fall war, sondern des Notariats — der Behörde —, die Aufstellung erfolgt regelmäßig durch das Staatsministerium der Justiz, in dringenden Fällen durch den Landgerichtspräsidenten, sie kann auch vom Justizministerium dem Oberlandesgerichts- oder dem Landgerichtspräsidenten übertragen werden (Art. 100), dem Notar steht das Antrags- und Vorschlagsrecht zu, bei Erledigung des Notariates oder im Falle der Suspension erfolgt die Aufstellung von Amtswegen. Die Vorbedingungen, um als Notariatsverweser bestellt zu werden, sind im wesentlichen dieselben, wie für die Qualifikation als Notar, nur kann auch bei den Gerichtsschreibern, welche die Befähigung zum Richteramte erlangt haben, von dem Erfordernisse der Ableistung des Vorbereitungsdienstes bei einem Notariate abgesehen werden. Rechtsanwälte sind ausgeschlossen. Ein Rechtsanwalt könnte die Verwesung nur als Nebenbeschäftigung übernehmen, da sie der Natur nach nur vorübergehend ist. Da aber die Verbindung des Notariates mit der Rechtsanwaltschaft unzulässig ist, kann man den Rechtsanwalt auch nicht zum Verweser bestellen. Die übrigen Bestimmungen dieser Artikel über Anfang und Beendigung der Thätigkeit des Verwesers, seine Verpflichtung, die Art seiner Geschäftsführung, seine Honorierung, seine Haftung, die Aufsicht und die Disziplinargewalt über ihn geben mir zu einer Beanstandung keinen Anlaß.

Ebensowenig sind die von dem Ausschusse der Kammer der Abgeordneten zu Artikel 95, 105, 106 Absatz 2, 107, 108, 112, 113, 116 und 117 beschlossenen Aenderungen zu beanstanden, da sie nur redaktioneller Natur sind.

Reichsrath von Hessert: Zum Artikel 96 Absatz 2, der von dem Nachlaß der Ableistung des Vorbereitungsdienstes spricht, möchte ich bemerken: Es sind hier Alle erwähnt, bei welchen Dispense zulässig ist, nur die geprüften Rechtspraktikanten nicht. Es wird doch darauf nicht verzichtet werden, daß deren Vorbereitungszeit abgekürzt werden kann. Es liegt zwar nur eine Zweckmäßigkeitsvorschrift vor; allein nachdem alle Anderen ausdrücklich genannt sind, scheint es mir doch auffallend, daß das bezüglich der Rechtspraktikanten unterblieben ist.

Ferner ist im Artikel 98 bestimmt, daß ein Notar oder Notariatsverweser zum Verweser eines anderen Notariats, das nicht am gleichen Ort seinen Sitz hat, nur ausnahmsweise bestellt werden soll. Wir müssen hier zwei Fälle unterscheiden, namentlich inbezug auf die Pfälzer Verhältnisse. Wir haben dort zehn Notariate an Landorten, also an Orten, wo sich ein Amtsgericht nicht befindet, wo also unter diesen Umständen nicht ausnahmsweise ein Notar, sondern nur ein Notar aus einem anderen Orte als Amtsverweser bestellt werden kann, wenn man nicht einen geprüften Rechtspraktikanten bestellen will; denn die Amtsgerichte, die nicht am Orte sind, kann man nicht damit betrauen; es kann sich also hier nur um einen Notar oder einen geprüften Rechtspraktikanten handeln. Daraus ergibt sich, daß es sich in einem solchen Falle nicht um eine ausnahmsweise Zuziehung eines auswärtigen Notars handelt. Was dann die weiteren Fälle betrifft, so haben wir auch zehn Amtsgerichtssitze, an welchen nur ein Notar aufgestellt ist. Wenn man nun sagen würde, daß der benachbarte Notar mit der Verwesung nur ausnahmsweise betraut würde, dann könnten da bedenkliche Fälle eintreten. Für einige Zeit könnten ja die Amtsrichter aushelfen, aber für längere Zeit kann von einer Beiziehung des Notars nicht abgesehen werden, weil das Personal des Amtsgerichts das Notariat nicht versehen kann. Diese Notariate sind so beschäftigt, daß sie als Nebenfunktionen von Amtsrichtern nicht geführt werden können. Es würden zu diesem Zwecke weitere Amtsrichter — in der Pfalz etwa 8—10 — an den Amtsgerichten bestellt werden müssen, das wird aber nicht gehen. Ich meine aber, das wäre auch nicht nothwendig, denn in der Pfalz sind die Entfernungen ohnehin nicht so groß, daß das Publikum zu weiten Weg zu dem Amtssitz des stellvertretenden Notars hätte. Dann wird es aber auch von den Notaren besser bedient und der Notar hat dann auch Gelegenheit, mehr zu verdienen. Ich meine, aus diesen Gründen wäre es vielleicht wünschenswerth, den Artikel ganz wegzulassen. Wozu soll sich die Regierung binden?

Der k. Staatsminister der Justiz Dr Freiherr **von Leonrod**: Nach dem Wunsch der Kammer der Abgeordneten soll an jedem Amtsgerichtssitz sich ein Notariat befinden. Kann ein solches Notariat der Geringfügigkeit der Zahl der Geschäfte halber nicht mit einer ausschließlich dafür bestimmten Person besetzt werden, so soll die Justizverwaltung Sorge tragen, daß ein Gerichtsbeamter an Stelle des Notars das Notariat versieht. Nun haben wir, wie die Herren wissen, allerdings nicht in der Pfalz, aber im diesrheinischen Bayern eine Anzahl kleiner Amtsgerichtsbezirke, wo ein Notar nicht mehr existiert, wo das Notariat aufgelassen werden mußte, weil es einen Notar nicht ernähren konnte. Bisher wurden die Notariatsgeschäfte in solchen Bezirken vom Nachbarnotar besorgt, was wegen der weiten Entfernungen oft drückend war. Diesem Mißstand soll auch die Vorschrift im Artikel 98 begegnen. Ich weiß wohl, daß in der Pfalz die Verhältnisse wegen der geringen Entfernungen der Amtssitze von einander anders liegen. Allein das ist doch, auf ganz Bayern gesehen, eine Ausnahme und Artikel 98 läßt auch den Ausnahmen Raum. Nur möchten wir wegen der Ausnahmeverhältnisse die für den größeren Landestheil nöthige Regel nicht missen. Ich bitte deshalb, zu Artikel 98 eine Aenderung nicht beschließen zu wollen. Er trägt ja allen Verhältnissen nach Thunlichkeit Rechnung.

Reichsrath Freiherr **von Soden-Fraunhofen**: Ich möchte mir erlauben, einen redaktionellen Vorschlag zu machen. Der Fall, in welchem ein Notariatsverweser bestellt werden soll, weil ein Notariat vorübergehend nicht besetzt ist, ist nach den Beschlüssen der Kammer der Abgeordneten aus dem zweiten Absatz des Artikel 95 in den ersten Absatz herübergenommen worden; ich glaube, die Fassung ist jedoch keine ganz gute und ich möchte anregen, ob es nicht zweckmäßig wäre, statt des Wortes „oder" im Abs. 1 die Worte zu setzen „sowie für die Dauer" eventuell die Worte „sowie im Falle" Ich glaube, es werden hiedurch die beiden Fälle des Absatz 1 besser auseinander gehalten.

Der stellvertretende **Vorsitzende**: Was damit bezweckt werden soll, ist mir eigentlich nicht recht klar.

Der k. Staatsminister der Justiz Dr. Freiherr **von Leonrod**: Ich weiß auch nicht, warum.

Reichsrath Freiherr **von Soden-Fraunhofen**: Ich habe den Vorschlag gemacht zu dem Zweck, die beiden Fälle besser auseinander zu halten; dieselben sind ganz verschieden, wie sie ja auch im Entwurf eine besondere Charakterisierung gefunden haben, dadurch, daß sie in zwei getrennten Absätzen aufgenommen wurden.

Reichsrath **von Auer** als Referent: Zu Artikel 105 habe ich auch einige Anfragen. Es heißt hier, der Notariatsverweser soll, wenn er nicht Richter an einem Amtsgerichte ist, vor dem Amtsantritt den Amtseid der Notare leisten; nun kann aber nach dem Artikel 98 auch ein Notar Amtsverweser werden; muß dieser den Eid auch leisten? (Ministerialkommissär Thelemann: Selbstverständlich nicht.) Dann meine ich noch weiter, daß das Wort Gerichtsbeamte, das ich noch in keinem Gesetz gefunden habe, nicht sehr schön ist. (Der k. Staatsminister der Justiz Dr. Freiherr von Leonrod: Es sind eben der Richter und der Gerichtsschreiber zusammen gemeint und da hat man keinen andern Ausdruck dafür gefunden.) Was die Anregung des Herrn Reichsraths von Soden-Fraunhofen anlangt, so ist das eine Geschmackssache, wie man sich ausdrücken will. Ich glaube, das Gesetz muß so gefaßt sein, daß man es versteht und daß eine Verwechselung nicht möglich ist, dann, daß kein besonderer Schönheitsfehler darin enthalten ist. Dem entspricht, glaube ich, der Artikel 95 und deshalb bin ich für die Regierungsvorlage in der abgeänderten Fassung.

Der stellvertretende Vorsitzende: Wir haben nunmehr abzustimmen über den Antrag des Herrn Reichsrath Freiherrn von Soden-Fraunhofen, welcher dahin geht daß in Artikel 95 Absatz 1 zu setzen sei statt des Wortes „oder" das Wort „sowie für die Dauer" Ich bitte die Herren abzustimmen. (Geschieht.) Der Antrag ist abgelehnt.

Die Artikel 95—118 sind angenommen.

Achter Abschnitt.

Sammelarchive.

Artikel 119.

Reichsrath **von Auer** als Referent: Mit der Errichtung derselben wird einem wahren Bedürfnisse Rechnung getragen und ich kann nur dem Wunsche Ausdruck geben, daß damit nicht lange gewartet wird. In den größeren Städten sind die Miethen hoch, die Geschäftslokale infolgedessen sehr beschränkt und die Räume zur Aufbewahrung der Urkunden nicht selten ungeeignet. Bei den größeren Notariaten hat während der Zeit des Bestehens dieses Institutes eine so große Anzahl von Urkunden sich angesammelt, daß es jetzt schon schwierig ist, Urkunden aus den 60er Jahren zu erhalten, wie ich aus eigener Erfahrung bestätigen kann. Soll aber die Schwierigkeit, Notariatsurkunden aufzufinden nicht fortbestehen, auch nachdem sie in Sammelarchiven verwahrt werden, so müssen die Lokalitäten so gewählt werden, daß sie dem Publikum unschwer zugänglich gemacht werden können.

20 Jahre möchte ich als Maximum, nicht als Minimum der Aufbewahrungszeit beim Notar festgestellt haben. Was dann den Ort betrifft, wo die Urkunden hinkommen, so nützt es natürlich nichts, wenn man sie ans Kreisarchiv bringt; dadurch wird das Erholen von älteren Urkunden sehr erschwert. Ich möchte der k. Staatsregierung diese Frage zur Erwägung anheim geben. So gut man manche wichtige Urkunde, namentlich das Grund- und Hypothekenbuch amtlich verwahren kann, gerade so gut Gerichtsprotokolle von alten Jahrzehnten her noch amtliche Verwahrung finden, eignen sich auch diese antiquierten Notariatsurkunden zur Aufnahme in das Archiv des Amtsgerichts.

Reichsrath **von Hessert:** Ich möchte bitten, bei Anlegung von Sammelarchiven auch auf die Wünsche der Notare Rücksicht zu nehmen. Das wird ja wohl möglich sein, wenn sich ein Notar von seinen Akten nicht trennen will, sie ihm zu lassen. Die Aufbewahrung in der Pfalz war eine sehr geordnete. Dort ist ja auch der Umfang einzelner Jahrgänge erheblich kleiner als hier; z. B. die großen Archive in Landau und Kaiserslautern, die über 100 Jahre Zugänge haben, sind in einer Weise geordnet, daß man die Urkunden mit Hilfe des Registers in jedem Augenblick finden kann. Allerdings gegen Feuersgefahr sind sie nicht besonders gesichert, denn sie befinden sich theilweise auf dem Speicher.

Ein anderer Punkt, den ich besprechen wollte, betrifft die Testamente.

Hier ist bestimmt, daß Testamente, welche noch nicht verkündet sind, von der Ablieferung ausgeschlossen sind. Nun aber hatte man in der Pfalz bisher eine Testamentseröffnung und Verkündung nicht. Alle Testamente ohne Ausnahme sind in den Archiven noch verwahrt; wenn die alle ausgeschlossen sein sollen, so hätte das keinen Zweck. Nun hilft ja allerdings der Artikel 96a des Ausführungsgesetzes, der eine Grenze gibt, theilweise, aber doch nicht ganz. Der größte Theil dieser Testamente ist ja schon gegenstandslos geworden, sei es durch Vollzug oder durch Ignorierung.

Die Testamente darnach auszuscheiden, ob sie von Bedeutung sind oder nicht, das wäre eine große Arbeit. Wie das gemacht werden soll, wird sich vielleicht auf dem Verordnungswege regeln lassen.

Der k. Staatsminister der Justiz Dr. Freiherr **von Leonrod**: Bezüglich der Sammelarchive möchte ich bemerken, daß es durchaus nicht in der Absicht der k. Staatsregierung liegt, die Notariatsurkunden etwa in die Kreisarchive abzugeben. Der Gedanke ist vielmehr der, womöglich alle diese alten Urkunden der Notare in den Gerichtsgebäuden unterzubringen. Ob sich dazu im einzelnen Falle das Landgerichtsgebäude oder das Amtsgerichtsgebäude eignen wird, wie überhaupt die ganze Einrichtung im einzelnen auszubauen ist, läßt sich aber jetzt unmöglich schon sagen. Die vorgeschlagene Vorschrift selbst ist, wenn nicht für alle, doch wenigstens für viele Notariate dringend nothwendig.

Der **stellvertretende Vorsitzende**: Artikel 119 ist angenommen.

Neunter Abschnitt.

Notariatskammern.

Artikel 120—125.

Reichsrath **von Auer** als Referent: Der Wirkungskreis der Notariatskammern ist dem bisherigen entsprechend — ein beschränkter. Ich hätte, wie schon erwähnt, gewünscht, daß denselben bei Besetzung der Disziplinargerichte eine Stellung eingeräumt worden wäre. Leider ist dies nicht geschehen.

Ich beantrage Zustimmung.

Der **stellvertretende Vorsitzende**: Die Artikel 120—125 sind angenommen.

Zehnter Abschnitt.

Haftung des Staates.

Artikel 126.

Reichsrath **von Auer** als Referent: Die Haftung des Staates ist entsprechend den Artikeln 53 und 53a des Ausführungsgesetzes zum Bürgerlichen Gesetzbuche geregelt.

Der Ausschuß der Kammer der Abgeordneten beschloß in Konsequenz des Beschlusses zu Artikel 13 im Absatz 3 die Haftpflicht des Staates für die Handlungen des Notars oder Notariatsverwesers nur für den Fall auszuschließen, wenn der Notar als Testamentsexekutor einem Dritten Schaden zufügt, was eigentlich selbstverständlich ist, da die Handlungen eines Notars als Testamentsvollstreckers keine amtliche Thätigkeit involvieren. Ich beantrage Zustimmung.

Der stellvertretende **Vorsitzende**: Der Artikel 126 ist angenommen.

Elfter Abschnitt.

Versorgung der Notare und Notariatsgehilfen und ihrer Hinterbliebenen.

Artikel 127—129.

Reichsrath **von Auer** als Referent: Die Notare, wie deren Gehilfen haben keinen Anspruch auf Pension für sich wie für ihre Relikten; es ist deshalb vollkommen gerechtfertigt, daß der Entwurf auch Bestimmungen aufgenommen hat, welche bezielen, daß die genannten Personen nicht der bittern Noth anheimfallen. Nachdem die Notare königliche Beamte sind, hat der Staat ein Interesse, daß dem vorgebeugt werde. Das Gesetz kann nicht direkte Bestimmungen treffen, wie das geschehen soll, sondern nur die Regierung ermächtigen, die Gründung der Pensionsvereine dadurch zu fördern, daß sie die Notare nöthigt, diesen Vereinen beizutreten, daß sie untersagt, daß rechtskundige Gehilfen aufgenommen werden, die einer solchen Pensionskasse nicht angehören, und daß sie gewisse Einkünfte, wie Strafgelder, den bezeichneten Pensionskassen überweist. Solche Pensionskassen unterliegen denselben Grundsätzen, wie Versicherungsanstalten. Es ist eine alte Regel, daß letztere umsomehr prosperieren, je ausgedehnter ihr Betrieb ist, weil damit das Risiko ausgeglichen wird. Die hier in Aussicht genommenen Anstalten haben auf einen ausgedehnten Betrieb nicht zu rechnen, ihre Prosperität wird daher lediglich davon abhängen, daß ihnen anderweitige Mittel, wie Geschenke, Legate, Strafgelder, Beiträge von unverheiratheten Mitgliedern und Staatszuschüsse zufließen. Für den Anfang werden solche außerordentliche Einnahmen nur spärlich fließen und die Kassen nicht leistungsfähig sein. Pensionen können gewährt werden entweder nur den Bedürftigen oder ohne Rücksicht auf das Bedürfniß jedem Mitgliede. Ich glaube, der k. Staatsregierung und den Notaren zur Erwägung anheim geben zu sollen, ob es sich nicht empfehle, die Unterstützungsbedürftigkeit der Mitglieder zur Grundlage zu nehmen, damit die Notare in Stand gesetzt werden, das für ihre Mitglieder zu leisten, was jeder Arbeiter gegenwärtig als seine Pflicht ansieht — der Nothlage seiner Angehörigen vorzubeugen. Ich beantrage Zustimmung.

Der stellvertretende **Vorsitzende**: Eine Erinnerung wird nicht erhoben. Die Artikel 127—129 sind gebilligt.

Zwölfter Abschnitt.

Schluß- und Uebergangsbestimmungen.

Artikel 130—140.

Reichsrath **von Auer** als Referent: Diese Bestimmungen geben mir keinen Anlaß zur Erinnerung. Ich bemerke aber, daß die Artikel 130 Ziff. 3 und 4, Artikel 133 Absatz 2, 135, 139 von der Pfalz handeln, wozu sich vielleicht Herr Reichsrath von Hessert äußern wird.

Reichsrath **von Hessert**: Dadurch, daß der Artikel 135 gestrichen ist, sind meine Wünsche erfüllt.

Ich habe weiter nichts zu bemerken.

Der stellvertretende **Vorsitzende**: Die Artikel 130—140 haben Annahme gefunden.

Reichsrath **von Auer** als Referent: Ich bemerke, daß mir erst heute in der Sitzung eine Zuschrift, datiert vom 13. Mai, zugegangen ist, die mit der Berathung des heutigen Gegenstandes im Zusammenhang steht. Ich habe natürlich nicht prüfen können, ob in diesem Elaborat ein Material enthalten ist, das besonders für die Berathung von Werth ist. Ich würde den Herren folgenden Vorschlag machen: Wir haben jetzt nur berathen über dieses Gesetz und über die Beschlüsse des Ausschusses der Kammer der Abgeordneten: unzweifelhaft wird die Sache noch einmal an uns herantreten, wenn die Kammer der Abgeordneten im Plenum Beschluß gefaßt hat, und ich werde bis dorthin noch Gelegenheit nehmen, die Eingabe zu prüfen und dem Ausschuß hierüber Bericht zu erstatten.

Der stellvertretende **Vorsitzende:** Wir kommen nunmehr zur Abstimmung über das ganze Gesetz.

Reichsrath **von Auer** als Referent: Ich glaube, wir können davon Umgang nehmen; bisher ist es so gewesen, daß wir nur eine provisorische Abstimmung zu den einzelnen Paragraphen vorgenommen haben und erst dann, wenn uns die Sache soweit gereift erschien, daß wir sie an's Plenum bringen konnten, haben wir über das ganze Gesetz abgestimmt.

Der stellvertretende **Vorsitzende:** Ich bin damit einverstanden, und wird unser Gesammtbeschluß dem Justizgesetzgebungsausschuß der Kammer der Abgeordneten sofort mitgetheilt werden. Die Abänderungen bestehen lediglich darin, daß bei Artikel 1 ein Zusatz zum 2. Absatz gemacht und in Artikel 36 statt „Artikel 29 Absatz 1" gesetzt wurde „Artikel 29, 31"

Unsere Tagesordnung ist erschöpft; ich schließe die Sitzung.

(Schluß der Sitzung um 12 Uhr 20 Minuten.)

Abänderungsbeschlüsse

des Justiz-Gesetzgebungsausschusses der Kammer der Reichsräthe zu den Beschlüssen des Justiz-Gesetzgebungsausschusses der Kammer der Abgeordneten über den Entwurf eines Notariatsgesetzes.*)

(Beilage Y z. d. Verhandl. d. K. d. Abg. 1899).

Artikel 1 Abs. 2 soll folgenden Zusatz erhalten:

Die Notare sind zuständig, an Stelle des Nachlaßgerichts die von ihnen verwahrten Testamente und Erbverträge nach §§ 2260, 2262, 2273, 2300 des Bürgerlichen Gesetzbuchs zu öffnen und bekannt zu geben.

Ferner in

Artikel 36 sei statt „Artikel 29 Abs. 1" zu setzen: „Artikel 29, 31".

München, den 13. Mai 1899.

---

*) Siehe Protokolle der Redaktionskommission des Ausschusses der Kammer der Abgeordneten vom 9. und 10. Mai 1899.

S. 745.

5.

Verhandlungen des Justizgesetzgebungsausschusses der Kammer der Abgeordneten.

43.

Protokoll

über die Sitzung des besonderen (XVIII.) Ausschusses der Kammer der Abgeordneten zur Berathung der durch die Einführung des Bürgerlichen Gesetzbuchs veranlaßten Gesetzentwürfe.

(Verh. d. Justiz-Gesetzg.-Aussch. d. K. d. Abg. 1899 Beil.-Bd. XX, Abth. II, Seite 745 bis 749.)

München, den 17. Mai 1899, Vormittags 9 Uhr.

Gegenwärtig:

Die Vertreter der k. Staatsregierung: der k. Staatsminister der Justiz Dr. Freiherr von Leonrod, Excellenz, der k. Ministerialrath im Staatsministerium der Finanzen, Kronanwalt Ritter von Schubart, der k. Ministerialrath im Staatsministerium der Justiz Thelemann, der k. Oberregierungsrath im Staatsministerium der Justiz Henle, der k. Oberregierungsrath im Staatsministerium der Justiz Pohl, der k. Oberregierungsrath im Staatsministerium der Justiz Schneider, der k. Landgerichtsrath im Staatsministerium der Justiz Schmitt, der k. Landgerichtsrath im Staatsministerium der Justiz Dr. Unzner;

ferner die Ausschußmitglieder: von Stobäus, Vorsitzender, Wagner, Stellvertreter des Vorsitzenden, Dr. Casselmann, Schriftführer, Michel, Stellvertreter des Schriftführers, Beckh, Conrad, Fuchs, Joseph Geiger, Joseph Huber, Landmann, Lerno, Seeberger, Segitz, von Walter (Dr. Ratzinger entschuldigt).

Tagesordnung.

Abänderungsbeschlüsse des Justiz-Gesetzgebungsausschusses der Kammer der Reichsräthe zu den Beschlüssen des Justiz-Gesetzgebungsausschusses der Kammer der Abgeordneten über den Entwurf eines Notariatsgesetzes (Beilage Y).

Vorsitzender **von Stobäus** eröffnet um 9 Uhr die Sitzung.

Vorsitzender: Wir treten in die Tagesordnung ein. Gegenstand derselben sind die Abänderungsbeschlüsse des Justiz-Gesetzgebungsausschusses der Kammer der Reichsräthe zu unseren Beschlüssen über den Entwurf eines Notariatsgesetzes.

Die Grundlage unserer Berathung bildet die Beilage Y

Ich gebe das Wort dem Herrn Referenten.

Abg. **Fuchs** (Referent): Der Justiz-Gesetzgebungsausschuß der Kammer der Reichsräthe hat den Entwurf eines Notariatsgesetzes berathen, ohne daß ihm die gedruckten Protokolle über unsere Berathungen vorgelegen waren; auch wir müssen heute über die von diesem Ausschusse beschlossenen Aenderungen berathen, ohne dessen Protokolle zu kennen.

Der Justiz Gesetzgebungsausschuß der Kammer der Reichsräthe hat dem Abs. 2 des **Artikel 1** folgenden Zusatz gegeben

> Die Notare sind zuständig an Stelle des Nachlaßgerichts die von ihnen verwahrten Testamente und Erbverträge nach §§ 2260, 2262, 2273, 2300 des Bürgerlichen Gesetzbuchs zu öffnen und bekannt zu geben.

Das Bürgerl. Gesetzbuch bestimmt, daß an sich die Eröffnung und Verkündung der Testamente und Erbverträge Sache des Nachlaßgerichts ist, bestimmt aber nicht, wer die Testamente und Erbverträge in amtliche Verwahrung zu nehmen hat; darüber hat die Landesgesetzgebung zu befinden.

Bei Erlaß des Bürgerl. Gesetzbuchs ging man von der Meinung aus, S. 745.
daß die Landesgesetze wohl die Gerichte oder die Notare oder beide zur Verwahrung für zuständig erklären werden, und hat wegen der mit der Versendung von Testamenten verbundenen Verlustgefahr in § 2261 des Bürgerl. Gesetzbuchs die Bestimmung getroffen, daß im Falle der Verwahrung durch ein Gericht, das nicht das Nachlaßgericht ist, die Eröffnung durch das Verwahrungsgericht, nicht durch das Nachlaßgericht geschehen soll; dieß konnte um so leichter geschehen, als das Verwahrungsgericht ja immer eine Behörde ist und Artikel 147 des Einführungsgesetzes zum Bürgerl. Gesetzbuch vorsieht, daß statt der Gerichte anderen Behörden die Funktionen der Nachlaßgerichte übertragen werden können.

Für den Fall der Verwahrung durch die Notare hat das Bürgerl. Gesetzbuch selbst eine gleiche Bestimmung nicht getroffen, weil die Notariate nicht Behördencharakter hatten. Beamte, die nicht Vertreter von Behörden sind, sollten Nachlaßgerichtsfunktionen nicht anvertraut erhalten, daher ist für die Notare in § 2259 keine Ausnahme gemacht.

Nachdem nun die Notariate in Bayern Behörden werden, kann den Zweckmäßigkeitserwägungen, die für den § 2261 des Bürgerl. Gesetzbuchs maßgebend waren, auch bei den Notariaten dadurch Rechnung getragen werden, daß den Notaren die bezügliche Funktion des Nachlaßgerichts übertragen wird. Es ist dieß auch nothwendig, da die Verwahrung den Notaren ausschließlich übertragen werden soll und in Folge dessen in jedem Falle eine Uebermittlung des Testaments von dem Notar an das vielleicht weit entfernte Nachlaßgericht stattfinden müßte. Es soll also die Eröffnung und Verkündung der verwahrten Testamente und Erbverträge den Notaren übertragen werden, wie sie ihnen nach der bisherigen Uebung im rechtsrheinischen Bayern in allen Fällen übertragen wurde, wo Notariat und Nachlaßgericht nicht an demselben Orte waren, und wie es in der Pfalz sich aus der Bestimmung ergab, daß ein Notar sich von einer Testamentsurschrift nicht trennen durfte.

Ich beantrage aus den angegebenen Gründen die Zustimmung zu dem Beschlusse des Ausschusses der Kammer der Reichsräthe.

Abg. **Landmann** (Korreferent): Ich bin ebenfalls mit dem Zusatz einverstanden. Die Worte: „Die Notare sind zuständig“ sollen wohl die Bedeutung haben, daß sie ausschließlich zuständig sind, nicht alternativ mit den Nachlaßgerichten. Ich möchte in dieser Beziehung um Aufschluß ersuchen, ob die Zuständigkeit eine ausschließliche ist, oder ob der Notar auch berechtigt ist, das betreffende Testament an das Nachlaßgericht zu übersenden. Ist die ausschließliche Zuständigkeit gemeint, dann wird auch die bisher vorgeschriebene Notifikation von der Hinterlegung eines Testaments an das Nachlaßgericht nicht mehr nothwendig sein.

Abg. **Wagner**: Ich kann mich dieser Frage auch anschließen, glaube aber, S. 746.
daß sie nach der Fassung des Artikels dahin beantwortet werden muß, daß die Notare ausschließlich zuständig sind, die bei ihnen verwahrten Testamente zu öffnen und bekannt zu geben. Für die Nachlaßgerichte wird hinsichtlich der Publikation von Testamenten die Zuständigkeit nur gegeben sein, wenn es sich etwa um holographische Testamente, welche an diese Gerichte gebracht sind, handelt oder um Testamente, welche zur Zeit noch in gerichtlicher Verwahrung sind. Alle öffentlichen Testamente müssen ja künftighin beim Notar errichtet und verwahrt werden und können dann auch nur von ihm eröffnet werden.

S. 746. Der k. Staatsminister Dr. Freiherr von Leonrod: Die Frage des Herrn Abg. Landmann ist bereits von dem Herrn Abg. Wagner ganz richtig beantwortet worden. Da der Wortlaut der Vorschrift dahin geht, daß die Notare zuständig sind, an Stelle des Nachlaßgerichts zu öffnen und bekannt zu machen, so ist das ordentliche Nachlaßgericht selbst ausgeschlossen und, da nirgends sonstige Behörden für zuständig erklärt sind, so haben eben die Notare ausschließliche Zuständigkeit. Diese ausschließliche Zuständigkeit wie die Zuständigkeit der Notare zum Oeffnen und Verkünden überhaupt beschränkt sich aber auf die in ihrer amtlichen Verwahrung befindlichen Testamente. Bezüglich aller anderen haben sie diese nachlaßgerichtliche Funktion überhaupt nicht.

Abg. Joseph Geiger: Wie ist es, wenn ein Testament an einem Ort errichtet wurde, an welchem der Testator seinen Wohnsitz nicht hat, wenn er das Testament während einer Krankheit fern von der Heimath errichtet hat? Das Testament wird natürlich von demjenigen Notar verwahrt, bei dem das Testament errichtet oder hinterlegt worden ist. Der Testator stirbt nun an seinem Wohnsitz, der vielleicht sehr weit von dem genannten Notariat entfernt ist, und am Orte des Wohnsitzes befinden sich auch seine Erben und befindet sich sein Vermögen; die Ersteren aber, denen nun das Testament verkündet werden soll, habe eine weite Reise zu machen. Wird in einem solchen Falle der Notar nicht in die Lage gesetzt werden sollen, das Testament an das Nachlaßgericht zu übersenden oder an den dortigen Notar, damit dort die Verkündung des Testaments an die Interessenten erfolgen könne, oder ist es nothwendig, daß gleichwohl die Interessenten, wenn sie wünschen, daß das T·stament in ihrer Gegenwart eröffnet werde, sich an den Ort begeben, wo dasselbe verwahrt ist? In dieser Beziehung bitte ich um Aufschluß.

Der k. Staatsminister der Justiz: Die Regierung hat dem im Ausschusse der Kammer der Reichsräthe bezüglich der Testamentspublikation gefaßten Beschlusse um deswillen gerne zugestimmt, weil diese neue Gesetzesvorschrift geeignet ist, die Sicherheit der Testamente zu verbürgen. Es wird dadurch der bedenkliche Umstand vermieden, daß man sonst genöthigt wäre, ein Testament, das noch verschlossen ist, den Fährlichkeiten der Uebermittelung durch die Post auszusetzen, wobei es zur vorübergehenden Verwahrung in die Hände einer Menge von Personen käme, die eine solche Garantie, wie der Notar selbst, doch nicht bieten (Postboten, Postbotengehilfen, Amtsdiener und Kanzleipersonal). Die Gefahr wäre ja aus dem Grunde besonders groß, weil das verschlossen versendete Testament, da eine beglaubigte Abschrift davon nicht bestehen kann, im Falle des Verlustes schlechterdings nicht zu ersetzen wäre.

Der Herr Abg. Geiger hat nun den Fall vorgeführt, daß das Testament an einem Ort verwahrt ist, der vom letzten Wohnsitze des Erblassers, dem Sitze des Verlassenschaftsgerichts, vom Wohnorte der Erbbetheiligten sehr weit entfernt ist, und gemeint, es sei bedenklich, da den Notar das Testament öffnen zu lassen, weil sonst die Betheiligten gezwungen wären, weite Reisen zu machen oder auf die Anwesenheit bei der Eröffnung zu verzichten, und weil die Oeffnung in Abwesenheit der Betheiligten nicht empfehlenswerth sei. Allein ganz das gleiche Bedenken würde im Falle des § 2261 des Bürgerl. Gesetzbuchs sich gegen die reichsgesetzliche Regelung zu richten haben, von der wir nicht abweichen können. In der Geschäftsordnung wird übrigens Sorge getragen werden, daß das Verfahren der Notare in diesen Fällen so eingerichtet wird, daß jedenfalls Benachtheiligungen und Belästigungen der Bevölkerung ver-

mieden werden. Im Gesetze können wir nicht wohl weitere Detailvorschriften S. 746.
geben. Damit dürften sich die Bedenken des Herrn Abg. Geiger erledigen.

Abg. **Wagner**: Ich bin mit der Aufklärung, welche Seine Exzellenz gegeben haben, vollkommen einverstanden. Nur dürfte die Aufklärung vielleicht dazu führen, daß auch der § 2261 in diesen Zusatz, welcher beschlossen werden soll, aufzunehmen ist; denn allerdings fehlt eine ausdrückliche Bestimmung darüber, wie in dem von Herrn Abg. Geiger berührten Falle, daß ein Notar, der das Testament in Verwahrung hat, fern von dem Wohnsitz der Betheiligten seinen Amtssitz hat, verfahren werden soll. Das Zweckmäßigste ist, daß der Notar, der das Testament in Verwahrung hat, gleichgiltig ob die Betheiligten nahe oder fern wohnen, das Testament eröffnet. Wenn die Sache so liegt, daß die Betheiligten fern vom Amtssitze des Notars sich befinden, so würde am zweckmäßigsten nach § 2261 verfahren, indem der Notar das Testament an das Nachlaßgericht sendet und dieses dann nach § 2262, der richtig angezogen ist, verfährt. Ich glaube aber, das dürfte dazu führen, daß man den § 2261 hier einschaltet.

Landgerichtsrath **Schmitt**: Es ist ganz richtig, daß die im § 2261 des Bürgerl. Gesetzbuchs enthaltenen Gedanken auch bei der Eröffnung der Testamente durch die Notare ihre Berechtigung haben. Es wird zweifellos dafür zu sorgen sein, daß das Testament schließlich in die Hände des ordentlichen Nachlaßgerichts gelangt. Aber die hiefür nothwendige Anordnung kann nicht in der Weise getroffen werden, daß man den § 2261 des Bürgerl. Gesetzbuchs durch Citat im Artikel 1 des Notariatsgesetzes für anwendbar erklärt. Denn in dem § 2261 des Bürgerl. Gesetzbuchs sind die Vorschriften gegeben für den Fall, daß ein anderes Gericht als das Nachlaßgericht das Testament in Verwahrung hat. Nun können wir nach Artikel 147 des Einführungsgesetzes zum Bürgerl. Gesetzbuch zwar dem Notariat die Funktionen des Nachlaßgerichts übertragen, es also sozusagen zum Nachlaßgerichte machen, aber wir haben keinen Vorbehalt, um es zu einem anderen Gerichte zu machen, als das Nachlaßgericht ist. Es sind folglich die Funktionen, die der Notar nach dem zu Artikel 1 des Entwurfs vorgeschlagenen Zusatze vorzunehmen hat, unmittelbar nachlaßgerichtliche Funktionen, nicht Hilfsfunktionen, wie sie § 2261 des Bürgerl. Gesetzbuchs im Auge hat. § 2261 des Bürgerl. Gesetzbuchs kann darum hier nicht anwendbar erklärt werden. Dagegen besteht kein Bedenken dagegen — ja, es wird sich sogar als nothwendig erweisen —, S. 747.
daß man die Notare anweist, daß sie nach Erschöpfung der ihnen durch den Zusatz zu Artikel 1 übertragenen Funktionen die Akten dem ordentlichen Nachlaßgerichte übermitteln. Dieß kann jedoch nur im Wege der Ausführungsvorschrift geschehen.

Abg. Joseph **Geiger**: Ich erkenne als richtig an, was der Herr Ministerialkommissär soeben gesagt hat, daß nämlich der § 2261 kaum in diesen Artikel hereingenommen werden kann. Allein meine Bedenken, welche ich ausgesprochen habe, sind noch nicht zerstreut, und mir sind die Fragen, welche ich gestellt habe, nicht so beantwortet, daß ich davon befriedigt bin.

Wir stellen doch den Grundsatz auf, daß der Notar, bei dem das Testament verwahrt ist, ausschließlich zuständig sei, das Testament zu eröffnen. Die Fälle, daß ein Testament bei einem Notar an einem anderen Orte als dem des Domizils des Testators und des Ortes, an dem sich sein Vermögen befindet und wo die Verwandten sich befinden, errichtet wird, sind nicht so selten. Mir ist es selbst erinnerlich: es hat Jemand in Reichenhall ein

S. 747. Testament gemacht, weil er dort schwer erkrankte; er domizilirte aber in Aschaffenburg und sein Vermögen war auch dort. Die Eröffnung eines Testaments setzt doch voraus, daß auch Jemand anwesend ist, dem das Testament eröffnet wird. Man findet dort in Aschaffenburg im Besitze des Verstorbenen einen Hinterlegungsschein über ein in Reichenhall bei einem dortigen Notar befindliches Testament. Es sind nun die Verwandten vielleicht alte Leute oder solche, welche die weite Reise nicht machen können oder sonst nicht in der Lage sind, die Kosten zu bestreiten. Das Testament muß aber in Reichenhall eröffnet werden. Was soll nun geschehen, wenn keiner der Verwandten nach Reichenhall zu reisen sich entschließt? Wird der Notar in der Lage sein, das Testament auch dann zu eröffnen, wenn sich bei ihm Niemand eingefunden hat, und ist er in diesem Falle befugt, nach Oeffnung des Umschlags und Fertigung einer beglaubigten Abschrift das Original nach Aschaffenburg zu senden?

Abg. **Wagner:** Das, was der Herr Abg. Geiger zuletzt ausgeführt hat, würde mich gar nicht stutzig machen, denn der § 2260 schreibt nur vor, daß die Betheiligten zum Termin zu laden sind; es ist nicht vorgeschrieben, daß Jemand zu erscheinen hat. Wenn der Notar einen Termin anberaumt und die Betheiligten geladen hat, dann hat er gethan, was der § 2260 vorschreibt, und wenn auch kein Mensch zum Termine kommt, so ist er berechtigt, das Testament zu verkünden; und dann erfolgt das Weitere nach Maßgabe des § 2262.

Ein anderes Bedenken besteht für mich insoferne, als der Herr Ministerialkommissär, wie mir scheint zutreffend, ausgeführt hat, daß der § 2261 hier nicht hereingezogen werden kann. Allerdings ist ja eigentlich noch eine Bestimmung nothwendig; es wird aber fraglich sein, ob es nothwendig ist, dieß im Gesetze selbst zu thun. Ich wäre der Meinung, daß es hier zu thun wäre und daß es nicht der Geschäftsordnung überlassen werden sollte, weil wir auch das ganze Verfahren im Gesetze geregelt haben.

Deßhalb, gaube ich, wäre es das Beste, wenn die Bedenken des Herrn Abg. Geiger durch einen Zusatz beseitigt würden, und es würde wohl die k. Staatsregierung am besten in der Lage sein, einen entsprechenden Vorschlag zu machen.

Abg. **Landmann** (Korreferent): Ich wollte dasselbe sagen, was der Herr Abg. Wagner gesogt hat; nach dem Zusatze des Ausschusses der Kammer der Reichsräthe heißt es: „Die Notare sind zuständig, die Testamente zu öffnen und bekannt zu geben“; es liegt hier also eine doppelte Thätigkeit der Notare vor, wobei die Frage entsteht, ob diese Thätigkeit in einem Akte vor sich gehen soll, oder ob der Notar berechtigt ist, das Testament zu öffnen, eine beglaubigte Abschrift hievon zu machen und dann die Urkunde behufs Bekanntmachung an das Nachlaßgericht fortzuschicken.

Der k. Staatsminister der Justiz: Zur ferneren Beruhigung der Bedenken des Herrn Abg. Geiger möchte ich doch auch noch auf den § 2262 des Bürgerl. Gesetzbuchs hinweisen, durch den das Verfahren des Nachlaßgerichts in solchen Fällen geregelt ist. Der Paragraph lautet:

> Das Nachlaßgericht hat die Betheiligten, welche bei der Eröffnung des Testaments nicht zugegen gewesen sind, von dem sie betreffenden Inhalte des Testaments in Kenntniß zu setzen.

Uebrigens wird gerade in dem Falle der größeren Entfernung zwischen dem Notariatssitz und dem Sitz des ordentlichen Nachlaßgerichts die Sache sich genau so abspielen, wie sie bisher in Bayern rechts des Rheins im Artikel 28

Abs. 4 und 5 des Notariatsgesetzes geordnet war, und, wie ich wohl sagen kann, zur allgemeinen Zufriedenheit geordnet war. S. 747.

Soweit noch etwas fehlen sollte, kann es durch die Geschäftsordnung ergänzt werden.

Vorsitzender: Ich glaube, wir können jetzt die Diskussion schließen; ich darf annehmen, daß Ziff. 1 der Beschlüsse des Ausschusses der Kammer der Reichsräthe genehmigt ist.

Wir kommen nun zu Ziff. 2.

Abg. **Fuchs** (Referent): Der Ausschuß der Kammer der Reichsräthe hat Satz 2 des Artikel 36 geändert, wie folgt:

> Auf das Verfahren bei der Beglaubigung finden außer den Vorschriften des § 183 des Gesetzes über die Angelegenheiten der freiwilligen Gerichtsbarkeit die Vorschriften im Artikel **29, 31** dieses Gesetzes und im § 176 Abs. 3 des Gesetzes über die Angelegenheiten der freiwilligen Gerichtsbarkeit entsprechende Anwendung; . .

Der Satz 1 des Artikel 36 des Entwurfs, der vorschreibt, daß der Notar vor der Beglaubigung einer Unterschrift oder eines Handzeichens von dem Inhalte des Schriftstücks Kenntniß nehmen soll, hat im Ausschusse der Kammer der Reichsräthe Anfechtung gefunden.

Der Referent beantragte die Streichung des Satzes, indem er ausführte:

Der Notar habe bei der Unterschriftsbeglaubigung keine andere Funktion als die, die Aechtheit der Unterschrift zu bestätigen. Der Inhalt der Erklärung selbst werde nicht || beglaubigt. Die Vorschrift des Artikel 36 Satz 1 sei darum durch das Sachverhältniß nicht gerechtfertigt. Sie enthalte auch einen zu vermeidenden Eingriff in die Freiheit der Betheiligten, vermindere wieder die Verkehrserleichterung, welche die Reichsgesetze durch Zulassung der Beglaubigung geschaffen haben, und verwische den Unterschied zwischen Beurkundung und Beglaubigung. Das Publikum werde durch eine solche Vorschrift zu dem Glauben geführt, daß es sich auf die beglaubigte Urkunde ebenso verlassen könne wie auf die von dem Notar errichtete, und dem Notar werde eine Aufgabe zugemuthet, die er nicht erfüllen könne. S. 748.

Die Regierung hielt am Entwurfe fest. Zur Vertretung des Standpunkts des Entwurfs wurde geltend gemacht:

Die Vorschrift in Satz 1 des Artikel 36 des Entwurfs sei auf Grund des § 200 des Gesetzes über die Angelegenheiten der freiwilligen Gerichtsbarkeit vorgeschlagen, der ergänzende landesgesetzliche Bestimmungen zulasse. Die Vorschrift sei eine rechtspolizeiliche Vorschrift, bestimmt, der Schutzbedürftigkeit der breiten Masse des Volkes zu dienen, ebenso wie die weiteren rechtspolizeilichen Vorschriften in den Artikeln 17, 28, 29 und 31 des Entwurfs, welch' letztere allgemein unbeanstandet geblieben seien. Freilich habe jede rechtspolizeiliche Vorschrift, und so auch diese, die Mißlichkeit des Zwanges gegen sich; allein dieß müsse um des Zweckes willen hingenommen werden, wenn wichtige Gründe für die Nothwendigkeit der Vorschrift sprächen. Dieß sei bei der angegriffenen Vorschrift der Fall, denn sie bilde eine nothwendige Ergänzung der übrigen rechtspolizeilichen Normen für die Beurkundung. Der Notar könne im Falle der Beglaubigung nicht ermessen, ob er seine Amtsthätigkeit wegen vorliegenden Verstoßes gegen Strafgesetz oder gute Sitten, wegen offenbarer Nichtigkeit des Geschäftes zu verweigern habe, ebensowenig könne er die etwa nothwendige Aufklärung der Betheiligten vornehmen, um Zweifel an der Giltigkeit des Geschäftes zu beseitigen, wenn er vom Inhalte der Urkunde keine Kennt-

S. 748. niß erhalte. Dieß sei aber gegenüber der Vorschrift des neuen bürgerlichen Rechtes um so mehr von Bedeutung, als das neue Recht — anders wie das bisherige bayerische Recht — für eine Menge sehr wichtiger Geschäfte, insbesondere für die Mehrzahl der Geschäfte des Liegenschaftsverkehrs (Hypothekgeschäfte) die Beglaubigung an Stelle der Beurkundung genügen lasse. Der Umgehung aller für nöthig befundenen Schutzvorschriften sei damit Thür und Thor geöffnet, wenn bei der Beglaubigung der Riegel fehle.

Wenn der Notar bei einer Beurkundung pflichtgemäß Anstand erhebe, hätten es die Parteien in der Hand, an Stelle der Beurkundung die Beglaubigung zu verlangen und damit den Notar zum Schweigen zu bringen. Man habe sich darum zur Aufnahme des Satz 1 in den Entwurf entschlossen, obwohl er im bisherigen Notariatsgesetz fehle, wo er bei der viel geringeren Bedeutung der Beglaubigung im bisherigen Rechte auch habe fehlen können. Daß durch die Vorschrift eine erhebliche Verkehrserschwerung hervorgerufen werde, könne nicht zugegeben werden, auch sei es nicht richtig, daß der Notar vor eine unerfüllbare Aufgabe gestellt sei, denn im Falle der Beurkundung habe er ja die gleiche Aufgabe zu erfüllen. Daß aber auf diese Art die beglaubigte Urkunde bezüglich ihrer Verlässigkeit dem Publikum dieselben Dienste leiste, wie die vom Notar errichtete, sei gerade der Zweck der im Entwurf aufgenommenen Vorschrift.

Der Ausschuß der Kammer der Reichsräthe lehnte daraufhin den Antrag des Referenten auf Streichung des Satz 1 mit großer Mehrheit ab. Er ging jedoch noch weiter. Man fand, daß Satz 2 desselben Artikels noch einer Ergänzung bedürfe. Hier seien nur die Vorschriften über die Identitätsfeststellung und über die Feststellung der Zurechnungsfähigkeit der Verfügenden (Art. 29 Abs. 1), wie sie für die Beurkundung gegeben sind, auf die Beglaubigung für entsprechend anwendbar erklärt. Wenn Artikel 36 Satz 1 seinen Zweck voll erreichen sollte, sei es aber nothwendig, noch weiterhin die Vorschriften des Artikel 29 Abs. 2 (Verhalten bei Zweifeln über die Giltigkeit des Geschäfts) und des Artikel 31 (Grundbucheinsicht) für entsprechend anwendbar zu erklären. Denn wenn diese Artikel nur im Falle der Beurkundung durch den Notar, nicht auch im Falle der Beglaubigung Anwendung fänden, so seien insbesondere die Vortheile der Grundbucheinsicht bei sehr vielen Geschäften nicht erreicht, bei denen die Einsicht besonders nothwendig sei, nämlich bei einem größeren Theile der Hypothekbestellungen.

Auf Grund dieser Erwägungen nahm der Ausschuß der Kammer der Reichsräthe einen Antrag des Herrn Reichsrathes Dr von Schmitt an, im Satz 2 des Artikel 36 von den Bestimmungen des Entwurfs über die Beurkundung nicht nur Artikel 29 Abs. 1, sondern den ganzen Artikel 29 und den Artikel 31 auf die Beglaubigungen für entsprechend anwendbar zu erklären.

Die k. Staatsregierung stimmte dem Beschlusse des Ausschusses zu.

Ich halte die Begründung für zutreffend, die Zusätze für nothwendig und beantrage die Genehmigung.

Abg. **Landmann** (Korreferent): Ich habe gleichfalls keine Erinnerung.

Abg. **von Walter**: Ich habe bereits in der ersten Lesung darauf aufmerksam gemacht, daß die Beglaubigungsgebühr der Notare verschieden abgestuft werden muß, daß man nicht alle Beglaubigungen über einen Kamm scheren darf und mit gleichen Gebühren bewerthen kann. Ich habe darauf hingewiesen, daß insbesondere bei Beglaubigungen von privatim aufgenommenen Hypothekbestellungen die Gebühr der Notare höher sein muß als bei einfachen

Erklärungen, Vollmachten und dergleichen. Die k. Staatsregierung hat damals gegen meine Bemerkung einen Widerspruch nicht eingelegt und ich schließe daraus, daß sie mit meiner Anregung einverstanden war. S. 748.

Jetzt zeigt sich durch die Aenderung, welche Artikel 36 im Ausschusse der Kammer der Reichsräthe gefunden hat, daß meine damalige Anregung vollständig gerechtfertigt war und daß es für die Folge nothwendig sein wird, für solche Beglaubigungen von Erklärungen, die auch die Einsichtnahme des Grundbuchs nothwendig machen, die Gebühren so zu stellen, daß der Notar einer Belästigung nicht unterworfen ist.

Im Uebrigen halte ich die Ergänzung, die Artikel 36 im Ausschusse der Kammer der Reichsräthe gefunden hat, für eine ganz entschiedene Verbesserung des Gesetzentwurfes und werde derselben meine Zustimmung geben.

Vorsitzender: Ich konstatire, daß auch der Ziff. 2 der Beschlüsse des Ausschusses der Kammer der Reichsräthe zugestimmt ist.

Abg. **Fuchs** (Referent): An den Vorsitzenden des Ausschusses ist eine Zuschrift des Notars Dr. Eugen Brunner in München vom 13. ds. Mts. gerichtet worden, in welcher die Aenderung des Artikel 28 des Entwurfes eines Notariatsgesetzes angeregt wird. Die gleiche Zuschrift soll auch dem Ausschusse der Kammer der Reichsräthe zugegangen, dort aber nicht behandelt worden sein. Ich glaube, daß wir auch keinen Anlaß haben, uns mit dieser Abhandlung zu beschäftigen, da das Notariatsgesetz schon vor dem Einlauf der Zuschrift von uns durchberathen war. S. 749.

Vorsitzender: Es erhebt sich kein Widerspruch.

(Schluß der Sitzung um 9 Uhr 37 Minuten.)

von Stobäus,
Vorsitzender.

Dr. Casselmann,
Schriftführer.

Antrag des Ausschusses der Kammer der Abgeordneten.

(Beilage Z z. d. Verhandl. d. K. d. Abg. 1899.)

Die Kammer wolle beschließen,

dem Gesetzentwurfe in der aus der Anlage Spalte 2 ersichtlichen Fassung die Zustimmung zu ertheilen.

München, den 17 Mai 1899. Der Vicepräsident: **von Keller.**

Zusammenstellung

des

Entwurfs eines Notariatsgesetzes — Beilage R — mit den von dem besonderen (XVIII.) Ausschusse der Kammer der Abgeordneten zur Berathung der durch die Einführung des Bürgerlichen Gesetzbuchs veranlaßten Gesetzentwürfe hierüber gefaßten Beschlüssen.

(Anlage zu Beilage Z.)

Regierungsvorlage.	Beschlüsse des Ausschusses.*)

Entwurf eines Notariatsgesetzes.

Im Namen Seiner Majestät des Königs.

Seine Königliche Hoheit Prinz Luitpold, des Königreichs Bayern Verweser, haben nach Vernehmung des Staatsraths mit Beirath und Zustimmung der Kammer der Reichsräthe und der Kammer der Abgeordneten beschlossen und verordnen, was folgt:

Erster Abschnitt.

Zuständigkeit und Organisation.

	1. Zuständigkeit.

Artikel 1.

Die Notare sind zuständig, öffentliche Beurkundungen und Beglaubigungen zu bewirken und Urkunden in amtliche Verwahrung zu nehmen, soweit nicht nach besonderen Vorschriften andere Beamte oder Behörden ausschließlich zuständig sind, einzelne Arten von Beurkundungen und Beglaubigungen zu bewirken oder die amtliche Verwahrung einzelner Arten von Urkunden zu übernehmen.

Die amtliche Verwahrung von Testamenten und Erbverträgen erfolgt nur durch die Notare. **Die Notare sind zuständig, an Stelle des Nachlaßgerichts die von ihnen verwahrten Testamente und Erbverträge nach §§ 2260, 2262, 2273, 2300 des Bürgerlichen Gesetzbuchs zu öffnen und bekannt zu geben.**

Artikel 2.

Die Notare sind zuständig:

1. für die Aufnahme und Vermögens- und Nachlaßverzeichnissen;
2. für die Anlegung und die Abnahme von Siegeln;
3. für die Vornahme von öffentlichen Vorsteigerungen.

Artikel 3.

Die Notare sind, soweit nicht ein Anderes bestimmt ist, zuständig für die Abnahme von Versicherungen an Eidesstatt, die abgegeben werden, um einer öffentlichen Behörde eine thatsächliche Behauptung oder eine Aussage glaubhaft zu machen.

Durch die Geschäftsordnung kann den Notaren die eidliche Vernehmung von Zeugen und Sachverständigen, die Abnahme von Eiden und die Bewirkung von Zustellungen in den Fällen übertragen werden, in denen die eidliche Vernehmung, die Abnahme des Eides oder die Zustellung nach dem Rechte eines ausländischen Staates oder nach der Bestimmung einer ausländischen Behörde von einem Notar vorgenommen werden soll.

Artikel 3a).**

Der Notar ist verpflichtet, Gelder, Werthpapiere und Kostbarkeiten, die ihm aus Anlaß eines Amtsgeschäfts von den Betheiligten übergeben werden, zur Aufbewahrung für die Betheiligten oder zur Ablieferung an Dritte oder an eine Behörde zu übernehmen.

---

*) Der amtliche Text ist halbseitig, durch einen vertikalen Strich | getheilt, gedruckt. Links befinden sich die Regierungsvorlage, rechts die Ausschußbeschlüsse mit dem Vermerk „Unverändert" oder dem abgeänderten Texte unter Hervorhebung der Abänderungen rechts und links mit fetter Schrift. Der Raumersparniß und Uebersichtlichkeit halber ist hier ein anderes Verfahren eingeschlagen. Die gewöhnliche deutsche und die lateinische Schrift sind der Text der Regierungsvorlage, die gewöhnliche und die fette deutsche Schrift der Text der Ausschußbeschlüsse. Die fetten Ueberschriften sind, sofern nicht lateinischer Druck gegenübersteht oder sie nur halbseitig gedruckt sind, zugleich die Ueberschriften der Regierungsvorlage.

**) Vergl. hiezu den Artikel 13 der Regierungsvorlage.

Regierungsvorlage.	Beschlüsse des Ausschusses.

Die Bestimmungen über das Verfahren bei der Uebernahme, Aufbewahrung und Ablieferung, insbesondere die Führung von Verwahrungsbüchern werden durch Ministerialvorschrift getroffen.

Artikel 4.

Durch Königliche Verordnung kann bestimmt werden, daß die Notare bei der Berechnung und Erhebung der aus Anlaß ihrer Amtsgeschäfte dem Staate und den Gemeinden anfallenden Gebühren unter Leitung und Aufsicht der Finanzbehörden mitzuwirken haben.

2. Organisation.

Artikel 5.

Für die Wahrnehmung der den Notaren obliegenden Geschäfte werden Notariate errichtet. Die Notariate sind staatliche Behörden.

Die Zahl und die Sitze der Notariate werden durch Königliche Verordnung bestimmt. In jedem Amtsgerichtsbezirke soll wenigstens ein Notariat bestehen.

Der Amtsbezirk jedes Notariats umfaßt den Landgerichtsbezirk, in dem es seinen Sitz hat. Befinden sich am Sitze des Notariats mehrere Landgerichte, so umfaßt sein Amtsbezirk die Bezirke dieser Landgerichte.

Ein Notariatsgeschäft ist nicht aus dem Grunde unwirksam, weil es von einem Notar außerhalb seines Amtsbezirks vorgenommen ist.

Artikel 6.

Jedes Notariat wird mit einem Notar besetzt.

Artikel 7.

Die Notare sind öffentliche Beamte.

Sie werden vom König auf Lebenszeit ernannt und können — außer bei einer Veränderung der Organisation der Notariate oder ihrer Bezirke — wider ihren Willen nur kraft richterlicher Entscheidung ihres Amtes enthoben oder an eine andere Stelle versetzt werden.

Artikel 8.

Zum Notar kann nur ernannt werden, wer die Fähigkeit zum Richteramt erlangt und den Nachweis einer zur Vorbereitung für das Amt eines Notars genügenden Beschäftigung bei einem Notariat erbracht hat.

Der Vorbereitungsdienst soll nach der Erlangung der Fähigkeit zum Richteramt abgeleistet werden und in der Regel nicht weniger als zwei Jahre dauern.

Von dem Erfordernisse des Vorbereitungsdienstes kann bei Bewerbern, die das Richteramt bekleiden oder bekleidet haben, abgesehen werden.

Artikel 9.

Der Notar soll vor dem Antritte seines Amtes schwören, daß er die ihm obliegenden Amtspflichten nach bestem Wissen und Gewissen den Gesetzen gemäß mit Fleiß und Sorgfalt erfüllen werde.

Der Eid wird in der öffentlichen Sitzung des Landgerichts geleistet.

Ein Notar der den Amtseid geleistet hat, braucht ihn im Falle der Versetzung nicht noch einmal zu leisten.

Artikel 10.

Der Notar hat an dem Sitze des Notariats zu wohnen. In Städten von mehr als hunderttausend Einwohnern kann ihm bei der Uebertragung des Amtes die Verpflichtung auferlegt werden, seinen Amtssitz in einem bestimmt begrenzten Theile der Stadt zu nehmen.

Außerhalb seines Amtssitzes darf der Notar Geschäftsräume nicht halten.

Zweiter Abschnitt.

Dienstverhältnisse und Geschäftsführung.

1. Ausschließlichkeit des Dienstes, Nebengeschäfte.

Artikel 11.

Der Notar kann nicht zugleich Rechtsanwalt sein. Ein öffentliches Amt, mit dem eine Besoldung verbunden ist, darf der Notar nur mit Erlaubniß des Staatsministeriums der Justiz übernehmen.

Artikel 12.

Der Notar darf weder selbst Handel oder Gewerbe betreiben, noch die Verwaltnng einer Handelsgesellschaft oder einer ähnlichen auf Erwerb gerichteten Unternehmung führen.

Regierungsvorlage.	Beschlüsse des Ausschusses.

Mitglied des Aufsichtsraths einer solchen Gesellschaft oder Unternehmung darf er nur mit Erlaubniß des Staatsministeriums der Justiz werden.

Zur Uebernahme des Amtes des Testamentsvollstreckers bedarf der Notar einer dienstaufsichtlichen Erlaubniß nicht.

Artikel 13.

Der Notar kann Gelder, Werthpapiere und Kostbarkeiten, die ihm aus Anlaß eines Amtsgeschäfts von den Betheiligten übergeben werden, zur Aufbewahrung für die Betheiligten oder zur Ablieferung an Dritte oder an eine Behörde übernehmen. Eine Verpflichtung des Notars zur Uebernahme besteht nur insoweit, als sie sich aus gesetzlichen Vorschriften ergibt.

Die Vorschriften über das Verfahren bei der Uebernahme, Aufbewahrung und Ablieferung, insbesondere die Vorschriften über die Führung von Verwahrungsbüchern werden in der Geschäftsordnung erlassen.

Artikel 14.

Der Notar ist verpflichtet, das Amt des Testamentsvollstreckers zu übernehmen. Der Präsident des Landgerichts kann ihm aus wichtigen Gründen die Ablehnung oder die Kündigung gestatten.

2. Verpflichtung zur Dienstleistung.

Artikel 15.

Der Notar darf die Vornahme eines Amtsgeschäfts nicht ohne zureichenden Grund verweigern.

Artikel 16.

Der Notar soll, soweit er nicht durch besondere Vorschriften von der Ausübung seines Amtes ausgeschlossen ist, die Vornahme von Amtsgeschäften verweigern:

1. in Sachen, in denen er selbst betheiligt ist oder in denen er zu einem Betheiligten in dem Verhältniß eines Mitberechtigten oder Mitverpflichteten steht;
2. in Sachen seiner Ehefrau, auch wenn die Ehe nicht mehr besteht;
3. in Sachen einer Person, mit der er in gerader Linie oder im zweiten Grade der Seitenlinie verwandt oder verschwägert ist;
4. in Sachen, in denen er als Vertreter eines Betheiligten bestellt oder als gesetzlicher Vertreter eines solchen aufzutreten berechtigt ist.

Artikel 17.

Der Notar hat seine Amtsthätigkeit bei Geschäften zu verweigern, die gegen ein Strafgesetz verstoßen oder offenbar nichtig sind oder nur zum Schein oder zum Scherz vorgenommen werden sollen.

Artikel 18.

Weigert sich der Notar, ein Amtsgeschäft vorzunehmen, so entscheidet auf Antrag das Landgericht. Eine Anfechtung der Entscheidung findet nicht statt.

3. Zeit und Ort der Vornahme der notariellen Amtsgeschäfte.

Artikel 19.

Der Notar ist verpflichtet, in dringlichen Fällen Amtsgeschäfte auch außerhalb der ordentlichen Geschäftszeit vorzunehmen.

Artikel 20.

Der Notar soll die Amtsgeschäfte am Amtssitz in seinen Geschäftsräumen vornehmen, soweit nicht ein Anderes vorgeschrieben oder nach den Umständen erforderlich ist.

Amtstage darf der Notar an einem anderen Orte nur mit Erlaubniß des Staatsministeriums der Justiz abhalten.

4. Verwendung von Gehilfen.

Artikel 21.

Der Notar kann zu seiner Unterstützung bei den Notariatsgeschäften Gehilfen aufnehmen und sie unter seiner Aufsicht und Verantwortlichkeit verwenden.

Regierungsvorlage.	Beschlüsse des Ausschusses.
	5. Amtsgeheimniß, Gestattung der Akteneinsicht.

Artikel 22.

Der Notar hat die Pflicht, das Amtsgeheimniß zu wahren. Er hat dafür zu sorgen, daß nicht Unberufene durch Anwesenheit bei den Verhandlungen oder durch Einsicht der in seiner Verwahrung befindlichen Schriftstücke von Privatgeheimnissen Kenntniß erlangen, und darüber zu wachen, daß nicht seine Gehilfen solche Geheimnisse verletzen.

Artikel 23.

Die Einsicht der Urkunden und Akten des Notariats soll außer den Betheiligten nur solchen Personen gestattet werden, die ein berechtigtes Interesse glaubhaft machen. Das Gleiche gilt von der Ertheilung einer Abschrift. Die Einsicht der letztwilligen Verfügungen und der Erbverträge darf bei Lebzeiten der Verfügenden anderen Personen nur mit Einwilligung der Verfügenden gestattet werden. Weigert sich der Notar, die Einsicht der Urkunden und Akten zu gestatten oder eine Abschrift zu ertheilen so entscheidet auf Antrag das Landgericht.

Inwieweit öffentlichen Behörden auf Ersuchen die Einsicht der Urkunden und Akten des Notariats zu gestatten ist und Abschriften zu ertheilen sind, bestimmt das Staatsministerium der Justiz.

	6. Geschäftsregister.

Artikel 24.

Der Notar hat nach näherer Bestimmung der Geschäftsordnung seine Amtsgeschäfte in einem Register (Geschäftsregister) zu verzeichnen.

Dritter Abschnitt.

Notarielle Urkunden.

Artikel 25.

Für die notariellen Urkunden gelten, soweit nicht Reichsgesetze oder besondere landesgesetzliche Vorschriften maßgebend sind, die Bestimmungen der Artikel 26 bis 48.

	1. Vorschriften für die Errichtung notarieller Urkunden.

Artikel 26.

Die notariellen Urkunden müssen den Tag und den Ort ihrer Errichtung und die Unterschrift des Notars enthalten. Sie sollen in deutscher Sprache errichtet werden.

Der Unterschrift des Notars soll dessen Amtseigenschaft beigesetzt werden. Jede Notariatsurkunde / **notarielle Urkunde** soll mit dem Siegel oder dem Stempel des Notariats versehen sein.

Artikel 27.

Die notariellen Urkunden sollen, soweit nicht ein Anderes bestimmt ist, in der Form von Protokollen aufgenommen werden.

Das Protokoll soll die Bezeichnung der Personen, deren Erklärungen beurkundet werden, die Bezeichnung der Personen, die bei der Beurkundung mitwirken, die Darstellung des beurkundeten Vorganges, die Unterschriften der Personen, deren Erklärungen beurkundet worden sind, und die Unterschriften der Mitwirkenden enthalten.

Das Protokoll soll vor der Beisetzung der Unterschriften von dem Notar oder doch in seiner Gegenwart vorgelesen werden. Liest der Notar das Protokoll nicht selbst vor, so soll er es vorher durchlesen. Er soll im Protokolle feststellen, daß das Vorlesen und Durchlesen geschehen ist.

Artikel 28.

Vor der Beurkundung einer rechtsgeschäftlichen Erklärung hat der Notar den wahren Willen der Betheiligten zu ermitteln. Hegt er Zweifel darüber, ob die Betheiligten die Bedeutung und die Folgen des beabsichtigten Geschäfts völlig erkannt haben, so hat er ihnen die nöthige Belehrung zu ertheilen. Der Wille der Betheiligten ist im Protokolle klar, bestimmt und unzweideutig auszudrücken.

Artikel 29.

Macht der Notar bei der Beurkundung eines Rechtsgeschäfts Wahrnehmungen, die geeignet sind, Zweifel darüber zu begründen, ob ein Betheiligter die zu dem Rechtsgeschäft erforderliche Geschäftsfähigkeit besitzt, so soll dies im Protokoll festgestellt werden.

Regierungsvorlage.	Beschlüsse des Ausschusses.

Hat der Notar sonstige Zweifel an der Gültigkeit des Geschäfts, so soll er davon den Betheiligten Mittheilung machen; gelingt es nicht, die Zweifel zu beseitigen, so ist die Mittheilung des Notars und die darauf von den Betheiligten abgegebene Erklärung im Protokolle festzustellen.

Artikel 30.

Ist ein bei der Beurkundung eines Rechtsgeschäfts Betheiligter taub, so soll das Protokoll ihm zur Durchsicht vorgelegt werden, auch wenn er es nicht verlangt. Im Protokolle soll festgestellt werden, daß die Vorlegung geschehen ist.

Ist ein tauber Betheiligter nicht im Stande, Geschriebenes zu lesen, so soll eine Vertrauensperson zugezogen werden, die sich mit ihm zu verständigen vermag. Im Protokolle soll festgestellt werden, daß der Betheiligte nach der Ueberzeugung des Notars die Vertrauensperson verstanden hat. Als Vertrauensperson kann auch eine der bei der Beurkundung neben dem Notar mitwirkenden Personen dienen.

Artikel 31.

Vor der Beurkundung einer Erklärung über die Uebertragung des Eigenthums an einem Grundstücke, die Belastung eines Grundstücks mit einem Rechte, die Uebertragung oder Belastung eines solchen Rechtes, die Aenderung eines solchen Rechtes nach Inhalt oder Rang und von der Beurkundung eines jeden Vertrags, durch den sich der eine Theil verpflichtet, eine solche Uebertragung, Belastung oder Aenderung vorzunehmen, hat der Notar durch Einsicht des Grundbuchs oder eines in jüngster Zeit ausgestellten oder berichtigten Auszugs aus dem Grundbuche sich davon zu überzeugen, ob das beabsichtigte Geschäft mit dem Inhalte des Grundbuchs übereinstimmt. Zeigt sich ein Widerspruch, so hat der Notar wie im Falle des Artikel 29 Abs. 2 zu verfahren. Der Notar soll im Protokolle feststellen, ob er die Beurkundung nach Einsicht des Grundbuchs oder eines Auszugs aus dem Grundbuche vorgenommen hat, und soll im letzteren Falle auch den Tag der Ausstellung oder Berichtigung des Auszugs im Protokoll angeben.

Die Vorschriften des Abs. 1 gelten auch für Rechte, die den Grundstücken gleichstehen.

Die Verpflichtung zur Einsicht des Grundbuchs oder des Auszugs aus dem Grundbuche kann von den Betheiligten nicht erlassen werden. Ausnahmen sind nur in Nothfällen zulässig. Der Notar soll den Nothfall in der Urkunde feststellen.

Inwieweit der Notar sich zur Einsicht des Grundbuchs seiner Gehilfen bedienen darf, wird durch die Geschäftsordnung bestimmt.

Artikel 32.

Auf notarielle Urkunden über Erklärungen, die nicht Rechtsgeschäfte enthalten, finden die Vorschriften des Artikel 29 Abs. 1 und des Artikel 30 dieses Gesetzes sowie die Vorschriften der §§ 169, 173, 174, des § 176 Abs. 3 und der §§ 178, 179 des Gesetzes über die Angelegenheiten der freiwilligen Gerichtsbarkeit entsprechende Anwendung.

Artikel 33.

Beurkundet der Notar in der Versammlung einer Genossenschaft, einer Gesellschaft mit beschränkter Haftung oder eines Vereins den Gang der Verhandlung, so gelten die Theilnehmer an der Versammlung nicht als Betheiligte.

In der Versammlung ist ein Verzeichniß der erschienenen Genossen, Gesellschafter oder Vereinsmitglieder mit Angabe ihres Namens und Wohnorts aufzustellen. Das Verzeichniß ist vor der ersten Abstimmung zur Einsicht auszulegen; es ist von dem Vorsitzenden zu unterschreiben und mit den Belegen über die ordnungsmäßige Berufung der Versammlung dem Protokolle beizufügen. Die Beifügung der Belege über die Berufung der Versammlung kann unterbleiben, wenn die Belege unter Angabe ihres Inhalts im Protokoll angeführt werden.

Artikel 34.

Bei der Beglaubigung von Abschriften, der Beurkundung von Zustellungen, Lebensbescheinigungen und ähnlichen einfachen Zeugnissen bedarf es der Aufnahme eines Protokolls nicht.

Artikel 35.

Die Beglaubigung einer Abschrift geschieht dadurch, daß unter die Abschrift ein Vermerk gesetzt wird, der die Uebereinstimmung mit dem vorgelegten oder vorliegenden Schriftstücke (der Hauptschrift) bezeugt. Aus der beglaubigten Abschrift soll ersichtlich sein,

Regierungsvorlage.	Beschlüsse des Ausschusses.

ob die Hauptschrift eine Ausfertigung, eine beglaubigte Abschrift oder eine einfache Abschrift ist. Durchstreichungen, Aenderungen, Einschaltungen, Ausschabungen oder andere Mängel der Hauptschrift sollen in dem Beglaubigungsvermerk angegeben werden.

Soll ein Auszug aus einem Schriftstücke beglaubigt werden, so sind in den Auszug außer denjenigen Theilen des Schriftstücks und seiner Anlagen, welche die Beobachtung der vorgeschriebenen Förmlichkeiten nachweisen, diejenigen Theile aufzunehmen, welche auf den Gegenstand des Auszugs Bezug haben. In dem Beglaubigungsvermerke soll der Gegenstand des Auszugs angegeben und bezeugt werden, daß das Schriftstück und seine Anlagen über diesen Gegenstand weiter nichts enthalten.

Artikel 36.

Vor der Beglaubigung einer Unterschrift oder eines Handzeichens soll der Notar von dem Inhalte des Schriftstücks Kenntniß nehmen. Auf das Verfahren bei der Beglaubigung finden außer den Vorschriften des § 183 des Gesetzes über die Angelegenheiten der freiwilligen Gerichtsbarkeit die Vorschriften $\frac{\text{im Artikel 29 Abs. 1}}{\text{in den Artikeln 29, 31}}$ dieses Gesetzes und im § 176 Abs. 3 des Gesetzes über die Angelegenheiten der freiwilligen Gerichtsbarkeit entsprechende Anwendung; der Notar braucht jedoch, wenn er denjenigen, dessen Unterschrift oder Handzeichen beglaubigt werden soll, kennt, dies im Beglaubigungsvermerke nicht ausdrücklich zu erwähnen.

Artikel 37.

Die Vorschriften über die äußere Form der notariellen Urkunden werden, soweit sie nicht in Reichsgesetzen und in diesem Gesetz enthalten sind, in der Geschäftsordnung getroffen.

Die Geschäftsordnung bestimmt insbesondere auch, wie die Aenderungen in den Urkunden vorzunehmen sind, wenn solche nothwendig werden, und welche mechanischen Mittel zur Herstellung und Vervielfältigung der Urkunden benutzt werden dürfen.

	2. Vorschriften über die Verwahrung der Urschriften und die Ertheilung von Ausfertigungen.

Artikel 38.

Die Urschriften der notariellen Urkunden bleiben in der Urkundensammlung des Notariats.

Artikel 39.

Inwieweit einzelne Arten von Urschriften den Betheiligten ausgehändigt werden dürfen oder an andere Beamte oder Behörden abzugeben sind und inwieweit Urschriften vorübergehend anderen Beamten oder Behörden im dienstlichen Interesse zur Einsicht überlassen werden sollen, bestimmt das Staatsministerium der Justiz.

Artikel 40.

An Stelle der in der Urkundensammlung des Notariats verbleibenden Urschriften erhalten die Betheiligten auf Verlangen Ausfertigungen.

Die Ausfertigungen können nur von dem Notar ertheilt werden, der die Urschrift in seiner dauernden Verwahrung hat.

Artikel 41.

Die Ausfertigung besteht in einer mit dem Ausfertigungsvermerke versehenen Abschrift der Urschrift. Sie soll in der Ueberschrift und im Vermerk als Ausfertigung bezeichnet sein. Der Ausfertigungsvermerk soll den Ort und den Tag der Ausstellung angeben, den Betheiligten bezeichnen, dem die Ausfertigung ertheilt wird, und die Uebereinstimmung der Ausfertigung mit der Urschrift bestätigen. Er ist außer mit der Unterschrift des Notars mit dem Siegel oder dem Stempel des Notariats zu versehen.

Artikel 42.

Die Ausfertigung kann auf Antrag auch auszugsweise ertheilt werden. Die Vorschriften im Artikel 35 Abs. 2 finden entsprechende Anwendung.

Artikel 43.

Jeder Betheiligte erhält in der Regel nur eine Ausfertigung; im Falle des Bedürfnisses kann er mehrere Ausfertigungen erhalten.

Regierungsvorlage.	**Beschlüsse des Ausschusses.**

Artikel 44.

Jede Ertheilung einer Ausfertigung soll auf der Urschrift vermerkt werden.

Artikel 45.

Weigert sich der Notar, einem Betheiligten eine Urschrift auszuhändigen oder eine Ausfertigung zu ertheilen, so entscheidet auf Antrag das Landgericht.

Ueber die Weigerung des Notars, einem anderen Beamten oder einer anderen Behörde eine Urschrift vorübergehend oder dauernd zu überlassen, entscheiden die Dienstaufsichtsbehörden.

Artikel 46.

Für die Vollstreckbarkeit der Notariatsurkunden / **notariellen Urkunden** und die Ertheilung vollstreckbarer Ausfertigungen sind die Bestimmungen der Civilprozeßordnung maßgebend.

Artikel 47.

Für die Fälle, in denen der Notar die Verwahrung einer Urschrift nach Artikel 39 aufgibt, bestimmt die Geschäftsordnung, inwieweit eine Ausfertigung in der Urkundensammlung des Notariats zurückbehalten werden soll. Die zurückbehaltene Ausfertigung vertritt die Stelle der Urschrift, bis diese zurückgelangt ist.

Artikel 48.

Ist eine Urschrift zu Verlust gegangen, so kann eine Ausfertigung bei dem Notar zu dem Zwecke hinterlegt werden, daß sie die Stelle der Urschrift vertritt. Der Notar hat über die Hinterlegung ein Protokoll aufzunehmen und diesem die hinterlegte Ausfertigung beizuheften.

Vierter Abschnitt.

Gebühren.

Artikel 49.

Der Notar bezieht keinen Gehalt aus der Staatskasse, sondern Gebühren.

Den Notaren, deren reines Diensteinkommen die Höhe der Bezüge eines Amtsrichters nicht erreicht, kann bis zu deren Höhe ein Zuschuß aus der Staatskasse bewilligt werden.

Artikel 50.

Die Notariatsgebühren sind von dem zu tragen, der die Thätigkeit des Notars in Anspruch genommen hat. Haben Mehrere die Thätigkeit des Notars zu einem und demselben Geschäft in Anspruch genommen, so haften sie dem Notar gegenüber als Gesammtschuldner. Vereinbarungen der Betheiligten über die Tragung der Gebühren sind nur für die Betheiligten wirksam.

Artikel 51.

Wird die Höhe der von dem Notar angesetzten Notariatsgebühren oder Auslagen von den Betheiligten beanstandet oder ist der Notar zur Beitreibung der Gebühren oder Auslagen veranlaßt, so hat er bei dem Landgerichte die Festsetzung zu beantragen. Als Auslagen gelten hiebei auch die Staatsgebührenvorschüsse. Durch Klage kann der Anspruch nicht geltend gemacht werden. Mit der Einreichung des Antrags auf Festsetzung treten die Wirkungen der Erhebung der Klage ein.

Aus den rechtskräftigen Festsetzungsbeschlüssen findet die Zwangsvollstreckung nach Maßgabe der Bestimmungen der Civilprozeßordnung über die Zwangsvollstreckung aus Kostenfestsetzungsbeschlüssen statt.

Artikel 52.

Auch die von dem Notar in Anspruch Genommenen können die Festsetzung der Gebühren und Auslagen beantragen und zwar selbst dann, wenn sie schon bezahlt haben. Die Vorschriften des Artikel 51 finden entsprechende Anwendung.

Nach dem Eintritte der Rechtskraft des Festsetzungsbeschlusses kann der Notar im Wege der Dienstaufsicht zur Erstattung des zu viel Erhobenen angehalten werden.

Artikel 53.

Die Vorschriften des Artikel 51 und des Artikel 52 Abs. 1 finden auch Anwendung, wenn der Notar gestorben oder aus dem Amte geschieden / **aus dem Amte geschieden oder gestorben** ist. Der Amtsnachfolger hat auf

Regierungsvorlage.	**Beschlüsse des Ausschusses.**

Ersuchen für den aus dem Amte geschiedenen Notar oder für den Erben des gestorbenen Notars die Festsetzung zu betreiben. Diese selbst können an dem Verfahren nicht theilnehmen.

Ein versetzter Notar kann die Festsetzung selbst betreiben; auf sein Ersuchen hat der Amtsnachfolger ihn im Verfahren (Art. 51, 52) zu vertreten.

Artikel 54.

Der Notar ist, soweit nicht besondere Vorschriften maßgebend sind, verpflichtet, die Amtsgeschäfte vorläufig unentgeltlich vorzunehmen, wenn die Betheiligten, die ihn um die Ausübung seines Amtes angehen, zur Bezahlung der Notariatsgebühren außer Stande sind.

Ueber die Verpflichtung des Notars, sein Amt vorläufig unentgeltlich auszuüben, entscheidet auf Antrag des Betheiligten das Landgericht.

Artikel 55.

Der Notar hat gegen den Staat keinen Anspruch auf Entschädigung wegen der im Falle des Artikel 54 ihm entgangenen Gebühren. Die nothwendigen Reisekosten / **Bei auswärtigen Dienstgeschäften** werden ihm **Tagegelder und Reisekosten** aus der Staatskasse vergütet.

Artikel 56.

Der Notar kann bis zur Entrichtung der Gebühren und Erstattung der Auslagen die Aushändigung der Urschriften, Ausfertigungen und Abschriften an die Betheiligten und die Vorlegung der Urschriften, Ausfertigungen und Abschriften für die Betheiligten an Gerichte und andere Behörden verweigern, endlich die in seinen Händen befindlichen Urkunden, Gelder, und Werthpapiere, soweit es erforderlich ist, zurückbehalten.

Ueber die Berechtigung der Verweigerung oder der Zurückbehaltung entscheidet auf Antrag das Landgericht. Eine Anfechtung der Entscheidung findet nicht statt.

Artikel 57.

Der Notar hat nach näherer Bestimmung der Geschäftsordnung über seine Gebühren und Auslagen Buch zu führen.

Fünfter Abschnitt.

Gerichtliche Entscheidung, Beschwerde.

Artikel 58.

Der Antrag auf Entscheidung des Landgerichts in den Fällen des Artikel 18, des Artikel 23 Abs. 1, des Artikel 45 Abs. 1, der Artikel 51 bis 54 und des Artikel 56 kann schriftlich oder zum Protokolle des Notars oder des Gerichtsschreibers des Landgerichts gestellt werden.

Artikel 59.

Für die Entscheidung ist dasjenige Landgericht zuständig, in dessen Bezirke das Notariat seinen Sitz hat.

Das Landgericht entscheidet in einer Civilkammer. Der Präsident des Landgerichts hat sich in diesen Fällen der Civilkammer anzuschließen.

Artikel 60.

Das Gericht hat von Amtswegen die zur Feststellung der Thatsachen erforderlichen Ermittelungen zu veranstalten und die geeignet erscheinenden Beweise aufzunehmen.

Die Entscheidung erfolgt in nicht öffentlicher Sitzung ohne mündliche Verhandlung. Sie ist dem Notar und dem Betheiligten von Amtswegen zuzustellen.

Artikel 61.

Gegen die Entscheidung des Landgerichts findet in den Fällen der Artikel 23, 45, 51 bis 54 das Rechtsmittel der Beschwerde statt. In den Fällen der Artikel 51 bis 54 steht die Beschwerde auch dem Notar zu.

Ueber die Beschwerde entscheidet das Oberste Landesgericht in einem Civilsenat in der Besetzung von fünf Mitgliedern mit Einschluß des Vorsitzenden.

Artikel 62.

Die Einlegung der Beschwerde erfolgt durch Einreichung einer Beschwerdeschrift oder durch Erklärung zum Protokolle des Gerichtsschreibers des Landgerichts oder des Obersten

Regierungsvorlage.	Beschlüsse des Ausschusses.

Landesgerichts. Der Unterzeichnung der Beschwerdeschrift durch einen Rechtsanwalt bedarf es nicht.

In den Fällen der Artikel 51 bis 53 ist die Beschwerde binnen einer Frist von zwei Wochen einzulegen. Die Frist beginnt mit dem Zeitpunkt, in welchem die Entscheidung des Landgerichts dem Beschwerdeführer zugestellt worden ist.

Auf das Verfahren des Obersten Landesgerichts finden die Vorschriften des Artikel 60 Anwendung.

Artikel 63.

Die Entscheidungen des Landgerichts erfolgen kostenfrei. Das Gleiche gilt von den Entscheidungen des Obersten Landesgerichts in den Fällen des Artikel 54. In den Fällen der Artikel 23, 45, 51 bis 53 sind die Kosten einer ohne Erfolg eingelegten Beschwerde dem Beschwerdeführer ganz oder theilweise aufzuerlegen.

Sechster Abschnitt.

Dienstaufsicht und Disziplin.

1. Dienstaufsicht.

Artikel 64.

Die Dienstaufsicht steht zu:
1. dem Präsidenten des Landgerichts über die Notare des Landgerichtsbezirks;
2. dem Präsidenten des Oberlandesgerichts über die Notare des Oberlandesgerichtsbezirks;
3. dem Staatsministerium der Justiz über alle Notare des Königreichs.

Der Präsident des Oberlandesgerichts und des Landgerichts kann sich mit Genehmigung des Staatsministeriums der Justiz bei der Erledigung einzelner Aufsichtsgeschäfte, die sich auf ein untergebenes Notariat beziehen, durch einen richterlichen Beamten des Gerichts, dessen Vorstand er ist, vertreten lassen.

Artikel 65.

In dem Rechte der Aufsicht liegt die Befugniß, die ordnungsgemäße Ausführung der Geschäfte und die standesgemäße Führung der Notare zu überwachen, innerhalb des Rahmens der Gesetze Weisungen zu erlassen, die Erledigung eines Amtsgeschäfts durch Zwangsstrafen herbeizuführen und erforderlichenfalls die Einschreitung im Dienststrafverfahren zu veranlassen.

Der Festsetzung der Zwangsstrafe muß eine **schriftliche** Androhung vorausgehen. Die einzelne Strafe darf den Betrag von einhundert / **fünfzig** Mark nicht übersteigen; die Festsetzung der Strafe erfolgt schriftlich. Gegen die Strafverfügung des Präsidenten des Landgerichts und des Oberlandesgerichts ist Beschwerde im Dienstaufsichtswege zulässig.

Artikel 66.

Die Notare sind verpflichtet, den Beamten, denen die Dienstaufsicht zusteht, sowie den von diesen beauftragten Beamten die Einsicht ihrer Akten und Urkunden, Bücher und Register zu gestatten, dienstliche Aufschlüsse jeder Art zu geben und auf Verlangen die in ihrer amtlichen Verwahrung befindlichen Gelder und sonstigen Gegenstände vorzuzeigen. Testamente und Erbverträge, die noch nicht verkündet sind, dürfen nicht eingesehen werden.

Artikel 66 a.

Die Finanzbehörden sind jederzeit berechtigt, das Depositenwesen der Notare (Art. 3a) sowie deren Thätigkeit bei Berechnung und Erhebung von Staats- oder Gemeindegebühren (Art. 4), insbesondere die gesammte hierauf bezügliche Buch- und Kassaführung durch beauftragte Beamte prüfen zu lassen.

Die Notare haben diesen Beamten gegenüber die gleichen Verpflichtungen, wie sie ihnen in Artikel 66 gegenüber den dienstaufsichtführenden Beamten auferlegt sind, und haben den wegen Erledigung ihrer finanziellen Geschäfte, insbesondere der Buch- und Kassaführung, ergehenden Weisungen der Finanzbehörden Folge zu leisten. Zur Erledigung der finanziellen Geschäfte sind die Notare auf Veranlassung der Finanzbehörden durch Zwangsstrafen anzuhalten; die Notare unterliegen bei Verletzung ihrer diesbezüglichen Dienstpflichten der Einschreitung im Dienststrafwege.

Regierungsvorlage.	Beschlüsse des Ausschusses.
	2. Dienststrafrecht.

Artikel 67.

Der Notar, der die ihm durch sein Amt auferlegten Pflichten schuldhaft verletzt oder durch sein Verhalten in oder außer dem Amte gegen die Ehre und Würde des Standes verstößt, macht sich eines Dienstvergehens schuldig.

Artikel 68.

Ein Verstoß gegen die Ehre und Würde des Standes ist immer anzunehmen, wenn ein Notar:
1. Börsenspekulationen oder Spekulationen mit Grundstücken, Rechten, Forderungen und Erbschaftsmassen oder Mäklergeschäfte betreibt;
2. sich an Geschäften betheiligt, bei denen er amtlich mitwirkt;
3. unter seinem Namen fremde Geschäfte macht oder auf seinen Namen fremde Gelder anlegt, die ihm aus Anlaß seiner Amtsgeschäfte anvertraut worden sind;
4. sich unter was immer für einem Titel als Gewährsmann oder Bürge für Geschäfte verpflichtet, welche durch seine amtliche Vermittelung zu Stande gekommen sind oder bei denen er amtlich mitwirken soll.

Artikel 69.

Minder erhebliche Dienstvergehen sind mit Ordnungsstrafen zu ahnden, erheblichere mit Disziplinarstrafen.

Artikel 70.

Ordnungsstrafen sind:
1. Warnung,
2. Geldstrafe bis zu fünzig Mark;

Disziplinarstrafen sind:
1. Verweis,
2. Geldstrafe von mehr als fünfzig bis zu dreitausend Mark,
3. Strafversetzung,
4. Dienstentlassung.

Die Art und das Maß der Strafe sind nach der Schwere des Dienstvergehens unter besonderer Rucksichtnahme auf das gesammte Verhalten des Notars zu bestimmen.

Beim Zusammentreffen mehrerer Dienstvergehen kann neben der Dienstentlassung auf eine andere Strafe nicht erkannt werden.

Artikel 71.

Auf Dienstentlassung ist zu erkennen, wenn ein Notar durch grobe Verletzung der Amtspflicht oder durch unsittliches oder die Achtung, welche der Beruf erfordert, entziehendes Handeln oder Verhalten sich eines Dienstvergehens von solcher Schwere schuldig macht, daß er ohne offenbaren Nachtheil für die Würde des Standes oder ohne schwere Gefährdung der Interessen der Rechtsuchenden nicht im Amte belassen werden kann.

Artikel 72.

Auf Dienstentlassung kann auch erkannt werden:
1. in den Fällen der Artikel 103 bis 106, 109 des Ausführungsgesetzes zur Strafprozeßordnung;
2. wenn in sonstigen Fällen ein Notar bereits dreimal eine Disziplinarbestrafung erlitten hat und neuerdings zur Verhängung einer Disziplinarstrafe Anlaß gibt.

Artikel 73.

Die Dienstentlassung hat den Verlust des Notartitels und $\frac{\text{der}}{\textbf{des}}$ dem Notar als solchem verliehenen $\frac{\text{Ehrentitel}}{\textbf{Ehrentitels}}$ von Rechtswegen zur Folge.

Artikel 74.

Auf Strafversetzung ist zu erkennen:
1. wenn ein Notar durch eine Handlung, die ein Dienstvergehen bildet, die Achtung oder das Vertrauen der Bevölkerung des Notariatsbezirks verloren hat, so daß er in diesem Bezirke nicht belassen werden kann;

Regierungsvorlage.	Beschlüsse des Ausschusses.

2. wenn nach Lage des Falles die Verhängung einer Geldstrafe ungenügend und nicht die Verhängung der Dienstentlassung veranlaßt ist.

Artikel 75.

Die Strafverfolgung von Dienstvergehen verjährt in fünf Jahren.

Jede Handlung des Richters im Strafverfahren und im Dienststrafverfahren, welche wegen der begangenen That gegen den Thäter gerichtet ist, unterbricht die Verjährung. Nach der Unterbrechung beginnt eine neue Verjährung.

Artikel 76.

Ein vom Amte enthobener Notar kann wegen eines Dienstvergehens nur dann verfolgt werden, wenn auf Dienstentlassung zu erkennen wäre, falls er sich noch im Dienste befände. In diesem Falle ist statt auf Dienstentlassung auf Verlust des Titels und des Ehrentitels zu erkennen.

Hat der vom Amte enthobene Notar auf den Titel und den Ehrentitel verzichtet, so kann er wegen eines Dienstvergehens nicht mehr verfolgt werden.

Wird im Laufe des wegen eines Dienstvergehens eingeleiteten Verfahrens die Bestrafung des Notars durch die Enthebung vom Amte oder den Verzicht auf Titel und Ehrentitel unzulässig, so ist das Verfahren einzustellen.

Die Vorschriften des Artikel 106 des Ausführungsgesetzes zur Strafprozeßordnung bleiben unberührt.

Artikel 77.

Hat ein Notar während seines früheren Dienstverhältnisses als Staatsbeamter oder als öffentlicher Beamter ein Dienstvergehen begangen, so unterliegt er auch hiewegen den Vorschriften dieses Gesetzes.

Wegen einer Handlung, die ein Notar vor seiner Anstellung zu einer Zeit begangen hat, zu der er weder Staatsbeamter noch öffentlicher Beamter war, ist ein Einschreiten im Dienststrafverfahren nur dann zulässig, wenn jene Handlung die Strafversetzung oder die Dienstentlassung begründet.

Artikel 78.

Hat der Staatsanwalt in einem strafgerichtlichen Verfahren die öffentliche Klage erhoben, so darf gegen den Beschuldigten wegen der nämlichen Thatsachen vor Beendigung des strafrechtlichen Verfahrens das Dienststrafverfahren weder eingeleitet noch fortgesetzt werden.

Ist im strafgerichtlichen Verfahren wegen Abwesenheit des Beschuldigten die vorläufige Einstellung beschlossen, so kann das Dienststrafverfahren eingeleitet und fortgesetzt werden.

Artikel 79.

Wenn vom Strafgericht auf Freisprechung erkannt ist, so findet wegen derjenigen Thatsachen, welche im strafgerichtlichen Verfahren Gegenstand der Aburtheilung waren, ein Dienststrafverfahren nur noch insoferne statt, als jene Thatsachen an sich und ohne ihre Beziehung zu dem gesetzlichen Thatbestande der strafbaren Handlung, auf welche das Strafverfahren sich erstreckte, ein Dienstvergehen enthalten.

Die Freisprechung wegen Verjährung schließt die Einleitung oder Fortsetzung des Dienststrafverfahrens nicht aus, solange die Strafverfolgung noch nicht nach Artikel 75 ausgeschlossen ist.

Ist in einem strafgerichtlichen Verfahren eine Verurtheilung erfolgt, welche nicht den Verlust des Amtes zur Folge hat, so bleibt es dem Ermessen der Aufsichtsbehörden überlassen, zu entscheiden, ob die Einleitung des Dienststrafverfahrens zu veranlassen sei. Ist das Dienststrafverfahren schon eingeleitet, so bleibt die Entscheidung darüber, ob es fortzusetzen sei, dem Ermessen des Gerichts überlassen.

	3. Dienststrafverfahren.

Artikel 80.

Die Ordnungsstrafen werden von der Civilkammer des Landgerichts verhängt, in dessen Bezirke der Notar zur Zeit der Einleitung des Verfahrens seinen Amtssitz hat. Der Präsident des Landgerichts hat sich in diesen Fällen der Civilkammer anzuschließen.

Das Landgericht soll, wenn es zur Aufklärung des Sachverhältnisses nöthig ist, den Notar hören, die erforderlichen Ermittelungen von Amtswegen vornehmen und den Staatsanwalt von der Einleitung des Verfahrens in Kenntniß setzen; der Staatsanwalt kann die Akten einsehen und sich mündlich oder schriftlich äußern.

Regierungsvorlage.	Beschlüsse des Ausschusses.

Die Entscheidung erfolgt in nicht öffentlicher Sitzung ohne mündliche Verhandlung. Sie ist mit Gründen zu versehen, dem Verurtheilten von Amtswegen zuzustellen und dem Staatsanwalte zur Einsicht vorzulegen; die Vorlegung gilt als Zustellung an den Staatsanwalt.

Artikel 81.

Gegen die Entscheidung des Landgerichts steht dem Staatsanwalt und dem Verurtheilten binnen einer Frist von zwei Wochen die Beschwerde zu. Die Frist beginnt mit dem Zeitpunkt, in dem die Entscheidung dem Beschwerdeführer zugestellt worden ist. Die Beschwerde ist bei dem

Regierungsvorlage	Beschlüsse des Ausschusses
Landgericht einzulegen. Die Einlegung erfolgt durch Einreichung einer Beschwerdeschrift.	**Landgerichte durch Einreichung einer Beschwerdeschrift einzulegen.**

Eine Abschrift der Beschwerdeschrift ist dem Gegner des Beschwerdeführers von Amtswegen mitzutheilen. Ist die vom Staatsanwalt angefochtene Entscheidung nicht schon nach Artikel 80 Abs. 3 dem Notar zugestellt worden, so ist sie ihm mit der Beschwerdeschrift mitzutheilen.

Ueber die Beschwerde entscheidet die nach dem Disziplinargesetze für richterliche Beamte vom 26. März 1881 bei dem Oberlandesgericht errichtete Disziplinarkammer als Notariatsdisziplinarkammer auf Vortrag eines Berichterstatters in nicht öffentlicher Sitzung. Im Uebrigen finden auf das Verfahren die Vorschriften des Artikel 80 entsprechende Anwendung.

Das Beschwerdegericht kann die Beschwerde verwerfen, die Entscheidung des Landgerichts ändern oder die Einleitung des Disziplinarstrafverfahrens beschließen. Hat nur der Notar die Beschwerde eingelegt, so kann das Beschwerdegericht die Ordnungsstrafe nicht erhöhen.

Gegen die Entscheidung des Beschwerdegerichts findet ein Rechtsmittel nicht statt.

Artikel 82.

Der Vollzug der im Ordnungsstrafverfahren verhängten Warnung erfolgt durch den Präsidenten des Landgerichts. Die Vollstreckung der Geldstrafen geschieht nach den Vorschriften der Civilprozeßordnung. Der Staatsanwalt hat auf Grund einer von dem Gerichtsschreiber des Landgerichts ertheilten, mit der Bescheinigung der Vollstreckbarkeit versehenen Ausfertigung der Urtheilsformel die Beitreibung der Geldstrafe zu erwirken.

Artikel 83.

Für die Entscheidungen im Disziplinarstrafverfahren sind die nach dem Gesetze vom 26. März 1881 errichteten Disziplinargerichte zuständig. In erster Instanz entscheidet die Disziplinarkammer als Notariatsdisziplinarkammer, in zweiter Instanz der Disziplinarhof als Notariatsdisziplinarhof.

Artikel 84.

Die Vorschriften der Artikel 12 bis 50, des Artikel 52 Abs. 1, des Artikel 54 Abs. 2 bis 6, der Artikel 55, 56, 58 des Gesetzes vom 26. März 1881 finden auf das Disziplinarstrafverfahren entsprechende Anwendung.

Für die Einreichung der Schriftsätze zur Rechtfertigung und Beantwortung der Berufung bestehen keine Fristen. Die Akten werden alsbald nach Ablauf der Frist für die Anmeldung der Berufung an den Disziplinarhof eingesendet.

Ist die Berufung nicht auf bestimmte Beschwerdepunkte beschränkt, oder ist eine Rechtfertigung überhaupt nicht erfolgt, so gilt der ganze Inhalt des Urtheils als angefochten.

Artikel 85.

Findet die Disziplinarkammer oder der Disziplinarhof bei der Entscheidung über die Eröffnung des Hauptverfahrens, daß nur für die Annahme eines minder erheblichen Dienstvergehens hinreichende Anhaltspunkte vorliegen, so ist die Sache an das Landgericht zu verweisen. Gegen den Beschluß der Disziplinarkammer auf Verweisung an das Landgericht steht dem Staatsanwalte die Beschwerde an den Disziplinarhof zu. Das Landgericht hat nach Maßgabe des Artikel 80 zu verfahren und hiebei die Anschauung, daß kein erheblicheres Dienstvergehen vorliegt, seiner Entscheidung zu Grunde zu legen.

Findet die Disziplinarkammer oder der Disziplinarhof auf Grund der Hauptverhandlung, daß nicht eine Disziplinarstrafe sondern nur eine Ordnungsstrafe zu verhängen ist, so ist durch Urtheil auf die Ordnungsstrafe zu erkennen. Die Verweisung an das Landgericht findet

Regierungsvorlage.	Beschlüsse des Ausschusses.

nicht statt. Das Urtheil steht in Ansehung der Rechtsmittel und des Vollzugs einem Urtheile gleich, durch das eine Disziplinarstrafe ausgesprochen ist.

	4. Zwangsversetzung und Zwangsenthebung.

Artikel 86.

Ein Notar kann wider seinen Willen auf eine andere Stelle versetzt werden:

1. wenn ohne sein Verschulden Umstände eingetreten sind, durch die seine amtliche Wirksamkeit auf der bisherigen Stelle in einer nicht blos vorübergehenden Art erheblich gestört wird;
2. wenn solche Umstände zwar nicht ohne sein Verschulden eingetreten sind, die Verfolgung im Dienststrafverfahren aber wegen Verjährung oder aus anderen Gründen nicht erfolgen kann.

Dem auf Grund der Vorschrift im Abs. 1 Nr. 1 / **dieser Vorschriften** versetzten Notar sind die Umzugskosten aus der Staatskasse zu vergüten.

Artikel 87.

Soll ein Notar auf Grund des Artikel 86 versetzt werden, so wird ihm dies im Auftrage des Staatsministeriums der Justiz durch den Präsidenten des Oberlandesgerichts schriftlich unter Angabe der Gründe

Regierungsvorlage.	Beschlüsse des Ausschusses.
eröffnet. Dabei wird er aufgefordert, binnen einer Frist von zwei Wochen eine Erklärung abzugeben.	und mit der Aufforderung eröffnet, binnen einer Frist von zwei Wochen eine Erklärung abzugeben.
Gibt der Notar innerhalb der Frist eine Erklärung nicht ab oder erhebt er Einsprache gegen die Versetzung, so hat, soferne nicht die Einsprache von dem Staatsministerium der Justiz als begründet befunden wird, die Disziplinarkammer endgültig zu entscheiden, ob der Fall der Versetzung vorliegt. Vor der Entscheidung hat der Präsident des Oberlandesgerichts oder ein von ihm beauftragter Richter die nöthigen Ermittelungen vorzunehmen; dem Notar und dem Staatsanwalt ist Gelegenheit zu geben, sich über das Ergebniss der Ermittelungen zu äussern. Die Disziplinarkammer entscheidet in der für Disziplinarstrafsachen vorgeschriebenen Besetzung in nicht öffentlicher Sitzung auf Vortrag eines Berichterstatters. Die Entscheidung ist in beglaubigter Abschrift dem Notar zuzustellen.	Willigt der Notar in die Versetzung, so kann diese ohne Weiteres erfolgen. Erhebt der Notar Einsprache und erachtet das Staatsministerium der Justiz die Einsprache für begründet, so erklärt es die Sache für beruhend und benachrichtigt davon den Notar.
Erachtet das Staatsministerium der Justiz die Einsprache des Notars gegen seine Versetzung als begründet, so erklärt es die Sache für beruhend und benachrichtigt davon den Notar.	Wird die Einsprache nicht für begründet erachtet, oder gibt der Notar innerhalb der Frist eine Erklärung nicht ab, so entscheidet auf Veranlassung des Justizministeriums die Disziplinarkammer über die Zulässigkeit der Versetzung. Vor der Entscheidung hat der Präsident des Oberlandesgerichts oder ein von ihm beauftragter Richter die nöthigen Ermittelungen vorzunehmen. Dem Notar und dem Staatsanwalt ist Gelegenheit zu geben, sich über das Ergebniß der Ermittelungen zu äußern. Die Disziplinarkammer entscheidet in der für Disziplinarstrafsachen vorgeschriebenen Besetzung in nicht öffentlicher Sitzung auf Vortrag eines Berichterstatters. Die Entscheidung ist in beglaubigter Abschrift dem Notar zuzustellen. Eine Anfechtung der Entscheidung findet nicht statt.
Willigt der Notar in die Versetzung, so bedarf es einer richterlichen Entscheidung nicht.	

Artikel 88.

Ein Notar kann wider seinen Willen vom Amte enthoben werden:

1. wenn er wegen eines körperlichen Gebrechens oder wegen Schwäche seiner körperlichen oder geistigen Kräfte zur Erfüllung seiner Amtspflichten unfähig ist;
2. wenn ohne sein Verschulden Umstände eingetreten sind, durch die seine amtliche Wirksamkeit auch auf einer anderen Stelle nicht blos vorübergehend gestört wäre;
3. wenn solche Umstände zwar nicht ohne sein Verschulden eingetreten sind, die Verurtheilung zur Dienstentlassung aber wegen Verjährung oder aus anderen Gründen nicht erfolgen kann.

Regierungsvorlage.	Beschlüsse des Ausschusses.

Artikel 89.

Auf das Verfahren bei der Enthebung eines Notars vom Amte nach Artikel 88 finden die Vorschriften des Artikel 87 entsprechende Anwendung.

Vor der Entscheidung sind durch einen beauftragten Richter die erforderlichen Zeugen und Sachverständigen zu vernehmen, sowie alle zur Ermittelung des Sachverhaltes dienenden Erhebungen zu pflegen.

Regierungsvorlage	Beschlüsse des Ausschusses
Am Schlusse muss der Notar über das Gesammtergebniss der Erhebungen	**Ueber das Gesammtergebniß der Erhebungen muß der Notar**

schriftlich oder zu Protokoll vernommen werden, sofern nicht nach ärztlichem Gutachten sein körperlicher oder geistiger Zustand die Zulässigkeit der Vernehmung ausschließt.

Zum Zwecke der Abgabe seiner Erklärungen ist dem Notar die Einsicht der Akten zu gestatten.

Artikel 90.

Für das Dienststrafverfahren und das Verfahren nach den Artikeln 87, 89 werden nur baare Auslagen in Ansatz gebracht.

Wird der Angeschuldigte verurtheilt oder bleibt ein von ihm eingelegtes Rechtsmittel erfolglos, so hat er die im Verfahren erwachsenen Auslagen ganz oder theilweise zu erstatten.

Die Kosten des nach Artikel 76 Abs. 3 eingestellten Verfahrens trägt der Beschuldigte, die Kosten eines von einem Verurtheilten zurückgenommenen Rechtsmittels der Verurtheilte. Baare Auslagen, welche in dem in den Artikeln 87, 89 behandelten Verfahren für erfolglose, durch Schuld des Notars veranlaßte Ermittelungen erwachsen sind, sind von diesem zu erstatten.

Ueber die Pflicht zur Tragung der Kosten ist gleichzeitig mit der Entscheidung in der Hauptsache zu erkennen.

Regierungsvorlage	Beschlüsse des Ausschusses
	5. Suspension.

Artikel 91.

Die vorläufige Enthebung des Notars vom Dienste (Suspension) tritt entweder kraft des Gesetzes ein oder sie wird von dem Disziplinargericht oder dem Staatsministerium der Justiz verhängt.

Der suspendirte Notar hat sich der Vornahme von Amtshandlungen zu enthalten.

Amtshandlungen eines suspendirten Notars sind jedoch nicht deshalb unwirksam, weil sie der Vorschrift des Abs. 2 zuwider vorgenommen worden sind.

Artikel 92.

Die Suspension tritt kraft des Gesetzes ein:

1. wenn im gerichtlichen Strafverfahren gegen den Notar die Untersuchungshaft verhängt ist, für deren Dauer;
2. wenn gegen den Notar wegen eines Verbrechens oder wegen eines Vergehens, das den Verlust des Amtes nach sich ziehen kann, das Hauptverfahren eröffnet ist, für die Zeit bis zur Erledigung des Strafverfahrens;
3. wenn im Disziplinarstrafverfahren ein noch nicht rechtskräftiges Urtheil auf Dienstentlassung ergangen ist, für die Zeit bis zur Aufhebung oder zum Vollzuge des Urtheils;
4. mit dem Antritt einer Freiheitsstrafe für die Dauer der Vollstreckung;
5. mit der Eröffnung des Konkursverfahrens für dessen Dauer;
6. mit der Einleitung des Entmündigungsverfahrens für dessen Dauer, im Falle der Entmündigung auch für die Zeit bis zu deren Wiederaufhebung;
7. mit der Stellung unter vorläufige Vormundschaft für die Dauer der vorläufigen Vormundschaft.

Artikel 93.

Die Suspension kann von der Disziplinarkammer verhängt werden:

1. wenn gegen den Notar ein Disziplinarverfahren anhängig ist, bei dem die Verurtheilung zur Strafversetzung oder Dienstentlassung in Aussicht steht;
2. wenn außer dem Falle des Artikel 92 Nr. 2 gegen den Notar eine Voruntersuchung oder ein Hauptverfahren wegen eines Verbrechens oder Vergehens eröffnet ist;
3. wenn gegen den Notar ein Verfahren nach den Artikeln 88, 89 eingeleitet ist.

Die Entscheidung erfolgt von Amtswegen oder auf Antrag des Staatsanwalts. Sie ist mit Gründen zu versehen und dem Notar zuzustellen. Gegen die Entscheidung ist Beschwerde zum Disziplinarhofe zulässig. Die Beschwerde hat keine aufschiebende Wirkung.

Ist gegen einen Notar ein Disziplinarstrafverfahren wegen einer Handlung anhängig, die seine Verlässigkeit in Geldangelegenheiten in Frage stellt, so kann ihm die Disziplinar-

Regierungsvorlage.	**Beschlüsse des Ausschusses.**

kammer schon vor der Verhängung der Suspension die im Artikel *13* eingeräumte Befugniss einstweilen entziehen.

Im Falle des Abs. 1 Nr. 1 und des Abs. *3* kann die Massregel / **Suspension** im Laufe des Berufungsverfahrens vom Disziplinarhof auch dann verhängt werden, wenn die Disziplinarkammer eine Entscheidung darüber nicht getroffen hat.

Artikel 94.

Die Suspension kann vom Staatsministerium der Justiz verhängt werden:

1. wenn der Notar sich ohne Urlaub von seinem Amtssitz entfernt, für die Dauer der Abwesenheit und der darauf folgenden zehn Tage;
2. wenn gegen den Notar die Zulässigkeit der Enthebung vom Amte nach den Artikeln *88, 89* / **nach Artikel 88** ausgesprochen ist, für die Zeit bis zur Enthebung;
3. wenn der Notar rechtskräftig zur Strafversetzung oder nach den Artikeln *86, 87* / **nach Artikel 86** für versetzbar erklärt ist, für die Zeit bis zur Versetzung. Die Suspension tritt mit dem Ablaufe von sechs Monaten außer Wirksamkeit, wenn die Versetzung bis dahin nicht erfolgt ist.

Siebenter Abschnitt.

Notariatsverweser.

Artikel 95.

Für die Dauer der Beurlaubung, der Suspension oder der sonstigen Behinderung des Notars **oder der vorübergehenden Erledigung eines Notariats** soll die Wahrnehmung der Amtsgeschäfte einem Amtsverweser (Notariatsverweser) übertragen werden.

Ein Notariatsverweser soll ferner bestellt werden, wenn ein Notariat vorübergehend nicht besetzt ist oder wenn die Besetzung eines Notariats mit einem Notar wegen der Geringfügigkeit der Zahl der Amtsgeschäfte unthunlich ist.

Artikel 96.

Notariatsverweser kann nur werden, wer die Voraussetzungen für die Ernennung zum Notar erfüllt hat.

Von dem Erfordernisse der Ableistung eines Vorbereitungsdienstes bei einem Notariate kann für die Bestellung zum Notariatsverweser außer bei Personen, die das Richteramt bekleiden oder bekleidet haben, auch bei den zum Richteramte befähigten Gerichtsschreibern der Amtsgerichte abgesehen werden.

Ein Rechtsanwalt kann nicht zum Notariatsverweser bestellt werden.

Artikel 97.

Die Richter und die zum Richteramte befähigten Gerichtsschreiber der Amtsgerichte sind verpflichtet, sich am Sitze des Gerichts zum Notariatsverweser bestellen zu lassen.

Artikel 98.

Ein Notar oder Notariatsverweser soll zum Verweser eines anderen Notariats, das nicht am gleichen Orte seinen Sitz hat, nur ausnahmsweise bestellt werden.

Artikel 99.

Wird die Bestellung eines Notariatsverwesers wegen der Erledigung des Notariats oder wegen der Suspension des Notars nothwendig, so erfolgt sie von Amtswegen.

In allen übrigen Fällen hat zunächst der Notar auf dem Dienstwege die Aufstellung eines Notariatsverwesers zu beantragen und eine geeignete Person vorzuschlagen.

Artikel 100.

Die Bestellung zum Notariatsverweser erfolgt durch das Staatsministerium der Justiz; sie ist widerruflich.

In dringlichen Fällen kann der Landgerichtspräsident einen Notariatsverweser vorläufig bestellen.

Das Staatsministerium der Justiz kann die Befugniß zur Bestellung von Notariatsverwesern den Oberlandesgerichtspräsidenten oder den Landgerichtspräsidenten übertragen.

Regierungsvorlage.	Beschlüsse des Ausschusses.

Artikel 101.

Die Amtsbefugniß des Notariatsverwesers beginnt mit der Uebernahme der Geschäfte des Notariats und endigt mit der Uebergabe der Geschäfte an den Notar oder einen anderen Notariatsverweser. Während dieser Zeit soll sich der Notar der Vornahme von Amtsgeschäften enthalten.

Artikel 102.

Ist ein Notar, für den wegen Erkrankung oder Abwesenheit ein Notariatsverweser für bestimmte Zeit bestellt ist, mit Ablauf dieser Zeit nicht dienstfähig geworden oder nicht zurückgekehrt, so hat der Notariatsverweser hievon Anzeige zu erstatten und die Geschäfte des Notariats bis auf Weiteres fortzuführen.

Das Gleiche gilt für den Fall, daß ein Notar, für den ein Notariatsverweser bestellt ist, während der Dauer der Geschäftsführung des Notariatsverwesers stirbt.

Artikel 103.

Ein Notar, für den wegen Beurlaubung oder Erkrankung für bestimmte Zeit ein Notariatsverweser bestellt ist, kann vor Ablauf dieser Zeit die Geschäfte wieder übernehmen.

Artikel 104.

Inwieweit die Bestellung der Notariatsverweser und die Wiederübernahme der Geschäfte durch den Notar öffentlich bekannt zu machen ist und wie die Bekanntmachung zu erfolgen hat, bestimmt das Staatsministerium der Justiz.

Artikel 105.

Der Notariatsverweser soll, sofern er nicht Amtsrichter / **Richter an einem Amtsgericht** ist, vor dem Amtsantritte den Amtseid der Notare leisten. Der Eid wird in der öffentlichen Sitzung des Landgerichts geleistet. Der Präsident des Landgerichts kann die Abnahme des Eides dem Amtsgericht übertragen, in dessen Bezirke das Notariat seinen Sitz hat; die Eidesleistung erfolgt in der öffentlichen Sitzung des Amtsgerichts.

Ein Notariatsverweser, der den Eid geleistet hat, braucht ihn als Verweser nicht noch einmal zu leisten.

Artikel 106.

Der für einen verhinderten Notar bestellte Notariatsverweser soll die Amtsgeschäfte in den Geschäftsräumen des Notars vornehmen.

Ist ein Notar ein Amtsrichter oder ein Gerichtsschreiber / **oder ein Gerichtsbeamter** für einen verhinderten Notar zum Notariatsverweser bestellt, so kann er die Geschäfte, soweit es nach den Umständen angeht, auch in seinen eigenen Amtsräumen vornehmen.

Artikel 107.

Amtsrichter und Gerichtsschreiber, / **Gerichtsbeamte,** die zu Notariatsverwesern bestellt sind, bedürfen zur Uebernahme des Amtes des Testamentsvollstreckers der Genehmigung der Dienstaufsichtsbehörde.

Artikel 108.

Ist ein Amtsrichter oder Gerichtsschreiber / **Gerichtsbeamter** zum Verweser eines unbesetzten Notariats bestellt, so kann das Staatsministerium der Justiz die Besorgung des gesammten Gebührenwesens dem rechnungsführenden Gerichtsschreiber des Amtsgerichts übertragen.

Artikel 109.

Der für einen verhinderten Notar bestellte Notariatsverweser hat die Gehilfen des Notars zum Dienste zu verwenden. Er kann nöthigenfalls Gehilfen aufnehmen und entlassen.

Artikel 110.

Der Notariatsverweser soll seiner Unterschrift seine amtliche Eigenschaft als Verweser beisetzen.

Regierungsvorlage.	Beschlüsse des Ausschusses.

Artikel 111.

Der für einen verhinderten Notar bestellte Notariatsverweser führt die Geschäfte auf Rechnung des Notars. Er kann von dem Notar eine angemessene Vergütung für seine Dienstleistung beanspruchen. Entsteht Streit über die Vergütung, so entscheidet das Staatsministerium der Justiz nach Anhörung der Notariatskammer. Der Rechtsweg ist ausgeschlossen.

Einem Richter oder Gerichtsschreiber darf von dem Notar eine Vergütung weder gewährt noch zugesagt werden. Das Staatsministerium der Justiz kann dem Richter oder Gerichtsschreiber bei längerer Dauer der Geschäftsführung für seine außerordentlichen Dienstleistungen eine angemessene Vergütung aus der Staatskasse bewilligen; es kann die Bestellung des Notariatsverwesers davon abhängig machen, daß der verhinderte Notar die Stellvertretungskosten dem Staate vergütet.

Artikel 112.

Der Verweser eines unbesetzten Notariats führt, wenn er nicht [Amtsrichter oder Gerichtsschreiber / **Gerichtsbeamter**] ist, die Geschäfte auf eigene Rechnung. Das Staatsministerium der Justiz kann bestimmen, daß die Geschäfte auf Rechnung des Staates geführt werden. In diesem Falle ist dem Notariatsverweser ein fester Bezug aus der Staatskasse zu bewilligen. Der Bezug soll in der Regel die Anfangsbezüge eines Amtsrichters nicht übersteigen.

Artikel 113.

Wird ein [Amtsrichter oder ein Gerichtsschreiber / **Gerichtsbeamter**] zum Verweser eines unbesetzten Notariats bestellt, so werden die Geschäfte auf Rechnung der Staatskasse geführt. Dem [Amtsrichter oder Gerichtsschreiber / **Verweser**] kann bei längerer Dauer der Geschäftsführung eine angemessene Vergütung bewilligt werden.

Artikel 114.

Der Notariatsverweser, der die Geschäfte auf fremde Rechnung führt, hat von den im Artikel 56 gegebenen Befugnissen Gebrauch zu machen. Unterläßt er dies, so haftet er für die Entrichtung der Gebühren und die Erstattung der Auslagen.

Artikel 115.

Hat ein auf den Vorschlag des Notars bestellter Notariatsverweser durch eine Amtshandlung einem Dritten Schaden zugefügt, so ist zum Ersatze des Schadens und der bei der Geltendmachung des Ersatzanspruchs erwachsenen Kosten auch der Notar verpflichtet. Der Notar und der Notariatsverweser haften dem Beschädigten als Gesammtschuldner; im Verhältniß zwischen ihnen ist der Notariatsverweser allein verpflichtet.

Artikel 116.

Notariatsverweser, die [Amtsrichter oder Gerichtsschreiber / **Gerichtsbeamte**] sind, unterliegen hinsichtlich der Dienstaufsicht und Disziplin den für [die Richter und die Gerichtsschreiber / **sie als Gerichtsbeamte**] bestehenden Vorschriften auch bei der Führung der Notariatsgeschäfte.

Andere Notariatsverweser sind wie Notare zu behandeln, doch ist die Verhängung der Strafversetzung und der Dienstentlassung gegen Notariatsverweser, soferne sie nicht Notare sind, ausgeschlossen. Statt auf Dienstentlassung ist auf Ausschluß von der Verwendung als Notariatsverweser zu erkennen.

Artikel 117.

Wegen eines während der Dauer der Amtsführung begangenen Dienstvergehens kann der Notariatsverweser auch nach der Beendigung der Amtsführung verfolgt werden. Die Verfolgung des Notariatsverwesers, der nicht [Amtsrichter oder Gerichtsschreiber / **Gerichtsbeamter**] ist, ist ausgeschlossen, wenn er der Dienstaufsichtsbehörde gegenüber schriftlich auf die fernere Verwendung im Notariatsdienste verzichtet.

Regierungsvorlage.	Beschlüsse des Ausschusses.

Wegen eines Dienstvergehens, das ein Notariatsverweser nach der Beendigung seiner Amtsführung begangen hat, kann er, abgesehen von dem Falle des Artikel 106 des Ausführungsgesetzes zur Strafprozeßordnung, nicht verfolgt werden.

Artikel 118.

Soweit nicht in diesem Abschnitt ein Anderes bestimmt ist, finden die in den vorhergehenden Abschnitten für die Notare gegebenen Vorschriften auf die Notariatsverweser entsprechende Anwendung. Die Vorschriften der Artikel 86 bis 89, 93, 94 finden auf die Notariatsverweser keine Anwendung.

Achter Abschnitt.

Sammelarchive.

Artikel 119.

Das Staatsministerium der Justiz kann bestimmen, daß die Urkunden, welche sich seit längerer Zeit — mindestens aber seit zwanzig Jahren — bei den Notaren in Verwahrung befinden, in Sammelarchive abgeliefert werden. Testamente und Erbverträge, die noch nicht verkündet sind, sind von der Ablieferung ausgeschlossen.

Die Ablieferung und die weitere Verwahrung erfolgt auf Staatskosten.

Die zur Verwaltung der Sammelarchive berufenen Beamten haben bezüglich der in die Archive abgelieferten Urkunden die gleichen Befugnisse und Pflichten, welche die Notare vor der Ablieferung hatten.

Neunter Abschnitt.

Notariatskammern.

Artikel 120.

In jedem Oberlandesgerichtsbezirke wird mindestens eine Notariatskammer gebildet.

Die zum Vollzuge dieser Vorschrift erforderlichen Bestimmungen werden durch Königliche Verordnung getroffen.

Artikel 121.

Den Notariatskammern liegt ob:

1. über die Wahrung der Standesehre durch die Notare zu wachen;
2. Streitigkeiten unter den Notaren auf Antrag zu vermitteln;
3. Streitigkeiten zwischen Notaren und Parteien wegen der Amtsführung der Notare auf Antrag der streitenden Theile zu vermitteln.

Artikel 122.

Den Notariatskammern liegt ferner ob, auf Verlangen der Justizverwaltungsbehörden Berichte, Uebersichten und Gutachten zu erstatten. Sie sind befugt, Vorstellungen und Anträge, die das Interesse der Rechtspflege oder des Notariats betreffen, an das Staatsministerium der Justiz zu richten.

Artikel 123.

Die Notariatskammern haben ihre Geschäftsordnung festzustellen. Die Geschäftsordnung bedarf der Genehmigung des Staatsministeriums der Justiz.

Die Notariatskammern haben die Mittel zur Bestreitung des für die gemeinschaftlichen Angelegenheiten erforderlichen Aufwandes festzusetzen und die Beiträge der Mitglieder zu bestimmen.

Artikel 124.

Die Notariatskammern sind gleich den Justizverwaltungsbehörden befugt, von den Notaren Berichte und Gutachten zu verlangen, die das Interesse der Rechtspflege oder des Notariats betreffen.

Artikel 125.

Die Aufsicht über die Geschäftsführung der Notariatskammern steht dem Staatsministerium der Justiz zu.

Das Staatsministerium der Justiz kann die Auflösung einer Notariatskammer verfügen. Binnen sechs Wochen nach der Auflösung ist die Neubildung der Notariatskammer zu veranlassen.

Regierungsvorlage.	Beschlüsse des Ausschusses.

Zehnter Abschnitt.
Haftung des Staates.

Artikel 126.

Für den Schaden, den ein Notar oder ein Notariatsverweser in Ausübung des ihm anvertrauten Amtes durch Verletzung der Amtspflicht einem Dritten zufügt, ist der Staat nach Maßgabe der Artikel 53, 53a des Ausführungsgesetzes zum Bürgerlichen Gesetzbuche verantwortlich.

Der Notar oder der Notariatsverweser hat dem Staate nach Maßgabe des Artikel 53 Abs. 4 des Ausführungsgesetzes zum Bürgerlichen Gesetzbuche den Schaden zu ersetzen, der dem Staate aus der Verletzung der Amtspflicht entsteht. Für den Schaden, den hienach ein Notariatsverweser dem Staate zu ersetzen hat, haftet dem Staate neben dem Notariatsverweser der Notar nach Maßgabe des Artikel 115.

Regierungsvorlage.	Beschlüsse des Ausschusses.
Für die Thätigkeit der Notare und Notariatsverweser in den Fällen des Artikel 14 haftet der Staat nicht. Das Gleiche gilt von der Thätigkeit der Notare und Notariatsverweser in den Fällen des Artikel 13, soweit nicht der Notar oder Notariatsverweser zur Uebernahme des Geldes, der Werthpapiere oder der Kostbarkeiten amtlich verpflichtet war.	**Für den Schaden, den ein Notar oder ein Notariatsverweser in Ausübung des Amtes des Testamentsvollstreckers einem Dritten zufügt, haftet der Staat nicht.**

Elfter Abschnitt.
Versorgung der Notare und Notariatsgehilfen und ihrer Hinterbliebenen.

Artikel 127.

Durch Königliche Verordnung kann bestimmt werden, daß die nach dem Tage der Verkündung dieses Gesetzes ernannten Notare Mitglieder der öffentlichen Vereine und Anstalten werden, welche die Versorgung der Notare und ihrer Hinterbliebenen zum Zwecke haben. Die Notare werden Mitglieder dieser Vereine und Anstalten mit ihrer Ernennung oder, wenn zu dieser Zeit die Vereine oder Anstalten noch nicht bestehen, mit deren Errichtung.

Artikel 128.

Durch Königliche Verordnung kann bestimmt werden, daß die Gelder, welche auf Grund der Verhängung von Zwangsstrafen, Ordnungsstrafen oder Disziplinarstrafen gegen Notare und Notariatsverweser eingehen, den im Artikel 127 genannten Vereinen oder Anstalten zuzuwenden sind.

Artikel 129.

Das Staatsministerium der Justiz kann Vorschriften über die Aufnahme und Entlassung der Notariatsgehilfen und über die Entlohnung der nicht rechtskundigen Notariatsgehilfen erlassen und insbesondere bestimmen, daß nicht rechtskundige Personen als Notariatsgehilfen nur verwendet werden dürfen, wenn sie den öffentlichen Vereinen und Anstalten angehören, welche für die Versorgung der Notariatsgehilfen und ihrer Hinterbliebenen bestimmt sind.

Zwölfter Abschnitt.
Schluß- und Uebergangsbestimmungen.

Artikel 130.

Aufgehoben sind:

1. das Gesetz vom 10. November 1861 über das Notariat in den Landestheilen rechts des Rheins;
2. das Gesetz vom 29. Juli 1876, die Abänderung einiger Bestimmungen des Notariatsgesetzes betreffend;
3. das pfälzische Notariatsgesetz vom 25. ventôse XI mit dem Beschlusse vom 2. nivôse XII über die Errichtung und Organisation der Notariatskammern und dem Dekrete vom 4. April 1806 über die Ernennung der Mitglieder der Notariatskammern;
4. das Gesetz vom 16. Mai 1868 über das Notariat in der Pfalz.

Artikel 131.

Dieses Gesetz tritt gleichzeitig mit dem Bürgerlichen Gesetzbuch in Kraft.

Regierungsvorlage.	Beschlüsse des Ausschusses.

Artikel 132.

Die liegenschaftsrechtlichen und erbrechtlichen Vorschriften der durch den Artikel 130 aufgehobenen Gesetze bleiben insoweit in Kraft, als ihre Geltung in den Artikeln 189, 213 des Einführungsgesetzes zum Bürgerlichen Gesetzbuche vorbehalten ist.

Artikel 133.

Die Notare und Notariatsverweser, welche sich zur Zeit des Inkrafttretens dieses Gesetzes im Amte befinden, gelten als auf Grund dieses Gesetzes aufgestellt.

Soweit nach einer Vorschrift des bisherigen Landesrechts, deren Geltung im Artikel 189 des Einführungsgesetzes zum Bürgerlichen Gesetzbuche vorbehalten ist, zur Vornahme gewisser Geschäfte nur die Notare der Landestheile rechts des Rheins oder nur die Notare der Pfalz berufen wären, haben künftig alle bayerischen Notare als berufen zu gelten.

Artikel 134.

Der Artikel 31 findet in den Landestheilen rechts des Rheins schon vor dem Zeitpunkt Anwendung, in welchem das Grundbuch als angelegt anzusehen ist. An die Stelle der Einsicht des Grundbuchs tritt die Einsicht des Hypothekenbuchs.

Artikel 135.

In der Pfalz bleiben die bisherigen Notariatsbezirke bis zu der Zeit bestehen, zu welcher das Grundbuch im ganzen Oberlandesgerichtsbezirk als angelegt anzusehen ist.

Durch Königliche Verordnung kann die neue Eintheilung der Notariatsbezirke je nach dem Vorschreiten der Anlegung des Grundbuchs in einzelnen Theilen des Oberlandesgerichtsbezirks schon früher eingeführt werden.

Artikel 136.

Für die zur Zeit des Inkrafttretens dieses Gesetzes anhängigen Ordnungsstrafsachen und Disziplinarstrafsachen verbleibt es in Ansehung des Verfahrens bei den bisherigen Vorschriften. Für die Entscheidung darüber, ob die Strafnormen des bisherigen Dienststrafrechts oder die Strafnormen dieses Gesetzes anzuwenden sind, ist der § 2 Abs. 2 des Strafgesetzbuchs maßgebend. Auf die Strafe der Suspension kann nicht mehr erkannt werden.

Artikel 137.

Die Vorschriften der Artikel 18, 23, 45, 56, 58 bis 63 finden auch auf diejenigen Angelegenheiten Anwendung, welche zur Zeit des Inkrafttretens dieses Gesetzes anhängig sind. Ist vor dem Inkrafttreten dieses Gesetzes schon eine Entscheidung ergangen, so finden auf das Beschwerdeverfahren die bisherigen Vorschriften Anwendung.

Artikel 138.

Ist vor dem Inkrafttreten dieses Gesetzes über die Festsetzung der Gebühren und Auslagen eines Notars schon eine richterliche Entscheidung erfolgt, oder der Anspruch auf Zahlung von Gebühren und Erstattung von Auslagen bei den ordentlichen Gerichten anhängig gemacht, so finden auf das weitere Verfahren die bisherigen Vorschriften Anwendung. Anderenfalls gelten auch für das Festsetzungsverfahren und die Beitreibung der vor dem Inkrafttreten dieses Gesetzes entstandenen Forderungen solcher Art die Vorschriften dieses Gesetzes.

Artikel 139.

Die auf Grund der Artikel 100, 102 des Notariatsgesetzes vom 10. November 1861, des Artikel 61 des pfälzischen Notariatsgesetzes vom 25. ventôse XI und des Artikel 4 Abs. 1 des Gesetzes vom 16. Mai 1868, das Notariat in der Pfalz betreffend, erlassenen Anordnungen bleiben auch nach dem Inkrafttreten dieses Gesetzes in Wirksamkeit, bis ein Notar ernannt oder ein Notariatsverweser bestellt ist.

Artikel 140.

Die zur Ausführung dieses Gesetzes erforderlichen Vorschriften werden, soweit nicht in dem Gesetz ein Anderes bestimmt ist, einschließlich der Geschäftsordnung für die Notare, vom Staatsministerium der Justiz erlassen.

Gegeben . . .

München, den 17. Mai 1899.

6.

Stenographischer Bericht

über die

Verhandlungen der bayerischen Kammer der Abgeordneten.

Vierhundertsechsundneunzigste öffentliche Sitzung vom 26. Mai 1899.

(Stenogr. Berichte z. d. Verhandl. d. K. d. Abg. 1899. Bd. XIII Nr. 496 Seite 881 bis 899.)

Die Sitzung wird um 9 Uhr 5 Minuten durch den Vicepräsidenten von Keller eröffnet.

S. 881. **Vicepräsident:** ......

Wir kommen nunmehr zum zweiten Gegenstand der Tagesordnung:

Mündlicher Bericht des besonderen (XVIII.) Ausschusses der Kammer der Abgeordneten zur Berathung der durch die Einführung des Bürgerlichen Gesetzbuchs veranlaßten Gesetzentwürfe über den Entwurf eines Notariatsgesetzes.

S. 882. Ich schlage Ihnen vor, den Berathungen zu Grunde zu legen die Anlage zu Beilage Z, die Sie in Händen haben und die in der ersten Spalte die Regierungsvorlage, in der zweiten die Beschlüsse Ihres Justizausschusses enthält.

Ich eröffne die Generaldiskussion und ertheile das Wort zur Einleitung derselben dem Herrn Referenten, Abgeordneten Fuchs.

Fuchs (Berichterstatter): Meine Herren! Nach Art. 141 des Einführungsgesetzes zum Bürgerlichen Gesetzbuche ist es der Landesgesetzgebung überlassen, zu bestimmen, daß für die Beurkundung von Rechtsgeschäften, welche nach den Vorschriften des Bürgerlichen Gesetzbuchs gesetzlicher oder notarieller Beurkundung bedürfen, entweder nur die Gerichte oder nur die Notariate zuständig sind.

Auf Grund dieser Bestimmung wurde uns vorgeschlagen, das Beurkundungswesen auch künftig dem Notariate zu überweisen und letzteres nicht nur als selbständiges Notariat aufrecht zu erhalten, sondern auch im Großen und Ganzen in seiner bisherigen territorialen Verfassung zu belassen.

Zu Regelung dieser Materie wurde ein neues Notariatsgesetz in Vorlage gebracht. Die Frage, ob ein solches gerechtfertigt ist oder nicht, scheidet aus der Diskussion aus, nachdem der Landtag sich bereits in der vorigen Session mit dem Gedanken der Beibehaltung des selbständigen Notariats als des ausschließlichen Beurkundungsinstituts vertraut gemacht und die von der k. Staatsregierung in den Gesetzentwürfen zur Ausführung des Bürgerlichen Gesetzbuchs, der Grundbuchordnung und des Gesetzes über die Zwangsversteigerung und Zwangsverwaltung gemachten Vorschläge, soweit sie die sachlichen Unterlagen für das selbständige Notariat schaffen, die Zustimmung der Kammer der Abgeordneten erhalten haben.

Bei der gegenwärtigen Entwicklung des Rechtsverkehrs könnte man das Notariat als selbständiges Rechtsorgan kaum entbehren und würde wohl üble Erfahrungen machen, wenn man versuchen wollte, es abzuschaffen. Die Zustände vor Einführung des Notariats wird wohl Niemand zurückwünschen. Es wird bestätigt werden müssen, daß das Notariatsgesetz von wohlthätigen Folgen für den Rechtsverkehr gewesen ist, wenn auch nicht zu leugnen ist, daß begründete Beschwerden laut geworden sind, diese sind aber theils auf den unnöthigen Formalismus des bisherigen Gesetzes, theils auf die Personen selbst zurückzuführen, nicht auf das Institut selbst.

Das neue Gesetz zeichnet sich durch eine klare, verständliche Sprache vortheilhaft aus und hat den weiteren Vorzug, daß eine Reihe von Vor-

schriften, meist formeller Art, der Geschäftsordnung vorbehalten ist, wodurch S. 882.
die Möglichkeit gegeben ist, dieselben im Bedürfnißfalle ohne Gesetz abzuändern.

Das Gesetz beschränkt sich grundsätzlich auf die Organisation des Notariats und trifft Bestimmungen über die Beschäftigung der Notare und die Art der Beurkundung, greift also nicht über auf das Gebiet des materiellen bürgerlichen Rechtes und nicht auf das Gebiet der Gesammtorganisation der Verwaltung der Angelegenheiten der freiwilligen Gerichtsbarkeit.

Aus dem Gesetzentwurfe ist hervorzuheben, daß die Notariate staatliche Behörden, die Notare öffentliche Beamte, allerdings ohne Anspruch auf Gehalt und Pension, sind, daß in jedem Amtsgerichtsbezirk wenigstens ein Notariat gebildet werden soll und zum Vollzuge dieser Bestimmung auch Richter und rechtskundige Gerichtsschreiber zur Ausübung von Notariatsgeschäften heranzuziehen sind, daß die Haftung des Staates nach Maßgabe der §§ 53 und 53a des Ausführungsgesetzes zum Bürgerlichen Gesetzbuch eintritt, daß von der Lokalisirung der Notariate Umgang genommen worden ist, die Beurkundung aller Rechtsgeschäfte des Liegenschaftsrechtes nur nach vorgängiger Einsicht des Grundbuchs durch den Notar oder nach Vorlegung eines Grundbuchauszuges durch die Betheiligten vorgenommen werden darf, die Dienstaufsicht über die Notare den Staatsanwälten abgenommen und den Präsidenten des Landgerichts übertragen ist, das Disziplinarrecht schärfer als bisher ausgestaltet ist, das Institut der Notariatsverweser neu geregelt wird, Sammelarchive zur Aufbewahrung älterer Urschriften errichtet werden, zur Versorgung der Notare und ihrer Hinterbliebenen sowie deren Gehilfen und deren Hinterbliebenen besondere Einrichtungen getroffen werden.

Schließlich bemerke ich, daß über das Gesetz übereinstimmende Beschlüsse der Justiz-Gesetzgebungsausschüsse der beiden Kammern vorliegen sollen.

Vicepräsident: Herr Abgeordneter Kuby!

Kuby: Nachdem ich in früheren Sessionen, in denen über die Gründe für und gegen das Notariat verhandelt wurde, häufig das Wort genommen habe, um für die Beibehaltung des Notariats mich auszusprechen, allerdings mit der Modifikation, daß dem Notariate noch mehr als bisher der Charakter eines Amtes aufgeprägt werden möge, und nachdem mit dem Entwurfe meinen Wünschen entsprochen wurde, so freue ich mich, heute meine Befriedigung und meinen Dank darüber aussprechen zu können, daß die k. Staatsregierung an dem Notariate festgehalten und daß der ganze Justizausschuß einstimmig dem Notariate, wie es nun geplant ist, seine Zustimmung gegeben hat.

Meine Herren! Ich bin wohl außer dem Herrn Kollegen Fasel vielleicht der Einzige, der lange Zeit selbst in dem Notariate thätig war und der überdieß durch Dezennien in enger Fühlung mit dem Notariate geblieben ist, und ich kann daher aus der Erfahrung heraus sagen, daß das Notariat eine nützliche, ja eine nothwendige Einrichtung auf dem Rechtsgebiete ist.

Meine Herren! Die hohe Entwicklung und die Vielgestaltigkeit des Rechtslebens, der große Umfang und die Schwierigkeit der gesetzlichen Materien und das Bedürfniß des Rechtsschutzes bringt es nothwendig mit sich, daß auf dem Gebiete der Rechtspflege eine Theilung der Arbeit erfolgt. Diese Verhältnisse bringen von selbst mit sich das neben den Gerichten selbständige Notariat, und wer etwa heute noch nicht Freund des Notariates ist, der wird es gewiß mit dem 1. Januar 1900, wo ein so umfassendes eingreifendes neues Gesetzgebungswerk wie das Bürgerliche Gesetzbuch mit seinen Nebengesetzen in's Leben tritt. Es wird dann Jeder erfahren, daß er einen ge-

S. 882. wandten, rechtskundigen und entgegenkommenden Notar, einen freundlichen Beamten als Leiter und Berather bei seinen Rechtsgeschäften nothwendig hat, Jeder wird dann erkennen, daß das *Notariat nicht blos eine Nothwendigkeit* ist, sondern eine wahre **Wohlthat** für das Volk.

Meine Herren! Es ist auch zu erwarten, daß sich die Notare mit dem neuorganisirten Institute zufrieden geben werden, denn fast alle ihre Forderungen sind berücksichtigt worden. Allerdings wollen noch einige Herren, namentlich Herren aus der Pfalz, daß ihnen mit Ausschluß der Amtsgerichte die Auseinandersetzung der Nachlaßschaften und der Gütergemeinschaften zugetheilt
S. 883. werden solle. Allein das ist ‖ bereits entschieden und übrigens sind auch die Herren aus dem diesseitigen Bayern geschlossen gegen die Zutheilung dieser Sachen ausschließlich an das Notariat und ist daher gegen den bereits gefaßten Beschluß nichts mehr zu machen. Ich glaube übrigens auch, daß die Sache von einer besonders großen praktischen Tragweite, wenigstens in der Pfalz, nicht sein wird, denn wenn den Notaren keine gefährlichere Konkurrenz erwächst als die der Amtsgerichte, so werden sie wohl kaum, wenn sie es verstehen, sich das Vertrauen der Bürger nach wie vor zu erhalten, eine große Benachtheiligung durch die Konkurrenz der Amtsgerichte erleiden.

Meine Herren! Nun habe ich noch einen speziellen Wunsch an die k. Staatsregierung. Eine volksthümliche Regierung hat seinerzeit nicht blos an den Sitzen der Amtsgerichte, sondern auch an anderen größeren Orten Notariate geschaffen, die sogenannten *Landnotariate*. Es sind deren jetzt 11. Es wird nun die Beibehaltung dieser Landnotariate gewünscht, nicht blos von der Bevölkerung dieser Notariatssitze, sondern auch von der Bevölkerung in deren Umgebung. Nun wird ja der Notar auf dem Landnotariate sich künftig etwas schwerer thun, weil er nicht am Sitze des Grundbuchamtes wohnt, allein es wird sich die Sache schon machen. Früher waren die Landnotariate ja auch in regem Verkehr mit dem Rentamt wegen der Registrirung und Kontrole der Akten. Wenn es damals ging, so wird es wohl künftig auch gehen.

Die Bevölkerung wünscht die Beibehaltung dieser Notariate und meiner Ansicht nach mit Recht. Denn *je näher der Notar, desto prompter* kann seine Hilfe eintreten und *desto weniger Kosten an Geld und Zeit* wird unstreitig die Erledigung der Geschäfte verlangen. Den Staat aber kostet die Sache gar nichts. Denn soviel ich weiß, stellt sich heute der Notar auf dem geringsten Landnotariate noch höher als der Oberamtsrichter.

Ich möchte daher wünschen, daß die k. Staatsregierung hier nicht eingreife, sondern den Dingen ihren Lauf lasse. Was lebensfähig ist, wird sich erhalten, was nicht lebensfähig ist, kann in Gottes Namen sterben. — Ich lebe also der Ueberzeugung, daß das *Notariat für unsere heutigen Verhältnisse eine nothwendige Einrichtung* ist und daß es *hochwichtige Aufgaben* zu erfüllen hat, und ich hoffe, daß die Notare ihrer Aufgabe stets gewachsen sein mögen und daß das *neuorganisirte Notariat als eine Wohlthat* für das Volk sich erweisen möge. (Lebhafter Beifall.)

Vicepräsident: Das Wort nehmen Seine Excellenz der Herr *Staatsminister der Justiz*.

Der k. Staatsminister Dr. Freiherr **von Leonrod:** Meine Herren! Ich habe allen Grund, mich über die Rede des Herrn Abgeordneten *Kuby* zu freuen. Auch der eine Wunsch, der ihm nach seiner Aeußerung noch übrig bleibt, daß nämlich in der Frage der Erhaltung der Landnotariate schonend vorgegangen werden möge, kann noch Erfüllung finden. Die Frage der Erhaltung der Landnotariate in der Pfalz ist für die Regierung keine Prinzipienfrage. Solange die Landnotariate lebensfähig sind, werden sie auch erhalten werden. Sollte freilich die Probe ergeben, daß diese Notariate aus Mangel an Geschäften ihre Lebensfähigkeit verlieren, so müßte von Fall zu Fall an deren Aufhebung gegangen werden. S. 883.

Vizepräsident: Herr Abgeordneter Kraußhold!

Kraußold: Meine Herren! Gestatten Sie mir, in möglichster Kürze meinen Standpunkt Ihnen zu präzisiren. Ich gehe davon aus, daß über die Frage der Selbständigkeit der Notariate überhaupt kein Wort zu verlieren ist. Es war eine große Beunruhigung vielleicht von Anfang an, solange die Gestaltung noch unsicher, nicht mit Unrecht darüber, wie sich die Sache gestalten wird. Denn daran waren natürlich die Notare sehr interessirt, wie nun die Sache vollständig geregelt wird. Ich bin der Anschauung, daß die Lösung, wie sie nunmehr vorliegt, eine unendlich glückliche genannt werden darf und muß, und daß die Notare ganz gewiß vollständig zufrieden sein werden, wenn sie sich einmal eingelebt haben. Dazu gehört natürlich nicht blos das Notariatsgesetz allein, sondern gerade die wesentlichsten Bestimmungen des Gebührengesetzes sind noch mit ausständig und ich zweifle keinen Augenblick, daß man, wenn man einmal das selbständige Notariat will, es auch so stellen muß, wie es gestellt zu werden verdient, um seiner wichtigen Aufgabe Genüge zu leisten.

Wenn ich das Wort ergriffen habe, so war es namentlich deßhalb, weil ich einige Grundzüge kurz beleuchten möchte, welche negativ d. h. nicht im Gesetze selbst enthalten sind, und das ist, daß die Notare dankbar anerkennen, daß man das Lokalisirungsprinzip als undurchführbar fallen gelassen hat. Ich werde nicht darauf eingehen, warum dieß geschehen ist. Das ist im Ausschusse genügend dargelegt worden und ich glaube, es ist, weil im Ausschusse Einstimmigkeit herrschte, darüber ein Zweifel nicht. Ebenso ist es begrüßenswerth, daß das Notariat den Amtsgerichten gegenüber eine selbständige Behörde ist und zwar, worauf ich besonders Gewicht lege, den Amtsgerichten im Wesentlichen gleichgestellt ist, wie ja die Beschwerde ebenso wie bei den Amtsgerichten an das Landgericht geht.

Meine Herren! Diese Lösung hat meines Erachtens namentlich deßhalb eine große Bedeutung, weil dann ein Zusammenwirken der Notariate und der Amtsgerichte in erhöhtem Maße Platz greift, und ich kann nicht umhin, hier zu erwähnen, daß mir bisher von verschiedenen Seiten Bedenken darüber zugebracht worden sind und daß diese Lösung erst die richtige Befriedigung gewährt, weil bisher gar häufig eine gewisse — Antipathie will ich nicht sagen —, aber ein gewisses Nichtzusammenwirken vorhanden war, weil man von amtsgerichtlicher Seite sehr häufig sehr skrupulös vorging und Punkte betonte, welche den Notaren wieder weniger wichtig erschienen und umgekehrt. Dieß wird nun wegfallen und ich glaube, durch ein gedeihliches Zusammenwirken wird ermöglicht werden, daß das Institut nach jeder Richtung auch fernerhin sich bewähren wird.

Es ist aber natürlich, daß manche Wünsche, die namentlich auch durch die Ausschußbeschlüsse herbeigeführt worden sind, noch besprochen werden. Ich möchte mich auf Einzelheiten nicht einlassen, weil ich mir bei den einzelnen Artikeln erlauben werde, diejenigen Anfragen zu stellen, welche mir von Seite gewiegter Notare an die Hand gegeben worden sind.

Nur einen Gesichtspunkt möchte ich deßhalb hervorheben, weil es davon abhängen wird, ob ich einen Antrag an die hohe Kammer stellen werde. Wenn

S. 883. Sie nämlich das alte und das jetzige Notariatsgesetz vergleichen, so werden Sie finden, daß im Art. 104 Abs. 3 die Bestimmung enthalten ist: „Die Gebühren der Notare werden durch Verordnung bestimmt." Ich will nun gleich hervorheben, daß ich vollständig damit einverstanden bin, daß die Gebühren durch Verordnung bestimmt werden. Ich möchte nur darauf hinweisen, daß die Kammer der Abgeordneten von jeher den Standpunkt eingenommen hat,
S. 884. daß || eigentlich die Gebühren im Gesetzeswege geregelt werden sollten. Im Art. 104 sagte seinerzeit im Jahre 1861 der Justizminister von Mulzer, daß durch diesen Abs. 3 die Regierung ermächtigt werde. Ich werde darauf zurückkommen, weil mir die k. Staatsregierung hier etwas vorweist, was ich noch nicht gelesen habe. Eben deßwegen kam ich im allgemeinen Theil darauf. Ich werde mich deßhalb kürzer fassen, weil ich sehe, daß vielleicht das kommt, von dem ich wünschte, daß es Ausdruck fände, und dann bin ich ja natürlich nicht veranlaßt, irgend etwas weiter zu sagen. Es kann ja in einem anderen Gesetze irgend eine Bestimmung enthalten sein, die mir nicht bekannt ist.

Ich würde deßhalb die k. Staatsregierung nur fragen, ob sie und in welcher Weise sie sich die Sache zurechtgelegt hat und ob sie damit einverstanden ist, daß der Standpunkt der Kammer der Abgeordneten, den diese stets eingehalten, der der k. Staatsregierung ist, der die Regierung ermächtigt, im Gesetzes- beziehungsweise Verordnungswege hier die Bestimmung zu treffen, weil im Jahre 1863 und 1865 die Staatsregierung eine andere Stellung eingenommen hat.

Ich glaube nun, damit im Allgemeinen schließen und an die k. Staatsregierung die Bitte stellen zu dürfen, mir die betreffende Mittheilung zukommen zu lassen, damit ich in der Lage bin, zu konstatiren, ob ich irgend eine Veranlassung habe, in die Spezialdiskussion hier einzugreifen.

Vicepräsident: Das Wort nehmen Seine Excellenz der Herr Staatsminister der Justiz.

Der k. Staatsminister Dr. Freiherr **von Leonrod:** Ich möchte den Herren Abgeordneten Kraußold darauf hinweisen, daß die Gesetzesvorschrift, die er vermißt, sich bereits im Art. 5 des geltenden Gebührengesetzes findet und auch in der Novelle zu diesem Gesetze, deren Entwurf sich seit einigen Tagen in seinen Händen befindet, aufrecht erhalten werden soll.

Vicepräsident: Zum Worte ist Niemand mehr gemeldet; der Herr Referent verzichtet auf das Schlußwort.

Ich schließe die Generaldiskussion.

Wir gehen über zur Spezialdiskussion.

Ich schlage Ihnen vor, Ueberschrift und Einleitungsworte des Gesetzentwurfes zurückzustellen bis nach der Berathung der einzelnen Abschnitte und Artikel.

Wenn eine Erinnerung nicht erhoben wird, werde ich nur diejenigen Artikel wörtlich verlesen, bei welchen durch den Justizausschuß eine Aenderung gegenüber dem Regierungsentwurfe vorgenommen worden ist. Die übrigen unverändert gebliebenen Artikel werde ich nur einzeln zum Aufruf bringen und, wenn keine Erinnerung gegen deren Fassung und Wortlaut geltend gemacht wird, konstatiren, daß dieselben von Ihnen angenommen worden sind.

Es erfolgt kein Widerspruch gegen diesen modus procedendi; ich kann deßhalb annehmen, daß Sie damit einverstanden sind.

Erster Abschnitt. Zuständigkeit und Organisation. S. 884.

1. Zuständigkeit.

Artikel 1 (wird verlesen).

Das Wort hat der Herr Referent.

Fuchs (Berichterstatter): Nachdem über das Notariatsgesetz sehr eingehende Verhandlungen gepflogen worden sind und wohl angenommen werden darf, daß jeder Abgeordnete sich mit den im Druck vorliegenden Protokollen über diese Verhandlungen vertraut gemacht hat, werde ich in der Spezialdiskussion nur dann das Wort nehmen, wenn es zur Erläuterung des betreffenden Artikels nothwendig ist oder auf die Verhandlungen im Ausschusse zurückgegriffen werden muß.

Was den Art. 1 betrifft, so wurde im Ausschusse angeregt, diesen dahin zu ergänzen, daß zur öffentlichen Beglaubigung einer Vollmacht in jenen Gegenden, in welchen sich ein Notariatssitz nicht befindet, auch der Bürgermeister bezw. sein Vertreter zuständig sein soll. Diesem Vorschlag wurde entgegengehalten, daß die Vollmachtsurkunde ein äußerst wichtiges Instrument sei, dessen Ausstellung nicht einem Bürgermeister übertragen werden könne, der nicht rechtskundig sei und der von der Tragweite der Vollmachtsbeurkundung sich wohl kaum Rechenschaft zu geben vermöge.

Satz 2 des Abs. 2 wurde von dem Justizgesetzgebungsausschuß der Kammer der Reichsräthe beigefügt und aus den auf Seite 745 der Protokolle angeführten Gründen von Ihrem Ausschuß angenommen. Die Notare sind hier ausschießlich zuständig. Die Oeffnung und Verkündung der verwahrten Testamente und Erbverträge wird den Notaren übertragen, wie sie ihnen nach der bisherigen Uebung im rechtsrheinischen Bayern in allen Fällen übertragen war, wo Notariat und Nachlaßgericht nicht an demselben Orte waren, und wie es sich auch in der Pfalz aus der Bestimmung ergab, daß ein Notar sich von einer Testamentsurschrift nicht trennen durfte.

Hieher gehört die im Ausschusse zu Art. 139 gemachte Bemerkung über die Wechselnotare. Diese sind im Gesetze nicht erwähnt, weil sie auf dem Aussterbeetat stehen. Seit dem Jahre 1861 ist kein Wechselnotar mehr ernannt worden; es ist nur noch ein einziger am Leben, der schon im Jahre 1855 seine Anstellung gefunden hat. Der Ausschuß begnügte sich mit der Erklärung der k. Staatsregierung, daß die Befugnisse der Wechselnotare auch nach dem Inkrafttreten des Gesetzes ungeschmälert bleiben. Ich beantrage die Genehmigung des Art. 1.

Vicepräsident: Herr Abgeordneter Frickhinger!

Frickhinger: Meine Herren! Ich habe hier einige Bedenken. Allerdings bin ich nur Laie; allein ich denke, wenn der Notar nach Art. 1 Abs. 2 allein zuständig ist, ein Testament in Verwahrung zu nehmen und an Stelle des Nachlaßgerichtes f. 3. zu öffnen, so soll er doch auch gesetzlich hiezu verpflichtet werden gegenüber dem Testamentsgeber, damit dieses Testament seinem Ziele zugeführt werde, nicht aber verloren gehe. Das Testament muß im Todesfalle des Testators eröffnet und den Betheiligten ‖ bekannt gegeben werden oder je nach Umständen der Kuratelbehörde, dem Gerichte übergeben werden. S. 885. Es wäre dieß sehr einfach sicher zu stellen, wenn nämlich gesetzt würde: Die Notare sind zuständig **„und verpflichtet“**, wenn also diese beiden Worte beigefügt würden. Wenn ich wüßte, daß es Anklang fände, würde ich diesen Antrag bringen; ich werde ihn aber nicht stellen, wenn meine Anregung keinen Anklang findet. Ich muß mich dann bescheiden und kann

S. 885. dieß um so mehr, nachdem ja einsichtige Männer, gewiegte Juristen, die Sache geregelt haben. Ich werde mich zufrieden geben; allein ich glaubte doch, es äußern zu dürfen, ob nicht vielleicht dieser Zusatz am Platze wäre im Interesse der Erfüllung des freien Willens der Testirenden.

Vicepräsident: Zum Worte ist Niemand mehr gemeldet; ich schließe die Diskussion.

Herr Referent!

Fuchs (Berichterstatter): Was die Anregung des Herrn Abgeordneten Frickhinger anlangt, so ist es richtig, daß der Notar nicht nur zuständig und berechtigt, sondern auch verpflichtet ist, beim Tode des Erblassers das Testament zu eröffnen und bekannt zu geben. Allein diese Verpflichtung ergibt sich von selbst aus seiner Zuständigkeit und aus dem § 2260 des Bürgerl. Gesetzbuchs, der im Art. 1 ausdrücklich auf die Notare für anwendbar erklärt ist.

Vicepräsident: Gegen Art. 1 ist eine Erinnerung nicht vorgebracht worden; derselbe gilt als genehmigt.

Artikel 2.

Der Herr Referent verzichtet auf das Wort.

Gegen Art. 2 wird eine Erinnerung nicht vorgebracht; derselbe gilt als genehmigt.

Artikel 3.

Der Herr Referent nimmt das Wort nicht.

Von keiner Seite wird eine Erinnerung vorgebracht; Art. 3 gilt als genehmigt.

Artikel 3a.

> Der Notar ist verpflichtet, Gelder, Werthpapiere und Kostbarkeiten, die ihm aus Anlaß eines Amtsgeschäfts von den Betheiligten übergeben werden, zur Aufbewahrung für die Betheiligten oder zur Ablieferung an Dritte oder an eine Behörde zu übernehmen.
>
> Die Bestimmungen über das Verfahren bei der Uebernahme, Aufbewahrung und Ablieferung, insbesondere über die Führung von Verwahrungsbüchern, werden durch Ministerialvorschrift getroffen.

Herr Referent!

Fuchs (Berichterstatter): Nach Art. 13 der Regierungsvorlage sollte dem Notar eine Verpflichtung zur Uebernahme von Geldern, Werthpapieren u. s. w., die ihm aus Anlaß eines Amtsgeschäftes von den Betheiligten übergeben werden, behufs Aufbewahrung für die Betheiligten oder Ablieferung an Dritte oder an eine Behörde, nur insoweit auferlegt werden, als sie sich aus gesetzlichen Vorschriften ergibt, und nach Art. 126 Abs. 3 Satz 2 des Gesetzentwurfes sollte der Staat nur in diesem Falle für die Thätigkeit der Notare haften.

Der Ausschuß theilte diese Anschauung nicht. Das Publikum sei nicht in der Lage, zu unterscheiden, ob der Notar zur Annahme der Gelder u. s. w. durch gesetzliche Vorschriften befugt sei oder nicht, sondern sei gewohnt, den Notar als Beamten zu betrachten; nachdem das Notariat künftig behördlichen Charakter erhalte, könne man in diesen Dingen die Eigenschaft des Notars als Beamten und Privatperson nicht trennen. Man werde es im Volke nicht verstehen, daß der Notar als königlicher Beamter fungire und nur da, wo es sich um Geldsachen handle, nicht als solcher haftbar erscheine. Nur das Amtsgeschäft gebe Anlaß, daß der Notar die Gelder in Empfang nehme und ver-

wahre, bis die Sache vollständig abgewickelt werden könne. Wenn z. B. Hypo- S. 885.
theken wegzuzahlen seien, zu deren Berichtigung ein größeres Kapital aufgenommen werde, so müsse der Notar das Geld übernehmen, weil die Uebernahme desselben in sachlichem Zusammenhange stehe mit dem von ihm übernommenen Geschäfte, das er nicht ausführen könnte, wenn er sich weigerte, das Geld anzunehmen. Es sei großer Werth darauf zu legen, daß das Publikum zum Notar nach allen Richtungen Vertrauen habe und gegen Schäden, die durch den Notar verursacht werden sollten, in gleicher Weise geschützt werde wie bei irgend einem anderen Beamten. Dieß könne nur dadurch geschehen, daß man einerseits den Notar für verpflichtet erkläre, Gelder, Werthpapiere u. s. w., die ihm aus Anlaß eines Amtsgeschäftes von dem Betheiligten übergeben werden, zu übernehmen, andererseits als Korrelat die Haftung des Staates für diese Thätigkeit des Notars gesetzlich festlege.

Die k. Staatsregierung hat anfänglich gegen diese erweiterte Haftung des Staates Bedenken gehabt, sich jedoch gegenüber der einstimmig zum Ausdruck gelangten Anschauung des Ausschusses nicht weiter ablehnend verhalten, hat jedoch als Aequivalent dafür, daß der Deponent einen absolut solventen Haftungspflichtigen, nämlich den Staat, erhalte, die Zusicherung einer geringen Depositalgebühr — 20 ₰ von Tausend — gefordert; würde keine Gebühr erhoben, so würden die Parteien Veranlassung nehmen, ohne Noth Gelder den Notaren in die Hand zu geben. Die hierauf bezügliche Bestimmung in Art. 257 des Gebührengesetzentwurfes hat bereits die Zustimmung Ihres Ausschusses gefunden.

Die k. Staatsregierung hat auch das Recht einer unmittelbaren Finanzkontrole über das Depositenwesen der Notare in Anspruch genommen; sie müsse in der Lage sein, jederzeit durch beauftragte Beamte die gesammte hierauf bezügliche Buch- und Kassaführung einer genauen Prüfung unterstellen zu können, es müsse ihr in dieser Beziehung dieselbe Befugniß zustehen, wie sie ihr gemäß der allerhöchsten Verordnung vom 8. September 1879, die Behandlung des Depositenwesens bei den Gerichten in den rechtsrheinischen Landestheilen betreffend, gegenüber den gerichtlichen Depositalbehörden zustehe.

Der Ausschuß war der Anschauung, daß die k. Staatsregierung dieses Korrektiv mit Recht in Anspruch nimmt.

Die dießbezüglichen Bestimmungen finden sich in Art. 66a dieses Gesetzes.

Die Worte „aus Anlaß eines Amtsgeschäftes“ sind nach der Erklärung der k. Staatsregierung so zu verstehen, daß es sich um Uebernahme von Geldern u. s. w. handelt, welche in einem inneren ursächlichen Zusammenhange mit dem Amtsgeschäfte stehen. Wenn ein bei der Abwicklung eines Amtsgeschäftes Betheiligter bei Gelegenheit dieses Geschäftes dem Notar
Gelder u. s. w. zur Auf ‖ bewahrung anvertraut oder solche, die zufolge jenes S. 886.
Amtsgeschäftes ihm auszuhändigen wären, auch nach Erledigung dieses Amtsgeschäftes dem Notar zur Aufbewahrung überläßt, so handelt es sich nicht mehr um ein Depositum nach Maßgabe des Art. 3a, sondern um ein reines Privatgeschäft des Notars, für welches der Staat nicht zu haften hat.

Gegen diese Interpretation wurde im Ausschusse keine Erinnerung erhoben; es sind durch diese Erklärung der k. Staatsregierung der Praxis und der Rechtsprechung Anhaltspunkte für die Auslegung des Art. 3a gegeben.

Der Ausschuß hat beschlossen, den Art. 13 der Regierungsvorlage dahin abzuändern, daß dem Notar nicht nur, insoweit sich dieß aus gesetzlichen Vorschriften ergibt, sondern unbedingt diese Verpflichtung auferlegt werde, und diesen so abgeänderten Artikel als Art. 3a hier einzusetzen, weil diese Deposital-

S. 886. geschäfte der Notare nunmehr Amtsgeschäfte der Notare werden und die Bestimmungen hierüber da unterzubringen sind, wo die nothwendigen Amtsgeschäfte behandelt werden, also in den Zuständigkeitsvorschriften. Die Folge dieses Beschlusses war die Streichung des Satzes 2 des Abs. 3 in Art. 126. Ich beantrage die Genehmigung des Art. 3a.

Vicepräsident: Zum Worte ist Niemand gemeldet; die Diskussion ist geschlossen.

Eine Erinnerung gegen die Fassung des Art. 3a wird nicht vorgebracht; derselbe gilt als genehmigt.

Artikel 4.

Zum Worte ist Niemand gemeldet. Die Diskussion ist geschlossen.
Erinnerung ist nicht vorgebracht worden; Art. 4 gilt als genehmigt.

2. Organisation.

Artikel 5.

Herr Referent!

Fuchs (Berichterstatter): Während die Grundlage der bisherigen Notariatsorganisation die persönliche Beamtenstellung des Notars war, sollen die Notariate künftig die Stellung von Staatsbehörden, die Notare die Stellung von öffentlichen Beamten haben. Hiedurch gewinnt das Notariat nicht nur an Ansehen gegen außen, sondern die Stellung der Notare gegenüber anderen Behörden wird mehr präzisirt. Diese Stellung der Notare ist von Einfluß auf ihre Geschäftsführung, auf die Disziplin und auf die Haftung des Staates für Schädigung der Parteien durch Amtshandlungen der Notare.

Die Bestimmung in Abs. 3, daß in jedem Amtsgerichtsbezirk wenigstens ein Notariat bestehen soll, entspricht einem in der Kammer der Abgeordneten wiederholt zum Ausdruck gebrachten Wunsche, kann aber nur dann vollzogen werden, wenn für solche Notariate, deren Besetzung mit einem Notar (Art. 6) wegen der Geringfügigkeit der Zahl der Amtsgeschäfte unthunlich ist, Notariatsverweser bestellt werden (Art. 95 Abs. 2), als welche nach Art. 97 unter Umständen auch die Richter und die zum Richteramte befähigten Gerichtsschreiber der Amtsgerichte sich aufstellen lassen müssen.

In letzterer Beziehung hat die k. Staatsregierung als ihre Absicht erklärt, als Amtsverweser solche Rechtspraktikanten in der Stellung als Sekretäre oder Amtsrichter zu verwenden, welche den Vorbereitungsdienst bei einem Notar durchgemacht und vielleicht auch schon vorübergehend als Notariatsverweser sich erprobt haben.

Diese gesetzlichen Bestimmungen werden wohlthätig wirken; das Institut der Notariatsverwesung an Gerichten ist eine Einrichtung, welche manche Gegner des Notariats mit demselben aussöhnen wird.

Durch Art. 5 ist auch die Möglichkeit gegeben, die Landnotariate in der Pfalz, von denen heute schon Herr Abgeordneter Kuby gesprochen hat, zu erhalten. Die Staatsregierung hat erklärt, diese so lange zu erhalten, als sie sich als lebensfähig erweisen.

Art. 135 des Entwurfes, welcher bestimmte, daß die neue Bezirkseintheilung in der Pfalz auf die Zeit nach Anlegung des Grundbuchs verschoben werden soll, welcher also die Eigenthümlichkeiten der Pfälzer Verhältnisse nach Möglichkeit berücksichtigen wollte, wurde auf Veranlassung der pfälzischen Ausschußmitglieder gestrichen, damit schon vom 1. Januar 1900 ab für alle

Notare gleiches Recht geschaffen werde. Ich beantrage die Genehmigung des Art. 5. S. 886.

Vicepräsident: Zum Worte ist Niemand gemeldet; die Diskussion ist geschlossen. Eine Erinnerung gegen Art. 5 wird nicht vorgebracht; derselbe gilt als genehmigt.

Artikel 6.

Es meldet sich Niemand zum Worte; die Diskussion ist geschlossen. Eine Erinnerung gegen diesen Artikel ist nicht vorgebracht; derselbe gilt als genehmigt.

Artikel 7

Herr Referent!

Fuchs (Berichterstatter): Die Notare sind definitiv angestellte Beamte nach den Bestimmungen des Notariatsgesetzes und des Heimathgesetzes; sie sind gleich den Amtsrichtern Beamte der freiwilligen Gerichtsbarkeit. Die Grundsätze der Staatsdienerpragmatik finden auf sie keine Anwendung.

Vicepräsident: Zum Worte ist Niemand gemeldet, die Diskussion ist geschlossen. Erinnerung gegen den Artikel ist von keiner Seite vorgebracht worden; derselbe gilt als genehmigt.

Artikel 8.

Ohne Erinnerung; gilt als genehmigt.

Artikel 9.

Ohne Erinnerung; gilt als genehmigt.

Artikel 10.

Herr Referent!

Fuchs (Berichterstatter): Durch die neue Vorschrift des zweiten Satzes des Abs. 1 soll die Möglichkeit eröffnet werden, den Notaren einen Amtssitz in der Peripherie einer größeren Stadt anzuweisen, ihn zu zwingen, unter Umständen in eine Vorstadt zu gehen, wo vielleicht eine Gerichtsabtheilung errichtet wird, damit er dort seinen Sitz nehme. Der Notar muß nach Aufforderung der k. ‖ Staatsregierung an dem angewiesenen Orte nicht nur sein S. 887.
Bureau, sondern auch seine Wohnung haben.

Vicepräsident: Zum Worte ist Niemand gemeldet; die Diskussion ist geschlossen. Erinnerung wurde nicht vorgebracht; Art. 10 gilt als genehmigt.

Zweiter Abschnitt. Dienstverhältnisse und Geschäftsführung.

1. Ausschließlichkeit des Dienstes, Nebengeschäfte.

Artikel 11.

Herr Referent!

Fuchs (Berichterstatter): Unbezahlte öffentliche Aemter darf der Notar ohne Weiteres bekleiden, Gemeindeämter, soweit nicht die Bestimmungen des Art. 173 der Gemeindeordnung entgegenstehen. Bezüglich des Schöffen- und Geschworenendienstes gilt das Reichsrecht.

Vicepräsident: Zum Worte ist Niemand gemeldet: die Diskussion ist geschlossen. Erinnerung gegen den Artikel wurde nicht vorgebracht; derselbe gilt als genehmigt.

S. 887. **Artikel 12.**

Der Notar darf weder selbst Handel oder Gewerbe betreiben, noch die Verwaltung einer Handelsgesellschaft oder einer ähnlichen auf Erwerb gerichteten Unternehmung führen. Mitglied des Aufsichtsraths einer solchen Gesellschaft oder Unternehmung darf er nur mit Erlaubniß des Staatsministeriums der Justiz werden.

Zur Uebernahme des Amtes des Testamentsvollstreckers bedarf der Notar einer dienstaufsichtlichen Erlaubniß nicht.

Herr Referent!

Fuchs (Berichterstatter): Abs. 2 dieses Artikels ist die geänderte Fassung des ersten Satzes des gestrichenen Art. 14 der Regierungsvorlage. Dieser hatte bestimmt, daß der Notar verpflichtet ist, das Amt eines Testamentsvollstreckers zu übernehmen. Die Uebernahmepflicht des Notars sollte eine dienstrechtliche, die Thätigkeit des Notars eine private sein, weil das Amt eines Testamentsvollstreckers von jedem Privaten ausgeübt werden kann. Im Zusammenhalte mit dem Art. 14 mußte Art. 126 Abs. 3 behandelt werden, welcher die Nichthaftung des Staates für diese Thätigkeit des Notars bestimmte.

Der Ausschuß war der Meinung, daß, wenn der Notar zur Uebernahme des Amtes eines Testamentsvollstreckers verpflichtet sein soll, aus der privaten Verpflichtung eine öffentlichrechtliche Verpflichtung werde und in Konsequenz hieraus der Staat für Veruntreuungen des Notars in seiner Eigenschaft als Testamentsvollstrecker die Haftung zu übernehmen habe. Wenn aber diese Haftung nicht übernommen werden wolle, so soll man es bei der Privatthätigkeit des Notars in dieser Beziehung lassen, im Gesetze aber diesen Gedanken zum Ausdruck bringen, damit Jedermann wisse, daß der Notar wie jeder Private zwar das Amt eines Testamentsvollstreckers übernehmen dürfe, der Staat aber in diesem Falle keine Haftung übernehme.

Nach längerer Diskussion, in welcher auch die Streichung des Art. 14 und des Abs. 3 des Art. 126 angeregt wurde, einigte man sich dahin, Satz 2 des Art. 14 zu streichen und dem Satz 1 folgende Fassung zu geben:

Der Notar darf das Amt eines Testamentsvollstreckers übernehmen.

Die k. Staatsregierung erklärte sich hiemit einverstanden, machte aber in der zweiten Lesung den vom Ausschusse angenommenen Vorschlag, Art. 14 zu streichen und die vom Ausschusse beschlossene Fassung geändert als Abs. 2 des Art. 12 einzusetzen, wie er Ihnen jetzt zur Annahme vorgeschlagen wird. Auf diese Weise wird deutlich zum Ausdruck gebracht, daß es sich um ein reines Privatgeschäft handelt. In Folge dieser Aenderung mußte auch Satz 1 des Abs. 3 des Art. 126 eine Fassung erhalten, welche mit klaren Worten die Nichthaftung des Staates ausspricht für den Schaden, den ein Notar in Ausübung des Amtes des Testamentsvollstreckers einem Dritten zufügt.

Ich beantrage die Genehmigung des Art. 12.

Vicepräsident: Zum Worte ist Niemand gemeldet; die Diskussion ist geschlossen. Erinnerung gegen den Artikel ist von keiner Seite erhoben worden; derselbe gilt als genehmigt.

Seitens des Ausschusses ist die Streichung der **Art. 13** und **14** der Regierungsvorlage beantragt.

Herr Referent!

Fuchs (Berichterstatter): Die Streichung dieser zwei Artikel ist eine Konsequenz der zu Art. 3a und 12 gefaßten Beschlüsse.

Vicepräsident: Zum Worte ist Niemand gemeldet; die Diskussion ist geschlossen. Ich kann konstatiren, daß die Kammer mit der Streichung der Art. 13 und 14 einverstanden ist. S. 887.

2. Verpflichtung zur Dienstleistung.

Artikel 15.

Das Wort wird nicht ergriffen, Einwendungen werden nicht erhoben; Art. 15 gilt als genehmigt.

Artikel 16.

Herr Referent!

Fuchs (Berichterstatter): Im Ausschusse wurde gefragt, ob ein Notar, wenn er Mitglied einer Genossenschaft, z. B. einer solchen mit unbeschränkter Haftpflicht ist, die Aufnahme eines Aktes dieser Gesellschaft verweigern dürfe oder diesen Akt vornehmen müsse.

Von der k. Staatsregierung wurde unterschieden, ob der betreffende Notar berufen sei zur Beurkundung von Beschlüssen von Organen dieser Genossenschaft oder zur Beurkundung eines Rechtsgeschäftes, welches von dieser Genossenschaft vorgenommen werde. Im ersteren Falle gelten die Theilnehmer an einer Versammlung nicht als Betheiligte, im letzteren Falle entscheiden § 169 ff. des Gesetzes über die Angelegenheiten der freiwilligen Gerichtsbarkeit. Die Landesgesetzgebung sei nicht in der Lage, eine authentische Interpretation des Reichsrechtes zu geben; lasse der Wortlaut des Reichsrechtes im Stiche, so bleibe nichts Anderes übrig, als abzuwarten, welche Interpretation Wissenschaft und Rechtsprechung finden, oder ob nicht eine authentische Interpretation durch die Reichsgesetzgebung erfolge.

Es wurden weiter darüber Zweifel geäußert, ob der Notar als Testamentsvollstrecker zu den Betheiligten im || Sinne des Art. 16 Nr. 4 zu rechnen sei, S. 888.
weil er als Testamentsvollstrecker privat thätig zu sein habe, hiegegen dann, wenn zur Nachlaßmasse gehörige Immobilien versteigert oder verkauft werden sollen, als Beamter bei der Beurkundung dieser Nebengeschäfte in Frage komme.

Seitens der k. Staatsregierung wurde bemerkt, daß, wenn der Testamentsvollstrecker selbst der Verkäufer sei, er nach dem Reichsrechte nicht zugleich Urkundsperson sein könne, daß der Notar aber durch seine Eigenschaft als Testamentsvollstrecker in der Regel nicht gehindert sei, Rechtsgeschäfte zu beurkunden, welche die Erben unter sich abschließen.

Vicepräsident: Zum Worte ist Niemand gemeldet, Erinnerungen gegen Art. 16 sind nicht vorgebracht worden; derselbe gilt als genehmigt.

Artikel 17 und 18.

Zum Worte ist Niemand gemeldet, Erinnerungen sind nicht vorgebracht worden, die Artikel gelten als genehmigt.

3. Zeit und Ort der Vornahme der notariellen Amtsgeschäfte.

Artikel 19 und 20.

Zum Worte ist Niemand gemeldet, Erinnerungen gegen diese beiden Artikel sind nicht vorgebracht worden; dieselben gelten als genehmigt.

4. Verwendung von Gehilfen.

Artikel 21.

Herr Referent!

Fuchs (Berichterstatter): Diese Bestimmung gilt von den juristisch vorgebildeten Gehilfen und dem nicht juristisch gebildeten Hilfspersonal. Die

S. 888. Justizverwaltung wird den Vorbereitungsdienst der Notariatspraktikanten regeln und auch bestimmen, daß die Notare verpflichtet sind, Rechtspraktikanten zur Ausbildung aufzunehmen.

Die Verhältnisse der Notariatsgehilfen werden bei Art. 129 besprochen werden.

Vicepräsident: Zum Worte ist Niemand gemeldet, Erinnerungen gegen Art. 21 sind von keiner Seite vorgebracht worden; derselbe gilt als genehmigt.

5. Amtsgeheimniß, Gestattung der Akteneinsicht.

Artikel 22.

Herr Referent!

Fuchs (Berichterstatter): Die bei Berathung dieses Artikels im Ausschusse der k. Staatsregierung gegenüber zum Ausdruck gebrachten Wünsche und Anregungen werden nach der Erklärung des Herrn Justizministers der ernstesten Erwägung unterzogen werden; sie bezogen sich auf die Verwendung von sogenannten Inzipienten in Notariatskanzleien, auf das Notariatsgehilfenpersonal, auf dessen eidliche Verpflichtung und insbesondere auf die Abstellung des großen Mißstandes, daß in Gegenwart unberufener Dritter notarielle Verhandlungen gepflogen und notarielle Urkunden verlesen werden.

Vicepräsident: Zum Worte ist Niemand gemeldet, Erinnerungen gegen Art. 22 sind von keiner Seite vorgebracht worden; derselbe gilt als genehmigt.

Artikel 23.

Herr Referent!

Fuchs (Berichterstatter): Dem Zweifel, ob den öffentlichen Behörden auch die Einsichtnahme von Testamenten und Erbverträgen, z. B. hinsichtlich der Steuerbemessung gestattet werde, wurde unter Hinweis auf Art. 258 Abs. 1 des Gebührengesetzentwurfes begegnet, wonach Testamente und Erbverträge, die nicht verkündet sind, überhaupt nicht eingesehen werden dürfen.

Vicepräsident: Zum Worte ist Niemand gemeldet, Erinnerungen gegen Art. 23 sind von keiner Seite vorgebracht worden; derselbe gilt als genehmigt.

6. Geschäftsregister.

Artikel 24.

Der Herr Referent nimmt das Wort nicht; auch sonst hat Niemand das Wort verlangt.

Es sind keine Erinnerungen vorgebracht worden; der Artikel gilt als genehmigt.

Dritter Abschnitt.

Notarielle Urkunden.

Artikel 25.

Es meldet sich Niemand zum Worte, Erinnerungen gegen Art. 25 werden nicht vorgebracht; derselbe gilt als genehmigt.

1. Vorschriften über die Errichtung notarieller Urkunden.

Artikel 26. (Wird verlesen.)

Fuchs (Berichterstatter): Als besondere Wünsche wurden hier geltend gemacht, daß die Urkunden, Abschriften und Ausfertigungen nicht in lateinischen, sondern in deutschen Schriftzeichen gefertigt, Schreibmaschinen nicht verwendet

werden mögen und das Datum der Urkunden nicht nur mit Worten, sondern S. 888.
auch mit Ziffern möglichst an die Spitze der Urkunde gesetzt werden solle.

Die Justizverwaltung wird diese Anregungen in Erwägung ziehen.

Vicepräsident: Zum Worte ist Niemand gemeldet, Erinnerungen sind nicht vorgebracht; der Artikel gilt als genehmigt.

Artikel 27, 28, 29.

Zum Worte ist Niemand gemeldet, Erinnerungen sind nicht vorgebracht worden; diese Artikel gelten als genehmigt.

Artikel 30.

Herr Referent!

Fuchs (Berichterstatter): Nach einer Bemerkung der k. Staatsregierung hat der Notar, wenn die Parteien die Zeugen präsentiren, zu prüfen, ob in deren Personen die gesetzlichen Bestimmungen erfüllt sind; zieht er die Zeugen selbst heran, so ist er zu der gleichen Prüfung um so mehr veranlaßt. In jedem Falle ist er für die Prüfung disziplinär und gegebenen Falles auch privatrechtlich verantwortlich.

Inwieweit der Notar die Mitschuld der Partei von seiner privatrechtlichen S. 889.
Verantwortlichkeit entlastet, ist nach den besonderen Bestimmungen des Bürgerl. Gesetzbuchs zu entscheiden.

Vicepräsident: Zum Worte ist Niemand gemeldet, gegen den Artikel selbst sind von keiner Seite Erinnerungen vorgebracht worden; derselbe gilt als genehmigt.

Artikel 31.

Herr Referent!

Fuchs (Berichterstatter): Meine Herren! Dieser Artikel ist einer der wichtigsten des Gesetzes. Es wird hier der Grundsatz der obligatorischen Grundbucheinsicht aufgestellt; der Notar soll gewissermaßen vor dem aufgeschlagenen Grundbuche amtiren; er soll nur amtiren, nachdem er das Grundbuch und Alles, was zum Grundbuch gehört, eingesehen hat oder einen Grundbuchauszug jüngsten Datums vor sich liegen hat.

Um eingerissenen Mißständen zu steuern, die sich dadurch ergeben haben, daß die Parteien dem Notare die Einsicht des Hypothekenbuches erlassen konnten, ist es absolut nothwendig, zu bestimmen, daß der Notar unter allen Umständen, auch dann, wenn die Betheiligten geradezu erklären, daß sie es nicht wünschen, verpflichtet ist, das Grundbuch einzusehen, bezw. einen Grundbuchauszug mit dem jüngsten Datum zu verlangen.

Diese Bestimmung enthält zwar einen Eingriff in die Freiheit der Betheiligten und eine gewisse Bevormundung, läßt sich aber rechtfertigen, da sie im Interesse des Publikums, im Interesse der Herbeiführung einer völligen Rechtssicherheit und im Interesse des Notars gegeben ist, welcher auf diese Weise eine Sicherheit über die rechtliche Wirksamkeit seiner Amtshandlung erhalten kann.

Sie ist die bedeutendste Kautel für die nicht durchführbare Lokalisirung des Notariats und macht es den Anhängern derselben möglich, sich mit der Aufrechterhaltung des selbständigen Notariats zu befreunden. Im Gesetze ist von der Lokalisirung der Notariate in dem Sinne, daß für die Beurkundung von Rechtsgeschäften des Liegenschaftsrechtes nur derjenige Notar zuständig sein solle, welcher seinen Sitz in dem Amtsgerichtsbezirke hat, in welchem das Grundstück liegt, Umgang genommen worden.

S. 889. Verschiedene Ausschußmitglieder bekannten sich als Freunde der Lokalisirung, haben sich aber durch die Würdigung der Motive überzeugt, daß von derselben keine Rede mehr sein könne, zumal nach den Reichsgesetzen gar nicht auszuschließen sei, daß auch andere, sogar außerbayerische Notare thätig werden können, und daß im Notariatsgesetze alle mögliche Vorsorge getroffen sei, daß die Notare nicht Verträge aufnehmen, ohne sich von dem Inhalte des Grund- oder Hypothekenbuches zu überzeugen. Hiedurch ist den Freunden der Lokalisirung eine Brücke gebaut, auf welcher sie zu den Bestimmungen des Gesetzentwurfes hinüberkommen; einen Bogen dieser Brücke bildet Art. 5 und den anderen Art. 31.

Dem im Ausschusse geäußerten Bedenken gegenüber, daß, nachdem nach der Bestimmung des Bürgerl. Gesetzbuchs der Ueberlassungsvertrag vor jedem deutschen Notar abgeschlossen werden könne, Parteien in Grenzorten bei nichtbayerischen Notaren das Rechtsgeschäft werden beurkunden lassen, verwies die k. Staatsregierung mit Recht auf Art. 91 des Gebührengesetzentwurfes, nach welchem für eine außerhalb Bayerns errichtete Urkunde außer der Gebühr nach Art. 114 noch diejenige Gebühr erhoben wird, welche im Falle der Errichtung der Urkunde durch einen bayerischen Notar an diesen zu entrichten wäre. Damit ist der Konkurrenz der nichtbayerischen Notare ein sehr wirksamer Riegel vorgeschoben.

Der Ausdruck „jüngste Zeit" wurde im Ausschusse beanstandet; es wurde aber zugegeben, daß es unmöglich sei, hier eine feste bestimmte Grenze zu setzen, dieß müsse dem pflichtgemäßen Ermessen des Notars überlassen werden. Habe der Notar Bedenken, so werde er sich erkundigen, ob seit der Ausstellung des Auszuges im Grundbuch eine Aenderung eingetreten sei. Diese Erkundigung kann, wie die k. Staatsregierung anerkannt hat, auch auf telegraphischem oder telephonischem Wege erfolgen, und ist der hierauf ertheilte Aufschluß des Amtsgerichtes nichts Anderes, als eine Evidentstellung des Auszuges in besonderer Form.

Einem im Ausschusse geäußerten Wunsche entsprechend wird die k. Staatsregierung dafür sorgen, daß die Hypothekenbuch- bezw. Grundbuchauszüge rasch ertheilt werden, damit dem Vollzuge des Art. 31 ein Hinderniß nicht im Wege steht. Sie wird in der Geschäftsordnung auch bestimmen, daß zur Einsicht der Grundbücher auch tüchtige nichtrechtskundige Gehilfen zugelassen werden sollen.

Einschlägig ist hier auch Art. 134, welcher zum Vollzug des Art. 31 nothwendig ist; es muß eine Bestimmung getroffen werden, daß bis zur Anlegung des Grundbuchs das Hypothekenbuch einzusehen ist.

Die k. Staatsregierung wird in der Geschäftsordnung darauf hinweisen, daß die rentamtlichen Grundsteuerkatasterauszüge auch künftig zur Beurkundung des Rechtsgeschäftes nothwendig sind. Ich beantrage die Genehmigung des Art. 31.

Vicepräsident: Herr Abgeordneter Neuner!

Neuner: Meine Herren! Bei der Festsetzung des Art. 31 ist man zweifellos von der Absicht ausgegangen, den betreffenden Parteien, dem Publikum Vortheile zuzuwenden, und es muß dieß in gewisser Beziehung ja anerkannt werden; denn unter der Herrschaft des alten Notariatsgesetzes war ja die Bestimmung getroffen, daß die betheiligten Parteien dem Notar die Ermächtigung geben konnten, ohne Einsichtnahme des Grundbuchs Beurkundungen über Grund und Boden vornehmen zu können. Meine Herren! Diese Thatsache hat zu sehr unangenehmen Folgen geführt, es sind durch diese laxe Behandlung bei ver-

schiedenen Notaren nicht wenige sogenannte unvollziehbare Urkunden vorhanden, S. 889.
welche einfach nicht vollziehbar sind, obwohl die Betheiligten glauben, daß ihr Recht nach jeder Richtung gewahrt ist.

Meine Herren! Insoferne hat ja die neue Bestimmung des Art. 31 gewiß eine große Berechtigung. Allein, es kommen auch Fälle vor, in welchen die Bestimmung des Art. 31 für die betreffenden Betheiligten zweifellos von ganz eminentem Nachtheil sein wird. (Abgeordneter Dr. Casselmann: Sehr richtig!) Meine Herren! Ich setze nur den Fall, daß Jemand die Absicht hat, eine Testamentsabfassung vornehmen zu lassen, und zu diesem Zweck den Notar zu sich kommen läßt, dessen Amtssitz vom Wohnorte des Testators ziemlich weit entfernt gelegen ist. Wenn der betreffende Testator nun gleichzeitig mit der Testamentsabfassung die Absicht || hat, eine Verbriefung seines Grundbesitzes S. 890.
vornehmen zu lassen, so kann der Notar natürlich die Testamentsabfassung vollziehen, aber die notarielle Verlautbarung des Grundbesitzes ist ihm unmöglich, weil Art. 31 bestimmt, daß bei jeder Beurkundung von Grund und Boden oder von Rechten, die sich auf Grund und Boden beziehen, die Einsichtnahme des Grundbuchs Seitens des Notars vorher vorgenommen werden muß.

Meine Herren! Die Sache würde sich einfach gestalten, wenn der Fall, den ich soeben erwähnt habe, an einem Orte spielt, an dem sich gleichzeitig der Sitz des Grundbuchamtes befindet. In solchen Fällen könnte der Notar sofort an das Grundbuchamt gehen, die nöthigen Notizen sich erholen und sodann die Beurkundung vornehmen. Nun kann es aber vorkommen, daß nur ein einziges Grundstück dieses Anwesens in einem andern Grundbuchamtsbezirk gelegen ist, und damit ist natürlich die Sache vorläufig zu Ende. Es muß vom Notar auch noch erst das Grundbuch des Nebenbezirks ebenfalls eingesehen oder eventuell ein Grundbuchauszug erholt werden. Dadurch tritt natürlich eine Verzögerung ein und die Folge kann die sein, daß die betreffenden Betheiligten empfindlich zu Schaden kommen können.

Meine Herren! Noch schlimmer steht die Sache in denjenigen Bezirken, in welchen mehrere Grundbuchämter — sagen wir, drei Grundbuchämter — in Frage kommen. Mir ist ein Fall bekannt, in welchem an einem Orte fast sämmtliche Landgüter dort in drei Grundbuchamtsbezirken gelegen sind. Wenn nun diese Grundbesitzer, die eine Veränderung in ihrem Grundbesitz vornehmen wollen, zu Wagen oder zu Fuß den Weg zu dem oft stundenweit entfernten Notar machen, so werden sie dort bei ihrer Ankunft zu ihrer Ueberraschung erfahren, daß einfach die notarielle Verlautbarung nicht möglich ist, weil eben der Art. 31 bestimmt, daß vorher erst vom Notar die Grundbücher eingesehen werden, eventuell aus den bis zu zehn Wegstunden entfernten Nachbargrundbuchämtern Buchauszüge erholt werden müssen.

In diesem Falle erwachsen durch die doppelte Reise u. s. w. den betreffenden Betheiligten unverhältnißmäßig hohe Kosten. Andererseits aber wird eben gleichzeitig wieder der Fall eintreten, daß eine längere Verzögerung in der Beurkundung der von den Parteien abgeschlossenen Geschäfte eintritt, wodurch wiederum unter Umständen ein empfindlicher Schaden verursacht werden kann.

Meine Herren! In solchen Fällen wäre es gut, besonders wenn dieselben in Grenzbezirken spielen, wenn dem Notar die Möglichkeit offen gelassen wäre, ohne Einsichtnahme des Grundbuches eine derartige Beurkundung vorzunehmen.

Ich bin mir vollständig bewußt, daß in dem gegenwärtigen Stadium der Verhandlungen an den Ausschußbeschlüssen kaum etwas geändert werden wird; aber ich wollte nur festlegen, daß der Art. 31, wie er liegt, zwar zweifellos

S. 890. Vortheile bietet, daß er aber andererseits auch viele Nachtheile in sich birgt, die unter Umständen sehr empfindlich schädigend wirken können.

Vicepräsident: Das Wort nehmen Seine Excellenz der Herr Staatsminister der Justiz.

Der k. Staatsminister Dr. Freiherr **von Leonrod:** Daß in einzelnen Fällen, wie solche der Herr Abgeordnete Neuner aufgeführt hat, die Nothwendigkeit, vor der Beurkundung das Grundbuch einsehen zu müssen, zu Störungen, Verzögerungen und Unannehmlichkeiten führen kann, ist nicht zu leugnen. Auch unnöthige Kosten in Folge ergebnißloser Gänge zum Notar sind möglich. Die Letzteren lassen sich aber bei gehöriger Vorsicht vermeiden. Wer einen Vertrag über ein Grundstück abschließt, muß sich doch wohl vorsichtshalber erkundigen, in welchem Grundbuch das Grundstück eingetragen ist, und wird danach ermessen können, ob der anzugehende Notar in der Lage ist, sofort Einsicht pflegen zu können. Könnte der Notar dieß nicht, weil er sich nicht am Sitz des Grundbuchamts befindet, so muß eben die Partei — was sie ohne Schwierigkeiten kann — dafür sorgen, daß ein evidenter Grundbuchauszug zur Stelle kommt. Doppelte Kosten wegen ergebnißloser Reisen werden dann vermieden werden. Jede Unannehmlichkeit und Verzögerung freilich wird sich nicht vermeiden lassen, aber wir hatten abzuwägen, auf welcher Seite der größere Nachtheil, die größere Gefahr liege, und da schien es uns nach den bei uns in Bayern gemachten Erfahrungen, daß die Gefahren und Nachtheile, die aus der mangelnden Bucheinsicht entstehen, weit überwiegen (Rufe: sehr richtig!) und im Vergleich zu ihnen die Nachtheile des Einsichtszwangs gering erscheinen. Der Herr Abgeordnete Neuner hat vorhin selbst angeführt, daß so viele Urkunden unvollzogen liegen: das kommt eben zum großen Theil davon, daß die Notare bisher durch die Parteien veranlaßt werden konnten, ohne vorherige Bucheinsicht Immobiliarverträge zu beurkunden. Daraus ist ungemessener Schaden entstanden, sind außerordentlich viel unnöthige Kosten erwachsen. Diesem Uebelstande, als dem weitaus größten und anerkannten, sollte vor Allem für die Zukunft vorgebeugt werden. Uebrigens ist auch schon im Gesetze dafür gesorgt, daß der Einsichtszwang nicht allzugroße Nachtheile im Gefolge hat. Für Nothfälle sind Ausnahmen zugelassen und der Herr Abgeordnete Neuner hat, wenn ich mich nicht irre, zu Anfang seiner Rede einen solchen Nothfall angeführt, wo eine Partei, ich glaube, auf dem Sterbebette außer ihrem Testament auch noch einen Immobiliarvertrag machen wollte. Hier durfte der Notar nach Art. 31 ohne Bucheinsicht protokolliren. (Zuruf.) Der Herr Vorredner ruft mir zu, als solchen Nothfall habe er den Fall nicht geschildert, ich glaube so verstanden zu haben, — aber immerhin, ich habe Ihnen gezeigt, daß für die möglichen Nothfälle hinreichend gesorgt ist.

Ich bitte dringend, auf die Anregung des Herrn Abgeordneten Neuner nicht einzugehen.

Vicepräsident: Zum Worte ist Niemand gemeldet, auch der Herr Referent verzichtet auf das Schlußwort.

Gegen Art. 31 in der gegenwärtig vorliegenden Fassung ist kein Widerspruch erhoben worden; derselbe gilt als genehmigt.

Artikel 32.

Niemand ist zum Worte gemeldet, Erinnerungen sind nicht vorgebracht, Art. 32 ist genehmigt.

Artikel 33. S. 890.

Herr Referent!

Fuchs (Berichterstatter): Die Frage, ob die Theilnehmer der Versamm-
lung, welche in diesem Artikel als „nichtbetheiligt“ bezeichnet werden, nicht
als „Mitwirkende“ zu erscheinen haben, wurde von der k. Staatsregierung
ver||neint. Als „Mitwirkende“ im Sinne des Gesetzes sind diejenigen anzu- S. 891.
sehen, welche bei dem Zustandebringen der Beurkundung in irgendwelcher Eigen-
schaft, z. B. als Urkundszeugen, als Vertrauenspersonen thätig sind, nicht aber
diejenigen, deren Erklärung Gegenstand der Beurkundung ist; letztere sind
„Betheiligte“

Sollte der Notar selbst sachlich betheiligt sein, indem er Mitglied des Vereins oder der Gesellschaft ist oder Gesellschaftsantheile besitzt, so ist er dadurch an der Aufnahme des Protokolls nicht gehindert; dagegen wird dem Notar wohl nahezulegen sein, daß er nicht neben seiner Rolle als Urkundsbeamter förmlich auch noch eine Theilnehmerrolle spielt; er soll sich nicht im Theilnehmerverzeichniß aufführen, sich der Abstimmung enthalten u. s. w., weil er nicht gleichzeitig verschiedene Funktionen ausüben und nicht seine eigenen außeramtlichen Handlungen beurkunden kann. Aus dem gleichen Grunde wird der Notar unmöglich als Vorsitzender der Versammlung fungiren dürfen, deren Verhandlung er protokollirt. Ich beantrage die Genehmigung des Art. 33.

Vicepräsident: Herr Abgeordneter Kraußold!

Kraußold: Ich bin vollständig einverstanden mit der Bestimmung des Art. 33 Abs. 1.

Was mich veranlaßte, das Wort zu ergreifen, ist eine Verschiedenheit der Auffassung bei den Notaren. Die Bestimmung selbst ist dem Handelsgesetzbuch entnommen und nach dem Handelsgesetzbuche hat der Vorsitzende nicht zu unterzeichnen bei den Aktiengesellschaften bei den Verhandlungen, die hier in Frage stehen. Nun ist bei Gelegenheit der Ausschußverhandlungen diese Frage ebenfalls angeregt und von dem k. Regierungskommissär bejaht worden dahin, daß er zu unterschreiben habe, indem er sich hier auf den Art. 33 bezog. Ich glaube, daß hier irgend ein Mißverständniß oder Irrthum vorliegt, weil ich im Art. 33 eine solche Bestimmung nicht finden kann, die Motive aber enthalten, daß man die Bestimmung des Art. 259 des Handelsgesetzbuches herübernehmen wollte. Ist das der Fall, dann braucht der Vorsitzende auch nicht zu unterschreiben, und deßhalb bin ich von Seite der Notare angegangen worden, diese Frage in Anregung zu bringen.

Vicepräsident: Das Wort nehmen Seine Excellenz der Herr Staatsminister der Justiz.

Der k. Staatsminister Dr. Freiherr **von Leonrod:** Auf die Frage des Herrn Abgeordneten Kraußold habe ich Folgendes zu antworten Die in dem Ausschußprotokoll enthaltene Bemerkung, daß der Vorsitzende der Gesellschaft oder des Vereins nach Art. 33 des Entwurfs das notarielle Protokoll über die Vereinsversammlung zu unterschreiben habe, ist allerdings irrig. Der Vorsitzende hat nach diesem Art. 33 lediglich das Theilnehmerverzeichniß zu unterzeichnen. Wird es jedoch von den Betheiligten gewünscht, daß der Vorsitzende das Protokoll unterschreibt, oder soll er nach dem Statut der Gesellschaft unterschreiben, so steht der Art. 33 dem nicht im Wege.

(Abgeordneter Kraußold: Damit bin ich vollständig befriedigt.)

S. 891. **Vicepräsident:** Zum Worte ist Niemand mehr gemeldet; ich schließe die Diskussion. Der Herr Referent verzichtet auf das Schlußwort.

Gegen Art. 33 ist eine Erinnerung weiter nicht vorgebracht worden; derselbe gilt als genehmigt.

Artikel 34 und 35.

Der Herr Referent verzichtet. Zum Worte ist Niemand gemeldet, Erinnerungen sind nicht vorgebracht; die beiden Artikel gelten als genehmigt.

Artikel 36 lautet: (Wird verlesen.)

Herr Referent!

Fuchs (Berichterstatter): Die im Satze 2 vorgenommene Aenderung ist im Justizgesetzgebungsausschusse der Kammer der Reichsräthe veranlaßt worden; die eingehende Begründung für diese Aenderung bezw. Ergänzung findet sich im 43. Protokoll, auf welches ich der Kürze halber verweise.

Die im Ausschusse gestellte Frage, ob ein Notar die Unterschrift auf einem Blankett beglaubigen dürfe, wurde von der k. Staatsregierung dahin beantwortet, daß eine Bestätigung des Inhalts, daß eine bestimmte Person in Gegenwart des Notars eigenhändig ihren Namen auf ein unbeschriebenes Papier geschrieben habe, sich recht wohl denken lasse, daß dieß aber eine Unterschriftsbeglaubigung im Sinne des Art. 36 nicht sei. Daß der Name einer Erklärung als Unterschrift beigefügt worden sei, könne von dem Notar pflichtgemäß nicht beglaubigt werden, weil eine solche schriftliche Erklärung thatsächlich nicht vorhanden sei; er könnte nur bemerken, daß auf dem Blatt, auf welchem er die Unterschriftsbeglaubigung vornahm, vor dieser Unterschrift irgend ein anderer Inhalt der Urkunde nicht vorliege.

Vicepräsident: Zum Worte ist Niemand gemeldet, Erinnerung gegen den Art. 36 in seiner jetzigen Fassung von keiner Seite vorgebracht worden; derselbe gilt als genehmigt.

Artikel 37.

Zum Worte meldet sich Niemand, Erinnerung wird nicht vorgebracht; der Artikel gilt als genehmigt.

2. Vorschriften über die Verwahrung der Urschriften und die Ertheilung von Ausfertigungen.

Artikel 38, 39, 40, 41, 42, 43, 44, 45.

Der Herr Referent verzichtet auf das Wort. Auch sonst ist Niemand zum Worte gemeldet, Erinnerung von keiner Seite vorgebracht; diese Artikel gelten als genehmigt.

S. 892.

Artikel 46.

Derselbe lautet:

> Für die Vollstreckbarkeit der notariellen Urkunden und die Ertheilung vollstreckbarer Ausfertigungen sind die Bestimmungen der Civilprozeßordnung maßgebend.

Die Abänderung besteht in dem Ausdrucke „notariellen Urkunden" statt „Notariatsurkunden", ist somit rein redaktioneller Natur.

Der Herr Referent nimmt das Wort nicht. Auch sonst meldet sich Niemand zum Worte.

Erinnerungen sind nicht vorgebracht; Art. 46 gilt als genehmigt.

Artikel 47 und 48.

Zum Worte ist Niemand gemeldet, Erinnerungen sind nicht vorgebracht; beide Artikel gelten als genehmigt.

Vierter Abschnitt. Gebühren. S. 892.

Artikel 49.

Herr Referent!

Fuchs (Berichterstatter): Hier handelt es sich um die Existenzfrage der Notare; es dürfte sich empfehlen, Art. 127 mit zu behandeln.

Nachdem die Notare nach Art. 7 des Gesetzes vom König auf Lebenszeit ernannte Beamte sind, ist es zweifellos unabweisbare Pflicht der k. Staatsregierung, die Existenzfähigkeit der Notare nach jeder Richtung vollkommen sicher zu stellen.

Die k. Staatsregierung hat erklärt, daß, soweit es die Justizverwaltung auf Grund der gepflogenen Erhebungen übersehen könne, das Notariat auch in Zukunft als ein lebensfähiges Institut erhalten bleiben werde. Die Lebensfähigkeit eines Notariats werde dann anzunehmen sein, wenn es ein Einkommen von solcher Höhe abwerfe, wie man es nach den bayerischen Gehaltsverhältnissen für einen mittleren bayerischen Beamten für nöthig und ausreichend halte. Wie viel jedes einzelne Notariat in Zukunft tragen werde, lasse sich ziffermäßig nicht feststellen, aber so viel könne gesagt werden, daß die Mehrzahl der Notariate zur Zeit in ihrem Erträgnisse sich bewege zwischen 4,000 und 5,000 ℳ. und zwischen 10,000 und 12,000 ℳ. Eine Reihe von Notariaten werde allerdings künftig nicht mehr das bisherige Erträgniß haben, was aber dem Institut im Ganzen keinen Eintrag thun werde. Es gebe ja bisher schon eine Reihe von Orten, wo die Notariate wegen mangelnder Einträglichkeit hätten eingezogen werden müssen; die Zahl dieser Orte werde sich vielleicht im Laufe der Zeit noch um ein Dutzend vermehren, damit werde aber die Grenze erreicht sein.

Die Befürchtung, daß die Notariate in Hypotheksachen große Einbuße erleiden werden, dürfte nicht eintreten. Im Gebührengesetzentwurf sei vorgesehen, daß, wenn die Hypothekerklärungen bei dem Grundbuchamte aufgenommen werden, außer der Staatsgebühr auch noch eine Thätigkeitsgebühr erhoben werde, welche gleich sei der Notariatsgebühr; damit sei das Gleichgewicht zwischen Notariat und Gericht vollkommen hergestellt. Ferner sei für die neue Notariatsgebührenordnung in Aussicht genommen, die Beglaubigungsgebühr nicht mehr als eine Fixgebühr zu belassen, sondern, soweit angängig, nach dem Gegenstande abzustufen.

Sollten aber trotz dieser Vorsorge die gegenwärtigen Notare vom 1. Januar 1900 ab in ihren höheren Einnahmen eine wesentliche Einbuße erleiden und sollte sich das Bedürfniß ergeben, in dieser Beziehung helfend einzugreifen, so wurde im Ausschusse mit Zustimmung der k. Staatsregierung konstatirt, daß diese und die Volksvertretung im Interesse der Erhaltung des Notariats nicht ermangeln werden, etwaige Härten auszugleichen. Zunächst müsse aber abgewartet werden, ob der Verlust der Notare ein so großer sei, daß staatliche Hilfe nöthig sei.

Nach Art. 49 kann als Zuschuß nur der Gehalt eines Amtsrichters gewährt werden, aber nicht wie bisher nur der Anfangsgehalt, sondern der jeweilige Gehalt eines Amtsrichters ohne oberste Grenze einschließlich der Zulagen. Der Zuschuß ist nur fakultativ, nicht obligatorisch. Die Frage des Zuschusses wird übrigens, wenn einmal der Beharrungszustand eingetreten ist, künftig kaum praktisch werden; denn wenn ein Notariat auf die Dauer unter der zulässigen Einkommensgrenze bleibt, so wird voraussichtlich von der Bestimmung des Art. 97 Gebrauch gemacht werden.

S. 892. Im Ausschusse war auch von der Festsetzung einer Maximaleinkommensgrenze für die Notare die Rede. Diese ist nicht durchführbar, nicht nur deßhalb, weil jeder Notar, der sein Einkommen bis zu dieser Grenze gebracht hat, von da ab im Eifer erkalten müßte, sondern auch darum, weil eine solche Grenze sich technisch kaum bestimmen ließe.

Eingehend wurde im Ausschusse die Frage der Versorgung der Notare und ihrer Hinterbliebenen erörtert. Die k. Staatsregierung hat in allgemeinen Umrissen den Plan entwickelt, nach welchem künftig für die Invalidität der Notare und für deren Hinterbliebene gesorgt werden soll. Es soll eine Versorgungsanstalt in's Leben gerufen werden, welcher jeder Notar, der nach Verkündung des Gesetzes angestellt werde, als Mitglied angehören müsse. Damit werde für diese Anstalt in dem Momente, wo sie in's Leben trete, schon ein Stock von Mitgliedern gewonnen. Es werde auch möglich sein, alle jene Notare, welche in den letzten zehn Jahren angestellt worden seien, gegen geringe Nachzahlung als Mitglieder aufzunehmen. Was die anderen Notare anbelange, so gebe es zunächst 40 Notare, die über 70 Lebensjahre alt seien. Diese blieben bei der Frage der Versorgung außer Betracht, weil sie bisher ein solches Einkommen gehabt hätten, daß sie in gar keiner Weise beanspruchen könnten, vom Staate versorgt zu werden. Es blieben übrig diejenigen, die sich im mittleren Dienstesalter befinden, also Notare im Lebensalter von 50 bis 65 Jahren. Auch diese für diese Anstalt zu gewinnen und auch sie für den Fall der Dienstesunfähigkeit sicher zu stellen, sei die Sorge der k. Staatsregierung, in diesem Punkte harre die Frage noch der Lösung. Voraussichtlich würden im nächsten Budget Mittel verlangt werden, um auch den Eintritt dieser älteren Notare in die Versorgungsanstalt zu ermöglichen. Wie weit der Zwang zum Beitritte in diese Anstalt ausgedehnt werden darf, konnte die k. Staatsregierung nicht sagen. Aufgabe dieser Anstalt werde sein, aus den anfallenden Beitrittsgeldern, aus den Zwangs-, Ordnungs- und Disziplinarstrafgeldern und eventuell aus den vom Landtage zu bewilligenden Staatszuschüssen die Versorgung der Notare und ihrer Hinterbliebenen zu übernehmen.

Die Einzelheiten dieses Planes konnte die k. Staatsregierung nicht mittheilen, da sie noch nicht feststehen und erst nach Annahme dieses Gesetzes die schwierigen und kostspieligen versicherungstechnischen Gutachten eingeholt werden können. Auch darüber, ob der derzeitige Pensionsverein, der nicht recht lebensfähig ist und jetzt schon einen geringen Staatszuschuß genießt, mit
S. 893. der neuen Anstalt verbunden werden oder was || sonst mit ihm geschehen soll, konnte keine Mittheilung gemacht werden.

Im Ausschusse wurde das Bedauern ausgesprochen, daß die k. Staatsregierung nicht in der Lage sei, in dieser Beziehung eine fertige Organisation vorzulegen; es mußte aber anerkannt werden, daß dieß unter den gegebenen Verhältnissen überhaupt nicht möglich war. Der Ausschuß hat erklärt, daß er in die k. Staatsregierung das Vertrauen setze, daß sie bei Lösung dieser für die Existenz des Notariats äußerst wichtigen Frage die Wünsche der Betheiligten nach Möglichkeit berücksichtigen und wohlwollend verfahren werde. Ich beantrage die Genehmigung des Art. 49.

Vicepräsident: Herr Abgeordneter Dr. Casselmann!

Dr. **Casselmann:** Meine Herren! Der vierte Abschnitt ist meiner Auffassung nach der wichtigste des ganzen Gesetzes nicht nur für die Notare selbst, sondern auch für die Bevölkerung, denn auch für letztere kann es nicht gleich-

giltig sein, wie die Gebührenfrage geregelt wird. Würde sie so geregelt, S. 893.
daß die Einbuße der Notare an ihrem Einkommen eine sehr wesentliche wäre, eine derartige, daß der Notar nicht mehr in der Lage wäre, so wie bisher sein Geschäft zu führen, so würde das am meisten an der Bevölkerung selbst ausgehen, da die erste Voraussetzung eines selbständigen Notariats die Lebensfähigkeit desselben ist.

Nun ist ja darüber viel gesprochen und geschrieben worden, ob nach den Bestimmungen des Bürgerlichen Gesetzbuchs, nachdem die Kompetenz der Notare gegen früher so sehr zugeschnitten worden ist, überhaupt in Zukunft die Einnahmen des Notars derartige sein werden, daß man noch von einer Lebensfähigkeit des Notariats sprechen kann. Demgegenüber ist Seitens der k. Staatsregierung von allem Anfang an erklärt worden, daß die Sache bei uns so geregelt werden würde, daß diese Befürchtung nicht zutreffe, und ich muß anerkennen, daß in dem Ausführungsgesetz zum Bürgerlichen Gesetzbuch nach dieser Richtung überall da, wo das Einführungsgesetz zum Bürgerlichen Gesetzbuch für die Landesgesetzgebung zu Gunsten der Kompetenz der Notare Vorbehalte gemacht hat, von diesen Vorbehalten Gebrauch gemacht wurde, wo es nur irgendwie anging. Und ich muß auch anerkennen, daß man zuletzt noch bei Berathung des Gebührengesetzes Mittel und Wege gefunden hat, den Notaren ihr Einkommen möglichst zu sichern. Ob damit alle die Befürchtungen, die man nach dieser Richtung hin hatte, vollständig gehoben sind, bin ich so wenig wie irgend Jemand im Hause und auch am Regierungstische in der Lage, mit Sicherheit beurtheilen zu können.

Nun hat der Abs. 2 des Art. 49 ja in dieser Beziehung eine gewisse Bedeutung, indem den Notaren, deren reines Diensteinkommen die Höhe der Bezüge eines Amtsrichters nicht erreicht, bis zu deren Höhe ein Zuschuß aus der Staatskasse bewilligt werden kann, und zwar soll hier nicht etwa der Anfangsgehalt eines Amtsrichters die Norm sein, sondern derjenige Gehalt des Amtsrichters, der mit Rücksicht auf die in Frage kommenden Dienstjahre sich ergibt.

Ich kann mich vollständig damit einverstanden erklären, daß in diesem Abs. 2 nicht ein Rechtsanspruch des Notars auf diesen Staatszuschuß statuirt wird, weil, wie im Ausschusse ausführlich dargelegt worden ist, unter Umständen da, wo mehrere Notare sind, also in Städten, ein Mißbrauch getrieben werden könnte, mit Rücksicht auch darauf, daß das bisherige Notariatsgesetz die Bestimmung in der hier gewählten Form gehabt hat und mir nicht bekannt ist, daß das jemals zu Unzuträglichkeiten geführt hätte.

Ich kann dankbarst anerkennen, daß nach den Erklärungen der k. Staatsregierung auch für die invaliden Notare und für die Wittwen und Waisen derselben gesorgt werden soll. Freilich der Entwurf selbst enthält nur eine Bestimmung für diejenigen Notare, welche von der Verkündung des Gesetzes an als solche ernannt werden. Aber wie der Herr Referent bereits hervorgehoben hat, trägt sich die k. Staatsregierung auch mit der Absicht, die vorhandenen Notare auf irgend eine Weise in die Wohlthaten einer solchen Anstalt hineinzubeziehen, und ich muß anerkennen, daß man von der k. Staatsregierung im gegenwärtigen Momente nicht mehr verlangen kann als die Zusicherung, daß in dieser Weise die Sache gemacht werden wird, weil ja die Voraussetzungen für einen definitiven Vorschlag erst dann gegeben sein werden, wenn dieses Gesetz verabschiedet worden ist. Ich habe auch das volle Vertrauen zur k. Staatsregierung, daß sie ihre Zusage halten wird. Denn, meine Herren, darüber ist ja gar kein Zweifel, daß weniger die Notare, die von der

S. 893. Verkündung des Gesetzes an ernannt werden, hier in Frage kommen dürften als diejenigen Notare, die zur Zeit der Verkündung des Gesetzes es schon sind. Wer heute zum Notariat geht, nachdem das Gesetz erlassen ist, der hat es mit sich selbst abzumachen, ob er die Chancen für so gut hält, daß er seine Zukunft gesichert weiß, wenn er diesen Beruf wählt; aber diejenigen Herren, die vor der Verkündung des Gesetzes vielleicht schon 10 und 20 Jahre und noch länger Notare sind, die zu einer Zeit es wurden, in der man nicht absehen konnte, wie sich durch das Bürgerliche Gesetzbuch und durch unser Ausführungsgesetz das Notariat einmal gestalten werde, diese Notare, meine Herren, sind nach meiner Auffassung vor Allem zu berücksichtigen, wenn es sich um die Frage der Regelung der Versorgung für den Fall der Invalidität und der Versorgung der Relikten handelt.

Nun, meine Herren, ist aber für mich ein Punkt, der unmittelbar mit dem zuletzt hervorgehobenen in Zusammenhang steht, besonders wichtig, und ich habe, wie die Herren, wenn Sie, wie ich mit dem Herrn Referenten annehme, sämmtlich die Protokolle des Gesetzgebungsausschusses durchstudirt haben, wissen werden, bereits im Ausschusse auf diesen Punkt besonders hingewiesen. Es unterliegt wohl keinem Zweifel, daß das bisherige Einkommen unserer Notare in Folge der neuen Reichsgesetzgebung wesentlich beschränkt werden wird. Die Frage kann nur sein, in welchem Umfange die Schmälerung stattfindet. Nun haben wir vor Kurzem eine ganz ähnliche Sache bei der Neuorganisation des Gerichtsvollzieherinstituts gehabt. Auch da mußte man anerkennen, daß die Einkommen der vorhandenen Gerichtsvollzieher durch die neue Reichsgesetzgebung geschmälert werden, und man hat deßhalb, wie wir ja Alle wissen, zunächst den Betrag von 50,000 M. verlangt, um das Gerichtsvollzieherinstitut neu zu organisiren. Und da ist nun auf Vorschlag der k. Staatsregierung ohne irgend einen Widerspruch in diesem Hause beschlossen worden, daß man diesen Gerichtsvollziehern, die eine Einbuße in ihrem Einkommen in Folge der neuen Reichsgesetzgebung erleiden, ihr bisheriges Einkommen bis zum Betrag von 4000 M. garantire.

Meine Herren! Hier beim Notariatsgesetz habe ich einen solchen Vorschlag vermißt, obwohl ich mir doch sagen muß, was dort den Gerichtsvollziehern recht war, ist hier den Notaren billig. Ich stehe nicht auf dem Standpunkte, daß der Notar, der unter den bisherigen Verhältnissen angestellt wurde, ein Recht auf seine bisherigen Bezüge habe auch dann, wenn in Folge der Reichsgesetzgebung diese Bezüge geschmälert werden, aber ich erachte es, ebenso wie das bei den Gerichtsvollziehern geschehen ist, als eine moralische Verpflichtung des Staates, auch diesen Notaren gegenüber helfend einzugreifen, wenn diese Einbuße gegen früher eine solche ist, daß ihre Lebensstellung gefährdet wird.

S. 894. Meine Herren! Ueber das Einkommen der jetzigen Notare || bestehen vielfach irrige Auffassungen. Es ist ja gar keine Frage, daß es z. B. hier in München und in den reichen Theilen von Altbayern Notare mit einem sehr erheblichen Einkommen gibt, mitunter mit einem Einkommen, das nicht nur höher, sondern vielleicht doppelt so hoch ist wie ein Ministergehalt und noch höher; allein, meine Herren, gehen Sie z. B. nach Franken, da liegen die Verhältnisse wesentlich anders, und gerade in Oberfranken z. B. hatten wir früher die meisten sogenannten nothleidenden Notare. Dort gibt es keine Notare, die auch nur entfernt an die Einkommen ihrer altbayerischen Kollegen hinkommen.

Nun wäre ich der Meinung, daß man, wie man es den Gerichtsvoll-

ziehern gegenüber gethan hat, auch den vorhandenen Notaren zusichern S. 894.
solle, daß der Staat, wenn die Befürchtungen wegen der zu erwartenden Einkommenseinbuße zutreffen sollten, unter gewissen Voraussetzungen und nach gewissen Grundsätzen für den Ausfall einstehen werde. Es wurde im Ausschusse, wie ich anerkennen muß, von allen Seiten, sowohl von meinen Freunden als auch von den Vertretern der Rechten, anerkannt, daß hier der Staat allerdings eine gewisse moralische Verpflichtung habe, und es wurde auch Seitens der k. Staatsregierung im Allgemeinen für den Fall, daß die Befürchtungen in Zukunft zutreffen sollten, eine Staatshilfe in Aussicht gestellt; nur wurde gesagt, zur Zeit lassen sich die Dinge nicht so übersehen, daß man mit bestimmten Summen rechnen und eine fest fixirte staatliche Garantie aussprechen könne.

Ich habe mich deßhalb auch im Ausschusse dabei beruhigt, halte es aber bei der Wichtigkeit der Sache für geboten, auch hier im Plenum an die k. Staatsregierung die Bitte zu richten, diese Frage nicht aus den Augen zu lassen. Ich bin überzeugt, daß, soweit der Landtag in Frage kommt, die k. Staatsregierung, wenn sie in Zukunft den richtigen Weg einschlägt, die nothwendige Unterstützung sicherlich finden wird.

Vicepräsident: Zum Worte ist Niemand mehr gemeldet, ich schließe die Diskussion. Eine Erinnerung ist von keiner Seite gegen Art. 49 vorgebracht; derselbe gilt als genehmigt.

Artikel 50.

Der Herr Referent nimmt das Wort nicht.

Erinnerungen sind nicht vorgebracht worden; der Art. 50 gilt als genehmigt.

Artikel 51. (Wird verlesen.)

Zu diesem Art. 51 ist ein Antrag übergeben, gestellt von dem Herrn Abgeordneten Conrad und unterstützt von 16 Kammermitgliedern. Der Antrag lautet:

Die Kammer wolle beschließen,

es sei in Art. 51 Satz 2 des Entwurfes statt „Staatsgebührenvorschüsse" zu setzen „Gebührenvorschüsse"

Herr Referent!

Fuchs (Berichterstatter): Der Antrag des Herrn Abgeordneten Conrad hat dem Ausschusse nicht vorgelegen, ich bin daher nicht in der Lage, Namens des Ausschusses darüber zu berichten. Wenn ich aber meine persönliche Meinung ausdrücken darf, so muß ich sagen, daß ich mit dem Antrag vollständig einverstanden bin; denn was bei den Staatsgebühren bezüglich der Vorschüsse recht ist, muß auch bei den gemeindlichen Besitzveränderungsgebühren billig sein.

Vicepräsident: Das Wort hat der Herr Antragsteller, Abgeordneter Conrad.

Conrad: Gestatten Sie, meine Herren, daß ich diesen Antrag in aller Kürze erörtere.

In dankenswerther Weise will die k. Staatsregierung in dem eben verlesenen Art. 51 Satz 2 auch die Vorschüsse der Notare an Staatsgebühren als Auslagen im Sinne dieses Artikels gelten lassen. Nun ist es aber ziemlich allgemein Brauch, daß die Notare, besonders in den letzten Jahren, auch die örtlichen Besitzveränderungsabgaben der Gemeinden vorstrecken. Es geschieht dieß im Interesse des Publikums, es geschieht im Interesse einer größeren

S. 894. Bequemlichkeit und der Vereinfachung des Verfahrens, es geschieht namentlich auch im Interesse der Landbevölkerung, die häufig erst nach der Ernte ihre Abgaben entrichten kann und gewiß dankbar ist, wenn der Notar einstweilen diese Ausgaben vorstreckt. Daß es sich unter Umständen nicht um unbedeutende Summen handelt, läßt sich daraus entnehmen, daß nach einer mir gewordenen Mittheilung von einem pfälzischen Notar — allerdings hat dieser seinen Amtssitz in einer Stadt, wo ein reger Güterverkehr herrscht — im Monat April allein 3000 ℳ. örtliche Besitzveränderungsabgaben vorgestreckt worden sind. Für das Jahr handelt es sich bei ihm um eine Summe von 25 bis 30,000 ℳ. solcher Vorschüsse. Ich möchte nun meinen, daß auch diese gemeindlichen Gebühren hier in gleicher Weise zu behandeln seien wie die Staatsgebühren. Es würden dann ohne Klagestellung, wozu der Notar sonst veranlaßt wäre, auf dem einfachen Wege der landgerichtlichen Kostenfestsetzung auch diese Gebühren eingetrieben werden.

Ich bitte Sie daher, meinem Antrage zuzustimmen, und die k. Staatsregierung bitte ich, demselben sich nicht unfreundlich gegenüberzustellen.

Vicepräsident: Das Wort nehmen Seine Excellenz der Herr Staatsminister der Justiz.

Der k. Staatsminister Dr. Freiherr **von Leonrod:** Ich möchte im Namen der k. Staatsregierung erklären, daß gegen die Aenderung des Wortes „Staatsgebührenvorschüsse“ in „Gebührenvorschüsse“ keine Erinnerung besteht.

Vicepräsident: Zum Worte ist Niemand mehr gemeldet; ich schließe die Diskussion. Der Herr Referent ergreift das Schlußwort nicht.

Ich ersuche diejenigen Herren, welche für den Fall der Annahme des Art. 51 damit einverstanden sind, daß statt des Wortes „Staatsgebührenvorschüsse“ eingesetzt werde das Wort „Gebührenvorschüsse“, sich von den Sitzen zu erheben. (Geschieht.) Angenommen.

Gegen Art. 51 ist sonst eine Erinnerung nicht vorgebracht worden; derselbe gilt mit der von Ihnen beschlossenen Abänderung als genehmigt.

S. 895. Es schlägt hier nun ein Art. 22 der Geschäftsordnung. Es handelt sich um einen Abänderungsantrag, der in zweiter Lesung, als welche die heutige zu betrachten ist, eingebracht worden ist und die Unterstützung von 15 Mitgliedern hat, aber nicht gedruckt vertheilt werden konnte. Nach der Geschäftsordnung sollte dieser Antrag in einer der nächsten Sitzungen nach erfolgtem Druck und Vertheilung nochmals ohne Diskussion zur Abstimmung gebracht werden. Nach dem nämlichen Art. 22 der Geschäftsordnung ist es aber zulässig, daß, wenn nicht 15 Mitglieder der Kammer widersprechen, die Vornahme der ersten und zweiten Berathung in einer Sitzung beschlossen, die heutige Berathung also als erste und zweite Lesung des Antrags betrachtet werden kann.

Ich ersuche nun jene Herren, welche dagegen sind, daß die heutige Berathung des Abänderungsantrages als erste und zweite zugleich gelten soll, sich von den Sitzen zu erheben. Es erhebt sich Niemand.

Die Herren sind alle einverstanden, und damit ist der Abänderungsantrag definitiv erledigt.

Artikel 52.

Der Herr Referent nimmt das Wort nicht; auch sonst ist Niemand zum Worte gemeldet. Einwendungen sind nicht vorgebracht worden; Art. 52 ist genehmigt.

Artikel 53. S. 895.

Die Vorschriften des Artikel 51 und des Artikel 52 Abs. 1 finden auch Anwendung, wenn der Notar aus dem Amte geschieden oder gestorben ist. Der Amtsnachfolger hat auf Ersuchen für den aus dem Amte geschiedenen Notar oder für den Erben des gestorbenen Notars die Festsetzung zu betreiben. Diese selbst können an dem Verfahren nicht theilnehmen.

Abs. 2 bleibt unverändert nach der Regierungsvorlage.

Zum Worte ist Niemand gemeldet.

Gegen den Art. 53 in dem vom Ausschusse festgesetzten Wortlaute ist von keiner Seite eine Erinnerung vorgebracht worden, derselbe gilt als genehmigt.

Artikel 54.

Herr Referent!

Fuchs (Berichterstatter): Die bisherigen Notariatsgesetze kannten ein notarielles Armenrecht nicht. Art. 54 geht davon aus, daß dem Armen beim Notariate dieselbe Befreiung zugestanden werden soll wie bei jeder anderen Staatsbehörde. Das ist eine Konsequenz des behördlichen Charakters des Notariats und der in den Art. 112, 113 vorgesehenen Vorschriften, nach welchen Notariate auf Rechnung des Staates geführt werden und dadurch ein freiwilliger persönlicher Verzicht auf die Gebühren nicht möglich ist. Die Wahl des Notars soll dem Armen wie dem Reichen zustehen. Eine übermäßige Belastung einzelner Notare durch Armensachen ist nicht wahrscheinlich, weil Armensachen in Notariatsangelegenheiten naturgemäß selten sind.

Diese Vorschriften finden keine Anwendung auf die Thätigkeit der Notare bei der Vermittelung der Auseinandersetzung des Nachlasses und bei der Ausführung der Zwangsversteigerung von Grundstücken zum Zwecke der Zwangsvollstreckung.

Vicepräsident: Zum Worte ist Niemand gemeldet, eine Erinnerung nicht vorgebracht worden; Art. 54 ist genehmigt.

Artikel 55.

Der Notar hat gegen den Staat keinen Anspruch auf Entschädigung wegen der im Falle des Artikel 54 ihm entgangenen Gebühren. Bei auswärtigen Dienstgeschäften werden ihm Tagegelder und Reisekosten aus der Staatskasse vergütet.

Herr Referent!

Fuchs (Berichterstatter): Dieser Artikel wurde in Satz 2 aus Billigkeitsgründen dahin ergänzt, daß dem Notar bei auswärtigen Dienstgeschäften in Armensachen auch die Taggelder vom Staate ersetzt werden.

Unter „Reisekosten" sind die Auslagen zur Bewegung von einem Ort zum anderen zu verstehen, nicht aber auch die Nahrungskosten.

Vicepräsident: Zum Worte ist Niemand gemeldet, Erinnerungen sind von keiner Seite vorgebracht worden; der Artikel gilt als genehmigt.

Artikel 56.

Niemand ist zum Worte gemeldet, Erinnerungen sind nicht vorgebracht worden; der Artikel ist genehmigt.

Artikel 57.

Desgleichen.

S. 895. Fünfter Abschnitt. Gerichtliche Entscheidung, Beschwerde.

Artikel 58, 59, 60, 61, 62 und 63.

Das Wort zu diesen Artikeln wurde nicht verlangt, Erinnerungen sind nicht erhoben; die sämmtlichen Artikel gelten als genehmigt.

Sechster Abschnitt. Dienstaufsicht und Disziplin.

1. Dienstaufsicht.

Artikel 64.

Herr Referent!

Fuchs (Berichterstatter): Zum 6. Abschnitt möchte ich allgemein bemerken, daß nach diesen Vorschriften das Disziplinarrecht schärfer als bisher ausgestaltet ist. Die k. Staatsregierung ist in dieser Beziehung einem Wunsche der Kammer entgegengekommen, welche derselben immer nahe gelegt hat, die Notare in möglichst strenger Disziplin zu erhalten, damit Ausschreitungen, wie sie hier die Konkurrenz und andere Verhältnisse mit sich bringen, hintangehalten werden können. Eine stramme Disziplin erhöht das Ansehen des Standes; sie ist am wenigsten für das Notariatsinstitut entbehrlich, in dem dem Einzelnen so wichtige Interessen anvertraut werden.

Art. 64 bringt eine Neuerung gegenüber dem bisherigen Notariatsgesetz. Die Theilung der Dienstaufsicht in Ueberwachung und Aufsicht und die Ueberwachung durch die Staatsanwälte wird aufgegeben. Aus Zweckmäßigkeitsgründen wird die Ueberwachung und Aufsicht über die Notariate künftig dem Präsidenten des Landgerichts gegeben, welcher zugleich die Aufsicht über die Hypotheken- beziehungsweise Grundbuchämter hat.

Zur Entbindung des Notars vom Amtsgeheimniß ist stets derjenige Präsident des Landgerichts zuständig, welcher die Dienstaufsicht über den betreffenden Notar führt.

Vicepräsident: Zum Worte ist Niemand gemeldet, Erinnerungen gegen den Artikel sind nicht vorgebracht; derselbe gilt als genehmigt.

S. 896. **Artikel 65** (wird verlesen).

Herr Referent!

Fuchs (Berichterstatter): Es wurde im Ausschusse angeregt, die Verhängung von Zwangsstrafen nicht dem Präsidenten, sondern dem Präsidium zu übertragen; die kollegiale Berathung einer solchen Strafverfügung biete von vornherein die nöthige Gewähr für eine objektive Würdigung. Diese Anschauung konnte mit Rücksicht auf die Disziplin nicht gebilligt werden; denn wenn einmal eine Zwangsstrafe angedroht ist, ist es absolut nothwendig, daß sie auch wirklich ausgesprochen wird, wenn der Notar nicht gehorcht. Diese Garantie ist gegeben, wenn derjenige, der die Strafe androht, also der Präsident, sie auch aussprechen kann; aber sie ist nicht vorhanden, wenn eine andere Instanz als das Präsidium über die Verwirklichung der vom Präsidenten ausgegangenen Androhung entscheidet. Uebrigens ist gegen die Verhängung solcher Zwangsstrafen die Beschwerde im Dienstaufsichtswege uneingeschränkt zugelassen; es entscheidet in zweiter Instanz der Oberlandesgerichtspräsident und in dritter Instanz das Justizministerium, das sind genügende Garantien gegen jede Uebereilung.

Der Artikel erfuhr eine Abänderung beziehungsweise Ergänzung insofern, als der Höchstbetrag der Zwangsstrafe von 100 ℳ. auf 50 ℳ. ermäßigt und bestimmt wurde, daß die Androhung, welche der Festsetzung der Zwangsstrafe vorauszugehen habe, eine schriftliche sein müsse. Die k. Staatsregierung hat sich hiemit einverstanden erklärt. Ich beantrage die Genehmigung des Art. 65. S. 896.

Vicepräsident: Niemand ist zum Worte gemeldet, eine Erinnerung nicht vorgebracht worden gegen den Artikel; derselbe gilt als genehmigt.

Artikel 66.

Niemand ist zum Worte gemeldet, Erinnerungen sind nicht vorgebracht; der Artikel gilt als genehmigt.

Artikel 66a.

Die Finanzbehörden sind jederzeit berechtigt, das Depositenwesen der Notare (Art. 3a) sowie deren Thätigkeit bei Berechnung und Erhebung von Staats- und Gemeindegebühren (Art. 4), insbesondere die gesammte hierauf bezügliche Buch- und Kassaführung durch beauftragte Beamte prüfen zu lassen.

Die Notare haben diesen Beamten gegenüber die gleichen Verpflichtungen, wie sie ihnen in Artikel 66 gegenüber den dienstaufsichtführenden Beamten auferlegt sind, und haben den wegen Erledigung ihrer finanziellen Geschäfte, insbesondere der Buch- und Kassaführung, ergehenden Weisungen der Finanzbehörden Folge zu leisten. Zur Erledigung der finanziellen Geschäfte sind die Notare auf Veranlassung der Finanzbehörden durch Zwangsstrafen anzuhalten, die Notare unterliegen bei Verletzung ihrer diesbezüglichen Dienstpflichten der Einschreitung im Dienststrafwege.

Herr Referent!

Fuchs (Berichterstatter): Dieser Artikel ist auf Antrag der k. Staatsregierung in das Gesetz aufgenommen worden und wurde bereits bei Art. 3a besprochen.

Die Haftung des Staates für die vom Notar vereinnahmten Gelder bedingen eine verschärfte Kontrole des Kassen- und Depositenwesens, die sich nicht nur auf die vom Notar für die Parteien vereinnahmten Gelder, sondern auch auf die perzipirten Gebühren erstrecken muß, weil nur die gleichzeitige Kontrole beider Kassen eine Gewähr für die Richtigkeit der Kassenführung biete.

Die Finanzbehörden sollen daher ermächtigt werden, nicht nur die Buch- und Kassenführung zu kontroliren, sondern auch die von ihnen erlassenen Anordnungen durch Zwangsstrafen zum Vollzug zu bringen, selbstverständlich auf demselben Wege, wie die übrigen Strafen angeordnet und ausgesprochen werden.

Diese Bedingung ist gegenüber der übernommenen Haftung des Staates unerläßlich.

Vicepräsident: Zum Worte ist Niemand gemeldet, gegen den Artikel in der vom Ausschusse festgesetzten Fassung eine Erinnerung nicht vorgebracht worden; derselbe gilt als genehmigt.

2. Dienststrafrecht.

Artikel 67.

Zum Worte ist Niemand gemeldet, Erinnerung nicht vorgebracht; der Artikel ist genehmigt.

S. 896.

Artikel 68.

Herr Referent!

Fuchs (Berichterstatter): Im Ausschusse wurde angeregt, diesen Artikel dahin zu ergänzen, daß es als ein Verstoß gegen die Ehre und Würde des Standes zu betrachten sei, wenn die Notare sich zur Hebung ihrer Geschäfte sogenannter Zutreiber, wie Unterhändler, Packträger u. s. w. bedienen.

Die k. Staatsregierung hat erklärt, daß die Frage der Hintanhaltung des Zutreiberwesens eingehend erwogen worden sei, daß es aber trotz vieler Versuche nicht gelungen sei, eine Fassung zu finden, welche diesen Fall der illoyalen Konkurrenz genau decken würde. Jede Fassung hätte die Gefahr mit sich gebracht, daß dadurch die Umgehung des Gesetzes erleichtert statt erschwert würde; schließlich sei man zu der Ueberzeugung gekommen, daß es am besten sei, überhaupt keine ausdrückliche Strafnorm zu setzen. Man habe angenommen, daß die Gerichte die illoyale Konkurrenz in jeder Form als schweres Disziplinarreat erachten müssen und daß sie, durch keine Fassung beengt, am sichersten jede Uebertretung zu ahnden im Stande seien. Mit dieser Konstatirung hat sich der Ausschuß begnügt.

Der Sinn der Nr. 3 ist, daß ein Notar fremde Gelder unter seinem eigenen Namen nicht anlegen darf, um Gewinn daraus zu ziehen.

Ich beantrage die Genehmigung des Art. 68.

Vicepräsident: Zum Worte ist Niemand gemeldet, Erinnerung nicht vorgebracht; der Artikel gilt als genehmigt.

Artikel 69.

Herr Referent!

S. 897. **Fuchs** (Berichterstatter): Die Unterscheidung zwischen Ordnungs- und Disziplinarstrafen ist eine Abweichung vom Richterdisziplinargesetz. Es wird im Gesetz davon abgesehen, kasuistisch zu bestimmen, was „minder erheblich" und „erheblicher" ist, also welches Dienstvergehen mit einer Ordnungsstrafe und welches mit einer Disziplinarstrafe zu ahnden ist. Die Erfahrungen, die man bisher in dieser Beziehung gemacht hat, waren nicht günstig. Die Gerichte waren zu oft veranlaßt, für entschuldbare Versehen Disziplinarstrafen zu verhängen, während einzelne schwere Vergehen verhältnißmäßig nur geringe Sühne finden konnten. Den Gerichten soll es künftig bei der Würdigung des einzelnen Falles überlassen bleiben, inwieweit die Verursachung der Unwirksamkeit eines Geschäftes als besonderer Erschwerungsgrund gelten soll.

Die im Ausschusse erfolgte Beanstandung der unbestimmten Ausdrücke „minder erheblich" und „erheblicher" wurde aus diesem Grunde nicht weiter verfolgt.

Vicepräsident: Zum Worte ist Niemand gemeldet, Einwendungen gegen diesen Artikel nicht vorgebracht; derselbe gilt als genehmigt.

Artikel 70, 71, 72, 73 und 74.

Der Herr Referent nimmt das Wort nicht. Auch sonst ist das Wort zu keinem dieser Artikel verlangt worden.

Einwendungen sind von keiner Seite vorgebracht worden; die aufgerufenen Artikel gelten als genehmigt, die Art. 72 und 73 mit den vom Ausschusse beschlossenen unwesentlichen Aenderungen.

Artikel 75.

'S. 897.

Herr Referent!

Fuchs (Berichterstatter): Mit dieser Bestimmung wird das bisherige Recht geändert, nach welchem die Verfolgung von Dienstvergehen der Notare schon in zwei Jahren verjährte. Es wurde im Ausschusse der Versuch gemacht, eine kürzere Frist als fünf Jahre zu bestimmen, auf dieser Anregung aber nicht weiter bestanden, weil es zwischen Ordnungs- und Disziplinarstrafsachen keine äußere Grenze gibt, sondern nur eine Grenze im Ermessen des Richters.

Bezüglich der Notariatsvisitationen hat die k. Staatsregierung erklärt, daß dieselben Anfangs in kürzeren Perioden als innerhalb drei Jahren stattfinden müssen, im Laufe der Zeit aber, wenn sich alle Verhältnisse geklärt hätten, wieder die bisherige Frist von drei Jahren eingehalten werde.

Vicepräsident: Zum Worte ist Niemand gemeldet, Einwendungen gegen Art. 75 sind nicht vorgebracht worden; derselbe ist genehmigt.

Artikel 76, 77, 78, 79.

Der Herr Referent nimmt das Wort nicht. Auch sonst ist Niemand zum Worte gemeldet. Erinnerungen sind nicht vorgebracht worden; die Artikel gelten als genehmigt.

3. Dienststrafverfahren.

Artikel 80.

Herr Referent!

Fuchs (Berichterstatter): Durch die in Art. 80 bis 85 vorgeschlagenen Bestimmungen über das Dienststrafverfahren wird die bisherige Ungleichheit, wonach den Richtern nur zwei Instanzen, den Notaren aber drei Instanzen gegeben waren, beseitigt und ein Verfahren geschaffen, das die Sicherheit der Handhabung des Rechtes zu fördern geeignet ist. Auf Seite 698 des 40. Protokolls ist eine kurze Darstellung des künftigen Dienstverfahrens gegeben.

Zu Art. 80 Abs. 3 bemerke ich, daß auf die Anregung im Ausschusse, es solle gegenüber der Mitwirkung des Staatsanwaltes auch dem Notar im vorbereitenden Verfahren die Vertheidigung ermöglicht werden, die k. Staatsregierung erklärt hat, daß, soferne der Staatsanwalt neue Behauptungen vorbringe, das Gericht auch den Notar hören soll, soweit es zur Aufklärung nöthig sei.

Vicepräsident: Zum Worte ist Niemand gemeldet, Einwendungen gegen den Artikel wurden nicht vorgebracht; derselbe gilt als genehmigt.

Artikel 81.

> Gegen die Entscheidung des Landgerichts steht dem Staatsanwalt und dem Verurtheilten binnen einer Frist von zwei Wochen die Beschwerde zu. Die Frist beginnt mit dem Zeitpunkt, in dem die Entscheidung dem Beschwerdeführer zugestellt worden ist. Die Beschwerde ist bei dem Landgerichte durch Einreichung einer Beschwerdeschrift einzulegen. Eine Abschrift der Beschwerdeschrift ist dem Gegner des Beschwerdeführers von Amtswegen mitzutheilen. Ist die vom Staatsanwalt angefochtene Entscheidung nicht schon nach Artikel 80 Abs. 3 dem Notar zugestellt worden, so ist sie ihm mit der Beschwerdeschrift mitzutheilen.

Abs. 2, 3 und 4 dieses Artikels sind unverändert nach der Regierungsvorlage.

S. 897. Der Herr Referent nimmt das Wort nicht zu Art. 81, beziehungsweise hat sich bereits darüber ausgesprochen. Auch sonst hat sich Niemand gemeldet.

Einwendungen sind nicht vorgebracht; der Art. 81 gilt als genehmigt.

Artikel 82, 83, 84, 85.

Der Herr Referent hat sich über diese Artikel bereits verbreitet. Sonst ist zum Worte Niemand gemeldet, eine Erinnerung nicht vorgebracht; die Artikel gelten als genehmigt.

4. Zwangsversetzung und Zwangsenthebung.

Artikel 86. (Wird verlesen.)

Herr Referent!

Fuchs (Berichterstatter): Die Zwangsversetzung ist im Interesse des Dienstes und des Publikums nicht zu entbehren. Dem Notar, der wegen Verjährung nicht mehr verfolgt werden kann, sollen für den Fall der Zwangsversetzung Umzugskosten bewilligt werden. Diese Bestimmung entspricht dem Art. 65 des Richterdisziplinargesetzes.

Unter „Umzugskosten" sind nur die auf den Umzug erwachsenen Baarauslagen
S. 898. gemeint. Es hat daher der Notar || eine Liquidation seiner Umzugsauslagen einzureichen, welche der Revision und Festsetzung der Finanzbehörden unterliegt.

Die Worte „und aus anderen Gründen" wurden wegen ihrer Unbestimmtheit gestrichen.

Die Aenderungen im ersten und zweiten Absatze sind mit Zustimmung der k. Staatsregierung erfolgt.

Vicepräsident: Zum Worte ist Niemand gemeldet, Einwendungen gegen den Artikel sind von keiner Seite vorgebracht; derselbe ist genehmigt.

Artikel 87. (Wird verlesen.)

Herr Referent!

Fuchs (Berichterstatter): Art. 87 erfuhr im Ausschusse eine Aenderung, indem die Versetzung ohne Weiteres nur dann erfolgen soll, wenn der Notar einwilligt, nicht auch, wie nach dem Entwurf vorgesehen war, wenn er keine Erklärung abgibt. Die übrigen Aenderungen sind redaktioneller Natur.

Auf das im Ausschusse geäußerte Bedenken, daß gegen die Entscheidung der Disziplinarkammer ein Rechtsmittel nicht gegeben sei, erklärte die k. Staatsregierung, daß der Notar in keine bessere Lage kommen soll als der Richter, welchem dieses Rechtsmittel nicht gewährt sei. Der Richter erfahre bei der Zwangsversetzung im Gehalte allerdings keinen Schaden, aber auch beim Notar soll eine Schmälerung des Einkommens, soweit thunlich, vermieden werden. Der Notar werde nach Möglichkeit auf eine Stelle mit annähernd gleichem Einkommen versetzt werden, und im Art. 94 Abs. 3 des Gesetzes finde sich eine Bestimmung, durch welche dem Justizministerium die Möglichkeit eingeräumt sei, die Ausführung der Versetzung so lange zu verschieben, bis eine entsprechende Stelle frei werde. Die Bestimmung in Art. 87 sei also lediglich zu Gunsten der Notare getroffen worden, weil ohne eine solche die sofortige Versetzung auf die nächste sich erledigende, wenn auch viel schlechtere Stelle stattfinden müßte. Die Justizverwaltung werde in einer so ernsten Sache mit aller Vorsicht vorgehen und die Zwangsversetzung eines Notares nur betreiben, wenn es unmöglich sei, ihn auf seiner Stelle zu belassen.

Vicepräsident: Zum Worte ist Niemand gemeldet, Einwendungen gegen den Artikel sind nicht vorgebracht; derselbe gilt als genehmigt.

Artikel 88. S. 898.

Herr Referent!

Fuchs (Berichterstatter): Durch diese neue Einrichtung wird mit Recht einem Zustand ein Ende gemacht, der im Volke oft nicht verstanden wurde und auf die Dauer sich auch nicht hätte halten lassen; die ständige Amtsverwesung, welche ihre großen Bedenken hatte, hört hiemit auf. Es war bisher mißlich, daß ein Notar, der in Geisteskrankheit verfiel oder körperlich herabgekommen war, daß er sein Amt nicht mehr selbst versehen konnte, doch darin belassen werden mußte. Es ist hart, wenn der Notar von einer solchen Maßregel betroffen wird; deßhalb sind Garantien nothwendig, daß von derselben nur innerhalb des Rahmens des Gesetzes Gebrauch gemacht werde.

Bezüglich der Frage, ob die vom Amte enthobenen Notare auch entsprechenden Unterhalt bekommen, erlaube ich mir, auf meine zu Art. 49 gemachten Bemerkungen zu verweisen. Im Ausschusse wurde von verschiedenen Seiten die Zustimmung zu diesem Artikel nur im Hinblick auf die Versicherung der k. Staatsregierung ertheilt, daß für den Lebensunterhalt der Notare in entsprechender Weise Vorsorge getroffen werde. Nach der Erklärung der Justizverwaltung wird es ihr ernstestes Bestreben sein, die Vorbereitungen für die Gründung der Versorgungsanstalt so rasch wie möglich zu treffen, es werde aber wohl nicht möglich sein, bis zum 1. Januar 1900 zu einem Abschluß zu kommen. Trete der Fall der Unmöglichkeit rechtzeitiger Gründung dieser Anstalt ein, so werde vorläufig durch Aufnahme einer Position in das nächste Budget Vorsorge getroffen werden müssen für die Fälle, welche unter Art. 88 fallen.

Der Ausschuß erklärte sich hiemit einverstanden.

Vicepräsident: Zum Worte ist Niemand gemeldet, Erinnerung gegen Art. 88 nicht vorgebracht; derselbe ist genehmigt.

Artikel 89. (Wird verlesen)

Der Herr Referent wünscht das Wort nicht. Auch sonst ist Niemand zum Worte gemeldet.

Einwendungen sind nicht vorgebracht worden; der Artikel ist genehmigt.

Artikel 90.

Zum Worte ist Niemand gemeldet, Erinnerung nicht vorgebracht; der Artikel ist genehmigt.

5. Suspension. S. 899.

Artikel 91, 92.

Zum Worte ist Niemand gemeldet, Einwendung nicht vorgebracht; die beiden Art. 91 und 92 sind genehmigt.

Artikel 93.

Die Suspension kann von der Disziplinarkammer verhängt werden:

1. wenn gegen den Notar ein Disziplinarverfahren anhängig ist, bei dem die Verurtheilung zur Strafversetzung oder Dienstentlassung in Aussicht steht;
2. wenn außer dem Falle des Artikel 92 Nr. 2 gegen den Notar eine Voruntersuchung oder ein Hauptverfahren wegen eines Verbrechens oder Vergehens eröffnet ist;
3. wenn gegen den Notar ein Verfahren nach den Artikeln 88, 89 eingeleitet ist.

S. 899. Die Entscheiduung erfolgt von Amtswegen oder auf Antrag des Staatsanwalts. Sie ist mit Gründen zu versehen und dem Notar zuzustellen. Gegen die Entscheidung ist Beschwerde zum Disziplinarhofe zulässig. Die Beschwerde hat keine aufschiebende Wirkung.

Abs. 3 soll nach dem Antrag des Ausschusses gestrichen werden.

Abs. 4 soll lauten:

Im Falle des Abs. 1 Nr. 1 kann die Suspension im Laufe des Berufungsverfahrens vom Disziplinarhof auch dann verhängt werden, wenn die Disziplinarkammer eine Entscheidung darüber nicht getroffen hat.

Herr Referent!

Fuchs (Berichterstatter): Abs. 3 wurde mit Rücksicht auf die im Art. 3a festgesetzte Verpflichtung des Notars zur Uebernahme von Geldern u. s. w. gestrichen, wenn nämlich die Uebernahme von Geldern u. s. w. für den Notar Pflicht und Amtsgeschäft ist, kann man ihm nicht die Befugniß dazu entziehen, ohne ihn zu suspendiren.

Vicepräsident: Zum Worte ist Niemand gemeldet, Erinnerung nicht vorgebracht worden; der Artikel ist in der vom Ausschusse beschlossenen Form angenommen.

Artikel 94. (Wird verlesen.)

Herr Referent!

Fuchs (Berichterstatter): Dieser Artikel enthält dem bisherigen Notariatsgesetz gegenüber vollkommen neue Vorschriften.

Zu Nr. 1 bemerke ich, daß die Urlaubsvorschriften für die Notare wie für alle übrigen Beamten im Verordnungswege ergehen werden und nach den in Aussicht genommenen Vorschriften der Notar sich selbst auf drei Tage beurlauben kann.

In Nr. 2 und 3 wurden diejenigen Artikel als überflüssig gestrichen, welche sich lediglich auf das Verfahren beziehen.

Vicepräsident: Zum Worte ist Niemand gemeldet, Einwendung gegen den Artikel nicht vorgebracht; derselbe gilt als genehmigt.

(Schluß der Sitzung um 12 Uhr 5 Minuten.)

Vierhundertsiebenundneunzigste öffentliche Sitzung vom 27. Mai 1899.

(Stenogr. Bericht d. K. d. Abg., 1899, Bd. XIII, Seite 902 bis 909.)

S. 902. Die Sitzung wird um 9 Uhr 5 Minuten durch den Vicepräsidenten von Keller eröffnet.

Vicepräsident: .

Wir treten nunmehr in die Tagesordnung ein. Der erste Gegenstand derselben ist:

Mündlicher Bericht des besonderen (XVIII.) Ausschusses der Kammer der Abgeordneten zur Berathung der durch die Einführung des Bürgerlichen Gesetzbuchs veranlaßten Gesetzentwürfe über den Entwurf eines Notariatsgesetzes. — Fortsetzung der Spezialdiskussion.

Wir sind gestern stehen geblieben bei:

Siebenter Abschnitt. Notariatsverweser.

Artikel 95 (wird verlesen.)

Ich eröffne die Diskussion. S. 902.

Herr Referent!

Fuchs (Berichterstatter): Der Notariatsverweser des neuen Gesetzes unterscheidet sich von dem Notariatsverweser des bisherigen Gesetzes insoferne, als der bisherige Notariatsverweser mit Rücksicht auf die persönliche Funktion des Notars der persönliche Stellvertreter des Notars ist, während der künftige Notariatsverweser mit Rücksicht auf die behördliche Eigenschaft des Notariats nicht mehr der Vertreter des Notars, sondern der Vertreter der Behörde ist. Es ist also künftig, was unter den bisherigen Vorschriften nicht möglich ist, die Aufstellung eines Notariatsverwesers für den Fall der Erledigung eines Notariats durch Todesfall möglich.

Die gegenüber der Regierungsvorlage vorgenommene Aenderung soll S. 903. zum Ausdruck bringen, daß im ersten Absatz nur von vorübergehenden Notariatsverwesungen die Rede ist, während nach Abs. 2 eine fortdauernde Verwesung dann stattfinden soll, wenn das Notariat zu klein ist.

Ich beantrage die Genehmigung des Art. 95.

Vicepräsident: Zum Worte ist Niemand gemeldet, Erinnerung wurde nicht vorgebracht; der Artikel gilt als genehmigt.

Artikel 96.

Zum Worte ist Niemand gemeldet, Erinnerung wurde nicht vorgebracht; der Artikel gilt als genehmigt.

Artikel 97.

Herr Referent!

Fuchs (Berichterstatter): Diese Bestimmung kann nicht entbehrt werden, wenn die im Art. 5 Abs. 3 Satz 2 enthaltene Vorschrift, daß in jedem Amtsgerichtsbezirk wenigstens ein Notar sein soll, zur vollen Wahrheit werden soll.

Hervorheben will ich, daß nur die Richter der Amtsgerichte, also die Oberamtsrichter und die Amtsrichter, verpflichtet sind, am Sitze des Gerichtes sich zu Notariatsverwesern bestellen zu lassen.

Vicepräsident: Zum Worte ist Niemand gemeldet, Erinnerung gegen den Artikel ist von keiner Seite erhoben worden; derselbe gilt als genehmigt.

Artikel 98.

Niemand ergreift das Wort, Erinnerung wird nicht vorgebracht; der Artikel gilt als genehmigt.

Artikel 99.

Herr Referent!

Fuchs (Berichterstatter): Von der k. Staatsregierung wurde konstatirt, daß die Befürchtung, es könnte durch diese Bestimmung der Staat ein lukratives Geschäft machen, wenn eine gute Notariatsstelle längere Zeit unbesetzt gelassen und durch einen Amtsverweser verwaltet würde, welchem man den Gehalt eines Amtsrichters gäbe, völlig unbegründet sei und für die Regierung kein vernünftiger Grund zu einem solchen Verfahren bestünde.

Vicepräsident: Zum Worte ist Niemand gemeldet, Erinnerung nicht erhoben; der Artikel gilt als genehmigt.

Artikel 100.

Niemand meldet sich zum Worte, Erinnerung wird nicht vorgebracht; der Artikel gilt als genehmigt.

S. 903. **Artikel 101.**

Herr Referent!

Fuchs (Berichterstatter): Wenn der Notar während der Zeit der Amtsverwesung entgegen der Bestimmung in Satz 2 des Art. 101 Geschäfte vornimmt, so sind dieselben nicht ungiltig.

Vicepräsident: Zum Worte ist Niemand gemeldet, von keiner Seite Einwendung erhoben, der Artikel gilt als genehmigt.

Artikel 102, 103. 104.

Herr Referent!

Fuchs (Berichterstatter): Art. 104 soll es lediglich in die Hand der Justizverwaltung geben, eine Bekanntmachung irgend welcher Art, wenn sie sich nach den Umständen als nothwendig herausstellen sollte, zu erlassen. Die Justizverwaltung hat erklärt, reiflich erwägen zu wollen, ob eine derartige Vorschrift nothwendig sei; sollte sie nothwendig sein, so werde sie jedenfalls nicht im Kreisamtsblatt wie bisher erlassen werden, das erfahrungsgemäß von Privaten fast gar nicht gelesen werde. (Heiterkeit.)

Vicepräsident: Zum Worte ist Niemand gemeldet, gegen keinen der Art. 102, 103 und 104 sind Erinnerungen vorgebracht worden; die Artikel gelten als genehmigt.

Artikel 105, 106, 107, 108 (werden verlesen).

Der Herr Referent wünscht das Wort zu keinem der verlesenen Artikel. Auch sonst ist Niemand zum Worte gemeldet.

Erinnerungen gegen die Art. 105, 106, 107 und 108 sind nicht vorgebracht worden, dieselben gelten als genehmigt.

Artikel 109.

Das Wort ergreift Niemand, Erinnerungen werden nicht vorgebracht; der Artikel gilt als genehmigt.

S. 904. **Artikel 110.**

Desgleichen; derselbe gilt als genehmigt.

Artikel 111.

Herr Referent!

Fuchs (Berichterstatter): Die k. Staatsregierung hat erklärt, daß Notare, auf welche die Bestimmung des Art. 49 Abs. 2 des Gesetzes Anwendung findet, diese Vergütung dem Staate nicht zu leisten haben und daß in der Geschäftsordnung eine dießbezügliche Vorschrift getroffen wird.

Der Antrag, dieß gesetzlich festzulegen, wurde mit Rücksicht auf diese Erklärung abgelehnt.

Vicepräsident: Zum Worte ist Niemand gemeldet, Erinnerung wird nicht vorgebracht; der Artikel ist genehmigt.

Artikel 112, 113 (werden verlesen).

Der Herr Referent ergreift das Wort nicht. Auch sonst ist Niemand zum Worte gemeldet.

Erinnerung wird nicht erhoben; die beiden Artikel gelten als genehmigt.

Artikel 114.

Das Wort wird nicht begehrt, Erinnerung nicht vorgebracht; der Artikel gilt als genehmigt.

Artikel 115. S. 904.

Herr Referent!

Fuchs (Berichterstatter): Nach dieser Bestimmung hat der Notariatsverweser, welcher ebenso wie der Notar der selbständige Vertreter einer staatlichen Behörde ist und seine Berufung von der obersten Staatsverwaltungsbehörde erhält, als Beamter zu gelten und darum für den Schaden, den er durch Verletzung der Amtspflicht verursacht, nach § 839 des Bürgerl. Gesetzbuchs zu haften.

Gegen die im Ausschusse geäußerte Ansicht, daß, wenn der Notar während der Verwesung gestorben ist, der Amtsverweser also von dem Augenblicke des Todes des Notars an Verweser nicht mehr des besetzten, sondern des unbesetzten Notariats ist, eine Haftung der Erben für den Verweser ausgeschlossen ist, wurde regierungsseits nichts erinnert.

Vicepräsident: Zum Worte ist Niemand gemeldet, Erinnerung gegen den Artikel wird nicht vorgebracht; derselbe gilt als genehmigt.

Artikel 116 (wird verlesen).

Der Herr Referent wünscht das Wort nicht. Auch sonst meldet sich Niemand.

Einwendung wird nicht vorgebracht; der Artikel gilt als genehmigt.

Artikel 117 (wird verlesen).

Der Herr Referent wünscht das Wort nicht. Auch sonst ist Niemand zum Worte gemeldet.

Erinnerung wird nicht vorgebracht; der Artikel gilt als genehmigt.

Artikel 118.

Niemand ergreift das Wort, Erinnerung wird nicht vorgebracht; der Artikel gilt als genehmigt.

Achter Abschnitt. Sammelarchive.

Artikel 119.

Herr Referent!

Fuchs (Berichterstatter): Mit dieser Vorschrift wird einem im rechtsrheinischen Bayern längst gefühlten Bedürfnisse Rechnung getragen; in der Pfalz, wo sich der Notar förmlich als Archivar der einzelnen Familien betrachtet, scheint das Bedürfniß nach Herausgabe der verwahrten Akten sich weniger fühlbar gemacht zu haben.

Die Vorschrift ist im Interesse der Rechtssicherheit absolut nothwendig. Die Zahl der gesammelten Urkunden ist bei den einzelnen Notariaten, namentlich bei jenen in größeren Städten, eine sehr große, so daß wegen der beschränkten und mitunter sehr theueren Geschäftslokale die Schwierigkeit der Unterbringung und Sicherung der Urkunden immer größer wird.

Um nun die Urkundensammlungen der Notariate von älteren Beständen zu entlasten, wird bestimmt, daß die älteren Urkunden, welche seit mindestens 20 Jahren von den || Notaren verwahrt werden, in Sammelarchive abgeliefert S. 905. werden sollen, wo sie insbesondere auch gegen Feuersgefahr sicherer aufbewahrt werden.

Eine Bestimmung darüber, wo und zu welchem Zeitpunkte Sammelarchive errichtet werden, ist im Gesetze nicht getroffen; dem Justizministerium

S. 905. soll vorerst lediglich die Ermächtigung zur Errichtung von solchen Archiven gegeben werden.

Die Einlieferung der Urschriften in die Kreisarchive ist nach der Erklärung der k. Staatsregierung nicht in's Auge gefaßt.

Die Einrichtung der Sammelarchive geschieht auf Kosten des Staates, die Justizverwaltung wird also in die Lage kommen, dem Landtage Vorschläge über die Gewährung von Mitteln hiefür zu machen; bei diesem Anlasse wird sich dann Gelegenheit bieten, über die Einzelheiten der Einrichtung dieser Archive zu sprechen.

Ich wiederhole den im Ausschusse ausgesprochenen Wunsch, daß die Urschriften so lange als nur irgend möglich bei dem Notar belassen werden mögen und daß, wenn die Ablieferung von Urkunden sich als nothwendig erweist, dieselben in Lokalen untergebracht werden, welche dem Publikum leicht zugänglich gemacht werden können.

Vicepräsident: Herr Abgeordneter Kraußold!

Kraußold: Meine Herren! Es ist dieß zwar ein Zukunftsartikel eigentlich, allein ich bin ersucht worden, eine Anregung an die k. Staatsregierung zu diesem Artikel zu machen. Es ist nämlich die Frage aufgeworfen worden, ob unter den Urkunden, welche hier genannt sind, auch die von den Notaren verhandelten Verlassenschaftsakten begriffen werden, und es wird gewünscht — und dieß ist die Anregung —, daß es in wohlwollende Erwägung Seitens der k. Staatsregierung gezogen wird, daß auch diese Verlassenschaftsakten eventuell mit in die Sammelakten genommen werden. Ich glaube aber, daß die k. Staatsregierung wohl eine wohlwollende Erklärung geben wird bezüglich der Anfrage, die ich hier gestellt habe.

Vicepräsident: Herr Abgeordneter Heimeran!

Heimeran: Meine Herren! Ich begrüße diesen Artikel der Sammelarchive der Vorlage des Notariatsgesetzes mit großer Zufriedenheit. Es ist bis jetzt für die Urkunden, welche von den Notaren aufbewahrt worden sind, bezüglich der Feuersicherheit ein großer Mangel gewesen. Wir haben in großen Städten die Erfahrung gemacht, daß die Notare, weil sie in sehr guter Lage ihre Geschäftslokale haben wollen, sich oft mit recht beschränkten Räumen begnügen müssen und daß diese Räume nicht immer die Sicherheit bieten, wie sie diese Urkunden wohl erfordern würden. Es ist deßhalb zu begrüßen, daß in dem vorliegenden Gesetzentwurfe Sammelarchive vorgesehen sind.

Es wäre aber weiter in den Vollzugsbestimmungen festzustellen, daß für alle Notariatsurkunden, die die Notare nicht in ihren Kassenschränken unterbringen, wie Testamente, auch hiefür die nothwendige Sicherheit gegeben ist. Bei Brandunglücken können Verluste vorkommen, und dadurch würde die größte Verwirrung entstehen.

Ich möchte deßhalb an die k. Staatsregierung die Bitte stellen, dafür zu sorgen, daß in ausreichender Weise die Notare verpflichtet werden, für die Feuersicherheit aller Urkunden Sorge zu tragen.

Vicepräsident: Das Wort nehmen Seine Excellenz der Herr Staatsminister der Justiz.

Der k. Staatsminister Dr. Freiherr **von Leonrod:** Die Anfrage des Herrn Abgeordneten Kraußold, ob denn auch die bei den Notaren erwachsenen Verlassenschaftsakten gelegentlich der allgemeinen Ablieferung in die Sammel-

archive mit abgeliefert werden sollen, beantworte ich dahin, daß kein Grund S. 905.
besteht, diese Akten von der Ablieferung auszunehmen. Diese Akten werden also, soweit sie nicht etwa der Registratur des Nachlaßgerichts einzuverleiben sind, gleichfalls der Ablieferung unterliegen.

Was die Anregung des Herrn Abgeordneten Heimeran anlangt, so ist es gewiß wünschenswerth, daß die bei den Notaren hinterliegenden, für die Parteien meist wichtigen Urkunden soviel nur irgend möglich vor Feuersgefahr gesichert werden. In der Geschäftsordnung wird darauf besonders hingewiesen, daß bei der Ueberwachung der Notariate darauf besonderes Augenmerk gerichtet werde. Im Gesetz selbst lassen sich hiefür brauchbare Kautelen nicht geben, denn es hängt da Alles von den individuellen, lokalen Verhältnissen ab. Man wird nie so weit gehen können, vorzuschreiben, daß die Notare alle ihre Akten in brandsicheren Kassaschränken oder in feuersicheren Gewölben unterbringen, denn eine solche Vorschrift ließe sich bei den Notaren so wenig durchführen, wie sie etwa bei den Gerichten durchgeführt werden kann. Thatsächlich sind übrigens seit dem Bestehen des Notariats bei den Notaren Brandschäden an Akten keineswegs öfter vorgekommen als bei den Gerichten, und schließlich wird die Einführung der Sammelarchive die Möglichkeit bieten, noch mehr als bisher dem Gebote der Sicherung der notariellen Akten Rechnung zu tragen.

Im Anschlusse an diese Bemerkungen möchte ich noch auf eine Anregung des Herrn Abgeordneten Frickhinger zurückkommen, worauf ich gestern zu antworten nicht mehr Gelegenheit hatte. Der Herr Abgeordnete Frickhinger ist darauf zu sprechen gekommen, daß verhütet werden solle, daß bei den Notaren ältere Testamente nach dem Tode der Testatoren unerledigt liegen bleiben. Dieß ist in der That schon so manchesmal vorgekommen und es muß anerkannt werden, daß Mißstände, die sich hier einschleichen, dringend Abhilfe erheischen. Die Justizverwaltung hat deßhalb auch diesem Punkte ihre besondere Aufmerksamkeit zugewendet. Die Verpflichtung der Notare, die Testamente beim Ableben der Verfügenden der Eröffnung und weiteren Behandlung zuzuführen, welche künftig auf dem § 2260 des Bürgerl. Gesetzbuchs beruhen wird, ergab sich schon bisher aus dem Art. 27 des rechtsrheinischen Notariatsgesetzes. Nach diesem Artikel ist der Notar verpflichtet, sobald er von dem Tode einer Person, die eine letztwillige Verfügung bei ihm errichtet oder übergeben hat, Kenntniß erhält, ungesäumt dasjenige Amtsgericht, welchem die Behandlung der Verlassenschaft zusteht, davon zu benachrichtigen. Freilich ist es möglich, daß der Notar vom Tode einer solchen Person keine Kenntniß erhält, und ganz läßt sich diese Möglichkeit nicht ausschließen. Immerhin kann sie durch pflichtgemäße Sorgsamkeit sehr vermindert werden, indem der Notar stetig sich die Namen seiner Testatoren gegenwärtig hält und auf die bekannt werdenden Todesfälle achtet, überdieß aber besondere Umschau hält, wenn nach den Umständen der Tod eines Testators wahrscheinlich ist.

In dieser Richtung sind an die Notare mehrfach Weisungen ergangen. Schon im Jahre 1871 wurde darüber eine Verfügung erlassen, welche folgenden Wortlaut hat:

> Es werden die Notare darauf hingewiesen, daß jeder Notar der S. 906.
> ihm bezüglich des Ablebens der Testatoren obliegenden Ueberwachungspflicht nur dann in entsprechender Weise zu genügen im Stande ist, wenn er sich ein stets evidentes Testatorenverzeichniß hält. Aus der Natur der Sache ergibt sich, daß das Verzeichniß nur durch zeitweiliges Vergleichen mit den beim Verlassenschaftsgerichte des Bezirkes eingelaufenen Todesanzeigen und durch sonstige besondere Recherchen

S. 906. nach Testatoren, deren Ableben wahrscheinlich ist, evident erhalten werden kann.

Wenn bisher eine Aufführung dieser speziellen Amtspflicht in Gesetz und Instruktion nicht erfolgt ist, so beruht dieß darauf, daß eine abschließende Aufzählung der einzelnen Pflichten eines Notars dort nicht beabsichtigt sein konnte.

Aus dem gleichen Grunde wird auch zur Zeit noch davon abgesehen, eine auf den erwähnten Mißstand bezügliche ausdrückliche Vorschrift zu geben, von der Pflichttreue der Notare aber erwartet, daß sie auch diesem Zweige ihres Dienstes fortdauernde Aufmerksamkeit widmen und daß es nur dieser Anregung bedarf, um die vorhandenen Mängel alsbald zu beseitigen.

Aber auch im Jahre 1893 hat das Staatsministerium der Justiz eine Entschließung erlassen, in welcher gesagt ist:

In einzelnen Fällen wird es sich allerdings nicht vermeiden lassen, daß dem Verlassenschaftsgerichte das Vorhandensein eines beim Notar hinterliegenden Testamentes, dem Notar das Ableben des Testators längere Zeit unbekannt bleibt. Wo sich jedoch solche Fälle häufen, liegt die Annahme nahe, daß der betreffende Notar den Pflichten seines Amtes nicht voll und ganz nachkommt.

Da die Gefahr des Verborgenbleibens hinterliegender Testamente jedem Notar bekannt sein muß, ergibt sich hieraus für den Notar, bei welchem ein Testament hinterliegt, ohne Weiteres die Amtspflicht, Einrichtungen zu treffen, welche geeignet sind, jener Gefahr möglichst vorzubeugen und ihn in den Stand zu setzen, möglichst bald den Tod des Testators zu erfahren.

Im Sinne dieser Vorschriften wird künftig auch in der neuen Geschäftsordnung und bei der Ueberwachung des Notariats mit allem Ernste darauf gedrungen werden, daß keine Lässigkeit in diesem wichtigen Punkte eintritt.

Zum Schlusse gestatten Sie mir noch eine Aeußerung von dieser Stelle aus. Ich las heute in einer hier sehr verbreiteten Zeitung einen Artikel über den Notariatsgesetzentwurf und seine Berathung in der Kammer. Der Artikel scheint nach seiner Fassung aus Notariatskreisen zu stammen, wenn man es auch seinem Inhalte nach kaum glauben sollte. Es wird darin gesagt, es sei der Entwurf vorgelegt und überhastet durchberathen worden, ohne daß den Notaren eine Gelegenheit geboten gewesen wäre, sich darüber zu äußern. Die einschlägige Stelle lautet:

„Es ist also alles dieß geschehen, ohne daß es den Notaren, die doch wohl hier am meisten bei der Sache betheiligt sind, auch nur möglich war, hierüber zum Wort zu gelangen. Vielleicht wäre es doch nicht ganz unangezeigt gewesen, wenn auch vielleicht nicht mit Rücksicht auf die 344 Notare, welche es in Bayern gibt, so doch mit Rücksicht auf das Publikum, auf welches die jeweiligen Dienstesvorschriften für die Notare wohl eine stärkere Rückwirkung haben, als gemeinhin angenommen wird, das neue Notariatsgesetz lieber dem kommenden Landtag zur Berathung zu überlassen, als es in solcher Hast und auf Kosten einer allseitigen Erörterung der einzelnen Bestimmungen desselben zum Abschlusse zu bringen.“

Meine Herren! Dieser Zeitungsartikel befindet sich in so starkem Widerspruch mit der Wahrheit, daß ich nicht umhin kann, ihn hier öffentlich richtig zu stellen. Das wahre Sachverhältniß ist folgendes: Der bereits vor Jahres-

frist ausgearbeitete vorläufige Entwurf eines Notariatsgesetzes ist im Anfang S. 906.
August vorigen Jahres einer größeren Anzahl von Notaren zur Begutachtung mitgetheilt worden, Notaren aus fast allen Kreisen des Königreichs, in Städten wie in Landbezirken. Man legte Gewicht darauf, schon in diesem Vorbereitungsstadium die Meinung besonders tüchtiger und besonders erfahrener Notare zu hören. Die angegangenen Notare haben mit dankenswerthem Eifer und großer Sachkenntniß ihr Gutachten erstattet. Auf Grund dieser Gutachten erfuhr der vorläufige Entwurf eine nochmalige Umarbeitung. Der umgearbeitete Entwurf wurde zu Anfang Dezember vorigen Jahres nicht nur an die Oberlandesgerichte und Oberstaatsanwaltschaften, sondern auch an die sämmtlichen elf Notariatskammern des Königreichs zum Gutachten versendet. Jedes Notariatskammermitglied — es sind etwa insgesammt zwischen 70 und 80 — erhielt ein Exemplar, es bekamen aber auch die Notariatskammern noch weitere überzählige Exemplare, um andere Notare, die nicht Kammermitglieder sind, auch noch hören zu können. Die Notariatskammern haben denn auch von dieser Ermächtigung Gebrauch gemacht. Sie haben über den Entwurf Sitzungen abgehalten, von denen in den Zeitungen zu lesen stand, und haben sehr eingehende und werthvolle Gutachten geliefert. Ueber hundert Notare sind auf diese Weise zum Worte gekommen. Aber auch die Oberlandesgerichtspräsidenten und Oberstaatsanwälte erhielten ebenso Gelegenheit, ihren eigenen Gutachten Gutachten von untergebenen Richtern und Staatsanwälten beizufügen. Das im Ministerium gesammelte Gutachtenmaterial umfaßt acht dicke Aktenbände. Ueber den gesammten Stoff aber wurden im Staatsministerium der Justiz unter meinem persönlichen Vorsitze Berathungen gepflogen, die fast einen ganzen Monat dauerten.

Kein Gesetzentwurf dieser Art und dieses Umfanges ist demnach wohl jemals ausführlicher und eingehender behandelt worden wie gerade dieser. Und trotzdem solche Vorwürfe!

Wie eingehend die Berathungen in Ihrem Ausschusse gewesen sind, wissen Sie selbst. Sechs Sitzungen hat die erste Lesung in Anspruch genommen, dazu kommt eine Sitzung für die zweite Lesung, zwei Sitzungen im Ausschusse der Kammer der Reichsräthe und zwei Sitzungen für die gegenwärtige Plenarberathung, bei der gewiß Jedermann zum Wort gekommen ist, der da wollte. Wie da von einer Uebereilung gesprochen werden kann, ist mir unverständlich, unverständlich allerdings auch der in dem Zeitungsreferate enthaltene Angriff auf eine einzelne, gewiß heilsame Bestimmung des Entwurfes.

Meine Herren! Ich hätte allerdings nicht nöthig gehabt, Ihnen gegenüber das Verfahren bei der Herstellung des Entwurfes, mit dem Sie ja zu meiner Freude einverstanden sind, zu rechtfertigen, aber ich glaubte, um nicht
in weiteren Kreisen falsche Meinungen aufkommen zu lassen —, gegen ‖ diese S. 907.
in der Oeffentlichkeit so leichtfertig erhobenen gänzlich unbegründeten Vorwürfe hier entschieden Verwahrung einlegen zu sollen. (Rufe: Bravo!)

Vicepräsident: Zum Worte ist Niemand gemeldet; ich schließe die Diskussion. Der Herr Referent verzichtet auf das Schlußwort. Erinnerung gegen Art. 119 wird nicht vorgebracht; derselbe gilt als genehmigt.

Neunter Abschnitt. Notariatskammern.

Zu diesem Abschnitt gehören die

Artikel 120, 121, 122, 123, 124, 125.

Der Herr Referent wünscht das Wort nicht. Auch sonst ist Niemand

S. 907 gemeldet. Gegen die einzelnen Artikel ist von keiner Seite eine Erinnerung vorgebracht; dieselben gelten als genehmigt.

Zehnter Abschnitt. Haftung des Staates.

Artikel 126. (Wird verlesen.)

Herr Referent!

Fuchs (Berichterstatter): Die Haftung des Staates ist entsprechend der Art. 53, 53a des von der Kammer angenommenen Ausführungsgesetzes zum Bürgerl. Gesetzbuch geregelt.

Abs. 3 wurde bereits bei Art. 12 beziehungsweise Art. 3a eingehend besprochen. In Konsequenz der zu diesen Artikeln gefaßten Beschlüsse wurde die Haftpflicht des Staates für die Handlungen des Notars oder Notariatsverwesers nur für den Fall ausgeschlossen, daß der Notar als Testamentsvollstrecker einem Dritten Schaden zufügt. Dieß ist selbstverständlich, da die Handlungen des Notars als Testamentsvollstreckers keine amtlichen sind.

Vicepräsident: Zum Worte ist Niemand gemeldet, Erinnerung gegen den Artikel wird nicht vorgebracht, derselbe gilt als genehmigt.

Elfter Abschnitt.
Versorgung der Notare und Notariatsgehilfen und ihrer Hinterbliebenen.

Artikel 127.

Herr Referent!

Fuchs (Berichterstatter): Hierüber habe ich das Nöthige bereits bei Art. 49 bemerkt.

Vicepräsident: Zum Worte ist Niemand gemeldet, eine Einwendung wird nicht erhoben; der Artikel gilt als genehmigt.

Artikel 128.

Der Herr Referent ergreift das Wort nicht. Auch sonst meldet sich Niemand. Erinnerung wird nicht vorgebracht; der Art. 128 gilt als genehmigt.

Artikel 129.

Herr Referent!

Fuchs (Berichterstatter): Die im Ausschusse geäußerte Befürchtung, als ob beabsichtigt sei, mit den Vorschriften über die Aufnahme von Notariatsgehilfen die Militäranwärter zu begünstigen, wurde von der k. Staatsregierung als gänzlich unbegründet bezeichnet.

Die Vorschriften werden im Interesse des Notariats, das künftig behördlichen Charakter hat, erlassen und sollen bezwecken, daß im Notariate nur solche Leute Aufnahme finden dürfen, die ein gewisses Alter haben, nicht bestraft sind, keine Nebengeschäfte, insbesondere keine Agentengeschäfte betreiben, den öffentlichen Anstalten beitreten, welche für die Versorgung der Notariatsgehilfen und ihrer Hinterbliebenen bestimmt sind u. s. w. Die Vorschriften sollen unter Umständen eine Mindestgrenze der Bezahlung für die ständig aufzunehmenden Gehilfen festsetzen, um etwaige Klagen über zu schlechte Entlohnung verstummen zu machen; die Festsetzung der Höchstgrenze soll der Generosität der Notare überlassen bleiben.

Die Versorgung des Kanzleipersonals der Notare soll nach dem Muster des Pensions- und Unterstützungsvereins der Gerichtsschreibergehilfen geregelt

werden. Die Notariatsgehilfen sollen mit Zwang in einen Pensionsverein S. 907.
zusammengefaßt werden, ausgenommen werden diejenigen, die zur Aufnahme schon allzu alt sind. Jeder Gehilfe hat ohne Rücksicht auf sein Alter bei dem Zugange und auf seine Gesundheitsverhältnisse 3 Prozent seines Gehaltsbezuges in die Vereinskasse einzuzahlen und wird, wenn er ausscheidet, nach einer fünfjährigen Karenz 30 Prozent seines Gehaltsbezuges als Pension erhalten. Die Wittwen und Waisen werden von dem Vereine ebenfalls mit einer, wenn auch nicht 30prozentigen, so doch nicht ganz unerheblichen Pension versorgt werden. Auch soll Vorsorge getroffen werden, daß in den Fällen vorübergehender Krankheit momentane Unterstützungen aus der Vereinskasse gewährt werden können. Die Versorgung, welche sich die Notariatsgehilfen durch eigene Mitwirkung zu sichern haben, reicht natürlich nicht aus. Nach dem der k. Staatsregierung bereits vorliegenden versicherungstechnischen Gutachten wird es möglich sein, mit einem nicht allzu hohen Staatszuschusse diesen Verein lebensfähig zu machen. Es wird ein Budgetbetrag von ungefähr 30—40,000 M. zur Schaffung eines Sustentationsfonds eingestellt werden müssen, aus welchem die dem S. 908.
Pensionsvereine angehörigen und die wegen zu hohen Alters vom Eintritte in den Verein ausgeschlossenen Notariatsgehilfen eine fortlaufende Rente erhalten, wenn sie wegen Alters oder Gebrechlichkeit ihren Dienst nicht mehr versehen können.

Auf diese Weise werden die Notariatsgehilfen relativ besser als die statusmäßigen Bediensteten gestellt sein. Allen Wünschen der Notariatsgehilfen zu entsprechen, wird nicht möglich sein; sie z. B. besser zu stellen als das Kanzleipersonal bei den Gerichten, wird nicht möglich, aber auch nicht nöthig sein. Dem Bedürfnisse dürfte durch die beabsichtigte Fürsorge vorerst Genüge geleistet sein.

Dieser Versorgungsplan hat die Billigung und Anerkennung des Ausschusses gefunden, und ich glaube nicht, daß irgend Jemand im hohen Hause ist, der mit dieser weitgehenden Fürsorge für die Notariatsgehilfen sich nicht einverstanden erklären könnte. Es ist nur zu wünschen, daß die Notariatsgehilfen auch wirklich zufrieden gestellt werden.

Ein pfälzisches Ausschußmitglied hat, einem Wunsche der pfälzischen Notariatsgehilfen entsprechend, angeregt, es möchten die sogenannten ersten Clercs, Leute, die schon eine lange Reihe von Jahren unausgesetzt im Notariatsdienste verwendet werden, als Sekretäre bei den Grundbuchämtern Verwendung finden. Die Justizverwaltung hat sich diesem Wunsche gegenüber ablehnend verhalten, da bereits eine außerordentlich große Anzahl von Adspiranten auf die Sekretariatsstellen vorhanden sei, so daß diese nicht durch eine neue Kategorie vermehrt werden dürfe, wenn nicht große Unzufriedenheit erregt werden sollte. Schon jetzt müsse ein Gerichtsschreibergehilfe 8—9 Jahre auf Anstellung warten; diese Wartezeit dürfe nicht ohne Noth auf 12—15 Jahre verlängert werden. Es konnte Seitens der Justizverwaltung den Notariatsgehilfen nicht einmal die Aussicht eröffnet werden, daß sie als Sekretariatsgehilfen übernommen werden, wenn auch zugegeben wurde, daß es vereinzelte Fälle geben könne, z. B. wenn ein Notariat aufgehoben werde, daß man das ältere Personal irgendwo, vielleicht auch in Gerichtsschreibereien unterbringe.

Ich beantrage die Genehmigung des Art. 129.

Vicepräsident: Zum Worte ist Niemand gemeldet, Erinnerung gegen den Artikel wird nicht vorgebracht, derselbe gilt als genehmigt.

S. 908.

Zwölfter Abschnitt. Schluß- und Uebergangsbestimmungen.

Artikel 130, 131, 132.

Der Herr Referent ergreift das Wort nicht. Auch sonst ist Niemand zum Worte gemeldet. Einwendungen gegen die drei Artikel sind nicht erhoben worden; dieselben gelten als genehmigt.

Artikel 133.

Herr Referent!

Fuchs (Berichterstatter): Mit der Bestimmung in Abs. 2 ist die viel bestrittene und beklagte Rechtsprechung der Gerichte, daß die Urkunden nach Art. 14 des gegenwärtigen rechtsrheinischen Notariatsgesetzes nur von einem Notare des rechtsrheinischen Bayern und nicht von einem pfälzischen Notare rechtsgiltig errichtet werden können, endlich beseitigt

Vicepräsident: Zum Worte ist Niemand gemeldet, Einwendungen gegen Artikel 133 sind nicht erhoben worden; derselbe gilt als genehmigt.

Artikel 134.

Der Herr Referent verzichtet auf das Wort. Auch sonst ist Niemand zum Worte gemeldet.

Erinnerung ist nicht erhoben worden, der Artikel gilt als genehmigt.

Bezüglich des

Artikel 135

geht der Antrag des Ausschusses dahin, diesen Artikel zu streichen.

Herr Referent!

Fuchs (Berichterstatter): Ich habe bereits bei Art. 5 erwähnt, aus welchem Grunde die Streichung dieses Artikels erfolgte.

Vicepräsident: Es ist von keiner Seite eine Einwendung gegen den Ausschußantrag erhoben worden; derselbe gilt als genehmigt. Der Art. 135 ist gestrichen.

Artikel 136, 137, 138.

Der Herr Referent verzichtet auf das Wort. Auch sonst ist Niemand zum Worte gemeldet. Erinnerung wurde nicht erhoben; die Art. 136, 137 und 138 gelten als genehmigt.

Artikel 139, 140.

Der Herr Referent verzichtet auf das Wort. Auch sonst ist Niemand zum Worte gemeldet. Einwendungen sind nicht erhoben, die beiden Art. 139 und 140 gelten als genehmigt.

Wir haben nun die sämmtlichen Art. 1 bis 140 des Gesetzentwurfes durchberathen und sind die Anträge des Ausschusses mit Ausnahme einer Wortänderung in Art. 51 von Ihnen unverändert angenommen worden.

Wir kommen nun zu der Ueberschrift und den Einleitungsworten des Gesetzentwurfes. Dieselben lauten:

Entwurf eines Notariatsgesetzes.

Im Namen Seiner Majestät des Königs.

Seine Königliche Hoheit Prinz Luitpold, des Königreichs Bayern Verweser, haben nach Vernehmung des Staatsraths mit

Beirath und Zustimmung der Kammer der Reichsräthe und der Kammer der Abgeordneten beschlossen und verordnen, was folgt: — S. 908.

Erinnerung gegen Ueberschrift und Einleitungsworte wird nicht erhoben, dieselben sind genehmigt.

Wir haben nun noch die namentliche Abstimmung über den ganzen Gesetzentwurf vorzunehmen, wie sich derselbe durch unsere Beschlüsse gestaltet hat.

Das Resultat der Abstimmung ist folgendes: Abgestimmt haben 127 Herren, sämmtliche mit „Ja", der Gesetzentwurf ist deßhalb einstimmig angenommen. S. 909.

Ich werde unsere Beschlüsse an die Kammer der Reichsräthe mittheilen.

(Schluß der Sitzung um 11 Uhr 50 Minuten.) S. 922.

Beschluß der Kammer der Abgeordneten.

(Beilage Z[b] [vergl. Beil. R, Y u. Z] z. d. Verhandl. d. Justiz-Gesetzg.-Aussch. d. K. d. Abg. 1899.)

Die Kammer der Abgeordneten hat beschlossen,

dem Gesetzentwurfe in der aus der Anlage zu Beilage Z Spalte 2 ersichtlichen Fassung mit der Aenderung die Zustimmung zu ertheilen, daß in Artikel 51 Satz 2 das Wort „Staatsgebührenvorschüsse" zu ersetzen sei durch das Wort „Gebührenvorschüsse"

München, den 27 Mai 1899.

Der Vicepräsident: (gez.) **von Keller.**

Der I. Schriftführer (gez.) Wagner.

7

Verhandlungen des Justizgesetzgebungsausschusses der Kammer der Reichsräthe.

XXIII. Protokoll

des besonderen Ausschusses der Kammer der Reichsräthe zur Berathung der durch die Einführung des Bürgerlichen Gesetzbuchs veranlaßten Gesetzentwürfe

über die

Rückäußerung der Kammer der Abgeordneten, den Entwurf eines Notariatsgesetzes betreffend.

(Verhandl. des Justizgesetzgebungsausschusses d. K. d. Reichsräthe 1899.)

München, den 29. Mai 1899.

Gegenwärtig die Herren Reichsräthe: Graf Fugger von Glött, Ritter von Küffner, stellvertretender Vorstand, von Auer, Referent, Dr. Ritter von Bechmann, Sekretär, Freiherr von Soden-Fraunhofen, Dr. Ritter von Schmitt, Exzellenz, von Heffert, Ritter von Maffei.

Der Herr I. Präsident Graf von Lerchenfeld-Köfering.

Von Seite des k. Staatsministeriums: Der k. Staatsminister der Justiz, Dr. Freiherr von Leonrod. Der k. Senatspräsident Dr. Ritter von Jacubezky. Der k. Oberregierungsrath Schneider. Der k. Landgerichtsrath Dr. Unzer.

Der stellvertretende Vorsitzende, Herr Reichsrath Ritter **von Küffner**, eröffnet die Sitzung um 1 Uhr 30 Minuten.

Der stellvertretende Vorsitzende: Wir können noch die Rückäußerungen der Kammer der Abgeordneten zu dem Gesetzentwurf, betreffend das Notariatsgesetz, erledigen.

Ich ertheile das Wort dem Referenten, Herrn Reichsrath von Auer.

Reichsrath **von Auer** als Referent: Ich gebe bekannt, daß nach Mittheilung des Präsidiums der Kammer der Abgeordneten die Modifikationen, die unser Ausschuß zu dem Notariatsgesetz beschlossen hat, sämmtlich acceptiert worden sind und daß die Kammer der Abgeordneten dem Gesetzentwurf in der aus der Anlage zu Beilage Z Spalte 2 ersichtlichen Fassung mit der Modifikation die Zustimmung ertheilt hat, daß in Artikel 51 Abs. 1 das Wort „Staatsgebührenvorschüsse" zu ersetzen sei durch das Wort „Gebührenvorschüsse" Artikel 51 handelt nämlich davon, daß der Notar erforderlichen Falls die Festsetzung seiner Gebühren und Auslagen bei dem Landgericht zu beantragen hat. „Als Auslagen", heißt es, „gelten hiebei auch die Staatsgebührenvorschüsse." Meiner Ansicht nach würde es nicht ausgeschlossen sein, daß, wenn die Fassung des Art. 51 so bliebe, wie sie von der k. Staatsregierung gewählt wurde, die Gebührenvorschüsse, die nicht Staatsgebührenvorschüsse sind, doch unter diesen Artikel 51 fallen würden. Allein es wird kein Hinderniß entgegenstehen, diesem Antrage zuzustimmen und demnach den Antrag an die Kammer der Reichsräthe dahin zu stellen, das Notariatsgesetz, wie dasselbe in der Kammer der Abgeordneten Annahme gefunden hat, den Hohen Herren zur Annahme zu empfehlen.

Der stellvertretende Vorsitzende: Es ist das Beschluß des Hohen Hauses. Damit ist die Sitzung geschlossen.

(Schluß der Sitzung um 1 Uhr 36 Minuten.)

8.

Verhandlungen der Kammer der Reichsräthe.

Stenographisches Protokoll Nr. 61

der einundsechzigsten öffentlichen Plenarsitzung der Kammer der Reichsräthe.

Verhandl. d. K. d. Reichsräthe 1899 Prot.-Bd. VIII Nr. 61 Seite 391 bis 400.

München, den 31. Mai 1899, Mittags 12 Uhr.

S. 384. **Der erste Präsident:** Wenn es den Hohen Herren gefällig ist, Ihre Plätze einzunehmen, so ist die Sitzung eröffnet.

S. 391. Wir . treten nunmehr ein in den nächsten Gegenstand der Tagesordnung:

Mündlicher Bericht des besonderen Ausschusses zur Berathung der durch die Einführung des Bürgerlichen Gesetzbuchs veranlaßten Gesetzentwürfe über den Entwurf eines Notariatsgesetzes.

Ich lade den Referenten Herrn Reichsrath von Auer ein, über den vorliegenden Gesetzentwurf Vortrag zu erstatten.

Reichsrath **von Auer** als Referent Hohe Herren! Infolge der Einführung des Bürgerlichen Gesetzbuchs ist auch die Aenderung des bisher in
S. 392. Bayern geltenden Notariatsgesetzes nothwendig geworden. ‖ Diese Nothwendigkeit ergibt sich daraus, daß an und für sich schon im Bürgerlichen Gesetzbuch und in dem Einführungsgesetze gewisse Vorbehalte gemacht worden sind, welche den

einzelnen Landesregierungen gestatten, gesetzliche Vorschriften über das Notariats- S. 392.
gesetz zu erlassen und zu bestimmen, in welchen Fällen die Notare zuständig
sein sollen. Der Grund aber, weshalb die Revision des bayerischen Notariats-
gesetzes besonders nothwendig war, ist der, daß die Grundlage des bisherigen
bayerischen Notariatsgesetzes in seinem Artikel 14 bestand, nach welchem ein
über unbewegliche Sachen errichteter Vertrag nur Giltigkeit hat, wenn er von
einem Notare verlautbart worden ist, welche Bestimmung nach Einführung des
Bürgerlichen Gesetzbuchs keine Giltigkeit mehr hat. Damit ist, wenn nicht auf
andere Weise Abhilfe geschaffen wird, der Bestand des Notariats schon aus
materiellen Gründen unmöglich gemacht worden, und es war daher noth-
wendig, in anderer Weise dafür zu sorgen, daß die Notare nicht blos gesetzlich,
sondern auch materiell lebensfähig gestellt werden. Es ist deshalb ein Ausweg
dahin getroffen worden, daß die Auflassung von Grundstücken behufs Eintrags
in das Grundbuch regelmäßig verbunden sein solle mit dem obligatorischen
Vertrage, welcher die Auflassung veranlaßt hat.

Die Hohen Herren haben bereits in früheren Sitzungen das Gesetz, in
welchem diese Bestimmung enthalten war, gebilligt und infolgedessen ist auch
im Prinzip von dem Hohen Hause darüber entschieden worden, daß das
Notariatsgesetz auch in Zukunft für Bayern sollte beibehalten werden. Es
handelt sich daher bei dem vorliegenden Gesetzentwurf || nur mehr darüber, S. 393.
nähere Bestimmungen zu treffen, unter welchen einzelnen Bedingungen das
Notariatsinstitut künftighin fortzuwirken haben soll. Es ist in früherer Zeit
öfter versucht worden, das Notariatsinstitut als gemeinschädlich hinzustellen,
und es war schon einmal sehr nahe daran, daß ein Antrag auf Aufhebung
dieses Instituts die Zustimmung der Landesvertretung erhalten sollte. Allein
seit dieser Zeit hat sich die Anschauung doch wenigstens im allgemeinen zu
Gunsten des Notariats geändert. Davon, daß das Notariat als solches künftig
nicht mehr bestehen sollte, ist zur Zeit nicht mehr die Rede und die Gegner
dieses Instituts haben keine ernsten Angriffe gegen das vorliegende Gesetz mehr
versucht. In der That würde auch ein solcher Versuch vollständig resultatlos
sein, denn abgesehen von den Kosten, welche die Uebertragung der Notariats-
geschäfte an die Gerichte mit sich bringen müßte, würde denn doch eine Regelung
im Sinne der Gegner des Notariats mit sehr schweren Folgen für den Rechts-
verkehr verbunden sein, von so schweren Folgen, daß mit Sicherheit darauf zu
schließen ist, daß das Publikum sich mit einer solchen Neuordnung der Dinge
nicht mehr befreunden könnte.

Das Notariatsinstitut ist keineswegs wie man angenommen hat, eine
Einrichtung französischen Ursprungs; es ist ein rein deutsches Rechtsinstitut,
und die Annahme, daß es französischen Ursprungs sei, rührt wohl nur davon
her, daß die Pfalz die einzige Provinz Bayerns war, welche sich der Segnungen —
das kann ich mit gutem Gewissen behaupten — dieses Institut schon nahezu
ein ganzes Jahrhundert zu erfreuen hatte und daß sie die Segnungen dieses
Instituts mit Einführung des Code civil überkommen hat; im rechtsrheinischen S. 394.
Bayern ist das Notariatsinstitut durch das Gesetz vom Jahre 1861 eingeführt
worden. Es ist nicht zu leugnen, daß zu der Zeit der Einführung dieses
Gesetzes und auch kurze Zeit darauf viele Gegner demselben entstanden sind;
die Gegnerschaft ist aber meiner Anschauung nach zum großen Teil nur darauf
zurückzuführen, daß einerseits die Persönlichkeiten, welche man damals noth-
gedrungen zu Notaren ernennen mußte, nicht die nöthige Qualifikation hatten,
welche man bei Notaren voraussetzen konnte, und andererseits war es die
Verwechslung des Publikums zwischen den Gebühren des Staates und den

S. 394. Gebühren des Notars, welche die Anschauung verbreiten ließ, daß das Notariatsinstitut so kostspielig sei, daß deren Abschaffung im Interesse des Publikums gelegen wäre, während doch die Kostspieligkeit nur eben daher rührte, daß die Gebühren des Staates und des Notars gemeinschaftlich zur Erhebung kamen, ohne daß der Betreffende, der mit diesem Institute in Berührung gekommen ist, in der Lage war, zu unterscheiden, was an Gebühren dem Staate und was an Gebühren dem Notar zu entrichten war.

Das Publikum hat sich seitdem so sehr an das Notariatsinstitut gewöhnt, daß, wie ich bereits anzuführen mir erlaubte, nach meiner Ansicht eine große Unzufriedenheit in dem Volke entstehen würde, wenn dieser Zustand, dem sich nunmehr das Publikum adäquiert hat, wieder in den Zustand zurückgeführt würde, wie er früher vor Einrichtung des Notariatsinstituts in Bayern be-
S. 395. standen hat. Es gibt ja viele Rechtsgeschäfte, die nicht allein die Beurkund || ung fordern, sondern die auch vor Beurkundung derselben eine reifliche Ueberlegung voraussetzen, wenn sie den Willen der Parteien richtig wiedergeben sollen. Ich erinnere nur an die komplizierten Kaufverträge, an die Regelung des Hypothekenwesens, welche nicht in einem Akte sofort zur Existenz gebracht werden können, sondern eine langwierige, zeitraubende und die Intelligenz des Notars in Anspruch nehmende Vorverhandlung beanspruchen. Es wäre kaum denkbar, daß ein Richter sich so zuvorkommend gegen die Parteien benehmen könnte, wie es das Interesse der Sache und die Wünsche der Parteien selbst erfordern. Es ist aber auch, nachdem derartige Rechtsgeschäfte nie definitiv und zufriedenstellend geordnet werden können, ohne daß der Notar ein gewisses Obligo bei der Verhandlung auf sich nimmt, das Zustandekommen eines solchen Geschäftes gar nicht denkbar, wenn der Richter das Notariat selbst übernehmen müßte. Man kann doch einem Richter, der von seinem nicht allzu reichlich bemessenen Gehalte zu leben gezwungen ist, nicht zumuthen, daß er im Interesse der Sache und im Interesse der Parteien auch noch eine materielle Verantwortlichkeit für diejenigen Rechtshandlungen übernimmt, welche er zu beurkunden hat. Und ich wiederhole, daß es in dieser Richtung nicht so fast darauf ankommt, den Willen der Parteien, so wie dieselben ihn angeben, zu konstatieren und zu beurkunden, sondern daß ein Notar, der seine Aufgabe richtig versteht, sie dahin auffassen wird, daß er den Parteien in gemeinschaftlichem Interesse den richtigen Weg zeigt, auf welchem sie zur Erreichung eines rechtlichen Willens gelangen können.

S. 396. Die k. Staatsregierung hat deshalb diesen Verhältnissen Rechnung tragend einen Entwurf vorgelegt, der die Zustimmung aller derjenigen gefunden hat, mit welchen ich über denselben bisher zu sprechen Gelegenheit hatte. Der Entwurf erfreut sich einer großen Uebersichtlichkeit, er ist mit großer Klarheit abgefaßt, und er trägt, was die Hauptsache ist, allen denjenigen Erfahrungen, welche man während der Geltung des bisherigen Notariatsgesetzes mit demselben zu machen Gelegenheit hatte, vollständig Rechnung. Das Notariat hat nur im Prinzip durch den Entwurf insofern eine Art Veränderung erfahren, als die Notare nicht bloß, wie sie bisher waren, königliche Beamte sind, sondern künftighin als öffentliche Behörden gelten, welche sich in den Rahmen des Staatsorganismus gleichmäßig mit den übrigen Behörden einzureihen haben.

Bei den Berathungen, die in den beiden Ausschüssen der beiden Kammern stattgefunden haben, ist im wesentlichen nur eine Aenderung von den beiden Ausschüssen acceptiert worden, die darin bestand, daß die Empfangnahme von Geld- und Geldeswerth durch die Notare, nicht wie in dem Entwurf bestimmt war, als eine Privatangelegenheit des Notars aufgefaßt worden ist, sondern,

soweit diese Empfangnahme von Geld und Geldeswerth durch den Notar in S. 396.
Ausübung seines Amtes stattgefunden hat, ebenso als ein Ausfluß seiner amtlichen Thätigkeit zu gelten hat, wie jede andere auf die Herbeiführung der Protokollierung eines Vertrages oder sonstigen Rechtsgeschäftes gerichtete Thätigkeit. Die Folge davon war nun, daß gleichmäßig, wie der Staat für die Handlungen seiner Beamten und für die übrigen Handlungen || der Notare S. 397.
zu haften hat, der Staat auch die Haftung zu übernehmen hat, wenn in Folge einer Verschuldung des Notars bei Uebernahme von Geld- und Geldeswerth die betreffende Partei zu Schaden kommen würde. Es ist das eine Verbesserung, die nicht hoch genug anzuschlagen ist. Dadurch wird einem wirklich bestehenden Mißstand Rechnung getragen und Abhilfe geschaffen, indem nun Jeder, der mit einem Notar in Geschäftsverbindung getreten ist, voraussetzen kann, daß dabei die Werte, die er dem Notar übergeben hat, in ebenso sichere Hände gelegt werden, wie das bei einem k. Beamten oder bei einer k. Behörde sonst der Fall ist. Es ist dadurch aber auch nicht nur das Publikum gehörig berücksichtigt worden, sondern der Stand der Notare und das Notariatsinstitut überhaupt hat durch diese Auffassung wesentlich an Ansehen gewonnen. Nun ist nicht mehr zu befürchten, daß irgend Jemand einen Anstand nimmt, dem Notar Geld oder Geldeswerth anzuvertrauen blos deßhalb, weil er glaubt, daß, wenn dieser Notar in Geldverlegenheit kommt, von ihm nicht mehr das zu erlangen ist, was er in amtlicher Eigenschaft in Empfang genommen hat.

Das ist die wesentlichste Aenderung, die der Entwurf bei der Berathung in den beiden Ausschüssen erfahren hat. Andere Aenderungen sind untergeordneter Natur und sind für die allgemeine Beurtheilung des Gesetzes von untergeordneter Wichtigkeit. Ich habe nur zu erwähnen, daß mir heute vor einer Stunde noch eine Zuschrift des k. Notars Fischer dahier zugekommen ist, in welcher derselbe bittet, daß das Hohe Haus den Art. 36 in folgender Weise zu fassen habe:

„Bei der Beglaubigung einer Unterschrift oder Anzeige ist der S. 398.
Notar nicht verpflichtet, von dem Inhalt des Schriftstückes Kenntniß zu nehmen, und denselben nach Maßgabe der Art. 17, 29 Abs. 2 und Art. 31 zu prüfen."

Dieser Antrag ist so kurze Zeit vor Berathung des Hohen Hauses in meine Hände gelangt, daß ich nicht einmal in der Lage bin, denselben vollständig zu prüfen, und es war auch nicht möglich, die Anschauung des Ausschusses des Hohen Hauses, der sich mit der Sache beschäftigt hat, noch zu erholen. Ich halte es aber auch für überflüssig, daß die Sache noch einmal zur Sprache kommt, denn im Ausschuß, der sich mit dem Notariatsgesetze beschäftigt hat, ist diese Frage gerade von mir angeregt worden. Ich habe dieselbe Anschauung, wie sie der k. Notar Fischer in diesem Schreiben ausgedrückt hat, dem Hohen Ausschusse vorgetragen.

Diese Anschauung hat aber die Billigung des Ausschusses nicht erlangt und es ist wohl kaum zu erwarten, daß, wenn ich auch jetzt noch in der Lage wäre, in dem Gesetzgebungsausschusse die Bitte des k. Notars Fischer vorzutragen, daß dieser irgendwie in seiner Meinung sich beeinflussen lassen und den Beschluß abändern würde, den er einmal gefaßt hat. Ich glaube, daß deshalb diese Bitte keine Berücksichtigung finden kann.

Ich bemerke, daß über das ganze Gesetz nicht bloß die beiden Gesetzgebungsausschüsse der beiden Kammern ein vollständiges Einverständniß unter sich erzielt haben, sondern daß auch die Kammer der Abgeordneten in ihrem Plenum das Gesetz in der Form, wie es nun von Ihrem Ausschusse || Ihnen S. 399.

S. 399. vorgelegt wird, zur Annahme vollständig gebilligt hat. Ich werde deshalb im Namen des Ausschusses an das Hohe Haus schließlich den Antrag bringen:

„Es gefalle dem Hohen Hause, dem Gesetzentwurfe in der Form, in welcher er in der Kammer der Abgeordneten Annahme fand, die Zustimmung zu ertheilen."

Der erste Präsident: Die allgemeine Diskussion ist eröffnet; das Wort hat der Herr Reichsrath Fürst zu Löwenstein.

Reichsrath Fürst zu Löwenstein: Meine Hohen Herren! Nachdem in eingehender Weise der Herr Referent das Institut der Notare, wie es sich nach dem vorliegenden Gesetzentwurf gestalten wird, dargelegt hat, und in Rücksicht darauf, daß zwischen den Beschlüssen der Abgeordnetenkammer und dem Antrage unseres Hohen Ausschusses eine Differenz nicht mehr besteht, so möchte ich mir den Antrag erlauben,

„den Gesetzentwurf, das Notariatsgesetz betreffend, en bloc anzunehmen."

Der erste Präsident: Ich stelle die Frage, ob der gestellte Antrag auf en-bloc-Annahme dieses Gesetzentwurfs unterstützt werden will und bitte diejenigen Hohen Herren, die den Antrag unterstützen wollen, sich von den Sitzen zu erheben. (Die Hohen Herren erheben sich.)

S. 400. Der Antrag ist unterstützt.

Ich darf wohl annehmen, daß auch von Seiten der k. Staatsregierung gegen die en-bloc-Abstimmung über den Entwurf eine Erinnerung nicht besteht.

Wir können somit zur namentlichen Abstimmung über den ganzen Gesetzentwurf schreiten.

Ich ersuche diejenigen Hohen Herren, welche dem Entwurfe in der vorliegenden Fassung Ihre Zustimmung ertheilen wollen, auf Namensaufruf mit „Ja", diejenigen Hohen Herren, welche Ihre Zustimmung versagen wollen, mit „Nein" zu antworten. (Folgt namentliche Abstimmung.)

Der Gesetzentwurf ist einstimmig angenommen worden. . . .

S. 451. (Schluß der Sitzung um 2 Uhr 45 Minuten.)

Beschluß der Kammer der Reichsräthe.

(Beilage Zh z. d. Verhandl. d. K. d. Abg. 1899.)

Die Kammer der Abgeordneten hat beschlossen,

dem Gesetzentwurfe in der von der Kammer der Abgeordneten beschlossenen Fassung die Zustimmung zu ertheilen.

München, den 31. Mai 1899.

Der I. Präsident: (gez.) Graf von Lerchenfeld.

Der I. Sekretär: (gez.) Graf von Drechsel.

9

Gesammt-Beschluß.

(Beilage Zk z. d. Verhandl. d. K. d. Abg. 1899.)

Allerdurchlauchtigster, Großmächtigster König! Allergnädigster König und Herr!

Die alleruntertänigst treugehorsamsten Kammern der Reichsräthe und der Abgeordneten haben über den von der k. Staatsregierung unter'm 15. April 1899 vorgelegten

Entwurf eines Notariatsgesetzes

in ihren Plenarsitzungen vom 31. und beziehungsweise 26. und 27. ds. Mts. Berathung gepflogen und beschlossen,

dem Gesetzentwurfe in der aus der Anlage ersichtlichen Fassung die Zustimmung zu ertheilen.

In allertiefster Ehrfurcht Euerer Königlichen Majestät

München, den 31. Mai 1899.

alleruntertänigst treugehorsamste

Kammer der Reichsräthe:

Der I. Präsident: (gez.) Graf von Lerchenfeld.
Der I. Sekretär: (gez.) Graf von Drechsel.

Kammer der Abgeordneten:

Der Vicepräsident: (gez.) Dr. von Keller.
Der I. Schriftführer: (gez.) Wagner.

Anlage.

Entwurf eines Notariatsgesetzes.

Im Namen Seiner Majestät des Königs.

Seine Königliche Hoheit Prinz Luitpold, des Königreichs Bayern Verweser, haben nach Vernehmung des Staatsraths mit Beirath und Zustimmung der Kammer der Reichsräthe und der Kammer der Abgeordneten beschlossen und verordnen, was folgt:

(Nun folgt der Text wie unter Nr. 10.)

10.

S. 137.

Notariatsgesetz vom 9. Juni 1899.

(Beilage z. Gesetz- u. Verordn.-Bl. 1899 Nr. 28 v. 12. Juni 1899 Seite 137 bis 166.)*)

Im Namen Seiner Majestät des Königs.

Luitpold,

von Gottes Gnaden Königlicher Prinz von Bayern,

Regent.

Wir haben nach Vernehmung des Staatsrathes mit Beirath und Zustimmung der Kammer der Reichsräthe und der Kammer der Abgeordneten beschlossen und verordnen, was folgt:

Erster Abschnitt.

Zuständigkeit und Organisation.

1. Zuständigkeit.

Artikel 1.

Die Notare sind zuständig, öffentliche Beurkundungen und Beglaubigungen zu bewirken und Urkunden in amtliche Verwahrung zu nehmen, soweit nicht nach besonderen Vorschriften andere Beamte oder Behörden ausschließlich zuständig sind, einzelne Arten von Beurkundungen und Beglaubigungen zu bewirken oder die amtliche Verwahrung einzelner Arten von Urkunden zu übernehmen.

---

*) Ausgegeben am 1. Juli 1899.

S. 137. Die amtliche Verwahrung von Testamenten und Erbverträgen erfolgt nur durch die Notare. Die Notare sind zuständig, an Stelle des Nachlaßgerichts die von ihnen verwahrten Testamente und Erbverträge nach §§ 2260, 2262, 2273, 2300 des Bürgerlichen Gesetzbuchs zu öffnen und bekannt zu geben.

Artikel 2.

Die Notare sind zuständig:

1. für die Aufnahme von Vermögens- und Nachlaßverzeichnissen;
2. für die Anlegung und die Abnahme von Siegeln;
3. für die Vornahme von öffentlichen Versteigerungen.

Artikel 3.

Die Notare sind, soweit nicht ein Anderes bestimmt ist, zuständig für die Abnahme von Versicherungen an Eidesstatt, die abgegeben werden, um einer öffentlichen Behörde eine thatsächliche Behauptung oder eine Aussage glaubhaft zu machen.

S. 138. Durch die Geschäftsordnung kann den Notaren die eidliche Vernehmung von Zeugen und Sachverständigen, die Abnahme von Eiden und die Bewirkung von Zustellungen in den Fällen übertragen werden, in denen die eidliche Vernehmung, die Abnahme des Eides oder die Zustellung nach dem Rechte eines ausländischen Staates oder nach der Bestimmung einer ausländischen Behörde von einem Notar vorgenommen werden soll.

Artikel 4.

Der Notar ist verpflichtet, Gelder, Werthpapiere und Kostbarkeiten, die ihm aus Anlaß eines Amtsgeschäfts von den Betheiligten übergeben werden, zur Aufbewahrung für die Betheiligten oder zur Ablieferung an Dritte oder an eine Behörde zu übernehmen.

Die Bestimmungen über das Verfahren bei der Uebernahme, Aufbewahrung und Ablieferung, insbesondere über die Führung von Verwahrungsbüchern, werden durch Ministerialvorschrift getroffen.

Artikel 5.

Durch Königliche Verordnung kann bestimmt werden, daß die Notare bei der Berechnung und Erhebung der aus Anlaß ihrer Amtsgeschäfte dem Staate und den Gemeinden anfallenden Gebühren unter Leitung und Aufsicht der Finanzbehörden mitzuwirken haben.

2. Organisation.

Artikel 6.

Für die Wahrnehmung der den Notaren obliegenden Geschäfte werden Notariate errichtet.

Die Notariate sind staatliche Behörden.

Die Zahl und die Sitze der Notariate werden durch Königliche Verordnung bestimmt. In jedem Amtsgerichtsbezirke soll wenigstens ein Notariat bestehen.

Der Amtsbezirk jedes Notariats umfaßt den Landgerichtsbezirk, in dem es seinen Sitz hat. Befinden sich am Sitze des Notariats mehrere Landgerichte, so umfaßt sein Amtsbezirk die Bezirke dieser Landgerichte.

Ein Notariatsgeschäft ist nicht aus dem Grunde unwirksam, weil es von einem Notar außerhalb seines Amtsbezirks vorgenommen ist.

Artikel 7. S. 138.

Jedes Notariat wird mit einem Notar besetzt.

Artikel 8.

Die Notare sind öffentliche Beamte.

Sie werden vom König auf Lebenszeit ernannt und können — außer bei einer Veränderung in der Organisation der Notariate oder ihrer Bezirke — wider ihren Willen nur kraft richterlicher Entscheidung ihres Amtes enthoben oder an eine andere Stelle versetzt werden.

Artikel 9. S. 139.

Zum Notar kann nur ernannt werden, wer die Fähigkeit zum Richteramt erlangt und den Nachweis einer zur Vorbereitung für das Amt eines Notars genügenden Beschäftigung bei einem Notariat erbracht hat.

Der Vorbereitungsdienst soll nach der Erlangung der Fähigkeit zum Richteramt abgeleistet werden und in der Regel nicht weniger als zwei Jahre dauern.

Von dem Erfordernisse des Vorbereitungsdienstes kann bei Bewerbern, die das Richteramt bekleiden oder bekleidet haben, abgesehen werden.

Artikel 10.

Der Notar soll vor dem Antritte seines Amtes schwören, daß er die ihm obliegenden Amtspflichten nach bestem Wissen und Gewissen den Gesetzen gemäß mit Fleiß und Sorgfalt erfüllen werde.

Der Eid wird in der öffentlichen Sitzung des Landgerichts geleistet.

Ein Notar, der den Amtseid geleistet hat, braucht ihn im Falle der Versetzung nicht noch einmal zu leisten.

Artikel 11.

Der Notar hat an dem Sitze des Notariats zu wohnen. In Städten von mehr als hunderttausend Einwohnern kann ihm bei der Uebertragung des Amtes die Verpflichtung auferlegt werden, seinen Amtssitz in einem bestimmt begrenzten Theile der Stadt zu nehmen.

Außerhalb seines Amtssitzes darf der Notar Geschäftsräume nicht halten.

Zweiter Abschnitt.

Dienstverhältnisse und Geschäftsführung.

1. Ausschließlichkeit des Dienstes, Nebengeschäfte.

Artikel 12.

Der Notar kann nicht zugleich Rechtsanwalt sein. Ein öffentliches Amt, mit dem eine Besoldung verbunden ist, darf der Notar nur mit Erlaubniß des Staatsministeriums der Justiz übernehmen.

Artikel 13.

Der Notar darf weder selbst Handel oder Gewerbe betreiben, noch die Verwaltung einer Handelsgesellschaft oder einer ähnlichen auf Erwerb gerichteten Unternehmung führen. Mitglied des Aufsichtsraths einer solchen Gesellschaft oder Unternehmung darf er nur mit Erlaubniß des Staatsministeriums der Justiz werden.

Zur Uebernahme des Amtes des Testamentsvollstreckers bedarf der Notar einer dienstaufsichtlichen Erlaubniß nicht.

S. 140. **2. Verpflichtung zur Dienstleistung.**

Artikel 14.

Der Notar darf die Vornahme eines Amtsgeschäfts nicht ohne zureichenden Grund verweigern.

Artikel 15.

Der Notar soll, soweit er nicht durch besondere Vorschriften von der Ausübung seines Amtes ausgeschlossen ist, die Vornahme von Amtsgeschäften verweigern:

1. in Sachen, in denen er selbst betheiligt ist oder in denen er zu einem Betheiligten in dem Verhältniß eines Mitberechtigten oder Mitverpflichteten steht;
2. in Sachen seiner Ehefrau, auch wenn die Ehe nicht mehr besteht;
3. in Sachen einer Person, mit der er in gerader Linie oder im zweiten Grade der Seitenlinie verwandt oder verschwägert ist;
4. in Sachen, in denen er als Vertreter eines Betheiligten bestellt oder als gesetzlicher Vertreter eines solchen aufzutreten berechtigt ist.

Artikel 16.

Der Notar hat seine Amtsthätigkeit bei Geschäften zu verweigern, die gegen ein Strafgesetz verstoßen oder offenbar nichtig sind oder nur zum Schein oder zum Scherz vorgenommen werden sollen.

Artikel 17.

Weigert sich der Notar, ein Amtsgeschäft vorzunehmen, so entscheidet auf Antrag das Landgericht. Eine Anfechtung der Entscheidung findet nicht statt.

3. Zeit und Ort der Vornahme der notariellen Amtsgeschäfte.

Artikel 18.

Der Notar ist verpflichtet, in dringlichen Fällen Amtsgeschäfte auch außerhalb der ordentlichen Geschäftszeit vorzunehmen.

Artikel 19.

Der Notar soll die Amtsgeschäfte am Amtssitz in seinen Geschäftsräumen vornehmen, soweit nicht ein Anderes vorgeschrieben oder nach den Umständen erforderlich ist.

Amtstage darf der Notar an einem anderen Orte nur mit Erlaubniß des Staatsministeriums der Justiz abhalten.

4. Verwendung von Gehilfen.

Artikel 20.

Der Notar kann zu seiner Unterstützung bei den Notariatsgeschäften Gehilfen aufnehmen und sie unter seiner Aufsicht und Verantwortlichkeit verwenden.

S. 141. **5. Amtsgeheimniß, Gestattung der Akteneinsicht.**

Artikel 21.

Der Notar hat die Pflicht, das Amtsgeheimniß zu wahren. Er hat dafür zu sorgen, daß nicht Unberufene durch Anwesenheit bei den Verhandlungen oder durch Einsicht der in seiner Verwahrung befindlichen Schriftstücke von Privatgeheimnissen Kenntniß erlangen, und darüber zu wachen, daß nicht seine Gehilfen solche Geheimnisse verletzen.

Artikel 22. S. 141.

Die Einsicht der Urkunden und Akten des Notariats soll außer den Betheiligten nur solchen Personen gestattet werden, die ein berechtigtes Interesse glaubhaft machen. Das Gleiche gilt von der Ertheilung einer Abschrift. Die Einsicht der letztwilligen Verfügungen und der Erbverträge darf bei Lebzeiten der Verfügenden anderen Personen nur mit Einwilligung der Verfügenden gestattet werden. Weigert sich der Notar, die Einsicht der Urkunden und Akten zu gestatten oder eine Abschrift zu ertheilen, so entscheidet auf Antrag das Landgericht.

Inwieweit öffentlichen Behörden auf Ersuchen die Einsicht der Urkunden und Akten des Notariats zu gestatten ist und Abschriften zu ertheilen sind, bestimmt das Staatsministerium der Justiz.

6. Geschäftsregister.

Artikel 23.

Der Notar hat nach näherer Bestimmung der Geschäftsordnung seine Amtsgeschäfte in einem Register (Geschäftsregister) zu verzeichnen.

Dritter Abschnitt.

Notarielle Urkunden.

Artikel 24.

Für die notariellen Urkunden gelten, soweit nicht Reichsgesetze oder besondere landesgesetzliche Vorschriften maßgebend sind, die Bestimmungen der Artikel 25 bis 47

1. Vorschriften über die Errichtung notarieller Urkunden.

Artikel 25.

Die notariellen Urkunden müssen den Tag und den Ort ihrer Errichtung und die Unterschrift des Notars enthalten. Sie sollen in deutscher Sprache errichtet werden.

Der Unterschrift des Notars soll dessen Amtseigenschaft beigesetzt werden. Jede notarielle Urkunde soll mit dem Siegel oder dem Stempel des Notariats versehen werden.

Artikel 26. S. 142.

Die notariellen Urkunden sollen, soweit nicht ein Anderes bestimmt ist, in der Form von Protokollen aufgenommen werden.

Das Protokoll soll die Bezeichnung der Personen, deren Erklärungen beurkundet werden, die Bezeichnung der Personen, die bei der Beurkundung mitwirken, die Darstellung des beurkundeten Vorganges, die Unterschriften der Personen, deren Erklärungen beurkundet worden sind, und die Unterschriften der Mitwirkenden enthalten.

Das Protokoll soll vor der Beisetzung der Unterschriften von dem Notar oder doch in seiner Gegenwart vorgelesen werden. Liest der Notar das Protokoll nicht selbst vor, so soll er es vorher durchlesen. Er soll im Protokolle feststellen, daß das Vorlesen und Durchlesen geschehen ist.

Artikel 27

Vor der Beurkundung einer rechtsgeschäftlichen Erklärung hat der Notar den wahren Willen der Betheiligten zu ermitteln. Hegt er Zweifel darüber, ob die Betheiligten die Bedeutung und die Folgen des beabsichtigten Geschäfts

S. 142. völlig erkannt haben, so hat er ihnen die nöthige Belehrung zu ertheilen. Der Wille der Betheiligten ist im Protokolle klar, bestimmt und unzweideutig auszudrücken.

Artikel 28.

Macht der Notar bei der Beurkundung eines Rechtsgeschäfts Wahrnehmungen, die geeignet sind, Zweifel darüber zu begründen, ob ein Betheiligter die zu dem Rechtsgeschäft erforderliche Geschäftsfähigkeit besitzt, so soll dies im Protokolle festgestellt werden.

Hat der Notar sonstige Zweifel an der Gültigkeit des Geschäfts, so soll er davon den Betheiligten Mittheilung machen; gelingt es nicht, die Zweifel zu beseitigen, so ist die Mittheilung des Notars und die darauf von den Betheiligten abgegebene Erklärung im Protokolle festzustellen.

Artikel 29.

Ist ein bei der Beurkundung eines Rechtsgeschäfts Betheiligter taub, so soll das Protokoll ihm zur Durchsicht vorgelegt werden, auch wenn er es nicht verlangt. Im Protokolle soll festgestellt werden, daß die Vorlegung geschehen ist.

Ist ein tauber Betheiligter nicht im Stande, Geschriebenes zu lesen, so soll eine Vertrauensperson zugezogen werden, die sich mit ihm zu verständigen vermag. Im Protokolle soll festgestellt werden, daß der Betheiligte nach der Ueberzeugung des Notars die Vertrauensperson verstanden hat. Als Vertrauensperson kann auch eine der bei der Beurkundung neben dem Notar mitwirkenden Personen dienen.

S. 143.

Artikel 30.

Vor der Beurkundung einer Erklärung über die Uebertragung des Eigenthums an einem Grundstücke, die Belastung eines Grundstücks mit einem Rechte, die Uebertragung oder Belastung eines solchen Rechtes, die Aenderung eines solchen Rechtes nach Inhalt oder Rang und vor der Beurkundung eines jeden Vertrags, durch den sich der eine Theil verpflichtet, eine solche Uebertragung, Belastung oder Aenderung vorzunehmen, hat der Notar durch Einsicht des Grundbuchs oder eines in jüngster Zeit ausgestellten oder berichtigten Auszugs aus dem Grundbuche sich davon zu überzeugen, ob das beabsichtigte Geschäft mit dem Inhalte des Grundbuchs übereinstimmt. Zeigt sich ein Widerspruch, so hat der Notar wie im Falle des Artikel 28 Abs. 2 zu verfahren. Der Notar soll im Protokolle feststellen, ob er die Beurkundung nach Einsicht des Grundbuchs oder eines Auszugs aus dem Grundbuche vorgenommen hat, und soll in letzterem Falle auch den Tag der Ausstellung oder Berichtigung des Auszugs im Protokoll angeben.

Die Vorschriften des Abs. 1 gelten auch für Rechte, die den Grundstücken gleichstehen.

Die Verpflichtung zur Einsicht des Grundbuchs oder des Auszugs aus dem Grundbuche kann von den Betheiligten nicht erlassen werden. Ausnahmen sind nur in Nothfällen zulässig. Der Notar soll den Nothfall in der Urkunde feststellen.

Inwieweit der Notar sich zur Einsicht des Grundbuchs seiner Gehilfen bedienen darf, wird durch die Geschäftsordnung bestimmt.

Artikel 31.

Auf notarielle Urkunden über Erklärungen, die nicht Rechtsgeschäfte enthalten, finden die Vorschriften des Artikel 28 Abs. 1 und des Artikel 29 dieses Gesetzes sowie die Vorschriften der §§ 169, 173, 174, des § 176 Abs. 3 und

der §§ 178, 179 des Gesetzes über die Angelegenheiten der freiwilligen S. 143.
Gerichtsbarkeit entsprechende Anwendung.

Artikel 32.

Beurkundet der Notar in der Versammlung einer Genossenschaft, einer Gesellschaft mit beschränkter Haftung oder eines Vereins den Gang der Verhandlung, so gelten die Theilnehmer an der Versammlung nicht als Betheiligte.

In der Versammlung ist ein Verzeichniß der erschienenen Genossen, Gesellschafter oder Vereinsmitglieder mit Angabe ihres Namens und Wohnorts aufzustellen. Das Verzeichniß ist vor der ersten Abstimmung zur Einsicht auszulegen; es ist von dem Vorsitzenden zu unterschreiben und mit den Belegen über die ordnungsmäßige Berufung der Versammlung dem Protokolle beizufügen. Die Beifügung der Belege über die Berufung der Versammlung kann unterbleiben, wenn die Belege unter Angabe ihres Inhalts im Protokoll angeführt werden.

Artikel 33. S. 144.

Bei der Beglaubigung von Abschriften, der Beurkundung von Zustellungen, Lebensbescheinigungen und ähnlichen einfachen Zeugnissen bedarf es der Aufnahme eines Protokolls nicht.

Artikel 34.

Die Beglaubigung einer Abschrift geschieht dadurch, daß unter die Abschrift ein Vermerk gesetzt wird, der die Uebereinstimmung mit dem vorgelegten oder vorliegenden Schriftstücke (der Hauptschrift) bezeugt. Aus der beglaubigten Abschrift soll ersichtlich sein, ob die Hauptschrift eine Ausfertigung, eine beglaubigte Abschrift oder eine einfache Abschrift ist. Durchstreichungen, Aenderungen, Einschaltungen, Ausschabungen oder andere Mängel der Hauptschrift sollen in dem Beglaubigungsvermerk angegeben werden.

Soll ein Auszug aus einem Schriftstücke beglaubigt werden, so sind in den Auszug außer denjenigen Theilen des Schriftstücks und seiner Anlagen, welche die Beobachtung der vorgeschriebenen Förmlichkeiten nachweisen, diejenigen Theile aufzunehmen, welche auf den Gegenstand des Auszugs Bezug haben. In dem Beglaubigungsvermerke soll der Gegenstand des Auszugs angegeben und bezeugt werden, daß das Schriftstück und seine Anlagen über diesen Gegenstand weiter nichts enthalten.

Artikel 35.

Vor der Beglaubigung einer Unterschrift oder eines Handzeichens soll der Notar von dem Inhalte des Schriftstücks Kenntniß nehmen. Auf das Verfahren bei der Beglaubigung finden außer den Vorschriften des § 183 des Gesetzes über die Angelegenheiten der freiwilligen Gerichtsbarkeit die Vorschriften in den Artikeln 28, 30 dieses Gesetzes und im § 176 Abs. 3 des Gesetzes über die Angelegenheiten der freiwilligen Gerichtsbarkeit entsprechende Anwendung, der Notar braucht jedoch, wenn er denjenigen, dessen Unterschrift oder Handzeichen beglaubigt werden soll, kennt, dies im Beglaubigungsvermerke nicht ausdrücklich zu erwähnen.

Artikel 36.

Die Vorschriften über die äußere Form der notariellen Urkunden werden, soweit sie nicht in Reichsgesetzen und in diesem Gesetz enthalten sind, in der Geschäftsordnung getroffen.

Die Geschäftsordnung bestimmt insbesondere auch, wie die Aenderungen in den Urkunden vorzunehmen sind, wenn solche nothwendig werden, und

S. 144. welche mechanischen Mittel zur Herstellung und Vervielfältigung der Urkunden benutzt werden dürfen.

2. Vorschriften über die Verwahrung der Urschriften und die Ertheilung von Ausfertigungen.

Artikel 37.

Die Urschriften der notariellen Urkunden bleiben in der Urkundensammlung des Notariats.

S. 145.

Artikel 38.

Inwieweit einzelne Arten von Urschriften den Betheiligten ausgehändigt werden dürfen oder an andere Beamte oder Behörden abzugeben sind und inwieweit Urschriften vorübergehend anderen Beamten oder Behörden im dienstlichen Interesse zur Einsicht überlassen werden sollen, bestimmt das Staatsministerium der Justiz.

Artikel 39.

An Stelle der in der Urkundensammlung des Notariats verbleibenden Urschriften erhalten die Betheiligten auf Verlangen Ausfertigungen.

Die Ausfertigungen können nur von dem Notar ertheilt werden, der die Urschrift in seiner dauernden Verwahrung hat.

Artikel 40.

Die Ausfertigung besteht in einer mit dem Ausfertigungsvermerke versehenen Abschrift der Urschrift. Sie soll in der Ueberschrift und im Vermerk als Ausfertigung bezeichnet sein. Der Ausfertigungsvermerk soll den Ort und den Tag der Ausstellung angeben, den Betheiligten bezeichnen, dem die Ausfertigung ertheilt wird, und die Uebereinstimmung der Ausfertigung mit der Urschrift bestätigen. Er ist außer mit der Unterschrift des Notars mit dem Siegel oder dem Stempel des Notariats zu versehen.

Artikel 41.

Die Ausfertigung kann auf Antrag auch auszugsweise ertheilt werden. Die Vorschriften im Artikel 34 Abs. 2 finden entsprechende Anwendung.

Artikel 42.

Jeder Betheiligte erhält in der Regel nur eine Ausfertigung; im Falle des Bedürfnisses kann er mehrere Ausfertigungen erhalten.

Artikel 43.

Jede Ertheilung einer Ausfertigung soll auf der Urschrift vermerkt werden.

Artikel 44.

Weigert sich der Notar, einem Betheiligten eine Urschrift auszuhändigen oder eine Ausfertigung zu ertheilen, so entscheidet auf Antrag das Landgericht.

Ueber die Weigerung des Notars, einem anderen Beamten oder einer anderen Behörde eine Urschrift vorübergehend oder dauernd zu überlassen, entscheiden die Dienstaufsichtsbehörden.

Artikel 45.

Für die Vollstreckbarkeit der notariellen Urkunden und die Ertheilung vollstreckbarer Ausfertigungen sind die Bestimmungen der Civilprozeßordnung maßgebend.

S. 146.

Artikel 46.

Für die Fälle, in denen der Notar die Verwahrung einer Urschrift nach

Artikel 38 aufgibt, bestimmt die Geschäftsordnung, inwieweit eine Ausfertigung in der Urkundensammlung des Notariats zurückbehalten werden soll. Die zurückbehaltene Ausfertigung vertritt die Stelle der Urschrift, bis diese zurückgelangt ist. S. 146.

Artikel 47.

Ist eine Urschrift zu Verlust gegangen, so kann eine Ausfertigung bei dem Notar zu dem Zwecke hinterlegt werden, daß sie die Stelle der Urschrift vertritt. Der Notar hat über die Hinterlegung ein Protokoll aufzunehmen und diesem die hinterlegte Ausfertigung beizuheften.

Vierter Abschnitt.

Gebühren.

Artikel 48.

Der Notar bezieht keinen Gehalt aus der Staatskasse, sondern Gebühren.

Den Notaren, deren reines Diensteinkommen die Höhe der Bezüge eines Amtsrichters nicht erreicht, kann bis zu deren Höhe ein Zuschuß aus der Staatskasse bewilligt werden.

Artikel 49.

Die Notariatsgebühren sind von dem zu tragen, der die Thätigkeit des Notars in Anspruch genommen hat. Haben Mehrere die Thätigkeit des Notars zu einem und demselben Geschäft in Anspruch genommen, so haften sie dem Notar gegenüber als Gesammtschuldner. Vereinbarungen der Betheiligten über die Tragung der Gebühren sind nur für die Betheiligten wirksam.

Artikel 50.

Wird die Höhe der von dem Notar angesetzten Notariatsgebühren oder Auslagen von den Betheiligten beanstandet oder ist der Notar zur Beitreibung der Gebühren oder Auslagen veranlaßt, so hat er bei dem Landgerichte die Festsetzung zu beantragen. Als Auslagen gelten hiebei auch die Gebührenvorschüsse. Durch Klage kann der Anspruch nicht geltend gemacht werden. Mit der Einreichung des Antrags auf Festsetzung treten die Wirkungen der Erhebung der Klage ein.

Aus den rechtskräftigen Festsetzungsbeschlüssen findet die Zwangsvollstreckung nach Maßgabe der Bestimmungen der Civilprozeßordnung über die Zwangsvollstreckung aus Kostenfestsetzungsbeschlüssen statt.

Artikel 51. S. 147.

Auch die von dem Notar in Anspruch Genommenen können die Festsetzung der Gebühren und Auslagen beantragen und zwar selbst dann, wenn sie schon bezahlt haben. Die Vorschriften des Artikel 50 finden entsprechende Anwendung.

Nach dem Eintritte der Rechtskraft des Festsetzungsbeschlusses kann der Notar im Wege der Dienstaufsicht zur Erstattung des zu viel Erhobenen angehalten werden.

Artikel 52.

Die Vorschriften des Artikel 50 und des Artikel 51 Abs. 1 finden auch Anwendung, wenn der Notar aus dem Amte geschieden oder gestorben ist. Der Amtsnachfolger hat auf Ersuchen für den aus dem Amte geschiedenen Notar oder für den Erben des gestorbenen Notars die Festsetzung zu betreiben. Diese selbst können an dem Verfahren nicht theilnehmen.

S. 147. Ein versetzter Notar kann die Festsetzung selbst betreiben; auf sein Ersuchen hat der Amtsnachfolger ihn im Verfahren (Art. 50, 51) zu vertreten.

Artikel 53.

Der Notar ist, soweit nicht besondere Vorschriften maßgebend sind, verpflichtet, die Amtsgeschäfte vorläufig unentgeltlich vorzunehmen, wenn die Betheiligten, die ihn um die Ausübung seines Amtes angehen, zur Bezahlung der Notariatsgebühren außer Stande sind.

Ueber die Verpflichtung des Notars, sein Amt vorläufig unentgeltlich auszuüben, entscheidet auf Antrag des Betheiligten das Landgericht.

Artikel 54.

Der Notar hat gegen den Staat keinen Anspruch auf Entschädigung wegen der im Falle des Artikel 53 ihm entgangenen Gebühren. Bei auswärtigen Dienstgeschäften werden ihm Tagegelder und Reisekosten aus der Staatskasse vergütet.

Artikel 55.

Der Notar kann bis zur Entrichtung der Gebühren und Erstattung der Auslagen die Aushändigung der Urschriften, Ausfertigungen und Abschriften an die Betheiligten und die Vorlegung der Urschriften, Ausfertigungen und Abschriften für die Betheiligten an Gerichte und andere Behörden verweigern, endlich die in seinen Händen befindlichen Urkunden, Gelder und Werthpapiere, soweit es erforderlich ist, zurückbehalten.

Ueber die Berechtigung der Verweigerung oder der Zurückbehaltung entscheidet auf Antrag das Landgericht. Eine Anfechtung der Entscheidung findet nicht statt.

Artikel 56.

Der Notar hat nach näherer Bestimmung der Geschäftsordnung über seine Gebühren und Auslagen Buch zu führen.

S. 148.

Fünfter Abschnitt.

Gerichtliche Entscheidung, Beschwerde.

Artikel 57

Der Antrag auf Entscheidung des Landgerichts in den Fällen des Artikel 17, des Artikel 22 Abs. 1, des Artikel 44 Abs. 1, der Artikel 50 bis 53 und des Artikel 55 kann schriftlich oder zum Protokolle des Notars oder des Gerichtsschreibers des Landgerichts gestellt werden.

Artikel 58.

Für die Entscheidung ist dasjenige Landgericht zuständig, in dessen Bezirke das Notariat seinen Sitz hat.

Das Landgericht entscheidet in einer Civilkammer. Der Präsident des Landgerichts hat sich in diesen Fällen der Civilkammer anzuschließen.

Artikel 59.

Das Gericht hat von Amtswegen die zur Feststellung der Thatsachen erforderlichen Ermittelungen zu veranstalten und die geeignet erscheinenden Beweise aufzunehmen.

Die Entscheidung erfolgt in nicht öffentlicher Sitzung ohne mündliche Verhandlung. Sie ist dem Notar und dem Betheiligten von Amtswegen zuzustellen.

Artikel 60. S. 148.

Gegen die Entscheidung des Landgerichts findet in den Fällen der Artikel 22, 44, 50 bis 53 das Rechtsmittel der Beschwerde statt. In den Fällen der Artikel 50 bis 53 steht die Beschwerde auch dem Notar zu.

Ueber die Beschwerde entscheidet das Oberste Landesgericht in einem Civilsenat in der Besetzung von fünf Mitgliedern mit Einschluß des Vorsitzenden.

Artikel 61.

Die Einlegung der Beschwerde erfolgt durch Einreichung einer Beschwerdeschrift oder durch Erklärung zum Protokolle des Gerichtsschreibers des Landgerichts oder des Obersten Landesgerichts. Der Unterzeichnung der Beschwerdeschrift durch einen Rechtsanwalt bedarf es nicht.

In den Fällen der Artikel 50 bis 52 ist die Beschwerde binnen einer Frist von zwei Wochen einzulegen. Die Frist beginnt mit dem Zeitpunkt, in welchem die Entscheidung des Landgerichts dem Beschwerdeführer zugestellt worden ist.

Auf das Verfahren des Obersten Landesgerichts finden die Vorschriften des Artikel 59 Anwendung.

Artikel 62. S. 149.

Die Entscheidungen des Landgerichts erfolgen kostenfrei. Das Gleiche gilt von den Entscheidungen des Obersten Landesgerichts in den Fällen des Artikel 53. In den Fällen der Artikel 22, 44, 50 bis 52 sind die Kosten einer ohne Erfolg eingelegten Beschwerde dem Beschwerdeführer ganz oder theilweise aufzuerlegen.

Sechster Abschnitt.

Dienstaufsicht und Disziplin.

1. Dienstaufsicht.

Artikel 63.

Die Dienstaufsicht steht zu:

1. dem Präsidenten des Landgerichts über die Notare des Landgerichtsbezirks;
2. dem Präsidenten des Oberlandesgerichts über die Notare des Oberlandesgerichtsbezirks;
3. dem Staatsministerium der Justiz über alle Notare des Königreichs.

Der Präsident des Oberlandesgerichts und des Landgerichts kann sich mit Genehmigung des Staatsministeriums der Justiz bei der Erledigung einzelner Aufsichtsgeschäfte, die sich auf ein untergebenes Notariat beziehen, durch einen richterlichen Beamten des Gerichts, dessen Vorstand er ist, vertreten lassen.

Artikel 64.

In dem Rechte der Aufsicht liegt die Befugniß, die ordnungsgemäße Ausführung der Geschäfte und die standesgemäße Führung der Notare zu überwachen, innerhalb des Rahmens der Gesetze Weisungen zu erlassen, die Erledigung eines Amtsgeschäfts durch Zwangsstrafen herbeizuführen und erforderlichenfalls die Einschreitung im Dienststrafverfahren zu veranlassen.

Der Festsetzung der Zwangsstrafe muß eine schriftliche Androhung vorausgehen. Die einzelne Strafe darf den Betrag von fünfzig Mark nicht übersteigen, die Festsetzung der Strafe erfolgt schriftlich. Gegen die Straf-

S. 149. verfügung des Präsidenten des Landgerichts und des Oberlandesgerichts ist Beschwerde im Dienstaufsichtswege zulässig.

Artikel 65.

Die Notare sind verpflichtet, den Beamten, denen die Dienstaufsicht zusteht, sowie den von diesen beauftragten Beamten die Einsicht ihrer Akten und Urkunden, Bücher und Register zu gestatten, dienstliche Aufschlüsse jeder Art zu geben und auf Verlangen die in ihrer amtlichen Verwahrung befindlichen Gelder und sonstigen Gegenstände vorzuzeigen. Testamente und Erbverträge, die noch nicht verkündet sind, dürfen nicht eingesehen werden.

S. 150. Artikel 66.

Die Finanzbehörden sind jederzeit berechtigt, das Depositenwesen der Notare (Art. 4) sowie deren Thätigkeit bei Berechnung und Erhebung von Staats- oder Gemeindegebühren (Art. 5), insbesondere die gesammte hierauf bezügliche Buch- und Kassaführung durch beauftragte Beamte prüfen zu lassen.

Die Notare haben diesen Beamten gegenüber die gleichen Verpflichtungen, wie sie ihnen im Artikel 65 gegenüber den dienstaufsichtführenden Beamten auferlegt sind, und haben den wegen Erledigung ihrer finanziellen Geschäfte, insbesondere der Buch- und Kassaführung, ergehenden Weisungen der Finanzbehörden Folge zu leisten. Zur Erledigung der finanziellen Geschäfte sind die Notare auf Veranlassung der Finanzbehörden durch Zwangsstrafen anzuhalten; die Notare unterliegen bei Verletzung ihrer diesbezüglichen Dienstpflichten der Einschreitung im Dienststrafwege.

2. Dienststrafrecht.

Artikel 67

Der Notar, der die ihm durch sein Amt auferlegten Pflichten schuldhaft verletzt oder durch sein Verhalten in oder außer dem Amte gegen die Ehre und Würde des Standes verstößt, macht sich eines Dienstvergehens schuldig.

Artikel 68.

Ein Verstoß gegen die Ehre und Würde des Standes ist immer anzunehmen, wenn ein Notar:

1. Börsenspekulationen, oder Spekulationen mit Grundstücken, Rechten, Forderungen und Erbschaftsmassen oder Mäklergeschäfte betreibt;
2. sich an Geschäften betheiligt, bei denen er amtlich mitwirkt;
3. unter seinem Namen fremde Geschäfte macht oder auf seinen Namen fremde Gelder anlegt, die ihm aus Anlaß seiner Amtsgeschäfte anvertraut worden sind;
4. sich unter was immer für einem Titel als Gewährsmann oder Bürge für Geschäfte verpflichtet, welche durch seine amtliche Vermittelung zu Stande gekommen sind oder bei denen er amtlich mitwirken soll.

Artikel 69.

Minder erhebliche Dienstvergehen sind mit Ordnungsstrafen zu ahnden, erheblichere mit Disziplinarstrafen.

Artikel 70.

Ordnungsstrafen sind:

1. Warnung,
2. Geldstrafe bis zu fünfzig Mark;

Disziplinarstrafen sind: S. 151.
1. Verweis,
2. Geldstrafe von mehr als fünfzig bis zu dreitausend Mark,
3. Strafversetzung,
4. Dienstentlassung.

Die Art und das Maß der Strafe sind nach der Schwere des Dienstvergehens unter besonderer Rücksichtnahme auf das gesammte Verhalten des Notars zu bestimmen.

Beim Zusammentreffen mehrerer Dienstvergehen kann neben der Dienstentlassung auf eine andere Strafe nicht erkannt werden.

Artikel 71.

Auf Dienstentlassung ist zu erkennen, wenn ein Notar durch grobe Verletzung der Amtspflicht oder durch unsittliches oder die Achtung, welche der Beruf erfordert, entziehendes Handeln oder Verhalten sich eines Dienstvergehens von solcher Schwere schuldig macht, daß er ohne offenbaren Nachtheil für die Würde des Standes oder ohne schwere Gefährdung der Interessen der Rechtsuchenden nicht im Amte belassen werden kann.

Artikel 72.

Auf Dienstentlassung kann erkannt werden
1. in den Fällen der Artikel 103 bis 106, 109 des Ausführungsgesetzes zur Strafprozeßordnung,
2. wenn in sonstigen Fällen ein Notar bereits dreimal eine Disziplinarbestrafung erlitten hat und neuerdings zur Verhängung einer Disziplinarstrafe Anlaß gibt.

Artikel 73.

Die Dienstentlassung hat den Verlust des Notartitels und des dem Notar als solchem verliehenen Ehrentitels von Rechtswegen zur Folge.

Artikel 74.

Auf Strafversetzung ist zu erkennen:
1. wenn ein Notar durch eine Handlung, die ein Dienstvergehen bildet, die Achtung oder das Vertrauen der Bevölkerung des Notariatsbezirks verloren hat, so daß er in diesem Bezirke nicht belassen werden kann,
2. wenn nach Lage des Falles die Verhängung einer Geldstrafe ungenügend und nicht die Verhängung der Dienstentlassung veranlaßt ist.

Artikel 75.

Die Strafverfolgung von Dienstvergehen verjährt in fünf Jahren.

Jede Handlung des Richters im Strafverfahren und im Dienststrafverfahren, welche wegen der begangenen That gegen den Thäter gerichtet ist, unterbricht die Verjährung. Nach der Unterbrechung beginnt eine neue Verjährung. S. 152.

Artikel 76.

Ein vom Amte enthobener Notar kann wegen eines Dienstvergehens nur dann verfolgt werden, wenn auf Dienstentlassung zu erkennen wäre, falls er sich noch im Dienste befände. In diesem Falle ist statt auf Dienstentlassung auf Verlust des Titels und des Ehrentitels zu erkennen.

Hat der vom Amte enthobene Notar auf den Titel und den Ehrentitel verzichtet, so kann er wegen eines Dienstvergehens nicht mehr verfolgt werden.

S. 152. Wird im Laufe des wegen eines Dienstvergehens eingeleiteten Verfahrens die Bestrafung des Notars durch die Enthebung vom Amte oder den Verzicht auf Titel und Ehrentitel unzulässig, so ist das Verfahren einzustellen.

Die Vorschriften des Artikel 106 des Ausführungsgesetzes zur Strafprozeßordnung bleiben unberührt.

Artikel 77.

Hat ein Notar während seines früheren Dienstverhältnisses als Staatsbeamter oder als öffentlicher Beamter ein Dienstvergehen begangen, so unterliegt er auch hiewegen den Vorschriften dieses Gesetzes.

Wegen einer Handlung, die ein Notar vor seiner Anstellung zu einer Zeit begangen hat, zu der er weder Staatsbeamter noch öffentlicher Beamter war, ist ein Einschreiten im Dienststrafverfahren nur dann zulässig, wenn jene Handlung die Strafversetzung oder die Dienstentlassung begründet.

Artikel 78.

Hat der Staatsanwalt in einem strafgerichtlichen Verfahren die öffentliche Klage erhoben, so darf gegen den Beschuldigten wegen der nämlichen Thatsachen vor Beendigung des strafrechtlichen Verfahrens das Dienststrafverfahren weder eingeleitet noch fortgesetzt werden.

Ist im strafgerichtlichen Verfahren wegen Abwesenheit des Beschuldigten die vorläufige Einstellung beschlossen, so kann das Dienststrafverfahren eingeleitet und fortgesetzt werden.

Artikel 79.

Wenn vom Strafgericht auf Freisprechung erkannt ist, so findet wegen derjenigen Thatsachen, welche im strafgerichtlichen Verfahren Gegenstand der Aburtheilung waren, ein Dienststrafverfahren nur noch insoferne statt, als jene
S. 153. Thatsachen an sich und ohne ihre Beziehung || zu dem gesetzlichen Thatbestande der strafbaren Handlung, auf welche das Strafverfahren sich erstreckte, ein Dienstvergehen enthalten.

Die Freisprechung wegen Verjährung schließt die Einleitung oder Fortsetzung des Dienststrafverfahrens nicht aus, solange die Strafverfolgung noch nicht nach Artikel 75 ausgeschlossen ist.

Ist in einem strafgerichtlichen Verfahren eine Verurtheilung erfolgt, welche nicht den Verlust des Amtes zur Folge hat, so bleibt es dem Ermessen der Aufsichtsbehörden überlassen, zu entscheiden, ob die Einleitung des Dienststrafverfahrens zu veranlassen sei. Ist das Dienststrafverfahren schon eingeleitet, so bleibt die Entscheidung darüber, ob es fortzusetzen sei, dem Ermessen des Gerichts überlassen.

3. Dienststrafverfahren.

Artikel 80.

Die Ordnungsstrafen werden von der Civilkammer des Landgerichts verhängt, in dessen Bezirke der Notar zur Zeit der Einleitung des Verfahrens seinen Amtssitz hat. Der Präsident des Landgerichts hat sich in diesen Fällen der Civilkammer anzuschließen.

Das Landgericht soll, wenn es zur Aufklärung des Sachverhältnisses nöthig ist, den Notar hören, die erforderlichen Ermittelungen von Amtswegen vornehmen und den Staatsanwalt von der Einleitung des Verfahrens in Kenntniß setzen; der Staatsanwalt kann die Akten einsehen und sich mündlich oder schriftlich äußern.

Die Entscheidung erfolgt in nicht öffentlicher Sitzung ohne mündliche S. 153.
Verhandlung. Sie ist mit Gründen zu versehen, dem Verurtheilten von Amtswegen zuzustellen und dem Staatsanwalte zur Einsicht vorzulegen; die Vorlegung gilt als Zustellung an den Staatsanwalt.

Artikel 81.

Gegen die Entscheidung des Landgerichts steht dem Staatsanwalt und dem Verurtheilten binnen einer Frist von zwei Wochen die Beschwerde zu. Die Frist beginnt mit dem Zeitpunkt, in dem die Entscheidung dem Beschwerdeführer zugestellt worden ist. Die Beschwerde ist bei dem Landgerichte durch Einreichung einer Beschwerdeschrift einzulegen. Eine Abschrift der Beschwerdeschrift ist dem Gegner des Beschwerdeführers von Amtswegen mitzutheilen. Ist die vom Staatsanwalt angefochtene Entscheidung nicht schon nach Artikel 80 Abs. 3 dem Notar zugestellt worden, so ist sie ihm mit der Beschwerdeschrift mitzutheilen.

Ueber die Beschwerde entscheidet die nach dem Disziplinargesetze für richterliche Beamte vom 26. März 1881 bei dem Oberlandesgericht errichtete Disziplinarkammer als Notariatsdisziplinarkammer auf Vortrag eines Berichterstatters in nicht öffentlicher Sitzung. Im Uebrigen finden auf das Verfahren die Vorschriften des Artikel 80 entsprechende Anwendung.

Das Beschwerdegericht kann die Beschwerde verwerfen, die Entscheidung S. 154.
des Landgerichts ändern oder die Einleitung des Disziplinarstrafverfahrens beschließen. Hat nur der Notar die Beschwerde eingelegt, so kann das Beschwerdegericht die Ordnungsstrafe nicht erhöhen.

Gegen die Entscheidung des Beschwerdegerichts findet ein Rechtsmittel nicht statt.

Artikel 82.

Der Vollzug der im Ordnungsstrafverfahren verhängten Warnung erfolgt durch den Präsidenten des Landgerichts. Die Vollstreckung der Geldstrafen geschieht nach den Vorschriften der Civilprozeßordnung. Der Staatsanwalt hat auf Grund einer von dem Gerichtsschreiber des Landgerichts ertheilten, mit der Bescheinigung der Vollstreckbarkeit versehenen Ausfertigung der Urtheilsformel die Beitreibung der Geldstrafe zu erwirken.

Artikel 83.

Für die Entscheidungen im Disziplinarstrafverfahren sind die nach dem Gesetze vom 26. März 1881 errichteten Disziplinargerichte zuständig. In erster Instanz entscheidet die Disziplinarkammer als Notariatsdisziplinarkammer, in zweiter Instanz der Disziplinarhof als Notariatsdisziplinarhof.

Artikel 84.

Die Vorschriften der Artikel 12 bis 50, des Artikel 52 Abs. 1, des Artikel 54 Abs. 2 bis 6, der Artikel 55, 56, 58 des Gesetzes vom 26. März 1881 finden auf das Disziplinarstrafverfahren entsprechende Anwendung.

Für die Einreichung der Schriftsätze zur Rechtfertigung und Beantwortung der Berufung bestehen keine Fristen. Die Akten werden alsbald nach Ablauf der Frist für die Anmeldung der Berufung an den Disziplinarhof eingesendet.

Ist die Berufung nicht auf bestimmte Beschwerdepunkte beschränkt, oder ist eine Rechtfertigung überhaupt nicht erfolgt, so gilt der ganze Inhalt des Urtheils als angefochten.

Artikel 85.

Findet die Disziplinarkammer oder der Disziplinarhof bei der Entscheidung über die Eröffnung des Hauptverfahrens, daß nur für die Annahme eines

S. 154. minder erheblichen Dienstvergehens hinreichende Anhaltspunkte vorliegen, so ist die Sache an das Landgericht zu verweisen. Gegen den Beschluß der Disziplinarkammer auf Verweisung an das Landgericht steht dem Staatsanwalte die Beschwerde an den Disziplinarhof zu. Das Landgericht hat nach Maßgabe des Artikel 80 zu verfahren und hiebei die Anschauung, daß kein erheblicheres Dienstvergehen vorliegt, seiner Entscheidung zu Grunde zu legen.

Findet die Disziplinarkammer oder der Disziplinarhof auf Grund der Hauptverhandlung, daß nicht eine Disziplinarstrafe, sondern nur eine Ordnungs-
S. 155. strafe zu verhängen || ist, so ist durch Urtheil auf die Ordnungsstrafe zu erkennen. Die Verweisung an das Landgericht findet nicht statt. Das Urtheil steht in Ansehung der Rechtsmittel und des Vollzugs einem Urtheile gleich, durch das eine Disziplinarstrafe ausgesprochen ist.

4. Zwangsversetzung und Zwangsenthebung.

Artikel 86.

Ein Notar kann wider seinen Willen auf eine andere Stelle versetzt werden:

1. wenn ohne sein Verschulden Umstände eingetreten sind, durch die seine amtliche Wirksamkeit auf der bisherigen Stelle in einer nicht blos vorübergehenden Art erheblich gestört wird;
2. wenn solche Umstände zwar nicht ohne sein Verschulden eingetreten sind, die Verfolgung im Dienststrafverfahren aber wegen Verjährung nicht erfolgen kann.

Dem auf Grund dieser Vorschriften versetzten Notar sind die Umzugskosten aus der Staatskasse zu vergüten.

Artikel 87.

Soll ein Notar auf Grund des Artikel 86 versetzt werden, so wird ihm dies im Auftrage des Staatsministeriums der Justiz durch den Präsidenten des Oberlandesgerichts schriftlich unter Angabe der Gründe und mit der Aufforderung eröffnet, binnen einer Frist von zwei Wochen eine Erklärung abzugeben.

Willigt der Notar in die Versetzung, so kann diese ohne Weiteres erfolgen. Erhebt der Notar Einsprache und erachtet das Staatsministerium der Justiz die Einsprache für begründet, so erklärt es die Sache für beruhend und benachrichtigt davon den Notar.

Wird die Einsprache nicht für begründet erachtet oder gibt der Notar innerhalb der Frist eine Erklärung nicht ab, so entscheidet auf Veranlassung des Justizministeriums die Disziplinarkammer über die Zulässigkeit der Versetzung. Vor der Entscheidung hat der Präsident des Oberlandesgerichts oder ein von ihm beauftragter Richter die nöthigen Ermittelungen vorzunehmen. Dem Notar und dem Staatsanwalt ist Gelegenheit zu geben, sich über das Ergebniß der Ermittelungen zu äußern. Die Disziplinarkammer entscheidet in der für Disziplinarstrafsachen vorgeschriebenen Besetzung in nicht öffentlicher Sitzung auf Vortrag eines Berichterstatters. Die Entscheidung ist in beglaubigter Abschrift dem Notar zuzustellen. Eine Anfechtung der Entscheidung findet nicht statt.

Artikel 88.

Ein Notar kann wider seinen Willen vom Amte enthoben werden:

1. wenn er wegen eines körperlichen Gebrechens oder wegen Schwäche seiner körperlichen oder geistigen Kräfte zur Erfüllung seiner Amtspflichten unfähig ist;

S. 156. 2. wenn ohne sein Verschulden Umstände eingetreten sind, durch die seine amtliche Wirksamkeit auch auf einer anderen Stelle nicht blos vorübergehend gestört wäre; S. 156.

3. wenn solche Umstände zwar nicht ohne sein Verschulden eingetreten sind, die Verurtheilung zur Dienstentlassung aber wegen Verjährung oder aus anderen Gründen nicht erfolgen kann.

Artikel 89.

Auf das Verfahren bei der Enthebung eines Notars vom Amte nach Artikel 88 finden die Vorschriften des Artikel 87 entsprechende Anwendung.

Vor der Entscheidung sind durch einen beauftragten Richter die erforderlichen Zeugen und Sachverständigen zu vernehmen, sowie alle zur Ermittelung des Sachverhaltes dienenden Erhebungen zu pflegen. Ueber das Gesammtergebniß der Erhebungen muß der Notar schriftlich oder zu Protokoll vernommen werden, sofern nicht nach ärztlichem Gutachten sein körperlicher oder geistiger Zustand die Zulässigkeit der Vernehmung ausschließt.

Zum Zwecke der Abgabe seiner Erklärungen ist dem Notar die Einsicht der Akten zu gestatten.

Artikel 90.

Für das Dienststrafverfahren und das Verfahren nach den Artikeln 87, 89 werden nur baare Auslagen in Ansatz gebracht.

Wird der Angeschuldigte verurtheilt oder bleibt ein von ihm eingelegtes Rechtsmittel erfolglos, so hat er die im Verfahren erwachsenen Auslagen ganz oder theilweise zu erstatten.

Die Kosten des nach Artikel 76 Abs. 3 eingestellten Verfahrens trägt der Beschuldigte, die Kosten eines von einem Verurtheilten zurückgenommenen Rechtsmittels der Verurtheilte. Baare Auslagen, welche in dem in den Artikeln 87, 89 behandelten Verfahren für erfolglose, durch Schuld des Notars veranlaßte Ermittelungen erwachsen sind, sind von diesem zu erstatten.

Ueber die Pflicht zur Tragung der Kosten ist gleichzeitig mit der Entscheidung in der Hauptsache zu erkennen.

5. Suspension.

Artikel 91.

Die vorläufige Enthebung des Notars vom Dienste (Suspension) tritt entweder kraft des Gesetzes ein oder sie wird von dem Disziplinargericht oder dem Staatsministerium der Justiz verhängt.

Der suspendirte Notar hat sich der Vornahme von Amtshandlungen zu enthalten.

Amtshandlungen eines suspendirten Notars sind jedoch nicht deshalb unwirksam, weil sie der Vorschrift des Abs. 2 zuwider vorgenommen worden sind.

Artikel 92. S. 157.

Die Suspension tritt kraft des Gesetzes ein:

1. wenn im gerichtlichen Strafverfahren gegen den Notar die Untersuchungshaft verhängt ist, für deren Dauer;
2. wenn gegen den Notar wegen eines Verbrechens oder wegen eines Vergehens, das den Verlust des Amtes nach sich ziehen kann, das Hauptverfahren eröffnet ist, für die Zeit bis zur Erledigung des Strafverfahrens;
3. wenn im Disziplinarstrafverfahren ein noch nicht rechtskräftiges Urtheil auf Dienstentlassung ergangen ist, für die Zeit bis zur Aufhebung oder zum Vollzuge des Urtheils;

S. 157. 4. mit dem Antritt einer Freiheitsstrafe für die Dauer der Vollstreckung;
5. mit der Eröffnung des Konkursverfahrens für dessen Dauer;
6. mit der Einleitung des Entmündigungsverfahrens für dessen Dauer, im Falle der Entmündigung auch für die Zeit bis zu deren Wiederaufhebung;
7. mit der Stellung unter vorläufige Vormundschaft für die Dauer der vorläufigen Vormundschaft.

Artikel 93.

Die Suspension kann von der Disziplinarkammer verhängt werden:
1 wenn gegen den Notar ein Disziplinarverfahren anhängig ist, bei dem die Verurtheilung zur Strafversetzung oder Dienstentlassung in Aussicht steht;
2. wenn außer dem Falle des Artikel 92 Nr. 2 gegen den Notar eine Voruntersuchung oder ein Hauptverfahren wegen eines Verbrechens oder Vergehens eröffnet ist;
3. wenn gegen den Notar ein Verfahren nach den Artikeln 88, 89 eingeleitet ist.

Die Entscheidung erfolgt von Amtswegen oder auf Antrag des Staatsanwalts. Sie ist mit Gründen zu versehen und dem Notar zuzustellen. Gegen die Entscheidung ist Beschwerde zum Disziplinarhofe zulässig. Die Beschwerde hat keine aufschiebende Wirkung

Im Falle des Abs. 1 Nr. 1 kann die Suspension im Laufe des Berufungsverfahrens vom Disziplinarhof auch dann verhängt werden, wenn die Disziplinarkammer eine Entscheidung darüber nicht getroffen hat.

Artikel 94.

Die Suspension kann vom Staatsministerium der Justiz verhängt werden:
1 wenn der Notar sich ohne Urlaub von seinem Amtssitz entfernt, für die Dauer der Abwesenheit und der darauf folgenden zehn Tage;
S. 158. 2. wenn gegen den Notar die Zulässigkeit der Enthebung vom Amte nach Artikel 88 ausgesprochen ist, für die Zeit bis zur Enthebung;
3. wenn der Notar rechtskräftig zur Strafversetzung verurtheilt oder nach Artikel 86 für versetzbar erklärt ist, für die Zeit bis zur Versetzung. Die Suspension tritt mit dem Ablaufe von sechs Monaten außer Wirksamkeit, wenn die Versetzung bis dahin nicht erfolgt ist.

Siebenter Abschnitt.

Notariatsverweser.

Artikel 95.

Für die Dauer der Beurlaubung, der Suspension, der sonstigen Behinderung des Notars oder der vorübergehenden Erledigung eines Notariats soll die Wahrnehmung der Amtsgeschäfte einem Amtsverweser (Notariatsverweser) übertragen werden.

Ein Notariatsverweser soll ferner bestellt werden, wenn die Besetzung eines Notariats mit einem Notar wegen der Geringfügigkeit der Zahl der Amtsgeschäfte unthunlich ist.

Artikel 96.

Notariatsverweser kann nur werden, wer die Voraussetzungen für die Ernennung zum Notar erfüllt hat.

Von dem Erfordernisse der Ableistung eines Vorbereitungsdienstes bei einem Notariate kann für die Bestellung zum Notariatsverweser außer bei Personen, die das Richteramt bekleiden oder bekleidet haben, auch bei den zum Richteramte befähigten Gerichtsschreibern der Amtsgerichte abgesehen werden. S. 158.

Ein Rechtsanwalt kann nicht zum Notariatsverweser bestellt werden.

Artikel 97

Die Richter und die zum Richteramte befähigten Gerichtsschreiber der Amtsgerichte sind verpflichtet, sich am Sitze des Gerichts zum Notariatsverweser bestellen zu lassen.

Artikel 98.

Ein Notar oder Notariatsverweser soll zum Verweser eines anderen Notariats, das nicht am gleichen Orte seinen Sitz hat, nur ausnahmsweise bestellt werden.

Artikel 99.

Wird die Bestellung eines Notariatsverwesers wegen der Erledigung des Notariats oder wegen der Suspension des Notars nothwendig, so erfolgt sie von Amtswegen.

In allen übrigen Fällen hat zunächst der Notar auf dem Dienstwege die Aufstellung eines Notariatsverwesers zu beantragen und eine geeignete Person vorzuschlagen.

Artikel 100. S. 159.

Die Bestellung zum Notariatsverweser erfolgt durch das Staatsministerium der Justiz; sie ist widerruflich.

In dringenden Fällen kann der Landgerichtspräsident einen Notariatsverweser vorläufig bestellen.

Das Staatsministerium der Justiz kann die Befugniß zur Bestellung von Notariatsverwesern den Oberlandesgerichtspräsidenten oder den Landgerichtspräsidenten übertragen.

Artikel 101.

Die Amtsbefugniß des Notariatsverwesers beginnt mit der Uebernahme der Geschäfte des Notariats und endigt mit der Uebergabe der Geschäfte an den Notar oder einen anderen Notariatsverweser. Während dieser Zeit soll sich der Notar der Vornahme von Amtsgeschäften enthalten.

Artikel 102.

Ist ein Notar, für den wegen Erkrankung oder Abwesenheit ein Notariatsverweser für bestimmte Zeit bestellt ist, mit Ablauf dieser Zeit nicht dienstfähig geworden oder nicht zurückgekehrt, so hat der Notariatsverweser hievon Anzeige zu erstatten und die Geschäfte des Notariats bis auf Weiteres fortzuführen.

Das Gleiche gilt für den Fall, daß ein Notar, für den ein Notariatsverweser bestellt ist, während der Dauer der Geschäftsführung des Notariatsverwesers stirbt.

Artikel 103.

Ein Notar, für den wegen Beurlaubung oder Erkrankung für bestimmte Zeit ein Notariatsverweser bestellt ist, kann vor Ablauf dieser Zeit die Geschäfte wieder übernehmen.

Artikel 104.

Inwieweit die Bestellung der Notariatsverweser und die Wiederübernahme der Geschäfte durch den Notar öffentlich bekannt zu machen ist und wie die Bekanntmachung zu erfolgen hat, bestimmt das Staatsministerium der Justiz.

S. 159. Artikel 105.

Der Notariatsverweser soll, sofern er nicht Richter an einem Amtsgericht ist, vor dem Amtsantritte den Amtseid der Notare leisten. Der Eid wird in der öffentlichen Sitzung des Landgerichts geleistet. Der Präsident des Landgerichts kann die Abnahme des Eides dem Amtsgericht übertragen, in dessen Bezirke das Notariat seinen Sitz hat; die Eidesleistung erfolgt in der öffentlichen Sitzung des Amtsgerichts.

Ein Notariatsverweser, der den Eid geleistet hat, braucht ihn als Verweser nicht noch einmal zu leisten.

S. 160. Artikel 106.

Der für einen verhinderten Notar bestellte Notariatsverweser soll die Amtsgeschäfte in den Geschäftsräumen des Notars vornehmen.

Ist ein Notar oder ein Gerichtsbeamter für einen verhinderten Notar zum Notariatsverweser bestellt, so kann er die Geschäfte, soweit es nach den Umständen angeht, auch in seinen eigenen Amtsräumen vornehmen.

Artikel 107.

Gerichtsbeamte, die zu Notariatsverwesern bestellt sind, bedürfen zur Uebernahme des Amtes des Testamentsvollstreckers der Genehmigung der Dienstaufsichtsbehörde.

Artikel 108.

Ist ein Gerichtsbeamter zum Verweser eines unbesetzten Notariats bestellt, so kann das Staatsministerium der Justiz die Besorgung des gesammten Gebührenwesens dem rechnungsführenden Gerichtsschreiber des Amtsgerichts übertragen.

Artikel 109.

Der für einen verhinderten Notar bestellte Notariatsverweser hat die Gehilfen des Notars zum Dienste zu verwenden. Er kann nöthigenfalls Gehilfen aufnehmen und entlassen.

Artikel 110.

Der Notariatsverweser soll seiner Unterschrift seine amtliche Eigenschaft als Verweser beisetzen.

Artikel 111.

Der für einen verhinderten Notar bestellte Notariatsverweser führt die Geschäfte auf Rechnung des Notars. Er kann von dem Notar eine angemessene Vergütung für seine Dienstleistung beanspruchen. Entsteht Streit über die Vergütung, so entscheidet das Staatsministerium der Justiz nach Anhörung der Notariatskammer. Der Rechtsweg ist ausgeschlossen.

Einem Richter oder Gerichtsschreiber darf von dem Notar eine Vergütung weder gewährt noch zugesagt werden. Das Staatsministerium der Justiz kann dem Richter oder Gerichtsschreiber bei längerer Dauer der Geschäftsführung für seine außerordentlichen Dienstleistungen eine angemessene Vergütung aus der Staatskasse bewilligen; es kann die Bestellung des Notariatsverwesers davon abhängig machen, daß der verhinderte Notar die Stellvertretungskosten dem Staate vergütet.

Artikel 112.

Der Verweser eines unbesetzten Notariats führt, wenn er nicht Gerichtsbeamter ist, die Geschäfte auf eigene Rechnung. Das Staatsministerium der
S. 161. Justiz kann bestimmen, || daß die Geschäfte auf Rechnung des Staates geführt werden. In diesem Falle ist dem Notariatsverweser ein fester Bezug aus der

Staatskasse zu bewilligen. Der Bezug soll in der Regel die Anfangsbezüge eines Amtsrichters nicht übersteigen. S. 161.

Artikel 113.

Wird ein Gerichtsbeamter zum Verweser eines unbesetzten Notariats bestellt, so werden die Geschäfte auf Rechnung der Staatskasse geführt. Dem Verweser kann bei längerer Dauer der Geschäftsführung eine angemessene Vergütung bewilligt werden.

Artikel 114.

Der Notariatsverweser, der die Geschäfte auf fremde Rechnung führt, hat von den im Artikel 55 gegebenen Befugnissen Gebrauch zu machen. Unterläßt er dies, so haftet er für die Entrichtung der Gebühren und die Erstattung der Auslagen.

Artikel 115.

Hat ein auf den Vorschlag des Notars bestellter Notariatsverweser durch eine Amtshandlung einem Dritten Schaden zugefügt, so ist zum Ersatze des Schadens und der bei der Geltendmachung des Ersatzanspruchs erwachsenen Kosten auch der Notar verpflichtet. Der Notar und der Notariatsverweser haften dem Beschädigten als Gesammtschuldner; im Verhältniß zwischen ihnen ist der Notariatsverweser allein verpflichtet.

Artikel 116.

Notariatsverweser, die Gerichtsbeamte sind, unterliegen hinsichtlich der Dienstaufsicht und Disziplin den für sie als Gerichtsbeamte bestehenden Vorschriften auch bei der Führung der Notariatsgeschäfte.

Andere Notariatsverweser sind wie Notare zu behandeln, doch ist die Verhängung der Strafversetzung und der Dienstentlassung gegen Notariatsverweser, soferne sie nicht Notare sind, ausgeschlossen. Statt auf Dienstentlassung ist auf Ausschluß von der Verwendung als Notariatsverweser zu erkennen.

Artikel 117.

Wegen eines während der Dauer der Amtsführung begangenen Dienstvergehens kann der Notariatsverweser auch nach der Beendigung der Amtsführung verfolgt werden. Die Verfolgung des Notariatsverwesers, der nicht Gerichtsbeamter ist, ist ausgeschlossen, wenn er der Dienstaufsichtsbehörde gegenüber schriftlich auf die fernere Verwendung im Notariatsdienste verzichtet.

Wegen eines Dienstvergehens, das ein Notariatsverweser nach der Beendigung seiner Amtsführung begangen hat, kann er, abgesehen von dem Falle des Artikel 106 des Ausführungsgesetzes zur Strafprozeßordnung nicht verfolgt werden.

Artikel 118. S. 162.

Soweit nicht in diesem Abschnitt ein Anderes bestimmt ist, finden die in den vorhergehenden Abschnitten für die Notare gegebenen Vorschriften auf die Notariatsverweser entsprechende Anwendung. Die Vorschriften der Artikel 86 bis 89, 93, 94 finden auf die Notariatsverweser keine Anwendung.

Achter Abschnitt.

Sammelarchive.

Artikel 119.

Das Staatsministerium der Justiz kann bestimmen, daß die Urkunden,

S. 162. welche sich seit längerer Zeit — mindestens aber seit zwanzig Jahren — bei den Notaren in Verwahrung befinden, in Sammelarchive abgeliefert werden. Testamente und Erbverträge, die noch nicht verkündet sind, sind von der Ablieferung ausgeschlossen.

Die Ablieferung und die weitere Verwahrung erfolgt auf Staatskosten.

Die zur Verwaltung der Sammelarchive berufenen Beamten haben bezüglich der in die Archive abgelieferten Urkunden die gleichen Befugnisse und Pflichten, welche die Notare vor der Ablieferung hatten.

Neunter Abschnitt.

Notariatskammern.

Artikel 120.

In jedem Oberlandesgerichtsbezirke wird mindestens eine Notariatskammer gebildet.

Die zum Vollzuge dieser Schrift erforderlichen Bestimmungen werden durch Königliche Verordnung getroffen.

Artikel 121.

Den Notariatskammern liegt ob

1 über die Wahrung der Standesehre durch die Notare zu wachen;
2. Streitigkeiten unter den Notaren auf Antrag zu vermitteln;
3. Streitigkeiten zwischen Notaren und Parteien wegen der Amtsführung der Notare auf Antrag der streitenden Theile zu vermitteln;

Artikel 122.

Den Notariatskammern liegt ferner ob, auf Verlangen der Justizverwaltungsbehörden Berichte, Uebersichten und Gutachten zu erstatten. Sie sind befugt, Vorstellungen und Anträge, die das Interesse der Rechtspflege oder des Notariats betreffen, an das Staatsministerium der Justiz zu richten.

S. 163. Artikel 123.

Die Notariatskammern haben ihre Geschäftsordnung festzustellen. Die Geschäftsordnung bedarf der Genehmigung des Staatsministeriums der Justiz.

Die Notariatskammern haben die Mittel zur Bestreitung des für die gemeinschaftlichen Angelegenheiten erforderlichen Aufwandes festzusetzen und die Beiträge der Mitglieder zu bestimmen.

Artikel 124.

Die Notariatskammern sind gleich den Justizverwaltungsbehörden befugt, von den Notaren Berichte und Gutachten zu verlangen, die das Interesse der Rechtspflege oder des Notariats betreffen.

Artikel 125.

Die Aufsicht über die Geschäftsführung der Notariatskammern steht dem Staatsministerium der Justiz zu.

Das Staatsministerium der Justiz kann die Auflösung einer Notariatskammer verfügen. Binnen sechs Wochen nach der Auflösung ist die Neubildung der Notariatskammer zu veranlassen.

Zehnter Abschnitt.

Haftung des Staates.

Artikel 126.

Für den Schaden, den ein Notar oder ein Notariatsverweser in Aus-

übung des ihm anvertrauten Amtes durch Verletzung der Amtspflicht einem S. 163.
Dritten zufügt, ist der Staat nach Maßgabe der Artikel 60, 61 des Ausführungsgesetzes zum Bürgerlichen Gesetzbuche verantwortlich.

Der Notar oder der Notariatsverweser hat dem Staate nach Maßgabe des Artikel 60 Abs. 4 des Ausführungsgesetzes zum Bürgerlichen Gesetzbuche den Schaden zu ersetzen, der dem Staate aus der Verletzung der Amtspflicht entsteht. Für den Schaden, den hienach ein Notariatsverweser dem Staate zu ersetzen hat, haftet dem Staate neben dem Notariatsverweser der Notar nach Maßgabe des Artikel 115.

Für den Schaden, den ein Notar oder ein Notariatsverweser in Ausübung des Amtes des Testamentsvollstreckers einem Dritten zufügt, haftet der Staat nicht.

Elfter Abschnitt.

Versorgung der Notare und Notariatsgehilfen und ihrer Hinterbliebenen.

Artikel 127.

Durch Königliche Verordnung kann bestimmt werden, daß die nach dem Tage der Verkündung dieses Gesetzes ernannten Notare Mitglieder der öffentlichen Vereine und Anstalten || werden, welche die Versorgung der Notare und S. 164.
ihrer Hinterbliebenen zum Zwecke haben. Die Notare werden Mitglieder dieser Vereine und Anstalten mit ihrer Ernennung oder, wenn zu dieser Zeit die Vereine oder Anstalten noch nicht bestehen, mit deren Errichtung.

Artikel 128.

Durch Königliche Verordnung kann bestimmt werden, daß die Gelder, welche auf Grund der Verhängung von Zwangsstrafen, Ordnungsstrafen oder Disziplinarstrafen gegen Notare und Notariatsverweser eingehen, den im Artikel 127 genannten Vereinen oder Anstalten zuzuwenden sind.

Artikel 129.

Das Staatsministerium der Justiz kann Vorschriften über die Aufnahme und Entlassung der Notariatsgehilfen und über die Entlohnung der nichtrechtskundigen Notariatsgehilfen erlassen und insbesondere bestimmen, daß nichtrechtskundige Personen als Notariatsgehilfen nur verwendet werden dürfen, wenn sie den öffentlichen Vereinen und Anstalten angehören, welche für die Versorgung der Notariatsgehilfen und ihrer Hinterbliebenen bestimmt sind.

Zwölfter Abschnitt.

Schluß- und Uebergangsbestimmungen.

Artikel 130.

Aufgehoben sind:

1. das Gesetz vom 10. November 1861 über das Notariat in den Landestheilen rechts des Rheines;
2. das Gesetz vom 29. Juli 1876, die Abänderung einiger Bestimmungen des Notariatsgesetzes betreffend;
3. das pfälzische Notariatsgesetz vom 25. ventôse XI mit dem Beschlusse vom 2. nivôse XII über die Errichtung und Organisation der Notariatskammern und dem Dekrete vom 4. April 1806 über die Ernennung der Mitglieder der Notariatskammern;
4. das Gesetz vom 16. Mai 1868 über das Notariat in der Pfalz.

S. 164. **Artikel 131.**

Dieses Gesetz tritt gleichzeitig mit dem Bürgerlichen Gesetzbuch in Kraft.

Artikel 132.

Die liegenschaftsrechtlichen und erbrechtlichen Vorschriften der durch den Artikel 130 aufgehobenen Gesetze bleiben insoweit in Kraft, als ihre Geltung in den Artikeln 189, 213 des Einführungsgesetzes zum Bürgerlichen Gesetzbuche vorbehalten ist.

S. 165. **Artikel 133.**

Die Notare und Notariatsverweser, welche sich zur Zeit des Inkrafttretens dieses Gesetzes im Amte befinden, gelten als auf Grund dieses Gesetzes aufgestellt.

Soweit nach einer Vorschrift des bisherigen Landesrechts, deren Geltung im Artikel 189 des Einführungsgesetzes zum Bürgerlichen Gesetzbuche vorbehalten ist, zur Vornahme gewisser Geschäfte nur die Notare der Landestheile rechts des Rheins oder nur die Notare der Pfalz berufen wären, haben künftig alle bayerischen Notare als berufen zu gelten.

Artikel 134.

Der Artikel 30 findet in den Landestheilen rechts des Rheins schon vor dem Zeitpunkt Anwendung, in welchem das Grundbuch als angelegt anzusehen ist. An die Stelle der Einsicht des Grundbuchs tritt die Einsicht des Hypothekenbuchs.

Artikel 135.

Für die zur Zeit des Inkrafttretens dieses Gesetzes anhängigen Ordnungsstrafsachen und Disziplinarstrafsachen verbleibt es in Ansehung des Verfahrens bei den bisherigen Vorschriften. Für die Entscheidung darüber, ob die Strafnormen des bisherigen Dienststrafrechts oder die Strafnormen dieses Gesetzes anzuwenden sind, ist der § 2 Abs. 2 des Strafgesetzbuchs maßgebend. Auf die Strafe der Suspension kann nicht mehr erkannt werden.

Artikel 136.

Die Vorschriften der Artikel 17, 22, 44, 55, 57 bis 62 finden auch auf diejenigen Angelegenheiten Anwendung, welche zur Zeit des Inkrafttretens dieses Gesetzes anhängig sind. Ist vor dem Inkrafttreten dieses Gesetzes schon eine Entscheidung ergangen, so finden auf das Beschwerdeverfahren die bisherigen Vorschriften Anwendung.

Artikel 137.

Ist vor dem Inkrafttreten dieses Gesetzes über die Festsetzung der Gebühren und Auslagen eines Notars schon eine richterliche Entscheidung erfolgt, oder der Anspruch auf Zahlung von Gebühren und Erstattung von Auslagen bei den ordentlichen Gerichten anhängig gemacht, so finden auf das weitere Verfahren die bisherigen Vorschriften Anwendung. Anderenfalls gelten auch für das Festsetzungsverfahren und die Beitreibung der vor dem Inkrafttreten dieses Gesetzes entstandenen Forderungeu solcher Art die Vorschriften dieses Gesetzes.

Artikel 138.

Die auf Grund der Artikel 100, 102 des Notariatsgesetzes vom 10. November 1861, des Artikel 61 des pfälzischen Notariatsgesetzes vom 25. ventôse XI
S. 166. und des Artikel 4 || Abs. 1 des Gesetzes vom 16. Mai 1868, das Notariat in

der Pfalz betreffend, erlassenen Anordnungen bleiben auch nach dem Inkraft- S. 166.
treten dieses Gesetzes in Wirksamkeit, bis ein Notar ernannt oder ein Notariatsverweser bestellt ist.

Artikel 139.

Die zur Ausführung dieses Gesetzes erforderlichen Vorschriften werden, soweit nicht in dem Gesetz ein Anderes bestimmt ist, einschließlich der Geschäftsordnung für die Notare, vom Staatsministerium der Justiz erlassen.

Gegeben zu München, den 9. Juni 1899.

Luitpold,
Prinz von Bayern,
des Königreichs Bayern Verweser.

Dr. Frhr. v. Crailsheim. Dr. Frhr. v. Riedel. Frhr. v. Feilitzsch. Dr. Frhr. v. Leonrod. Frhr. v. Asch.
Dr. v. Landmann.

Auf Allerhöchsten Befehl:
Der Oberregierungsrath
im k. Staatsministerium des Innern:
Dr. Proebst.

11

Königlich Allerhöchste Verordnung

vom 28. Dezember 1899, die Notariatsgebührenordnung betr.

(Gesetz- und Verordnungsblatt 1899 Nr. 63 vom 28. Dezember 1899 Seite 1183 bis 1205.)

Im Namen Seiner Majestät des Königs

Luitpold,

von Gottes Gnaden Königlicher Prinz von Bayern,

Regent.

Wir finden Uns bewogen, auf Grund der Bestimmungen des Artikel 5 des Gesetzes über das Gebührenwesen zu verordnen, was folgt S. 1183.

Notariatsgebührenordnung. S. 1184.

Erster Abschnitt.

Allgemeine Vorschriften.

Artikel 1

Die Vergütung für die Amtshandlungen der Notare bestimmt sich nach den Vorschriften dieser Gebührenordnung. Auf die Notariatsverweser finden diese Vorschriften, soweit nicht in einzelnen Fällen ein Anderes bestimmt ist, gleichmäßige Anwendung.

Artikel 2.

Für die Geltendmachung und Beitreibung der Gebühren und Auslagen der Notare und für das Armenrecht sind die Vorschriften des Notariatsgesetzes, für die Verjährung die Vorschriften des Bürgerlichen Gesetzbuchs, für die Buch- und Registerführung die Vorschriften der Geschäftsordnung maßgebend.

Artikel 3.

Gebühren werden, soweit nicht in besonderen Vorschriften ein Anderes bestimmt ist, nur in Parteisachen erhoben.

Für Amtshandlungen, welche unabhängig von dem Ansuchen Betheiligter von Amtswegen vorzunehmen sind, wie Eintragungen in die vorgeschriebenen Dienstregister, Anzeigen an Behörden, Vorlegung von Urkunden und Akten an solche, dürfen keine Gebühren angesetzt werden. Dasselbe gilt für Zustellungen, die von Amtswegen zu erfolgen haben.

Artikel 4.

Für die Berechnung seiner Gebühren und Auslagen, die Uebersendung der Rechnungen, die Aufforderung und Mahnung zur Zahlung, endlich für die Quittung kann der Notar weder Gebühren noch Auslagen verrechnen. Wird die Uebersendung der Quittung gewünscht, so können die Auslagen für die Post oder den Boten in Ansatz kommen.

Artikel 5.

Für jedes Geschäft ist ohne Rücksicht auf die Zahl der dabei Betheiligten nur eine Gebühr zu erheben.

Artikel 6.

Geschäfte, deren Wirksamkeit an eine Bedingung geknüpft ist, sind wie unbedingte zu behandeln.

S. 1184.

Artikel 7

Die Gebühr bildet die Vergütung für die gesammte, zur Erledigung des Geschäfts erforderliche Thätigkeit des Notars. Für einzelne zur Abwickelung eines Geschäfts gehörende Handlungen, wie Ladung von Betheiligten zu Amt, Bestellung von Zeugen und Sachverständigen, vorbereitende Besprechungen und Korrespondenzen, Prüfung von Büchern, Registern, Akten, Urkunden, Rechnungen, Einsicht von Grund- und Hypothekenbüchern dürfen besondere Gebühren nicht verrechnet werden.

Artikel 8.

Wird ein Amtsgeschäft am Krankenlager oder zur Nachtzeit vorgenommen, so erhöht sich die Gebühr des Notars um ein Viertel. Die Erhöhung findet auch beim Zusammentreffen beider Erhöhungsgründe nur einmal statt.

Wird ein am Tage begonnenes Geschäft auf Wunsch der Betheiligten in die Nachtzeit hinein fortgesetzt, so gilt es als zur Nachtzeit vorgenommen, wenn es mehr als eine Stunde über den Beginn der Nachtzeit hinaus in Anspruch genommen hat. Der Notar kann in diesem Falle die erhöhte Gebühr nur dann beanspruchen, wenn er die Betheiligten vor der Fortsetzung in die Nachtzeit hinein auf den Eintritt der Gebührenerhöhung aufmerksam gemacht hat.

Welche Zeit als Nachtzeit zu gelten hat, bestimmt die Geschäftsordnung.

Artikel 9.

Die Notariatsgebühren werden entweder nach festen Sätzen oder nach dem Werthe des Gegenstandes des Geschäfts oder endlich nach Maßgabe der von dem Notar auf die Erledigung des Geschäfts verwendeten Zeit bemessen. (Feste Gebühren, Werthgebühren, Zeitgebühren).

Artikel 10.

Die zum Zwecke der Erhebung der Staatsgebühr festgestellte Gegenstandssumme ist auch für die Notariatsgebühren maßgebend, wenn gleichzeitig Staatsgebühren und Notariatsgebühren nach dem Werthe des Gegenstandes erhoben werden.

Anderenfalls erfolgt die Bestimmung der Gegenstandssumme nach den besonderen Vorschriften dieser Verordnung und in Ermangelung von solchen besonderen Vorschriften nach vernünftigem Ermessen.

Artikel 11.

Bei der Berechnung der Gebühren nach dem Werthe bleiben Bruchtheile eines Pfennigs außer Ansatz. Pfennigbeträge, die nicht durch zehn theilbar sind, werden auf zehn aufgerundet.

Artikel 12.

S. 1186. Die volle Werthgebühr beträgt bei Gegenständen im Werthe

1.		bis	zu	100	Mark				1,—	Mark
2.	von	mehr	als	100	„	bis	200	Mark	1,80	„
3.	„	„	„	200	„	„	300	„	2,70	„
4.	„	„	„	300	„	„	400	„	3,60	„
5.	„	„	„	400	„	„	500	„	4,50	„
6.	„	„	„	500	„	„	600	„	5,40	„
7.	„	„	„	600	„	„	900	„	6,30	„
8.	„	„	„	900	„	„	1200	„	7,20	„
9.	„	„	„	1200	„	„	1500	„	8,10	„

10.	von	mehr	als	1500	Mark	bis	1800	Mark	9,—	Mark	S. 1186.
11.	„	„	„	1800	„	„	2200	„	10,50	„	
12.	„	„	„	2200	„	„	2700	„	12,—	„	
13.	„	„	„	2700	„	„	3300	„	13,50	„	
14.	„	„	„	3300	„	„	4000	„	15,—	„	
15.	„	„	„	4000	„	„	4800	„	16,50	„	
16.	„	„	„	4800	„	„	5700	„	18,—	„	
17	„	„	„	5700	„	„	6700	„	19,50	„	
18.	„	„	„	6700	„	„	7800	„	21,—	„	
19.	„	„	„	7800	„	„	8900	„	22,50	„	
20.	„	„	„	8900	„	„	10,000	„	24,—	„	
21	„	„	„	10,000	„	„	12,000	„	27,—	„	
22.	„	„	„	12,000	„	„	14,000	„	30,—	„	
23.	„	„	„	14,000	„	„	16,000	„	33,—	„	
24.	„	„	„	16,000	„	„	18,000	„	36,—	„	
25.	„	„	„	18,000	„	„	20,000	„	39,—	„	
26.	„	„	„	20,000	„	„	23,000	„	42,—	„	
27.	„	„	„	23,000	„	„	26,000	„	44,—	„	
28.	„	„	„	26,000	„	„	29,000	„	46,—	„	
29.	„	„	„	29,000	„	„	32,000	„	48,—	„	
30.	„	„	„	32,000	„	„	35,000	„	50,—	„	
31	„	„	„	35,000	„	„	38,000	„	52,—	„	
32.	„	„	„	38,000	„	„	41,000	„	54,—	„	
33.	„	„	„	41,000	„	„	44,000	„	56,—	„	
34.	„	„	„	44,000	„	„	47,000	„	58,—	„	
35.	„	„	„	47,000	„	„	50,000	„	60,—	„	

Die ferneren Werthklassen steigen um je 10,000 Mark und die Gebühren S. 1187
um je 6 Mark, beträgt der Werth des Gegenstandes mehr als 40,000 Mark, so steigt die Gebühr von da ab nur mehr um je 1 Mark in jeder Klasse.

Artikel 13.

Für die Berechnung der Zeitgebühr kommt nicht bloß die zur Vornahme des Geschäftes selbst, sondern auch die zu den nothwendigen Vorarbeiten (Besprechungen, Akteneinsicht, Prüfung von Rechnungen ꝛc.) verwendete Zeit in Anschlag, mit Ausnahme der Zeit für die nach Art. 30, 35, 134 des Notariatsgesetzes erforderliche Einsicht des Grundbuchs und des Hypothekenbuchs.

Artikel 14.

Die Zeitgebühr wird nach Stunden bemessen. Ist die insgesammt für ein Geschäft aufgewendete Zeit geringer als eine Stunde oder ergibt sich bei der Zusammenrechnung außer vollen Stunden noch ein Bruchtheil, so wird zur vollen Stunde aufgerundet.

Artikel 15.

Die Zeitgebühr beträgt 2 Mark für jede Stunde.

Artikel 16.

Nimmt ein Geschäft, für das eine Werthgebühr anzusetzen wäre, soviel Zeit in Anspruch, daß die Zeitgebühr dafür sich höher berechnen würde als die Werthgebühr, so kann der Notar die Zeitgebühr beanspruchen.

Diese Bestimmung findet keine Anwendung, wenn die Gegenstandssumme nicht mehr beträgt als 200 Mark.

S. 1187 Artikel 17

So oft der Notar die Zeitgebühr verrechnet, soll er beim Gebührenvermerk auf der Urkunde und im Gebührenregister angeben, wie viel Zeit das Geschäft in Anspruch genommen hat.

Artikel 18.

Enthält eine Urkunde mehrere der Werthgebühr unterliegende Rechtsgeschäfte, welche von einander unabhängig sind oder nicht nothwendig eines aus dem anderen fließen, so wird für jedes dieser Rechtsgeschäfte eine besondere Gebühr geschuldet.

Auf Verbindlichkeiten, welche nur als Bedingungen des Hauptvertrags erscheinen oder zur Erfüllung der Leistung oder Gegenleistung desselben bedungen oder übernommen werden, insbesondere auch auf Bürgschaften und Pfandbestellungen findet vorstehende Bestimmung keine Anwendung.

Artikel 19.

Für Geschäfte, welche zwar begonnen, aber ohne Schuld des Notars nicht vollendet worden sind, erhält der Notar die Zeitgebühr.

S. 1188. Bei Geschäften, die im Falle ihrer Erledigung nicht mit der Zeitgebühr hätten bewerthet werden können, darf die Gebühr des Abs. 1 nur bis zur Höhe von Dreiviertel der für die Erledigung zustehenden Gebühr gefordert werden.

Artikel 20.

Für alle Amtsgeschäfte, über welche in dieser Verordnung keine Bestimmung getroffen ist, erhält der Notar die Zeitgebühr

Artikel 21

Ist ein von einem Notar vorgenommenes Amtsgeschäft nutzlos oder unwirksam, so hat der Notar keine Gebühren zu beanspruchen, wenn er die Nutzlosigkeit oder Unwirksamkeit verschuldet hat.

Das Gleiche gilt von der Erstattung nutzloser Auslagen.

Zweiter Abschnitt.

Beurkundung von Rechtsgeschäften, von sonstigen Erklärungen, von Vorgängen und von Thatsachen.

Artikel 22.

Für die Beurkundung von Kauf-, Tausch-, Uebergabs- und Theilungsverträgen, Gesellschaftsverträgen, Mieth-, Pacht- und Werkverträgen wird die volle Werthgebühr erhoben.

Verträge, durch welche sich jemand verpflichtet, das Eigenthum an einem Grundstück oder an einer beweglichen Sache zu übertragen oder ein den Grundstücken gleichstehendes Recht zu bestellen oder zu übertragen, ferner Verträge, durch welche sich jemand verpflichtet, sein gegenwärtiges Vermögen oder einen Bruchtheil seines gegenwärtigen Vermögens oder sonst eine Vermögensmasse oder einen Bruchtheil davon zu übertragen, sind mit der Gebühr des Absatz 1 zu belegen, wenn nicht in den nachfolgenden Artikeln etwas anderes bestimmt ist.

Artikel 23.

Für die Vornahme von öffentlichen Versteigerungen, einschließlich der zugehörigen Beurkundung, wird die anderthalbfache Werthgebühr erhoben.

Wird bei einer öffentlichen Versteigerung von Grundstücken der Zuschlag auf die für die einzelnen Grundstücke gelegten Gebote ertheilt, so ist die Gebühr nach den Einzelpreisen zu berechnen. S. 1188.

Bei der öffentlichen Versteigerung von beweglichen Sachen und von Nutzungen, für welche nicht die sich auf Grundstücke beziehenden Vorschriften gelten, ist die Gebühr stets aus dem Gesammterlöse zu berechnen.

Artikel 24. S. 1189.

Für die Beurkundung eines Schuldversprechens oder Schuldanerkenntnisses, eines Bürgschaftsversprechens, einer Schuldübernahme, einer Forderungsabtretung wird bis zu einer Gegenstandssumme von 2200 Mark die Hälfte, bei höherer Gegenstandssumme zwei Drittel der vollen Werthgebühr erhoben; ebenso für die Beurkundung des Versprechens, ein Pfandrecht an einer beweglichen Sache zu bestellen, für die Beurkundung der Bestellung, Belastung oder Uebertragung eines Erbbaurechts, einer Dienstbarkeit, einer Reallast, einer Hypothek oder eines sonstigen Rechtes an einem Grundstück und für die Beurkundung des Versprechens, ein solches Recht zu bestellen, zu belasten oder zu übertragen.

Artikel 25.

Für die Beurkundung von Eheverträgen wird die Hälfte der vollen Werthgebühr, jedoch nicht weniger als 4 Mark nicht mehr als 40 Mark erhoben.

Die Gegenstandssumme wird nach dem gesammten beiderseitigen Rein-Vermögen beim Abschlusse des Ehevertrags berechnet.

Ist die Größe des Vermögens nicht ersichtlich und weigern sich die Betheiligten darüber eine Angabe zu machen, so beträgt die Gebühr 10 Mark.

Artikel 26.

Für die Beurkundung eines Vertrags zwischen Brautleuten oder Ehegatten, durch den lediglich über die religiöse Erziehung der Kinder verfügt wird, steht dem Notar eine Gebühr von 2 Mark zu.

Wird in einem vom Notar beurkundeten Ehevertrag außer anderen Vertragsbestimmungen auch über die religiöse Erziehung der Kinder eine Verfügung getroffen, so steht hiefür dem Notar keine besondere Gebühr zu.

Artikel 27

Für die Beurkundung von Testamenten, Erbverträgen und Erbverzichtsverträgen wird die Hälfte der vollen Werthgebühr, jedoch nicht weniger als 4 Mark, nicht mehr als 40 Mark erhoben.

Die Gebühr wird nach dem Werthe des Gegenstandes oder des Vermögens berechnet, worüber verfügt ist.

Ist der Werth nicht ersichtlich und weigern sich die Betheiligten, ihn anzugeben, so beträgt die Gebühr 10 Mark.

Ist ein Ehevertrag mit einem Erbvertrage verbunden, so kommt nur *eine* Gebühr und zwar die höhere zur Erhebung.

Artikel 28.

Für die Beurkundung von Vereinbarungen zwischen dem Vater eines unehelichen Kindes und diesem über den Unterhalt für die Zukunft oder über eine an Stelle des Unterhalts ‖ zu gewährende Abfindung sowie für die Beurkundung einer Vereinbarung zwischen dem Vater eines unehelichen Kindes S. 1190. und der Mutter über die der Mutter aus der Beiwohnung und der Entbindung entstandenen Ansprüche wird die Zeitgebühr erhoben.

Artikel 29.

Für die Beurkundung von Leibrenten- und Versicherungsverträgen wird die Hälfte der vollen Werthgebühr erhoben.

S. 1190. Als Werthgegenstand gilt bei Versicherungsverträgen die versicherte Summe, bei Leibrenten der Kaufpreis und in Ermangelung eines solchen der zehnfache Betrag der Rente.

Artikel 30.

Für die Beurkundung von Schenkungen und Schenkungsversprechen, dann von Stiftungsgeschäften wird die Hälfte der vollen Werthgebühr erhoben

Für die Beurkundung der Errichtung von Familienfideikommissen kommt dem Notar die volle Werthgebühr zu.

Artikel 31

Vergleiche unterliegen als Verträge bei ihrer notariellen Beurkundung der Gebührenbewerthung nach Maßgabe ihres Inhalts.

Artikel 32.

Für die Beurkundung von Vollmachten, Einwilligungs- und Genehmigungserklärungen wird eine Gebühr von 1 Mark erhoben, wenn die Vornahme des Geschäfts nicht mehr als eine Stunde in Anspruch nimmt, andernfalls gelangt die Zeitgebühr zur Erhebung.

Artikel 33.

Für die Beurkundung von einseitigen Erklärungen, die zur Mittheilung an Dritte bestimmt sind, wie Anzeigen und Androhungen, Aufforderungen, Anfechtungen, Zurückweisungen, Kündigungen, Widerrufs- und Rücktrittserklärungen wird die Zeitgebühr erhoben.

Für die Uebergabe der Erklärung an den Gerichtsvollzieher zum Zwecke der Zustellung nach § 132 des B.G.B. hat der Notar keine Gebühr zu beanspruchen.

Artikel 34.

Für die Beurkundung von Empfangsbekenntnissen (Quittungen), ferner für die Beurkundung von Stundungen, Schulderlassen oder Verzichten wird, wenn die Gegenstandssumme mehr als 200 Mark beträgt, die Zeitgebühr, anderenfalls eine Gebühr von 1 Mark erhoben. Das Gleiche gilt für die Beurkundung von Erklärungen in Hypothekensachen in den Landestheilen r. d. Rh.

Artikel 35.

S. 1191. Für die Beurkundung von Erklärungen, welche dem Vormundschaftsgerichte, dem Nachlaßgericht oder einer anderen Behörde gegenüber abzugeben sind, wird, soweit nicht besondere Vorschriften bestehen, die Zeitgebühr erhoben.

Artikel 36.

Für die Beurkundung der Aussagen von Zeugen und Sachverständigen und für die Beurkundung von Schätzungen wird die Zeitgebühr erhoben, ebenso für die Beurkundung von Erklärungen, die unter Eid oder unter Versicherung an Eidesstatt abgegeben werden.

Artikel 37

Für die Beurkundung von thatsächlichen Vorgängen wie Besitzergreifung, Uebergabe oder Vorzeigung von Gegenständen, Anbieten der Erfüllung einer Verbindlichkeit oder der Annahme einer Leistung, Geldvorzählung u. dgl., ferner für die Beurkundung von Zuständen, z. B. Vorhandensein und Beschaffenheit einer Sache, Leben und Gesundheitszustand einer Person wird die Zeitgebühr erhoben, soweit nicht in besonderen Vorschriften für einzelne Fälle anders bestimmt ist.

Artikel 38. S. 1191.

Für die Aufnahme von Vermögensverzeichnissen und Inventaren wird die Zeitgebühr erhoben.

Beträgt jedoch bei Vermögensverzeichnissen der Werth des ausgewiesenen Vermögens unter Abzug der Schulden mehr als 50,000 Mark und die Zahl der aufgezählten Vermögens- und Schuldposten mehr als hundert, so hat der Notar die Hälfte der vollen Werthgebühr nach dem reinen Werthe des ausgewiesenen Vermögens zu beanspruchen.

Artikel 39.

Für die Vornahme von Siegelungen und Entsiegelungen wird die Zeitgebühr erhoben.

Artikel 40.

Für die Beurkundung des Herganges bei Verlosungen und bei Auslosungen von Werthpapieren wird die volle Gebühr nach dem Gesammtwerthe der verlosten oder ausgelosten Gegenstände, jedoch nicht mehr als 300 Mark erhoben.

Artikel 41

Für die Aufnahme des Protokolls über die Sitzungen der Generalversammlungen oder der Aufsichtsräthe von Aktiengesellschaften oder Kommanditgesellschaften auf Aktien, sowie für die Aufnahme des Protokolls über die Sitzungen der Mitgliederversammlungen sonstiger Gesellschaften und Vereinigungen oder ihrer Organe, wird die volle Werthgebühr, jedoch nicht mehr als 300 Mark erhoben.

Sofern nicht ein bestimmter Werthgegenstand erhellt, wird als Werth- S. 1192.
gegenstandssumme der Betrag von 20000 Mark angenommen.

Artikel 42.

Für die Aufnahme eines Wechselprotestes, einschließlich der Eintragung des Protestes in das Protestregister, kommt dem Notar eine Gebühr von 5 Mark zu.

Artikel 43.

Für die zum Zwecke der Feststellung des Datums einer Privaturkunde (Art. 33 des Ausf.-Ges. zur C.P.O.) ertheilte Bescheinigung über die Vorlage einer Urkunde wird eine Gebühr von 1 Mark erhoben.

Die Gebühr umfaßt auch die Vergütung für die Eintragung in das vorgeschriebene Buch.

Artikel 44.

Für Zeugnisse über Gegenstände der amtlichen Wirksamkeit des Notars, z. B. über das Vorhandensein einer Notariatsurkunde, ferner für Lebensbescheinigungen und ähnliche einfache Zeugnisse, die nicht in Protokollform niedergelegt werden und nicht mehr als eine Seite zu zwanzig Zeilen mit durchschnittlich zwölf Silben in Anspruch nehmen, wird eine Gebühr von 1 Mark erhoben.

Für umfangreiche Zeugnisse und Bescheinigungen und für solche, die in Protokollform gebracht sind, wird die Zeitgebühr erhoben.

Dritter Abschnitt.

Beglaubigung von Unterschriften und Handzeichen.

Artikel 45.

Für die Beglaubigung einer Unterschrift oder eines Handzeichens erhält der Notar die Gebühr von 1 Mark.

S. 1192. Sind gleichzeitig die Unterschriften oder Handzeichen mehrerer Personen unter einer und derselben Urkunde zu beglaubigen, so ist für die zweite und jede weitere Person 50 Pfennig anzusetzen.

Für die Beglaubigung von Unterschriften und Handzeichen unter Schriftstücken, welche Rechtsgeschäfte der im Artikel 22, 24 bezeichneten Art enthalten, erhält der Notar vier Zehntel der Gebühr, welche ihm für die Beurkundung dieser Rechtsgeschäfte zustünde, mindestens aber die in Absatz 1 und 2 bezeichnete Gebuhr.

Artikel 46.

Beglaubigt der Notar Unterschrift oder Handzeichen von Betheiligten unter einer von ihm selbst entworfenen Urkunde, so kann er neben der Gebühr für den Entwurf eine Gebühr für die Beglaubigung nicht beanspruchen.

S. 1193.

Vierter Abschnitt.

Vermittelung der Auseinandersetzung. Zwangsversteigerung.

Artikel 47

Für die Vermittelung der Auseinandersetzung in Ansehung eines Nachlasses in dem Verfahren nach § 86 bis 98 des Gesetzes über die Angelegenheiten der freiwilligen Gerichtsbarkeit werden fünf Zehntheile, im Falle der Betheiligung eines minderjährigen Erben zwei Zehntheile der Sätze des § 8 des Reichsgerichtskostengesetzes erhoben. Die Gebühr kann um zwei Zehntheile erhöht werden, wenn die Thätigkeit des Notars eine besonders weitläufige und schwierige war.

Die Berechnung der Gebühr erfolgt aus dem Werthe des Nachlasses nach Abzug der Schulden.

Die Gebühr umfaßt die Vergütung für die Anfertigung des Auseinandersetzungsplans, für die Beurkundung und die Bestätigung der Auseinandersetzung und für alle vorausgegangenen Verhandlungen und Verfügungen.

Die Erhebung der Zeitgebühr an Stelle der Gebühr des Abs. 1 ist ausgeschlossen.

Artikel 48.

Auf die Vermittelung der Auseinandersetzung in Ansehung des Gesammtguts einer ehelichen Gütergemeinschaft oder einer fortgesetzten Gütergemeinschaft im Verfahren nach § 99 des Gesetzes über die Angelegenheiten der freiwilligen Gerichtsbarkeit finden die Vorschriften über die Gebühren für die Vermittelung der Auseinandersetzung in Ansehung eines Nachlasses entsprechende Anwendung. Wird die Auseinandersetzung mit der Theilung des Nachlasses eines Ehegatten verbunden, so wird der Werth des Gesammtguts nur zu dem Bruchtheil in Ansatz gebracht, welcher den Antheil des überlebenden Ehegatten bildet.

Artikel 49.

Wird der Antrag auf Vermittelung der Auseinandersetzung in den Fällen der Artikel 47, 48 vor der Erledigung des Verfahrens zurückgezogen, so kommt dem Notar für seine Thätigkeit im Verfahren die Zeitgebühr bis zum Betrage der Hälfte der für die Durchführung der Vermittelung anzusetzenden Gebühren, wenn aber der Antrag erst nach der Anfertigung des Vertheilungsplans zurückgezogen wird, bis zum Betrage von drei Viertel jener Gebühren zu.

Artikel 50. S. 1193.

Beurkundet der Notar außerhalb des Verfahrens nach § 86 ff., § 99 des Gesetzes über die Angelegenheiten der freiwilligen Gerichtsbarkeit ein Uebereinkommen der Betheiligten über die Auseinandersetzung in Ansehung eines Nachlasses oder in Ansehung des Gesammtguts einer ehelichen Gütergemeinschaft oder einer fortgesetzten Gütergemeinschaft, so richten sich die Gebühren nach Artikel 22 dieser Verordnung.

Artikel 51 S. 1194.

Die Gebühr des Notars für die Führung des Testamentsvollstreckeramts bemißt sich nach den Vorschriften des § 2221 des Bürgerlichen Gesetzbuchs.

Artikel 52.

Wird dem Notar auf Grund des Artikel 25 des Ausführungsgesetzes zu der Grundbuchordnung und zu dem Gesetz über die Zangsversteigerung und die Zwangsverwaltung die Ausführung einer Versteigerung übertragen, so erhält er für die gesammte Thätigkeit im Verfahren bis zum Versteigerungstermine mit Einschluß der Beurkundung von Anträgen, Erklärungen und Vereinbarungen der Betheiligten eine Gebühr von 15 Mark.

Für die Versteigerung selbst einschließlich der Beurkundung derselben und der Ertheilung des Zuschlags erhält der Notar die im Artikel 23 bestimmte Gebühr.

Die Gebühr des Absatz 1 fällt an mit der Bestimmung des Versteigerungstermins. Wird das Verfahren vor der Bestimmung des Versteigerungstermins eingestellt oder aufgehoben, so entfällt die Gebühr.

Artikel 53.

Wird unter Versagung des Zuschlags ein neuer Versteigerungstermin bestimmt, so erhält der Notar für das Verfahren bis zu dem neuen Versteigerungstermin eine Gebühr von 5 Mark.

Fünfter Abschnitt.

Verwahrung von Privaturkunden und von Testamenten. Eröffnung von Testamenten.

Artikel 54.

Für die Verwahrung einer Urkunde, die nicht ein Testament oder einen Erbvertrag enthält, und für die Rückgabe einer solchen zur Verwahrung übernommenen Urkunde an den Betheiligten wird je eine Gebühr von 2 Mark erhoben.

Die Gebühr für die Uebernahme umfaßt die Vergütung für die Beurkundung der Uebernahme, die Ertheilung des Hinterlegungsscheins und die Verwahrung, die Gebühr für die Rückgabe die Vergütung für das Aufsuchen, die Rückgabe und die über die Rückgabe aufgenommene Urkunde.

Für die vorübergehende Verwahrung von Urkunden, die dem Notar zum Zwecke der Vorbereitung eines Amtsgeschäfts übergeben sind, wird keine Gebühr erhoben.

Artikel 55.

Für die Uebernahme eines Testaments in amtliche Verwahrung — einschließlich der zugehörigen Beurkundung — wird eine Gebühr von 3,50 Mark erhoben.

S. 1195. Die gleiche Gebühr gelangt für die Rückgabe eines in amtliche Verwahrung genommenen Testaments zur Erhebung.

Die amtliche Verwahrung von Testamenten und Erbverträgen, die von dem Notar beurkundet sind, erfolgt gebührenfrei.

Für die Ertheilung des Hinterlegungsscheins über die in amtliche Verwahrung genommenen Testamente und Erbverträge hat der Notar in jedem Falle eine Gebühr von 1 Mark zu beanspruchen.

Artikel 56.

Für die nach § 2259 des Bürgerlichen Gesetzbuchs vorzunehmende Ablieferung eines in seiner amtlichen Verwahrung befindlichen Testaments an das Nachlaßgericht erhält der Notar eine Gebühr von 1 Mark.

Die gleiche Gebühr erhält der Notar für die Uebersendung eines bei ihm errichteten oder verwahrten Testaments an eine andere Verwahrungsbehörde zum Zwecke der Uebernahme in die amtliche Verwahrung.

Artikel 57

Für die nach Maßgabe des bisherigen Rechts vorzunehmende persönliche Uebergabe eines bei ihm verschlossen hinterlegten Testaments oder Erbvertrags an das Nachlaßgericht erhält der Notar die Zeitgebühr.

Artikel 58.

Für die Eröffnung eines Testaments oder Erbvertrags erhält der Notar eine Gebühr von 3,50 Mark.

Die Gebühr umfaßt die Vergütung für die Vorbereitung und Anberaumung des Termins, die Ladungen, die Eröffnungsverhandlung und das darüber aufgenommene Protokoll.

Für die Bekanntgabe des Inhaltes eines Testaments oder Erbvertrags an einen Betheiligten, welcher bei der Eröffnung nicht zugegen gewesen ist, werden die im Artikel 44 vorgesehenen Gebühren erhoben.

Für die Abgabe der Akten an das Nachlaßgericht nach Erledigung der Eröffnung steht dem Notar keine Gebühr zu. Für die Zurückbehaltung der Testamentsabschrift erhält er nur die Schreibgebühr.

Sechster Abschnitt.

Zustellung, Behändigung, Vorlegung von Urkunden.

Artikel 59.

Soweit der Notar nach den dafür bestehenden Vorschriften Zustellungen von Amtswegen vorzunehmen hat, stehen ihm dafür keine Gebühren zu.

S. 1196.

Artikel 60.

Für die Uebersendung und Aushändigung der an die Betheiligten zu verabfolgenden Urkunden (Urschriften, Ausfertigungen und Abschriften) erhält der Notar keine Gebühr.

Die Auslagen sind ihm zu vergüten.

Artikel 61

Für die Vornahme und Beurkundung von Zustellungen und mündlichen Eröffnungen, die der Notar persönlich auf Ersuchen Betheiligter an Dritte macht, wird die Zeitgebühr erhoben.

Artikel 62.

Legt der Notar auf Ersuchen der Betheiligten eine von ihm beurkundete oder beglaubigte Erklärung einer anderen Behörde vor, so hat er für die

Vorlegung eine Gebühr von 1 Mark zu beanspruchen. Die Gebühr entfällt, S. 1196.
wenn der Notar die Urkunde schon von Amtswegen vorzulegen hat.

Siebenter Abschnitt.

Gestattung der Einsicht, Ertheilung und Beglaubigung von Abschriften und Ausfertigungen. Vollstreckungsklausel. Schreibgebühren.

Artikel 63.

Für die Gestattung der Einsicht einer in der Urkundensammlung des Notariats verwahrten Urkunde erhält der Notar eine Gebühr von 0,50 Mark.

Kann bei dem Ersuchen um Gestattung der Einsicht der Jahrgang der Errichtung der Urkunde nicht angegeben werden, so erhöht sich die Gebühr des Notars auf 1,50 Mark.

Ersucht bei oder unmittelbar nach der Einsichtnahme der Einsichtnehmende um die Ertheilung einer Abschrift oder einer Ausfertigung der eingesehenen Urkunde, so ist die Gebühr für die Einsichtnahme auf die für die Abschrift oder die Ausfertigung zu ertheilende Gebühr anzurechnen.

Artikel 64.

Wird vom Erblasser die Einsicht eines verschlossen in der Verwahrung des Notariats befindlichen Testaments oder Erbvertrags begehrt, so steht dem Notar für die gesammte Verhandlung (Aufsuchung Eröffnung, Vorlegung zur Einsicht, neuerlicher Verschluß und Protokoll) die Zeitgebühr zu.

Artikel 65.

Für die Gestattung der Einsicht in die Verlassenschaftsakten des älteren Rechts der Landestheile r. d. Rh., für die Gestattung der Einsicht in die Akten über die Vermittelung der Auseinandersetzung in Ansehung eines Nachlasses oder des Gesammtgutes einer ehelichen oder fortgesetzten Gütergemeinschaft, in die Testaments-Eröffnungs- und Zwangsversteigerungs‖akten, endlich S. 1197
in das Wechselprotestregister und das Buch für die Eintragungen zur Feststellung des Datums von Privaturkunden kann eine Gebühr nicht beansprucht werden.

Artikel 66.

Für die Ertheilung einer Abschrift erhält der Notar eine Gebühr von 1 Mark, wenn die Abschrift nicht mehr als vier Seiten hat, andernfalls für jede weitere Seite 0,20 Mark mehr. (Schreibgebühr.)

Auf die Seite sind mindestens zwanzig Zeilen von durchschnittlich zwölf Silben zu rechnen. Angefangene Seiten werden für voll berechnet.

Für den Beglaubigungsvermerk kann keine besondere Gebühr in Ansatz gebracht werden.

Artikel 67

Für die Ertheilung einer beglaubigten Abschrift von einer Urkunde, die dem Notar zum Zwecke der Beglaubigung der Abschrift vorgelegt worden ist, wird die gleiche Gebühr erhoben, wie für die Ertheilung einer Abschrift einer Urkunde aus der Urkundensammlung des Notars.

Wird außer der Hauptschrift auch die Abschrift dem Notar vorgelegt und nur um die Beglaubigung der Uebereinstimmung ersucht, so steht doch dem Notar die gleiche Gebühr zu, wie wenn die Abschrift von ihm angefertigt worden wäre.

S. 1197 Die Vorschriften in Absatz 1 und 2 finden entsprechende Anwendung auf die Auszüge.

Artikel 68.

Für die Ertheilung einer Ausfertigung steht dem Notar die gleiche Gebühr zu wie für die Ertheilung einer Abschrift.

Für die Ertheilung der Vollstreckungsklausel erhält der Notar nur dann eine besondere Gebühr, wenn die Prüfung des Eintrittes einer Thatsache oder einer Rechtsnachfolge nothwendig war. (Civilprozeßordnung §§ 726 bis 729.) Die Gebühr beträgt 1 Mark.

Artikel 69.

Für die Herstellung der Urschrift der Urkunden erhält der Notar keine Schreibgebühr.

Artikel 70.

Bei der Vermittelung der Auseinandersetzung in Ansehung eines Nachlasses oder des Gesammtguts einer ehelichen oder fortgesetzten Gütergemeinschaft und im Zwangsversteigerungsverfahren bemessen sich die Schreibgebühren des Notars nach § 80 des Reichsgerichtskostengesetzes.

S. 1198.

Achter Abschnitt.

Nebengeschäfte.

Artikel 71.

Für die Ertheilung eines mündlichen oder schriftlichen Rathes steht dem Notar keine Gebühr zu.

Die Gebühr für die Ertheilung eines von einem Betheiligten verlangten ausführlichen schriftlichen Gutachtens richtet sich nach der Vereinbarung mit dem Betheiligten, mangels eines solchen nach billigem Ermessen. Für Gutachten über Gegenstände, die nicht zur Zuständigkeit der Notare gehören, haben die Notare nach dieser Verordnung keine Gebühren zu beanspruchen.

Artikel 72.

Für das Entwerfen von Privaturkunden steht dem Notar dieselbe Gebühr zu, welche er für die notarielle Beurkundung zu erhalten hätte.

Errichtet der Notar späterhin auf Grund des Entwurfes eine öffentliche Urkunde, so hat er für diese Beurkundung nur die Zeitgebühr zu beanspruchen, wenn diese geringer ist als die sonst anzusetzende Gebühr.

Artikel 73.

Für die Bearbeitung von Liquidationen und Berechnungen hat der Notar die Zeitgebühr zu beanspruchen.

Artikel 74.

Für die Abfassung öffentlicher Bekanntmachungen wird eine Gebühr von 1 Mark erhoben. Umfaßt jedoch die öffentliche Bekanntmachung mehr als eine Seite von zwanzig Zeilen mit durchschnittlich zwölf Silben, so wird für jede weitere ganz oder theilweise in Anspruch genommene Seite gleichfalls 1 Mark vergütet.

Neunter Abschnitt. S. 1198.

Auslagen.

Artikel 75.

An baaren Auslagen werden erhoben
1. Die Post- und Telegraphengebühren,
2. die durch Einrückung einer Bekanntmachung in öffentliche Blätter entstehenden Kosten,
3. die an Zeugen, Sachverständige, Auskunftspersonen, Dolmetscher, Ausrufer und sonstige nothwendige Hilfspersonen zu zahlenden Beträge;
4. die an andere Behörden oder Beamte, insbesondere an den zugezogenen zweiten Notar oder an Rechtsanwälte für deren Thätigkeit zu zahlenden Beträge,
5. die zur Entrichtung der dem Staate und den Gemeinden anfallenden Gebühren gemachten Vorschüsse.

Artikel 76. S. 1199.

Für das zu den Urkunden, Ausfertigungen und sonstigen Schriftstücken verwendete Papier kann eine besondere Gebühr nicht in Anspruch genommen werden.

Die Kosten einer besonderen Ausstattung der Urkunde, insbesondere die Kosten, welche durch Verwendung von Pergamentpapier oder Pergament entstehen, können jedoch in Ansatz gebracht werden. Ebenso die Auslagen für die zum Schutze der Ausfertigungen wichtigerer Urkunden gebräuchlichen Decken (Mäntel).

Artikel 77

Für die Verpackung von Schriftstücken, die an Betheiligte zu senden sind, sowie für die Adresse können Auslagen nicht berechnet werden.

Artikel 78.

Für die Bestellung von Schriftstücken an die Betheiligten dürfen in der Regel höhere Auslagen als die gewöhnlichen Postgebühren nicht angesetzt werden. Posteinschreibe- oder Versicherungs-Gebühren können nur angesetzt werden, wenn die Einschreibung oder Versicherung von den Betheiligten verlangt oder nach den Umständen erforderlich war. Höhere Botenlöhne können nur angesetzt werden, wenn besondere, vom Notar nicht zu vertretende Umstände — wie Dringlichkeit der Sache, Nothwendigkeit erhöhter Sicherheitsmaßregeln wegen außergewöhnlicher Wichtigkeit u. dgl. — die Besorgung durch einen besonderen Lohnboten erfordern.

Für die persönliche Besorgung der Bestellung einer Urkunde durch den Notar kann, sofern es sich nicht um einen förmlichen Zustellungsakt handelt, nichts verrechnet werden.

Artikel 79.

Wird ein Notar als zweiter Notar zu einer Beurkundung herangezogen, so hat er für seine Mitwirkung die Zeitgebühr und daneben gegebenen Falles die Reisekosten zu beanspruchen.

Artikel 80.

Für jeden bei einer notariellen Beurkundung zugezogenen Zeugen kann die demselben gezahlte Gebühr bis zum Betrage von 0,50 Mark für jede angefangene Stunde in Rechnung gestellt werden.

Das Gleiche gilt für die zugezogenen Vertrauenspersonen und Auskunftspersonen.

S. 1199. Den Betheiligten bleibt es unbenommen, sich mit Zeugen, Vertrauenspersonen und Auskunftspersonen über die Vergütung selbst zu vereinbaren.

Artikel 81

Für Dolmetscher und Sachverständige kann die denselben unter Einhaltung der in den §§ 3 bis 11 der Gebührenordnung für Zeugen und Sachverständige enthaltenen Grundsätze gezahlte Entschädigung verrechnet werden.

Den Betheiligten bleibt anderweitige Vereinbarung über die Vergütung vorbehalten.

Artikel 82.

S. 1200. Ergibt sich bei Versteigerungen das Bedürfniß, einen Ausrufer beizuziehen und wird dieser nicht von den Betheiligten selbst gestellt, so kann für den beigezogenen Ausrufer die ortsübliche Gebühr in Ansatz gebracht werden.

Zehnter Abschnitt.

Entfernungsgebühren, Reisekosten.

Artikel 83.

Nimmt der Notar ein Amtsgeschäft an einem Orte vor, der außerhalb der Amtsräume, jedoch weniger als drei Kilometer von seinem Amtssitz entfernt liegt, so hat er für die daraus entstehende Zeitversäumniß Vergütung zu beanspruchen.

Unterliegt das auswärts vorgenommene Geschäft ohnehin der Zeitgebühr, so ist die Zeit für den Hin- und Rückweg der Zeit der Vornahme des Geschäfts hinzuzurechnen. Andernfalls kommt dem Notar für die auf Hin- und Rückweg verwendete Gesammtzeit die Zeitgebühr besonders zu. Hat der Notar auf seinem Gange mehrere Geschäfte erledigt, so sind die Ganggebühren entsprechend zu vertheilen.

Artikel 84.

Bei der Vornahme von Dienstgeschäften an Orten, die außerhalb des Amtssitzes gelegen und von diesem nicht weniger als drei Kilometer entfernt sind, hat der Notar neben den Notariatsgebühren Entschädigung durch Tagegelder und Ersatz der Reisekosten zu beanspruchen.

Artikel 85.

Die Tagegelder können auf so lange beansprucht werden als das vorzunehmende Geschäft — die Reisezeit mit eingerechnet — auswärts dauert.

Erfolgt die Hin- und Rückreise an demselben Tage und erstreckt sich die nothwendige Abwesenheit zur Geschäftsvornahme auf nicht länger als sechs Stunden, so kann nur die Hälfte des Tagegeldes beansprucht werden.

Artikel 86.

Das Tagegeld beträgt für den ganzen Tag 11 Mark.

Artikel 87.

Als Reisekosten dürfen, vorbehaltlich der Bestimmungen der Artikel 90, 91, nur die wirklich entrichteten Auslagen in Aufrechnung gebracht werden.

S. 1201. Artikel 88.

Bei allen Dienstreisen, welche ohne Nachtheil für den Reisezweck durch Benützung von Eisenbahnen oder Dampfschiffen zurückgelegt werden können, haben die Notare nur auf Vergütung der Kosten dieser Beförderungsgelegenheit Anspruch. Auf Eisenbahnen gebührt ihnen ein Platz in der zweiten, auf Dampfschiffen in der ersten Klasse. S. 1201

Artikel 89.

Soweit die Benützung der Eisenbahnen oder Dampfschiffe nicht möglich oder nicht thunlich erscheint, kann der Notar sich in gleicher Weise, wie die Richter des Amtsgerichts, eines Gefährtes bedienen. Er soll sich, wenn möglich, den Akkorden anschließen, die nach § 12 der Verordnung vom 11 Februar 1875, die Aufrechnung der Tagegelder und Reisekosten bei auswärtigen Dienstgeschäften der Beamten und Bediensteten des Civilstaatsdienstes betr., abgeschlossen werden.

Artikel 90.

Ein Notar, der mit eigenem Wagen und eigenen Pferden versehen ist, darf, wenn er sich dieses Gefährtes zu Dienstreisen bedient, die Kosten in Aufrechnung bringen, welche nach den Vorschriften der vorhergehenden Artikel erwachsen wären, wenn er sich eines gemietheten Beförderungsmittels bedient hätte.

Artikel 91.

Legt ein Notar bei einer Dienstreise den Weg zu Fuß oder unter Benützung des Fahrrads zurück, so hat er Anspruch auf eine Reisekostenvergütung von 0,20 Mark für jeden vollen Kilometer des Hin- und Rückwegs. Bruchtheile von Kilometern kommen nicht in Anschlag.

Würden die Kosten bei Benützung von Eisenbahn, Dampfschiff, Gefährt geringer sein, so kann die Reisekostenvergütung nur in dem geringeren Betrage beansprucht werden.

Artikel 92.

Nimmt der Notar bei einer und derselben Dienstreise mehrere Geschäfte mit verschiedenen Betheiligten vor, so hat er die Reisegebühren nur einmal zu beanspruchen.

Artikel 93.

Haben mehrere Personen, die bei verschiedenen Geschäften betheiligt sind, eine und dieselbe Dienstreise veranlaßt, so sind die Reisegebühren unter sie nach Verhältniß der ihnen zur Last fallenden Notariatsgebühren zu vertheilen.

Das Gleiche gilt, wenn auf der Reise erst andere Geschäfte hinzukommen.

Artikel 94.

Für die Beförderung des nothwendigen Reisegepäcks werden dem Notar die thatsächlich erwachsenen Auslagen vergütet.

Artikel 95. S. 1202.

Die Richter und Gerichtsschreiber der Amtsgerichte erhalten für auswärtige Geschäfte, die sie als Notariatsverweser vornehmen, Tagegelder und Reisekosten ausschließlich nach denjenigen Normen vergütet, welche für die Vornahme auswärtiger Geschäfte im Richteramt oder Gerichtsschreiberamte gelten.

Artikel 96.

Dienstreisen zum Zwecke der nach Artikel 30 des Notariatsgesetzes vorgeschriebenen Einsicht des Grundbuchs oder des Hypothekenbuchs sind nur dann zulässig, wenn die Betheiligten schriftlich erklärt haben, daß sie die persönliche Einsichtnahme durch den Notar der Erholung und Einsichtnahme eines Auszugs vorziehen und bereit sind, die erwachsenden Reisekosten zu tragen. Die Höhe der erwachsenden Reisekosten ist den Betheiligten vorher bekannt zu geben.

S. 1202. **Elfter Abschnitt.**

Hinterlegungsgebühren.

Artikel 97

Für die Uebernahme, Verwahrung und Ablieferung von Geldern, Werthpapieren und Kostbarkeiten nach Artikel 4 des Notariatsgesetzes erhalten die Notare Hinterlegungsgebühren nach Maßgabe der folgenden Bestimmungen.

Artikel 98.

Die Gebühr enthält die Vergütung für die gesammte Thätigkeit des Notars. Für die Korrespondenz über die Uebernahme, die Bescheinigung über den Empfang, die Verzeichnung und Verrechnung, die verzinsliche oder unverzinsliche Hinterlegung bei öffentlichen Banken und die Wiedereinziehung der Werthe von diesen, für die wegen der Ablieferung gepflogenen schriftlichen oder mündlichen Verhandlungen mit den Betheiligten, mit Behörden oder Dritten, endlich für die Verhandlung bei der Ablieferung selbst darf keine besondere Gebühr in Ansatz gebracht werden. Die thatsächlich erwachsenen Postportoauslagen — einschließlich der allenfallsigen Versicherungskosten — dürfen aufgerechnet werden.

Artikel 99.

Die Gebühr wird nach dem Werthe des hinterlegten Betrags oder Gegenstandes berechnet.

Als Gegenstandssumme gilt auch für die Gebühr des Notars die zum Zwecke der Bemessung der staatlichen Hinterlegungsgebühr ermittelte Summe.

Artikel 100.

Die Gebühr beträgt in der Regel
für den Betrag bis zu 2000 Mark $^1/_4$ vom Hundert,
darüber hinaus für den Mehrbetrag $^1/_8$ vom Hundert.

Artikel 101

S. 1203. Die Gebühr beträgt, wenn dem Notar die Einnahme, Aufbewahrung und Ablieferung der Strichgelder aus einer Versteigerung obliegt,

a) bei Versteigerung von unbeweglichen Gegenständen
für den Betrag bis zu 2000 Mark 1 vom Hundert,
darüber hinaus für den Mehrbetrag $^1/_2$ vom Hundert,

b) bei Versteigerung von beweglichen Gegenständen
für den Betrag bis zu 2000 Mark 2 vom Hundert,
darüber hinaus für den Mehrbetrag 1 vom Hundert.

Artikel 102.

Auch bei der Berechnung der Gebühr in den Fällen der Artikel 100, 101, werden Pfennigbeträge, die nicht durch zehn theilbar sind, auf zehn aufgerundet.

Artikel 103.

Für die Uebernahme, Aufbewahrung und Ablieferung von Werthen unter 20 Mark werden Gebühren nicht erhoben.

Artikel 104.

Soweit bestimmt ist, daß die Notare bei der Berechnung und Erhebung der aus Anlaß ihrer Amtsgeschäfte dem Staate und den Gemeinden anfallenden Gebühren mitzuwirken haben, haben die Notare von den Betheiligten für die

Einnahme, Aufbewahrung und Ablieferung dieser Gebühren Hinterlegungs- S. 1203.
gebühren nicht zu beanspruchen.

Zwölfter Abschnitt.

Schlußbestimmungen.

Artikel 105.

Aufgehoben sind:

1. die Notariatsgebührenordnung für die Pfalz vom 9. April 1822;
2. die Verordnung vom 11. Juli 1823 über die Notariatsgebühren in der Pfalz;
3. die Verordnung vom 29. Januar 1854, die Gebühren der Notare in der Pfalz betreffend;
4. die Notariatsgebührenordnung für die Landestheile rechts des Rheins vom 30. November 1875;
5. die Verordnung vom 12. Dezember 1875, die Gebühren der Notare und Notariatszeugen in der Pfalz betreffend,
6. die Verordnung vom 21. Dezember 1877, die Gebühren der Notare in der Pfalz betreffend;
7. die Verordnung vom 15. September 1879, die Gebühren der Notare S. 1204.
   betreffend;
8. die Verordnung vom 13. Mai 1880, die Gebühren der Notare in der Pfalz betreffend,
9. die Verordnung vom 29. Juni 1886, die Gebühren der Notare betreffend.

Artikel 106.

Die im Regierungsbezirke der Pfalz üblichen Gebühren für die Anfertigung der Bordereaux und für die Uebersendung der Bordereaux an die Hypothekenämter bleiben bis zu dem Zeitpunkt, in welchem das Grundbuch als angelegt anzusehen ist, aufrecht erhalten.

Ebenso können im Regierungsbezirke der Pfalz die für die Anfertigung von Heblisten bei Versteigerungen üblichen Gebühren weiter bezogen werden.

Artikel 107.

Die Vorschriften dieser Verordnung über die Gebühren bei der Zwangsversteigerung treten, soweit sie die Schiffe betreffen, am 1 Januar 1900, im übrigen für jeden Grundbuchbezirk mit dem Zeitpunkt in Kraft, in welchem das Grundbuch als angelegt anzusehen ist. Bis zu diesem Zeitpunkte haben bei Zwangsversteigerungen hinsichtlich der Gebühren noch die seitherigen Bestimmungen Anwendung zu finden. Das Gleiche gilt für das Verfahren, welches gemäß § 15 des Einführungsgesetzes zu dem Gesetz über die Zwangsversteigerung und die Zwangsverwaltung noch nach den Landesgesetzen zu erledigen ist, sowie für die Zwangsversteigerung eines gemeinschaftlichen Grundstücks zum Zwecke der Aufhebung der Gemeinschaft nach den Art. 41, 113 des Gesetzes, Uebergangsvorschriften zum Bürgerlichen Gesetzbuche betreffend.

Die Erlassung besonderer Vorschriften über die Gebühren der Notare bei der Beurkundung und Beglaubigung von Verträgen und Erklärungen, für welche das Grundbuchrecht maßgebend ist, bleibt für später vorbehalten.

Artikel 108.

Ist ein Notar in den Landestheilen r. d. Rh. nach dem Inkrafttreten dieser Verordnung noch auf Grund des bisherigen Landesrechts als Verlassen-

schaftskommissär thätig, so gebührt ihm für Korrespondenzen und Berichte,
S. 1204. welche ihm als Verlassenschaftskommissär obliegen, dann für die von ihm in dieser Eigenschaft auszustellenden Zeugnisse wie bisher eine Vergütung von 1 bis 4 Mark.

Artikel 109.

Gegenwärtige Verordnung tritt mit dem 1. Januar 1900 in Kraft.

S. 1205.

Artikel 110.

Das Staatsministerium der Justiz ist beauftragt, nach Ablauf von drei Jahren über die Wirkungen dieser Verordnung und darüber zu berichten, ob nach den gemachten Erfahrungen eine Aenderung dieser Verordnung angezeigt erscheint. Bis zu dieser Zeit ist das Staatsministerium der Justiz ermächtigt, im Fall des Bedürfnisses einzelne Aenderungen und Ergänzungen vorzunehmen.

München, den 28. Dezember 1899.

Luitpold,
Prinz von Bayern,
des Königreichs Bayern Verweser.
Dr. **Frhr. v. Leonrod.**

Königlich Allerhöchste Verordnung,
die Notariatsgebührenordnung
betr.

Auf Allerhöchsten Befehl
Der General-Sekretär
Ministerialrath
v. Thelemann.

Alphabetisches Sachregister.

(Die Zahlen auf der Zeile bedeuten die Seiten, die Zahlen in der Höhe den Paragraphen. 1. E. = Entwurf des Gesetzes; 2. E. = Zusammenstellung des Entwurfes und der Ausschußbeschlüsse; B. = Begründung des Entwurfes; AVA. = Ausschußverhandlungen der Kammer der Abgeordneten; AVR. = Ausschußverhandlungen der Kammer der Reichsräthe; PVA. = Plenarverhandlungen der Kammer der Abgeordneten; PVR. = Plenarverhandlungen der Kammer der Reichsräthe; G. = Notariatsgesetz; V. = Notariats-Gebührenordnung; N. = Notar.)

A.

B.

D.

E.

F.

G.

H.

J.

K.

L.

M.

N.

O.

P.

R.

S.

T.

U.

V.

W.

Z.

FSC
www.fsc.org
MIX
Papier | Fördert
gute Waldnutzung
FSC® C083411

Kolibri 360 GmbH
Ferdinand-Jühlke-Straße 7
99095 Erfurt, Deutschland
produktsicherheit@kolibri360.de